HISTÓRIAS BRASILEIRAS VOL. 2 ANTOLOGIA

MASP MUSEU DE ARTE DE SÃO PAULO ASSIS CHATEAUBRIAND

MASP ANTOLOGIAS

Entre nós: antologia. A figura humana no acervo do MASP
ORGANIZAÇÃO Adriano Pedrosa e Luciano Migliaccio

Histórias da sexualidade: antologia
ORGANIZAÇÃO Adriano Pedrosa e André Mesquita

Histórias afro-atlânticas: antologia
ORGANIZAÇÃO Adriano Pedrosa, Amanda Carneiro e André Mesquita

Histórias das mulheres, histórias feministas: antologia
ORGANIZAÇÃO Adriano Pedrosa, Amanda Carneiro e André Mesquita

Histórias da dança: antologia
ORGANIZAÇÃO Julia Bryan-Wilson e Olivia Ardui

Arte e ativismo: antologia
ORGANIZAÇÃO André Mesquita, Charles Esche e Will Bradley

Histórias brasileiras: antologia
ORGANIZAÇÃO Adriano Pedrosa, André Mesquita e Lilia Moritz Schwarcz

Para maiores informações ou adquirir seu exemplar, acesse

masp.org.br/livros
masploja.org.br

HISTÓRIAS BRASILEIRAS VOL. 2 ANTOLOGIA

ORGANIZAÇÃO EDITORIAL
Adriano Pedrosa
André Mesquita
Lilia Moritz Schwarcz

Com a colaboração de
Sandra Benites

MASP MUSEU DE ARTE DE SÃO PAULO ASSIS CHATEAUBRIAND

SUMÁRIO

Histórias Brasileiras no MASP

ADRIANO PEDROSA

Histórias brasileiras são complexas, contraditórias, múltiplas, fragmentadas, incompletas e polêmicas. O projeto é apresentado no Museu de Arte de São Paulo Assis Chateaubriand (MASP) quando o Brasil completa duzentos anos de independência, coincidindo com o centenário da Semana de Arte Moderna de 1922 e no contexto de uma intensa revisão das histórias do Brasil — em livros, exposições, conferências, filmes, documentários. Não se trata por certo de um projeto sobre a independência, tampouco sobre a história da arte brasileira. Entretanto, do mesmo modo que os quinhentos anos da chegada dos portugueses ao Brasil ensejaram uma série de mostras e catálogos sob o título de *Mostra do redescobrimento*, ocupando três edifícios no parque Ibirapuera em 2000, os duzentos anos da independência marcam uma nova oportunidade para olharmos mais uma vez para as histórias brasileiras. Se, em 2000, a aproximação da mostra era subdividida em períodos e tipologias — de arte moderna, arte contemporânea e arte do século 19 à arte popular, arte afro-brasileira e arte indígena —, nossa aproximação em 2022 pode agora se fundamentar em outras perspectivas. Assim, como sempre ocorre com as exposições *Histórias* no MASP, os diversos núcleos não são organizados tendo em vista cronologias, estilos, tipologias, meios, suportes ou territórios — ainda que aqui estejamos falando de histórias *brasileiras*, no Brasil, porém não em subdivisões de arte produzida em diferentes séculos, por esta ou aquela classe ou etnia de artistas, em pintura, fotografia ou escultura, no centro-oeste, norte, nordeste, sul ou sudeste do país.

Desde 2016, o MASP vem organizado uma série de mostras e projetos em torno de diferentes histórias — *Histórias da infância* (2016), *Histórias da sexualidade* (2017), *Histórias afro-atlânticas* (2018), *Histórias das mulheres, histórias feministas* (2019), *Histórias da dança* (2020), e agora estas *Histórias brasileiras* (2022). O período da programação daquele ano ou daquele biênio (como é o caso de 2021-22) também é dedicado a essas mesmas histórias, complementando-se com mostras individuais articuladas com o tema ao longo do intervalo. Não por acaso, a opção tem sido por temas, narrativas, imagens e conteúdos mais próximos das histórias social, cultural e política, mais conectados com pautas contemporâneas, com o dia a dia das pessoas, em detrimento da própria história da arte. Não se trata de descartar a história da arte por completo, mas sim de considerá-la mais uma das muitas camadas de histórias em nossas *Histórias*.

Desde 2017, as mostras *Histórias* no MASP são acompanhadas por uma *Antologia*, e esta é a quinta na série — duas outras foram lançadas, ainda que não diretamente relacionadas a algum ciclo da programação.[1] Este volume reúne ensaios oriundos de apresentações feitas nos dois seminários organizados pelo museu nos anos que antecedem ao projeto — em 29 de maio de 2020 e em 20 de abril de 2021[2] — bem como outros textos selecionados e encomendados pelos organizadores. Somos gratos a eles, André Mesquita, curador, e Lilia Moritz Schwarcz, curadora convidada, que trabalharam comigo na organização deste volume, e à equipe editorial do MASP, coordenada por Carol Ribas, que trabalhou na edição e publicação deste livro.

Histórias brasileiras: antologia reúne 120 textos escritos por antropólogos, historiadores, curadores, ativistas, músicos e políticos, entre os anos de 1500 e 2022, que constroem um panorama mais diverso, inclusivo e plural (ainda que incompleto e fragmentado) das muitas histórias brasileiras. Agradecemos aos autores e herdeiros que contribuíram com textos e imagens para este volume, bem como a todas as equipes e colaboradores do MASP que trabalham com dedicação e engajamento em todos os nossos projetos em torno das diferentes histórias ao longo dos anos.

Adriano Pedrosa,
diretor artístico, MASP

1 As antologias publicadas pelo MASP estão listadas na página 2 deste volume.

2 Os seminários *Histórias do Brasil* (2020) e *Histórias brasileiras* (2021) foram organizados por Adriano Pedrosa, diretor artístico, MASP, André Mesquita, curador, MASP, e Lilia Moritz Schwarcz, então curadora adjunta de histórias, MASP, e estão disponíveis em: https://masp.org.br/seminarios/historias-do-brasil-2020 e https://masp.org.br/seminarios/historias-brasileiras-2021. Acesso em 20.12.2022.

Brasil no plural: histórias disruptivas

ANDRÉ MESQUITA
E LILIA MORITZ SCHWARCZ

Costuma-se atribuir ao escritor Lima Barreto (1881-1922) a autoria da frase "o Brasil não tem povo, tem público". Tal afirmação, trazida para a lógica do presente, sugere que nós, brasileiros, sempre assumimos um lugar de passividade diante dos acontecimentos que nos cercam, como se formássemos a plateia de um espetáculo, incapazes de mudar os rumos da nação.

O próprio autor de *Triste fim de Policarpo Quaresma* (1915) era, porém, crítico da representação dos brasileiros como um povo pacífico, preferindo colocar a culpa nos governos autoritários. Certa historiografia oficial construiu uma imagem muito colonial, europeia, masculina e ordeira do país, dando mais espaço para as elites — e naturalizando seus ditames — do que sublinhando dissidências, sublevações e aquilombamentos.

A própria história da independência política em 1822 selecionou apenas uma narrativa, palaciana e muito conservadora. Afinal, no ano em questão, o Brasil se converteu numa espécie de anomalia americana — uma monarquia cercada de repúblicas por todos os lados. A versão oficial do 7 de setembro valorizou os membros da realeza e o protagonismo da região sudeste, "esquecendo" vários movimentos dissidentes que não aceitaram com facilidade uma emancipação política que visava preservar — evitar o desmembramento do território, manter o status quo e sobretudo a escravidão —, mas não libertar. A intenção era fazer da monarquia um destino certo e borrar qualquer outra forma de governo ou divergência.

Esse episódio é exemplar de uma tendência mais geral, parte da narrativa nacional que costumamos chamar, sem maiores pejos, de "História do Brasil" — no singular —, deixando em posições secundárias, e supostamente desimportantes, as realidades mais diversas e variadas. Na verdade, foram muitas as imaginações políticas e sociais e várias as experiências e subjetividades em jogo nessa já longa história de acertos e fracassos, avanços e recuos.

Falar de "histórias brasileiras" requer lembrar, pois, que, entre os matizes de povo e público, há muitos *brasis* no Brasil de 522 anos. Os 120 textos desta antologia — entre manifestos políticos e artísticos, entrevistas, discursos, letras de música, poemas, cartas, documentos históricos, reportagens, ensaios e declarações — apontam para um país constituído por muitas contradições e diversas posições políticas, culturais e sociais, lugares de fala, celebrações, lutas, traumas, revoltas, conflitos e apagamentos que, aqui entrelaçados, desestabilizam as narrativas oficiais que dizem respeito a uma única história nacional. Organizamos, assim, retratos de experiências e trajetórias híbridas que percorrem as memórias disruptivas de múltiplas autoras e autores — historiadores, pesquisadores, artistas, jornalistas, escritores, ativistas, coletivos, movimentos sociais, músicos, políticos, curadores e pessoas que até hoje em dia permanecem anônimas ou pouco conhecidas.

Esta antologia se insere no biênio dedicado às *Histórias brasileiras* no Museu de Arte de São Paulo Assis Chateaubriand (MASP), em 2021 e 2022, que conta com uma programação extensa de exposições, palestras, seminários, cursos, publicações e programas de formação de professoras e professores. Parte das histórias que aqui reunimos carrega feridas que continuam abertas, advindas do perverso processo de colonização. Esse legado presente se reflete nas histórias daqueles que não puderam enterrar os seus mortos com dignidade — abarcando da violência da ditadura militar (1964-1985) ao terrorismo de Estado operado sistematicamente pelo racismo policial, pelo desrespeito às terras e direitos indígenas, pelo arbítrio contra a população LGBTQIA+ e pela necropolítica[1] no contexto da pandemia da covid-19.

Compilamos, também, histórias que transitam pela riqueza contestatória da cultura e da contracultura do país — como os versos poderosos da música e da literatura que inspiram distintos corpos, bem como declarações que afirmam as políticas dos movimentos pelos direitos das mulheres e populações indígenas, LGBTQIA+ e afro-brasileiras. Resgatamos documentos pouco conhecidos de rebeliões quilombolas e movimentos sociais populares que insistiram em se opor à ordem existente. A partir de uma miríade de textos, variados como é o país, esta antologia não se restringe aos ensaios acadêmicos ou às fontes centradas nos grandes acontecimentos — ela agrega uma polifonia de vozes que se amplificam em um Brasil plural.

Os textos das antologias do MASP são organizados em sequência cronológica, mas sem querer impor uma visão simplesmente diacrônica da história. Tampouco pretendem aderir ao determinismo histórico, que busca fazer do passado uma versão evidente do presente. Por isso, decidimos abrir esta publicação com uma espécie de texto-disparador — a carta de Pero Vaz de Caminha (1450-1500) ao rei dom Manuel I (1469-1521) sobre o "descobrimento" da terra de Vera Cruz, hoje Brasil, pela armada de Pedro Álvares Cabral (*circa* 1468-*circa* 1520) em 1500.[2] Se a carta é tida pela historiografia nacional como o primeiro registro de um lugar que ainda não era o Brasil — mas a América portuguesa[3] —, aqui ela é revista, não como um documento que atesta a visão do "descobrimento de um novo mundo", ou mesmo o seu "achamento" (termo usado pelo escrivão da missiva), mas enquanto marco simbólico da invasão de um território milenarmente habitado por povos originários que foram violentamente dizimados, mas também lutaram e resistiram à ocupação europeia.

Não se trata, assim, de naturalizar o documento como "o primeiro" — uma espécie de "começo" do país, na versão igualmente crítica de Edward Said (1935-2003) —,[4] mas de expor o arbítrio de sua construção, que privilegia a chegada dos povos europeus e faz dos grupos indígenas uma mera extensão dos desígnios coloniais.

Em contraste com a carta e a versão oficial, à qual todos fomos um dia submetidos nos bancos escolares, a letra de "Não foi Cabral" (2016), de MC Carol, também reproduzida aqui, exprime uma visão alternativa da mesma história:

> Pedro Álvares Cabral
> Chegou 22 de abril
> Depois colonizou
> Chamando de Pau-Brasil
> Ninguém trouxe família
> Muito menos filho
> Porque já sabia
> Que ia matar vários
> índios.[5]

Publicar essa missiva como registro de uma invasão, dando pesos iguais a um documento seiscentista e a uma letra contemporânea de música, composta por uma mulher negra e ativista que relê sua narrativa, permite não só tensionar e contrastar várias versões da história, como também potencializar as práticas de contramemória que contemplam relatos marginalizados e invisibilizados por séculos de escravidão, racismo institucional, políticas de branquitude, apropriações e genocídios sociais, populacionais e epistemológicos.

Nesse sentido, e dentro do espectro de atividades desenvolvidas no museu, recordamos a iniciativa desenvolvida pelo MASP em um de seus programas públicos. Referimo-nos aos encontros de formação em arte e esfera pública — MASP Professores —, que em 2021 e 2022 têm abordado as "histórias difíceis" de nosso país: os episódios violentos de extermínio e as várias formas de insurreição popular, que incitam não só novas e múltiplas análises e abordagens teóricas, como também a participação e o ativismo cidadãos.[6]

O objetivo de *Histórias brasileiras* é, portanto, evitar formas estabilizadas de construção definitiva de identidade, alinhando textos canônicos (e até esperados) com produções dissidentes. O livro faz parte de uma iniciativa mais recente da crítica, que tem incentivado a leitura de obras consagradas que falam de brasilidade ao lado de textos menos conhecidos de Gregório de Matos e Guerra (1636-1696), Maria Firmina dos Reis (1822-1917), Abdias Nascimento (1914-2011), Ailton Krenak, Lélia Gonzalez (1935-1994), Beatriz Nascimento (1942-1995) e Davi Kopenawa, incluídos nesta coletânea. Ao mesmo tempo, é nossa intenção trazer para o centro do debate interpretações do Brasil menos legitimadas, a partir da inclusão de intelectuais como Mahommah Gardo Baquaqua, Pagu (1910-1962), Carlos de Assumpção, Cuti, Sueli Carneiro, Itamar Assumpção (1949-2003), Racionais MC's, Erica Malunguinho, Sabotage (1973-2003) e Eliane Potiguara. A partir da pluralidade que representam, essas fontes mostram como não existe visão privilegiada e única sobre o Brasil e os brasileiros, e que tampouco há documentos que sejam mais representativos do país do que outros. Por fim, é nosso ideal contrastar diferentes visões da arte brasileira, presentes em textos e manifestos como os de Rubem Valentim (1922-1991), Lygia Clark (1920-1988), Hélio Oiticica (1937-1980), Nelson Leirner (1932-2020), Artur Barrio, Viajou Sem Passaporte (1978-1982), Jaider Esbell (1979-2021), Denilson Baniwa e Daiara Tukano — que, lidos em conjunto, provocam uma visão menos canônica do campo artístico e mostram, ao mesmo tempo, o papel potencializador da arte e da posição dos artistas diante das questões sociais. São inúmeras as trajetórias de sujeitos ativos capazes de inspirar e transformar as nossas histórias.

Para esta antologia, Adriano Pedrosa elaborou uma pergunta endereçada a 21 pesquisadoras e pesquisadores, artistas, curadoras e curadores: qual imagem seria potencialmente emblemática de um processo ou momento crucial das nossas histórias brasileiras? Essas escolhas foram pautadas pelas imagens em circulação na história da arte, na fotografia e no cinema, mas também fundamentadas pelos movimentos de resistência ou pelas estratégias de representação que teatralizam as políticas de desinformação no atual estado de coisas.

Também aparecem neste livro cinco ensaios advindos dos dois seminários promovidos pelo museu em 2020 e 2021.[7] Esses eventos discutiram práticas curatoriais e artísticas que lidam com os legados das histórias brasileiras por meio de obras e exposições, bem como a complexidade social e política de episódios históricos do país. Tanto a pergunta feita por esta antologia como os seminários realizados pelo museu ressaltam a importância de pensar a história por meio de imagens e de seus efeitos, bem como a construção de seus discursos.

Por muito tempo, os críticos usaram as imagens como mera "ilustração", no sentido de apenas "dar um lustro", e não como documentos fundamentais da nossa história. Deixou-se de indagar, portanto, a origem, o mecenato, os locais de produção e a autoria. No entanto, muitas vezes podemos imaginar um evento, um episódio histórico e até mesmo uma nação a partir de uma imagem — o que demonstra a capacidade projetiva e multiplicadora desse tipo de mídia.

Pensadas nesses termos, as memórias do passado e a visual não são assim tão distantes. Afinal, também o direito à imaginação passa por disputas sociais aguerridas. Em primeiro lugar, pois o tempo da memória gera a sua própria atualização: a obra revê o movimento do passado em direção às questões do seu presente. Em segundo lugar: a memória não se desvencilha da dimensão subjetiva do seu autor.[8]

Entretanto, a memória contida nas imagens oficiais e históricas é distinta. As representações visuais a serviço do Estado lembram um pouco, mas esquecem — propositalmente — muito.[9] Também se valem de um tempo anacrônico que desfaz os limites rígidos do passado e do presente, uma vez que seu objetivo é a exaltação atemporal.[10] Por isso, essa memória visual nunca significa um retorno passivo à história pregressa, mas uma forma de recuperação e, não raro, de manipulação do conhecimento e do sentimento pátrio.

É por isso que, no último caso, é quase uma falsa questão discutir se a arte é política. Na verdade, não há arte que não o seja, senão na primeira intenção do artista — a mais autoral, digamos assim —, ao menos nos usos e recepções das obras ao longo do tempo.

Trabalhos artísticos que emergem em contextos de crise política frequentemente traduzem demandas e sentimentos da coletividade — viram, à sua maneira, declarações políticas ao mesmo tempo que revelam o potencial transformador da arte.[11] Nesse sentido, e mencionando Jacques Rancière, mais do que arte política, as obras visuais se comportam como "políticas da arte".[12] Arte e política possuem uma fronteira porosa.[13] Ambas produzem ficções, construídas na disputa entre aparência e realidade, entre o visível e os significados que a ele podem ser adscritos, entre o que é da ordem do particular e o que faz parte do senso comum e coletivo.[14]

Em certo sentido, todas essas iniciativas do museu propõem a descolonização de imaginários persistentes para pensarmos de modo crítico sobre as efemérides celebradas em 2022, como o centenário da Semana de Arte Moderna — que mais falou de "seus outros" como projeções do que os incluiu — e o bicentenário da independência, visto muitas vezes como uma efeméride militar.

Questionar os limites do Arquivo Colonial, das imagens e textos que dizem respeito apenas à branquitude, é um desafio para quem procura uma história possível, mas aparentemente ausente. Uma "história potencial",[15] uma narrativa que possa "ressuscitar corpos abandonados", como um dispositivo de reparação.[16]

Esta publicação não pretende ser panorâmica e tampouco exaustiva. Nao é possível tentar dar conta de todas as nossas "histórias brasileiras". Ela nos aproxima, porém, da proposta curatorial desenvolvida pelo MASP em torno de suas histórias — abertas, fragmentadas e nunca totalizantes, mas resultados de uma pesquisa em constante processo.

Histórias brasileiras busca dialogar diretamente com textos de autoras e autores brasileiros presentes nas antologias já publicadas pelo museu, como

Histórias da sexualidade (2017), *Histórias afro-atlânticas* (2018), *Histórias das mulheres, histórias feministas* (2019), *Histórias da dança* (2020) e *Arte e ativismo* (2021), e também com as antologias que serão editadas num futuro próximo, como *Histórias indígenas* (2023) e *Histórias da diversidade* (2024).[17]

Cada um desses livros completa e reforça as escolhas de nossa seleção editorial para esta coletânea. O livro integra a extensa investigação que alimenta as exposições e os programas públicos do museu, a fim de conectar distintos conhecimentos e potencializar o compartilhamento de saberes. Um MASP mais plural, inclusivo e democrático é o objetivo de todas as pessoas que lutam por um país mais cidadão, atento e respeitoso às suas diversidades — que são também sua maior riqueza.

André Mesquita,
curador, MASP

Lilia Moritz Schwarcz,
curadora convidada, MASP

1 Ver Achille Mbembe, *Necropolítica.* São Paulo: n-1 edições, 2018.

2 Ver Pero Vaz de Caminha, "Carta ao rei dom Manuel I, dando notícias do descobrimento da terra de Vera Cruz, hoje Brasil, pela armada de Pedro Álvares Cabral", presente neste volume.

3 Sérgio Buarque de Holanda, *Visão do Paraíso.* São Paulo: Companhia das Letras, 2010.

4 Edward W Said, *Beginnings: Intention and Method.* Nova York: Columbia University Press, 1985.

5 Ver MC Carol, "Não foi Cabral", presente neste volume.

6 Sobre o programa MASP Professores, consultar a página https://masp.org.br/masp-professores. Acesso em 22.3.2022.

7 Os dois seminários on-line dedicados às *Histórias brasileiras* organizados pelo MASP aconteceram em 29.5.2020 e 20.1.2021, e contaram com as participações de Daniel Munduruku, Heloisa Murgel Starling, Lilia Moritz Schwarcz, Luciana Brito, Moacir dos Anjos, Sandra Benites e Tom Farias.

8 Para o tema, ver Eclea Bosi, *Memória e sociedade: lembranças de velhos.* São Paulo: Companhia das Letras, 1994.

9 Walter Benjamin, *Escritos sobre mito e linguagem.* São Paulo: Ed. 34, 2013.

10 Georges Didi-Huberman, *Diante do tempo: história da arte e anacronismo das imagens.* Belo Horizonte: Ed. UFMG, 2010.

11 Para uma discussão densa a respeito dos mecanismos visuais envolvidos na legitimação de discursos políticos, ver Carlo Ginzburg, *Medo, reverência, terror: quatro ensaios de iconografia política.* São Paulo: Companhia das Letras, 2014.

12 Jacques Rancière, "Política da arte". In: *Práticas estéticas, sociais e políticas em debate.* São Paulo: Sesc-SP, 2005. Ver também Aracy Amaral, *Arte e sociedade: uma relação polêmica.* São Paulo: Itaú Cultural, 2003.

13 Ver André Mesquita, *Insurgências poéticas: arte ativista e ação coletiva.* São Paulo: Annablume/Fapesp, 2011; e André Mesquita, Charles Esche e Will Bradley (orgs.), *Arte e ativismo: antologia.* São Paulo: MASP/Afterall, 2021.

14 Ver Carlos Lima, Lilia Moritz Schwarcz e Lúcia Klück Stumpf, *O sequestro da independência: uma história da construção do mito do Sete de Setembro.* São Paulo: Companhia das Letras, 2022.

15 Ariella Azoulay, "Archive". In: *Political Concepts: A Critical Lexicon*, v. 1, 2012. Disponível em http://www.politicalconcepts.org/archive-ariella-azoulay/. Acesso em 22.3.2022; e Ariella Azoulay, *The Civil Contract of Photography.* Nova York: Zone Books, 2008.

16 Kimberly Juanita Brown, *The Repeating Body: Slavery's Visual Resonance in the Contemporary.* Durham: Duke University Press, 2015, p. 14.

17 Esta publicação também dialoga com a primeira antologia organizada por Adriano Pedrosa e Lilia Moritz Schwarcz (Rio de Janeiro: Cobogó, 2014), por ocasião da exposição *Histórias mestiças* (Instituto Tomie Ohtake, 2014).

Carta ao rei dom Manuel I, dando notícias do descobrimento da terra de Vera Cruz, hoje Brasil, pela armada de Pedro Álvares Cabral

PERO VAZ DE CAMINHA
1500

Senhor:

Posto que o Capitão-mor desta vossa frota, e assim os outros capitães escrevam a Vossa Alteza a nova do achamento desta vossa terra nova, que ora nesta navegação se achou, não deixarei também de dar disso minha conta a Vossa Alteza, assim como eu melhor puder, ainda que — para o bem contar e falar — o saiba pior que todos fazer.

Tome Vossa Alteza, porém, minha ignorância por boa vontade, e creia bem por certo que, para aformosear nem afear, não porei aqui mais do que aquilo que vi e me pareceu.

Da marinhagem e singraduras do caminho não darei aqui conta a Vossa Alteza, porque o não saberei fazer, e os pilotos devem ter esse cuidado. Portanto, Senhor, do que hei de falar começo e digo:

A partida de Belém, como Vossa Alteza sabe, foi segunda-feira, 9 de março. Sábado, 14 do dito mês, entre as oito e nove horas, nos achamos entre as Canárias, mais perto da Grã-Canária, e ali andamos todo aquele dia em calma, à vista delas, obra de três a quatro léguas. E domingo, 22 do dito mês, às dez horas, pouco mais ou menos, houvemos vista das ilhas de Cabo Verde, ou melhor, da ilha de São Nicolau, segundo o dito de Pero Escobar, piloto.

Na noite seguinte, segunda-feira, ao amanhecer, se perdeu da frota Vasco de Ataíde (?-1500) com sua nau, sem haver tempo forte nem contrário para que tal acontecesse. Fez o capitão suas diligências para o achar, a uma e outra parte, mas não apareceu mais!

E assim seguimos nosso caminho, por este mar, de longo, até que, terça-feira das Oitavas de Páscoa, que foram 21 dias de abril, estando da dita ilha obra de 660 ou 670 léguas, segundo os pilotos diziam, topamos alguns sinais de terra, os quais eram muita quantidade de ervas compridas, a que os mareantes chamam botelho, assim como outras a que dão o nome de rabo-de-asno. E quarta-feira seguinte, pela manhã, topamos aves a que chamam fura-buxos.

Nesse dia, a horas de véspera, houvemos vista de terra! Primeiramente dum grande monte, mui alto e redondo; e doutras serras mais baixas ao sul dele; e de terra chã, com grandes arvoredos: ao monte alto o capitão pôs nome — o monte Pascoal e à terra — a Terra da Vera Cruz.

Mandou lançar o prumo. Acharam vinte e cinco braças; e ao sol posto, obra de seis léguas da terra, surgimos âncoras, em dezenove braças — ancoragem limpa. Ali permanecemos toda aquela noite. E à quinta-feira, pela manhã, fizemos vela e seguimos em direitos à terra, indo os navios pequenos diante, por dezessete, dezesseis, quinze, catorze, treze, doze, dez e nove braças, até meia légua da terra, onde todos lançamos âncoras em frente à boca de um rio. E chegaríamos a esta ancoragem às dez horas pouco mais ou menos.

Dali avistamos homens que andavam pela praia, obra de sete ou oito, segundo disseram os navios pequenos, por chegarem primeiro.

Então lançamos fora os batéis e esquifes, e vieram logo todos os capitães das naus a esta nau do Capitão-mor, onde falaram entre si.

E o Capitão-mor mandou em terra no batel a Nicolau Coelho (*circa* 1460-1504) para ver aquele rio. E tanto que ele começou de ir para lá, acudiram pela praia homens, quando aos dois, quando aos três, de maneira que, ao chegar o batel à boca do rio, já ali havia 18 ou 20 homens.

Eram pardos, todos nus, sem coisa alguma que lhes cobrisse suas vergonhas. Nas mãos traziam arcos com suas setas. Vinham todos rijos sobre o batel; e Nicolau Coelho lhes fez sinal que pousassem os arcos. E eles os pousaram.

Ali não pode deles haver fala nem entendimento de proveito por o mar quebrar na costa. Somente deu-lhes um barrete vermelho e uma carapuça de linho que levava na cabeça e um sombreiro preto. Um deles deu-lhe um sombreiro de penas de ave, compridas, com uma copazinha de penas vermelhas e pardas como de papagaio; e outro deu-lhe um ramal grande de continhas brancas, miúdas, que querem parecer de aliaveira, as quais peças creio que o Capitão manda a Vossa Alteza, e com isto se volveu às naus por ser tarde e não poder haver deles mais fala, por causa do mar.

Na noite seguinte, ventou tanto sueste com chuvaceiros que fez caçar as naus, e especialmente a capitânia. E sexta pela manhã, às oito horas, pouco mais ou menos, por conselho dos pilotos, mandou o Capitão levantar âncoras e fazer vela; e fomos ao longo da costa, com os batéis e esquifes amarrados à popa na direção do norte, para ver se achávamos alguma abrigada e bom pouso, onde nos demorássemos, para tomar água e lenha. Não que nos minguasse, mas por aqui nos acertarmos.

Quando fizemos vela, estariam já na praia assentados perto do rio obra de 60 ou 70 homens que se haviam juntado ali poucos e poucos. Fomos de longo, e mandou o Capitão aos navios pequenos que seguissem mais chegados à terra e, se achassem pouso seguro para as naus, que amainassem.

E, velejando nós pela costa, obra de dez léguas do sítio donde tínhamos levantado ferro, acharam os ditos navios pequenos um recife com um porto dentro, muito bom e muito seguro, com uma mui larga entrada. E meteram-se dentro e amainaram. As naus arribaram sobre eles; e um pouco antes do sol posto amainaram também, obra de uma légua do recife, e ancoraram em onze braças.

E estando Afonso Lopes, nosso piloto, em um daqueles navios pequenos, por mandado do Capitão, por ser homem vivo e destro para isso, meteu-se logo no esquife a sondar o porto dentro; e tomou dois daqueles homens da terra, mancebos e de bons corpos, que estavam numa almadia. Um deles trazia um arco e seis ou sete setas; e na praia andavam muitos com seus arcos e setas; mas de nada lhes serviram. Trouxe-os logo, já de noite, ao Capitão, em cuja nau foram recebidos com muito prazer e festa.

A feição deles é serem pardos, maneira de avermelhados, de bons rostos e bons narizes, bem-feitos. Andam nus, sem nenhuma cobertura. Nem estimam de cobrir ou de mostrar suas vergonhas; e nisso têm tanta inocência como em mostrar o rosto. Ambos traziam os beiços de baixo furados e metidos neles seus ossos brancos e verdadeiros, de comprimento duma mão travessa, da grossura dum fuso de algodão, agudos na ponta como um furador. Metem-nos pela parte de dentro do beiço; e a parte que lhes fica entre o beiço e os dentes é feita como roque de xadrez, ali encaixado de tal sorte que não os molesta, nem os estorva no falar, no comer ou no beber.

Os cabelos seus são corredios. E andavam tosquiados, de tosquia alta, mais que de sobrepente, de boa grandura e rapados até por cima das orelhas. E um deles trazia por baixo da solapa, de fonte a fonte para detrás, uma espécie de cabeleira de penas de ave amarelas, que seria do comprimento de um coto, mui basta e mui cerrada, que lhe cobria o toutiço e as orelhas. E andava pegada aos cabelos, pena e pena, com uma confeição branda como cera (mas não o era), de maneira que a cabeleira ficava mui redonda e mui basta, e mui igual, e não fazia míngua mais lavagem para a levantar.

O Capitão, quando eles vieram, estava sentado em uma cadeira, bem vestido, com um colar de ouro mui grande ao pescoço, e aos pés uma alcatifa por estrado. Sancho de Tovar (*circa* 1465-1547), Simão de Miranda (?-1515), Nicolau Coelho, Aires Correia, e nós outros que aqui na nau com ele vamos, sentados no chão, pela alcatifa. Acenderam-se tochas. Entraram. Mas não fizeram sinal de cortesia, nem de falar ao Capitão nem a ninguém. Porém um deles pôs olho no colar do Capitão, e começou de acenar com a mão para a terra e depois para o colar, como que nos dizendo que ali havia ouro. Também olhou para um castiçal de prata e assim mesmo acenava para a terra e novamente para o castiçal como se lá também houvesse prata.

Mostraram-lhes um papagaio pardo que o Capitão traz consigo; tomaram-no logo na mão e acenaram para a terra, como quem diz que os havia ali. Mostraram-lhes um carneiro: não fizeram caso. Mostraram-lhes uma galinha, quase tiveram medo dela: não lhe queriam pôr a mão; e depois a tomaram como que espantados.

Deram-lhes ali de comer: pão e peixe cozido, confeitos, fartéis, mel e figos passados. Não quiseram comer quase nada daquilo; e, se alguma coisa provaram, logo a lançaram fora. Trouxeram-lhes vinho numa taça; mal lhe puseram a boca; não gostaram nada, nem quiseram mais. Trouxeram-lhes a água em uma albarrada. Não beberam. Mal a tomaram na boca, que lavaram, e logo a lançaram fora.

Viu um deles umas contas de rosário, brancas; acenou que lhas dessem, folgou muito com elas, e lançou-as ao pescoço. Depois tirou-as e enrolou-as no braço e acenava para a terra e de novo para as contas e para o colar do Capitão, como dizendo que dariam ouro por aquilo.

Isso tomávamos nós assim por assim o desejarmos. Mas se ele queria dizer que levaria as contas e mais o colar, isso não o queríamos nós entender, porque não lho havíamos de dar. E depois tornou as contas a quem lhas dera.

Então estiraram-se de costas na alcatifa, a dormir, sem buscarem maneira de cobrirem suas vergonhas, as quais não eram fanadas; e as cabeleiras delas estavam bem rapadas e feitas. O Capitão lhes mandou pôr por baixo das cabeças seus coxins; e o da cabeleira esforçava-se por não a quebrar. E lançaram-lhes um manto por cima; e eles consentiram, quedaram-se e dormiram.

Ao sábado pela manhã mandou o Capitão fazer vela, e fomos demandar a entrada, a qual era mui larga e alta de seis a sete braças. Entraram todas as naus dentro; e ancoraram em cinco ou seis braças — ancoragem dentro tão grande, tão formosa e tão segura, que podem abrigar-se nela mais de duzentos navios e naus. E tanto que as naus quedaram ancoradas, todos os capitães vieram a essa nau do Capitão-mor. E daqui mandou o Capitão a Nicolau Coelho e Bartolomeu Dias (*circa* 1450-1500) que fossem em terra e levassem aqueles dois homens e os deixassem ir com seu arco e setas, e isso depois que fez dar a cada um sua camisa nova, sua carapuça vermelha e um rosário de contas brancas de osso, que eles levaram nos braços, seus cascavéis e suas campainhas. E mandou com eles, para lá ficar, um mancebo degredado, criado de dom João Telo, a que chamam Afonso Ribeiro, para lá andar com eles e saber de seu viver e maneiras. E a mim mandou que fosse com Nicolau Coelho.

Fomos assim de frecha direitos à praia. Ali acudiram logo obra de 200 homens, todos nus, e com arcos e setas nas mãos. Aqueles que nós levávamos acenaram-lhes que se afastassem e pousassem os arcos; e eles os pousaram, mas não se afastaram muito. E mal pousaram os arcos, logo saíram os que nós levávamos, e o mancebo degredado com eles. E saídos não pararam mais; nem esperavam um pelo outro, mas antes corriam a quem mais corria. E passaram um rio que por ali corre, de água doce, de muita água que lhes dava pela braga; e outros muitos com eles. E foram assim correndo, além do rio, entre umas moitas de palmas onde estavam outros. Ali pararam. Entretanto foi-se o degredado com um homem que, logo ao sair do batel, o agasalhou e o levou até lá. Mas logo tornaram a nós; e com ele vieram os outros que nós leváramos, os quais vinham já nus e sem carapuças.

Então se começaram de chegar muitos. Entravam pela beira do mar para os batéis, até que mais não podiam; traziam cabaços de água e tomavam alguns barris que nós levávamos: enchiam-nos de água e traziam-nos aos batéis. Não que eles de todos chegassem à borda do batel. Mas junto a ele, lançavam os barris que nós tomávamos; e pediam que lhes dessem alguma coisa. Levava Nicolau Coelho cascavéis e manilhas. E a uns dava um cascavel, a outros uma manilha, de maneira que com aquele engodo quase nos queriam dar a mão. Davam-nos daqueles arcos e setas por sombreiros e carapuças de linho ou por qualquer coisa que homem lhes queria dar.

Dali se partiram os outros dois mancebos, que os não vimos mais.

Muitos deles ou quase a maior parte dos que andavam ali traziam aqueles bicos de osso nos beiços. E alguns, que andavam sem eles, tinham os beiços furados e nos buracos uns espelhos de pau, que pareciam espelhos de borracha; outros traziam três daqueles bicos, a saber, um no meio e os dois nos cabos. Aí andavam outros, quartejados de cores, a saber, metade deles da sua própria cor, e metade de tintura preta, a modos de azulada; e outros quartejados de escaques. Ali andavam entre eles três ou quatro moças, bem moças e bem gentis, com cabelos muito pretos, compridos pelas espáduas, e suas vergonhas tão altas, tão cerradinhas e tão limpas das cabeleiras que, de as muito bem olharmos, não tínhamos nenhuma vergonha.

Ali por então não houve mais fala ou entendimento com eles, por a barbaria deles ser tamanha, que se não entendia nem ouvia ninguém.

PERO VAZ DE CAMINHA (Porto, atual Portugal, 1450 – Calecute, atual Índia, 1500) foi escrivão na armada de Pedro Álvares Cabral (*circa* 1467-*circa* 1520) durante as grandes navegações.

FONTE: Excerto da carta escrita por Pero Vaz de Caminha. O manuscrito original se encontra no Arquivo da Torre do Tombo, em Portugal, gaveta 8, maço 2, n. 8. A Biblioteca Nacional do Rio de Janeiro possui um fac-símile produzido em 1876, 49,03,007 n. 001, do qual foi retirada a transcrição, feita por pessoa desconhecida.

A morte de Calabar

MANOEL CALADO
1648

Aceitaram os Holandeses o partido.[1] Posta toda a nossa gente em ala a modo de esquadrão, repartido por dois lados, o Sargento Mor Picardo veio saindo. Após dele todos os demais que dentro na força estavam com suas armas. E no fim da povoação lhas foram tomando Manuel Camelo de Quiroga[2] e outros cinco homens graves que para a tal função estavam deputados. Dentro na fortificação ficaram presos Domingos Fernandes Calabar (1609-1635), sem que os Holandeses fizessem muita força por lhe libertar a vida nos concertos que trataram antes de se renderem (que este é o pago que eles costumam a dar aos que deles se fiam, que se servem deles enquanto os hão mister, e no tempo da necessidade e tribulação os deixam desamparados, entregues à morte). Também prenderam a um Manuel de Crasto, homem de nação, o qual servia de Almoxarife, ou para que melhor digamos, de Meirinho dos provimentos dos Holandeses, que lhe buscavam farinha, e vacas para se sustentarem e se ficou com eles dentro de fortificação.

Mandou o General Matias de Albuquerque (1595-1647)[3] assegurar os rendidos entre a nossa infantaria para os levar consigo, como os levou. E mandou deitar os feridos Holandeses por as casas dos moradores ali vizinhos para que os curassem, os quais todos em breve morreram, uns porque iam muito mal feridos, outros por não lhe aplicarem medicamentos necessários e se lhe errar a cura por falta de cirurgiões. Os nossos feridos, a uns levou consigo, e a outros mandou levar para as casas dos moradores, que dali vinham distantes, por que se o inimigo viesse com seu exército, como veio, os não achasse ali perto e os matasse. Manuel de Crasto foi condenado à morte por traidor. O mandou o Auditor Geral enforcar em cajueiro e sobre o Calabar se fez junta no que se havia de fazer dele. Como se havia de entender aquela promessa dos concertos, que ficaria à mercê d'El-Rei, e se resolveu em que Matias de Albuquerque representava ali a pessoa d'El-Rei, pois era seu General naquela guerra, e exército. Assim o General com o Auditor o condenaram a morrer enforcado e esquartejado por traidor e aleivoso à sua pátria e a seu Rei, o Senhor, e por os muitos males, agravos, furtos e extorsões que havia feito e foi causa de se fazerem aos moradores de Pernambuco. Mandou logo Matias de Albuquerque chamar ao Padre Frei Manuel do Salvador (1584-1654)[4] ao mato onde ele morava, que não era muita distância da povoação, e lhe pediu que fosse a confessar ao Calabar e o encaminhasse a que não perdesse a alma, pois com tanta infâmia tinha perdido a vida. Foi o Padre logo aonde ele estava preso, lhe disse o que lhe importava para sua salvação e que se preparasse para se confessar, como naquele dia havia de ir dar conta a Deus. Depois de lhe fazer algumas exortações necessárias em tal tempo, o deixou só e se saiu para a rua por espaço de uma hora, para que naquele meio tempo se aparelhasse como convinha.

Dentro de uma hora tornou a ter com ele. Das oito da manhã até o meio-dia esteve com ele e se confessou com muitas lágrimas e com punção do espírito, segundo demonstrava entendeu o Padre que com muito e verdadeiro arrependimento de seus pecados, segundo o que o juízo humano pode alcançar. Lhe fez certos apontamentos de dívidas e obrigações em que estava e de boa quantia de dinheiro que os do Conselho supremo dos Holandeses lhe deviam de seu soldo e de algumas peças de ouro e prata e alfaias de sede, que no Recife tinha para que dali se pagassem algumas dívidas, em que estava obrigado e lhe mandou que estes apontamentos entregasse a sua mãe Angela Alures, o que o Padre fez pontualmente. Tornando a vê-lo pelas três horas da tarde se tornou a reconciliar com as mesmas lágrimas e mostras de arrependimento. Chegou neste tempo aonde ele estava com o Padre o Ouvidor João Soares de Almeida com o Escrivão Vicente Gomes da Rocha e lhe perguntou que se que alguns Portugueses haviam sido traidores e tratavam com o inimigo secretamente, levando-lhe ou mandando-lhe avisos do que entre nós se fazia que o declarasse? Ao que ele respondeu que muito sabia e tinha visto nesta matéria, e que não eram os mais abatidos do povo os culpados e que tomaria conselho com o Padre se o podia fazer, que ele o declararia na hora de sua morte, porém que de presente não se atrevia a furtar o tempo que lhe restava de vida e deixar de chorar seus pecados e pedir a Deus perdão deles e ocupar-se a fazer autos e denunciações por mão de Escrivão. Avisou o Padre sobre o caso a Matias de Albuquerque de algumas coisas pesadas que o Calabar tratou com ele, que lhe deu licença para que as dissesse ao dito Matias de Albuquerque, o qual em o ouvindo mandou que não se falasse mais nessa matéria, por não se levantar alguma poeira, da qual se originassem muitos desgostos e trabalhos: o Padre mandou que se fosse descansar à sua casa e que ao seguinte dia tornasse logo pela manhã e lhe mandou dar um cavalo seu para ele se ir.

Tanto que apontou a noite se pôs a soldadesca em ordem, e o Sargento Mor dos Italianos Paulo Barnola, com o Proboste e mais ministros da Justiça, tiraram ao Calabar da prisão. A um esteio que ali estava junto à casa lhe deram garrote e o fizeram em quartos, os quais puseram em cima dos paus da estacada que havia servido de trincheira aos Holandeses e com tanta pressa, que nem lugar lhe deram a se despedir e pedir perdão aos circunstantes, como queria, receosos de que dissesse ou declarasse algumas coisas pesadas, o que ele não tinha intenção de fazer, segundo o havia prometido ao Padre. Morto Calabar mandou Matias de Albuquerque carregar em carros as peças de artilharia que ali achou e as foram esconder em um rio secretamente para se tirarem a seu tempo e em outros carros puseram as armas que haviam tomado aos rendidos e outras vitualhas, mandou tocar caixa, e marchou com todo o peso da gente de guerra para as Alagoas, com o qual se foram também alguns dos moradores daquela freguesia, deixando suas casas e fazendas ao desamparo.

MANOEL CALADO (Vila Viçosa, atual Portugal, 1584 – Lisboa, atual Portugal, 1654) foi frei e escritor. Testemunhou as invasões holandesas ocorridas no estado de Pernambuco durante o século 17.

FONTE: Excerto originalmente publicado no capítulo 2, "No qual se trata da entrada dos Holandeses na vila de Olinda, como conquistaram toda a capitania de Pernambuco e quem foram os que ajudaram nessa empresa", de *O valeroso Lucideno e Triumpho da liberdade. Primeira parte. Composta por o P. Mestre Frei Manoel Calado da Ordem de S. Paulo primeiro Ermitão, da Congregação dos Eremitas da Serra d'Ossa, natural de Villaviçosa. Dedicada ao Serenissimo Senhor Dom Theodosio Principe do Reyno, e Monarchia de Portugal*. Lisboa: Paulo Craesbeeck, 1648, pp. 21-22. Transcrição revisada, baseada em LEÃO, Múcio. "A morte de Calabar". *Autores e Livros*, ano 10, v. 11, n. 3, mar. 1950, p. 24.

1 Para um relato contemporâneo do conflito entre pernambucanos e holandeses, ver Evaldo Cabral de Mello, *Olinda restaurada: guerra e açúcar no Nordeste, 1630-1654*. 3. ed. São Paulo: Ed. 34, 2007. O texto trata da expedição que resultou na morte do líder Calabar, até hoje uma figura ambígua que oscila, na historiografia, entre herói e traidor nacional. [N. E.]

2 Como afirma Evaldo Cabral de Mello (*O bagaço da cana*. São Paulo: Penguin/ Companhia das Letras, 2012, pp. 137-38), Manuel Camelo de Quiroga era proprietário do engenho São Francisco (também chamado de Escurial). Faleceu em 1645, pouco após aderir à rebelião contra a ocupação holandesa. [N. E.]

3 Governador de Pernambuco entre 1620 e 1627 e governador geral do Brasil entre 1624 e 1627. Ver Francis Anthony Dutra, *Matias de Albuquerque: A Seventeeth-Century Capitão-Mor of Pernambuco and Governor-General of Brazil*. Tese de PhD. New York University, 1968. [N. E.]

4 Ver José Antonio Gonsalves de Mello, *Frei Manuel Calado do Salvador. Religioso da ordem de São Paulo, pregador apostólico por sua santidade, cronista da restauração*. Recife: Universidade do Recife, 1954. [N. E.]

Descreve com mais individuação a fidúcia com que os estranhos sobem a arruinar sua República

ATRIBUÍDO A GREGÓRIO DE MATOS E GUERRA
SÉCULO 17

Senhora Dona Bahia,[1]
nobre e opulenta cidade,
madrasta dos naturais,
e dos estrangeiros madre.

Dizei-me por vida vossa
em que fundais o ditame
de exaltar os que aqui vêm,
e abater os que aqui nascem?

Se o fazeis pelo interesse
de que os estranhos vos gabem,
isso as paisanos fariam
com conhecidas vantagens.

E suposto que os louvores
em boca própria não valem,
se tem força esta sentença,
mor força terá a verdade.

O certo é, pátria minha,
que fostes terra de alarves,
e inda os ressábios vos duram
desse tempo e dessa idade.

Haverá duzentos anos,
nem tantos podem contar-se,
que éreis uma aldeia pobre,
e hoje sois rica cidade.

Então vos pisavam índios,
e vos habitavam cafres,
hoje chispais fidalguias,
arrojando personagens.

A essas personagens vamos,
sobre elas será o debate,
e queira Deus que o vencer-vos
para envergonhar-vos baste.

Sai um pobrete de Cristo
de Portugal ou do Algarve,
cheio de drogas alheias
para daí tirar gages.

O tal foi sota-tendeiro
de um cristão-novo em tal parte,
que por aqueles serviços
o despachou a embarcar-se.

Fez-lhe uma carregação
entre amigos e compadres:
e ei-lo comissário feito
de linhas, lonas, beirames.

Entra pela barra dentro,
dá fundo, e logo a entonar-se
começa a bordo da nau
cum vestidinho flamante.

Salta em terra, toma casas,
arma a botica dos trastes,
em casa come baleia,
na rua entoja manjares.

Vendendo gato por lebre,
antes que quatro anos passem
já tem tantos mil cruzados,
segundo afirmam pasguates.

Começam a olhar para ele
os pais, que já querem dar-lhe
filha e dote, porque querem
homem que coma e não gaste.

Que esse mal há nos mazombos.
Tem tão pouca habilidade,
que o seu dinheiro despendem
para haver de sustentar-se.

Casa-se o meu matachim,
põe duas negras e um pajem,
uma rede com dois minas,
chapéu-de-sol, casas-grandes.

Entra logo nos pelouros,
e sai do primeiro lance
Vereador da Bahia,
Que é notável dignidade.

Já temos o canastreiro,
que inda fede a seus beirames,
metamorfósis da terra
transformado em homem grande:
e eis aqui a personagem.

Vem outro do mesmo lote,
tão pobre e tão miserável,
vende os retalhos, e tira
comissão com couro e carne.

Co'o principal se levanta,
e tudo emprega no Iguape,
que um engenho e três fazendas
o têm feito homem grande:
e eis aqui a personagem.

Dentre a chusma e a canalha
da marítima bagagem,
fica às vezes um cristão,
que apenas benzer-se sabe:

Fica em terra resoluto
a entrar na ordem mercante,
troca por côvado e vara
timão, balestilha e mares.

Arma-lhe a tenda um ricaço,
que a terra chama magnate,
com pacto de parceria,
que em direito e sociedade.

Com isto o marinheiraz
do primeiro jacto ou lance
bota fora o cu breado,
as mãos dissimula em guantes.

Vende o cabedal alheio
e dá com ele em levante,
vai e vem, e ao dar das contas
diminui, e não reparte.

Prende aqui, prende acolá,
nunca falta um bom compadre,
que entretenha o credor,
ou faça esperar o alcaide.

Passa um ano, e outro ano,
esperando que ele pague,
que uns lhe dão, para que junte,
e outros para que engane.

Nunca paga, e sempre come,
e quer o triste mascate,
que em fazer a sua estrela
o tenham por homem grande.

O que ele fez foi furtar,
que isso faz qualquer bribante,
tudo o mais lhe fez a terra,
sempre propícia aos infames:
e eis aqui a personagem.

Vem um clérigo idiota,
desmaiado com um jalde,
os vícios com seu bioco,
com seu rebuço as maldades:

Mais santo do que Mafoma
na crença dos seus Arabes,
Letrado como um matulo,
e velhaco como um frade:

Ontem simples sacerdote,
hoje uma grã dignidade,
ontem selvagem notório,
hoje encoberto ignorante.

Ao tal beato fingido
é força que o povo aclame,
e os do governo se obriguem,
pois edifica a cidade.

Chovem uns e chovem outros
com ofícios e lugares,
e o beato tudo apanha
por sua muita humildade.

Cresce em dinheiro e respeito,
vai remetendo as fundagens,
compra toda a sua terra,
com que fica homem grande:
e eis aqui a personagem.

Vêm outros zotes de réquiem,
que indo tomar o caráter,
todo o Reino inteiro cruzam
sobre a chanca viandante.

De uma província para outra
como dromedários partem,
caminham como camelos,
e comem como selvagens.

Mariolas de missal,
lacaios missa-cantantes,
sacerdotes ao burlesco,
ao sério ganhões de altares.

Chega um destes, toma amo,
que as capelas dos magnates
são rendas que Deus criou
para estes *Orate-fratres*.

Fazem-lhe certo ordenado,
que é dinheiro na verdade
que o Papa reserva sempre
das ceias e dos jantares.

Não se gasta, antes se embolsa,
porque o reverendo padre
é do *santo neque demus*
meritíssimo confrade.

Com este cabedal junto
já se resolve a embarcar-se,
vai para a sua terrinha
com fumos de ser abade:
e eis aqui a personagem.

Veem isto os filhos da terra,
e entre tanta iniquidade
são tais, que nem inda tomam
licença para queixar-se.

Sempre veem, e sempre calam,
até que Deus lhes depare
quem lhes faça de justiça
esta sátira à cidade.

Tão queimada e destruída
te vejas, torpe cidade,
como Sodoma e Gomorra,
duas cidades infames.

Que eu zombo dos teus vizinhos,
sejam pequenos ou grandes,
gozos, que por natureza
nunca mordem, sempre latem.

Que eu espero entre os Paulistas
na divina Majestade,
que a ti São Marçal te queime,
e a mim São Pedro me guarde.

GREGÓRIO DE MATOS E GUERRA (Salvador, 1636 – Recife, 1696) foi juiz de fora, desembargador e compositor de peças poéticas, com formação em cânones pela Universidade de Coimbra. Em decorrência de seus conflitos com a governança local de Salvador, foi degradado, em 1694, para Angola. Com autorização, retornou para Recife, falecendo pouco depois.

FONTE: "Descreve com mais individuação a fidúcia com que os estranhos sobem a arruinar sua República". In: *Poemas escolhidos de Gregório de Matos*. Org. José Miguel Wisnik. São Paulo: Companhia das Letras, 2010.

1 Para mais informações sobre a obra atribuída a Gregório de Matos e Guerra e a prática poética de seu período, ver João Adolfo Hansen, *A sátira e o engenho: Gregório de Matos e a Bahia no século XVII*. 2. ed. Cotia/Campinas: Ateliê Editorial/Ed. Unicamp, 2004; Maria do Socorro Fernandes de Carvalho, *Poesia de agudeza em Portugal*. São Paulo: Humanitas Editorial/Edusp/Fapesp, 2007; Marcello Moreira, *Critica Textualis in Caelum Revocata? Uma proposta de edição e estudo da tradição de Gregório de Matos e Guerra*. São Paulo: Edusp, 2011; Gregório de Matos e Guerra, *Poemas atribuídos. Códice Asensio-Cunha*. Org. João Adolfo Hansen e Marcello Moreira. v. 1-5. São Paulo: Autêntica, 2014 (no segundo volume dessa coleção, há o poema com outra transcrição, pp. 12-20); e João Adolfo Hansen, "Ler e ver: pressupostos da representação colonial". In: *Agudezas seiscentistas e outros ensaios*. Org. Cilaine Alves Cunha e Mayra Laudanna. São Paulo: Edusp, 2019, pp. 25-38. [N. E.]

A vaidade humana

CLÁUDIO MANUEL DA COSTA
DÉCADA DE 1780

1
Babilônia vaidosa,[1]
Mênfis soberba, eu vejo, que ambiciosa
De eternizar teu fausto entre
os humanos,
Tu, da grandeza, e da
opulência exemplos,
A Serápis, e a Belo ergues os Templos;
E tu, vencendo os danos
Do tempo gastador, em cópias de ouro,
Consomes o Tesouro,
Que das nações estranhas trouxe a
Espada
Dos teus Palácios na gentil fachada.

2
Mas que pouco acredita
A prudência mortal tudo o que excita,
A admiração, e o espanto em
teus Altares,
E nos teus Mausoléus! As mugidoras,
Bárbaras Divindades, que já foras
Honrando tutelares
Nas mesmas aras onde acharam culto
Vem suceder o insulto;
E vem no mesmo estrago confundidas
Teus Monarcas e as Urnas mais luzidas

3
Tudo levou o ferro,
Tudo o fogo abrasou; ao crime, ao erro
Cedeu a pompa, que a vaidade um dia
Arrastara com bárbara torpeza:
No cadáver das pedras a grandeza
Descobre o que seria:
Votos que o desengano em ti recebe
Só a ideia percebe;
Aqui foi Mênfis, diz o caminhante;
Ali foi Babilônia, e passa avante.

4
Mortais, vossa loucura
É só o que nas vossas obras dura;
Pouco importa, que artífice perito
Do cinzel, ou da lima esgote
o empenho;
Que no Dórico rasgo, ou no desenho
Do Coríntio esquisito
Consagre ao tempo os
monumentos raros;
Vós, ó dentes avaros
Devorais insensíveis tudo quanto
Se armara para o gosto, e para
o espanto.

5
Quão pouco é necessário
A nossa habitação! No giro vário
Do mundo, que em costumes degenera
É que achou nossa errada fantasia
As altas torres, que erigir devia:
Não era assim, não era
Quando a náufraga Mãe pedras
lançando
Via estar-se animando
A geração primeira, que seu ninho,
Buscou no freixo, no carvalho, e pinho.

6
Só tu, Pastor ditoso,
Só tu sabes prezar o delicioso
Documento da esperta natureza:
Sobre a silvestre cana atando a palha,
De própria mão solícita trabalha
Tua dócil destreza:
Entro, e registro esta adorável choça;
Que coisa há que não possa
Arrebatar-me aqui! É tosca, é rude
Mas nela vive a Paz, vive a Virtude.

7
Nem quando o cão celeste
Queima os campos, receias que te
creste
O raio abrasador; nem quando aos ares
Solta o vaso Órion de horrores cheio,
Eu vejo que te assusta algum receio
Dos procelosos mares:
Recolhido no pobre, humilde abrigo
Ao doce sono amigo
Rendes os laços membros; teu cuidado
Só no romper da luz te chama ao gado.

8
Em que funestos Laços
Não vive o Grande nos dourados Paços!
Que imagens de desgosto, e de agonia
Em cada Jaspe liso não descobre?
Se é que o debuxo de Sidonia cobre
O leito, em que dormia,
Se a cabeça descansa em mole pena,
Qual hora tão serena
O viu jamais no seu repouso? Unido
Ao vaidoso aparato anda o gemido.

9
Choras, mas porque queres,
Tu forjas o punhal com te feres.
Deixa os soberbos Feitos, vem comigo
Habitar esta rústica cabana;
A orgulhosa ambição, a inveja insana
Aqui não tem abrigo;
A paz suave nestes campos mora;
Desde que rompe a Aurora
Até que o Sol se esconda no horizonte
Tudo é prazer, ó Grandes, neste monte.

10
A prática inocente
Entretém junto ao lume a
simples gente,
Que aos seus rediz recolhe o
manso gado;
Não se ouve murmurar da mão que
erguera
Ao grau mais algo ao vil da
baixa esfera:
Não se fala do Estado
De algum Ímpio, que a grande
soma ajunta;
Tão pouco se pergunta
Quando a mercante Nau ao porto cheia
Há de voltar da oriental areia.

11
Se em cólera abrasada
Fere de Marte a fulminante Espada,
Não pense que dos Pórticos, e Torres
Abandone a magnífica estrutura;
Ela não descerá soberba, e dura.
Sobre esta área que corres;
Onde debalde à militar Licença
O roubo se dispensa;
Dos carbúnculos, das pérolas, e do
Ouro
Tinge, ou esmalta o vencedor o Louro.

12
Eu te beijo, e saúdo,
Habitação bendita, ao dente agudo
Da macilenta inveja aqui resisto;
Edificai Palácios, vós, que a pele
Prezais entanto, do Carneiro de Helle;
Mas vede, que com isto
Dais ao tirano, que inda Roma acusa
As chamas, em que a Musa
Do cantor grego se deleita, enquanto
O Simoenta ardia, e ardia o Xanto.

13
Se o filho de Agripina
A cena iguala da fatal ruína
É porque às altas Torres de Tarpeia
Correspondem do Dárdano
as muralhas.
Os Capitéis, os Frisos, as Cimalhas
Lhe dão do Ílion a ideia;
Não fora assim, se em míseras cabanas
Visse as Legiões Romanas
Postadas junto ao Tibre, qual um dia,
Quando a Virtude ao Luxo em
vão cedia.

14
Sagrada temperança,
Divino dom do céu por ti se alcança
O bem, que a instável Roda não altera.
Feliz o sábio por ti vive; nada
Do Macedônio o inquieta a
vista armada;
Maior se considera
Que o vencedor da Pérsia; ele suspira;
Confessa, que delira:
Pouco importa, que sobre a
Terra mande:
Pode Alexandre ser, mas não
ser grande.

1 Sobre Cláudio Manuel da Costa, ver Sérgio Alcides, *Estes penhascos: Cláudio Manuel da Costa e a paisagem de Minas (1753-1773)*. São Paulo: Hucitec, 2003; Ricardo Martins Valle, *Instituições da coisa bélica: tradições de doutrina e jurisprudência, instituições civis e práticas letradas, guerra justa e matéria heróica*. Tese de Doutorado. Universidade de São Paulo, 2010; Laura de Mello e Souza, *Cláudio Manuel da Costa: o letrado dividido*. São Paulo: Companhia das Letras, 2011; e Sérgio Alcides, "Fábula de Cláudio Manuel da Costa: mineração e poesia em situação colonial". *Nova Economia*, v. 29, n. especial, 2019, pp. 1.398-1.407. [N. E.]

CLÁUDIO MANUEL DA COSTA (Vila do Ribeirão do Carmo, Minas Gerais, 1729 – Vila Rica, atual Ouro Preto, Minas Gerais, 1789) foi advogado e poeta. Considerado um dos principais escritores da poesia do arcadismo brasileiro, integrou o movimento da Inconfidência Mineira, que tinha como objetivo a separação da capitania de Minas Gerais da Coroa portuguesa.

FONTE: *Manual de obras, livro manuscrito com inéditos de Cláudio Manuel da Costa*. Setor de Reservados da Biblioteca Nacional de Lisboa, códice 11.438, pp. 21-27. Ortografia atualizada para as normas gramaticais atuais, preservando a pontuação e as maiúsculas do texto original, a partir de *O velho Cláudio: inéditos da maturidade de Cláudio Manuel da Costa*. Org. Carlos Versiani dos Anjos. Ouro Preto: Liberdade, 2019, pp. 124-37.

Tratado proposto a Manuel da Silva Ferreira pelos seus escravos durante o tempo em que conservaram levantados

ESCRAVIZADOS NÃO IDENTIFICADOS
***CIRCA* 1789**

Meu Senhor,[1] nós queremos paz e não queremos guerra; se meu Senhor também quiser nossa paz há de ser nesta conformidade, se quiser estar pelo que nós quisermos a saber:

Em cada semana nos há de dar os dias de sexta-feira e de Sábado para trabalharmos para nós, não tirando um destes dias por causa de dia Santo.

Para podermos viver nos há de dar Rede, tarrafa e canoas.

Não nos há de obrigar a fazer camboas, nem mariscar, e quando quiser fazer camboas e mariscar mandes os seus pretos Minas.[2]

Para o seu sustento tenha Lancha de pescaria, e canoas do alto, e quando quiser comer mariscos mande os seus pretos Minas.

Faça uma barca grande para quando for para Bahia nós metermos as nossas cargas para não pegarmos fretes.

Na planta de mandioca, os homens queremos que só tenham tarefa de duas mãos e meia, e as mulheres de duas mãos.[3]

A tarefa de farinha há de ser de cinco alqueires rasos, pondo arrancadores bastantes para estes servirem de pendurarem os tapetes.

A tarefa de cana há de ser de cinco mãos, e não de seis, e a dez canas em cada feixe.

No barco há de pôr quatro varas, e um para o Leme, e um no leme puxa muito por nós.

A madeira que se serrar com serra de mão embaixo hão de serrar três, e um em cima.

A medida de lenha há de ser como aqui se praticava, para cada medida um cortador, e uma mulher para carregadeira.

Os atuais Feitores[4] não os queremos, faça eleição de outros com a nossa aprovação.

Nas moendas há de pôr quatro moedeiras, duas guindas e uma carcanha.

Em cada uma caldeira há de haver botador de fogo, e em cada terno de faixas o mesmo, e no dia de Sábado há de haver Irremediavelmente peija no Engenho.

Os marinheiros que andam na Lancha além de camisa de baeta que se lhe dá, hão de ter Gibão de baeta, e todo o vestuário necessário.

O canavial de Jabirú o iremos aproveitar por esta vez, e depois há de ficar para pasto porque não podemos andar tirando canas por entre mangues.

Poderemos plantar nosso arroz onde quisermos, e em qualquer Brejo, sem que para isso peçamos licença, e poderemos cada um tirar jacarandás ou qualquer pau, sem darmos parte para isso.

A estar por todos os artigos acima, e conceder-nos estar sempre de posse de ferramenta, estamos prontos para o servimos como dantes, porque não queremos seguir os maus costumes dos mais Engenhos.

Poderemos brincar, folgar e cantar em todos os tempos que quisermos sem que nos empeça e nem sela preciso licença.

FONTE: O manuscrito está localizado no Arquivo Público do Estado da Bahia, Cartas ao Governo, 207. A transcrição foi retirada de REIS, João José; SILVA, Eduardo. *Negociação e conflito: a resistência negra no Brasil escravista*. São Paulo: Companhia das Letras, 1979, pp. 123-24, em comparação com PINTO, Andrey Soares. *Revolta, negociação e autoridade: o levante dos escravos do Engenho Santana, Ilhéus (1789)*. Dissertação de Mestrado. Universidade de Brasília, 2020, pp. 74-75.

1 Para mais informações sobre produções letradas de escravizados e libertos na América portuguesa e no Império do Brasil, ver Sandra Lauderdale Graham, "Writing from the Margins: Brazilian Slaves and Written Culture". *Comparative Studies in Society and History*, v. 49, n. 3, 2007, pp. 611-36; Francisco Alves de Souza, *Diálogos Makii de Francisco Alves de Souza: manuscrito de uma congregação católica de africanos Mina, 1786*. Org. Mariza de Carvalho Soares. São Paulo: Chão Editora, 2019; e Iamara da Silva Viana, Alexandre Ribeiro Neto e Flávio Gomes, "Escritos insubordinados entre escravizados e libertos no Brasil". *Estudos Avançados*, v. 33, n. 96, 2019, pp. 155-77. [N. E.]

2 Os africanos da costa ocidental costumavam ser identificados como "minas". No século 19, os "minas" que chegavam à cidade eram aqueles embarcados nos portos do golfo do Benin e incluíam iorubás, haussás, tapas e outros grupos. Muitos vinham da Bahia, num fluxo migratório interno importante, que aumentou após 1835, com o crescimento do comércio do café. De toda maneira, o termo "mina" foi uma designação forjada no âmbito do tráfico de escravos e era muitas vezes adotada pelos africanos como identidade que reunia todos os africanos da costa ocidental, já aqui no Brasil. Referia-se pois a redes de solidariedade criadas na diáspora. Mesmo que representassem uma minoria entre a população africana do Rio de Janeiro — a maioria dos escravizados da cidade eram importados do centro-oeste africano —, evidências sugerem uma influência cultural importante sobre o restante da população africana do Rio de Janeiro. [N. E.]

3 O pedido se refere ao devido controle com o excesso de trabalho e a delimitação dos serviços. [N. E.]

4 Trabalhadores dos engenhos responsáveis pelo controle e vigilância dos escravos. Para executar sua função, os feitores se utilizam de tortura e outros métodos violentos para reprimir e punir as pessoas escravizadas. [N. E.]

Representação de José Bonifácio à Assembleia Geral Constituinte Legislativa do Império do Brasil

JOSÉ BONIFÁCIO
1823

Chegada a época feliz da regeneração política da Nação Brasileira,[1] e devendo todo o Cidadão honrado e instruído concorrer para tão grande obra, também eu me lisonjeio que poderei levar ante a Assembleia Geral Constituinte e Legislativa algumas ideias que o estudo e a experiência têm em mim excitado e desenvolvido.

Como Cidadão livre e Deputado da Nação dois objetos me parecem ser, fora a Constituição, de maior interesse para a prosperidade futura deste Império. O primeiro é um novo regulamento para promover a civilização geral dos Índios do Brasil,[2] que farão com o andar do tempo inúteis os escravos, cujo esboço já comuniquei a esta Assembleia. O segundo é uma nova Lei sobre o Comércio da escravatura e tratamento dos miseráveis cativos. Esse assunto faz o objeto da atual Representação. Nela me proponho a mostrar a necessidade de abolir o tráfico da escravatura, de melhorar a sorte dos atuais cativos e de promover a sua progressiva emancipação.

Quando verdadeiros Cristãos e Filantropos levantaram a voz pela primeira vez na Inglaterra contra o tráfico de escravos Africanos,[3] houve muita gente interesseira ou preocupada que gritou ser impossível ou impolítica semelhante abolição, porque as Colônias Britânicas não podiam escusar um tal comércio sem uma total destruição: todavia passou o Bill[4] e não se arruinaram as Colônias. Hoje em dia que *Wilbeforces* e *Buxtons*[5] trovejam de novo no Parlamento a favor da emancipação progressiva dos escravos, agitam-se outra vez os inimigos da humanidade como outrora; mas espero da justiça e generosidade do povo Inglês, que se conseguirá a emancipação, como já se conseguia abolição de tão infame tráfico. E porque os Brasileiros somente continuaram a ser surdos aos gritos da razão e da Religião cristã e, direi mais, da honra e brio Nacional? Pois somos a única Nação de sangue Europeu que ainda comercia clara e publicamente escravos Africanos.

Eu também sou Cristão e Filantropo; e Deus me anima para ousar levantar a minha fraca voz no meio desta Augusta Assembleia a favor da causa da justiça e ainda da sã Política, causa a mais nobre e santa que pode animar corações generosos e humanos. Legisladores, não tem ais os urros do sórdido interesse. Cumpre progredir sem pavor na carreira da justiça e da regeneração política; mas, todavia, cumpre que sejamos precavidos e prudentes. Se o antigo Despotismo foi insensível a tudo, assim lhe convinha ser por utilidade própria: queria que fossemos um povo mesclado e heterogêneo, sem nacionalidade e sem irmandade, para melhor nos escravizar. Graças aos Céus, e à nossa posição geográfica, já somos um Povo livre e independente. Mas como poderá haver uma Constituição liberal e duradoura em um país continuamente habitado por uma multidão imensa de escravos brutais e inimigos?[6] Comecemos, pois, desde já, essa grande obra pela expiação de nossos crimes e pecados velhos. Sim, não se trata somente de sermos justos, devemos também ser penitentes; devemos mostrar à face de Deus e dos outros homens que nos arrependemos de tudo o que nessa parte temos obrado há séculos contra a justiça e contra a religião, que nos bradam acordes que *não façamos aos outros o que queremos que não nos façam a nós*. É preciso, pois, que cessem de uma vez os roubos, incêndios e guerras que fomentamos entre os selvagens da África.[7] É preciso que não venham mais a nossos portos milhares e milhares de negros,[8] que morriam abafados no porão de nossos navios, mais apinhados que fardos de fazenda, é preciso que cessem de uma vez todas essas mortes e martírios sem conto, com que flagelávamos e flagelamos ainda esses desgraçados em nosso próprio território. É tempo, pois, e mais que tempo, que acabemos com um tráfico tão bárbaro e carniceiro; é tempo também que vamos acabando gradualmente até os últimos vestígios da escravidão entre nós para que venhamos a formar em poucas gerações uma Nação homogênea, sem o que nunca seremos verdadeiramente livres, respeitáveis e felizes. É da maior necessidade ir acabando tanta heterogeneidade física e civil; cuidemos, pois, desde já, em combinar sabiamente tantos elementos discordes e contrários e em *amalgamar* tantos metais diversos para que saia um *Todo* homogêneo e compacto, que se não esfarele ao pequeno toque de qualquer nova convulsão política. Mas que ciência química e que desteridade não são precisas aos operadores de tão grande e difícil manipulação? Sejamos, pois, sábios e prudentes, porém constantes sempre.

Com efeito, Senhores, Nação nenhuma talvez pecou mais contra a humanidade do que a Portuguesa, de que fazíamos outrora parte. Andou sempre devastando não só as terras da África e da Ásia, como disse Camões (*circa* 1525-1580),[9] mas igualmente as do nosso País.[10] Foram os Portugueses os primeiros que, desde o tempo do Infante dom Henrique (1394-1460), fizeram um ramo de comércio legal de prear homens livres e vendê-los como escravos nos mercados Europeus e Americanos.[11] Ainda hoje perto de quarenta mil criaturas humanas são anualmente arrancadas da África, privadas de seus lares, de seus pais, filhos e irmãos, transportadas às nossas regiões, sem a menor esperança de respirarem outra vez os pátrios ares, destinadas a trabalhar toda vida debaixo do açoite cruel de seus senhores, elas, seus filhos e os filhos de seus filhos, para todo o sempre!

Se os negros são homens como nós e não formam uma espécie de brutos animais, se sentem e pensam como nós, que quadro de dor e de miséria não apresentam eles à imaginação de qualquer homem sensível e cristão? Se os gemidos de um bruto nos condoem, é impossível que deixemos de sentir também certa dor simpática com as desgraças e misérias dos escravos, mas tal é o efeito do costume e a voz da cobiça que vêm homens correr lágrimas de outros homens, sem que estas lhes espremam dos olhos uma só gota de compaixão e de ternura. Mas a cobiça não sente nem discorre como a razão e a humanidade. Para lavar-se, pois, das acusações que merecia, lançou sempre mão e ainda agora lança de mil motivos capciosos, com que pretende fazer a sua apologia. Diz que é um ato de caridade trazer escravos da África, porque assim escapam esses desgraçados de serem vítimas de despóticos Régulos. Diz igualmente que, se não viessem esses escravos, ficariam privados da luz do Evangelho, que todo cristão deve promover e espalhar. Diz que esses infelizes mudam de um clima e país ardente e horrível para outro doce, fértil e ameno. Diz, por fim, que, devendo os criminosos e prisioneiros de guerra serem mortos imediatamente pelos seus bárbaros costumes, é um favor que se lhes faz, comprai-os para lhes conservar a vida, ainda que seja em cativeiro.

Homens perversos e insensatos! Todas essas razões apontadas valeriam alguma coisa se vós fôsseis buscar negros na África para lhes dar liberdade no Brasil e estabelecê-los como colonos; mas perpetuar a escravidão, fazer esses desgraçados mais infelizes do que seriam se alguns fossem mortos pela espada da injustiça e até dar azos certos para que se perpetuem tais horrores, é de certo um atentado manifesto contra as Leis eternas da justiça e da Religião. E por que continuaram e continuam a ser escravos os filhos desses Africanos? Cometeram eles crimes? Foram apanhados em guerra? Mudaram de clima mau para outro melhor? Saíram das trevas do paganismo para a luz do Evangelho? Não, por certo. Todavia, seus filhos e filhos desses filhos devem, segundo vós, ser desgraçados para todo o sempre. Fala, pois, contra vós, a justiça e a Religião, e só vos podeis escorar no bárbaro direito público das antigas Nações, principalmente na farragem das chamadas leis Romanas. Com efeito os Apologistas da escravidão escudam-se com os Gregos e os Romanos, sem advertirem que entre os Gregos e Romanos não estavam ainda bem desenvolvidos e demonstrados os princípios eternos do Direito natural e os divinos preceitos da Religião; e, todavia, como os escravos de então eram da mesma cor e origem dos senhores e igualmente tinham a mesma, ou quase igual, civilização que a de seus amos, sua indústria, bom comportamento e talentos os habilitavam facilmente a merecer o amor de seus senhores e a consideração dos outros homens; o que de nenhum modo pode acontecer em regra aos selvagens Africanos.

Se ao menos os senhores de negros no Brasil tratassem esses miseráveis com mais humanidade, eu certamente não escusaria, mas ao menos me condoeria da sua cegueira e injustiça; porém o habitante livre do Brasil, e mormente o Europeu, é não só, pela maior parte, surdo às vozes da justiça e aos sentimentos do Evangelho, mas até é cego a seus próprios interesses pecuniários e à felicidade doméstica da família.[12]

Com efeito, imensos cabedais saem anualmente deste Império para a África; e imensos cabedais se amortizam dentro desse vasto País pela compra de escravos, que morrem, adoecem, se inutilizam e demais pouco trabalham. Que luxo inútil de escravatura também não apresentam nossas Vilas e Cidades, que sem ela poderiam limitar-se a poucos e necessários criados? Que educação podem ter as famílias, que se servem desses entes infelizes, sem honra, nem religião? De escravas que se prostituem ao primeiro que as procura? Tudo, porém, se compensa nesta vida; nós tiranizamos os escravos e os reduzimos a brutos animais, e eles nos inoculam toda a sua imoralidade e todos os seus vícios.

E, na verdade, Senhores, se a moralidade e a justiça social de qualquer povo se fundam parte nas suas instituições Religiosas e Políticas e parte na Filosofia, para dizer assim, doméstica de cada família, que quadro pode apresentar o Brasil quando o consideramos debaixo desses dois pontos de vista? Qual é a Religião que temos, apesar da beleza e santidade do Evangelho que dizemos seguir? A nossa Religião é pela maior parte um sistema de superstições e de abusos antissociais; o nosso Clero, em muita parte ignorante e corrompido, é o primeiro que se serve de escravos e os acumula para enriquecer pelo comércio e pela agricultura e para formar, muitas vezes, das desgraçadas escravas um *Harém* turco. As famílias não têm educação nem a podem ter com o tráfico de escravos, nada as pode habituar a conhecer e amar a Virtude e a Religião. Riquezas e mais riquezas, gritam os nossos pseudo-estadistas, os nossos compradores e vendedores de carne humana; os nossos sabujos Eclesiásticos; os nossos Magistrados, se é que se pode dar um tão honroso título a almas, pela maior parte, venais, que só empunham a vara da justiça para oprimir desgraçados, que não podem satisfazer a sua cobiça ou melhorar a sua sorte. E então, Senhores, como pode grelar a justiça e a virtude e florescerem os bons costumes entre nós? Senhores, quando me pego nessas tristes considerações, quase que perco de todo as esperanças de ver o nosso Brasil um dia regenerado e feliz, pois que se me antolha que a ordem das vicissitudes humanas está de todo invertida no Brasil. O luxo e a corrupção nasceram entre nós antes da civilização e da indústria; e qual será a causa principal de um fenômeno tão espantoso? A escravidão, Senhores, a escravidão, porque o homem que conta com os jornais de seus escravos vive na indolência, e a indolência traz todos os vícios após si.

Diz, porém, a cobiça cega que os escravos são precisos no Brasil, porque a gente dele é frouxa e preguiçosa. Mentem, por certo. A Província de São Paulo, antes da criação dos engenhos de açúcar, tinha poucos escravos, e, todavia, crescia anualmente em povoação e agricultura, sustentava de milho, feijão, farinha, arroz, toucinhos, carnes de porco etc. a muitas outras Províncias marítimas e interiores.[13] Mas conceda-se (caso negado) que, com efeito, a gente livre do Brasil não pode com tantos trabalhos aturados da lavoura, como na Europa. Pergunto se produzindo o milho, por exemplo, em Portugal nas melhores terras quarenta por um, no Brasil acima de duzentos e as mais sementeiras à proporção; e estando as horas do trabalho necessário da lavoura na razão inversa do produto da mesma; para que se precisa de maior robustez e trabalhos mais aturados? Os lavradores da Índia são por ventura mais robustos do que um branco, um mulato, um cabra do Brasil?[14] Não por certo, e, todavia, não morre aquele povo de fome. E porque eles não têm escravos Africanos, deixam as suas terras de ser agricultadas e o seu país um dos mais ricos do Globo, apesar da sua péssima religião, governo e da impolítica infernal da divisão em castas?

Hoje em dia a cultura dos canaviais e o fabrico do açúcar têm crescido prodigiosamente, cujo produto já rivaliza nos mercados públicos da Europa com o do Brasil e ilhas do golfo do México.

Na Cochinchina[15] não há escravos, todavia, a produção e exportação do açúcar já montava em 1750, segundo nos diz o sábio *Poivre*,[16] a quarenta mil pipas de duas mil libras cada uma, e o seu preço era baratíssimo no mercado: ora, advirta-se que todo esse açúcar vinha de um pequeno país sem haver necessidade de estragar matas e esterilizar terrenos, como desgraçadamente entre nós está sucedendo.

Demais, uma vez que acabe o péssimo método da lavoura de destruir matas e esterilizar terrenos em rápida progressão e se forem introduzindo os melhoramentos da cultura Europeia, de certo com poucos braços, a favor dos arados e outros instrumentos rústicos, a agricultura ganhará pés diariamente, as *Fazendas* serão estáveis, e o terreno, quanto mais trabalhado, mais fértil ficará. A Natureza provida e sábia em toda e qualquer parte do Globo dá os meios precisos aos fins da sociedade civil, e nenhum país necessita de braços estranho e forçados para ser rico e cultivado.

Além disso, a introdução de novos Africanos no Brasil não aumenta a nossa população e só serve de obstar a nossa indústria. Para provar a primeira tese bastará ver com atenção o censo de cinco ou seis anos passados e ver-se-á que, apesar de entrarem no Brasil, como já disse, perto de quarenta mil escravos anualmente, o aumento dessa classe é ou nulo ou de muita pouca monta: quase tudo morre ou de miséria ou de desesperação, e, todavia, custaram imensos cabedais que se perderam para sempre e que nem se quer pagaram o juro do dinheiro empregado.

Para provar a segunda tese, que a escravatura deve obstar à nossa indústria, basta lembrar que os senhores que possuem escravos vivem, em grandíssima parte, na inércia, pois não se vêm precisados pela fome ou pobreza a aperfeiçoar sua indústria ou melhorar sua lavoura. Demais, continuando a escravatura a ser empregada exclusivamente na agricultura e nas artes,[17] ainda quando os estrangeiros pobres venham estabelecer-se no país em pouco tempo, como mostra a experiência, deixam de trabalhar na terra com seus próprios braços e, logo que podem ter dois ou três escravos entregam-se à vadiação e desleixo pelos caprichos de um falso pundonor. As Artes não se melhoram; as máquinas, que poupam braços, pela abundância extrema de escravos nas povoações grandes, são desprezadas. Causa raiva ou riso ver vinte escravos ocupados em transportar vinte sacos de açúcar que podiam conduzir uma ou duas carretas bem construídas com dois bois ou duas bestas muares.

A lavoura do Brasil, feita por escravos boçais[18] e preguiçosos, não dá os lucros com que homens ignorantes e fantásticos se iludem. Se calcularmos o custo atual da aquisição do terreno, os capitães empregados nos escravos que o devem cultivar, o valor dos instrumentos rurais com que deve trabalhar cada um desses escravos,[19] sustento e vestuário, moléstias reais e afetadas e seu curativo, as mortes numerosas filhas do mau tratamento e da desesperação, as repetidas fugidas aos matos e quilombos,[20] claro fica que o lucro da lavoura deve ser muito pequeno no Brasil, ainda apesar da prodigiosa fertilidade de suas terras, como mostra a experiência.

No Brasil a renda dos prédios rústicos não depende da extensão e valor do terreno nem dos braços que o cultivam, mas sim da mera indústria e inteligência do lavrador. Um senhor de terras é de fato pobríssimo se pela sua ignorância ou desmazelo não sabe tirar proveito da fertilidade de sua terra e dos braços que nela emprega. Eu desejaria, para bem seu, que os possuidores de grande escravatura conhecessem que a proibição do tráfico de carne humana os fará mais ricos, porque seus escravos atuais virão a ter então maior valor e serão por interesse seu mais bem tratados. Os senhores promoverão, então, os casamentos, e estes a população. Os forros aumentados, para ganharem a vida, aforarão pequenas porções de terras descobertas ou taperas, que hoje nada valem. Os bens rurais serão estáveis e a renda da terra não se confundirá com a do trabalho e indústria individual.

Não são só esses males particulares que traz consigo a grande escravatura no Brasil, o Estado é ainda mais prejudicado. Se os senhores de terras não tivessem uma multidão demasiada de escravos, eles mesmos aproveitariam terras já abertas e livres de matos, que hoje jazem abandonadas como maninhas. Nossas matas preciosas em madeiras de construção civil e náutica não seriam destruídas pelo machado assassino do negro e pelas chamas devastadoras da ignorância. Os cumes de nossas serras, fonte perene de umidade e fertilidade para as terras baixas e de circulação elétrica, não estariam escalvados e tostados pelos ardentes estios do nosso clima. É, pois, evidente, que se a agricultura se fizer com os braços livres dos pequenos proprietários ou por jornaleiros por necessidade e interesse serão aproveitadas essas terras, mormente nas vizinhanças das grandes povoações, onde se acha sempre um mercado certo, pronto e proveitoso, e desse modo se conservarão, como herança sagrada para nossa posteridade, as antigas matas virgens que pela sua vastidão e frondosidade caracterizam o nosso belo país.[21]

É de espantar, pois, que um tráfico tão contrário às Leis da moral humana e às máximas do Evangelho, e até contra as leis de uma sã política, dure há tantos séculos entre homens que se dizem civilizados e cristãos! Mentem, nunca o foram.

A sociedade civil tem por base primeira a justiça e por fim principal a felicidade dos homens; mas que justiça tem um homem para roubar a liberdade de outro homem, e o que é pior, dos filhos deste homem e dos filhos destes filhos? Mas dirão, talvez, que se favorecerdes a liberdade dos escravos será atacar a propriedade. Não vos iludais, Senhores, a propriedade foi sancionada para bem de todos, e qual é o bem que tira o escravo de perder todos os seus direitos naturais e se tornar *de pessoa a coisa*, na frase dos Jurisconsultos? Não é, pois, o direito da propriedade que querem defender, é o direito da força, pois que o homem, não podendo ser coisa, não pode ser objeto de propriedade. Se a lei deve defender a propriedade, muito mais deve defender a liberdade pessoal dos homens, que não pode ser propriedade de ninguém sem atacar os direitos da Providência, que fez os homens livres e não escravos; sem atacar a ordem moral das sociedades, que é a execução estrita de todos os deveres prescritos pela Natureza, pela Religião e pela sã Política: ora a execução de todas essas obrigações é o que constitui a virtude; e toda Legislação e todo Governo (qualquer que seja a sua forma) que a não tiver por base, é como a estátua de Nabucodonosor (*circa* 642 a.C.-562 a.C.), que uma pedra desprendida da montanha a derrubou pelos pés; é um edifício fundado em areia solta que a mais pequena borrasca abate e desmorona.

Gritam os traficantes de carne humana contra os Piratas Barbarescos,[22] que cativam por ano mil ou dois mil brancos; quando muito; e não gritam contra dezenas de milhares de homens desgraçados que arrancamos de seus lares, eternizando em dura escravidão toda a sua geração. Não basta responder que os compramos com o nosso dinheiro; como se o dinheiro pudesse comprar homens! — Como se a escravidão perpétua não fosse um crime contra o direito natural e contra as leis do Evangelho, como disse. As leis civis, que consentem esses crimes, são não só culpadas de todas as misérias que sofre essa porção da nossa espécie e de todas as mortes e delitos que cometem os escravos, mas igualmente o são de todos os horrores que em poucos anos deve produzir uma multidão imensa de homens desesperados, que já vão sentindo o peso insuportável da injustiça que os condena à uma vileza e miséria sem fim.[23]

Esse comércio de carne humana é, pois, um câncer que rói as entranhas do Brasil, comércio, porém, que hoje em dia já não é preciso para aumento da sua agricultura e povoação, uma vez que, por sábios regulamentos, não se consinta a vadiação dos brancos e outros cidadãos mesclados e a dos forros; uma vez que os muitos escravos que já temos, possam, às abas de um Governo justo, propagar livre e naturalmente com as outras classes, uma vez que possam bem criar e sustentar seus filhos, tratando-se essa desgraçada raça Africana com maior cristandade, até por interesse próprio; uma vez que se cuide enfim na emancipação gradual da escravatura e se convertam Brutos imorais em cidadãos úteis, ativos e morigerados.

Acabe-se, pois, de uma vez o infame tráfico da escravatura Africana, mas com isso não está tudo feito; é também preciso cuidar seriamente em melhorar a sorte dos escravos existentes, e tais cuidados são já um passo dado para a sua futura emancipação.

As leis devem prescrever esses meios, se é que elas reconhecem que os escravos são homens feitos à imagem de Deus. E se as leis os consideram como objetos de legislação penal, porque o não serão também da proteção civil?

Torno a dizer, porém, que eu não desejo ver abolida de repente a escravidão; tal acontecimento traria consigo grandes males. Para emancipar escravos sem prejuízo da sociedade, cumpre fazê-los primeiramente dignos da liberdade: cumpre que sejamos forçados pela razão e pela lei a convertê-los gradualmente de vis escravos em homens livres e ativos. Então os moradores deste Império, de cruéis que são em grande parte nesse ponto, se tornarão cristãos e justos e ganharão muito pelo andar do tempo, pondo em livre circulação cabedais mortos, que absorve o uso da escravatura: livrando as suas famílias de exemplos domésticos de corrupção e tirania; de inimigos seus e do Estado; que hoje não tem pátria e que podem vir a ser nossos irmãos e nossos compatriotas.

O mal está feito, Senhores, mas não o aumentemos cada vez mais; ainda é tempo de emendar a mão. Acabado o infame comércio de escravatura, já que somos forçados pela razão política a tolerar a existência dos atuais escravos, cumpre em primeiro lugar favorecer a sua gradual emancipação, e antes que consigamos ver o nosso país livre de todo desse câncer, o que levará tempo, desde já abrandemos o sofrimento dos escravos, favoreçamos e aumentemos todos os seus gozos domésticas e civis; instruamo-los no fundo da verdadeira Religião de Jesus Cristo e não em momices e superstições: por todos esses meios nós lhes daremos toda a civilização de que são capazes no seu desgraçado estado, despojando-os o menos que podermos da dignidade de homens e cidadãos. Esse é não só o nosso dever, mas o nosso maior interesse, porque só então conservando eles a esperança de virem a ser um dia nossos iguais em direitos, e começando a gozar desde já da liberdade e nobreza da alma, que só o vicio é capaz de roubar-nos, eles nos servirão com fidelidade e amor; de inimigos se tornarão nossos amigos e clientes. Sejamos, pois, justos e benéficos, Senhores, e sentiremos dentro da alma, que não há situação mais deliciosa que a de um senhor carinhoso e humano que vive sem medo e contente no meio de seus escravos, como no meio da sua própria família, que admira e goza do fervor com que esses desgraçados adivinham seus desejos e obedecem a seus mandos, observa com jubilo celestial o como maridos e mulheres, filhos e netos, sãos e robustos, satisfeitos e risonhos, não só cultivam suas terras para enriquecê-lo, mas vem voluntariamente oferecer-lhe até as premissas dos frutos de suas terrinhas, de sua caça e pesca, como a um Deus tutelar. É tempo, pois, que esses senhores bárbaros, que por desgraça nossa inda pululam no Brasil, ouçam os brados da consciência e da humanidade ou pelo menos o seu próprio interesse, senão, mais cedo do que pensam, serão punidos das suas injustiças e da sua incorrigível barbaridade.

Eu vou, finalmente, Senhores, apresentar-vos os artigos que podem ser objeto da nova lei que requeiro: Discuti-os, emendai-os, ampliai-os segundo a vossa sabedoria e justiça. Para eles me aproveitei da legislação dos Dinamarqueses e Espanhóis e mui principalmente da legislação de Moisés, que foi o único, entre os antigos, que se condoeu da sorte miserável dos escravos, não só por humanidade, que tanto reluz nas suas instituições, mas também pela sábia política de não ter inimigos caseiros, mas antes amigos que pudessem defender o novo Estado dos Hebreus, tomando as armas quando preciso fosse a favor de seus senhores, como já tinham feito os servos do Patriarca Abraão antes dele.[24]

JOSÉ BONIFÁCIO (Santos, São Paulo, 1763 – Niterói , Rio de Janeiro, 1838) foi naturalista, estadista e ministro. Membro da primeira Assembleia Constituinte, em 1823, também atuou nos processos constitucionais para a independência do Brasil.

FONTE: *Representação á Assemblea Geral Constituinte e Legislativa do Imperio do Brasil sobre a escravatura por Jose Bonifacio d'Andrada e Silva, deputado á dita Assemblea pela província de S. Paulo.* Paris: Typographia de Firmin Didot, 1825, pp. 5-26.

1 Sobre José Bonifácio, ver Miriam Dolhnikoff, *José Bonifácio.* São Paulo: Companhia das Letras, 2012. [N. E.]

2 Ver José Bonifácio, *Apontamentos para a civilisação dos índios bravos do Imperio do Brasil.* Rio de Janeiro: Imprensa Nacional, 1823. [N. E.]

3 Ver Christopher Leslie Brown, *Moral Capital: Foundations of British Abolitionism.* 2. ed. Chapel Hill: University of North Carolina Press, 2012. [N. E.]

4 O autor comenta aqui sobre o Slave Trade Act 1807, oficialmente intitulado "An Act for the Abolition of the Slave Trade" [Ato de abolição do tráfico de escravizados]. [N. E.]

5 William Wilberforce (1759-1833) e Fowell Buxton (1786-1845) foram abolicionistas ingleses que atuaram por décadas nos meios políticos e institucionais em defesa da causa. [N. E.]

6 Sobre o estabelecimento da Constituição entre 1823 e 1824, ver Andréa Slemian, *Sob o império das leis: constituição e unidade nacional na formação do Brasil (1822-1834).* São Paulo: Hucitec, 2009; e Marcos Queiroz, *Constitucionalismo brasileiro e o Atlântico negro: a experiência constituinte de 1823 diante da revolução haitiana.* 3. ed. Rio de Janeiro: Lumen Juris, 2021. [N. E.]

7 A visão de Bonifácio sobre as populações do continente africano tem base na antropologia do século 18 e nas reflexões dos princípios da filosofia moderna sobre tipos humanos. Ver Nicholas Hudson, "From 'Nation' to 'Race': The Origin of Racial Classification in Eighteenth-Century Thought". *Eighteenth-Century Studies,* v. 29, n. 3, primavera de 1996, pp. 247-64; e Justin E. H. Smith, *Nature, Human Nature, and Human Difference: Race in Early Modern Philosophy.* Princeton: Princeton University Press, 2015. [N. E.]

8 Sobre o tráfico de escravizados no período citado pelo autor, ver Manolo Florentino, *Em costas negras: uma história do tráfico de escravos entre a África e o Rio de Janeiro (séculos XVIII e XIX)*. São Paulo: Ed. Unesp, 2014. Entre 1790 e 1825, estima-se, considerando os registros oficiais, que cerca de 1,5 milhão de pessoas do continente africano foram traficadas para o Rio de Janeiro e escravizadas. Ver Slave Voyages, *Slave Voyages*, 2021. Disponível em https://www.slavevoyages.org/. Acesso em 17.2.2022. [N. E.]

9 O autor se refere aqui ao poema épico *Os lusíadas* (1572). [N. E.]

10 Leia-se com atenção o eloquentíssimo e veemente *Sermão da primeira Dominga da Quaresma*, do Padre Vieira, que foi o primeiro pregado em São Luís do Maranhão, em 1653, t. 12, p. 316 e seguintes. Ver também outras obras do mesmo autor sobre essa matéria e aplique-se ao cativeiro dos Negros. (Nesta nota, Bonifácio comenta sobre o "Sermão da primeira dominga da Quaresma" [In: Alfredo Bosi (org.), *Essencial Padre Antônio Vieira*. São Paulo: Companhia das Letras, 2011, pp. 466-87]. [N. E.])

11 Sobre os princípios do comércio de escravizados, ver Luiz Felipe de Alencastro, *O trato dos viventes: formação do Brasil no Atlântico sul*. São Paulo: Companhia das Letras, 2000; Jorge Fonseca, *Escravos e senhores na Lisboa quinhentista*. Lisboa: Colibri, 2010. [N. E.]

12 Sobre a relação entre escravizadores e escravizados, ver Rafael de Bivar Marquese, *Feitores do corpo, missionários da mente: senhores, letrados e o controle dos escravos nas Américas, 1660-1860*. São Paulo: Companhia das Letras, 2004. [N. E.]

13 Para informações factuais atualizadas sobre a província de São Paulo e a escravidão, ver Francisco Vidal Luna e Herbert S. Klein, *Evolução da sociedade e economia escravista de São Paulo, de 1750 a 1850*. Trad. Laura Teixeira Motta. São Paulo: Edusp, 2005. [N. E.]

14 As categorias raciais na América portuguesa e de boa parte do Império do Brasil eram distintas daquelas que temos hoje. Ver Eduardo França Paiva, *Dar nome ao novo: uma história lexical da Ibero-América entre os séculos XVI e XVIII (as dinâmicas de mestiçagens e o mundo do trabalho)*. São Paulo: Autêntica, 2014. [N. E.]

15 Território onde hoje se encontra o Vietnã. [N. E.]

16 Pierre Poivre (1719-1786) foi um botânico francês e missionário nos domínios coloniais franceses asiáticos. [N. E.]

17 Por "artes" entenda-se trabalhos manuais ou braçais específicos. [N. E.]

18 "Escravizado boçal" era aquele que não falava português. [N. E.]

19 Por exemplo: vinte escravos de trabalho necessitam de vinte enxadas, que todas se poupariam com um só arado.

20 Sobre o tema das fugas e quilombos, ver Rafael de Bivar Marquese, "A dinâmica da escravidão no Brasil: resistência, tráfico negreiro e alforrias, séculos XVII a XIX". *Novos Estudos*, n. 74, 2006, pp. 107-23. [N. E.]

21 Em nenhuma época se desconheceu a utilidade da cultura dos arvoredos, e o respeito às árvores é recomendado pelos melhores filósofos. O historiador de Cyrus põe nos números dos títulos de glória desse Príncipe o haver assim plantado toda Ásia menor. Nos Estados Unidos apenas um lavrador se vê pai de uma filha planta uma pequena floresta, a qual crescendo com a criança vem a ser seu dote de casamento. Sully plantou em quase todas as Províncias da França grande número de árvores, das quais existem ainda algumas, que a veneração pública honra com o nome desse grande homem; elas fazem lembrar hoje o que à vista de uma plantação dizia Addison: *Por aqui passou um homem útil*. No Brasil (quem o creria!) são entregues ao machado e às chamas! É tempo, pois, ainda que os Brasileiros saiam dos seus descuidos e atendam a sorte futura de seus filhos. É de sua própria utilidade não só conservar e pensar suas matas virgens, mas cuidar em plantar novas florestas que venham ressarcir as que a ignorância destruiu. É também de sumo interesse à saúde pública que no Brasil se plantem árvores à borda das estradas, nas Cidades e Vilas, nas ruas largas e praças, à imitação dos Boulevards da França ou dos Esquires da Inglaterra. As folhas das árvores absorvem o gás ácido carbônico que compõe em grande parte o ar que respiramos, mas que por si só não é respirável, sua abundância asfixia e mata o homem. As plantas, ao contrário, dão o oxigênio, que é essa parte do ar mais própria à respiração e à saúde. Além disso todo país pode enriquecer-se com aquilo mesmo que faz seu ornamento. "Se plantarem", diz o sábio M. J. B. Say, "arvoredo em todo lugar que ele pode nascer, sem prejudicar os outros produtos, o país ficará além de mais formoso, mais salubre, cuja multiplicação provocará abundantes chuvas, e o produto de suas madeiras, em um país vasto, pode subir a valores consideráveis". É, pois, dessa arte e com este duplicado interesse que se tornarão menos sensíveis os ardentes Estios do nosso clima.

Não pretendemos seguir voos de águia; se ousamos inserir esta e outra nota é por que nos pareceu não ser conselho de desprezar. A inocência de nossas intenções é o nosso fiador para com aquele que, ainda no seu desterro, só de sua pátria cura. A. D. (As pessoas citadas nesta nota são, pela ordem: Ciro II [*circa* 600 a.C.-530 a.C.], rei do primeiro império persa; Maximilien de Béthune [1560-1641], francês, primeiro duque de Sully; Joseph Addison [1672-1719], ensaísta, poeta e político inglês; e Jean-Baptiste Say [1767-1832], empresário e economista liberal francês). [N. E.])

22 Corsários muçulmanos que atuavam em atividades de pirataria e de escravização de prisioneiros na costa norte da África. [N. E.]

23 M. de Pradt, no seu *Congrès de Panamá* recentemente publicado, à cerca do tráfico da escravatura, diz: "*Le mot traite de nègres ne signifie plus auiourd'hui que ceei. A qui restera l'Amérique? à l'Afrique ou bien à l'Amérique?*" [A expressão "tráficos de negros" hoje já não significa nada. Quem ficará com a América? A África ou a América?]. Antepomos aqui essa autoridade por ser de grande peso; omitindo, todavia, o que particularmente diz do Brasil, por isso que desejamos não vulgarizar muito entre nós tão triste verdade: basta que aqueles que tem o leme do Estado a conheçam para saberem aplicar o remédio. M. de Pradt, profundo político e profeta da América, a quem tributamos respeito e veneração, sentirá conosco ser imprudente acordar o leão que dorme. M. de Pradt continua: "*Toute cargaison de nègres transportée en Amérique, équivaut à une cargaison depoudre destinée à embraser le pays, ou bien à celle d'animaux préts à la dévorer*" [Toda leva de negros transportados para a América equivale a um carregamento de pólvora destinado a incendiar o país ou de animais para devorá-lo]. Ouçam, pois, os Brasileiros, de mistura com a voz do seu mais ilustre concidadão, a expressão de um célebre Estrangeiro, seu amigo e que deseja a sua felicidade; de um filantropo que há 27 anos se ocupa incansável a prol do novo Mundo. Por isso pedimos ao Governo da nossa Pátria seja atento ao que está escrito no *Congrès de Panamá*. A. D. (Abade de Pradt [1759-1837] foi um político e arcebispo francês, com influência intelectual notável nos primeiros tempos do Império do Brasil [ver Marco Morel, "O caminho incerto das Luzes francesas: o abade De Pradt e a Independência brasileira". *Almanack*, n. 13, 2016, pp. 112-29]. Seu livro *Congrès de Panamá* [1825] foi escrito antecedendo o congresso de mesmo nome, proposto por Simón Bolívar [1783-1830] [N. E.])

24 Para informações sobre as políticas institucionais relativas à escravidão após 1825, ver Tâmis Parron, *A política da escravidão no Império do Brasil, 1826-1863*. São Paulo: Civilização Brasileira, 2011. [N. E.]

Relato da revolta dos Malês

FRANCISCO GONÇALVES MARTINS
1835

Apesar de estar Vossa Excelência cientificado dos acontecimentos que tiveram lugar nesta Cidade da noite de 24 para 25 do corrente em diante,[1] cumpre-me, contudo, fazer uma sucinta exposição do que tem chegado a meu conhecimento para que, em um só ponto de vista, Vossa Excelência possa inteirar-se das providências que cumpre adotar a semelhante respeito para tranquilidade da Província. Com as denúncias mil vezes felizes que Vossa Excelência recebeu na noite de 24 do corrente, de que Africanos, particularmente os Nagôs,[2] deviam insurgir-se ao toque de alvorada, lançando ao mesmo tempo fogo a diversos sítios da Cidade e atacando os corpos de guardas, os Juízes de Paz[3] se puseram na rua e convocaram logo os cidadãos para a polícia da Cidade. Os corpos de guardas estiveram imediatamente debaixo de armas, destacando o corpo de Permanentes para diversos lugares forças capazes de rebater qualquer princípio de tentativa da parte dos ditos Africanos. Tendo recebido o Ofício de Vossa Excelência pelas onze horas da noite, depois de haver visitado alguns pontos e ter dado algumas ordens dirigi-me à Ladeira da Praça, onde, segundo as denúncias, deviam estar reunidos, em alguns casebres, grande parte dos insurgentes. Achei ali os juízes de Paz dos dois Distritos da Sé com alguns cidadãos e Municipais a dar busca em alguns ditos lugares. Então, em cumprimento das ordens de Vossa Excelência e achando que nenhum perigo poderia haver no centro da Cidade, no meio dos quartéis e corpos de guardas, e principalmente estando todos prevenidos e o alarme dado, depois de fazer algumas requisições que achei importantes fui em direitura à Cavalaria, que achei preparada. Dando ordem para que um piquete me seguisse para o lugar do Bonfim, imediatamente corri para o dito lugar enquanto montava o piquete, por temer que qualquer demora pudesse ser funesta a tantas famílias desarmadas e colocadas talvez na pior posição para um semelhante ataque, pela proximidade dos engenhos e separação da grande força da povoação. Apenas tinha dado algumas ordens tendentes a acautelar o perigo, que veio a todo o galope uma patrulha de Cavalaria anunciar-me que os Africanos haviam atacado algumas partes da Cidade. Logo que recebi esta notícia, dei ordem a um destacamento Municipal de dezoito homens que estava no lugar do Bonfim, para que em caso de perigo, fizesse entrar as famílias para a Igreja e ali se encerrasse, defendendo-se de qualquer ataque até que eu os pudesse socorrer. Voltando à Cavalaria pelas três horas da noite, achei-a em alarme, uma força montada e outra a pé com alguns Guardas Nacionais, recolhendo-se logo antes do mesmo quartel para defender a porta e fazer sobre os Africanos fogo pelas janelas; a Cavalaria esperou no largo para os atacar.

Em poucos minutos apareceram com efeito em número de cinquenta a sessenta, armados de espadas, algumas lanças e mesmo pistolas e outras armas. Recebidos a tiro de pistolas e de fuzil das janelas do quartel, avançaram furiosos, o que deu causa à Cavalaria se debandar em seu seguimento para que não se escapassem pelo caminho do Noviciado.

A esse tempo o Comandante da Cavalaria, o Capitão Carvalhal, que os esperou a pé, foi ferido e se viu forçado a recolher-se. Voltando eu com alguns cavalos para a porta do quartel a carregar os Africanos que ainda por ali estavam, estes se debandaram, seguindo-os essa poção de cavalaria, ao passo que a outra os continuava a perseguir. Entretanto aparecendo ainda alguns Africanos e ausente o resto da cavalaria, entrei para o quartel, onde continuou o fogo por espaço de um quarto de hora, até que de todo sucumbiram devendo-se o principal esforço à Cavalaria montada, que os carregou com valor, forçando-os a se lançarem ao mar ou se esconderem nos vizinhos montes cobertos de capoeiras; deixando alguns dezessete mortos, outros feridos e presos, fora muitos que se afogaram ou feridos foram perder a vida entre as ondas; tendo-me constatado que tem aparecido alguns em diversos sítios. Dissipado o perigo e receando eu algum ataque no lugar do Bonfim, depois de saber que o restante da Cidade estava livre dos ataques, fui com a Cavalaria à Conceição da Praia, onde tomando uma força de quarenta homens, marchei pelo quartel da Cavalaria, ali deixando alguns Guardas Nacionais para reforçar a mesma. Fui com a Cavalaria e a força dita, já então unida a trinta Nacionais que Vossa Excelência me havia mandado, comandados pelo Ajudante Mundim ao lugar do Bonfim, onde estive até que soube de eu nos engenhos vizinhos não tinha havido movimento algum. Na volta que era já bastante dia, encontrei no quartel da Cavalaria quarenta homens da Fragata que Vossa Excelência mandava por as minhas ordens, dos quais mandei que dezesseis fossem embarcados para o sítio de Itapagibe e ali permanecessem até restabelecer a tranquilidade. Depois, pelas partes recebidas, soube que no ato da busca em uma casa junta de Guadalupe, à ladeira da Praça, por denúncia particular, quando quis entrar o Juiz de Paz não lhe quis abrir a porta uma parda, dizendo que ali não havia pessoa alguma; e como se dispusesse o Juiz a arrombá-la, abriu-a, ao passo que outra se fechou. Mas, crescendo a desconfiança, e entrando o Comandante da Companhia dos Permanentes, o Tenente Lázaro Vieira do Amaral, repentinamente a um sinal dado, dizem, pela referida parda, abriu-se a porta saindo de dentro um tiro de bacamarte, e após dele um grupo de sessenta pretos, pouco mais ou menos, armados de diferentes armas, principalmente de espadas, os quais dispersaram a pequena força surpreendida, ferindo gravemente ao referido Tenente Lazaro e a outros que foram encontrando em sua passagem. Esse grupo se dirigiu por Nossa Senhora da Ajuda, ao largo do Teatro, onde foi recebido com uma descarga dada por oito Guardas Permanentes, comandados pelo Ajudante do mesmo corpo, os quais foram dispersados pelos Africanos, depois de ficarem feridos cinco: desse lugar correram em altos gritos pela rua debaixo, matando e ferindo os que encontravam; constando me terem feito duas mortes em dois pardos e foram direito ao quartel da Artilharia, talvez com o fim de fazerem alguma junção da parte da Vitória, como depois se verificou. Próximos ao quartel mataram um Sargento Nacional do 2º Batalhão chamado Tito, o qual, indo em companhia do seu Juiz de Paz, quando este procurou o amparo da fortaleza, ficou um pouco atrás para lhes dar um tiro. Tornando atacar a Artilharia, voltaram pelo mesmo caminho e brevemente fizeram a junção com outro grupo vindo do lado da Vitória, que atravessou a estrada nova do Forte, não obstante o fogo que lhe fizeram. Reunidos foram atacar o quartel dos Permanentes, onde apenas existiam doze soldados, por terem sido prestados os demais a diversas requisições. Ali depois de algum fogo, fechado o portão do quartel e depois de terem perdido dois dos seus, tendo outros feridos, tomaram pelo lado da Barroquinha e vieram sair segunda vez do sítio da Ajuda, onde seguirão para o Colégio e atacaram a guarda, a qual se recolheu, fazendo fogo sobre o grupo um reforço Permanente que ali se achava. Nesse lugar mataram um soldado de Artilharia que vinha buscar o santo, o qual, antes de cair ferido, defendeu-se corajosamente, e matou um com um tiro, ferindo a outros muitos. Na descida pela baixa de sapateiros, mataram um pardo e, dizem-me, que ainda outro, seguindo depois para os Cequeiros, donde saíram para atacar a Cavalaria, como já referi a Vossa Excelência. Depois do destroço que receberam nesta última paragem, única que tomou a ofensiva, nunca mais se reuniram.

Esquecia-me dizer a Vossa Excelência que, na noite da insurreição, se me apresentou igualmente o Tenente Coronel Manoel Antonio Silva, Instrutor geral dos Guardas Nacionais, a quem encarregarei algumas Comissões; bem como devo comunicar a Vossa Excelência, que a parda da casa onde se achavam os pretos e seu marido estão presos, havendo motivo para os suspeitar coniventes ou sabedores.

Desde o quartel da Cavalaria até o Forte de São Pedro foram achados muitos Africanos mortos ou feridos e poucos presos no ato do ataque. Calculo o número dos mortos achados em todos os lugares e mesmo entre as ondas a cinquenta;

havendo, porém, feridos que, de certo, não escaparam, atenta a gravidade dos ferimentos e o tempo decorrido, primeiro que fossem tratados; existindo estes no Hospital para onde os mandei conduzir e os outros na Fortaleza do Mar. Pela manhã foram achados alguns pelos matos vizinhos, baleados ou cutilados, dos quais alguns procuravam escaparem-se com disfarces. Às seis para sete da manhã, de casa de João Francisco Rates, saíram repentinamente seis pretos seus, armados de espadas, pistolas e punhais, vestidos em trajes de guerra à maneira sua. Depois de lançarem fogo à casa do Senhor, correram em busca de Água de Meninos, sendo logo mortos no caminho. É de presumir que estes estivessem no plano, porém ignorariam o resultado da madrugada, pois que foram forçados a romper antes de tempo os sessenta da casa corrida à Guadalupe. Tem sido dadas por mim as providências necessárias para serem corridas todas as casas de Africanos, sem distinção alguma, e o resultado será presente à Vossa Excelência em tempo competente; podendo desde já asseverar à Vossa Excelência que a insurreição estava tramada de muito tempo, com um segredo inviolável e debaixo de um plano superior ao que devíamos esperar de sua brutalidade e ignorância. Em geral vão quase todos sabendo ler e escrever em caracteres desconhecidos que se assemelham ao Árabe, usado entre os Ussás,[4] que figuram terem hoje combinado com os Nagôs. Aquela Nação em outro tempo foi a que se insurgiu nesta Província por várias vezes, sendo depois substituída pelos Nagôs. Existem mestres que dão lições e travam de organizar a insurreição, na qual entravam muitos forros Africanos e até ricos.

Têm sido encontrados muitos livros, alguns dos quais, diz-se, serem preceitos religiosos, tirados de misturas de setas, principalmente do Alcorão. O certo é que a Religião tinha sua parte na sublevação e os chefes faziam persuadir aos miseráveis que certos papéis os livrariam da morte, de onde vem encontrar-se nos corpos mortos grande porção dos ditos e nas vestimentas ricas e esquisitas, que figuram pertencer aos chefes e que foram achados em algumas buscas. Também se notou que uma quantidade grande de insurgentes era escravos dos Ingleses e estavam melhor armados, devendo-se atribuir essas circunstancias à menor coação em que são tidos por estes estrangeiros, habituados a viverem com homens livres. Além da morte do Sargento da Guarda Nacional, do soldado da Artilharia, de quatro pardos e dos dois Permanentes, segundo se me informa, houveram muitos outros ferimentos e alguns graves. Certamente, Excelentíssimo Senhor, se as denúncias nos não tivessem prevenido, o resultado seria, afinal, sem dúvida, o mesmo, porém os estragos muito superiores; pelo que, a bem da segurança nossa, convinha premiar as Pretas denunciantes dando-lhes a liberdade, se elas a não tivessem, ou um prêmio razoável. As providências continuam a ser dadas com calor, e por todos os Distritos se trata de um Processo por onde se possa descobrir os culpados ainda existentes, para em suas pessoas dar-se um exemplo eficaz a esses Africanos. Para melhor o conseguir, tenho procurados encaminhar os processos de uma maneira uniforme e regular. Depois de tais sucessos, é bem notável que haja abusos, e estes tem existido a um ponto tal que hoje já dão motivos suficientes a queixas bem fundadas, pois que os soldados prendem, espancam, ferem e mesmo matam os escravos que por mandado de seus Senhores vão à rua. Sobre este objeto tenho oficiado a Vossa Excelência e tenho dado as providências a meu alcance. Presentemente tudo mais está tranquilo e teremos tempo de, por medidas Legislativas Provinciais, providenciar de maneira que não seja segunda vez preciso lutar com tal gente, e muito menos com Africanos forros, que quase todos, no gozo da liberdade, trazem o ferrete da escravidão e não utilizam nada o País com sua estada.

Deus guarde a Vossa Excelência. Bahia, 29 de janeiro de 1835. — Ilmo. e Excelentíssimo Sr. Presidente da Província. – *Francisco Gonçalves Martins*, Juiz de Direito e Chefe de Polícia (*Diário da Bahia*).

FRANCISCO GONÇALVES MARTINS (Santo Amaro, Bahia, 1807 – Salvador, 1872) foi juiz, jornalista, desembargador do Tribunal de Relação da Bahia, ministro e senador.

FONTE: "Bahia. Policia". *Jornal do Commercio*, ano 9, n. 31, 10.2.1835, pp. 1-2.

1 Para mais informações sobre os malês e o levante, ver Rosemarie Quiring-Zoche, "Luta religiosa ou luta política? O levante dos malês da Bahia segundo uma fonte islâmica". *Afro-Ásia*, n. 19-20, 1997, pp. 229-38; João José Reis, *Rebelião escrava no Brasil: a história do levante dos Malês em 1835*. Ed. revista e ampliada. São Paulo: Companhia das Letras, 2003; e Nei Lopes, *Bantos, malês e identidade negra*. 4. ed. São Paulo: Autêntica, 2021. [N. E.]

2 Grupo étnico de origem iorubá, proveniente da parte oeste do continente africano. [N. E.]

3 O juiz de paz era uma figura jurídica eleita, determinada pela Constituição de 1824. Suas principais funções eram mediar conflitos e buscar conciliações. [N. E.]

4 Hoje chamado de "hauçá", trata-se de um grupo étnico islâmico, proveniente do norte do continente africano. [N. E.]

O navio negreiro

MAHOMMAH GARDO BAQUAQUA
1854

Seus horrores, ah![1] Quem pode descrever? Ninguém pode retratar seus horrores tão fielmente como o pobre desventurado, o miserável desgraçado que tenha sido confinado em seus portais. Ó! Amigos da humanidade, tenham piedade do pobre africano, alijado e afastado de seus amigos e de seu lar, depositado no porão de um navio negreiro para aguardar ainda mais horrores e misérias em uma terra distante, entre religiosos e benevolentes. Sim, até mesmo entre eles. Mas vamos ao navio! Fomos arremessados, nus, porão adentro, os homens apinhados de um lado e as mulheres de outro. O porão era tão baixo que não podíamos ficar em pé, éramos obrigados a nos agachar ou a sentar no chão. Noite e dia eram iguais para nós, o sono nos sendo negado devido ao confinamento de nossos corpos. Ficamos desesperados com o sofrimento e a fadiga.

Ó! A repugnância e a imundície daquele lugar horrível nunca serão apagadas de minha memória. Não, enquanto a memória mantiver seu posto nesse cérebro distraído, lembrarei. Meu coração até hoje adoece ao pensar nisso.

Que aqueles indivíduos humanos a favor da escravidão coloquem-se no lugar do escravo no porão barulhento de um navio negreiro por apenas uma viagem da África à América sem sequer experimentarem mais que isso dos horrores da escravidão; se não saírem abolicionistas convictos, então não tenho mais nada a dizer a favor da abolição. Acho, no entanto, que suas opiniões e sentimentos relativos à escravidão se modificariam de algum modo. Se não, deixem-nos prosseguir no curso da escravidão e cumprir seu tempo trabalhando em um campo de algodão, arroz ou outra plantação. Se não disserem "pare, basta!", acho que devem ser feitos de ferro, nem sequer possuindo corações ou almas. Imagino que, em toda a criação, haja apenas um lugar mais horrível que o porão de um navio negreiro: esse lugar é aquele onde os donos de escravos e seus lacaios muito provavelmente se encontrarão algum dia quando, ai de mim, será tarde demais, tarde demais!

A única comida que tivemos durante a viagem foi milho velho cozido. Não posso dizer quanto tempo ficamos confinados assim, mas pareceu ser muito. Sofríamos por falta de água, que nos era negada na medida de nossas necessidades. Um quartilho por dia era tudo que nos permitiam e nada mais. Muitos escravos morreram no percurso. Houve um pobre companheiro que ficou tão desesperado pela sede que tentou apanhar a faca do homem que nos trazia água. Foi levado ao convés e nunca mais soube o que lhe aconteceu. Suponho que foi jogado ao mar.

Quando qualquer um de nós se tomava refratário, sua carne era cortada com uma faca, e o corte esfregado com pimenta e vinagre para tomá-lo pacífico (!). Como os demais, fiquei muito mareado de início, mas nosso sofrimento não causou preocupação alguma aos nossos brutais donos. Nosso sofrimento era da nossa conta, não tínhamos ninguém com quem pudéssemos compartilhá-lo, ninguém para cuidar de nós ou até mesmo nos dizer alguma palavra de conforto. Alguns foram jogados ao mar antes que o último suspiro exalasse de seus corpos; quando supunham que alguém não iria sobreviver, era assim que se livravam dele. Apenas duas vezes durante a viagem nos permitiram subir ao convés para que pudéssemos nos lavar — uma vez enquanto estávamos em alto mar e outra pouco antes de entrarmos no porto.

Chegamos em Pernambuco, América do Sul, de manhã cedo, e o navio ficou zanzando durante o dia sem lançar âncora. Ficamos sem comida e sem bebida o dia inteiro e nos foi dado a entender que deveríamos permanecer em silêncio absoluto, sem clamor algum, senão nossas vidas estariam em perigo. Mas quando "a noite lançou seu manto de trevas sobre a terra e o mar", deitaram ferros e nos permitiram ir ao convés para sermos vistos e manuseados por nossos futuros senhores, que vieram da cidade. Desembarcamos a algumas milhas da cidade, na casa de um fazendeiro, que era usada como uma espécie de mercado de escravos. O fazendeiro tinha uma grande quantidade de escravos e não demorou muito para que eu o presenciasse empregando livremente seu chicote contra um rapaz. Essa cena causou-me uma impressão profunda, pois, é claro, antes eu havia pensado que esse seria meu destino — mas, ó, o quão cedo isso viria.

Quando desembarquei, senti-me grato à Providência por ter me permitido respirar ar puro novamente, pensamento este que absorvia quase todos os outros. Pouco me importava, então, ser um escravo. Havia escapado do navio e era apenas nisso que pensava. Alguns escravos a bordo sabiam falar português. Haviam vivido no litoral com famílias portuguesas e faziam o papel de intérpretes. Não eram colocados no porão como nós, mas desciam ocasionalmente para nos dizer uma coisa ou outra.

Esses escravos nunca sabiam que seriam despachados até o momento em que eram colocados a bordo do navio. Permaneci nesse mercado de escravos apenas um dia ou dois, antes de ser vendido a outro traficante na cidade, que, por sua vez, me revendeu a um homem do interior, que era padeiro e residia num lugar não muito distante de Pernambuco.

Quando um navio negreiro aporta, a notícia espalha-se como um rastilho de pólvora. Acorrem, então, todos os interessados na chegada da embarcação com sua carga de mercadoria viva, selecionando do estoque aqueles mais adequados aos seus propósitos e comprando os escravos da mesmíssima maneira como se compra gado ou cavalos num mercado. Mas, se em um carregamento não houver o tipo de escravo adequado às necessidades e desejos dos compradores, encomenda-se ao Capitão, especificando os tipos exigidos, que serão trazidos na próxima vez em que o navio vier ao porto. Há uma grande quantidade de pessoas que fazem um verdadeiro negócio dessa compra e venda de carne humana e que só fazem isso para se manter, dependendo inteiramente desse tipo de tráfico.

Durante minha viagem no navio negreiro, consegui aprender um pouco de português com aqueles homens que mencionei antes. Como meu senhor era um português, podia compreender muito bem o que ele queria e lhe dei a entender que faria tudo o que ele precisava tão bem quanto me fosse possível. Ele pareceu bastante satisfeito com isso.

Sua família era composta por ele, sua esposa, duas crianças e uma mulher que tinha parentesco com eles. Além de mim, ele tinha quatro escravos. Ele era católico romano e fazia regularmente orações com a família duas vezes por dia, mais ou menos da seguinte maneira: ele tinha um grande relógio na entrada de sua casa dentro do qual havia algumas imagens feitas de barro, utilizadas no culto. Nós todos tínhamos que nos ajoelhar diante delas; a família na frente e os escravos atrás. Fomos ensinados a entoar algumas palavras cujo significado não sabíamos. Também tínhamos que fazer o sinal da cruz diversas vezes. Enquanto orava, meu senhor segurava um chicote na mão. Aqueles que mostravam sinais de desatenção ou sonolência eram prontamente trazidos à consciência pelo toque ardido do chicote. Essa era principalmente a sina das escravas, que adormeciam apesar das imagens, das persignações e de outros divertimentos semelhantes.

Em breve me puseram para trabalhar pesado, trabalho a que ninguém é submetido, exceto por escravos e cavalos. Quando esse homem me comprou, ele estava construindo uma casa. Era necessário buscar pedras para a construção a uma distância considerável, do outro lado do rio, e fui forçado a carregá-las. Eram tão pesadas que três homens foram incumbidos de erguê-las e colocá-las sobre minha cabeça, fardo que era obrigado a sustentar por, pelo menos, um quarto de milha, até o local onde se encontrava o barco. Às vezes a pedra exercia tamanha pressão sobre minha cabeça que era obrigado a jogá-la no chão. Meu senhor ficava bravo quando isso acontecia e costumava dizer que o cassoori [cachorro] havia jogado a pedra no chão enquanto eu, no íntimo, pensava que ele é que era o pior cachorro. Mas era apenas um pensamento, já que não ousava expressá-lo em palavras.

Meu conhecimento da língua portuguesa melhorou rapidamente enquanto estava ali. Muito em breve conseguia contar até cem. Fui, então, encarregado pelo meu senhor de vender pão. Primeiro percorria a vila, seguindo de lá para o campo e, ao entardecer, depois de ter voltado para casa, ia para o mercado onde vendia até as nove horas da noite. Como era bastante honesto e perseverante, geralmente vendia tudo, mas às vezes não era tão bem-sucedido e, nessas ocasiões, o açoite era meu quinhão.

Meus companheiros de cativeiro não eram tão constantes quanto eu, sendo muito dados à bebida e, por isso, eram menos rentáveis para meu senhor. Aproveitei disso para procurar elevar-me em sua opinião, sendo muito prestativo e obediente, mas tudo em vão. Fizesse o que fizesse, descobri que servia a um tirano e nada parecia satisfazê-lo. Então comecei a beber como os outros e, assim, éramos todos da mesma laia. Mau senhor, maus escravos.

As coisas iam de mal a pior e estava muito ansioso para trocar de senhor, então tentei fugir, mas logo fui apanhado, atado e restituído a ele. Em seguida, tentei ver o que me aconteceria se fosse desleal e indolente. Assim, um dia, quando me mandaram vender pão como de costume, vendi apenas uma pequena quantia e, com o dinheiro que recebi, comprei uísque e bebi à vontade, voltando para casa bastante embriagado. Quando fui fazer as contas da diária, meu senhor pegou minha cesta e, descobrindo o estado em que as coisas estavam, fui severamente espancado. Eu disse a ele que não deveria mais me açoitar. Fiquei com tanta raiva que me veio à cabeça a ideia de matá-lo e, em seguida, suicidar-me.[2] Por fim, resolvi me afogar. Preferia morrer do que viver sendo um escravo. Corri até o rio e me joguei na água, mas, como fui visto por algumas pessoas que estavam num barco, fui salvo. A maré estava baixa, senão seus esforços teriam provavelmente sido inúteis e, não obstante a minha predisposição, agradeci a Deus por ter preservado minha vida e impedido que um ato tão perverso se consumasse. Isso me levou a refletir seriamente que "Deus se move por caminhos misteriosos"[3] e que todos os seus atos são atos de benevolência e misericórdia.

Nessa época, eu era apenas um pobre pagão, quase tão ignorante quanto um Hotentote,[4] e não havia aprendido sobre o verdadeiro Deus ou quaisquer de seus mandamentos Divinos. No entanto, embora fosse ignorante e escravo, odiava a escravidão, principalmente porque, suponho, era uma de suas vítimas. Depois desse triste atentado contra minha vida, fui levado para a casa de meu senhor, que atou minhas mãos para trás, colocou-me de pés juntos, chicoteou-me sem misericórdia e me espancou na cabeça e nas faces com uma vara pesada. Em seguida ele me sacudiu pelo pescoço e lançou minha cabeça contra os batentes da porta, cortando e contundindo a região em torno de minhas têmporas. As cicatrizes desse tratamento selvagem são visíveis até hoje e assim permanecerão pelo resto de minha vida.

•

Depois de toda essa crueldade, ele me levou à cidade e me vendeu a um traficante, ao qual já haviam me enviado uma vez. Porém, naquela ocasião, seus amigos lhe haviam aconselhado a não se desfazer de mim, pois consideravam que ele se beneficiaria mais me mantendo, já que eu era um escravo rentável. Não relatei nem uma décima parte do cruel sofrimento que suportei enquanto servia a esse patife com feições humanas. Os limites desta obra não permitirão mais que uma olhada apressada às diferentes cenas que aconteceram em minha carreira. Poderia contar mais do que seria agradável a "ouvidos educados",[5] o que, certamente, não faria bem algum. Poderia relatar acontecimentos que "congelariam vosso sangue juvenil, dilacerariam vossa alma e fariam cada fio de cabelo se erguer como os espinhos de um porco-espinho amedrontado".[6] Contudo, seria apenas uma repetição dos mil e um contos, frequentemente narrados, dos horrores do cruel sistema da escravidão.

O homem a quem fui novamente vendido era de fato muito cruel. Ele comprou duas mulheres na ocasião em que me adquiriu. Uma delas era uma menina muito bonita a quem ele tratou com escandalosa barbaridade.

Depois de algumas semanas, ele me despachou de navio para o Rio de Janeiro, onde permaneci duas semanas até ser vendido novamente. Havia lá um homem negro que queria me comprar, mas, por uma ou outra razão, não fechou o negócio. Menciono esse fato apenas para ilustrar que a posse de escravos se origina no poder. Qualquer um que dispõe dos meios para comprar seu semelhante com o vil metal pode se tornar um senhor de escravos, não importa qual seja a sua cor, seu credo ou sua nacionalidade. O homem negro escravizaria seu semelhante tão prontamente quanto o homem branco, tivesse ele o poder.

Finalmente fui vendido para o Capitão de um navio que poderia ser qualificado de um "caso difícil". Ele me convidou para conhecer sua Senora [esposa]. Fiz minha melhor reverência para ela e, em breve, fui instalado em meu novo posto, que consistia em polir as peças de bronze que se encontravam no navio, lavar as facas e os garfos e fazer outras pequenas tarefas que têm que ser feitas na cabine. De início não gostei da minha situação, mas, ao me familiarizar com a tripulação e o restante dos escravos, me dei bastante bem. Em pouco tempo fui promovido ao cargo de segundo camareiro. O camareiro cuidava da dispensa e eu levava as provisões ao cozinheiro e servia à mesa; como era bem esperto, eles me mantinham muito ocupado. Pouco tempo depois, o capitão e o camareiro tiveram um desentendimento e este abandonou o seu cargo, ocasião em que as chaves de seu ofício foram entregues aos meus cuidados. Fiz tudo que estava ao meu alcance para agradar meu senhor, o capitão, e ele, por sua vez, depositou confiança em mim. A senhora do capitão era tudo menos uma boa mulher; tinha um temperamento deplorável. O capitão a havia raptado em St. Catherine,[7] quando ela estava prestes a se casar, e creio que nunca casou com ela. Frequentemente ela me fez cair em desgraça diante de meu senhor e, então, eu era infalivelmente açoitado. Por vezes ela fazia de tudo para que eu levasse uma surra e, em outras ocasiões, ela interferia para evitá-lo, conforme seu humor. Ela era um estranho composto de humanidade e brutalidade. Ela sempre navegava com o capitão.

Em nossa primeira viagem, fomos para o Rio Grande. A viagem em si teria sido razoavelmente agradável se eu não tivesse ficado mareado. O porto no Rio Grande é um tanto raso e, ao entrar, encalhamos na areia. Como isso aconteceu na maré baixa, foi muito difícil fazê-lo flutuar novamente, mas enfim conseguimos. Permutamos nossa carga por carne seca e prosseguimos para o Rio de Janeiro, onde conseguimos vendê-la em pouco tempo. Dirigimo-nos, então à St. Catherine para obter Farina, uma espécie de farinha usada principalmente pelos escravos. De lá, voltamos novamente ao Rio Grande, trocamos nossa carga por óleo de baleia e saímos para o mar novamente, rumo ao Rio de Janeiro. Como a nau estava sobrecarregada, enfrentamos maus momentos. Pensávamos estar todos perdidos, mas ao aliviar a embarcação de parte de sua carga jogando uma quantidade ao mar, o navio e toda sua tripulação foram salvos mais uma vez das mandíbulas vorazes do elemento destrutivo. Ventos de proa prevaleciam e, embora avistássemos o porto por vários dias, não conseguíamos chegar ao ancoradouro por mais que tentássemos.

Enquanto permanecíamos naquela posição duvidosa, sem saber se estávamos perdidos ou não, ocorreu-me que a morte seria apenas uma libertação de meu cativeiro e, por isso mesmo, mais bem-vinda que o contrário. Na verdade, pouco me importava com o que pudesse acontecer. Era apenas um escravo e me sentia como uma pessoa sem esperança ou perspectiva de libertação, sem amigos ou liberdade. Não tinha nenhuma esperança em relação a este mundo e nada sabia sobre o outro. Tudo era desalento, tudo era temor. O presente e o futuro eram uma coisa só, não havia linha divisória. Tudo Labuta! Labuta! Crueldade! Crueldade! Nenhum fim, a não ser a morte, para os meus sofrimentos. Não era Cristão naquele tempo, nada sabia sobre o amor do Salvador, nada sobre sua graça salvadora, seu amor pelos pobres pecadores perdidos, sobre sua missão de paz e boa vontade para com todos os homens, nem havia ouvido falar naquela boa terra, tão graciosamente descrita pelo poeta, "uma terra de puro deleite onde habitam santos imortais",[8] terra prometida, da qual a cada dia o Cristão mais se aproxima. Não! Essas "boas-novas de grande alegria"[9] não haviam sido transmitidas à minha mente sombria e tudo era negro desespero. Mas, quando ouvi as palavras do Salvador, "vinde a mim todos os que estais oprimidos e eu vos aliviarei",[10] eu o procurei e encontrei e foi como um bálsamo para as minhas feridas, uma consolação para minha alma atormentada. Quando penso em tudo isso e considero o passado, fico feliz por seguir lutando neste mundo para cumprir minha missão aqui e fazer o trabalho de que sou incumbido. Ah! Cristandade, vós que sois apaziguadora dos sofrimentos do homem, guia dos cegos e força dos fracos, ide em vossa missão, anunciai em toda parte as pacíficas novas de salvação e fazei feliz o coração do homem e "então, o deserto será feliz e florescerá como a rosa".[11] Então, a escravidão com todos os seus horrores finalmente chegará a seu término, pois ninguém possuindo o vosso poder e sob vossa influência pode perpetuar um chamado tão completamente discrepante e repugnante a todas as vossas doutrinas.

Depois de muito trabalho, atracamos em perfeita segurança. Durante essa viagem, suportei mais punições corporais do que em toda a minha vida. Um dia, o contramestre, um camarada que era um perfeito bruto, mandou-me lavar a embarcação. Quando acabei o serviço, ele apontou para um lugar onde disse haver uma mancha e, blasfemando, ordenou-me que esfregasse ali novamente, o que fiz. Porém, como não estava de bom humor, ordenou-me que fizesse aquilo uma terceira vez, e assim por diante.

Ao perceber que era apenas um capricho, não havendo mancha alguma para limpar, enfim recusei-me a continuar esfregando. Ele, então, me atacou com um cabo de vassoura. Tendo eu o escovão de esfrega em minha mão, ergui-o contra ele. O senhor, que viu tudo o que se passava, ficou muito bravo comigo por tentar atingir o contramestre. Ordenou a um de seus imediatos que lhe cortasse um pedaço de corda. Ele me disse que seria açoitado, e eu respondi "muito bem", mas continuei trabalhando, mantendo sempre um olho nele observando seus movimentos. Quando havia servido o café da manhã, ele veio por trás de mim antes que eu pudesse sair de seu caminho e me bateu nos ombros com a corda que, sendo muito comprida, pendeu para baixo e me acertou com muita força no estômago, provocando dor e náuseas. A força com a qual esse golpe me acertou me derrubou e, assim, prostado no convés, ele me espancou de um modo extremamente brutal. Minha senhora interveio, a essa altura, salvando-me de violências adicionais.

Permanecemos no Rio de Janeiro por quase um mês. Enquanto estávamos lá, ocorreu um incidente que passo a relatar como ilustração do sistema da escravidão.

Um dia, tive que ir à terra com meu senhor como um dos remadores. Enquanto estive lá, bebi vinho à vontade e, vendo meu senhor por perto, voltando para o bote, fui em direção ao lugar onde este se encontrava. Estando um tanto atordoado com a bebida e perturbado por ter visto meu senhor, caí na água, mas, como era raso, não sofri nada além de um bom mergulho por conta de minha bebedeira. Fui retirado de lá com facilidade. Enquanto remava, minha cabeça girava muito, devido aos efeitos do álcool que tinha bebido e, consequentemente, não puxava o remo com firmeza. Quando meu senhor, vendo que eu estava em apuros, perguntou o que havia comigo, eu respondi: "Nada, senhor". Ele perguntou mais uma vez: "Você andou bebendo?". Eu respondi: "Não, senhor!". Assim, sendo mal tratado, aprendi a beber e, a partir disso, aprendi a mentir e, sem dúvida, teria ido, passo a passo, de mal a pior até que nada fosse suficientemente vil para meu gosto.

Tudo isso por meio do horrível sistema da escravidão. Fico feliz, porém, ao dizer que fui levado, pela graça de Deus, a abandonar meus hábitos pecaminosos.

•

Quando a carga foi desembarcada, um mercador inglês, que tinha uma quantidade de café para ser transportada para Nova York, contratou os serviços de meu senhor. Estipulou-se, depois de algum tempo, que eu o acompanharia, juntamente com vários outros, para servi-lo a bordo do navio.

Tínhamos aprendido que em Nova York não havia escravidão,[12] que era um país livre e que, uma vez ali, nada tínhamos a temer de nossos cruéis senhores. Estávamos muito ansiosos para chegar lá.

Antes de zarparmos, fomos informados de que íamos para uma terra de liberdade. Eu disse, então: "Você nunca mais me verá, uma vez que tenhamos chegado lá". A ideia de estar a caminho de um país livre me enchia de alegria e despontava em mim um raio de esperança de que não estava distante o dia em que seria um homem livre. Na verdade, já me sentia livre! Como era belo o resplandecer do sol naquela manhã memorável, a manhã da nossa partida para a terra da liberdade sobre a qual tanto havíamos ouvido falar. Os ventos também estavam favoráveis, logo as velas se desfraldaram diante da brisa animadora e nosso navio rumou para aquela terra feliz. Durante a viagem, as obrigações do serviço pareciam leves. Na verdade, em antecipação à visão daquela terra grandiosa, absolutamente nada me perturbava. Obedeci a todas as ordens de bom grado e com vivacidade.

Aquela foi a época mais feliz de minha vida. Mesmo agora meu coração palpita com deleite jubiloso quando penso naquela viagem. Creio que Deus todo misericordioso tudo ordenou para o meu bem; como me sentia grato.

Os ventos permaneceram favoráveis durante um percurso veloz de vários dias seguidos, após os quais enfrentamos tempestades e borrascas que não só retardaram um tanto nosso progresso como nos puseram em perigo de sermos enviados "àquele destino do qual nenhum viajante retorna",[13] pois temeu-se pela nossa segurança. Uma noite, durante a viagem, um verdadeiro furacão soprou a noite inteira e, pouco antes do amanhecer, a lâmpada da bitácula apagou com o pesado balanço do navio. Ordenaram-me que a acendesse, mas devido ao vento forte, depois de várias tentativas, fracassei completamente. "Ahá", diz o capitão. "Meu rapaz, você não consegue acender a bitácula, não é?"

O homem a postos no leme disse que já havia clareado o bastante e que podia passar sem a lâmpada e enxergar o compasso a contento. Porém, como ordens foram dadas, estando ou não a luz em falta, elas têm que ser obedecidas; assim, mais três imediatos foram chamados e um cobertor foi colocado em volta da bitácula para protegê-la contra o vento. Finalmente conseguiram acendê-la, mas eu, não sabendo como fazê-lo, não havia podido acendê-la. Eu havia tentado diversas vezes. Depois disso, o capitão saiu de sua cabine, vestiu-se e mandou-me acender sua lâmpada; quando fui atendê-lo, ele apanhou uma vara grossa para me bater e, apontando um golpe em minha cabeça, levantei o braço para evitar que ela fosse atingida. Ele me disse para manter minha mão abaixada. Eu obedeci, mas quando o golpe descia, levantei a mão novamente e consegui salvar meu crânio de ser rachado. Ele não queria acertar minha mão, pois isso me impediria de fazer meu trabalho, mas estando ou não com minha cabeça quebrada, teria que dar conta de meu serviço rotineiro. Ele, então, me disse para dar meia volta para que pudesse bater-me por trás. Eu lhe disse para me bater o quanto quisesse. Ele estava enfurecido e batia a esmo em minha cabeça e corpo, onde porventura acertasse. Eu o desafiei a fazer o pior, a fazer o que pudesse para tirar sua mais completa vingança numa pessoa miserável como eu. Ele, então, chamou três imediatos e lhes ordenou que me amarrassem ao canhão. Pensei em me jogar na água, mas não me sentia plenamente satisfeito com a perspectiva de ir sozinho. Se pudesse ter o prazer de levá-lo comigo, teria me jogado de bom grado. Os três homens me agarraram e me prenderam de bruços sobre o canhão; foram ordenados a açoitar-me, o que fizeram com bastante diligência. Ele, então, exigiu que eu me submetesse e lhe implorasse por misericórdia, mas isso eu não faria. Eu disse a ele para me matar se assim o quisesse, mas por misericórdia em suas mãos eu não iria implorar! Também lhe disse que quando me desatassem do canhão, ele deveria se cuidar. Naquele dia, enquanto examinava meu corpo dilacerado sangrando, refleti que, embora estivesse machucado e despedaçado, meu coração não estava subjugado.

Assim que me desataram avancei em direção ao capitão, que deu ordens aos homens para me prenderem na proa do navio e não deixarem que eu me aproximasse dele novamente. Os cortes e machucados me deixaram tão dolorido que não consegui fazer nada por vários dias.

Enquanto estava doente, o capitão me mandava boas provisões de sua própria mesa, sem dúvida para conciliar-se comigo depois dos maus feitos cruéis que me havia infligido, mas foi em vão. Não tinha a menor pressa em voltar novamente ao trabalho, já que antes disso ele muitas vezes fez com que eu fosse açoitado por não conseguir realizar algo que demandaria o trabalho de três homens. Assim, dali em diante, senti-me inclinado a deixá-lo passar sem quaisquer de meus serviços.

A escravidão é má, a escravidão é errada. Esse capitão fez uma enorme quantidade de coisas cruéis que seria horrível relatar. Ele tratava as escravas com imensa crueldade e barbaridade. Ele impunha toda a sua vontade, não havia ninguém para tomar o partido delas. Ele era, naquele tempo, o "monarca de tudo o que estivesse sob sua vista", o "rei da casa flutuante", ninguém ousava contestar seu poder ou controlar sua vontade. Mas está se aproximando o dia em que seu poder será investido em outro e de sua intendência terá que prestar contas. Que explicação poderia ele dar para os crimes impiedosos cometidos sobre os corpos contorcidos dos pobres miseráveis que estavam sob seu jugo quando seu reinado cessar e a grande prestação de contas chegar, o que ele dirá? Qual será seu destino? — Isso só será revelado quando o grandioso livro for aberto. Que Deus o perdoe (em sua infinita misericórdia) pelas torturas infligidas em seus semelhantes, embora de aparência diferente.

A primeira palavra do inglês que meus dois companheiros e eu aprendemos foi *F-r-e-e* [l-i-v-r-e]. Ela nos foi ensinada por um inglês a bordo e ó! Quantas e quantas vezes eu a repeti. Esse mesmo homem contou-me muito a respeito da cidade de Nova York (ele sabia falar português). Ele me disse que as pessoas negras em Nova York eram todas livres, o que me fez sentir muito feliz. Ansiava pelo dia vindouro quando estaria lá. O dia, enfim, chegou, mas não era coisa fácil fugir, para dois rapazes e uma moça que sabiam falar apenas uma palavra de inglês, não tendo, como tínhamos suposto, qualquer amigo para nos ajudar. Mas Deus era nosso amigo, como se comprovou no final, e fez surgir para nós muito amigos em uma terra estranha.

O piloto que veio a bordo de nosso navio nos tratou com muita bondade — ele parecia diferente de qualquer pessoa que eu já tinha visto antes. Essa pequena circunstância nos encorajou. No dia seguinte, muitas pessoas negras vieram a bordo e perguntaram se éramos livres. O capitão nos havia dito anteriormente para não contarmos que éramos escravos, mas não atendemos ao seu desejo. Ele, ao ver tantas pessoas vindo a bordo, começou a temer que sua propriedade teria a ideia de dar no pé e fugir. Ele então, muito prudentemente, nos informou que Nova York não era lugar para nós nos aventurarmos, que era um lugar muito ruim e que, tão certo como as pessoas iriam nos apanhar, nos matariam. Mas, quando estávamos a sós, concluímos que na primeira oportunidade nos arriscaríamos para ver como nós nos sairíamos em um país livre.

Um dia, depois de ter tomado bastante vinho, fui imprudente a ponto de dizer que não ficaria mais a bordo, que eu seria livre. O capitão, ouvindo isso, me chamou lá embaixo. Ele e mais três tentaram me prender, mas não conseguiram. No fim, porém, eles conseguiram me aprisionar num quarto da proa. Fiquei confinado ali vários dias. O homem que trazia minha comida batia na porta e, se eu lhe dissesse para entrar, ele entrava, se não, ele passava ao largo de meu quarto e eu não recebia comida. Em uma ocasião eu lhe disse que não permaneceria preso ali vivo nem mais um dia, que iria sair. Ao anoitecer, havendo alguns pedaços de ferro no quarto, apanhei um deles — uma barra com cerca de dois pés de comprimento —, com esta abri a porta à força e fui-me embora. Os homens estavam todos ocupados trabalhando e a esposa do capitão estava em pé no convés quando subi de minha prisão. Eu os ouvi perguntando uns aos outros quem havia me deixado sair, mas ninguém soube dizer. Fiz mesuras diante da mulher do capitão e segui adiante, para a amurada da embarcação. Havia uma prancha estendida do navio à terra. Atravessei-a andando e saí correndo como se fosse por minha vida, sem saber, é claro, para onde ia. Fui observado em minha fuga por um vigia que era um pouco manco. Ele procurou me deter, mas me safei dele segui em frente até alcançar uma loja em cuja porta me detive um pouco para respirar. Eles me perguntaram o que é que havia, mas eu não podia lhes contar já que não sabia nada de inglês, exceto a palavra *F-r-e-e*. Pouco depois, o vigia manco e outro homem me alcançaram. Um deles tirou uma estrela brilhante do bolso e me mostrou, mas eu não conseguia compreender o que ele queria com isso. Fui, então, levado para a casa de guarda e trancafiado ali a noite inteira. Na manhã seguinte o capitão chegou. Pagou as despesas e me levou com ele de volta ao navio. Os oficiais me disseram que eu seria um homem livre se assim escolhesse, mas eu não sabia como agir. Assim, depois de um pouco de persuasão por parte do capitão, este me induziu voltar com ele, pois não havia o que temer. Isso aconteceu num sábado. Na segunda-feira seguinte, à tarde, três carruagens pararam perto da embarcação. Alguns cavalheiros desceram delas e vieram a bordo. Eles andaram de um lado para o outro do convés conversando com o capitão, dizendo-lhe que todos a bordo eram livres e exigindo que ele içasse a vela. Ele enrubesceu um bocado e disse que não o faria, enfureceu-se e esbravejou muito. Fomos, posteriormente, levados em suas carruagens, acompanhados pelo capitão, a um prédio muito bonito com um pórtico esplêndido na parte da frente. Sua entrada, à qual se subia por um lance de escadarias de mármore, era circundada por uma elegante grade de ferro, tendo portões em diversos lugares, ornamentada ao redor com árvores e arbustos de vários tipos. A mim, esse pareceu-me um lugar muito belo, já que nunca havia visto nada parecido antes. Soube, posteriormente, que esse prédio era o City Hall, a prefeitura de Nova York. Quando chegamos ao salão do prédio, este estava apinhado de gente de todos os tipos. Um grande número de pessoas estava em pé, próximo às portas e às escadarias, e espalhadas pelo pátio. Alguns conversavam, outros apenas passavam o tempo andando para lá e para cá. O cônsul brasileiro[14] estava lá. Quando fomos chamados, perguntaram-me se desejávamos permanecer ali ou voltar para o Brasil. Respondi pelo meu companheiro e por mim que nós não desejávamos voltar, mas a escrava que estava conosco disse que voltaria. Não tenho dúvidas de que ela preferiria ficar, mas, vendo o capitão ali, ficou intimidada e teve medo de dizer o que pensava. O meu companheiro também. Eu, por outro lado, disse audaciosamente que preferia morrer do que voltar ao cativeiro! Depois que uma enorme quantidade de perguntas foi feita e respondida, fomos levados ao que eu supunha ser uma prisão e ali trancafiados. Alguns dias depois, fomos conduzidos outra vez ao City Hall e muitas outras perguntas foram feitas. Fomos, então, levados de volta aos nossos velhos alojamentos, à prisão, como preparativo, assim supunha, para sermos enviados novamente ao Brasil. Mas não tinha certeza disso, pois não conseguia compreender todas as cerimônias de nos trancafiar e nos soltar, conduzindo-nos ao tribunal para nos fazerem perguntas e nos exibirem diante do público ali reunido. Tudo isso era novidade para mim; portanto, eu não conseguia compreender plenamente o significado de tudo isso, mas tinha muito medo de estarmos prestes a sermos devolvidos ao cativeiro — tremia só de pensar nisso! Enquanto estávamos encarcerados, alguns amigos, que haviam se interessado muito por nossa causa, tramaram um meio pelo qual as portas da prisão fossem abertas enquanto o carcereiro dormia. Não encontramos dificuldade alguma em passar por ele e alcançar, mais uma vez, "o ar puro do paraíso". Com a ajuda daqueles amigos, a quem jamais hei de esquecer, me foi possível chegar à cidade de Boston, em Massachussetts. Ali permaneci sob a proteção deles por cerca de quatro semanas, quando foi acertado que eu deveria ser enviado à Inglaterra ou ao Haiti. Fui consultado sobre o assunto para saber o que eu preferia. Depois de ter ponderado por algum tempo, pensei que o clima do Haiti seria mais parecido com aquele de meu próprio país e que conviria melhor à minha saúde e meus sentimentos. Não sabia exatamente que tipo de lugar era a Inglaterra, senão talvez tivesse preferido ir para lá, especialmente porque, como soube posteriormente, quase todos os ingleses são amigos do homem negro e de sua raça, e eles têm feito muito pelo meu povo em termos de seu bem-estar e progresso e continuam lutando até hoje pela causa abolicionista e por todas as outras boas causas. Naquelas circunstâncias, resolvi ir para o Haiti; assim sendo, uma passagem gratuita foi providenciada para nós e uma quantidade considerável de provisões foi angariada para meu consumo durante a viagem.

FONTE: Excerto de *Biography of Mahommah G. Baquaqua: A Native of Zoogoo, in the Interior of Africa*. Org. Samuel Moore. Detroit: George E. Pomery and Co., Tribune Office, 1854, pp. 42-57. Traduzido do inglês por Sonia Nussenzweig. Tradução revista.

1 Para mais informações sobre Mahommah Gardo Baquaqua, ver Paul E. Lovejoy, "Identidade e a miragem da etnicidade: a jornada de Mahommah Gardo Baquaqua para as Américas". *Afro-Ásia*, n. 27, 2002, pp. 9-39. [N. E.]

2 O suicídio de pessoas negras e indígenas escravizadas é uma questão complexa, com cruzamentos, inclusive, para o período pós-abolição. Ver Marc A. Hertzman, "Diferenças fatais: suicídio, raça e trabalho forçado nas Américas". Trad. Mariângela de Mattos Nogueira. *Mundos do Trabalho*, v. 11, 2019, pp. 1-38. [N. E.]

3 Possivelmente o autor faz referência ao hino "God Moves in a Mysterious Way" (1774), do poeta e compositor inglês William Cowper (1731-1800). [N. E.]

4 Grupo étnico do sudoeste do continente africano atualmente conhecido como "cói". O termo "hotentote" é hoje considerado ofensivo. [N. E.]

5 No original, "*ears polite*". Referência a Alexander Pope (1668-1744), em sua "Epistle to Burlington" [Epístola para Burlington] (1731). [N. E.]

6 No original, "*freeze thy young blood, harrow up thy soul, and make each particular hair to stand on end like quills upon the fretful porcupine*". Fala do fantasma do pai de Hamlet, no ato 1, cena 5, da peça de mesmo nome de William Shakespeare (1564-1616). [N. E.]

7 O autor grafa "Santa Catarina" desta forma. [N. E.]

8 No original, "*a land of pure delight, where saints immortal dwell*". Trecho de um hino escrito por Isaac Watts (1674-1748). [N. E.]

9 Lucas, capítulo 2, versículo 10. [N. E.]

10 Mateus, capítulo 11, versículo 28. [N. E.]

11 Isaías, capítulo 32, versículo 15. [N. E.]

12 O estado de Nova York concluiu sua abolição da escravidão em 1827, ano em que os últimos escravizados se tornaram libertos. Em nível federal, a abolição nos Estados Unidos foi ratificada apenas em 1865, com a 13ª emenda constitucional. [N. E.]

13 No original, "*to that bourne from whence no traveler returns*". Fala de Hamlet, no ato 1, cena 3, da peça de mesmo nome. [N. E.]

14 Provavelmente Luiz Henrique Ferreira de Aguiar, cônsul-geral do Brasil em Nova York entre 1841 e 1875. [N. E.]

A revolução da província do Maranhão

DOMINGOS JOSÉ GONÇALVES DE MAGALHÃES
1858

Rompimento da desordem, tendo à sua frente o vaqueiro Raymundo Gomes, seu caráter e importância social. Primeiras providências do governo

Ao 13 de dezembro de 1838,[1] na vila da Manga, situada na margem esquerda do Iguará, comarca do Itapecurú, apresentou-se um certo Raymundo Gomes, homem de cor assaz escura, acompanhado de nove de sua raça; arrombaram a cadeia da vila e soltaram os presos criminosos. Existiam na vila vinte e tantas praças às ordens do subprefeito, as quais, iscadas do mesmo espirito, incorporaram-se a Raymundo Gomes. Começou logo esse rebelde a prender comissários e a pregar contra os prefeitos e contra o presidente, a quem pretendia derrubar e em seu lugar levantar o vice-presidente, conhecido por oposicionista. Que mão oculta dirigia esse drama não se pode duvidar. Era Raymundo Gomes incapaz de tomar por si uma tal resolução, posto que, por seus hábitos, muito próprio para executá-la. Nascido no Piauí e filho dessa raça cruzada de índios e negros de que tratamos,[2] criado no campo entre o gado que pastorava, prestando a sua faca às vinganças próprias e alheias, leigo nas letras humanas, apenas conhecido por alguns assassinatos de que impunemente vivia, manchado pela perversidade dos costumes que relatamos e ineficácia das leis, não se arrojaria a perturbar a tranquilidade pública por motivos políticos, sem estranho impulso. Quando ousasse, abortaria a sua audácia a não encontrar o decidido apoio que incontestavelmente lhe foi dado. Instrumento estúpido de um cego partido que cuidou poder, quando lhe aprouvesse, fechar o dique da cólera popular, Raymundo Gomes, o vaqueiro assassino, converteu-se em chefe do partido Bem-te-vi![3] E os que o levantaram do pó da terra envergonharam-se de sua obra.

Chegou a nova desse fato à capital da província, e um dos informantes escreveu: "Parecerá talvez a Vossa Excelência que tenho dado maior importância do que devera a semelhante acontecimento, o que não duvido; mas é porque ainda tenho em fresca memória as desgraças e penosos sacrifícios que custaram à província as desordens de Antônio João Damasceno,[4] *que não tiveram por certo melhor principio do que essa*". Mandou logo o presidente 30 praças sobre os sediciosos, que tarde chegaram pela grande distância. Entretanto, só no fim de cinco dias da data da revolta que se ergueu naqueles contornos uma força de 40 homens para sufocar a rebelião. Raymundo Gomes e os seus, protegidos pelos vereadores da câmara da vila de Manga e pelo juiz de paz Coelho, evadiram-se no dia 17, levando armamento e petrechos roubados, e puseram-se em marcha via da Chapadinha.

Assim, pois, nove criminosos assassinos impunemente passaram, roubaram e proclamaram em uma vila por espaço de cinco dias, e não apareceu quem lhes resistisse!

Posse do novo presidente, o senhor Manoel Felizardo de Souza e Mello; seu engenho, grande desenvolvimento da rebelião, aparecimento do Balaio, destroço dos Angicos, temores de ser a capital sitiada

Em 26 de fevereiro chegou ao Maranhão o novo presidente, o senhor Manoel Felizardo de Souza e Mello,[5] para substituir o senhor Camargo.[6] Tomou posse no dia 3 de março, aniversário da posse do seu antecessor. Por este influenciado, acreditou que a província estava em paz e escreveu para a corte: "A província goza de tranquilidade e sossego, *estado que parece duradouro, atenta a boa índole dos seus habitantes*".[7] E logo dali a onze dias[8] viu-se obrigado a desmentir a parte que inadvertidamente havia dado pela sua muito boa fé em palavras de interessado, quando a corrupção dos nossos costumes pedia mais critério e malícia.

Repelido Raymundo Gomes da Paraíba, atravessou o rio do mesmo nome e, com maior séquito, apresentou-se na comarca do Brejo. Outro rebelde à frente de numeroso grupo começou a ter nomeada pelas suas atrocidades; foi esse o célebre Balaio,[9] que deu seu nome a todos os rebeldes. Motivos de vingança o arrastaram às fileiras da rebelião. Contam que duas filhas suas tinham sido desfloradas por um certo Guimarães,[10] oficial de comissão que, da vila do Itapecurú-mirim, marchara com um golpe de gente para atacar Raymundo Gomes na Chapadinha logo em princípios da revolta. Balaio, posto que de baixa esfera e pobre, assim ferido na sua honra, jurou lavar com sangue a nódoa de suas filhas. Cheio de indignação publicou a sua desonra, excitou os ânimos de amigos e conhecidos, atraiu gente e repetia a linguagem dos faciosos: que aqueles homens da legalidade, vendidos aos portugueses, queriam exterminar os da sua cor; que suas vidas, honra e bens, pátria e liberdade, não tinham outros recursos senão o das armas. Destarte colocou-se Balaio à testa de um enxame de rebelados e começou a semear por onde passava destruições e mortes. Nenhum outro o avantajou nas crueldades, que muito o enfurecia a sede implacável da vingança. Já então dizia-se que a força inimiga subia a 400 homens e dali progressivamente foi sempre aumentando. Evitando o encontro com as nossas tropas, só cuidavam os seus chefes de roubar as fazendas, armar-se e engrossar as suas turmas com quantos se iam levantando e aderindo à causa da revolta, cujo espírito, emanado de um partido da capital da província, ia achando corpo em toda a sua extensão. Correspondências e insinuações se apanharam em poder de emissários capturados que provam o que escrevemos.

Aproximava-se Balaio da vila do Rosário, na margem esquerda do Itapecurú. Os seus habitantes, amedrontados com essa nova, evacuaram a vila e se refugiaram uns na fortaleza Vera-Cruz, a meia légua de distância na margem do mesmo rio, outros na capital, deixando suas casas entregues ao furor daquela cáfila.

Ao 15 de março de 1839, o presidente Manoel Felizardo mandou o major Feliciano Antônio Falcão,[11] oficial de grande crédito pelas qualidades de sua pessoa, e com ele uma força de 40 homens. Nomeou-o comandante em chefie das tropas da legalidade, as quase eram de 250 praças. Porque cada vez mais crescia o susto e o número dos rebelados, expediu no dia 21 do mesmo mês um iate e um lanchão com 63 homens e marinheiros pelo Munim até a vila do Icatú, com o fim de protegê-la.

De pouco proveito eram esses mesquinhos socorros, porque os rebeldes não se davam em ataque. Sempre errantes, de emboscaria caíam sobre as nossas pequenas partidas e logo deixavam o campo, tanto que as debandavam. Um grande dano recebemos então: o capitão Pedro Alexandrino, que à frente de 173 praças se achava no lugar denominado Angicos, comarca do Brejo, tendo ali feito junção com o tenente coronel João José Alves de Souza, foi assaltado inopinadamente pela força do Balaio, passante de mil homens, que os destroçou completamente. Ali praticaram os rebeldes atos de horror, arrancando os olhos, cortando as orelhas e pedaços de carnes ao capitão Alexandrino, ao tenente-coronel Souza e três outros oficiais nossos ainda vivos, que assim atrozmente martirizados morreram no meio das maiores angústias. Os que escaparam com vida das 173 praças foram por eles capturados e com eles se ligaram. A nova desse desastre infundiu o susto em todos os ânimos e as boas esperanças se desvaneceram. Começou então o presidente Manoel Felizardo a ver quão falsas eram as suas conjecturas, inspiradas pela má-fé, e mandou cobrir a capital com fortificações e cruzar algumas canhoneiras, temendo que se passassem os rebeldes à ilha do Maranhão e tomassem a capital. Como já anteriormente houvesse reclamado socorro de tropas a algumas províncias, chegou-lhe por aqueles dias um batalhão de Pernambuco forte de 320 praças, que logo fez marchar para o interior. Já então lavrava o boato de que se achava a cidade de Caxias sitiada. Os rebeldes, em crescente número, cada vez mais audazes pelas vitórias havidas, a maiores empresas se arrojavam, deixando após si o pranto, a morte, a destruição e o incêndio; e quantos a eles se não ligavam iam sendo vítimas de sua brutal ferocidade.

Caxias, seu assédio e desastre

Caxias, outrora Aldéas-Altas, era o florescente empório do interior do Maranhão e Piauí, a mais rica e comercial cidade da província depois da capital, notável pelo luxo dos seus habitantes e descomedimento de muitos e mais notável ainda por ser o teatro de contínuas e diuturnas vinganças e assassinatos. Demora a 60 léguas ao sudeste da capital, na margem direita e oriental do Itapecurú, tendo em seu rosto na oposta margem a afreguesada Trezidella, que a domina. Em toda a longa extensão desse rio principal se descobrem propriedades, fazendas, aldeias e vilas. Como o terreno que devassa é o mais fértil e muito cortado por seus braços, a que chamam igarapés, é também a parte a mais povoada e a mais rica de todo o Maranhão. Só a escravatura se computa em cerca de 20 mil africanos; o que muitas vezes ameaça o sossego público, subtraindo-se parte dela ao jugo do senhorio e aquilombando-se nas matas, donde em sortidas vão roubar as fazendas circunvizinhas, sendo necessário força armada para capturá-los. Não foi isso um dos pequenos males da presente rebelião, por quanto, fugitivos os senhores fazendeiros deixavam a mercê dos rebeldes seus casas e escravos. Estes se aproveitaram do ensejo para fugir ao trabalho das lavouras devastadas e foram acoitar-se daquele lado da costa entre a barra da Tutoya e Priá, onde em um número passante de 3 mil. Capitaneados pelo negro Cosme,[12] tido por feiticeiro, grandes devastações fizeram. Disso trataremos em mais competente lugar, que por em quanto se iam eles para ali acumulando, sem atrair a atenção do governo, todo ocupado em negócio de maior monta.

Caxias, a cidade do crime, o refúgio dos facinorosos, o domínio de pequenos bachás, que a seu grado decidiam das alheias vidas, estava acostumada a ver assassinatos todos os dias. Almas piedosas lhe auguravam grandes desgraças em punição de seus crimes, e quis Deus que ela fosse o teatro sanguinolento de todos os horrores da rebelião, talvez para correção de seus costumes depravados e seus futuros melhoramentos.

Tudo em Caxias atraía os rebeldes; sua mesma posição central, suas riquezas, munições, simpatias e imoralidade convidavam a que fossem sitiar.

Toda a população errante e aventureira das comarcas do Brejo, Itapecurú, Caxias e Pastos-Bons, excitada pela cobiça, tinha engrossado as partidas dos facciosos. Seu número avaliava-se em 600 cabeças, que cercaram a malfadada Caxias, todas meditando a sua ruína.

Marchavam para socorrê-la o major Falcão com a gente do seu comando de guardas nacionais e de polícia, o major José Thomaz Henriques à frente do seu batalhão de Pernambuco. Tudo montava a 700 praças debaixo do comando em chefe do tenente-coronel Junqueira. Estava em caminho estrada de Caxias quando a infeliz nova chegou à capital de que aquela cidade se tinha rendido à força sitiante e que o sangue corria em todas as suas veias. Ao mesmo tempo, para acúmulo de infelicidades, outra nova propagou-se de que mil rebeldes vindos da Paraíba intentavam desembarcar na ilha do Maranhão e atacar a cidade de São Luiz, capital da província. Tão fatais notícias foram dois golpes mortais nos ânimos dos seus habitantes, que, assim perdidas as esperanças, varados de susto, já se julgavam nas garras daqueles monstros sanguinários e logo foram tudo dispondo para sua fuga. Não menos o presidente Manoel Felizardo viu-se perplexo no meio de tantos terrores a um tempo espalhados e, esquecendo-se das desgraças de Caxias, mandou, para tranquilizar os ânimos, contramarchar a força de 700 homens que já em caminho estava para aquela cidade, com o fundamento de cobrir e defender a capital de qualquer invasão, que muito se receava. Pediu mais gente às províncias do sul, mandou a escuna Legalidade ao Pará com o mesmo fim, mandou desmontar e encravar a artilharia da fortaleza de Santo Antônio da Barra e a do baluarte da cidade. Tanto era o medo que dela se servissem os rebeldes em tomando a capital, que, por assim dizer, já com antecedência o terror lhes entregava! Algumas dessas medidas de nenhum modo podem ser relevadas; a contramarcha da força e o desmontamento e encravamento da artilharia mostram inconsideração ou grande falta de confiança nos habitantes da capital, na qual, além de sua posição elevada, cercada de água e de fácil defesa, havia dois batalhões de guardas nacionais e muita gente que podia pegar em armas. Entretanto Caxias nadava em sangue, vida, bens e honra, tudo ia sendo devorado pelas hordas devastadoras que friamente as maiores crueldades praticavam sem piedade da infância, da velhice e da virgindade!

Entre os terríveis canibais notava-se o feroz Ruivo, que fazia garbo de andar coberto de sangue e de apregoar o número dos seus assassinatos perpetrados no dia. Em dinheiro e fazendas computa-se o seu prejuízo em 4 mil contos. Bem caro pagou Caxias seus crimes passados. Muitos viram nesse flagelo a maldição celeste invocada pelas vítimas de sua perversidade, que assim castigou o Céu os reiterados crimes de uma raça prevaricadora; assim muitas cidades se aniquilaram; assim dessas desgraças colhem os homens grandes e terríveis lições para o futuro. Praza ao Céu que esta se não perca.

DOMINGOS JOSÉ GONÇALVES DE MAGALHÃES (Rio de Janeiro, 1811 – Roma, Itália, 1882) foi escritor e político. Sua obra poética *Suspiros poéticos e saudades* (1836) foi precursora do romantismo no Brasil.

FONTE: Excerto de *A revolução da província do Maranhão desde 1839 até 1840: memoria histórica e documentada por Domingos José Gonçalves de Magalhães (Extrahida do n. 11 da Revista Trimensal de Historia e Geographia, e enriquecida de notas.)*. São Luiz: Typographia do Progresso, 1858, pp. 23-35.

1 Para mais informações sobre a Balaiada, ver Léa Maria Carrer Iamashita, *Modernização e rebeldia: a dinâmica da política regencial e a Revolta da Balaiada no Maranhão (1831-1841)*. Tese de Doutorado. Universidade de Brasília, 2011; e Matthias Röhrig Assunção, "'Sustentar a constituição e a Santa Religião Católica, amar a Pátria e o Imperador'. Liberalismo popular e o ideário da Balaiada no Maranhão". In: Monica Duarte Dantas (org.), *Revoltas, motins, revoluções: homens livres pobres e libertos no Brasil do século XIX*. São Paulo: Alameda, 2011, pp. 295-397. Sobre Gonçalves de Magalhães, ver Danilo José Zioni Ferretti, "Gonçalves de Magalhães e o sacerdócio moral do poeta romântico em tempos de guerra civil". *Almanack*, n. 2, 2011, pp. 66-86. [N. E.]

2 No segundo capítulo deste mesmo texto, "Usos e costumes do Maranhão", o autor afirma, na página 17, que "toda a província [do Maranhão] está coalhada de fazendas de criação de gado vacum, em cujo trato e para salga das carnes e couros se ocupam cardumes de homens ociosos, sem domicílio certo, pela maior parte de uma raça cruzada de índios, brancos e negros, a que chamam *cafusos*, os quais são muito amantes desta vida meio errante, pouco dados a outros misteres e muito à rapina e à caça, distinguindo-se apenas dos selvagens pelo uso da nossa linguagem". [N. E.]

3 O partido Bem-te-vi, no contexto local maranhense ligado ao contexto geral do Império do Brasil, se opunha ao partido Cabano, em uma configuração política particularmente complexa. Ver Maria de Lourdes Monaco Janotti, "Balaiada: construção da memória histórica". *História*, v. 24, n. 1, 2005, pp. 41-76. [N. E.]

4 Atuante durante a Setembrada, em 1831. [N. E.]

5 Manoel Felizardo de Souza e Mello (1805-1866) foi um político de longa carreira, tendo sido presidente de outras províncias, como São Paulo e Pernambuco. [N. E.]

6 Vicente Tomás Pires de Figueiredo Camargo (*circa* 1799-1855), que ocupou o cargo por um ano. [N. E.]

7 Ofício do presidente Manoel Felizardo, de 4 de março de 1839, ao ministro do Império Bernardo Pereira de Vasconcellos.

8 Ofício do presidente Manoel Felizardo, de 15 de março de 1839, ao ministro do Império Bernardo Pereira de Vasconcellos.

9 Manoel Francisco dos Anjos Ferreira Balaio, assim apelidado pelo seu ofício de fazer e vender balaios.

10 Antonio Raymundo de Guimarães.

11 Feliciano Antônio Falcão (1820-1853), brigadeiro que atuou em revoltas e conflitos armados. [N. E.]

12 Cosme Bento das Chagas (1802-1842), líder quilombola. [N. E.]

Revolta de Viana

DANIEL ANTÔNIO DE ARAÚJO
E JOÃO ANTÔNIO DE ARAÚJO
1867

Ilmos. senhores delegados e comandantes do destacamento de Viana
Santa Bárbara, 10 de julho de 1867

Comunicamos a Vossos Senhores que nos achamos em campo a tratar da liberdade dos cativos, por muito que esperamos por ela, e como o nosso desejo é por todos e não fazer mal a ninguém esperamos por ela em Santo Ignácio e quando não apareça até o dia 15 de mês vindouro não teremos remédio senão lançarmos mão nas armas e lá irmos, podendo Vossas Senhorias, contatem que temos 1.000 armas de fogo e contamos com todos os arcos dos gentios em nossa defesa e da liberdade, e espero que não tomem este nosso aviso por graça é muito seria esta nossa deliberação e assim se previnam, e esperamos pela resposta amanhã por todo dia. Somos de Vossas Senhorias.

DANIEL ANTÔNIO DE ARAÚJO e **JOÃO ANTÔNIO DE ARAÚJO** foram mocambeiros e responsáveis por assinar a carta que reivindicava a alforria dos escravizados, enviada às autoridades policiais durante a revolta de Viana, no Maranhão.

FONTE: Arquivo Municipal do Maranhão. ARAUJO, Mundinha. *Insurreição de escravos em Viana, 1867.* São Luís, Edições AVL, 2006; GOMES, Flávio dos Santos, *Mocambos e quilombos: uma história do campo negro no Brasil.* São Paulo: Companhia das Letras, 2015.

A lua brasileira

MARIA FIRMINA DOS REIS
1868

É tão meiga, tão fagueira,[1]
Minha lua brasileira;
É tão doce e feiticeira,
Quando airosa vai nos céus;
Quando sobre almos palmares,
Ou sobre a face dos mares.
Fixa, nívea, seus olhares,
Qu'enfeitiçam os olhos meus;

Quando traça na campina
Larga fita diamantina;
Quando sobre a flor marina,
Esparge seu níveo albor;
Quando manda brandamente
Sobre a campina virente,
Seu fulgir alvinitente,
O seu mágico esplendor;

Quando sobre a fina areia,
Que a onda beijar anseia
Molemente ela passeia,
Desdobrando alvo lençol;
Quando ao fim da tarde amena
Ressurge pura e serena,
Disputando nessa cena,
Primores co'o rubro sol;

Oh! Eu sinto então meu peito,
A tanto encanto sujeito,
Tão comovido, e desfeito,
Por um sublime sentir.
Que dos ares n'amplidão,
Vagueia a imaginação,
Qual se me fora condão,
Outros mundos descobrir!

Podem outros seus encantos
Ver também, beber seus prantos,
Por seus vales, e recantos,
Por suas veigas, em flor;
Podem vê-la sobre os montes,
Trepando nos horizontes,
A retratar-se nas fontes,
C'roada de níveo albor;

Lá n'outros mundos — mas bela,
Assim branca, assim singela,
Como pálida donzela,
Que geme na solidão;
Assim pura, acetinada,
Como flor na madrugada
Pelo rocio beijada,
Com mimo, com devoção;

Assim virgem na frescura,
Com tão maga formosura,
Percorrendo essa planura
De nossos formosos céus.
Isso não: assim ninguém
mimosa, leda, inocente;
Assim formosa, indolente,
Permitiu-nos vê-la deus!

Quem não ama vê-la assim,
C'a candidez do jasmim,
Espargindo amor sem fim,
Na terra de santa cruz!?!
Quem não ama entusiasmado
Da noite o astro nevado,
Que, co'o rosto prateado,
Tão meigamente seduz!?!

Quem não sente uma saudade,
Vendo a lua em fresca tarde,
Branca — em plena soledade,
Vagar nos campos dos céus!
Quem não gera com fervor,
No peito em que ergue a dor,
Um hino sacro de amor,
Um hino eterno ao seu deus!

Eu por mim amo-te, oh bela,
Que semelhas a donzela,
Com roupas de branca tela,
Com traços de fino albor.
Que vai pura aos pés do altar
Por muito saber amar,
Ao terno amado jurar,
Lealdade — fé — e amor.

Amo ver-te assim fagueira,
Minha lua brasileira,
Qual menina lisonjeira,
Que promete, e foge e ri;
E depois, inda voltando,
Vem com beijinhos pagando,
Aquele a quem se furtando,
De novo a chamara a si.

Assim, lua, teus encantos
Inspiram mimosos cantos:
Chora sobre mim teus prantos,
Vertidos na solidão!
Tens em mim, lua querida,
Uma amiga enternecida,
Que aninha n'alma sentida
Muita dor — muita aflição.

Só teus raios prateados,
Teus inocentes agrados,
Teus suspiros magoados,
Modificam tanta dor.
Vem pois com tuas carícias
Infundir brandas delícias,
E com suaves blandícias
Entusiasmar-me de amor.

1 Sobre Maria Firmina dos Reis, ver Fernanda Rodrigues de Miranda, *Corpo de romances de autoras negras brasileiras (1859-2006): posse da história e colonialidade nacional confrontada*. Tese de Doutorado. Universidade de São Paulo, 2019. [N. E.]

MARIA FIRMINA DOS REIS (São Luís, 1822 – Guimarães, Maranhão, 1917) é considerada a primeira escritora brasileira negra e seu livro de estreia *Úrsula* (1859) o primeiro romance brasileiro escrito por uma mulher. O conto "A escrava" (1887), assim como o restante de sua produção literária, aborda temas como o abolicionismo e a posição do negro na sociedade.

FONTE: "A lua brasileira". *Semanário Maranhense*, n. 27, ano 1, mar. 1868, pp. 7-8.

Tragédia no mar (O navio negreiro)

CASTRO ALVES
1870

Stamos em pleno mar... Doudo
no espaço[1]
brinca o luar — dourada borboleta
e as vagas após ele correm... cansam
como turba de infantes inquieta.

Stamos em pleno mar... Do firmamento
os astros saltam como espumas
de ouro...
o mar em troca acende as ardentias
— constelações do líquido tesouro.

Stamos em pleno mar... Dous infinitos
ali se estreitam n'um abraço insano...
azuis, dourados, plácidos, sublimes...
qual dos dous é o céu? qual o oceano?

Stamos em pleno mar... Abrindo
as velas
ao quente arfar das virações marinhas,
veleiro brigue corre à flor dos mares
como roçam na vaga as andorinhas.

Donde vem? onde vai? Das
naus errantes
quem sabe o rumo se é tão grande
o espaço!
neste saara os corcéis o pó levantam,
galopam, voam, mas não
deixam traço...

Bem feliz quem ali pode nest'hora
sentir desse painel a majestade!
embaixo o mar... em cima
o firmamento...
e no mar e no céu — a imensidade!

Oh! que doce harmonia traz-me
a brisa!...
que música suave ao longe soa!
Meu Deus! como é sublime um
canto ardente
pela vagas sem fim boiando à toa!

Homens do mar! ó rudes marinheiros,
tostados pelo sol dos quatro mundos,
crianças que a procela acalentara
no berço destes pélagos profundos!

Esperai! esperai! deixai que eu beba
esta selvagem livre poesia...
orquestra — é o mar que ruge
pela proa,
e o vento que nas cordas assobia...

....

Por que foges assim, barco ligeiro?
por que foges do pávido poeta?
Oh! quem me dera acompanhar te
a esteira...
que semelha no mar doudo cometa...

Albatroz! Albatroz! águia do oceano,
tu que dormes das nuvens entre
as gazas,
sacode as penas, Leviatã do espaço!
Albatroz! Albatroz! dá-me estas asas...

II.

Que importa do nauta o berço,
donde é filho, qual seu lar?
ama a cadência do verso
que lhe ensina o velho mar!
Cantai! que a sorte é divina...
Resvala o brigue à bolina
como golfinho veloz.
Presa ao mastro da mezena
saudosa bandeira acena
às vagas que deixa após.

Do espanhol as cantilenas
requebradas de langor
lembram as moças morenas,
as andaluzas em flor.
Da Itália o filho indolente
canta Veneza dormente
— terra de amor e traição —
Ou do golfo no regaço
Relembra os versos de Tasso
junto às lavas do vulcão.

O inglês — marinheiro frio,
que ao nascer no mar se achou,
(porque a Inglaterra é um navio
Que Deus na Mancha ancorou,)
rijo entoa pátrias glórias,
lembrando orgulhoso histórias,
De Nelson e de Aboukir...
O francês — predestinado —
canta os louros do passado
e os loureiros do porvir.

Os marinheiros helenos,
que a vaga jônia criou,
belos piratas morenos
do mar que Ulisses cortou,
homens que Fídias talhara,
vão cantando em noite clara
versos que Homero gemeu...
Nautas de todas as plagas!
vós sabeis achar nas vagas
as melodias do céu!

III.

Desce do espaço imenso, ó águia
do oceano!
desce mais, inda mais... não pôde o
olhar humano,
como o teu mergulhar no
brigue voador...
Porém que vejo ali... que quadro
de amarguras!
que canto funeral!... que
tétricas figuras!
que cena infame e vil!... Meu Deus,
meu Deus! que horror!

IV.

Era um sonho dantesco...
O tombadilho,
que avermelha das luzernas o brilho,
em sangue a se banhar!
Tinir de ferros, o estalar de açoite...
legiões de homens negros como a noite
horrendos a dançar...
Negras mulheres suspendendo as tetas,
magras crianças, cujas bocas pretas
rega o sangue das mães:
outras, moças... mas nuas e espantadas
no turbilhão de espectros arrastadas
em ânsia e mágoas vãs.
E ri-se a orquestra irônica e estridente...
e da ronda fantástica a serpente
faz doidas espirais...
Se o velho arqueja... se no chão resvala,
ouve-se gritos... o chicote estala
e voam mais e mais...
Presa nos elos de uma só cadeia
a multidão faminta cambaleia
e chora e dança ali...
Um de raiva delira, outro enlouquece,
outro que de martírios embrutece,
cantando geme e ri.
No entanto o capitão manda
a manobra...
e após fitando o céu que se desdobra
tão puro sobre o mar,
diz do fumo entre os densos nevoeiros!
"Vibrai rijo o chicote, marinheiros!
fazei-os mais dançar!"
E ri-se a orquestra irônica e estridente...
e da ronda fantástica a serpente
faz doudas espirais!...
qual n'um sonho dantesco as
sombras voam,
gritos, ais, maldições, preces ressoam...
e ri-se Satanás!

V.

Senhor Deus dos desgraçados!
dizei-me vós, Senhor Deus!
se é loucura... se é verdade
tanto horror perante os céus...
Ó mar, por que não apagas
co'a esponja de tuas vagas
de teu manto este borrão!
Astros! noites! tempestades!
rolai das imensidades!
varrei os mares, tufão!

Quem são estes desgraçados
que não encontram em vós
mais que o rir calmo da turba
que excita a fúria do algoz?
Quem são? Se a estrela se cala,
se a vaga a pressa resvala
como um cúmplice fugaz
perante a noite confusa...
dize-o tu, severa musa!
Musa libérrima — audaz.

São os filhos do deserto,
onde a terra esposa a luz,
onde voa em campo aberto
a tribo dos homens nus...
São os guerreiros ousados,
que com os tigres mosqueados
Combatem na solidão...
Homens simples, fortes, bravos...
hoje míseros escravos
sem luz, sem ar, sem razão...

São mulheres desgraçadas,
como Agar o foi também,
que sedentas alquebradas
se longe... bem longe vêm...
trazendo com tíbios passos
filhos e algemas nos braços,
na alma — lágrimas e fel,
como Agar sofrendo tanto
que nem o leite de pranto
tem que dar para Ismael.

Lá nas areias infindas,
das palmeiras no país,
nasceram — crianças lindas,
viveram — moças gentis...
Passa um dia a caravana
quando a virgem na cabana
cisma da noite nos véus...
Adeus, ó choça do monte!
adeus, palmeiras da fonte!
adeus, amores... adeus!...

Depois o areal extenso...
depois o oceano de pó...
depois — no horizonte imenso,
desertos... desertos só...
E a fome, o cansaço, a sede...
ah! quanto infeliz que cede
e cai p'ra não mais s'erguer!
Vaga um lugar na "cadeia",
mas o chacal sobre a areia
acha um corpo que roer.

Ontem a Serra Leoa,
a guerra, a caça ao leão,
o sono dormido à toa
sob a tenda da amplidão...
Hoje — o "porão" negro, fundo,
infecto, apertado, imundo,
tendo a peste por jugar...
e o sono sempre cortado
pelo arranco de um finado,
e o baque de um corpo ao mar...

Ontem plena liberdade,
a vontade por poder...
hoje... cúm'lo de maldade!
nem são livres p'ra morrer!...
Prende-os a mesma corrente
— férrea, lúgubre serpente —
nas roscas da escravidão...
E assim roubados à morte
dança a lúgubre coorte
ao som do açoite!... Irrisão.

Senhor Deus dos desgraçados!
dizei-me vós, Senhor Deus!
Se é loucura... se é verdade
tanto horror perante os céus...
Ó mar, por que não apagas
co'a esponja de tuas vagas
de teu manto este borrão!
Astros! noites! tempestades!
rolai das imensidades!
varrei os mares, tufão!

VI.

Existe um povo que a bandeira
empresta
p'ra cobrir tanta infâmia e covardia!...
e deixa-a transformar-se nesta festa
em manto impuro de bacante fria!...
Meu Deus! meu Deus! mas que
bandeira é esta
que impudente na gávea tripudia?
Silêncio. Musa! chora, chora tanto
que o pavilhão se lave no teu pranto.
Auriverde pendão de minha terra,
que a brisa do Brasil beija e balança,
estandarte que a luz do sol encerra
e as promessas divinas da esperança...
Tu que da liberdade após a guerra
foste hasteado dos heróis na lança,
antes te houvessem roto na batalha
que servires a um povo de mortalha.
Fatalidade atroz que a mente esmaga!...
extingue nesta hora "o brigue imundo"
o trilho que Colombo abriu na vaga
como um íris no pélago profundo!...
Mas é infâmia demais! Da etérea plaga
levantai-vos heróis do Novo Mundo...
Andrada! arranca esse pendão
dos ares!
Colombo! fecha a porta dos teus mares.

1 Sobre Castro Alves, ver Jorge Amado, *Abc de Castro Alves*. 2. ed. São Paulo: Companhia das Letras, 2010; e Andréa Sirihal Werkema, "A hipérbole engajada: deserto, céu e oceano em 'O navio negreiro', de Castro Alves". *O Eixo e a Roda*, v. 23, n. 2, 2014, pp. 155-67. [N. E.]

CASTRO ALVES (Freguesia de Curralinho, atual Castro Alves, Bahia, 1847 – Salvador, 1871) foi poeta e expoente da terceira geração do romantismo brasileiro. Recebeu a denominação de "poeta dos escravos" em razão de sua produção literária de cunho abolicionista.

FONTE: "Tragedia no mar. O navio negreiro". *Jornal da Tarde*, ano 1, n. 200, 22.6.1870, p. 2.

Treze de maio

LUIZ GAMA
1880

25 de julho de 1880.[1] — Meu caro Lúcio, — Recebi o teu cartão com a data de 28 de pretérito.

Não me posso negar ao teu pedido, porque antes quero ser acoimado do ridículo, em razão de referir verdades pueris que me dizem respeito, do que vaidoso e fátuo, pelas ocultas, de envergonhado: aí tens os apontamentos que me pedes e que sempre eu os trouxe de memória.

Nasci na cidade de São Salvador, capital da província da Bahia, em um sobrado da rua do Bangla, formando ângulo interno, em a quebrada, lado direito de quem parte do adro da Palma, na Freguesia de Sant'Ana, a 21 de junho de 1830, por às 7 horas da manhã, e fui batizado 8 anos depois, na igreja matriz do Sacramento, da cidade de Itaparica.

Sou filho natural de uma negra, africana livre, da Costa Mina (Nagô de Nação)[2] de nome Luiza Mahin, pagã, que sempre recusou o batismo e a doutrina cristã.

Minha mãe era baixa de estatura, magra, bonita, a cor era de um preto retinto e sem lustro, tinha os dentes alvíssimos como a neve, era muito altiva, geniosa, insofrida e vingativa.

Dava-se ao comércio — era quitandeira, muito laboriosa, e mais de uma vez, na Bahia, foi presa como suspeita de envolver-se em planos de insurreições de escravos, que não tiveram efeito.

Era dotada de atividade. Em 1837, depois da revolução do dr. Sabino na Bahia,[3] veio ela ao Rio de Janeiro e nunca mais voltou. Procurei-a em 1847, em 1856 e em 1861, na Corte, sem que a pudesse encontrar. Em 1862, soube, por uns pretos minas que a conheciam e que me deram sinais certos, que ela, acompanhada com malungos[4] desordeiros, em uma "casa de dar fortuna",[5] em 1838, fora posta em prisão; e que tanto ela como os seus companheiros desapareceram. Era opinião dos meus informantes que esses "amotinadores" fossem mandados pôr fora pelo governo, que, nesse tempo, tratava rigorosamente os africanos livres, tidos como provocadores.

Nada mais pude alcançar a respeito dela. Nesse ano, 1861, voltando a São Paulo, e estando em comissão do governo, na vila de Caçapava, dediquei-lhe os versos que com esta carta envio-te.

Meu pai, não ouso afirmar que fosse branco, porque tais afirmativas neste país, constituem grave perigo perante a verdade, no que concerne à melindrosa presunção das cores humanas. Era fidalgo e pertencia a uma das principais famílias da Bahia, de origem portuguesa.

Devo poupar à sua infeliz memória uma injúria dolorosa, e o faço ocultando o seu nome. Ele foi rico; e, nesse tempo, muito extremoso para mim. Criou-me em seus braços. Foi revolucionário em 1837. Era apaixonado por a diversão da pesca e da caça; muito apreciador de bons cavalos; jogava bem as armas, e muito melhor de baralho, amava as súcias e os divertimentos. Esbanjou uma boa herança, obtida de uma tia em 1836. Reduzido à pobreza extrema, a 10 de novembro de 1840, em companhia de Luiz Candido Quintela, seu amigo inseparável e hospedeiro, que vivia dos proventos de uma casa de tavolagem na cidade da Bahia, estabelecida em um sobrado de quina, ao largo da praça, vendeu-me, como seu escravo, a bordo do patacho Saraiva.

Remetido para o Rio de Janeiro nesse mesmo navio dias depois, que partiu carregado de escravos, fui, com muitos outros, para a casa de um cerieiro português, de nome Vieira, dono de uma loja de velas à rua da Candelária, canto da do Sabão. Era um negociante de estatura baixa, circunspecto e enérgico, que recebia escravos da Bahia, à comissão. Tinha um filho aperaltado, que estudava em colégio, e creio que três filhas já crescidas, muito bondosas, muito meigas e muito compassivas, principalmente a mais velha. A senhora Vieira era uma perfeita matrona: exemplo de candura e piedade. Tinha eu 10 anos. Ela e as filhas afeiçoaram-se de mim imediatamente.

Eram 5 horas da tarde quando entrei em sua casa. Mandaram lavar-me; vestiram-me uma camisa e uma saia da filha mais nova, deram-me de cear e mandaram-me dormir com uma mulata de nome Felícia, que era mucama da casa.

Sempre que me lembro dessa boa senhora e de suas filhas, vêm-me as lágrimas aos olhos, porque tenho saudades do amor e dos cuidados com que me afagaram por alguns dias.

Dali saí derramando copioso pranto, e também todas elas, sentidas de me verem partir.

Oh! eu tenho lances doloridos em minha vida, que valem mais do que as lendas sentidas da vida amargurada dos mártires.

Nessa casa, em dezembro de 1840, fui vendido ao negociante e contrabandista alferes Antonio Pereira Cardoso, o mesmo que, há 8 ou 10 anos, sendo fazendeiro no município de Lorena, nesta província, no ato de o prenderem por ter morto alguns escravos a fome, em cárcere privado, e já com idade maior de 60 a 70 anos, suicidou-se com um tiro de pistola, cuja bala atravessou-lhe o crânio.

Este alferes Antonio Pereira Cardoso comprou-me em um lote de cento e tantos escravos. Trouxe-nos a todos, pois era esse o seu negócio, para vender nesta província.

Como já disse, tinha eu apenas 10 anos; e, a pé, fiz toda viagem de Santos até Campinas.

Fui escolhido por muitos compradores, nessa cidade, em Jundiaí e Campinas; e, por todos repelido, como se repelem coisas ruins, pelo simples fato de ser eu "baiano"...

Valeu-me a pecha!

O último recusante foi o venerado e simpático ancião Francisco Egídio de Sousa Aranha, pai do exmo. conde de Três Rios,[6] meu respeitável amigo.

Este, depois de haver-me escolhido, afagando-me disse: — Hás de ser um bom pajem para os meus meninos; dize-me: onde nasceste?

— Na Bahia, respondi eu.

— Baiano?... exclamou admirado o excelente velho. Nem de graça o quero. Já não foi por bom que o venderam tão pequeno.

Repelido como "refugo", com outro escravo da Bahia, de nome José, sapateiro, voltei para a casa do senhor Cardoso, nesta cidade, à rua do Comércio, número 2, sobrado, perto da igreja da Misericórdia.

Ali aprendi a copeiro, a sapateiro, a lavar e a engomar roupa e a costura.

Em 1847, contava eu 17 anos, quando para a casa do senhor Cardoso veio morar, como hóspede, para estudar humanidades, tendo deixado a cidade de Campinas, onde morava, o menino Antonio Rodrigues do Prado Junior, hoje doutor em direito, ex-magistrado de elevados méritos, e residente em Mogi Guaçu, onde hoje é fazendeiro.

Fizemos amizade íntima, de irmãos diletos, e ele começou a ensinar-me as primeiras letras.

Em 1848, sabendo eu ler e contar alguma coisa, e tendo obtido ardilosa e secretamente provas inconcussas de minha liberdade, retirei-me, fugindo, da casa do alferes Antonio Pereira Cardoso, que aliás votava-me a maior estima, e fui assentar praça. Servi até 1854, seis anos. Cheguei a cabo de esquadra graduado e tive baixa de serviço depois de responder a conselho, por ato de suposta insubordinação, quando tinha-me limitado a ameaçar um oficial insolente, que me havia insultado e que soube conter-se.

Estive, então, preso 39 dias, de 1 de julho a 9 de agosto. Passava os dias lendo e às noites sofria de insônias. De contínuo, tinha diante dos olhos a imagem de minha querida mãe. Uma noite, eram mais de duas horas, eu dormitava. Em sonho vi que a levavam presa. Pareceu-me ouvi-la distintamente que chamava por mim.

Dei um grito, espavorido saltei fora da tarimba; os companheiros alvorotaram-se; corri à grade, enfiei a cabeça pelo xadrez.

Era solitário e silencioso e longo e lôbrego o corredor da prisão, mal alumiado pela luz amarelenta de enfumaçada lanterna.

Voltei para a minha esteira, narrei a ocorrência aos curiosos colegas. Eles narraram-me também fatos semelhantes; eu caí em nostalgia, chorei e dormi.

Durante o meu tempo de praça, nas horas vagas, fiz-me copista. Escrevia para o escritório do escrivão major Benedito Antonio Coelho Neto, que tornou-se meu amigo; e que hoje, pelo seu merecimento, desempenha o cargo de oficial-maior da Secretaria do Governo. Como amanuense, no gabinete do exmo. sr. conselheiro Francisco Maria de Souza Furtado de Mendonça,[7] que aqui exerceu, por muitos anos, com aplausos e admiração do público em geral, altos cargos na administração, polícia e judicatura, e que é catedrático da Faculdade de Direito, fui eu seu ordenança; por meu caráter, por minha atividade e por meu comportamento, conquistei a sua estima e a sua proteção; e as boas lições de letras e de civismo, que conservo com orgulho.

Em 1856, depois de haver servido como escrivão perante diversas autoridades policiais, fui nomeado amanuense da Secretaria de Polícia, onde servi até 1868, época em que "por turbulento e sedicioso" fui demitido a "bem do serviço público", pelos conservadores, que então haviam subido ao poder.[8] A portaria de demissão foi lavrada pelo dr. Antonio Manuel dos Reis, meu particular amigo, então secretário da polícia, e assinada pelo exmo. dr. Vicente Ferreira da Silva Bueno, que, por este e outros atos semelhantes, foi nomeado desembargador da relação da Corte.

A turbulência consistia em fazer eu parte do Partido Liberal; e, pela imprensa e pelas urnas, pugnar pela vitória de minhas e suas ideias, promover processos em favor de pessoas livres criminosamente escravizadas e auxiliar licitamente, na medida de meus esforços, alforrias de escravos, porque detesto o cativeiro e todos os senhores, principalmente os reis.

Desde que fiz-me soldado, comecei a ser homem; porque até os 10 anos fui criança; dos 10 aos 18, fui soldado.

Fiz versos, escrevi para muitos jornais, colaborei em outros literários e políticos e redigi alguns.

Agora chego ao período em que, meu caro Lucio, nos encontramos no Ipiranga, à rua do Carmo, tu, como tipógrafo, poeta, tradutor e folhetinista principiante; eu, como simples aprendiz-compositor, de onde saí para o foro e para a tribuna, onde ganho o pão para mim e para os meus, que são todos os pobres, todos os infelizes; e para os míseros escravos, que, em número superior a 500, tenho arrancado às garras do crime.

Eis o que te posso dizer, às pressas, sem importância e sem valor; menos para ti, que me estimas deveras. — Teu Luiz.

LUIZ GAMA (Salvador, 1830 – São Paulo, 1882) foi advogado, jornalista, poeta e abolicionista. Vendido como escravizado aos dez anos, conquistou a liberdade, mas foi impossibilitado de se matricular na Faculdade de Direito do largo São Francisco. Frequentando as aulas como ouvinte, atuou na luta pela abolição e pelos direitos de negros escravizados, liderando a Mocidade Abolicionista e Republicana (1880). Sua produção poética, altamente crítica e satírica, por vezes denunciava a condição do negro e a aristocracia brasileira.

FONTE: Carta republicada em *O Estado de São Paulo*, ano 35, n. 11.111, 13.5.1909, p. 3.

1 Para mais informações sobre a atuação legal de pessoas negras contra a escravidão e as minúcias do direito sobre a questão, ver Keila Grinberg, *O fiador dos brasileiros: cidadania, escravidão e direito civil no tempo de Antônio Pereira Rebouças*. Rio de Janeiro: Record, 2002; e Keila Grinberg e Sue Peabody, *Slavery, Freedom, and the Law in the Atlantic World: A Brief History with Documents*. Boston: Bedford Books, 2007. [N. E.]

2 Sobre os minas, ver a nota 2 em Escravizados não identificados, "Tratado proposto a Manuel da Silva Ferreira pelos seus escravos durante o tempo em que conservaram levantados", presente neste volume. [N. E.]

3 O autor se refere à Sabinada, ocorrida entre 1837 e 1838, liderada por Francisco Sabino (1796-1846) e João Carneiro da Silva Rego. Para detalhes sobre a participação de escravizados na revolta, ver Juliana Serzedello Crespim Lopes, "Liberdade, liberdades: dilemas da escravidão na Sabinada (Bahia, 1837-1838)". *Sankofa*, ano 3, n. 6, dez. 2010, pp. 25-44. [N. E.]

4 Maneira que os escravizados negros se referiam aos outros de sua condição. [N. E.]

5 Locais para práticas religiosas e de sociabilidade de pessoas negras. [N. E.]

6 Joaquim Egídio de Sousa Aranha (1821-1893), o conde e marquês de Três Rios, fez fortuna com café e atuou como político. [N. E.]

7 Francisco Maria de Souza Furtado de Mendonça (1812-1890), professor da Faculdade de Direito de São Paulo. [N. E.]

8 O Partido Conservador geriu o Conselho de Ministros entre 1868 (em meio à crise institucional gerada pela guerra do Paraguai [1864-1870]) e 1878, após uma breve dominância do Partido Liberal nos seis anos precedentes. Sobre partidos no Império do Brasil, ver Jeffrey D. Needell, "Formação dos partidos políticos no Brasil da Regência à Conciliação, 1831-1857". *Almanack Braziliense*, n. 10, nov. 2009, pp. 5-22. [N. E.]

Guerra civil no Rio Grande do Sul

TRISTÃO DE ALENCAR ARARIPE
1881

O ano de 1843 fora de luta;[1] o de 1844 de perseguição aos rebeldes; o de 1845 ia ser o da pacificação.

A incessante perseguição, as derrotas nos conflitos, a prisão de vários homens de importância entre os rebeldes e a apresentação de alguns chefes pedindo anistia eram motivos de crescente desânimo na rebeldia e de desmoralização da causa republicana.

Os rebeldes, pois, desacoroçoados e exaustos de forças, decidiam-se a entrar nas vias pacíficas.

Depois da chegada do Barão de Caxias[2] à província, os rebeldes ensaiarão por vezes entabular negociações de paz.

Em maio de 1843 o ex-ministro de Estado do governo da república José Pedroso[3] dirigiu-se ao mesmo Barão e declarou-lhe que os chefes da rebelião estavam dispostos a terminar a guerra por acomodação.

O Barão não repeliu a proposta, tanto mais quanto era recomendação do governo imperial preferir sempre a conciliação aos meios violentos.

Sabida a boa disposição do general brasileiro, David Canabarro, João Antônio, Onofre Pires e Jacinto Guedes tentarão levara a efeito a transação, mas consultados Bento Gonçalves, Antônio Netto, José Mariano, José Gomes e outros influentes na rebeldia,[4] manifestaram só poder ser aceita a acomodação mediante o reconhecimento da província do Rio Grande do Sul como estado federado ao Brasil.

Tal reconhecimento era inaceitável por parte do general legalista, e a negociação não teve seguimento.

Posteriormente a isso Bento Gonçalves mandou, por intermédio de um seu parente, nova proposta de paz, que não foi adiante por conter a condição do indicado reconhecimento, isto é, a exigência do triunfo da causa da revolução.

Apareceu, então, como medianeiro José Fructuoso Rivera,[5] e falou em novas propostas no sentido da terminação da guerra.

Essa proposta de Bento Gonçalves e a mediação de Fructuoso Rivera eram, então, meios estratégicos no intuito de entibiar a perseguição desenvolvida contra as forças rebeldes. Nada, porém, produziram.

Ainda um esforço quiseram os rebeldes tentar. Sonhando sempre com o desenvolvimento do espírito público no Brasil no sentido das ideias republicanas, contavam ser possível ressurgirem novos movimentos revolucionários nas provindas do Brasil, a semelhança dos de 1842 em Minas e São Paulo.[6]

Procuraram, pois, relacionar-se com os homens notáveis do Partido Liberal,[7] nos quais confiavam, persuadidos do que teriam auxílio para a realização de seus planos, sendo a ideia predileta de alguns dos paladinos rebeldes a consagração da democracia no Brasil, mantida por uma confederação das províncias.

As suas cartas e as suas exortações não produziram resultado. Enquanto o sul do Império debatia-se nesse intento, o resto do país disso não cogitava, ocupado somente na política partidária, que consiste na exaltação de um dos dois partidos e no abatimento do outro, ambos assimilados pelo vínculo comum da ideia monárquica, que os prende e subordina.

Um comissário da rebelião do sul veio à Corte e, depois de sondados e consultados alguns dos personagens mais notáveis do Partido Liberal, regressou em setembro de 1844, levando aos seus comitentes o desengano das suas quiméricas esperanças.

Então os rebeldes reputaram impossível o seu triunfo, reconhecendo que nenhum dos dois partidos nacionais coadjuvaria para a separação de uma província brasileira.

Em fins de 1844 e princípio de 1845 decidiram-se, pois, a propor sinceramente a paz.

Bento Gonçalves dirigiu-se ao Barão do Caxias e pediu-lhe uma conferência, que se realizou com toda a reserva e segredo.

Ali declarou o Barão que nenhuma condição aceitaria que não tivesse por base a deposição das armas e a obediência ao governo do Imperador.

Bem convencido estava Bento Gonçalves de não poder a guerra prosseguir por parte dos rebeldes. Todavia, não quis apresentar-se como fraco e vencido, mas pretendia inculcar que a desistência da luta tinha por motivo o desejo de ver finda a discórdia civil.

Falou na proposta de federação da província rebelada com a república do Uruguai[8] e com o estado de Corrientes oferecida por Fructuoso Rivera, por parte daquela, e por Joaquim Madariaga, por parte deste, e finalmente apresentou como condição da cessação da guerra o reconhecimento da dívida da República Rio-grandense e a confirmação dos postos obtidos pelos caudilhos no curso da revolução.

O Barão, conhecedor do estado das coisas, declarou firmemente a Bento Gonçalves que, sem tomar compromisso algum, encarregava-se todavia de levar à apreciação do Imperador as ideias do mediador, podendo os rebeldes passar para o outro lado da fronteira e ali esperar solução.

Bento Gonçalves pareceu anuir a essa indicação e retirou-se, mas passados dois dias mandou dizer que David Canabarro recusava assentir ao ajuste.

David Canabarro era então o chefe militar preponderante e, embora também desejasse a paz, todavia motivos de competência o levavam a pôr dúvidas a respeito da pacificação pelo modo proposto por Bento Gonçalves. Daí proveio a divergência e o adiamento da acomodação definitiva.

Paravam as coisas nesse pé, quando a 2 de outubro de 1844 apresenta-se ao Barão de Caxias o cabecilha Ismael Soares, comissionado pelos dois chefes rebeldes Bento Gonçalves e Antônio Netto para fazer saber ao general imperial a resolução em que eles estavam de deixar o serviço em que estiveram empregados por espaço de nove anos, resolutos a não hostilizar mais as forças do exército imperial, uma vez que o mesmo general envie salvo-conduto para eles e para todos os seus companheiros de armas que o quiserem acompanhar, esperando do Imperador não só o pleno esquecimento dos seus erros como garantia para todas essas pessoas e seus companheiros na luta contra o Império.

Ao passo que isso sucedia, intervinha Fructuoso Rivera, igualmente comissionado pelo governo rebelde, então nas mãos de José Gomes, o antigo presidente da República de Piratini,[9] para tratar da paz e procurava interpor os seus bons ofícios perante o general brasileiro; intervenção que este dispensou.

O salvo-conduto pedido foi dado pelo Barão de Caxias.

Encaminhadas as coisas à pacificaçao, José Gomes, David Canabarro, João Antônio e Antônio Netto, como chefes do povo rio-grandense em armas contra o governo imperial, assinaram, com data de 13 do novembro de 1844, uma declaração autorizando Antônio Vicente da Fontoura[10] para que, de acordo com o Barão de Caxias, seguisse para a Corte e obtivesse do mesmo governo imperial uma paz, que, segundo a fraseologia rebelde, não manchando de ignomínia essa distinta porção da grande família brasileira, nem ao sábio governo do Imperador, impusesse dique ao estrangeiro audaz que pretendia fulminar a ruína dessa terra do Brasil inteiro.

Tal era o tom desse documento, em vista do qual, apresentado em 16 de novembro, o Barão de Caxias, então em Bagé, fez seguir o emissário rebelde para a corte acompanhado de dois oficiais de confiança, um dos quais era o coronel Manoel Marques, incumbido de expor ao governo imperial as circunstâncias da província e os meios mais conducentes a terminar a guerra.

O sobredito emissário e seus companheiros vão à Corte e regressam com instruções ao Barão de Caxias sobre a aventada pacificação. Conhecidas assim as intenções definitivas do governo imperial, entenderam-se os chefes rebeldes com o general legalista.

De janeiro a fevereiro de 1845 preparam esses chefes o desfecho da questão.

O governo rebelde resolve que o exército seja consultado, e para isso devia este reunir-se em um ponto que assentou-se ser Poncho Verde.[11]

O exército rebelde repartia-se, então, em três divisões: a primeira comandada por Antônio Netto, a segunda por Bento Gonçalves e a terceira por João Antônio.

David Canabarro era o general em chefe desse exército, e na presidência da República estava o octogenário José Gomes, novamente de posse desse cargo em virtude de renúncia de Bento Gonçalves.

Marcado o ponto de reunião deviam esses chefes ali congregar-se, mas não compareceu José Gomes por doente, nem Bento Gonçalves, que pretextava embaraços de viagem.

Congregados os demais chefes e forças rebeldes no acampamento da Carolina, em Poncho Verde, ali representado José Gomes pelo ministro Manoel Lucas de Oliveira e considerado o voto de Bento Gonçalves mandado por escrito, passaram ao assunto da reunião no dia 25 de fevereiro de 1845.

No seu voto, firmado em 22 do mesmo, dizia Bento Gonçalves:

A paz é indispensável fazer-se. O país a reclama, pois infelizmente das vitimas dos nossos desacertos nada temos a lucrar com os azares da guerra. Eu vejo, mau grado meu, que hoje não podemos conseguir vantagens que estejam em harmonia com os nossos sacrifícios, por se haver, a despeito dos meus conselhos incessantes, perdido a melhor quadra de negociar-se uma conciliação honrosa.

Sujeita a matéria à deliberação da oficialidade, depois de muito breves e curtos debates, foi unanimemente resolvido que se ultimasse a paz, sob as condições pactuadas, e todas quantas se pudessem conseguir do Barão de Caxias competentemente autorizado pelo governo imperial para o efeito.

Assim se exprimia a respectiva ata do conselho deliberante, ata que assinaram David Canabarro, como general em chefe do exército, Antônio Netto e João Antônio, como comandantes de divisão, além de três coronéis, quinze tenentes-coronéis e dez majores.

Entre o Barão de Caxias e os rebeldes, para os últimos ajustes, serviu de medianeiro o coronel Manoel Marques.

As condições pactuadas foram:

1. Anistia geral e plena para todas as pessoas envolvidas na rebelião;
2. Isenção de serviço militar e da guarda nacional para todos os indivíduos que tinham servido no exército da rebelião;
3. Gozarem os chefes rebeldes das honras dos seus postos;

4. Pertencerem os escravos, que serviram como soldados da República, ao Estado, que os indenizaria aos seus antigos senhores.[12]

Concluída assim a pacificação, foi ela anunciada por ambos os lados, à província e ao Império todo.

David Canabarro, como general em chefe das forças rebeldes, dirigiu-lhes, em 28 de fevereiro, a seguinte proclamação: "Concidadãos! Competentemente autorizado pelo magistrado civil, a quem obedecemos, e na qualidade de comandante em chefe, concordando com a unânime vontade de todos os oficiais da força do meu comando, vos declaro, que a guerra civil, que por mais de nove anos devasta este belo país, está acabada".

No dia seguinte, 1º de março, o barão de Caxias, na margem direita do rio Santa Maria, publicou esta outra proclamação: "Rio-grandenses! É sem duvida para mim de inexplicável prazer o ter de anunciar-vos que a guerra civil, que por mais de nove anos devastou esta bela província, está terminada. Os irmãos, contra quem combatemos, estão hoje congratulados conosco e já obedecem ao legítimo governo do Império do Brasil".

Sumia-se, assim, a República Rio-grandense dentre as potências da terra e ressurgia a província do Rio Grande do Sul como estrela da esfera armilar do Brasil.

A causa da monarquia ficava triunfante na província insurgida sob o influxo democrático, e o governo central via coroados os seus esforços em prol da integridade do Império.

TRISTÃO DE ALENCAR ARARIPE (Icó, Ceará, 1821 – Rio de Janeiro, 1908) foi escritor e político. Com produções intelectuais de destaque nos campos jurídico e histórico, foi o primeiro historiador cearense a fazer parte do Instituto Histórico e Geográfico Brasileiro, voltado a pesquisa e preservação do patrimônio histórico-cultural brasileiro.

FONTE: "Capitulo XXV. Propostas de paz; negociações; concluzão d'ellas, e pacificação da provincia". In: *Guerra civil no Rio Grande do Sul. Memoria acompanhada de documentos, lida no Instituto Historico e Geographico do Brazil por Tristão de Alencar Araripe.* Rio de Janeiro: Typographia Universal de E. & H. Laemmert, 1881, pp. 172-79.

1 Para mais detalhes sobre a guerra dos Farrapos, ver Vinicius Pereira de Oliveira e Daniela Vallandro de Carvalho, "Os lanceiros Francisco Cabinda, João aleijado, preto Antonio e outros personagens negros da Guerra dos Farrapos". In: Gilberto Ferreira da Silva, José Antônio dos Santos e Luiz Carlos Cunha Carneiro (orgs.), *RS negro: cartografias sobre a produção do conhecimento*. Porto Alegre: EdiPUCRS, 2009, pp. 63-82; Daniela Vallandro de Carvalho, *Fronteiras da liberdade: experiências negras de recrutamento, guerra e escravidão (Rio Grande de São Pedro, c. 1835-1850)*. Tese de Doutorado. Universidade Federal do Rio de Janeiro, 2013; Eduardo Santos Neumann, "'Um só não escapa de pegar em armas': as populações indígenas na Guerra dos Farrapos (1835-1845)". *Revista de História*, n. 171, jul.-dez. 2014, pp. 83-109; e Ânderson Marcelo Schmitt, "Guerra dos Farrapos (1835-1845): entre o fato histórico e suas apropriações". *Esboços*, v. 25, n. 40, 2018, pp. 358-77. [N. E.]

2 Luís Alves de Lima e Silva (1803-1880), o duque de Caxias, teve extensa carreira militar e política. [N. E.]

3 José Pedroso de Albuquerque (1804-?) ocupou cargos políticos distintos na República Rio-grandense. [N. E.]

4 David Canabarro (1796-1867), João Antônio da Silveira (1795-1872), Onofre Pires da Silveira Canto (1799-1844), Jacinto Guedes da Luz, Bento Gonçalves da Silva (1788-1847), Antônio de Sousa Netto (1803-1866), José Mariano de Mattos e José Gomes de Vasconcelos Jardim (1773-1854) foram líderes políticos e militares do conflito pela parte da República Rio-grandense. [N. E.]

5 José Fructuoso Rivera (1784-1854) foi um militar e político uruguaio que atuou na guerra dos Farrapos. [N. E.]

6 O autor se refere às chamadas revoltas liberais de 1842, conflitos impulsionados pelo Partido Liberal. Ver Erik Hörner, "Cidadania e insatisfação armada: a 'Revolução Liberal' de 1842 em São Paulo e Minas Gerais". In: Monica Duarte Dantas (org.), *Revoltas, motins, revoluções: homens livres pobres e libertos no Brasil do século XIX*. São Paulo: Alameda, 2011, pp. 329-54. [N. E.]

7 Sobre os partidos no Império do Brasil, ver a nota 8, em Luiz Gama, "Treze de maio", presente neste volume. [N. E.]

8 O Uruguai fez parte da América portuguesa e do Império do Brasil entre a ocupação em 1811, a anexação em 1821 e 1828, ano em que sua independência foi ratificada. [N. E.]

9 Outro termo utilizado para a República Rio-grandense. "Piratini" é o nome da cidade que foi sede da República entre 1836 e 1842. [N. E.]

10 Antônio Vicente da Fontoura (1807-1860), líder civil da República Rio-grandense. [N. E.]

11 O Poncho Verde é um território pertencente hoje à cidade de Dom Pedrito. [N. E.]

12 Sobre este tema, ver Daniela Vallandro de Carvalho, "O que foi feito de nós: o pós-guerra e alguns (des)caminhos". In: Daniela Vallandro de Carvalho, 2013, op. cit., pp. 206-57. [N. E.]

Ensaio de José do Patrocínio acerca da abolição da escravidão no Brasil

JOSÉ DO PATROCÍNIO
1882

Dar[1] ao nosso país plena e absoluta certeza das intenções patrióticas que nos colocam em oposição permanente às instituições vigentes foi o nosso intuito concedendo armistício voluntário ao atual ministério.[2]

Acusavam-nos de impaciência, de açodamento prejudicial. Respondemos por um tratado público de paz, demonstrando, assim, que o nosso intuito é conseguir pacificamente a grande reforma de que depende a moralidade política e civil do país — a abolição da escravidão.

A nossa atitude, a nossa linguagem para o ministério e o imperador tem sido a de um aliado leal, que procura usar de suas forças de modo a desbravar o caminho à magna reforma.

Não quisemos regatear glórias ao imperador e ao ministério. Condescendentes na vitória, como somos enérgicos e inexoráveis na luta, deixamos ao governo a redação dos artigos de lei que devem operar a pacificação geral dos ânimos e dar à propaganda abolicionista a serenidade indispensável a um debate, em que entram de par com os mais imprescritíveis direitos da civilização os mais vitais interesses do país.

Há quinze dias que vive o ministério 3 de julho.

No estado atual da propaganda abolicionista, nenhum governo que tenha exata compreensão da sua responsabilidade histórica pode assumir a direção dos negócios públicos sem ter um plano assentado acerca da questão, cuja complexidade enleia o país na sua honra e na sua riqueza.

Subir ao poder sem um projeto é confessar implicitamente a mais perigosa incapacidade.

A Câmara dos Deputados finge acreditar que derrubou o senhor Martinho Campos[3] numa questão de revisão eleitoral.

A verdade, porém, é que o ministério de 21 de janeiro[4] caiu por impossibilidade de se manter.

A opinião havia tornado imprestável a canoa carregada de interesses escravagistas.

Repugnava à imprensa, enjoava o parlamento o ministério que se ufanava de ter como bandeira o pano negro do tráfico.

Via-se que em vez de intimidar a propaganda abolicionista, esta, pelo contrário, se acentuava cada vez mais e já se preparava para abandonar o terreno da discussão e colocar-se no do combate.

O próprio programa ministerial veio desmentir a Câmara.

Ela havia tolerado as declarações do presidente do Conselho; tinha-lhe continuado o apoio, apesar da confissão de que era escravocrata da gema.

Pelos atos do parlamento, pois, o novo ministério não era obrigado a incluir no seu programa a questão servil.

A Câmara dos Deputados não lhe podia exigir, quando havia dias antes rejeitado a urgência ao projeto proibindo o tráfico interprovincial.

O Senado não lhe exigiria também porque os senhores Silveira Martins, Otaviano e Silveira da Mota,[5] os liberais mais adiantados no assunto, não se julgaram no dever de apresentar projeto.

A inclusão do elemento servil no programa do governo foi, portanto, uma vitória exclusiva da opinião.

O ministério canalizou, assim, uma torrente que ameaçava inundar tudo e inundará, se, em vez do canal, cavar-se fundo na legislação, for simplesmente um desvio temporário.

De duas uma: ou o senhor Paranaguá tem projeto feito e cumpre apresentá-lo com a maior brevidade, ou o senhor Paranaguá nada pensou, nada resolveu a respeito, e é incapaz de governar.

Devemos ao ministério e ao país a máxima franqueza.

A maioria dos homens que assumiram a responsabilidade do movimento abolicionista está de tal modo comprometida com as esperanças dos escravos e com as convicções de suas consciências; adiantou-se tanto e com tamanho impulso que lhe é impossível parar.

Se o governo pretende por um adiamento quebrantar as forças abolicionistas, engana-se fatalmente.

O que está feito basta para fazer voar, numa explosão tremenda, homens e instituições, se, fechando os olhos à Justiça, quiserem servir os interesses da pirataria triunfante.

Já não está nas mãos de ninguém conter o movimento, que é filho do impulso combinado do pudor do nosso tempo e das injustiças de três séculos.

Para os raios dessa horrorosa tempestade só há hoje um recurso, é o para-raios da lei.

Fácil será ao governo levantá-lo no vértice do parlamento.

Basta tonificar-se com a opinião e meter ombros resolutamente ao trabalho, que se não for aplaudido pelos interesses negreiros, nem por isso deixará de o ser pela maioria da nação e pela posteridade.

Não blasonamos, prevenimos.

O adiamento da questão pelo ministério, que dizem unicamente ocupado com a reforma judiciária e planeja somente o aumento do fundo de emancipação, começa a produzir desconfiança no seio da família abolicionista.

Não é o fundo de emancipação, duplicado ou triplicado o que se pede.

Este paliativo será, quando muito, aceito pelos contentáveis. A maioria da nação rejeita-o como uma das muitas artimanhas do Segundo Reinado para iludir a boa-fé pública.

O que se pede é a inamovibilidade pronta da escravidão; a conversão imediata do escravo-mercadoria em instrumento necessário de trabalho, mas instrumento remunerado, com a esperança de ser trabalhador livre.

Desengane-se o imperador.

A opinião está formada acerca da questão servil.

Conhece-lhe o passado e o presente, sabe que a lei de 28 de setembro[6] foi um simples engodo, que deu em resultado uma hecatombe herodiana de crianças e a redução dos africanos livres e seus descendentes à escravidão.

Sabe que só a desídia do Segundo Reinado é a responsável pela cegueira em que viveu o país, desbaratando as suas forças na conservação de uma criminosa e hedionda instituição.

Ou o imperador coloca-se francamente à frente do movimento, aproveita pela sua inércia constitucional o trabalho e o sacrifício dos que tudo arrostaram para levar à alma do povo o convencimento de que é preciso condenar já e de uma vez a escravidão; ou o imperador terá o desprazer de ver os seus últimos dias entenebrecidos pelo mais assombroso acontecimento da nossa história.

Uma recente estatística do senhor senador Godói,[7] lembrada pelo veterano dos abolicionistas, o doutor Nicolau Moreira,[8] demonstra que a soma dos trabalhadores livres nas principais províncias é muito maior, mais do dobro da dos trabalhadores escravos.

Essa estatística põe-nos a salvo da acusação de que promovemos o aniquilamento da fortuna pública.

Será o governo o promotor de uma revolução desnecessária, se quiser adiar uma solução que se impõe a todos os espíritos sensatos.

Não cabe ao folhetim discutir os grandes problemas.

Ele se encarrega somente de levar à meditação do governo o pensamento abolicionista.

A responsabilidade ficará deste modo circunscrita aos verdadeiros responsáveis. E para concluir afirmaremos com a maior sinceridade:

Só há neste país uma forma de governo possível: é aquela que resolver com justiça e com sabedoria a questão servil.

Se o imperador se cercar de homens dignos, se tomar a resolução de fechar essa medonha história de lágrimas e crimes, dando-lhe como epílogo a liberdade, terá feito ao país um tamanho serviço que ninguém lhe poderá contestar.

O seu trono estará assentado sobre a gratidão de um povo inteiro.

Se formos, porém, nós os republicanos os que levarmos por diante o movimento, dobre Sua Majestade os seus meios de corrupção, sirva-se de todos os recursos do seu processo de inutilizar homens e revoluções, e verá que não conseguirá senão agravar a sua sentença no tribunal da honra nacional e da História.

Convença-se o governo que a vitória é dos abolicionistas e que eles só cedem dos seus direitos, em nome da pátria, para vê-los encarnados em uma lei redentora...

A abolição se fará no parlamento ou na praça pública; terá como laurel ou as claridades da paz ou as labaredas vermelhas do combate.

E por isso que ainda uma vez, em nome da pátria, convidamos o governo a trabalhar conosco unido por um pensamento de justiça e de paz.

Proudhomme.[9]

JOSÉ DO PATROCÍNIO (Campos dos Goytacazes, Rio de Janeiro, 1853 – Rio de Janeiro, 1905) foi escritor, jornalista e integrante do movimento abolicionista. Como redator na *Gazeta de Notícias*, sob o pseudônimo de Proudhomme, iniciou campanha pela abolição da escravidão no Brasil. Junto com Joaquim Nabuco foi o fundador, em 1880, da Sociedade Brasileira Contra a Escravidão.

FONTE: "Semana politica". *Gazeta da Tarde*, ano 3, n. 161, 17.7.1882, p. 1.

1 Sobre José do Patrocínio, ver José do Patrocínio, *A campanha abolicionista*. Rio de Janeiro: Fundação Biblioteca Nacional, 2002; Ana Carolina Feracin da Silva, *De "papa-pecúlios" a Tigre da Abolição: a trajetória de José do Patrocínio nas últimas décadas do século XIX*. Tese de Doutorado. Universidade Estadual de Campinas, 2006; José do Patrocínio e Demerval da Fonseca, *Os ferrões: 1° de junho a 15 de outubro de 1875*. São Paulo: Ed. Unesp, 2014; e Ana Flávia Magalhães Pinto, *Escritos de liberdade: literatos negros, racismo e cidadania no Brasil oitocentista*. Campinas: Ed. Unicamp, 2019. Sobre o processo de abolição da escravidão, ver Angela Alonso, *Flores, votos e balas: o movimento abolicionista brasileiro (1868-88)*. São Paulo: Companhia das Letras, 2015; e Martia Helena P. T. Machado e Celso Thomas Castilho (orgs.), *Tornando-se livre: agentes históricos e lutas sociais no processo de abolição*. São Paulo: Edusp, 2016. [N. E.]

2 O autor se refere ao ministério, comandado pelo Partido Liberal, que ficou conhecido como gabinete Paranaguá ou ministério 3 de julho (1882-1883), gerido pelo visconde de mesmo nome (João Lustosa da Cunha Paranaguá [1821-1912]). [N. E.]

3 Martinho Álvares da Silva Campos (1816-1887), senador e conselheiro do Império. [N. E.]

4 O autor se refere ao ministério, igualmente comandado pelo Partido Liberal, que ficou conhecido como gabinete Martinho Campos ou ministério 21 de janeiro (1882), gerido por Martinho Campos. [N. E.]

5 Gaspar da Silveira Martins (1835-1901), Francisco Otaviano de Almeida Rosa (1825-1889) e José Inácio Silveira da Mota (1811-1893) ocuparam vários cargos políticos e institucionais ao longo do Império do Brasil, com atuações decisivas em alguns contextos. [N. E.]

6 A também chamada Lei do Ventre Livre. [N. E.]

7 Joaquim Floriano de Godói (1826-1907), senador. [N.E.]

8 Nicolau Joaquim Moreira (1824-1894), médico que discutiu em sua obra questões raciais, de mestiçagem e de imigração. Ver Silvio Cezar de Souza Lima, "O embrutecido, o imoral e o civilizado: racismo científico, mestiçagem e imigração na obra de Nicolau Joaquim Moreira". *Revista Maracanan*, n. 27, maio-ago. 2021, pp. 145-72. [N. E.]

9 O artigo originalmente foi assinado por José do Patrocínio com um de seus pseudônimos. [N. E.]

Carta dos libertos de Paty de Alferes a Ruy Barbosa

COMISSÃO DE LIBERTOS
1889

Ao Grande cidadão Ruy Barbosa[1]

Comissionados pelos nossos companheiros, libertos de várias fazendas próximas a estação do Paty, município de Vassouras, para obtermos do governo imperial instrução para os nossos filhos, dirigimo-nos a Vossa Excelência pedindo o auxílio da invejável ilustração e do grande talento de Vossa Excelência, verdadeiro defensor do povo, e que, dentre os jornalistas, foi o único que assumiu posição defensiva e digna, em enlutar nossos corações de patriotas.

A lei de 28 de setembro de 1871[2] foi burlada e nunca posta em execução quanto à parte que trata da educação dos ingênuos.

Nossos filhos jazem imersos em profundas trevas. É preciso esclarecê-los e geniá-los por meio da instrução. A escravidão foi sempre o sustentáculo do trono neste vasto e querido país; agora que a lei de 13 de maio de 1888 a aboliu, querem os ministros da *rainha*[3] fazerem dos libertos, nossos inconscientes companheiros, base para o levantamento do alicerce do terceiro reinado.

Os libertos do Paty do Alferes, por nós representados, protestam contra o meio indecente de que o governo quer lançar mão e declarar, aproveitando esta ocasião, que não aderem à semelhante conluio e que até agora, sugados pelo governo do Império, querem educação e instrução que a lei de 28 de setembro de 1871 lhes concedeu.

O governo continua a cobrar o imposto de 5% adicionais,[4] justo é que esse imposto decretado para o fundo de emancipação dos escravos reverta para a educação dos filhos dos libertos. É para pedir o auxílio da inspirada pena de Vossa Excelência que tanto influiu para a nossa emancipação, que nos dirigimos a Vossa Excelência.

Compreendemos perfeitamente que a liberdade partiu do povo que forçou a coroa e o parlamento a decretá-la e que em Cubatão foi assinada a nossa liberdade e por isso não levantaremos nossas armas contra nossos irmãos, embora aconselhados pelos áulicos do Paço,[5] outrora nossos maiores algozes.

Para fugir do grande perigo em que corremos por falta de instrução, viemos pedi-la para nossos filhos e por que eles não ergam mão assassina para abater aqueles que querem a república, que é liberdade, igualdade e fraternidade.

A Comissão de Libertos,

Quintiliano Avellar (preto)
Ambrósio Teixeira
João Gomes Batista
Francisco de Salles Avelar
José dos Santos Pereira
Ricardo Leopoldino Almeida
Sérgio Barbosa dos Santos

Estação do Paty, 19 de abril de 1889.

A **COMISSÃO DE LIBERTOS** reuniu ex-escravizados que, na Carta dos libertos de Paty de Alferes endereçada a Ruy Barbosa (1849-1923), buscam por direitos como o acesso à educação pela população negra.

FONTE. "Manifestação de libertos". *O Republicano: Orgam do Partido*, ano 1, n. 24, 19.5.1889, p. 2.

1 Sobre o pós-abolição, ver Flávio Gomes e Petrônio Domingues (orgs.), *Políticas da raça: experiências e legados da abolição e da pós-emancipação no Brasil*. São Paulo: Selo Negro, 2014; e Lívia de Lauro Antunes, *Sob a Guarda Negra: abolição, raça e cidadania no imediato pós-abolição*. Tese de Doutorado. Universidade Federal Fluminense, 2019. [N. E.]

2 A também chamada Lei do Ventre Livre. [N. E.]

3 Referência à Princesa Isabel. Dom Pedro II não estava no país, nesse contexto, e concedeu à filha o protagonismo da lei mais popular do Segundo Reinado: a lei Áurea. Ao que tudo indica, o soberano pretendia com o ato garantir para Isabel um Terceiro Reinado. O documento justamente menciona a intenção do governo de manipular "os libertos" a favor da monarquia. [N. E.]

4 O governo continuava a cobrar o imposto da meia siza estabelecido pelo Alvará de 3 de junho de 1809 e mantido em 1860 segundo o qual eram arrecadados quarenta mil réis por cada escravo que fosse "vendido, permutado, adjudicado, arrematado, dado ou cedido em solução de dívida, ou alienado em virtude de renúncia, e qualquer outra transação equivalente à compra e venda, ou troca". (Lei n. 1.114 de 27 de setembro de 1860 art. 12 § 7º e art. 15 do Regulamento n. 151 de 11 de abril de 1842). O documento pede para que essa verba seja destinada para favorecer a abolição e os próprios libertos, e não os proprietários. [N. E.]

5 Ironia na referência à monarquia: outrora algoz agora era elevada à condição de "libertadora". [N. E.]

Discurso no Senado

RUY BARBOSA
1904

Senhor presidente, não sou insensível às palavras eloquentes e comovidas com que da Tribuna do Senado abriu a sessão de hoje o nobre senador pelo Distrito Federal.[1] No seu apelo vibrava o espírito da verdade. Eu não lhe podia fugir. Respondi-lhe imediatamente, dando o meu voto à urgência por ele requerida para o seu projeto. Quisera vê-la aprovada. Quisera ver esse projeto para logo reduzido à lei. Seria, na situação atual, uma providência benfazeja. Aplacaria os ânimos irritados. Demais, viria apenas sancionar uma realidade manifesta e irremediável. A lei da vacina obrigatória é uma lei morta.

[...]

Os sábios contendem. Como é que o legislador resolve, tomando voz por uma das partes? A ciência duvida. Com que direito o poder leigo afirma? Na esfera profissional o caso ainda se discute livremente.

[...]

Que autoridade nos assiste, então, na esfera política, para fechar a questão, e reduzir, a golpes de penalidade, os dissidentes?

Neste assunto, é hoje, pois, uma convicção minha, de que só uma certeza existe: a de que o Estado comete uma violência, a de que o Estado exorbita de suas funções constitucionais, a de que o Estado perpetra um crime assumindo o papel de árbitro nesta lide e ditando penalmente a sua leviana sentença. Não valem os exemplos da Alemanha.[2] A Alemanha é uma nação aquartelada. Seu direito constitucional culmina no poder pessoal do imperador, servido por uma administração militarizada. Falem-me da Alemanha nas suas lições científicas. Mas não venham falar a uma República liberal nas lições administrativas e políticas de um império moldado no aço dos regimentos de guerra.

Duvidosa pende ainda, aqui, a verdade científica. Mas, por isso mesmo, quanto à verdade jurídica não pode haver dúvida nenhuma. Assim como o direito veda ao poder humano invadir-nos a consciência, assim lhe veda transpor-nos a epiderme.

Uma envolve a região moral do pensamento. A outra, a região fisiológica do organismo. Dessas duas regiões se forma o domínio impenetrável da nossa personalidade.

RUY BARBOSA (Salvador, 1849 – Petrópolis, Rio de Janeiro, 1923) foi advogado, jurista, político e escritor. Coautor da primeira Constituição brasileira, durante a República Velha, tornou-se membro imortal da Academia Brasileira de Letras em 1897.

FONTE: Excerto do discurso de Ruy Barbosa no Senado, 16.11.1904. Retirado de *Obras completas de Rui Barbosa*. v. 31. t. 1. Rio de Janeiro: Ministério da Educação e Saúde, 1952, pp. 43-46.

1 Refere-se ao senador, médico e escritor Cândido Barata Ribeiro (1843-1910). Neste trecho, Ruy Barbosa faz menção ao Projeto de Lei proposto com urgência por Cândido Barata, o qual requere, em seu artigo 1º, a revogação da vacinação obrigatória e, no artigo 2º, propõe autorizar o governo a abrir créditos para a criação de institutos vacinógenos para a distribuição da vacina antivariólica, desde que testada, aos cidadãos brasileiros que desejassem se vacinar. [N. E.]

2 A obrigatoriedade na vacinação foi instaurada na Alemanha no ano de 1874. Nesse período, a vacinação das crianças contra a varíola tornou-se obrigatória. [N. E.]

Maio

LIMA BARRETO
DÉCADA DE 1910

Estamos em maio, o mês das flores,[1] o mês sagrado pela poesia e pela arte. Não é sem emoção que o vejo entrar. Há em minha alma um renovamento; as ambições desabrocham de novo e de novo me chegam renovadas de sonhos. Eu nasci sob o seu signo, a 13, e creio que em sexta-feira; e, por isso, também à emoção que o mês sagrado me traz, se misturam recordações da meninice.

Eu me lembro que, em 1888, dias antes da data áurea, meu pai chegou em casa e disse: a lei da abolição vai passar nos dias dos teus anos. E de fato passou; e nós fomos esperar a assinatura no largo do Paço. Na minha lembrança desses fatos, o edifício do antigo Paço, hoje repartição dos Telégrafos, fica muito alto, muito alto; e lá de uma das janelas eu vejo um homem que acena para o povo. Não me recordo se ele falou e não sou capaz de afirmar se era mesmo o grande Patrocínio.[2] Havia uma imensa multidão, ansiosa, a olhar as janelas do velho casarão. Afinal a coisa foi assinada e num segundo todas aquelas milhares de pessoas o vibram. Fazia sol e o dia estava claro.

Jamais, na minha vida, eu vi tanta alegria. Era geral, era total; e os dias que se seguiam, dias de folganças e satisfações, deram-me por irritante a visão da vida inteiramente festa.

Houve procissões alusivas ao fato e o barulho indispensável aos meus regozijos despedaçando grilhões, alegrias toscas, eu vi passar pelas ruas; construíram-se estradas para bailes populares; houve desfile de batalhões escolares, e eu me lembro que vi pela primeira vez a princesa Imperial, cercada dos filhos, na porta do edifício da Intendência Municipal, assistindo àquela fileira de soldados desfilar devagar.

Ela me pareceu loira, muito loira, com um olhar doce e apiedado. Nunca mais a vi; e o imperador nunca vi; mas me lembro dos seus carros, aqueles escuros carros dourados, puxados por quatro cavalos, ou cocheiros montados e um criado à traseira.

Eu tinha então 7 anos e o cativeiro não me impressionava. Não lhe imaginava o horror; não conhecia a sua injustiça. Que me recorde, nunca conheci uma pessoa escrava. Criado no Rio de Janeiro, na cidade, onde já os escravos rareavam, faltava-me o conhecimento direto da coisa, para lhe sentir bem os aspectos hediondos.

Era bom saber se a alegria que trouxe à cidade a lei da abolição foi geral pelo país. Havia de ser, porque já tinha entrado na convivência de todos a sua injustiça originária.

Quando eu fui para o colégio, um colégio público, à rua do Rezende, a alegria entre a criançada era grande. Nós não sabíamos o alcance da lei, mas a alegria ambiente nos tinha tomado.

A professora, dona Tereza Pimentel do Amaral, uma senhora muito inteligente, a quem muito deve o seu espírito, creio que nos explicou a significação da coisa; mas com aquele feitio mental de crianças, só uma coisa me ficou: Livre! Livre!

Julgava que podíamos fazer tudo que quiséssemos; que dali em diante não havia mais limitação aos progressistas da nossa fantasia.

Mas como estamos ainda longe disso! Como ainda nos enleamos nas teias dos preceitos, das regras e das leis!

Dos jornais e folhetos distribuídos por aquela ocasião, eu me lembro de um pequeno jornal, publicado pelo tipógrafo da casa Lombaerts. Estava bem impresso, tinha vinhetas, pequenos artigos e muitos. Desses, dois eram dedicados a José do Patrocínio e um à princesa. Que me lembre, foi a minha primeira emoção poética a leitura desse último. Intitulava "Princesa e mãe" e ainda tenho de memória um dos versos: "Houve um tempo, senhora, há muito já passado...".

São boas essas recordações; elas têm um perfume de saudade e fazem com que sintamos a eternidade do tempo. O tempo inflexível, o tempo que, como o moço é irmão da Morte, vai matando aspirações, tirando perempções, trazendo desalento, e só nos deixa na alma essa saudade do passado, às vezes composto de fúteis acontecimentos, mas que é bom sempre relembrar. Quanta ambição ele não mata. Primeiro são os sonhos de posição, os meus saudosos; ele corre e, aos poucos, a gente vai descendo de ministro a amanuense; depois são os de Amor — oh! como se desce nestes! Os de saber, de erudição vão caindo, caindo, até ficarem reduzidos ao bondoso Larousse. Viagens, obras, satisfações, glórias, tudo se esvai, e esbate com ele. A gente julga que vai sair Shakespeare e sai Mal das Vinhas; mas tenazmente ficamos a viver, esperando, esperando... O quê?

O imprevisto, o que pode acontecer amanhã ou depois; quem sabe se a sorte grande, ou um tesouro descoberto no quintal?

E maio volta; o mês sagrado pela glória e pela arte, pungido à mancha da Terra, volta e os garbos da nossa alma que tinham sido amputados, os sonhos enchem-se de brotos muito verdes, de um macio verde-claro, e em breve se cobrem de folhas, reverdecem mais uma vez, para de novo perderem as folhas, secarem, antes mesmo de chegar o temido dezembro.

E assim se faz a vida, de desalentos e esperanças, de recordações e saudades, de tolices e coisas sensatas, à espera da Morte, augusta e solene.

LIMA BARRETO (Rio de Janeiro, 1881-1922) foi escritor e jornalista. O lançamento de seu primeiro livro, *Recordações do escrivão Isaías Caminha* (1909), que retrata temas autobiográficos como o racismo, o fez ser excluído pela crítica especializada da época. Em 1911 publicou o romance *Triste fim de Policarpo Quaresma* nos folhetins do *Jornal do Commercio*, republicado integralmente em 1915. Grande parte da obra de Lima Barreto foi redescoberta e lançada somente após sua morte.

FONTE: "Maio". "O traidor". Manuscrito. 10 f. FBN/Mss I-06,35,0964. Fundo/Coleção Lima Barreto.

1 Sobre Lima Barreto, ver Carmen Lúcia Negreiros de Figueiredo, "Lima Barreto e o romance: crítica e crise". *Teresa*, n. 14, 2014, pp. 141-66; Beatriz Rezende, *Lima Barreto e o Rio de Janeiro em fragmentos*. São Paulo: Autêntica, 2016; e Lilia Moritz Schwarcz, *Lima Barreto: triste visionário*. São Paulo: Companhia das Letras, 2017. [N. E.]

2 Ver José do Patrocínio, "Ensaio de José do Patrocínio acerca da abolição da escravidão no Brasil", presente neste volume. [N. E.]

O porquê das greves

FLORENTINO DE CARVALHO
1917

O Brasil tem sido o país ideal dos aventureiros,[1] dos argentários que vivem a extorquir pela astúcia e pela força a pobre humanidade. A indústria e o comércio de homens, mulheres e crianças goza, nessa terra de *promissão*, todas as garantias e faz o mais ruidoso sucesso.

O delinquente apatacado possui carta branca para aliviar o povo do produto do seu trabalho e triplica a fortuna em quatro dias. A quem tem dinheiro não se lhe pergunta de onde vem: é recebido de braços abertos, podendo montar aqui sua máquina de exploração, protegido pelo Estado e abençoado por todas as igrejas.

Sob o auriverde pendão da pátria e da república e sob a proteção das *nossas* instituições democráticas, liberais e igualitárias, ele exercerá o privilégio de fazer o operário trabalhar por qualquer preço ou gratuitamente, nas fazendas, nas fábricas ou nas oficinas.

Se os operários morrem à míngua e se lamentam, que vão queixar-se à Virgem dos Desamparados. Se reclamam e protestam, aí está a polícia, o exército, a armada e todo o aparelho legalitário, que é uma joia de justiça, para acalmar os seus ânimos, indignações e desesperos, com banhos de sabre ou os frios pavimentos dos calabouços correcionais.

Com efeito, as coisas não podem correr de outra forma, porque os escravocratas, outrora proprietários de escravos, acharam muito cômodo implantar esse novo regime de servidão, por ser mais simples e lucrativo. Os hodiernos tratantes de arribação, mesmo reconhecendo que é de uma brutalidade inaudita a base em que ele se apoia, defendem-no com todas as suas forças; pois que, para favorecer as suas tentativas de acumular fortuna não podiam achar coisa melhor. Mormente, nas presentes circunstâncias, em que a guerra[2] provocou na Europa uma crise na agricultura e na indústria. Esses dois ramos de exploração moderna tomaram aqui, para gáudio dos burgueses, um incremento extraordinário, fabricando-se até aparelhos de guerra, chovendo diariamente pedidos de mercadorias de toda classe. Não podem os aventureiros aspirar a um campo de ação superior a esse, onde, mais do que em outra qualquer parte, existe um governo bárbaro, que se constitui em açougue do povo, ao serviço dos carniceiros que se alimentam e enriquecem com o suor dos trabalhadores e onde vegeta um proletariado que até hoje tem manifestado o seu servilismo e a sua consciência, permanecendo distraído em face dos problemas operários e sociais, entregue a sanha do primeiro larápio que pretenda rouba-lhe os parcos produtos das suas atividades e energias.

Isso, porém, devia ter um fim.

A grande baixa dos salários há pouco ocasionada pela crise de trabalho[3] não pode, de forma alguma, perdurar, sabendo-se, como todo o mundo sabe, que os capitalistas estão ganhando rios de dinheiro. A crise econômica, isto é, a falta de mercadorias que encarecem dia a dia, não é causada pela paralização na agricultura ou na indústria; ao contrário, como já constatamos, nunca houve aqui tanto desenvolvimento na produção; o que motiva a falta de gênero de primeira necessidade é o açambarcamento feito por uma chusma de exploradores que remetem, para a Europa e para os Estados Unidos (a maior parte dos produtos para alimentar a guerra!), privando a população do país daquilo que precisa para satisfazer as necessidades de consumo.

Segundo a última estatística publicada pela imprensa a exportação realizada no passado semestre deste ano foi superior a que teve lugar durante todo o ano de 1916.

A miséria e o trabalho transformam-se em ouro, em vil metal, que corre em torrentes caudalosas para os cofres dos negreiros do Capital e do Estado, operando-se esse milagre pelos talismãs da exploração e do imposto.

Ao lado dessa incalculável acumulação de riquezas, que são esbanjadas na depravação e no vício, no jogo, na embriaguez e na prostituição pelas classes abastadas e pelos funcionários públicos, existe um proletariado que não encontra com o seu trabalho recurso algum para matar a fome dos seus filhos.

Esse crime social é demasiado grande para que até os mais neófitos não o vejam e não protestem contra ele.

Daí provêm, pois, o movimento de reivindicação operária, as greves com as suas consequências.[4]

Os capitalistas e os governantes permanecem impertérritos na sua intransigência, apelando para os seus direitos, para a lei e para as forças armada.

Mas os direitos e as leis dos burgueses é o império da riqueza.

E torna-se inútil arguir com qualquer teoria, princípio ou lei que vise defender esse estado de coisas, porque, acima de todas as teorias, de todos os princípios, de todas as leis, estão as necessidades naturais da espécie humana. A riqueza social e a liberdade são patrimônios naturais do povo trabalhador e não há razão ou privilégio que o possa privar desses direitos.

O operariado realiza, portanto, uma obra justiceira, conquistando pela greve ou outros meios de ação tudo quanto lhe é extorquido, roubado legal ou ilegalmente.

E não devem perder essa ocasião favorável em que os colocou o incremento de trabalho, que evita em parte a concorrência de braços. O movimento deve generalizar a todas as classes, alastrar-se por todo o país, a fim de que as conquistas sejam mais rápidas e radicais.

Os patrões e os estadistas opõem-se a nós como argumento mais contundente os regimentos de esbirros. Isso, porém, não deve fazer retroceder o povo. Todas as conquistas de emancipação e todas as revoluções populares tiveram lugar, apesar das hostes armadas às ordens dos dominantes. Além disso, o emprego da força só pode servir para desmoralizar o regime burguês para acelerar a sua decadência.

Se até hoje o Brasil tem sido o país ideal dos aventureiros e dos argentários que se servem do povo para realização das criminosas ambições, façamos dele o país do trabalho, do bem-estar e da liberdade, enxotando todos os lobos carniceiros que o infetam.

E se, como dizem alguns jornalistas a soldo, o movimento de reivindicação operária obedece à agitação promovida pelos anarquistas, se esses elementos e ideias que professam podem influir para abreviar a vitória da liberdade, para a reivindicação de todos os direitos do povo, então — salve, ó cavaleiros de epopeia libertária! Salve, ó sublime ideal da Anarquia!

PRIMITIVO RAYMUNDO SOARES (FLORENTINO DE CARVALHO)
(Campomanes, Espanha, 1883 – Marília, São Paulo, 1947) foi um ativista anarcossindicalista. Sua família imigrou para a cidade de São Paulo em 1889. Florentino teve diferentes ocupações, incluindo membro da força policial, mas o seu contato com a teoria anarquista o levou a Santos, para o trabalho no porto. Foi preso e perseguido por motivos políticos, buscando a via clandestina.

FONTE: *A Plebe*, ano 1, n. 5, 9.7.1917, p. 1.

1 Sobre a greve geral de 1917, ver Christina Roquette Lopreato, *O espírito da revolta: a greve geral anarquista de 1917*. São Paulo: Annablume, 2000; Edilene Toledo, "Um ano extraordinário: greves, revoltas e circulação de ideias no Brasil em 1917". *Estudos Históricos*, v. 30, n. 61, maio-ago. 2017, pp. 497-518; José Luiz del Roio, *A greve de 1917: os trabalhadores entram em cena*. São Paulo: Alameda, 2017; e Fernando Figueiredo Strongren e Liliane Maria Macedo Machado, "Informar para mobilizar: o caso do jornal anarquista A Plebe". *Extraprensa*, v. 12, n. 1, 2018, pp. 27-49. [N. E.]

2 Primeira Guerra Mundial (1914-1918). [N. E.]

3 O autor se refere à "crise do trabalho" que se instaurou no Brasil durante a Primeira Guerra Mundial, provocando o aumento do custo de vida, o aumento do desemprego e a quebra de diversas indústrias, levando uma boa parte do operariado brasileiro à miséria. [N. E.]

4 Este texto de Florentino de Carvalho foi escrito sob os acontecimentos da greve geral de junho de 1917, deflagrada como meio de luta e defesa de melhores condições de trabalho. A greve começou em uma fábrica no bairro da Mooca em São Paulo e logo o movimento se espalhou para outras da cidade, com a realização de comícios, paralisação de serviços essenciais e a criação de um comitê de greve pelos trabalhadores anarquistas. [N. E.]

Saibam ser maricons

PAGU
1931

Meninas que nasceram errado, mas que não querem se conformar em seguir a lei da natureza.[1]

Querem continuar meninas.

...Botam atrás da porta a masculinidade, lambuzam a voz, celibatarizam-se...

São católicos e dizem-se comunistas.

Como se essa corja de pederastas militantes tivesse a coragem de uma ideologia.

São passivos em tudo.

A literatura das estrelas sai das caras espinhentas e pálidas e são louquinhos na arte de copiar livros.

Flores da noite. De cabelo enluarado.

E à traição da colega expremem a dor de resignados nos lampiões estoicos da garoa.

Às vezes músicos.

Quando se trata de equilibrar, classes mudam de posição e passam para cima.

Gozam de prestígio dos bigodes que lhes mudam até o nome e são finíssimos caixeiros das cocheiras dos salões.

Sobrinhos de ex-grandes damas, falam mal do Brasil aos príncipes.

— São tão poucas as famílias aqui...

— O príncipe é mui guapo, mas preferem os cavalos que o machucam.

Corja para uma surra, que nem serve pra forca.

*

Os primeiros viajantes, os primeiros missionários encontraram aqui o tráfego entre índios perfeitamente normais — civis e robustos.

A civilização e o padre trouxeram para cá o preconceito, o pecadinho, e a coisa hoje é mais feia do que nunca.

Para um ato que entre os pombos é quase biológico, não é preciso cantar estrelas, falar francês na Leiteria Campo Belo, nem andar com medinhos de formiga.

A Grécia também conheceu destes pândegos que não afinavam a voz para ser bons preceptores.

Alcibíades[2] tinha um munhecaço capaz de dar com Dempsey[3] no chão e tirava também as suas socráticas casquinhas.

Vocês aqui de São Paulo fazem questão de ser dançarinas e não prestam nem para o documental de Havelock Ellis.[4]

PATRÍCIA REHDER GALVÃO (PAGU) (São João da Boa Vista, São Paulo, 1910 – Santos , São Paulo, 1962) foi escritora, poeta, jornalista e militante. Em 1929 integrou o movimento antropofágico, após conhecer o escritor Oswald de Andrade (1890-1954) e a artista plástica Tarsila do Amaral (1886-1973). Dois anos depois ingressou no Partido Comunista Brasileiro, dando início a sua militância política. Seu romance de estreia, *Parque industrial* (1933), foi o primeiro na literatura brasileira a ter a classe operária como protagonista.

FONTE: *O Homem do Povo*, ano 1, n. 6, 7.4.1931, p. 2.

1 Sobre Pagu, ver Geraldo Galvão Ferraz e Lucia Maria Teixeira, *Viva Pagu: fotobiografia de Patrícia Galvão*. São Paulo: Imprensa Oficial, 2010; Augusto de Campos, *Pagu: vida-obra*. São Paulo: Companhia das Letras, 2014; e Pagu, *Autobiografia precoce*. São Paulo: Companhia das Letras, 2020. [N. E.]

2 Alcibíades (450 a.C.-404 a.C.), general e político ateniense. [N. E.]

3 Referência a Jack Dempsey (1895-1983), boxeador estadunidense e campeão mundial dos pesos-pesados de 1919 a 1926. [N. E.]

4 Havelock Ellis (1859-1939), médico e psicólogo britânico, se debruçou sobre os estudos da sexualidade humana. [N. E.]

Hino nacional

CARLOS DRUMMOND DE ANDRADE
1934

Precisamos descobrir o Brasil![1]
Escondido atrás das florestas,
com a água dos rios no meio,
o Brasil está dormindo, coitado.
Precisamos colonizar o Brasil.

O que faremos importando francesas
muito louras, de pele macia,
alemãs gordas, russas nostálgicas para
garçonnettes dos restaurantes noturnos.
E virão sírias fidelíssimas.
Não convém desprezar as japonesas...

Precisamos educar o Brasil.
Compraremos professores e livros,
assimilaremos finas culturas,
abriremos *dancings* e subvencionaremos as elites.

Cada brasileiro terá sua casa
com fogão e aquecedor elétricos, piscina,

salão para conferências científicas.
E cuidaremos do Estado Técnico.

Precisamos louvar o Brasil.
Não é só um país sem igual.
Nossas revoluções são bem maiores
do que quaisquer outras; nossos erros também.
E nossas virtudes? A terra das sublimes paixões...
os Amazonas inenarráveis... os incríveis João-Pessoas...

Precisamos adorar o Brasil!
Se bem que seja difícil caber tanto oceano e tanta solidão
No pobre coração já cheio de compromissos...
Se bem que seja difícil compreender o que querem esses homens,
por que motivo eles se ajuntaram e qual a razão de seus sofrimentos.

Precisamos, precisamos esquecer o Brasil!
Tão majestoso, tão sem limites, tão despropositado,
ele quer repousar de nossos terríveis carinhos.
O Brasil não nos quer! Está farto de nós!
Nosso Brasil é no outro mundo. Este não é o Brasil.
Nenhum Brasil existe. E acaso existirão os brasileiros?

1 Sobre Carlos Drummond de Andrade, ver Murilo Marcondes de Moura, *O mundo sitiado: a poesia brasileira e a Segunda Guerra Mundial*. São Paulo: Ed. 34, 2016; José Miguel Wisnik, *Maquinação do mundo: Drummond e a mineração*. São Paulo: Companhia das Letras, 2018; Vagner Camilo, *A modernidade entre tapumes: da poesia social à inflexão neoclássica na lírica brasileira moderna*. Cotia: Ateliê Editorial, 2020; e Sergio Miceli, *Lira mensageira: Drummond e o grupo modernista mineiro*. São Paulo: Todavia, 2022. [N. E.]

CARLOS DRUMMOND DE ANDRADE (Itabira, Minas Gerais, 1902 – Rio de Janeiro, 1987) foi poeta, cronista e contista. Sua obra atravessou várias décadas, seguindo grande número de modelos e formas.

FONTE: "Hino nacional". In: *Brejo das almas*. Belo Horizonte: Os Amigos do Livro, 1934.

A apoteose de Augusto

CLAUDE LÉVI-STRAUSS
1955

Uma etapa da viagem foi especialmente desanimadora: a de Campos Novos. Separado de meus companheiros pela epidemia que os imobilizava 80 quilômetros atrás, eu nada podia fazer a não ser esperar, na fronteira do posto onde uma dúzia de pessoas morriam de malária, de leishmaniose, de ancilostomíase e, sobretudo, de fome. Antes de começar a trabalhar, a mulher pareci que eu contratara para me lavar a roupa exigia sabão e refeição também: sem o que, explicava-me, não teria força suficiente para trabalhar. E era verdade: essa gente perdera a capacidade de viver. Fracos demais e doentes demais para lutar, tratavam de reduzir sua atividade e suas necessidades, e buscavam um estado de torpor que requeria um mínimo de desgaste físico, ao mesmo tempo que lhes atenuava a consciência de sua miséria.

Para esse clima deprimente, os índios contribuíam de outra forma. Os dois bandos inimigos que haviam se encontrado em Campos Novos, sempre prestes a chegar às vias de fato, nutriam a meu respeito sentimentos que não eram dos mais afetuosos. Eu devia estar sempre alerta, e o trabalho etnográfico era praticamente impossível. Em condições normais, a pesquisa de campo já se revela desgastante: é preciso levantar com o dia, ficar acordado até que o último indígena tenha dormido, e inclusive, vez por outra, vigiar seu sono; esforçar-se para passar despercebido, estando sempre presente; ver tudo, memorizar tudo, anotar tudo, demonstrar uma indiscrição humilhante, mendigar informações de um fedelho atrevido, estar pronto para aproveitar um instante de condescendência ou de descuido; ou então, saber, dias a fio, reprimir toda curiosidade e isolar-se na circunspecção imposta por uma alteração de humor da tribo. O pesquisador se consome ao praticar esse ofício; de fato, será que abandonou seu ambiente, seus amigos, seus hábitos, despendeu quantias e esforços tão consideráveis, comprometeu sua saúde, para esse único resultado: fazer com que sua presença seja perdoada por algumas dúzias de infelizes condenados a uma extinção próxima, ocupados acima de tudo em se espiolharem e em dormir, e de cujo capricho depende o êxito ou o malogro de sua empreitada? Quando as disposições dos indígenas são francamente negativas, como era o caso em Campos Novos, a situação piora, pois os índios se negam até mesmo a se mostrar; sem avisar, somem dias inteiros, na caça ou em alguma expedição de colheita. Na esperança de recuperarmos uma proximidade conquistada a tão duras penas, esperamos, impacientamo-nos, damos voltas; relemos anotações antigas, recopiamo-las, interpretamo-las; ou nos atribuímos a uma tarefa minuciosa e inútil, verdadeira caricatura da profissão, tal como medir a distância entre os lares ou recensear, um por um, os galhos que serviram para a construção dos abrigos abandonados.

Sobretudo, interrogamo-nos: que viemos fazer aqui? Com que esperança? Com que finalidade? O que é exatamente uma pesquisa etnográfica? O exercício normal de uma profissão como as outras, com essa única diferença de que o escritório ou o laboratório estão separados do domicílio por alguns milhares de quilômetros? Ou a consequência de uma escolha mais radical, implicando um questionamento do sistema no qual nascemos e crescemos? Breve iria fazer cinco anos que eu saíra da França, largara a minha carreira universitária; enquanto isso, meus condiscípulos mais ajuizados galgavam-lhe as etapas; os que, como eu outrora, haviam se inclinado para a política eram, hoje, deputados, em breve ministros. Quanto a mim, eu corria os desertos perseguindo detritos de humanidade. Quem ou o que me levara, afinal, a jogar para os ares o curso normal de minha vida? Era um estratagema, um hábil desvio destinado a me permitir a reintegração em minha carreira com vantagens suplementares e que seriam levadas em conta? Ou minha decisão expressava uma incompatibilidade profunda com o meu grupo social, do qual, acontecesse o que acontecesse, eu estava fadado a viver cada vez mais isolado? Por um paradoxo singular, minha vida aventureira mais me devolvia o antigo universo do que me abria um novo, ao passo que este que eu pretendera dissolvia-se entre meus dedos. Assim como os homens e as paisagens a cuja conquista eu partira perdiam, quando eu os possuía, o significado que eu esperava, assim também a essas imagens decepcionantes, conquanto presentes, substituíam-se outras, guardadas por meu passado e às quais eu não dera nenhum valor quando ainda pertenciam à realidade que me cercava. Em viagem por regiões que poucos olhares haviam contemplado, dividindo a existência de povos cuja miséria era o preço — pago primeiramente por eles — para que eu pudesse remontar o curso dos milênios, já não me apercebia de uns nem de outros, mas de visões fugazes dos campos franceses que eu negara a mim mesmo, ou de fragmentos de música e de poesia que eram a expressão mais convencional de uma civilização contra a qual, precisava de fato me convencer, eu havia optado, arriscando-me a desmentir o sentido que dera à minha vida. Semanas a fio, naquele planalto do Mato Grosso ocidental, eu vivera obcecado, não pelo que me rodeava e que nunca mais reveria, mas por uma melodia muito batida que minha lembrança empobrecia ainda mais: a do *Estudo número 3, opus 10*, de Fréderic Chopin (1810-1849), no que, por um escárnio cuja amargura também me sensibilizava, parecia se resumir tudo o que eu deixara atrás de mim.

Por que Chopin, a quem minhas preferências não me conduziam especialmente? Criado no culto wagneriano,[1] eu descobrira Claude Debussy (1862-1918) em data bem recente, inclusive depois que as *Núpcias Noces*, ouvidas na segunda ou terceira apresentação, tinham me revelado em Ígor Stravinsky (1882-1971) um mundo que me parecia mais real e mais sólido que os cerrados do Brasil central, fazendo desmoronar meu universo musical anterior. Mas no momento em que saí da França, era *Peléias*[2] que me fornecia o alimento espiritual de que eu necessitava; então, por que Chopin e sua obra mais banal impunham-se a mim no sertão? Mais ocupado em resolver esse problema do que em me dedicar às observações que me teriam justificado, eu dizia a mim mesmo que o progresso que consiste em passar de Chopin a Debussy, agora eu as saboreava em Chopin, mas de um modo implícito, ainda incerto, e tão discreto que eu não as percebera no início e fora direto para a sua manifestação mais ostensiva. Realizava um duplo progresso: ao aprofundar a obra do compositor mais antigo, eu lhe reconhecia belezas destinadas a permanecerem ocultas para quem não tivesse, primeiro, conhecido Debussy. Eu gostava de Chopin por excesso, e não por escassez, como é o caso de quem nele parou sua evolução musical. Por outro lado, para favorecer dentro de mim o surgimento de certas emoções, já não precisava da excitação completa: o sinal, a alusão, a premonição de certas formas bastavam.

Léguas após léguas, a mesma frase melódica cantava em minha memória sem que eu pudesse afastá-la. Nela eu descobria permanentemente novos encantos. Muito frouxa no início, parecia-me que ia progressivamente enroscando seu fio, como para dissimular o final que a concluiria. Essa transformação da flor em fruto ia ficando inextricável, a ponto de indagarmos que solução ela adotaria; de repente, uma nota resolvia tudo e, tal escapatória parecia ainda mais ousada do que o movimento comprometedor que a precedera, exigira e possibilitara; ao escutá-la, os temas anteriores elucidavam-se com um novo significado: sua busca já não era arbitrária, e sim a preparação para essa saída insuspeita. Seria então isso, a viagem? Uma exploração dos desertos de minha memória, e não tanto daqueles que o rodeavam? Certa tarde, quando tudo dormia sob o calor sufocante, encolhido dentro de minha rede e protegido das "pestes" — como se diz por lá — graças ao mosquiteiro cuja etamine grossa deixa o ar ainda mais irrespirável, pareceu-me que os problemas que me atormentavam forneciam material para uma peça de teatro. Eu a concebia tão nítida como se já tivesse sido escrita. Os índios haviam desaparecido: durante seis dias, escrevi de manhã à noite, no verso de folhas cobertas de vocabulários, esboços e genealogias. Depois do quê, a inspiração abandonou-me em plena labuta e nunca mais voltou. Ao reler meus rabiscos, não creio que deva lamentar-me.

Minha peça se chamava *A apoteose de Augusto*, e apresentava-se como uma nova versão de *Cinna*.[3] Eu levava à cena dos homens, amigos de infância e se reencontravam num momento crucial, para cada um deles, de suas carreiras divergentes. Um, que pensara ter optado contra a civilização, descobre que empregou um meio complicado de voltar a ela, mas por um método que abolia o sentido e o valor da alternativa diante da qual outrora ele imaginara estar. O outro, marcado desde o nascimento pela vida social e suas honrarias, compreende que todos os seus esforços orientaram-se para o término que os destina ao aniquilamento; e ambos procuram, na destruição de um pelo outro, salvar, ainda que o preço seja a morte, o significado do próprio passado.

A peça começava no momento em que o Senado, querendo conferir a Augusto uma honraria mais elevada que o próprio império, votara pela apoteose e preparava-se para colocá-lo em vida no nível dos deuses. Nos jardins do palácio, dois guardas discorrem sobre o acontecimento e tratam de prever as consequências, de seu ponto de vista particular. O ofício de policial não vai se tornar impraticável? Como se pode proteger um deus que tem o privilégio de se transformar em inseto ou até mesmo de virar invisível e paralisar quem quiser? Pensam numa greve; seja como for, merecem um aumento.

Surge o chefe de polícia e explica-lhes seu erro. A polícia não tem uma missão que a diferencie daqueles a quem serve. Indiferente aos fins, ela se confunde com a pessoa e os interesses de seus senhores, resplandece com suas glórias. A polícia de um chefe de Estado divinizado também se tornará divina. Como para ele próprio, tudo será possível. Realizando sua verdadeira natureza, dela poderá se afirmar, no estilo das agências de detetives: "Tudo vê, tudo ouve, mas ninguém desconfia".

O palco enche de personagens que saem do senado comentando a sessão que acaba de se realizar. Diversos quadros põem em evidência as maneiras contraditórias de conceber a passagem da humanidade à divindade; os representantes dos grandes interesses especulam sobre novas oportunidades de enriquecimento. Augusto, imperador em extremo, só pensa na confirmação de seu poder, doravante protegido das intrigas e das manobras. Para sua mulher Lívia, a apoteose coroa uma carreira: "Ele bem a mereceu". Em suma, a Academia Francesa... Camila, jovem irmã de Augusto e apaixonada por Cina, anuncia-lhe a volta deste após dez anos de vida aventurosa. Deseja que Augusto o veja, pois espera que o personagem caprichoso e poético que Cina sempre foi reterá o seu irmão, prestes a virar-se irrevogavelmente para o lado da ordem. Lívia se opõe: na carreira de Augusto, Cina só fez introduzir um elemento de desordem; é um desmiolado, que só se sente bem entre os selvagens. Augusto fica tentado a acatar essa opinião; porém, sucessivas delegações de sacerdotes, pintores, poetas, começam a perturbá-lo. Todos concebem a divindade de Augusto como uma expulsão do mundo. O sacerdotes esperam que a apoteose vá recolocar o poder temporal em suas mãos, uma vez que são os intermediários titulares entre os deuses e os homens. Os artistas querem que Augusto passe ao estado de ideia, e não mais de pessoa; para grande escândalo do casal imperial, que se vê nas estátuas de mármore maiores que o tamanho natural, com uma semelhança embelezada, eles propõem representações de todo tipo, em forma de turbilhões ou poliedros. A confusão aumenta com os testemunhos discordantes levados por um grupo de mulheres levianas — Leda, Europa, Alcmena, Danâe — que pretendem que Augusto aproveite a experiência que têm nas relações com o Divino.

Ao ficar só, Augusto encontra-se face a face com uma águia: não o animal convencional, atributo da divindade, mas um bicho feroz, morno no contato e malcheiroso ao se aproximar. No entanto, é ela, a águia de Júpiter, aquela mesma que sequestrou Ganimedes após uma luta sangrenta em que o adolescente se debatia em vão.[4] A Augusto incrédulo, a águia explica que sua iminente divindade consistirá, justamente, em não mais sentir a repulsa que o domina neste instante em que ainda é homem. Augusto não perceberá que virou deus por alguma sensação esplendorosa ou pelo poder de fazer milagres, mas quando suportar sem repugnância a aproximação de um bicho selvagem, tolerar seu cheiro e os excrementos com que este o cobrirá. Tudo aquilo que for carniça, podridão, secreção, há de lhe parecer familiar: "As borboletas virão se acasalar em tua nuca e qualquer solo te parecerá bastante bom para dormir; não mais o verás, como agora, todo crivado de espinhos, pululando de insetos e de contágios".

No segundo ato, Augusto, que com frases da águia despertou para o problema das relações entre a natureza e a sociedade, decide rever Cina, que outrora preferira a primeira à segunda, opção contrária à que conduziu Augusto ao império. Cina está desanimado. Em seus dez anos de aventura, só pensou em Camila, irmã de seu amigo de infância, e com quem poderia se casar quando desejasse. Augusto ter-lhe-ia concedido a irmã com alegria. Mas para Cina era insuportável obtê-la segundo as regras da vida social; queria-a contra a ordem, e não dentro desta. Daí essa busca de um prestígio herético que lhe permitiria forçar a mão da sociedade, a fim de receber, no final das contas, o que ela estava disposta a lhe dar.

Agora que ele regressou carregado de maravilhas, explorador que os mundanos disputam entre si para seus jantares, ei-lo o único a saber que essa glória pela qual pagou caro repousa numa mentira. Nada daquilo que lhe dão o crédito de ter conhecido é real; a viagem é um equívoco: tudo isso parece verdade a quem só viu as suas sombras. Invejo do destino prometido a Augusto, Cina quis possuir um império mais vasto que o dele: "Pensava comigo mesmo que nenhum espírito humano, fosse o de Platão, é capaz de conceber a infinita diversidade de todas as flores e folhas que existem no mundo, e que eu as conheceria; que reuniria essas sensações proporcionadas pelo medo, frio, cansaço, e que todos vós, que viveis em casas bem fechadas e perto de celeiros abundantes, nem sequer podeis imaginar. Comi lagartos, cobras e gafanhotos; e, desses alimentos cuja ideia te revolve o estômago, eu me aproximava com a emoção do neófito, convencido de que ia criar um vínculo novo entre mim e o universo". Mas, ao fim de seu esforço, Cina nada encontrou: "Perdi tudo", diz; "mesmo o mais humano tornou-se desumano. Para preencher o vazio de dias intermináveis, eu recitava versos de Ésquilo e de Sófocles;[5] e de alguns, impregnei-me tanto, que agora, quando vou ao teatro, já não posso perceber-lhes a beleza. Cada réplica lembra-me trilhas poeirentas, matos queimados, olhos avermelhados por causa da areia".

A últimas cenas do segundo ato evidenciam as contradições em que se fecham Augusto, Cina e Camila. Esta vive a admiração por seu explorador que se debate em vão para lhe fazer compreender o equívoco do relato: "Por mais que eu ponha no meu discurso todo o vazio, a insignificância de cada um desses acontecimentos, basta que ele se transforme em relato para maravilhar e fazer sonhar. No entanto, não era nada; a terra era semelhante a esta terra e os fiapos de capim, a este prado". Diante dessa atitude, Camila se revolta, percebendo muito bem que, aos olhos do amante, ela é vítima, na qualidade de ser humano, dessa perda geral de interesse de que ele padece: Cina não está afeiçoado a ela como a uma pessoa, mas como um símbolo do único laço doravante possível entre si e a sociedade. Quanto a Augusto, reconhece com pavor em Cina as palavras da águia; mas não consegue se decidir a recuar, pois demasiados interesses políticos estão ligados à sua apoteose, e, acima de tudo, ele se revolta contra a ideia de que não haja, para o homem de ação, um término absoluto no qual ele encontre a um só tempo sua recompensa e seu descanso.

O terceiro ato principia num clima de crise; na véspera da cerimônia, Roma é inundada de divindades: o palácio imperial se racha, as plantas e os animais o invadem. Como se a cidade tivesse sido destruída por um cataclismo, volta ao estado da natureza. Camila rompeu com Cina, e a ruptura é para este a prova final de um fracasso do qual já estava convencido. É para Augusto que ele dirige o seu rancor. Por mais inútil que lhe pareça agora o relaxamento da natureza, comparado com as alegrias mais densas proporcionadas pela sociedade dos homens, quer ser o único a conhecer-lhe o sabor: "Não é nada, eu sei, mas esse nada ainda me é caro, posto que optei por ele". A ideia de que Augusto possa tudo reunir, a natureza e a sociedade, que obtenha a primeira como recompensa pela segunda, e não às custas de uma renúncia, é-lhe insuportável. Assassinará Augusto para demonstrar a inelutabilidade de uma escolha.

É nesse momento que Augusto chama Cina em seu socorro. Como desviar a marcha de acontecimentos que não dependem mais de sua vontade, permanecendo, ao mesmo tempo, fiel a seu personagem? Num instante de exaltação, uma solução é enxergada pelos dois: sim, que Cina, conforme planeja, assassine o imperador. Cada um ganhará, assim, a imortalidade que sonhou — Augusto, a oficial, a dos livros, das estátuas e dos cultos, e Cina, a negra imortalidade do regicídio, pela qual retornará à sociedade, embora continuando a contradizê-la.

Já não sei exatamente de que modo tudo isso terminava, pois as últimas cenas ficaram inacabadas. Parece-me que Camila provocava involuntariamente o desenlace; retomando seus primeiros sentimentos, convencia o irmão de que ele interpretara mal a situação, e de que Cina, melhor do que a águia, era o mensageiro dos deuses. A partir daí, Augusto entrevia uma solução política. Se conseguisse ludibriar Cina, os deuses também seriam enganados. Conquanto os dois tivessem combinado que o serviço de segurança seria suprimido e que ele se ofereceria sem defesa aos golpes de seu amigo, Augusto consegue duplicar os guardas em segredo. Cina nem sequer chegará a ele. Confirmando a marcha de suas carreiras respectivas, Augusto triunfará em sua derradeira empreitada: será deus, mas entre os homens, e perdoará Cina; para este, será apenas um fracasso a mais.

CLAUDE LÉVI-STRAUSS (Bruxelas, Bélgica, 1908 – Paris, França, 2009) foi filósofo, etnólogo e antropólogo, considerado o fundador da antropologia estruturalista. Sua obra *Tristes trópicos* (1955), publicada após Lévi-Strauss visitar o Brasil a convite da Universidade de São Paulo, reúne os registros das expedições do autor pelos estados de Goiás, Mato Grosso e Paraná.

FONTE: Originalmente publicado em "XXXVII. L'Apothéose d'Auguste". In: *Tristes tropiques*. Paris: Librairie Plon, 1955. Tradução retirada de "A apoteose de Augusto". In: *Tristes trópicos*. Trad. Rosa Freire de Aguiar. São Paulo: Companhia das Letras, 1996, pp. 355-61.

1 Refere-se a Wilhelm Richard Wagner (1813-1883), ensaísta e compositor alemão, autor da ópera *Tristan und Isolde* (1859). [N. E.]

2 Lévi-Strauss se refere a ópera *Pelléas et Mélisande* (1902), de Claude Debussy (1862-1918). [N. E.]

3 Refere-se à tragédia *Cinna ou La clémence d'Auguste* [Cinna ou a clemência de Augusto], de Pierre Corneille (1606-1684). [N. E.]

4 Na tradição grega o príncipe troiano Ganimedes, em razão de sua beleza, é sequestrado por Zeus. [N. E.]

5 Ésquilo (*circa* 525 a.C. – *circa* 456 a.C.) e Sófocles (*circa* 496 a.C. – *circa* 406 a.C.), junto de Eurípedes (*circa* 480 a.C. – *circa* 406 a.C.), são reconhecidos como os maiores dramaturgos da tragédia grega. [N. E.]

Protesto

CARLOS DE ASSUMPÇÃO
1956

Mesmo que voltem as costas
Às minhas palavras de fogo
Não pararei de gritar
Não pararei
Não pararei de gritar

Senhores
Eu fui enviado ao mundo
Para protestar
Mentiras ouropéis nada
Nada me fará calar

Senhores
Atrás do muro da noite
Sem que ninguém o perceba
Muitos dos meus ancestrais
Já mortos há muito tempo
Reúnem-se em minha casa
E nos pomos a conversar
Sobre coisas amargas
Sobre grilhões e correntes
Que no passado eram visíveis
Sobre grilhões e correntes
Que no presente são invisíveis
Invisíveis mas existentes
Nos braços no pensamento
Nos passos nos sonhos na vida
De cada um dos que vivem
Juntos comigo enjeitados da pátria

Senhores
O sangue dos meus avós
Que corre nas minhas veias
São gritos de rebeldia

Um dia talvez alguém perguntará
Comovido ante meu sofrimento
Quem é que esta gritando
Quem é que lamenta assim
Quem é

E eu responderei
Sou eu irmão
Irmão tu me desconheces
Sou eu aquele que se tornara
Vítima dos homens
Sou eu aquele que sendo homem
Foi vendido pelos homens
Em leilões em praça pública
Que foi vendido ou trocado
Como instrumento qualquer
Sou eu aquele que plantara
Os canaviais e cafezais
E os regou com suor e sangue
Aquele que sustentou
Sobre os ombros negros e fortes
O progresso do país
O que sofrera mil torturas
O que chorara inutilmente
O que dera tudo o que tinha
E hoje em dia não tem nada
Mas hoje grito não é
Pelo que já se passou
Que se passou é passado
Meu coração já perdoou
Hoje grito meu irmão
É porque depois de tudo
A justiça não chegou

Sou eu quem grita sou eu
O enganado no passado
Preterido no presente
Sou eu quem grita sou eu
Sou eu meu irmão aquele
Que viveu na prisão
Que trabalhou na prisão
Que sofreu na prisão
Para que fosse construído
O alicerce da nação
O alicerce da nação
Tem as pedras dos meus braços
Tem a cal das minhas lágrimas
Por isso a nação é triste
É muito grande mas triste
E entre tanta gente triste
Irmão sou eu o mais triste

A minha história é contada
Com tintas de amargura

Um dia sob ovações e rosas de alegria
Jogaram-me de repente
Da prisão em que me achava
Para uma prisão mais ampla
Foi um cavalo de Troia
A liberdade que me deram
Havia serpentes futuras
Sob o manto do entusiasmo
Um dia jogaram-me de repente
Como bagaços de cana
Como palhas de café
Como coisa imprestável
Que não servia mais pra nada
Um dia jogaram-me de repente
Nas sarjetas da rua do desamparo
Sob ovações e rosas de alegria

Sempre sonhara com a liberdade
Mas a liberdade que me deram
Foi mais ilusão que liberdade

Irmão sou eu quem grita
Eu tenho fortes razões
Irmão sou eu quem grita
Tenho mais necessidade
De gritar que de respirar

Mas irmão fica sabendo
Piedade não é o que eu quero
Piedade não me interessa
Os fracos pedem piedade
Eu quero coisa melhor
Eu não quero mais viver
No porão da sociedade
Não quero ser marginal

Quero entrar em toda parte
Quero ser bem recebido
Basta de humilhações
Minh'alma já está cansada
Eu quero o sol que é de todos
Ou alcanço tudo o que eu quero
Ou gritarei a noite inteira
Como gritam os vulcões
Como gritam os vendavais
Como grita o mar
E nem a morte terá força
Para me fazer calar.

CARLOS DE ASSUMPÇÃO é professor, advogado e escritor. Membro da Academia Francana de Letras e expoente da literatura afro-brasileira, sua produção poética é considerada precursora do *slam* (competições de poesia falada) no Brasil. É autor dos livros *Protesto: poemas* (1982), *Quilombo* (2000), *Tambores da noite* (2009) e *Não pararei de gritar* (2020).

FONTE: "Protesto". In: *Protesto: poemas*. São Paulo: Edição do autor, 1982, pp. 41-49. Versão revisada.

Eztétyka da fome

GLAUBER ROCHA
1965

Dispensando a introdução informativa que se tem transformado na característica geral das discussões sobre América Latina, prefiro situar as relações entre nossa cultura e a cultura civilizada em termos menos reduzidos do que aqueles que, também, caracterizam a análise do observador europeu.[1] Assim, enquanto a América Latina lamenta suas misérias gerais, o interlocutor estrangeiro cultiva o sabor dessa miséria, não como um sintoma trágico, mas apenas como um dado formal em seu campo de interesse. Nem o latino comunica sua verdadeira miséria ao homem civilizado nem o homem civilizado compreende verdadeiramente a miséria do latino.

Eis — fundamentalmente — a situação das Artes no Brasil diante do mundo: até hoje, somente mentiras elaboradas da verdade (os exotismos formais que vulgarizam problemas sociais) conseguiram se comunicar em termos quantitativos, provocando uma série de equívocos que não terminam nos limites da arte, mas contaminam sobretudo o terreno geral do político. Para o observador europeu, os processos de criação artística do mundo subdesenvolvido só o interessam na medida que satisfazem sua nostalgia do primitivismo; e este primitivismo se apresenta híbrido, disfarçado sob as tardias heranças do mundo civilizado, heranças mal compreendidas porque impostas pelo condicionamento colonialista. A América Latina (AL), inegavelmente, permanece colônia, e o que diferencia o colonialismo de ontem do atual é apenas a forma mais aprimorada do colonizador; e, além dos colonizadores de fato, as formas sutis daqueles que também sobre nós armam futuros botes. O problema internacional da AL é ainda um caso de mudança de colonizadores, sendo que uma libertação possível estará sempre em função de uma nova dependência.

Este condicionamento econômico e político nos levou ao raquitismo filosófico e à impotência, que, às vezes inconsciente, às vezes não, geram no primeiro caso a esterilidade e no segundo a histeria.

A esterilidade: aquelas obras encontradas fartamente em nossas artes, onde o autor se castra em exercícios formais que, todavia, não atingem a plena possessão de suas formas. O sonho frustrado da universalização: artistas que não despertaram do ideal estético adolescente. Assim, vemos centenas de quadros nas galerias, empoeirados e esquecidos; livros de contos e poemas; peças teatrais, filmes (que, sobretudo em São Paulo, provocaram inclusive falências). O mundo oficial encarregado das artes gerou exposições carnavalescas em vários festivais e bienais, conferências fabricadas, fórmulas fáceis de sucesso, vários coquetéis em várias partes do mundo, além de alguns monstros oficiais da cultura, acadêmicos de Letras e Artes, júris de pintura e marchas culturais pelo país afora. Monstruosidades universitárias: as famosas revistas literárias, os concursos, os títulos.

A histeria: um capítulo mais complexo. A indignação social provoca discursos flamejantes. O primeiro sintoma é o anarquismo pornográfico que marca a poesia jovem até hoje (e a pintura). O segundo é uma redução política da arte que faz má política por excesso de sectarismo. O terceiro, e mais eficaz, é a procura de uma sistematização para a arte popular. Mas o engano de tudo isso é que nosso possível equilíbrio não resulta de um corpo orgânico, mas sim de um titânico e autodevastador esforço no sentido de superar a impotência; e, no resultado desta operação a fórceps, nós nos vemos frustrados, apenas nos limites inferiores do colonizador: e se ele nos compreende, então, não é pela lucidez de nosso diálogo, mas pelo humanitarismo que nossa informação lhe inspira. Mais uma vez o paternalismo é o método de compreensão para uma linguagem de lágrimas ou de mudo sofrimento.

A fome latina, por isto, não é somente um sintoma alarmante: é o nervo de sua própria sociedade. Aí reside a trágica originalidade do Cinema Novo diante do cinema mundial: nossa originalidade é nossa fome e nossa maior miséria é que esta fome, sendo sentida, não é compreendida.

De *Aruanda* a *Vidas secas*,[2] o Cinema Novo narrou, descreveu, poetizou, discursou, analisou, excitou os temas da fome: personagens comendo terra, personagens comendo raízes, personagens roubando para comer, personagens matando para comer, personagens fugindo para comer, personagens sujas, feias, descarnadas, morando em casas sujas, feias, escuras: foi esta galeria de famintos que identificou o Cinema Novo com o miserabilismo, hoje tão condenado pelo governo do estado da Guanabara, pela Comissão de Seleção para Festivais do Itamaraty, pela crítica a serviço dos interesses oficiais, pelos produtores e pelo público — este último não suportando as imagens da própria miséria. Este miserabilismo do Cinema Novo opõe-se à tendência do digestivo, preconizada pelo crítico-mor da

Guanabara, Carlos Lacerda (1914-1977): filmes de gente rica, em casas bonitas, andando em automóveis de luxo; filmes alegres, cômicos, rápidos, sem mensagens e de objetivos puramente industriais. Estes são os filmes que se opõem à fome, como se, na estufa e nos apartamentos de luxo, os cineastas pudessem esconder a miséria moral de uma burguesia indefinida e frágil, ou se mesmo os próprios materiais técnicos e cenográficos pudessem esconder a fome que está enraizada na própria incivilização. Como se, sobretudo, neste aparato de paisagens tropicais, pudesse ser disfarçada a indigência mental dos cineastas que fazem este tipo de filmes. O que fez do Cinema Novo um fenômeno de importância internacional foi justamente seu alto nível de compromisso com a verdade; foi seu próprio miserabilismo, que, antes escrito pela literatura de 1930, foi agora fotografado pelo cinema de 1960; e, se antes era escrito como denúncia social, hoje passou a ser discutido como problema político. Os próprios estágios do miserabilismo em nosso cinema são internamente evolutivos. Assim, como observa Gustavo Dahl (1938-2011), vai desde o fenomenológico (*Porto das Caixas*), ao social (*Vidas secas*), ao político (*Deus e o diabo*), ao poético (*Ganga zumba*), ao demagógico (*Cinco Vezes Favela*), ao experimental (*Sol sobre a lama*), ao documental (*Garrincha, alegria do povo*), à comédia (*Os mendigos*),[3] experiências em vários sentidos, frustradas umas, realizadas outras, mas todas compondo, no final de três anos, um quadro histórico que, não por acaso, vai caracterizar o período Jânio-Jango: o período das grandes crises de consciência e de rebeldia, de agitação e revolução que culminou no golpe de abril. E foi a partir de abril que a tese do cinema digestivo ganhou peso no Brasil, ameaçando, sistematicamente, o Cinema Novo.

Nós compreendemos esta fome que o europeu e o brasileiro na maioria não entendeu. Para o europeu, é um estranho surrealismo tropical. Para o brasileiro, é uma vergonha nacional. Ele não come mas tem vergonha de dizer isto: e, sobretudo, não sabe de onde vem esta fome. Sabemos nós — que fizemos esses filmes feios e tristes, esses filmes gritados e desesperados onde nem sempre a razão falou mais alto — que a fome não será curada pelos planejamentos de gabinete e que os remendos do technicolor não escondem, mas agravam seus tumores. Assim, somente uma cultura da fome, minando suas próprias estruturas, pode superar-se qualitativamente: e a mais nobre manifestação cultural da fome é a violência.

A mendicância, tradição que se implantou com a redentora piedade colonialista, tem sido uma das causadoras de mistificação política e da ufanista mentira cultural: os relatórios oficiais da fome pedem dinheiro aos países colonialistas com o fito de construir escolas sem criar professores, de construir casas sem dar trabalho, de ensinar o ofício sem ensinar o analfabeto. A diplomacia pede, os economistas pedem, a política pede: o Cinema Novo, no campo internacional, nada pediu: impôs-se pela violência de suas imagens em 22 festivais internacionais.

Pelo Cinema Novo: o comportamento exato de um faminto é a violência, e a violência de um faminto não é primitivismo. Fabiano é primitivo? Antão é primitivo? Corisco é primitivo? A mulher de *Porto das Caixas* é primitiva?

Do Cinema Novo: uma estética da violência, antes de ser primitiva, é revolucionária, eis aí o ponto inicial para que o colonizador compreenda a existência do colonizado; somente conscientizando sua possibilidade única, a violência, o colonizador pode compreender, pelo horror, a força da cultura que ele explora. Enquanto não ergue as armas, o colonizado é um escravo; foi preciso um primeiro policial morto para que o francês percebesse um argelino.

De uma moral: essa violência, contudo, não está incorporada ao ódio, como também não diríamos que está ligada ao velho humanismo colonizador. O amor que essa violência encerra é tão brutal quanto a própria violência, porque não é um amor de complacência ou de contemplação, mas um amor de ação e transformação.

O Cinema Novo, por isto, não fez melodramas: as mulheres do Cinema Novo sempre foram seres em busca de uma saída possível para o amor, dada a impossibilidade de amar com fome: a mulher protótipo, a de *Porto das Caixas*, mata o marido; a Dandara de *Ganga Zumba* foge da guerra para um amor romântico; Sinhá Vitoria sonha com novos tempos para os filhos; Rosa vai ao crime para salvar Manuel e amá-lo em outras circunstâncias; a moça do padre precisa romper a batina para ganhar um novo homem; a mulher de *O desafio*[4] rompe com o amante porque prefere ficar fiel ao mundo burguês; a mulher em *São Paulo S.A.*[5] quer a segurança do amor pequeno-burguês e para isto tentará reduzir a vida do marido a um sistema medíocre.

Explicação: já passou o tempo em que o Cinema Novo precisava explicar-se para existir: o Cinema Novo necessita processar-se para que se explique, à medida que nossa realidade seja mais discernível à luz de pensamentos que não estejam debilitados ou delirantes pela fome. O Cinema Novo não pode desenvolver-se efetivamente enquanto permanecer marginal ao processo econômico e cultural do continente latino-americano: além do mais, porque o Cinema Novo é um fenômeno dos povos novos e não uma entidade privilegiada do Brasil: onde houver um cineasta disposto a filmar a verdade e a enfrentar os padrões hipócritas e policialescos da censura intelectual, aí haverá um germe vivo do Cinema Novo. Onde houver um cineasta disposto a enfrentar o comercialismo, a exploração, a pornografia, o tecnicismo, aí haverá um germe do Cinema Novo. Onde houver um cineasta, de qualquer idade ou de qualquer procedência, pronto a pôr seu cinema e sua profissão a serviço das causas importantes de seu tempo, aí haverá um germe do Cinema Novo. A definição é esta e por essa definição o Cinema Novo se marginaliza da indústria, porque o compromisso do Cinema Industrial é com a mentira e com a exploração. A integração econômica e industrial do Cinema Novo depende da liberdade da América Latina. Para esta liberdade, o Cinema Novo empenha-se, em nome de si próprio, de seus mais próximos e dispersos integrantes, dos mais burros aos mais talentosos, dos mais fracos aos mais fortes. É uma questão de moral que se refletirá nos filmes, no tempo de filmar um homem ou uma casa, no detalhe que observar, na moral que pregar: não é um filme mas um conjunto de filmes em evolução que dará, por fim, ao público a consciência de sua própria miséria.

Não temos por isto maiores pontos de contato com o cinema mundial, a não ser com suas origens técnicas e artísticas.

O Cinema Novo é um projeto que se realiza na política da fome, e sofre, por isto mesmo, todas as fraquezas consequentes de sua existência.

GLAUBER ROCHA (Vitória da Conquista, Bahia, 1939 – Rio de Janeiro, 1981) foi cineasta, escritor e expoente do Cinema Novo, movimento das décadas de 1960 e 1970 que defendia uma produção cinematográfica que não fosse alheia às condições socioeconômicas do Brasil.

FONTE: Versão revisada do manifesto de Glauber Rocha, apresentado pelo cineasta durante o congresso Terzo Mondo e Comunità Mondiale, na Itália, e publicado no Brasil pela *Revista Civilização Brasileira* (n. 3, jul. 1965).

1 Sobre Glauber Rocha, ver Ismail Xavier, *Sertão mar: Glauber Rocha e a estética da fome*. 3. ed. São Paulo: Ed. 34, 2019. Sobre o Cinema Novo, ver Glauber Rocha, *Revolução do Cinema Novo*. São Paulo: Cosac Naify, 2004; Fernão Pessoa Ramos e Sheila Schvarzman (orgs.), *Nova história do cinema brasileiro*. v. 2. São Paulo: Ed. Sesc-SP, 2018. [N. E.]

2 Refere-se às produções *Aruanda* (Linduarte Noronha [dir.], 21', 1960) e *Vidas secas* (Nelson Pereira dos Santos [dir.], 103', 1963). [N. E.]

3 Em sequência, *Porto das caixas* (Paulo César Saraceni [dir.], 80', 1962); *Deus e o diabo na terra do sol* (Glauber Rocha [dir.], 120', 1964); *Ganga Zumba* (Cacá Diegues [dir.], 100', 1964); *Cinco vezes favela* (Marcos Farias, Miguel Borges, Cacá Diegues, Joaquim Pedro de Andrade e Leon Hirszman [dir.], 92', 1962); *Sol sobre a lama* (Alex Viany [dir.], 90', 1963); *Garrincha, alegria do povo* (Joaquim Pedro de Andrade [dir.], 60', 1962); e *Os mendigos* (Flávio Migliaccio [dir.], 82', 1962). [N. E.]

4 Paulo César Saraceni (dir.), *O desafio*. 94', 1965. [N.E.]

5 Luís Sérgio Person (dir.), *São Paulo S.A.* 107', 1965. [N. E.]

Poemas

CAROLINA MARIA DE JESUS
circa 1966

Washington Luiz

[img. 23] Meu Brasil proeminente
Pátria de Tiradentes
Berço de Washington Luiz.
Foi um grande presidente
Que honrou o nosso país.[1]

Merece a consagração
Do povo e da nação,
Porque soubeste governar,
Político íntegro e pioneiro.
Não deixou o nosso dinheiro
Desvalorizar-se...

O Colono e o fazendeiro

Diz o brasileiro
Que acabou a escravidão
Mas o colono sua o ano inteiro
E nunca tem um tostão.

Se o colono está doente
É preciso trabalhar
Luta o pobre no sol quente
E nada tem para guardar.

Cinco da madrugada
Toca o fiscal a corneta
Despertando o camarada
Para ir à colheita.

Chega à roça. O sol nascer.
Cada um na sua linha
Suando e para comer
Só feijão e farinha.

Nunca pode melhorar
Esta negra situação
Carne não pode comprar
Pra não dever ao patrão.

Fazendeiro ao fim do mês
Dá um vale de cem mil-réis
Artigo que custa seis
Vende ao colono por dez.

Colono não tem futuro
E trabalha todo o dia
O pobre não tem seguro
E nem aposentadoria.

Ele perde a mocidade
A vida inteira no mato
E não tem sociedade
Onde está o seu sindicato?

Ele passa o ano inteiro
Trabalhando, que grandeza!
Enriquece o fazendeiro
E termina na pobreza.

Se o fazendeiro falar:
Não fique na minha fazenda
Colono tem que mudar
Pois há quem o defenda.

Trabalha o ano inteiro
E no natal não tem abono
Percebi que o fazendeiro
Não dá valor ao colono.

O colono quer estudar
Admira a sapiência do patrão
Mas é escravo, tem que estacionar
Não pode dar margem à vocação.

A vida do colono brasileiro
E pungente e deplorável
Trabalha de janeiro a janeiro
E vive sempre miserável.

O fazendeiro é rude como patrão
Conserva o colono preso no mato
E espoliado sem lei, sem proteção
E ele visa o lucro imediato.

O colono é obrigado a produzir
E trabalha diariamente
Quando o coitado sucumbir
É sepultado como indigente.

Atualidades

Encontrei-me com uma senhora
De fisionomia abatida
Perguntei-lhe por que chora?
Já estou exausta e vencida.

Não mais dá gosto em viver
Que luta! Que aflição
Oh! Deus que hei de fazer
Dá-me tua proteção.

Trabalho o ano inteiro
Nem um dia posso perder
Luto e não tenho dinheiro
E nem pão para comer.

Tenho medo de enlouquecer
Oh! existência oprimida
Não sei quem é que vai deter
O alto custo da vida.

Não sei porque estou vivendo
Se me falta até a ilusão
E uma forma de ir morrendo
Lentamente, à prestação.

Vivo falando sozinha
Extravasando a minha dor
Recordando a época que eu tinha
Tranquilidade interior.

Não mais posso trabalhar
Pungente é a minha condição
E se eu for mendigar?
Ameaçam-me com a prisão.

Não percebem as autoridades
Que já estou aprisionada
Com estas dificuldades
Que sou uma desgraçada?

A velha rota e revoltada
Tudo o que sofreu narrou-se.
Vivo ao léu sem ter morada
O mundo do pobre acabou-se.

Deus! é a única esperança
Desta classe sem apoio certo
Luta e sofre por fim se cansa
Igual ao viajante no deserto.

Meu Brasil

Meu Brasil proeminente
ídolo da nossa gente
País belo e altaneiro
Tudo em ti pode clisar
Tenho orgulho em declarar
— Sou brasileiro.

Esta é a pátria do amor
Desconhecemos a dor,
A truculência, ambição.
Os teus filhos te veneram
E nobremente cooperam
Na grandeza da nação.

Brasil querido e amado
Por nossos antepassados
Gonzaga, Caxias e Herval
Vultos que honraram a nossa gente
Combateram heroicamente
Pela glória nacional.

Estas estrelas brilhantes
Que habitam o céu lá distante
Que fulgor maravilhoso
— Bela a nossa terra
Que imensa grandeza encerra
O brasileiro é venturoso.

Esta é a pátria de civismo
Tolhemos o cataclismo
Trabalho é o nosso roteiro
Devemos enaltecer
Amar e defender
O pavilhão brasileiro.

1 Sobre Carolina Maria de Jesus, ver Fernanda Rodrigues de Miranda, *Os caminhos literários de Carolina Maria de Jesus: experiência marginal e construção estética*. Dissertação de Mestrado. Universidade de São Paulo, 2013. [N. E.]

CAROLINA MARIA DE JESUS (Sacramento, Minas Gerais, 1914 – São Paulo, 1977) foi escritora e compositora. Seu livro autobiográfico *Quarto de despejo: diário de uma favelada*, publicado em 1960, relata suas vivências enquanto viveu em favelas na cidade de São Paulo.

FONTE: *Antologia pessoal*. Org. José Carlos Sebe Bom Meihy. Rio de Janeiro: Ed. UFRJ, 1996.

A Cruzada Tropicalista

NELSON MOTTA
1968

[img. 14] O filme *Bonnie and Clyde* (1967) faz atualmente um tremendo sucesso na Europa e sua influência estendeu-se à moda, à música, à decoração, às comidas, aos hábitos. Os anos 1930 revivem em força total. Baseados nesse sucesso e também no atual universo pop, com o psicodelismo morrendo e novas tendências surgindo, um grupo de cineastas, jornalistas, músicos e intelectuais resolveu fundar um movimento brasileiro, mas com possibilidades de se transformar em escala mundial: o Tropicalismo.[1]

Assumir completamente tudo que a vida dos trópicos pode dar, sem preconceitos de ordem estética, sem cogitar de cafonice ou mau gosto, apenas vivendo a tropicalidade e o novo universo que ela encerra ainda desconhecido.

A festa

O lançamento da Cruzada Tropicalista seria feito em uma festa no Copacabana Palace. A piscina estaria coberta de vitórias-régias, palmeiras por toda a pérgula, bebidas servidas em abacaxis ou cocos, abacaxis que também serviriam de abajur, iluminados por dentro.

A música baseada em samba-canção da década de 1950 e o menu, sofisticadíssimo: aperitivo; batida de ovo; entrada; sanduíche de mortadela com queijo de minas (facultativo); vatapá como prato forte e maria-mole de sobremesa. Ao final, em vez de licor, seria servido xarope Bromil em pequenos cálices.

A moda

O terno de linho branco, requinte supremo. Mas cuidado com as lapelas, que devem ser o mais largas possível. Também é permitido o azul-marinho listradinho de branco, mas apenas quando usado com gravata vermelha de rayon.

A camisa deve ser de nylon, de preferência com abotoaduras de grandes pedras. Na gravata, pérola, é claro, podendo os mais sofisticados usar uma esmeralda ou uma água-marinha, que, como se sabe, é a pedra da moda...

Há uma corrente que defende o lançamento de calças idênticas às de Renato Borghi em *O rei da vela*, as calças pansexuais.[2]

Para a praia, a moda seria calção de nylon, mas com seu comprimento reduzido por dobras manuais, assim como a camisa de linho branco que teria suas mangas também dobradinhas com esmero. Bonés, muitos bonés na praia do Posto 4. Bonés brancos com palas de plástico verde transparente (para proteger do sol). Para os mais requintados: óculos Ray-Ban. Ou de espelho.

Turquesa, laranja, maravilha e verde-amarelo seriam as cores da moda, usadas pelas mulheres em vestidos pelo meio das pernas se abrindo em grandes rodas. Anáguas, muitas e engomadas anáguas, sempre é bom. Laquê, litros de laquê, para todas as mulheres fazerem grandes penteados, quanto mais alto o cabelo, mais bonito. O Tropicalismo vence.

Para os homens não ficarem atrás, a grande novidade é a tintura para cabelo, mesmo aqueles que não têm cabelos brancos, só pra dar "aquela" tonalidade levemente azulada. Para os cabelos a cor é "asa de graúna" e muita brilhantina Royal Briar e Glostora, que ressaltam e perfumam o penteado.

A vida

Já é tempo de abandonar as influências estrangeiras e criar nossos próprios grandes místicos. Quem tem Arigó (1922-1971)[3] não precisa de Maharishi Mahesh (1918-2008)[4] para nada. Lançados pôsteres com grandes figuras nacionais do Tropicalismo, para todo mundo colocar em suas salas gigantescas fotografias de Ademar de Barros (1901-1969), Leonel Brizola (1922-2004), Benedito Valadares (1892-1973), grandes ases precursores do Tropicalismo.

Um dia estoura a notícia: "Chico Buarque e MPB4 vão para Jaú, onde ficarão meditando com Joãozinho da Goméia (1914-1971)".[5] Logo milhares de jovens estarão invadindo Jaú — a nova cidade-santuário do Brasil.

Magaldi e Maia[6] estarão utilizando um novo estilo de publicidade, baseado no das Casas Pernambucanas, que existe em programas de teatro e, principalmente, no "veja ilustre passageiro, o belo tipo faceiro...".[7]

Fotografia, só preto e branco, mas pintada à mão. Atenção principalmente no leve rubor das faces. Abaixo o Ektachrome!

A arte

Precisamos renovar a arte no Brasil. É preciso mais do que nunca reabilitar Oswaldo Teixeira, trazer de novo para os lares as naturezas-mortas, os tachos de estanho e de cobre, frutas espalhadas pelo meio.[8] Que volte a pureza de formas, a mestria e delicadeza do traço. Fora com Portinari (1903-1962) e Antonio Dias (1944-2018)![9]

Para o Conselho Federal de Teatro os nomes indicados serão Gomes Leal e Américo Leal, o genial inventor do strip-show do meio-dia à meia-noite: o strip-tease começa quando você chega. O cinema Paissandu estará às moscas enquanto que o Cineac viverá seus momentos de glória maior, o pecado ao alcance de todos, o verdadeiro cinema-verdade.

O samba-canção, forma nacional de música, viverá o seu grande esplendor e o cavaquinho será eleito o instrumento da moda, em substituição às antiquadas e estrangeiras guitarras elétricas. Cada jovem terá em seu quarto um cavaquinho e muitos conjuntos surgirão, muitos regionais, todos uniformizados e com o indispensável chapéu de palhinha, já que o chapéu-chile é só pra usar na rua, com o terno de linho.

Enquanto existir Tom Jobim (1927-1994) e Vinicius de Moraes (1913-1980), o Tropicalismo estará furado. Que grandes retratos de Vicente Celestino (1894-1968) e Gilda de Abreu (1904-1979) iluminem os quartos dos jovens e sirvam como ideal inatingível de amor perfeito e visão do mundo.

Está decretada a falência de qualquer outra forma de iluminação que não seja abajur de vidro que roda e sai fumacinha do desenho do trem ou ainda o modelo de caramujo ou concha.

Iluminação também válida é a luz vermelha ou verde que acompanha a imagem de São Jorge, que deve estar sempre em cima da cristaleira.

Pinguim de louça só em cima da geladeira. Em cima da geladeira é também tolerado qualquer outro bicho, desde que de louça recoberta de camurça.

No liquidificador, uma grande saia de baiana de plástico e para o puxador da geladeira nada mais certo que um grande peixe também de plástico. O plástico e a louça são materiais do Tropicalismo por excelência.

A filosofia

"Diga-me com quem andas e te direi quem és." "Eu sou um homem que trabalha há dez anos e nunca tirou férias." "Graças a Deus não devo nada a ninguém e na minha casa não falta nada." "Já criei meus filhos e casei minhas filhas e posso descansar em paz." "Os melhores perfumes estão nos menores frascos."

"Verde assim que dirá madura." "O cachorrinho tem telefone?" "Esta era a nora que mamãe queria." "Filha minha jamais fará isto." "Desquitada e vagabunda pra mim é tudo a mesma coisa." "Arte moderna é para enganar os trouxas." "Está pensando que eu sou otário?" "No meu tempo não havia disto."

Essas e muitas outras frases do gênero, além de quase todos os provérbios da língua portuguesa, formarão a linha mestra da filosofia de vida tropicalista. Dia das mães, Réveillon e Natal são festividades da maior importância porque o Tropicalismo exige eventos e efemérides. As comemorações serão feitas ao ar livre, em contato com a natureza, em infindáveis piqueniques onde estarão sempre presentes laranjas, bananas, fritadas de vagem e garrafas de guaraná cheias de leite, rolhas de papel de pão. Abaixo os jantares e coquetéis. Viva o piquenique!

Não percam batizados e paradas de Sete de Setembro. É chiquérrimo!
São Jorge é o nosso santo e carnaval a nossa festa.
Por um mundo tropical! Pelo sol! Pela ginga do brasileiro!
Viva o trópico! Viva o trópico! Viva o trópico!

P.S.: Não esquecendo que os sapatos de homem devem ter sempre duas cores e o material nobre é crocodilo ou cobra. Para mulheres, forrados de cetim, o salto bem fino alto e o bico mais agulha possível.

NELSON MOTTA (São Paulo, 1944) é jornalista e compositor. Trabalhou nos jornais *Última Hora*, com a coluna "Roda viva" (1967), e no *O Globo*, com a coluna "Nelson Motta" (1975-1982), onde escrevia sobre a indústria fonográfica. Na carreira de roteirista, participou de produções como *Plunct plact zuuum* (1983), *Mixto quente* (1986), *Chico e Caetano* (1986) e, junto de Euclydes Marinho, escreveu o especial *Antônio brasileiro* (1987), sobre a vida e obra do maestro Tom Jobim (1927-1994), recebendo o prêmio de melhor musical no Festival de Filme e Vídeo de Nova York.

FONTE: "A Cruzada Tropicalista". *Última Hora*, 5.2.1968, p. 7. Versão revisada.

1 Sobre o movimento tropicalista, ver Roberto Schwarz, "Cultura e política, 1964-1969". In: *O pai de família e outros ensaios*. 2. ed. São Paulo: Companhia das Letras, 2008, pp. 70-111; Carlos Calado, *Tropicália: a história de uma revolução musical*. São Paulo: Ed. 34, 1997; Celso Favaretto, *Tropicália, alegoria, alegria*. São Paulo: Ateliê Editorial, 1997; Carlos Basualdo, *Tropicália: uma revolução na cultura brasileira*. São Paulo: Cosac Naify, 2007; Christopher Dunn, *Brutalidade jardim: a Tropicália e o surgimento da contracultura brasileira*. São Paulo: Ed. Unesp, 2009; e Sérgio Cohn e Frederico Coelho (orgs.), *Tropicália*. Rio de Janeiro: Beco do Azougue, 2012. [N. E.]

2 *O rei da vela* é uma peça teatral escrita por Oswald de Andrade (1890-1954) em 1937. A primeira montagem, em 1967, no Teatro Oficina de São Paulo, foi considerada um marco no movimento tropicalista pela sua radicalidade, tanto estética quanto política. [N. E.]

3 José Pedro de Freitas, conhecido como Zé Arigó, foi um médium brasileiro. [N. E.]

4 Mahesh Yogi foi um líder religioso indiano, responsável pela criação da Meditação Transcedental. [N. E.]

5 Joãozinho da Goméia foi um pai de santo do Candomblé Angola, conhecido por suas aparições na imprensa da época. [N. E.]

6 Magaldi, Maia e Prosperi (MM&P) foi uma agência publicitária conhecida pela criação do programa de televisão *Jovem Guarda*, apresentado pelos cantores Roberto Carlos, Erasmo Carlos e Wanderléa, exibido entre 1965 e 1968 pela Rede Record e TV Rio. [N. E.]

7 O verso citado é da propaganda do xarope Rhum Creosotado, escrita pelo farmacêutico e compositor Ernesto Souza (1864-1928): "Veja ilustre passageiro/o belo tipo faceiro/que o senhor tem a seu lado/e no entanto, acredite,/ quase morreu de bronquite,/ salvou-o o Rhum Creosotado!". [N. E.]

8 Oswaldo Teixeira (1905-1974), pintor, escultor e crítico de arte, defendia a volta do academicismo nas artes e se contrapunha ao modernismo. [N. E.]

9 Candido Portinari (1903-1962) foi professor, pintor e gravador, e Antonio Dias (1944-2018) foi artista visual e multimídia. Enquanto Portinari se tornou um dos expoentes do movimento modernista, Antonio Dias se destacou por utilizar uma estética que rompia com o modernismo figurativo e nacionalista, se inspirando na cultura de massa. [N. E.]

Depoimento de João Cândido

HÉLIO SILVA/MUSEU DA IMAGEM E DO SOM DO RIO DE JANEIRO ENTREVISTA JOÃO CÂNDIDO 1968

HS **[Hélio Silva]** João Cândido, você se tornou um nome da história do Brasil. Um nome da história mundial porque se ligou a uma causa de libertação. Há momentos em que cada um de nós pode crescer tão desmesuradamente que, com o passar do tempo, olha-se o que foi feito e parece impossível que um homem, num dado momento, tenha tido essa capacidade de realização que nesse momento você foi um símbolo. Eu pergunto a este velho, embora um velho forte, um homem válido ainda, mas em que os anos marcaram duramente a sua passagem. Eu pergunto, em primeiro lugar: você se recorda perfeitamente do que aconteceu a 22 de novembro de 1910?

JC **[João Cândido]** Recordo.

HS Se hoje você voltasse a ser o mesmo marujo daquele dia, embora a vivência desse novo período de mais de cinquenta anos tivesse dado a você uma longa experiência da vida e dos homens, se o João Cândido vivido de hoje voltasse a ser o João Cândido moço daquele tempo, se fosse possível esse milagre, de reunir sua experiência e a sua mocidade, você teria agido, hoje, se fosse dia dez, em 22 de novembro de 1910 você teria agido como agiu?

JC Teria agido da mesma forma.

HS Bravo. Você é um homem coerente com sua vida. Agora eu pergunto então, num momento em que isso vai ser fixado numa fita para a posteridade. Uma fita em que os moços de amanhã, não conhecendo mais você, sem ter a menor ideia de quem eu seja, terão apenas na fixação de sua voz um depoimento e na minha como que um reflexo, apenas um interrogatório. O entrevistado é você. Você que deve falar. É preciso fixar quem foi este homem que passou todo este tempo e que não desapareceu nem desaparecerá. Seu nome todo: João Cândido...

JC João Cândido Felisberto.

HS Por que você entrou para a Marinha de Guerra? Você foi voluntário ou foi recruta?

JC Depois da revolta de Floriano, como havia falta de marinheiros na Armada. A Marinha estava esfacelada, eu fui transferido do Arsenal de Guerra, que tinha excesso de alunos, o Arsenal de Guerra de Porto Alegre, para a escola de aprendiz de marinheiros da Marinha.

HS Você tinha, portanto, ingressado na Marinha, ingressando numa escola. Você era um moço pobre que queria melhorar de situação, situação inclusive intelectual. Você entrou para uma escola onde você iria aprender, e dessa escola você passou para...

JC Para a Marinha.

HS Em 1910, é preciso que os que no futuro ouvirem essa conversa, tenham ideia do que você fez. Eu não estou tão alheado ao problema. Em 1906, no dia 21 de janeiro, explodiu o encouraçado Aquidabã. No bojo deste navio ficou o corpo do meu pai, Mario Ribeiro da Silva, oficial combatente, professor da Escola Naval. Portanto, na minha infância eu me familiarizei com muitas coisas da Marinha, encontrei velhos amigos de meu pai. Mas eu estou ouvindo e aprendendo com você. Era uma tradição na Marinha de todo o mundo o castigo corporal, que foi abolido à proporção que o homem teve sentimento de sua dignidade. No Brasil, legalmente, o castigo corporal foi abolido com a proclamação da República, mas de fato não tinha sido abolido na Marinha.

JC O terceiro decreto assinado por Deodoro foi abolindo o castigo corporal nas Forças Armadas.

HS Mas não entrou em vigência esse artigo na Marinha. A Marinha continuava a castigar. Por quais faltas eram castigados os marinheiros?

JC Pelas mínimas, mínimas faltas.

HS Não respondiam a inquérito, era coisa sumária.

JC Era só antipatia. Tomava antipatia do oficial e pronto.

HS Apenas os marinheiros ou os inferiores também eram castigados?

JC Os inferiores andavam....

HS Castigavam os sargentos?

JC ...certamente eram punidos com rebaixamentos e transferências.

HS E esse castigo era feito de forma... já em si era um castigo aviltante. A prova é que a chicotada é considerada um crime com agravante, é ultrajante. Mas revestia-se esse castigo de circunstâncias mais aviltantes? Como era chicoteado o marinheiro?

JC Amarrados em um aparelho, um pau, um ferro que tem nas cobertas dos navios. Eram expostos ali, amarrados e castigados brutalmente.

HS Nus da cintura para cima?

JC Nus da cintura para cima.

HS E a marujada formada. Era um espetáculo público?

JC Era espetáculo.

HS Quer dizer, era um espetáculo de castigo físico e de degradação. Como era esse instrumento de suplício?

JC Quando não eram as varas de marmelos, era uma corda intitulada de barca, linha de barca. E sempre os carrascos colocavam agulhas e pregos, preguinhos pequenos na ponta, cobertos.

HS Esse tipo de açoite com pequenas peças de ferro ou de pedra é destinado a arrancar pedaços de carne. Foi o tipo de açoite com que foi flagelado Jesus Cristo. Havia, portanto, um protesto, um movimento generalizado de repulsa a essa situação. Havia como que um estado latente. Todos eram contra ou havia alguma conspiração em curso, um movimento articulado para um determinado protesto ou foi uma coisa, num dado momento, espontânea?

JC Havia uma conspiração. Havia aí uma conspiração de protesto.

HS Essa conspiração pretendia...

JC E a Marinha seguramente sabia. A Marinha toda sabia.

HS Sei. E essa [conspiração], como é que pretendiam fazer? Esperavam alguma data?

JC Esperávamos data e poderes. Esperamos a construção dos novos navios na Europa, depois de estarmos lá há dois anos em contato com marinheiros de outras nações.

HS Esses marinheiros de outras nações, notadamente da Inglaterra, não eram mais chicoteados?

JC Não.

HS Então os marinheiros foram à Inglaterra para trazer belonaves[1] vindas da Inglaterra, o Minas e o São Paulo, e vieram de lá mais conscientes de que deveriam reivindicar esse respeito à dignidade da pessoa humana. Esse foi o lucro. Portanto, nós vimos não apenas um movimento de protesto, de defesa, de instinto de conservação contra um castigo ultrajante. Nós vimos sobretudo uma tomada de consciência.

JC Era um movimento organizado. Levamos mais de dois anos como um movimento organizado.

HS O movimento pretendia tomar os navios e fazer um ultimato ou lançar apenas um protesto?

JC Não, senhor. Nós pretendíamos impor, impor como impusemos. Nada nos foi oferecido, nós impusemos: queremos isso e tem que se decidir por isso.

HS Então eu pergunto, porque este tema é muito controvertido: desde o primeiro momento, a grande maioria dos autores que trataram da revolta, da revolta de João Cândido, dá a você um papel preponderante. Mas evidentemente toda medalha tem seu reverso, e houve relatórios oficiais, houve escritores que acharam que tinham exagerado a sua atuação e negaram. Houve um escritor, já falecido, que declarou que você não tinha tomado parte na revolta, que você tinha se refugiado no cesto da Gávea, que fizeram você descer para comandar o navio. É uma voz isolada e eu estou apenas trazendo esse depoimento porque nós estamos depondo para a posteridade. E eu gostaria de ouvir da sua própria voz, a sua atuação neste momento: se você era o chefe da revolta dentro do navio ou se seus companheiros aclamaram você como chefe, por ser o mais indicado, o mais capaz.

JC Eu tive o poder na organização da conspiração e tive o poder determinado pelos comitês para assumir a direção da revolução com todos os poderes. Na organização da revolta eu dispunha de todos os poderes, como dispus dentro da revolta de todos os poderes do Brasil. Parei o Brasil. Durante seis dias parei o Brasil, eu mandava [nos navios] Minas Gerais e São Paulo. Era eu quem determinava.

Assumi o comando da revolução com as condições tais, de poupar vida, poupar vida porque o Rio de Janeiro pra mim é a minha cidade amada. Cheguei aqui com 15 anos, estou com 88 anos. Nestes setenta e três anos de idade, quer dizer, de permanência, sou um histórico "fio" da cidade do Rio de Janeiro. Conheço a vida, nova e velha, seus melhoramentos, seus sofrimentos. Eu conheço a cidade do Rio de Janeiro a fundo e não aceito contestações.

Depois do estourar do movimento, isto foi no dia 22 de novembro de 1910, primeiro entramos em contato com o governo do Marechal Hermes [1855-1923],[2] e então recebemos por meios telegráficos que não confabulavam com os revoltosos. Esta foi a revolta do Marechal, a resposta. Então nós resolvemos nos fazermos ao mar, até que o governo tomasse outra atitude, nos fizemos ao mar, fomos para alto-mar. Depois começou aquela confusão de ataca, não ataca, e essas coisas, e a oficialidade do Exército impunha que o governo tinha poderes para atacar, como de fato tinha. O governo na época tinha poderes para atacar, pois tinha uma flotilha de dez destróieres novinhos, saídos da fábrica no mesmo ano. Havia talvez mais de cinquenta torpedos com cabeça de combate preparados. O governo não atacou mesmo por negligência. Por negligência e por covardia. Covardia porque o governo tinha poderes para atacar, que a oficialidade dispunha da teoria, não é? E os marinheiros puramente da prática e da boa vontade. Depois entramos em contato novamente com o governo, até que começaram um movimento na Câmara pela anistia. O governo enviara seu embaixador, mas nós não pedimos embaixador. O governo enviou seu embaixador, o deputado e capitão de mar e guerra José Carlos de Carvalho [1847-1934], deputado federal pelo Rio Grande do Sul. Entramos em contato e o governo propôs anistia e nós aceitamos, aceitamos a anistia na boa fé, pois [o governo] vinha paralisar o movimento antes que o pessoal se agitasse mais, e que eu tinha responsabilidade de não molestar a cidade, era um dos compromissos que eu tinha. Depois de quatro ou cinco dias, já para o dia 25 ou 26, foi votada a anistia. Depois eu aceitei, de acordo com os poderes que tinha, a anistia. Indicamos os oficiais que deveriam acumular os novos postos, todos foram indicados pela revolução, pelos revoltosos, para assumir o comando dos novos navios que seriam entregues ao governo.

O governo fomentara a revolta na Ilha das Cobras, levantando o Regimento Naval, para daí ir ao mar e atacarem os navios, cuja tripulação já estava anistiada, para sacrificar os marinheiros. De forma que nós, os marinheiros do Minas Gerais e dos demais navios que ainda nos conservavam a bordo, ainda não havíamos sido excluídos, recusamos a anistia. Tomamos aquilo como uma afronta, que os navios já estavam considerados como desarmados. E, da forma que arrebentara a revolução na Ilha das Cobras, os marinheiros que estavam a bordo ficaram sem ação porque não tínhamos [um oficial]. A oficialidade que estava a bordo fugiu. Fugiu, abandonaram os navios no porto, de forma que os marinheiros novamente me confiaram o comando dos navios que haviam tomado parte na revolta, que haviam sido entregues ao governo, e foram abandonados mais uma vez pelos seus oficiais. Então eu levei o Minas para me proteger dos bombardeios da Ilha das Cobras e para ficar protegido da esquadra do governo, levei lá para a Ilha do Viana. Por isso, dois ou três dias sem comunicação com os oficiais de terra, eu resolvi vir ao Arsenal de Guerra, o Arsenal de Marinha. E no Arsenal de Marinha fui preso, acusado de haver fomentado a segunda revolta, a preparada para o governo que era para tirar efeito da anistia concedida, e então seguraram o resto dos marinheiros, cuja metade já tinha sido deportados, foram fuzilados em alto-mar naquele navio Satélite.

RCA **[Ricardo Cravo Albin]** Eu me permito, peço licença ao doutor Hélio Silva, a lhe formular uma pergunta para esclarecer melhor os antecedentes da revolta da qual o senhor foi líder. Quais os germes, como quando o senhor entrou na Marinha, a partir de que momento passou a pensar em fazer um protesto que culminaria nessa revolta?

JC Ah, eu entrei na Marinha com 14 anos e entrei bisonho. Entrei na Marinha bisonho e toda a luz que me iluminou e me ilumina, graças a Deus, que é pouca, foi adquirida, posso dizer, na Marinha.

HS Alguma vez você foi chicoteado?

JC Não senhor, graças a Deus.

HS Então você era um marinheiro de bom comportamento.

JC Bom comportamento (...).

HS E chegou a marinheiro de primeira classe...

JC A cabo de esquadra.

HS A cabo de esquadra, o que além de um bom merecimento técnico era um bom comportamento.

JC Porém, quando se deu a revolta eu não era cabo, era unicamente marinheiro de primeira classe, mesmo porque me convinha mais ser primeira classe do que ser cabo, porque os cabos sempre têm maior responsabilidade. E de forma que toda luz que me ilumina, que é pouca, agradeço à Marinha. Cheguei no Rio de Janeiro bisonho, bisonho, não sabia nada, não sabia um "a", não sabia andar, não sabia nada. Dou graças a Deus, a esta gloriosa cidade!

HS Você sempre foi um homem que tomou partido, que tomou uma atitude, o partido dos humilhados, o partido da libertação, certo?

JC O partido dos bons.

HS O partido dos bons. Muito bem. Agora eu pergunto: nesse período, do seu desligamento da Marinha, de 1912 até agora, o Brasil passou por várias crises políticas, teve vários movimentos. Sem querer fazer uma apreciação política, mas apenas definindo sua conduta, como um homem que tem um lugar na história do Brasil. Nesses períodos todos, como você considerou ou como se portou em face desses movimentos sucessivos, vamos dizer 1922, 1924, 1930, 1932, 1937, 1938, 1945 e 1954 até os dias de hoje?

JC Daqueles primeiros movimentos de 1922 e 1924, daqueles eu tenho pouca prática. Porém, neste movimento dos marinheiros, os marinheiros me consultaram e eu avisei a eles que eles iam cair do galho, que a ocasião era inoportuna.

HS Refere-se a 1938?

JC Estes agora... dos marinheiros de 1964. Eu avisei a eles: vocês vão cair do galho. Nunca me pediram opinião, porém eu, que já sabia de tudo, avisei a eles. De fato entusiasmaram-se demais. E este agora, esse militar, desculpem as minhas expressões, eu sei que os paisanos vão ficar zangados comigo. Foi um movimento de salvação pública, na minha opinião, porque eles estão trabalhando. Não sei se alguém vai discordar de mim. Bem que também eles estão rodeados de boas equipes. Eles estão trabalhando, se não fizerem tudo, farão o que puderem. E nós, paisanos, já deveríamos ter feito o que eles pretendem fazer agora. Esse movimento, sede bem vindo, foi um movimento de salvação pública. Eu quero ver um Brasil bom, grande, forte, defendendo os seus, dando fartura aos seus, sem pedir, sem precisar de pedir trigo lá na Rússia, na Argentina, nesses lugares, porque nós temos capacidade para tudo isso.

É preciso que trabalhemos muito, que haja muita união, parte com parte, que desapareçam as paixões, os espíritos de vingança, é preciso que estejamos unidos para o futuro. A rapaziada, a mocidade, os jovens de hoje. É preciso muito trabalho, muita união, muito espírito de irmandade.

HÉLIO SILVA (Rio de Janeiro, 1904-1995) foi jornalista e historiador.

JOÃO CÂNDIDO (Encruzilhada do Sul, Rio Grande do Sul, 1880 – Rio de Janeiro, 1969) foi militar, membro da Marinha do Brasil e líder da revolta da Chibata (1910).

FONTE: A entrevista de João Cândido foi realizada pelo historiador Hélio Silva para o ciclo de História Contemporânea do Museu da Imagem e do Som do Rio de Janeiro, no dia 29.3.1968 (Depoimento de João Cândido, 1968, 1). Versão revisada.

1 Navios de guerra. [N. E.]

2 Refere-se a Hermes Rodrigues da Fonseca, militar e presidente do Brasil entre os anos de 1910 e 1914. [N. E.]

Somos domésticos?

LYGIA CLARK
1968

Se eu fosse mais jovem, faria política.[1] Me sinto pouco à vontade, muito integrada.

Antes os artistas eram marginalizados. Agora, nós, os propositores, estamos muito bem colocados no mundo. Chegamos a viver — propondo tudo. Há um lugar para nós na sociedade.

Há outras espécies de pessoas que preparam o que vai acontecer, são outros precursores. A eles a sociedade continua a marginalizar. No Brasil, quando há um tumulto com a polícia e vejo um jovem de 17 anos ser assassinado (eu coloquei sua foto na parede de meu ateliê), tomo consciência de que ele cavou com seu corpo um lugar para as gerações que virão. Esses jovens têm a mesma atitude existencial que nós, eles lançam processos de que não conhecem o fim, eles abrem caminho onde a saída é desconhecida. Mas a sociedade é mais forte e os mata. É então que eles trabalham mais. O que eles tentam forçar talvez seja mais essencial. Esses são os incendiários. São os que empurram o mundo. Algumas vezes me pergunto se não somos um pouco domesticados. Isso me chateia...

LYGIA CLARK (Belo Horizonte, 1920 – Rio de Janeiro, 1988) foi pintora e escultora. Integrou o Grupo Frente, liderado pelo artista Ivan Serpa (1923-1973), durante o movimento construtivista e foi uma das fundadoras do Grupo Neoconcreto, responsável pela 1ª Exposição Neoconcreta, em 1959. A partir dos anos 1960, dedicou-se a desenvolver trabalhos participativos baseados em vivências corporais e experiências sensoriais por meio de encontros e objetos.

FONTE: "Somos domésticos". In: *Ligia Clark*. Rio de Janeiro: Funarte, 1980, p. 31.

1 Sobre Lygia Clark, ver *Lygia Clark: The Abandonment of Art, 1948-1988*. Nova York: Museum of Modern Art, 2014; e Lula Wanderley, *No silêncio que as palavras guardam: o sofrimento psíquico, o Objeto Relacional de Lygia Clark e as paixões do corpo*. Org. Kaira M. Cabañas. São Paulo: n-1 edições, 2021. [N. E.]

O herói anti-herói e o anti-herói anônimo

HÉLIO OITICICA
1968

[img. 24] Em[1] começos de 1965 quando germinava a ideia de uma homenagem a Cara de Cavalo,[2] que só veio a se concretizar numa obra em maio de 1966 (*B 33 Bólide caixa 18*), o meu modo de ver, ou melhor a vivência que me levou a isso foi a que defini numa carta ao crítico inglês Guy Brett[3] em 12 de abril de 1967 como um *momento ético*. Como se sabe, o caso de Cara de Cavalo tornou-se símbolo da opressão social sobre aquele que é "marginal" — marginal a tudo nessa sociedade; *o marginal*. Mais ainda: a imprensa, a polícia, os políticos (Carlos Lacerda[4] pessoalmente chefiou uma blitz ao mesmo, aliás como já o fizera em relação a outros anteriormente) —, a sujeira opressiva, em síntese, elegeu Cara de Cavalo como bode expiatório, como inimigo público número um (já em 1962 haviam feito o mesmo com Mineirinho e logo depois com Micuçu, tudo isso no governo Lacerda, que se tornou símbolo da opressão social policial, inclusive com o trágico caso dos mendigos afogados etc.).[5] Cara de Cavalo foi de certo modo vítima desse processo — não quero, aqui, isentá-lo de erros, não quero dizer que tudo seja contingência — não, em absoluto! Pelo contrário, sei que de certo modo foi ele próprio o construtor do seu fim, o principal responsável pelos seus atos. O que quero mostrar, que originou a razão de ser de uma homenagem, é a maneira pela qual essa sociedade castrou toda possibilidade da sua sobrevivência, como se fora ela uma lepra, um mal incurável — imprensa, polícia, políticos, a mentalidade mórbida e canalha de uma sociedade baseada nos mais degradantes princípios, como é a nossa, colaboraram para torná-lo o símbolo *daquele que deve morrer*, e digo mais, *morrer violentamente*, com todo requinte canibalesco (o motivo chave para isso foi o assassinato, numa luta, do detetive LeCoq, do Esquadrão da Morte, organização policial que envergonharia qualquer sociedade de caráter, composta de policiais assassinos e degradados, que até hoje milita por aí com outras pessoas e outros nomes). Há como que um gozo social nisso, mesmo nos que se dizem chocados ou sentem "pena". Neste caso, a homenagem, longe do romantismo que a muitos faz parecer, seria um modo de objetivar o problema, mais do que lamentar um crime sociedade x marginal. Qual a oportunidade que têm os que são, pela sua neurose autodestrutiva, levados a matar, ou roubar etc. Pouca, ou seja, a sua vitalidade, a sua defesa interior, a sobrevivência que lhes resta, porque a sociedade mesmo, baseada em preconceitos, numa legislação caduca, minada em todos os sentidos pela máquina capitalista consumitiva, cria os seus ídolos anti-heróis como o animal a ser sacrificado.

Já outra vivência sobrevém à do ídolo anti-herói, ou seja, a do anti-herói anônimo, aquele que, ao contrário de Cara de Cavalo, morre guardando no anonimato o silêncio terrível dos seus problemas, a sua experiência, seus recalques, sua frustração (claro que herói anti-herói, ou anônimo anti-herói, são fundamentalmente a mesma coisa; essas definições são a forma com que seus casos aparecem no contexto social, como uma resultante) — o seu exemplo, o seu sacrifício, tudo cai no esquecimento como um feto parido. Numa outra obra (*B 44 Bólide caixa 21* — 1966/67), quis eu, através de imagens plásticas e verbais, exprimir essa vivência da tragédia do anonimato, ou melhor da incomunicabilidade daquele que, no fundo, quer comunicar-se (o caso que me levou à vivência foi o do marginal Alcir Figueira da Silva, que ao se sentir alcançado pela polícia depois de assaltar um banco, ao meio dia, jogou fora o roubo e suicidou-se). Por que o suicídio? Que diabólica neurose (aliás tão shakespeariana) o teria levado a preferir a morte à prisão? Uma esperança perdida, o desespero dessa perda, mas qual perda? Uma ideia, sei lá se certa ou não, me veio: seria isto a busca da felicidade (aqui entendida como segurança, afeto, tudo o que envolveria a falta que ocasionou essa neurose)??? Mas deixemos esse problema para o nosso querido Hélio Pellegrino.[6]

O certo é que tanto o ídolo, inimigo público número um, quanto o anônimo são a mesma coisa: a revolta visceral, autodestrutiva, suicida, contra o contexto social fixo (status quo social). Esta revolta assume, para nós, a qualidade de um exemplo — esse exemplo é o da adversidade em relação a um estado social: a denúncia de que há algo podre, não neles, pobres marginais, mas na sociedade em que vivemos. Aqui isto aparece no plano visceral e imediato. Num outro plano, mais geral e com outras conotações, estariam as mais heroicas experiências: Lampião, Zumbi dos Palmares, mais adiante o exemplo mais vivo em nós, grandioso e heroico, que é o de Che Guevara.[7] O problema do marginal seria o estágio mais constantemente encontrado e primário, o da denúncia pelo comportamento cotidiano, o exemplo de que é necessária uma reforma social completa, até que surja algo, o dia em que não precise essa sociedade sacrificar tão cruelmente um Mineirinho, um Micuçu, um Cara de Cavalo. Aí, então seremos homens e antes de mais nada gente.

Hélio Oiticica
Março 1968

HÉLIO OITICICA (Rio de Janeiro, 1937-1980) foi escultor, artista plástico e performático. Sua produção experimental e inovadora, que considerava a participação ativa do público, é considerada uma das contribuições mais importantes para a arte brasileira.

FONTE: Itaú Cultural/Programa Hélio Oiticica, 0131/68. Disponível em http://legacy.icnetworks.org/extranet/enciclopedia/ho/index.cfm?fuseaction=documentos&cod=145&tipo=2. Acesso em 11.2.2022.

1 Sobre Hélio Oiticica, ver Celso Fernando Favaretto, *A invenção de Hélio Oiticica*. 2. ed. São Paulo: Edusp, 2015; Gonzalo Aguilar, *Hélio Oiticica: a asa branca do êxtase*. Rio de Janeiro: Rocco, 2016; Irene V. Small, *Hélio Oiticica: Folding the Frame*. Chicago: Chicago University Press, 2016; e Adriano Pedrosa e Tomás Toledo (orgs.), *Hélio Oiticica: a dança na minha experiência*. São Paulo: MASP, 2020. [N. E.]

2 Manoel Moreira (1941-1964), conhecido como Cara de Cavalo, tinha ligação com o jogo do bicho. Ele foi executado com mais de cem disparos pelo grupo de extermínio Scuderie Detetive Le Cocq, como retaliação pela morte do detetive Milton de Oliveira Le Cocq. [N. E.]

3 Guy Brett (1942-2021) teve, a partir dos anos 1960, uma atuação profunda na internacionalização da arte brasileira contemporânea. [N. E.]

4 Carlos Lacerda (1914-1977) foi um dos principais atores políticos brasileiros do século 20, sobretudo entre a Era Vargas (1930-1954) e o golpe de Estado civil-militar de 1964. Foi governador do então estado da Guanabara entre 1961 e 1965. [N. E.]

5 O caso, ocorrido entre 1962 e 1963 e denunciado pelo jornal *Última Hora*, ficou conhecido como "operação mata-mendigos". [N. E.]

6 Hélio Pellegrino (1924-1988) foi escritor e psicanalista, com atuação militante contra a ditadura brasileira especialmente após 1968 com a promulgação do Ato Institucional n. 5. Foi um dos apoiadores da fundação do Partido dos Trabalhadores. [N. E.]

7 Virgulino Ferreira da Silva (1898-1938), o Lampião, Zumbi dos Palmares (1655-1695) e Ernesto "Che" Guevara (1928-1967) eram figuras importantes para o imaginário de esquerda do período. [N. E.]

Roda viva

CHICO BUARQUE
1968

Tem dias que a gente se sente[1]
como quem partiu ou morreu.
A gente estancou de repente,
ou foi o mundo então que cresceu.

A gente quer ter voz ativa,
no nosso destino mandar.
Mas eis que chega a roda viva
e carrega o destino pra lá.

Roda mundo, roda-gigante,
rodamoinho, roda pião.
O tempo rodou num instante,
nas voltas do meu coração.

A gente vai contra a corrente
até não poder resistir.
Na volta do barco é que sente
o quanto deixou de cumprir.

Faz tempo que a gente cultiva
a mais linda roseira que há.
Mas eis que chega a roda viva
e carrega a roseira pra lá.

Roda mundo, roda-gigante,
rodamoinho, roda pião.
O tempo rodou num instante
nas voltas do meu coração.

A roda da saia, a mulata,
não quer mais rodar, não senhor.
Não posso fazer serenata,
a roda de samba acabou.

A gente toma a iniciativa,
viola na rua, a cantar.
Mas eis que chega a roda viva
e carrega a viola pra lá.

Roda mundo, roda-gigante,
rodamoinho, roda pião.
O tempo rodou num instante
nas voltas do meu coração.

O samba, a viola, a roseira,
um dia a fogueira queimou.
Foi tudo ilusão passageira
que a brisa primeira levou.

No peito a saudade cativa
faz força pro tempo parar.
Mas eis que chega a roda viva
e carrega a saudade pra lá.

Roda mundo, roda-gigante,
rodamoinho, roda pião.
O tempo rodou num instante
nas voltas do meu coração.

CHICO BUARQUE (Rio de Janeiro, 1944) é compositor, intérprete e escritor. Considerado um dos principais artistas da Música Popular Brasileira, se posicionou ativamente durante a ditadura militar no Brasil (1964-1985).

FONTE: "Roda viva", 3'53". *Chico Buarque de Hollanda — Volume 3*, 1968.

1 Sobre Chico Buarque, ver Adélia Bezerra de Meneses, *Desenho mágico: poesia e política em Chico Buarque*. 3. ed. São Paulo: Ateliê Editorial, 2002; Rinaldo de Fernandes (org.), *Chico Buarque do Brasil*. Rio de Janeiro: Garamond/ Biblioteca Nacional, 2004; e Zuza Homem de Mello, *A era dos festivais: uma parábola*. São Paulo: Ed. 34, 2010. [N. E.]

Uma definição do guerrilheiro urbano

CARLOS MARIGHELLA
1969

[img. 26] A crise estrutural crônica característica do Brasil de hoje e sua resultante instabilidade política são as razões pelo abrupto surgimento da guerra revolucionária no país. A guerra revolucionária se manifesta na forma de guerra de guerrilha urbana, guerra psicológica ou guerra guerrilheira rural. A guerra guerrilheira urbana ou a guerra psicológica na cidade dependem da guerrilha urbana.

O guerrilheiro urbano é um homem que luta contra uma ditadura militar com armas, utilizando métodos não convencionais. Revolucionário político e patriota ardente, ele é um lutador pela libertação de seu país, um amigo de sua gente e da liberdade. A área na qual o guerrilheiro urbano atua são as grandes cidades brasileiras.

Também há muitos bandidos, conhecidos como delinquentes, que atuam nas grandes cidades. Muitas vezes assaltos pelos delinquentes são interpretados como ações de guerrilheiros. O guerrilheiro urbano, no entanto, difere radicalmente dos delinquentes. O delinquente se beneficia pessoalmente por suas ações e ataca indiscriminadamente, sem distinção entre explorados e exploradores, por isso há tantos homens e mulheres cotidianos entre suas vítimas. O guerrilheiro urbano segue uma meta política e ataca somente o governo, os grandes capitalistas e os imperialistas norte-americanos.

Outro elemento igualmente prejudicial, como o delinquente, e que também opera no ambiente urbano, é o contra-revolucionário direitista que cria a confusão, assalta bancos, joga bombas, sequestra, assassina e comete os crimes mais atrozes imagináveis contra os guerrilheiros urbanos, os sacerdotes revolucionários, os estudantes e os cidadãos que se opõem ao fascismo e buscam a liberdade.

O guerrilheiro urbano é um inimigo implacável do governo e inflinge dano sistemático às autoridades e aos homens que dominam e exercem o poder. O trabalho principal do guerrilheiro urbano é o de distrair, cansar e desmoralizar os militares, a ditadura militar e as forças repressivas, como também atacar e destruir as riquezas dos norte-americanos, os gerentes estrangeiros e a alta classe brasileira. O guerrilheiro urbano não teme desmantelar ou destruir o presente sistema econômico, político e social brasileiro, já que sua meta é ajudar o guerrilheiro rural e colaborar para a criação de um sistema totalmente novo e uma estrutura revolucionária social e política com as massas armadas no poder.

O guerrilheiro urbano tem que ter um mínimo de entendimento político. Para conseguir isso tem que ler certos trabalhos impressos ou mimeografados, como: *A Guerra de guerrilhas* por Che Guevara; *Memórias de um terrorista*; *Algumas perguntas dos guerrilheiros brasileiros; Sobre problemas e princípios estratégicos*; *Certos princípios táticos para camaradas levando em conta operações de guerrilha*; *Perguntas organizacionais*; *O Guerrilheiro: jornal dos grupos revolucionários brasileiros* e *Qualidades pessoais de um guerrilheiro urbano*.[1]

O guerrilheiro urbano é caracterizado por sua valentia e sua natureza decisiva. Tem que ser taticamente bom e um líder hábil. O guerrilheiro urbano tem que ser uma pessoa preparada para compensar o fato de que não tem armas, munições e equipe suficientes.

Os militares de carreira ou a polícia governamental têm armas e transportes modernos e podem viajar com liberdade, utilizando a força de seu poder. O guerrilheiro urbano não tem tais recursos a sua disposição e leva uma vida clandestina. Algumas vezes é uma pessoa sentenciada ou que está sob liberdade condicional e é obrigado a usar documentos falsos.

No entanto, o guerrilheiro urbano tem certa vantagem sobre o exército convencional ou sobre a polícia. Esta é, enquanto a polícia e os militares atuam a favor do inimigo, a quem as pessoas odeiam, o guerrilheiro urbano defende uma causa justa, que é a causa do povo.

As armas do guerrilheiro urbano são inferiores às do seu inimigo, mas, vendo desde o ponto de vista moral, o guerrilheiro urbano tem uma vantagem que não se pode negar. Esta superioridade moral é o que sustém o guerrilheiro urbano. Graças a ela o guerrilheiro urbano pode levar ao fim seu trabalho principal, que é atacar e sobreviver. O guerrilheiro urbano tem que capturar ou desviar armas do inimigo para poder lutar. Devido a suas armas não serem uniformes, já que o que possui foi tomado ou chegou a suas mãos de diferentes formas, o guerrilheiro urbano se vê com o problema de que tem uma variedade de armas e uma escassez de munições. Além disso, não tem onde treinar o tiro.

Estas dificuldades tem que ser superadas, as quais forçam o guerrilheiro urbano a ser imaginativo e criativo, qualidades sem as quais seria impossível para ele exercer seu papel como revolucionário. O guerrilheiro urbano tem de ter iniciativa, mobilidade e flexibilidade, como também versatilidade e um comando para qualquer situação. A iniciativa é uma qualidade especialmente indispensável. Nem sempre é possível se antecipar tudo, e o guerrilheiro não pode deixar se confundir ou esperar por ordens. Seu dever é o de atuar, de encontrar soluções adequadas para cada problema que deparar, e não se retirar. É melhor cometer erros atuando a não fazer nada por medo de cometer erros. Sem a iniciativa não pode haver guerrilha urbana.

Outras qualidades importantes no guerrilheiro urbano são as seguintes: que possa caminhar bastante; que seja resistente à fadiga, fome, chuva e calor; conhecer como se esconder e vigiar, conquistar a arte de ter paciência ilimitada; manter-se calmo e tranquilo nas piores condições e circunstâncias; e nunca deixar pistas ou traços. Na frente das dificuldades quase impossíveis da guerra urbana, muitos camaradas enfraquecem, se vão, ou deixam o trabalho revolucionário.

O guerrilheiro urbano não é um homem de negócios em uma empresa comercial, nem é um artista numa obra. A guerrilha urbana, assim como a guerrilha rural, é uma promessa que o guerrilheiro se faz a si mesmo. Quando já não pode fazer frente às dificuldades, ou reconhece que lhe falta paciência para esperar, então é melhor entregar seu posto antes de trair sua promessa, já que lhe faltam as qualidades básicas necessárias para ser um guerrilheiro.

1 Carlos Marighella faz menção aos livros *A Guerra de guerrilhas* (1960), de Che Guevara (1928-1967), *Memórias de um terrorista* (1961), de Avner, e ao jornal *O Guerrilheiro*, publicado pela primeira vez em 1968 pelo Agrupamento Comunista de São Paulo. Outras obras citadas neste trecho não estão disponíveis para consulta. [N .E.]

CARLOS MARIGHELLA (Salvador, 1911 – São Paulo, 1969) foi político, guerrilheiro e escritor. Integrou o Partido Comunista Brasileiro e foi o fundador da Ação Libertadora Nacional.

FONTE: "Uma definição do guerrilheiro urbano". In: *Minimanual do guerrilheiro urbano*, jun. 1969. Versão revisada.

Os habitantes da arquibancada

MARCOS FAERMAN
1975

— Ah, meu Deus do céu! Quem é que dá azar pro Corinthians?

— Isto mesmo: quem é que azara nosso time assim, e faz a gente empatar com um timinho desses?

— Já sei, já sei por que a gente empatou com o América: a culpa é deles.

E, dando uma risada, o corintiano aponta para os cães da Polícia Militar, deitados na grama do Pacaembu. Começam os gritos:

— Foi o cachorro, foi o cachorro!

— Cachorro canalha!

Batata[1] está quieto. Batata não diz nada. Batata está sofrendo. Batata é mais do que um corintiano fanático. Batata é o corintiano suicida.

— Ô Batata, como é que vai, grande Batata?

É todo jogo do Corinthians assim: quem passa e vê o rapaz moreno, com cabelão enorme, vai logo parando, perguntando. O time está mal há muito tempo e a torcida vai inventando ídolos no meio da torcida. Batata é o novo ídolo. Mais ainda do que a famosa Elisa.[2] Um jogador qualquer do ataque corre, perde a bola, não parece que está lutando muito nesta partida contra o América. O que não lutaria Batata com a camisa do Corinthians? Ele às vezes fica deitado, pensando nisto: o que não lutaria pelo seu Corinthians, lá dentro do campo? Mas ele não é bom de bola assim para jogar no maior time do mundo, mas sabe que lutaria, brigaria, morreria se fosse preciso, enfiaria a bola para dentro do gol do América de qualquer jeito, com a cara, com a mão, com a coxa. Morrer pelo Corinthians ele quase morreu, e tem muita gente ali entre os seus conhecidos que sabe disto. Por isto ele é o Batata, escolhido pelos próprios jogadores como o símbolo do clube.

— Foi em 1971 — conta Batata. — Que aquilo aconteceu. O Corinthians ia jogar com o São Paulo no Morumbi, eu me lembro que era um jogo pelo Campeonato Nacional. Nem vou lhe falar o que nós chutamos no gol deles, irmão. Mas nada da bola entrar. Teve bola que pegou na trave, teve bola que o goleiro nem sei como tirou. Mas nada da maldita entrar. Aí o Paraná foi lá e marcou em nós. Pronto. O Corinthians estava fora do Nacional. Fui para casa triste, desesperado. Não sei como fiz isto, mas misturei soda cáustica e tomei. Tomei pelo meu Corinthians. Fiquei três meses no hospital, não sei como escapei. Quando nasci de novo pensei que tinha um destino: lutar mais pelo meu Corinthians. Por isso sou o Batata, tenho moral para entrar em qualquer estádio sem pagar. Mas, se é jogo do Corinthians, faço questão de pagar, porque assim estou ajudando o meu time.

— Você é grande, Batata! — grita um torcedor que ouve a história.

— Eu não sou líder — diz ele. — Sou apenas um deles.

Nesta hora em que Batata falou, a torcida do Corinthians estava começando a ficar mais quieta.

Também quieta estava, ontem, a torcida do Santos. Com dois gols marcados pelo Palmeiras, parecia impossível acontecer qualquer coisa de bom em campo. Os meninos da Torcida Independente eram os únicos que ensaiavam gritar alguma coisa, apoiados pelos garotinhos da Força Fanática.

— Olé, olá...

Adalberto, o chefe da torcida, tinha um problema para resolver. Uns garotos da Torcida Jovem do São Paulo resolveram, no começo do jogo entre Santos e Palmeiras, ir torcer na torcida do Santos. Uns quinze são-paulinos militantes ali chegaram, então, de camisa e tudo, liderados por uma torcedora muito conhecida, a Maria Luiza, que é secretária da Torcida Jovem, e começaram a gritar:

— Santos! Santos!

Não adiantou grito de santista autêntico nem de são-paulino: o Palmeiras foi lá e fez um gol. Um moço santista, com a cara marcada numa briga de torcidas, não se aguentou. Veio correndo até onde estavam os são-paulinos e gritou:

— O que é que vocês estão fazendo aqui no meio da gente?

— Ué, a gente veio torcer pra vocês!

— Não quero saber disto. Quero saber porque vocês estão torcendo pra gente. Olha, se é porque vocês acham o Santos mais fraco do que o Palmeiras, e menos perigoso na fase decisiva, podem ir embora, viram? Mas se é porque vocês gostam mais do Santos, muito bem.

— É, a gente detesta o Palmeiras, a gente gosta mais do Santos.

— Ah, sim...

Nesta hora, no meio da discussão, um rapaz, que é um dos líderes da torcida do São Paulo, levantou-se muito nervoso e foi conversar com o Adalberto, chefe da torcida do Santos. Fizeram uma reunião de cúpula ali mesmo, no meio da massa; conversa de pé de ouvido, mas extremamente séria. "Não bastassem todos os problemas, mais essa", pensou Adalberto — e foi falar com o rapaz santista que queria simplesmente exigir uma espécie de ato de fé dos são-paulinos, para aceitar que eles torcessem pelo Santos! Foi lá e disse alguma coisa ao ouvido do rapaz. Alguma coisa do gênero: "Hoje somos aliados". O rapaz não fez uma cara de quem concordava muito, mas fez um gesto de "sim" com a cabeça. Nesta hora, a confusão entre santistas e são-paulinos parecia resolvida. Voltaria depois, longe de Adalberto, e seis rapazes com a camisa do Santos seriam presos, por atividades anti São Paulo. Eles foram vistos rasgando bandeiras do São Paulo e detidos pelas autoridades policiais no Estádio do Morumbi. Só foram soltos pelas oito da noite e ficaram no posto policial do estádio, quietos e assustados, sob a vigilância de um sargento que os libertou depois, com muitas advertências.

Maria Luiza, torcedora do São Paulo, ficou se explicando para o pessoal do Santos:

— Eu gosto do Santos, não é? Gosto, não é? Não é porque o Santos é fraco, que nada, é que eu gosto do Santos. Mas vem aquele moço aqui discutir com a gente: é cara de fora, não é da torcida. Cara de torcida não faz isto.

Adalberto, que é da torcida do Santos (isto é, da torcida uniformizada do Santos, que como as outras tem mensalidade, camisas, bandeiras e chapeuzinhos, e que acompanha todos os jogos do time, até mesmo quando ele viaja para fora do Estado, e que gostaria de ir com seu time até o planeta Marte, se Marte fosse habitado e praticasse nosso futebol), só podia concordar. Adalberto não concorda com outros uniformizados, quando algum santista começa a vaiar seu time. Os uniformizados são favoráveis aos aplausos, detestam as ordens da polícia, que não quer saber de batucada durante os jogos, ("isto é um absurdo, no Maracanã é uma beleza, a torcida manda, mas aqui..."), gostam de fazer de cada jogo de seu time uma festa, mesmo se o time não está muito bem, mas vêm estes aí e começam a vaiar... isto não está certo.

— A gente tem que ter paciência — diz o Adalberto. — A gente tem que olhar para o exemplo do Corinthians, da torcida do Corinthians, eles sabem esperar, e a gente foi campeão há pouco tempo. Meu Deus! Há dois anos. Agora chegou a nossa vez de esperar. Mas virão novas contratações, eu sei, vai vir aí o Tonhozinho e o Nené... o Nené volta para o Santos, eu sei, mesmo que ele ganhe um pouco menos do que está ganhando... não é fantástico?

E o Palmeiras fez mais um gol.

— Avante Palestra — gritava um senhor bigodudo, de uns 50 anos, que aplaudia o verde Palmeiras como se estivesse diante do velho Palestra Itália.

O Palmeiras fez o seu segundo gol e outros dois líderes da torcida do Santos apareceram: Cosmes Faria e Chacrinha —um rapaz moreno, que compôs, juntamente com o Pedrão, uma das músicas que a sua torcida canta:

— Agora que eu quero ver você chorar. Você que vai estremecer quando o Santos entrar.

O Santos perde de dois a zero? O bigodudo grita "Palestra"? Cosmes, Adalberto e Chacrinha cantam afinadamente:

— Você vai estremecer quando o Santos entrar.

— Veja quanta gente. — fala Cosme Damião — Quanta gente... e diziam que o Pelé é que fazia o Santos.

— Pelé escreveu pra gente. — diz Adalberto — Diz que os americanos são muito engraçados, que aplaudem qualquer jogada que faça.

— Tá certo. Mas o que interessa pra gente é que o Santos tem cada vez mais torcida. Olha aí só, ninguém vai dizer que esta massa veio torcer pelo Pelé. A gente torce para os onze. A gente torce para o Santos. A gente é Santos até morrer. E se a gente morrer ou se aposentar...

— Ô cara, você tem só 19 anos, fica falando em se aposentar...

— É, mas se a gente se aposenta, tem a Força Fanática pra ficar no lugar da gente...

Terminou o primeiro tempo de Santos e Palmeiras, e ninguém imaginava que o jogo podia virar. Alguns santistas suspiravam e falavam baixinho que era uma vergonha ver alguns pernas de pau com a camisa em que jogou o Negrão. Cosme Damião falava de todas as vezes que foi preso por causa do Santos, quando apareceu num dos bares do estádio o Reinaldo, um são-paulino barbudinho, muito famoso entre os uniformizados de todos os times. Chegou e foi contando, espiando com o rabo dos olhos para todos os lados, que ele tinha que se cuidar, se não quisesse ser preso mais uma vez.

— Gente, já fui preso hoje duas vezes… duas...

Frisava com os dedos, a palavra "duas".

— Eu estava aí na torcida do São Paulo quando apareceu um palmeirense... pra quê, meu?! Pra quê?! Caíram em cima dele e eu fui proteger o moço. Aí um policial me viu perto dele e me levou preso: "Mas seu guarda! Eu estava só ajudando o moço". Que ouvir, que nada! Fui em cana. Aí outro guarda me soltou. Aí o guarda, aquele, me viu e me prendeu de novo. Aí ele me disse: "Olha, eu te solto, mas se você ficar no estádio eu te prendo de novo. Teu castigo vai ser não ver este jogo... não vai ver mesmo".

— Cuidado, hein? — falou o Cláudio, chefe de uma torcida corintiana, o pessoal da Camisa 12, que alguns consideram rival da torcida Gaviões da Fiel.

Os Gaviões e os Camisa 12 quase sempre estão afastados nos jogos, embora sejam igualmente dedicados ao Corinthians. E como se fossem dois partidos, embora seja extremamente difícil para um Gavião explicar porque não é um Camisa 12, e vice-versa. Mas a torcida do Corinthians não é diferente de outras somente porque é suficientemente ampla para se dividir em partidos, facções, blocos rivais e até inimigos. Foi um dia no meio da torcida do Corinthians, que esmagou com suas bandeiras os poucos torcedores do América que foram ao jogo, mas só tiveram decisão para mostrar suas bandeiras a muitos quarteirões do Estádio, e que não disseram nada, nem nas horas em que seus jogadores fizeram boas jogadas e quase marcaram gols. Nada.

No Pacaembu só se viam bandeiras corintianas, imensas, de muitos metros, e foguetes corintianos, e gritos corintianos, e o Corinthians estava mal em campo — pois um dia no meio da torcida do Corinthians mostra coisas inesperadas. Sim, os corintianos, hoje em dia, torcem mais pela sua torcida do que pelo time que está jogando. Ir a um campo é a oportunidade de ver como os corintianos são fortes e estão acima dos resultados, e podem perder mil campeonatos que serão cada vez mais corintianos: é ver, também, que esta torcida se organiza e se aprimora, e já tem advogados que entram em ação se alguém é preso, caixinhas de medicamentos para quem se sente mal, tem projetos de ter até massagista, e vai ter no próximo carnaval uma escola de samba inteira dançando debaixo da bandeira do Corinthians e dos Gaviões da Fiel.

— Ah, miséria... miséria, a gente não ganhou! — vai dizendo um corintiano, depois do jogo. Mas o pessoal dos Gaviões e da Camisa 12 e muitos outros torcedores estão dançando, falando no próximo jogo. E um moço que vai sempre ver o Corinthians para distribuir os convites de um baile muito famoso em certas rodas, que reúne só negros, está distribuindo os convites para seu baile. "Olê, olá, o timão vai botar pra quebrar", sai cantando alguém. E todo mundo ri do "vai" botar pra quebrar.

— É isso aí. — diz o Batata. — Eu sei de um menino de oito anos que apostou com a prima que o Corinthians ia ganhar um jogo, e que se não ganhasse, virava palmeirense. O Corinthians perdeu e ele foi para um hospital, e no meio da febre dizia: "Não quero ser palmeirense, não quero".

Mas nós já estávamos no Estádio do Morumbi, um dia depois de tudo isso acontecer, quando apareceu o chefe dos Camisa 12 e mandou o Reinaldo barbudinho, do São Paulo, tomar cuidado. Em todos os jogos, muitos uniformizados são presos, quase sempre simplesmente porque resolvem ajudar um torcedor que a polícia vai levar para uma salinha do estádio que funciona como delegacia (99% dos casos o pessoal é liberado depois do jogo) ou porque invadiu o gramado, mas é prisão leve, que a polícia toma como uma pequena repreensão.

O jogo do Santos e do Palmeiras estava no fim e continuavam chegando torcedores ao Estádio, para ver o outro jogo.

— Agora é que é a quente. — falava um mulato são-paulino, com um cavanhaque e um cabelo muito black power. — Moralmente os santistas e os palmeirenses têm que ir embora. Esta é a preliminar, depois é que vem o clássico.

— É mesmo, irmão, olha só como o juvenil do São Paulo tá bom. Aqueles de verde ali, os do juvenil: até os brancos sabem tocar a bola. Tá legal essa preliminar aí.

— O Pelé, tá faltando o Pelé — dizia um santista, enquanto olhava o jogo terminar.

— Pra frente Palestra — gritava o velho palmeirense, com sotaque italiano, enquanto olhava para os crioulos[3] de cabelo *black power*, que zombavam! O velho palmeirense falava do "Leon, goleiro de Seleção", e os crioulos são-paulinos riam:

— Só se um bonde atropelar o Valdir Peres, velho.

— Um, dois, três, o Santos é freguês — gritava a torcida do Palmeiras.

— É, a preliminar tá acabando, vai começar o clássico. Ei, não pisa no meu pé que eu pego no quarenta e cinco.

— Quarenta e cinco? — Gritou o velho palmeirense. — Vou chamar a polícia, moleque!

— Sai pra lá, meu, não é máquina [revólver] não, é meu sapato!

O jogo terminou e os palmeirenses começaram a gritar: "Lusa, Lusa". Na estratégia dos jogos decisivos do campeonato estavam feitas as grandes manobras e os palmeirenses decidiam torcer pela Portuguesa.

— Lusa! Lusa!

— Vai dar a luz, meu? — falou o crioulão irreverente, que nada lembrava a imagem estereotipada do são-paulino clássico das cadeiras cativas, com jeito de lorde tropical.

Os Leões da Fabulosa, torcida jovem da Portuguesa, animavam-se com o apoio dos inimigos palmeirenses. João Vieira, um senhor de 50 anos, quase chorava com seu sentimental coração português, ao ver seu time entrar em campo... exatamente no dia em que comemorava vinte anos de Brasil e vinte anos de amor pela Portuguesa de Desportos.

Ficou muito quieto, apertado perto da escada, nem conseguiu sentar-se, com a cara vermelha de frio porque vinha um vento forte naquele lado, e dizia baixinho, para um amigo, que na primeira bola que seu time chutasse a gol sairia o gol, sairia mesmo.

— Abaixa aí ô Salazar — gritou alguém para ele. Ele riu da piada e procurou não atrapalhar o patrício.

Vinte anos de Brasil. Em Portugal, era torcedor do Benfica. Uma camisa vermelha que nem a camisa da Portuguesa. Quando chegou, o time era maravilhoso: Julinho, Pinga, Djalma Santos, uma máquina. E a bola foi para o pé de um atacante da Portuguesa, que entrou e...

— Gooooolllll... Não disse? Não disse?

Ô Salazaire, tu tem pé quente! — gritava o patrício brincalhão — e os dois se abraçavam, animadíssimos. Não ficou triste nem com o empate, depois. "Ao menos a festa dos seus vinte anos de Brasil não teria uma derrota da sua Lusa", pensava, enquanto uns são-paulinos gritavam para o juiz:

— Ladrão, ladrão.

A mais famosa torcedora do São Paulo gritava, também:

— Ladrão, ladrão.

E corria para a porta dos vestiários, para ver os seus jogadores. Filhinha[4] não pode deixar de ver "os seus meninos". "Mais calma", dizia a todos os que vinham cumprimentá-la, toda enrolada numa bandeira desbotada que o juiz tinha roubado, que ela estava num ótimo ângulo e jurava que tinha sido gol...

— Esta bandeira é de quando, Filhinha? — pergunta alguém.

Centenas de pessoas a cumprimentam durante e depois de um jogo. E fazem perguntas como esta.

— Desde 1966.
— Você torceu para o Santos, Filhinha?
— Eu? Eu? Deus me livre! Sou só tricolor, sai.
— Você está linda, Filhinha.
— Obrigada, obrigada.

E o poeta Zezinho; Zezinho, o baiano; Zezinho, o improvisador, cercava com mais uns são-paulinos o ônibus da Portuguesa, e começava uma série de cantos sempre seguidos pelos outros:

— Vamos lá pessoal, é assim: "Dona Maria, Dona Maria, o Tricolor fechou a Padaria".

E os outros:
— Dona Maria... Dona Maria...
— E agora... "Azougue, azougue, o tricolor fechou os açougue".
E o pessoal:
— Azougue, azougue, azougue. O tricolor fechou os açougue.

MARCOS FAERMAN (Rio Pardo, Rio Grande do Sul, 1943 - São Paulo, 1999) foi jornalista, repórter e professor. Foi redator dos jornais *Última Hora*, junto de Luís Fernando Veríssimo, *Zero Hora* e *Jornal da Tarde*. Ficou conhecido pela prática do jornalismo literário. Durante a ditadura militar, criou e editou o jornal alternativo *Versus*, publicação com foco em grandes reportagens, ensaios literários e poéticos sobre as lutas sociais e as histórias de resistência na América Latina. Seu texto "Os habitantes da arquibancada" (1975) recebeu a menção honrosa do Prêmio Esso na categoria Esportes.

FONTE: "Os habitantes da arquibancada". *Jornal da Tarde*, 28.7.1975. Fac-símile disponível em http://www.marcosfaerman.jor.br/1975_07_28_HabitantesDasArquibancadas.html?vis=facsimile. Acesso em 22.2.2022. Versão revisada.

1 Caco Barcellos publicou uma reportagem sobre o torcedor do Corinthians Wanderley Antônio de Castro, conhecido como "Batata", em uma edição do jornal *Versus*. Ver Caco Barcellos, "A louca história de Batata, o corintiano suicida". *Versus*, n. 4, abr.-maio, 1976, pp. 37-39. Disponível em http://www.marcosfaerman.jor.br/Versus04.html. Acesso em 13.4.2022. [N. E.]

2 Elisa Alves do Nascimento (1910-1987), conhecida entre a torcida como Dona Elisa, é considerada torcedora símbolo na história do Corinthians. Figura assídua nas arquibancadas dos estádios em que o time jogava, ganhou ainda mais notoriedade entre os anos de 1954 e 1977, período de seca do Timão, quando o clube não conquistou títulos. Ver https://www.meutimao.com.br/noticia/206288/corinthians_reinaugura_memorial_em_homenagem_a_dona_elisa. Acesso em 3.3.2022. [N. E.]

3 Termo usado para designar pessoas negras nascidas no Brasil, designa também a pessoa negra ou descendente de negros nascidos nas Américas ou nas Índias ocidentais, distinto do negro africano. É considerado um termo pejorativo por referir-se a filhos de escravizados. O termo caiu em desuso para se referir a pessoas, fala-se hoje em línguas crioulas para tratar das marcas e presenças de línguas africanas em línguas coloniais. [N. E.]

4 Dona Maria Campos, conhecida entre a torcida do São Paulo FC como "Filhinha", foi são-paulina, torcedora fiel e sócia do clube. Era bastante popular entre a torcida por ser uma das poucas mulheres que frequentavam estádios assiduamente para acompanhar os jogos do seu time do coração. Em seu dia a dia fora dos estádios exercia a função de doceira. [N. E.]

Manifesto ainda que tardio

RUBEM VALENTIM
1976

libertas quae sera tamen.[1]

[img. 6] Minha linguagem plástico-visual-signográfica está ligada aos valores míticos profundos de uma cultura afro-brasileira (mestiça-animista-fetichista).[2] Com o peso da Bahia sobre mim — a cultura vivenciada; com o sangue negro nas veias — o atavismo; com os olhos abertos para o que se faz no mundo — a contemporaneidade; criando os meus signos-símbolos, procuro transformar em linguagem visual o mundo encantado, mágico, provavelmente místico que flui continuamente dentro de mim. O substrato vem da terra, sendo eu tão ligado ao complexo cultural da Bahia: cidade produto de uma grande síntese coletiva que se traduz na fusão de elementos étnicos e culturais de origem europeia, africana e ameríndia. Partindo desses dados pessoais e regionais, busco uma linguagem poética, contemporânea, universal, para expressar-me plasticamente. Um caminho voltado para a realidade cultural profunda do Brasil — para suas raízes —, mas sem desconhecer ou ignorar tudo o que se faz no mundo, sendo isso por certo impossível com os meios de comunicação de que já dispomos, é o caminho, a difícil via para a criação de uma autêntica linguagem brasileira de arte. Linguagem plástico-vérbico-visual-sonora. Linguagem plurisensorial: o sentir Brasileiro.

Uma linguagem universal, mas de caráter brasileiro com elementos sígnicos (não verbais) de diferenciação das várias, complexas e criadoras tendências artísticas estrangeiras. Favorável ao intercâmbio cultural intensivo entre todos os povos e nações do mundo; consciente de que as influências são inevitáveis, necessárias, benéficas quando elas são vivas, criadoras; sou, entretanto, contra o colonialismo cultural sistemático e o servilismo ou subserviência incondicional aos padrões e moldes vindos de fora.

A arte é um produto poético cuja existência desafia o tempo e por isso liberta o homem. Isso me afeta de uma maneira total porque sou um indivíduo tremendamente inquieto e substancialmente emotivo. Talvez, precisamente por isso, busco ávido na linguagem plástica visual que uso uma ordem sensível, contida, estruturada. A geometria é um meio. Procuro a claridade, a luz da luz. A arte é tanto uma arma poética para lutar contra a violência como um exercício de liberdade contra as forças repressivas: o verdadeiro criador é um ser que vive dialeticamente entre a repressão e a liberdade.

O tempo é a minha grande preocupação — uma das minhas angústias é ver chegar o tempo final sem poder realizar tudo que imaginei. Se nasce em conflito com o mundo, ou o enfrentamos e o deglutimos, ou perecemos. Creio que os artistas ou sensitivos obviamente resultam disso e da maneira específica como reagem, criam essa coisa que se convencionou chamar arte — ou como querem atualmente, antiarte, resulta o mesmo — e desafiam o tempo, este sua maior preocupação, já que o veem fluir, ir-se embora, aproximando-se da morte. Sentindo na carne uma triste solidão, fiz do fazer minha salvação. Artista liberto, libertador, faço meus exercícios plástico-visuais, lutando contra todas as minhas forças para ser mais humano, mais tolerante nesta época de insólita violência.

Tudo que foi dito acima é o meu pensamento há cerca de 25 anos. Hoje vejo com satisfação que artistas criadores maduros e jovens inquietos voltam-se, buscam, tomam consciência mais profunda da cultura de base, das raízes culturais da Nação Brasileira. Esse mundo mítico e místico, poético, às vezes ingênuo, puro e profundo porque entranhado nas origens do ser brasileiro. Transpor criando, no plano da linguagem, e dar o salto para o universal, para a contemporaneidade toda essa poética, sem se recorrer a intelectualismos estéreis, é o x do problema.

A iconologia afro-ameríndia-nordestina-brasileira está viva. É uma imensa fonte — tão grande quanto o Brasil — e devemos dela beber com lucidez e grande amor. Porque perigos existem: como o modismo; as atitudes inconsequentes, inautênticas; os diluidores com mais ou menos talento, mais ou menos honestidade, pouco ou muita habilidade, sendo que os mais habilidosos e vazios são os mais danosos porque geradores de equívocos; as violentações caricatas do folclore e do genuíno; as famigeradas "estilizações" provincianas e o fácil pitoresco que levam a um subkitsch tropicalizado e ao efetivismo subdesenvolvido.

Atualmente a minha arte busca o Espaço: a rua, a estrada, a praça — os conjuntos arquitetônico-urbanísticos. Ainda sou pela síntese das artes; caminho para a humanização das comunidades. Integração arte-ecologia-urbano-arquitetural. Como poderei realizar isso? Deixo a pergunta, cuja resposta poderá ficar somente em protótipos.

Intuindo o meu caminho entre o popular e o erudito, a fonte e o refinamento — e depois de haver feito algumas composições, já bastante disciplinadas, com ex-votos, passei a ver nos instrumentos simbólicos, nas ferramentas do Candomblé, nos abebês, nos paxorôs, nos oxês, um tipo de "fala", uma poética visual brasileira capaz de configurar e sintetizar adequadamente todo o núcleo de meu interesse como artista. O que eu queria e continuo querendo é estabelecer um "design" (que chamo Riscadura Brasileira), uma estrutura apta a revelar a nossa realidade — a minha, pelo menos — em termos de ordem sensível. Isso se tornou claro por volta de 1955 e 1956 quando pintei os primeiros trabalhos da sequência que até hoje, com todos os novos segmentos, continua se desdobrando.

Não pertencendo ou me filiando a nenhum dos movimentos ou correntes artísticas das muitas que surgiram e surgem no estrangeiro e aqui chegavam e chegam e são mais ou menos diluídas — tenho a impressão de que criei e construí uma estrutura totêmica, um ritmo, uma simetria, uma emblemática, uma heráldica, um hieratismo, uma semiótica/semiologia não verbal, visível. Isso tudo partindo das formas vivas da "fala" não verbal do nosso povo, de uma poética visual brasileira, da iconologia afro-ameríndia-nordestina. Enquanto muitos dos nossos artistas criadores se voltavam para os ismos internacionais, cosmopolitas, eu defendia (nem sempre compreendido ou ouvido) uma tomada de consciência cultural da Nação Brasileira, do Povo Brasileiro. Eu defendia e falava sobre a Cultura do Nordeste, sobre Cultura do Indígena, a Cultura Negra (mestiça e cabocla), eu defendia o barroco como um produto da nossa criatividade, eu defendia um sentir brasileiro manifestado nas carrancas do rio São Francisco, nos ex-votos, na cerâmica popular, nos signos litúrgicos dos rituais afro-brasileiros, na xilogravura de cordel, nos humildes e inventivos brinquedos populares. Achava e continuo achando que o Brasil tem de fazer uma arte mestiça como a do Aleijadinho,[3] como a dos santeiros e ferreiros da Bahia. Reconheço que sou um obcecado por uma cultura genuinamente brasileira, apesar da famigerada Aldeia Global. Eu não nasci na Europa (óbvio), não tive educação europeia. Não sou punhos de renda, não nasci para ser diplomata. Não sou bem-nascido, pelo contrário, sou um homem áspero, agressivo, sou um homem desesperado que procura a Divindade, o Ser dos Seres. Assim, o que eu tinha para me apegar era o Brasil.

Minha arte tem um sentido monumental intrínseco. Vem do rito, da festa. Busca as raízes e poderia reencontrá-las no espaço, como uma espécie de ressocialização da arte, pertencendo ao povo. É a mesma monumentalidade dos totens, ponto de referência de toda a tribo. Meus relevos e objetos pedem fundamentalmente o espaço. Gostaria de integrá-los em espaços urbanísticos, arquitetônicos, paisagísticos.

Meu pensamento sempre foi resultado de uma consciência de terra, de povo. Eu venho pregando há anos contra o colonialismo cultural, contra a aceitação passiva, sem nenhuma análise crítica, das fórmulas que nos vêm do exterior — em revistas, bienais etc. E a favor de um caminho voltado para as profundezas do ser brasileiro, suas raízes, seu sentir. A arte não é apanágio de nenhum povo, é um produto biológico vital.

Eu acho que a nação brasileira continua. Por isso trato sempre em termos de povo brasileiro. Estou consciente de que os sistemas políticos passam, os problemas econômicos são substituídos por outros, a dialética da existência é um fato. Portanto, essas coisas são efêmeras se nós as encaramos em termos de perenidade de povo, de continuidade de Nação, de continuidade histórica, no tempo e no espaço. Como dizia Ruy Barbosa[4] (a citação não é literal), um povo pode ser dominado economicamente, o seu território pode até ser ocupado pelas armas, mas o que ele não pode fazer é entregar a sua alma, seu sentir, sua poética, sua razão de ser. Se isso acontecer, ele deixará de existir historicamente como Nação, como povo. Assim, eu acho que no Brasil, hoje, temos de defender nossa alma. É o que faço, transpondo todo esse sentir, essa poética, para uma linguagem contemporânea, evitando cair nas coisas caricatas, nos "tropicalismos", no nefando kitsch, como tantos outros artistas brasileiros.

Gostaria de citar um trecho escrito pelo crítico Mário Pedrosa[5] para o catálogo da minha exposição individual na Galeria Bonino, realizada em julho de 1967, no Rio de Janeiro:

> Há algo de antropofágico na sua arte no sentido oswaldiano — ser produto de deglutições culturais. Ao transmudar fetiches em imagens e signos litúrgicos em signos abstratos plásticos, Valentim os desenraíza de seu terreiro e carregando-os de mais a mais de uma semântica os leva ao campo da representação por assim dizer emblemática, ou numa heráldica, como disse o professor Giulio Carlo Argan.[6] Nessa representação os signos ganham em universalidade significativa o que perdem em carga original mágico-mística[7].

O artista projeta mesmo abandonando também a fatalidade da tela, organiza seus signos no espaço, talhados como emblemas, brasões, broquéis, estandartes, barandões de uma insólita procissão talvez de um misticismo religioso sem igreja, sem dogmas, a não ser a eterna crença nas raças e nos povos oprimidos no advento do milênio, na fraternidade das raças, na ascensão do homem.

Concluindo: a Arte Brasileira só poderá ser um produto poético autêntico quando resultado de sincretismos, de acumulações sígnicas (semiótica/semiologia não verbal) das culturas formadoras da nossa nacionalidade de base (branco-luso-negro-índio) acrescidas com a contribuição das culturas mais recentes trazidas pelos diferentes povos de outras nações e que, aqui nesse espaço Brasil-Continente comum a todos, se misturam criando um sistema de brasilidade cultural de caráter singular, de rito, mito e ritmo que sejam inconfundíveis apesar da famigerada Aldeia Global. O fundamental é assumir a nossa identidade de povo em termos de Nação.

RUBEM VALENTIM (Salvador, 1922 – São Paulo, 1991) foi escultor, gravador, pintor e professor. Iniciou sua carreira nos anos 1940, logo absorvendo tradições populares e referências das religiões de matriz afro-brasileira. Nas décadas seguintes, aprofundou suas pesquisas, criou obras públicas e solidificou sua influência.

FONTE: Versão revisada de *Manifesto ainda que tardio: depoimentos redundantes, oportunos e necessários*. Folheto, 1976. Retirado de PEDROSA, Adriano; OLIVA, Fernando (Orgs.). *Rubem Valentim: construções afro-atlânticas*. São Paulo: MASP, 2018, pp. 132-34.

1 A expressão em latim "*libertas quae sera tamen*", comumente traduzida como "liberdade ainda que tardia", é o verso 27 da primeira *Bucólica* de Virgílio (70 a.C.-19 a.C.). A expressão foi usada pelos inconfidentes e adotada como frase na bandeira do estado de Minas Gerais. [N. E.]

2 Sobre Rubem Valentim, ver Frederico Morais (org.), *Rubem Valentim: construção e símbolo*. Rio de Janeiro: Centro Cultural Banco do Brasil, 1994; Adriano Pedrosa e Fernando Oliva (orgs.), *Rubem Valentim: construções afro-atlânticas*. São Paulo: MASP, 2018; e Abigail Dardashti, "Negotiating Afro-Brazilian Abstraction: Rubem Valentim in Rio, Rome, and Dakar, 1957-1966". In: Mariola Alvarez e Ana Franco (orgs.), *New Geographies of Abstract Art in Postwar Latin America*. Londres: Routledge, 2019, pp. 84-104. [N. E.]

3 Antônio Francisco Lisboa (década de 1730-1814), Aleijadinho, foi um escultor que trabalhou na então Vila Rica, na América portuguesa. [N. E.]

4 Ver Ruy Barbosa, "Discurso no Senado", presente neste volume. [N. E.]

5 Mário Pedrosa (1900-1981), um dos mais influentes críticos de arte brasileiros do século 20. [N. E.]

6 Giulio Carlo Argan (1902-1992), político e crítico de arte italiano. Ver Giulio Carlo Argan, "Rubem Valentim" (1966). In: *Rubem Valentim*. São Paulo: Almeida & Dale, 2019, pp. 14-15. [N. E.]

7 Texto de Mário Pedrosa publicado em ocasião da exposição individual de Rubem Valentim, na Galeria Bonino, em 1967. Ver Bené Fonteles e Wagner Barja (orgs.), *Rubem Valentim: artista da luz*. São Paulo: Pinacoteca do Estado de São Paulo, 2001, p. 39. [N. E.]

Nossa democracia racial

BEATRIZ NASCIMENTO
1977

Certa vez, em Salvador, conversava com um jovem chefe de família que tentava convencer-me de como a Bahia era o maior centro de tolerância racial do mundo[1]. Ao justificar tal pretensão para o seu estado, mostrou-se um adepto apaixonado da miscigenação e recorreu ao seu exemplo. Mostrou-me seus dois filhos pequenos, ambos mulatos,[2] mas com diferenças de tonalidade de pele, e disse: "Está vendo? Este aqui saiu quase como eu" (referindo-se ao menino mais escuro), "mas este já saiu melhor, quase louro". Dizendo isto, enquanto eu e o primeiro menino olhávamos atônitos para ele, concluiu: "Deste jeito o negro vai desaparecendo e não teremos conflito racial como nos Estados Unidos".

Talvez estejam neste último ponto os mal-entendidos quanto à tolerância racial brasileira, e isto não parte somente de homens comuns como meu interlocutor baiano: constitui uma crença nacional de que pelo fato de não terem existido recentemente, na nossa experiência social, os fatos de racismo virulento típicos da sociedade norte-americana, nós somos os destinatários de um sistema racial digno de causar inveja às nações mais civilizadas do mundo. Mas o que dizer de uma aspiração tão estranha como esta do jovem pai baiano, cujo objetivo final seria o desaparecimento físico de um grupo, este mesmo ao qual se credita total tolerância no Brasil?

A recente bibliografia sobre relações raciais no Brasil, basicamente a estrangeira, está permeada de exemplos como o que acabo de citar, exemplos nos quais se demonstra que a negação do preconceito racial, antes de constituir a reflexão consciente de nossa situação, traduz uma certa urgência de aliviar os possíveis conflitos decorrentes do confronto de poder entre as etnias que formam nossa sociedade. Tal receio criou, no dizer de um jovem sociólogo do Rio de Janeiro, uma autoimagem do sistema de relações raciais brasileiro como sendo uma "democracia racial".

O inferno

Não foi resultado do raciocínio simples do homem comum a emergência do ideal de "democracia racial" entre nós nem o surgimento, entre outras soluções para o possível conflito, da miscigenação em massa. Sua origem pode remontar-se aos primeiros séculos da colonização; Antonil (1649-1716)[3] nosso primeiro ideólogo, já dizia algo que ficou como máxima entre nós: "O Brasil é o inferno dos negros, o purgatório dos brancos e o paraíso dos mulatos". E a partir dele, desde o marquês de Pombal (1699-1782) (que em Carta Régia aconselhava os portugueses a se cruzarem com os nativos e as mulatas para aumentar o povoamento do Brasil) até o nosso baiano, pensa-se transformar o Brasil num "paraíso" no qual o mais cômodo seja o desaparecimento total dos que vivem no "inferno". Tal raciocínio é o ponto crucial de uma ideologia nacional responsável pelo espaço social degradante em que se encontra a massa de negros no Brasil.

Grande ideólogo, a quem se atribuiu o termo "democracia racial", Gilberto Freyre (1900-1987), em recentes pronunciamentos, vangloriava-se de que o Brasil fica cada vez mais moreninho. Cabe a ele não só obra pioneira deste tipo de ideologia, como grande parte da crença na tolerância racial brasileira. Sua obra influencia sobremodo estudos científicos, notadamente de cientistas estrangeiros, como Frank Tannenbaum (1893-1969),[4] que garante, baseado em Freyre, que no período da escravidão no Brasil os senhores reconheciam a "pessoa moral" do escravo, ou seja, o Brasil, diferentemente dos Estados Unidos, possui uma tradição de valorização da humanidade do negro. O ponto alto deste comportamento seria o respeito aos direitos civis dos negros após a abolição. O que não sucedeu com os negros norte-americanos.

Acontece que, após a abolição da escravatura, nós não temos um negro no centro de decisões do país, quando, às vésperas daquele evento, tínhamos pelo menos três negros de grande poder nas duas casas do Congresso. Enquanto que nos Estados Unidos deu-se o inverso — hoje, há cada vez mais negros atuando nos diversos setores da sociedade. A que se atribui esta defasagem? Seria pertinente perguntarmos qual a cotação do reconhecimento da nossa pessoa moral entre a atual sociedade brasileira? Creio que sim, pois a atitude de complacência, quando não de aversão em relação à nossa participação no seio da comunidade nacional (condições visíveis na obra de Gilberto Freyre e na ideologia de democracia racial), nos remete ao passado, onde à nódoa da escravidão, foi vinculado o nosso destino de grupo como sendo uma nódoa nacional.

Após a abolição da escravatura, fomos integrados ao todo nacional, mas, sem dúvida, com a esperança simplória de, através do filtro das relações de casamento ou concubinato, irmos "melhorando a raça" até o ponto de a nação ficar cada vez mais moreninha e, com auxílio da imigração europeia, cada vez mais branca.

Ceticismo

Mas é como conflito não manifesto que atualmente se encara o preconceito e a discriminação gritante nos terrenos da educação e do mercado de trabalho, perpetuando-se, enquanto isso, opções do tipo jogador de futebol e sambista, para aqueles que lutam por uma ascensão social.

Mediante mecanismos seletivos, a sociedade brasileira reduz o espaço dedicado ao negro dentro da escala social. Como este espaço se apresenta como parte incorporada à cultura dos negros, nada mais cômodo do que unir o útil ao agradável. Quando se questionar a ausência de negro em posições de relevo social, basta mencionar Pelé ou algum dos poucos sambistas atualmente em boas condições financeiras. Quanto a grande maioria marginalizada, o mais fácil será recorrer à explicação econômica ou de classe, não esquecendo a herança escravagista que, segundo alguns eminentes teóricos, faz do negro um ser ainda não preparado para integrar uma sociedade competitiva.

Entretanto, nós, os negros, vamos acompanhando esse poço de contradições e este emaranhado de sutilezas com uma visão bastante cética. Lá se vão noventa anos de abolição da escravatura e não consta que os imigrantes que vieram nos substituir na lavoura cafeeira estivessem mais aptos a entrar numa sociedade capitalista (que ainda não se tinha formado por volta de 1930) do que nós. Por meio de que milagre essa situação social ficou melhor do que a nossa? Se somos parte integrante de uma democracia racial, por que nossas oportunidades sociais são mínimas em comparação com os brancos? A resposta nos parece clara, embora discorrer sobre os fatores que nos levaram a isto constitua ainda hoje um tabu e (o mais sério) esbarramos com um total despreparo para enfrentar os problemas advindos da prática da discriminação. Despreparo cuja origem está principalmente na falta de oportunidades no terreno da educação, o que reduz nossa capacidade de organização em torno do objetivo comum. Esta impotência parece legitimar a crença num sistema de relações raciais pacífico, reforçando a ideologia de "democracia racial".

Entretanto, não vemos tudo perdido, pois a duras penas já possuímos consciência, principalmente entre as novas gerações dos principais centros urbanos, de que as soluções apressadas e simplórias, como a de uma maior miscigenação, não são verdadeiras. É necessário muito mais que isso. Marvin Harris (1927-2001), em seu trabalho *Padrões Raciais nas Américas*,[5] diz uma frase esclarecedora: "Já é tempo de as pessoas adultas deixarem de pensar em relações raciais de acordo com a cama". E demonstra estatisticamente como os Estados Unidos e a África do Sul possuem tão ou maior contingentes de mestiços do que no Brasil.

É certo que não podemos colocar nos mesmos planos a sociedade brasileira e a sul-africana. Realmente não tivemos a experiência do gueto e dos linchamentos, mas nem por isso nossa situação é ideal. Deste modo, cabe lembrar às consciências de brancos e negros no Brasil uma frase que só o gênio de Lévi-Strauss (1908-2009) poderia produzir: "A tolerância não é uma posição contemplativa dispensando indulgências ao que foi e ao que é, é uma atitude dinâmica, que consiste em prever, em compreender e em promover o que quer ser".[6] Portanto, resta começar a tolerar.

BEATRIZ NASCIMENTO (Aracaju, 1942 – Rio de Janeiro, 1995) foi professora, ativista e historiadora especializada em relações raciais e na formação dos quilombos. Integrou o Grupo de Trabalho André Rebouças, o Instituto de Pesquisa das Culturas Negras e o Movimento Negro Unificado. Em 1989 narrou o filme *Ôri*, que documenta os movimentos negros e quilombolas no Brasil.

FONTE: *IstoÉ*, 23.11. 1977, pp. 48-49.

1 Sobre Beatriz Nascimento, ver Alex Ratts, *Eu sou atlântica: sobre a trajetória de vida de Beatriz Nascimento.* São Paulo: Instituto Kuanza/Imprensa Oficial, 2006; e Beatriz Nascimento, *Uma história feita por mãos negras.* Org. Alex Ratts. Rio de Janeiro: Zahar, 2021. [N. E.]

2 O termo "mulato" provém da palavra mula, animal estéril que nasce do cruzamento do jumento com a égua. Em 1977, ano da primeira publicação deste texto na revista *IstoÉ*, o debate acerca dos termos para se referir a pessoas mestiças estava em desenvolvimento. As expressões usadas para designar a cor dos indivíduos nos levantamentos populacionais foram, e continuam sendo, alvo de muita polêmica. A partir do censo de 1940, as categorias branca, preta e amarela passaram a fazer parte dos questionários do IBGE. Naquele ano só eram classificados como pardos aqueles que, por qualquer razão, não coubessem nas outras categorias. Já nos censos de 1950, 1960, 1980 e 2000, pardo passou a ser uma opção de identificação tanto quanto branco, preto e amarelo. A categoria indígena só passou a constar das opções do questionário do censo a partir de 1991. Desde a década de 1970, ativistas, pesquisadores e gestores públicos discutem os critérios para a identificação racial nos levantamentos populacionais. Estudiosos, pesquisadores e ativistas dos movimentos negros consideram que mulato, pardo, moreno e outras maneiras de denominar os não brancos são termos que fazem parte do discurso da mestiçagem e comprometem a construção de uma identidade racial negra. Para mais informações ver Wlamyra R. de Albuquerque e Walter Fraga Filho, *Uma história do negro no Brasil.* Salvador: Centro de Estudos Afro Orientais, 2006. [N. E.]

4 Frank Tannenbaum, historiador e sociólogo austríaco-americano, autor de *Slave and Citizen: The Negro in the Americas.* Nova York: Alfred A. Knopf, 1947. [N. E.]

5 Marvin Harris, *Padrões raciais na América.* Rio de Janeiro: Civilização Brasileira, 1967. [N. E.]

6 Claude Lévi-Strauss, "Raça e história". In: *Antropologia Estrutural II.* Rio de Janeiro: Tempo Brasileiro, 1993. [N. E.]

Uma linha dura... não dura

NELSON LEIRNER
1978

Você muda a rua muda a casa muda o armário muda a grade muda o mapa muda a geografia muda a fronteira muda o limite muda a hora muda o tempo muda a tradição muda o hábito muda a roupa muda o botão muda a tradição muda a bata muda a bota muda o uniforme muda a cor muda a comida muda a bala muda o fogo muda o amigo muda o inimigo muda o governante muda o opressor muda o jogo muda a regra muda a linha muda você é duro a rua é dura o armário é duro a grade é dura o mapa é duro a geografia é dura a fronteira é dura o limite é duro a hora é dura o tempo é duro a tradição é dura o hábito é duro a roupa é dura o botão é duro a gola é dura a bata é dura a bota é dura o uniforme é duro a cor é dura a comida é dura o bolo é duro a bala é dura o logo é duro o opressor é duro o jogo é duro a regra é dura a linha é dura você não dura a rua não dura a casa não dura o armário não dura a grade não dura o mapa não dura a hora não dura a roupa não dura o botão não dura a gola não dura a cor não dura a comida não dura o bolo não dura a bala não dura o fogo não dura o amigo não dura o inimigo não dura o governante não dura o opressor não dura o jogo não dura a regra não dura A LINHA NÃO DURA.

NELSON LEIRNER (São Paulo, 1932 – Rio de Janeiro, 2020) foi artista plástico, pintor, projetista e professor. Participou do boicote à 10ª Bienal de São Paulo (1969) como forma de protesto à instauração do Ato Institucional n. 5. Em 1974, *A rebelião dos animais,* série de trabalhos que criticava a ditadura militar, recebeu o prêmio da Associação Paulista dos Críticos de Arte.

FONTE: *Não dura...uma linha não dura...uma linha.* Cartaz, 1978. Retirado de SCHWARCZ, Lilia Moritz; STARLING, Heloisa. *Brasil: uma biografia.* São Paulo: Companhia das Letras, 2015, p. 272.

4 DIAS 4 NOITES

ARTUR BARRIO
1978

..........................memória...............tempo.................fumaça................................olfato.....

..................................4-ABRIL................1970..BARRIO................

....10...........8-LI

.......................BERD...ADE...

....S-ETC..........................

....7-Idéias..elétricas

....8-SUORCHEIROSENSAÇÃO

....ROUPAPEL.............PELSÔEREPEL...............................

...................................ESFREGANDOROÇANDO...

..........PÊLOCOMPÊLO...

A preparação[1] das T.E. teve lugar na noite de 19 para 20 de abril de 1970 e considero esse trabalho um dos mais importantes até agora dos que foram feitos por mim.[2]

Trabalho processo 4 DIAS 4 NOITES..............maio de 1970.........................nesse mês fiz uma intervenção no Salão Nacional de Arte Moderna realizado no MAM[3] e minha atuação foi sobre o trabalho de Cláudio Paiva[4] continuando assim o processo que eu tinha iniciado há algum tempo (depois do manifesto contra os salões, categorias de arte, júris, crítica de arte etc. fevereiro de 1970), isso criou um rebuliço pois acharam que eu estava sacaneando o Cláudio Paiva mas não era nada disso. Esse trabalho processo começou a partir do Solar da Fossa onde eu morava, então saí a pé às cinco horas da manhã passando pela Ladeira dos Tabajaras, Copacabana, Leblon, Ipanema e o MAM, isso sobre todo um desgaste físico que me abriu uma percepção fantástica pois com todo esse caminhar a percepção se aguçou incrivelmente. O corpo aí já estava mais condicionado à mente, trabalhando mesmo, o corpo era quase uma máquina. Então, quando cheguei ao MAM com mil percepções associativas já que tudo tinha um significado já que não havia nada que estivesse fora desse tipo de linguagem. Assim, entrei no Salão Nacional e caminhei até onde encontrava-se o trabalho de Cláudio Paiva que era um trabalho forte, uma coisa armada no chão, uns embrulhos, montes de terra, umas divisões com fitas gomadas. Naquela época estava eu numa fase de interferência direta, ou seja de fazer um trabalho ou entrar num Salão sem ser obrigado (sem obrigar-me) a passar por um júri ou um regulamento que me condicionava. Portanto, achei que o trabalho de Paiva estava à altura do que pretendia realizar. Trabalhei com o material que o Paiva apresentou, participei da obra e posso dizer que recriei o trabalho, transformando-o. Em minha atuação entoei um canto acompanhado de uma gestuação condizente. Foi um ato de criação pura que pouco a pouco transformou-se numa dança em que eu e a obra nos misturamos. Quando abri um dos embrulhos, caíram sobre o piso do MAM três enormes latas de tinta, 5 kg. aproximadamente cada as quais ao tocarem o solo fizeram um barulhão BRRLUUUUUMMMMMM,,,,,,,,,,,, depois sobre um monte de terra fiz um outro tipo de dança mas desta vez mais contorcionada, portanto não houve o agredir isto é, vaziamente, pois tirei com minha atuação a obra do Cláudio Paiva da situação estática em que se encontrava. Então interferi, transformando, recriando... Isso tudo está ligado ao que vinha fazendo anteriormente. Depois disso saí do MAM e continuei caminhando, desenvolvendo meu Trabalho Processo 4 DIAS 4 NOITES. Passei por coisas marcantes, aliás estou preparando um livro só dedicado a esse trabalho processo que deverá conter 400 páginas mas sem qualquer registro fotográfico já que não houve. Na continuidade da trajetória iniciada no Solar da Fossa passei pela Praça Mauá e Rodoviária e depois voltei ao centro da cidade. Nesse processo não existia o sentido do vagar sem rumo mas ao mesmo tempo inexistia ou inexistiam objetivos pré-determinados, pois ao chegar a um local fazia uma associação direta com outro local e assim sucessivamente, isso no sentido

dos locais, não das pessoas. Nesse trabalho processo tive uma passagem pelo esgoto aonde teria morado, segundo as víperas línguas mas realmente o que aconteceu foi que minha passagem pelo esgoto foi rápida.............aliás, pela sua boca................ já que achei que não deveria me interromper diante de um obstáculo como o esgoto; uma das coisas que logo reparei pois já era dia foi que em torno do mesmo e no leito do próprio e erva crescia viçosa e verdejante, da morte surgia a vida no processo incrível das transformações orgânicas, assim saquei a morte no sentido da vida ou seja que as duas formavam um todo neste pequeno planeta dito azul........
......................portanto o esgoto estava lá e tendo consciência da estrutura por nós denominada de vida, atravessei-o e saí do outro lado. Agora, não reparei se estava fedendo ou não, eu estava pouco ligando, aliás desde o momento que os intestinos têm merda...............e continuei minha caminhada. Quando cheguei à Praça Mauá, de noite, reparei num canteiro de concreto, no interior do mesmo vi milhares de baratas que trepavam formando uma cruz. Era uma cruz quadrada, quatro ao mesmo tempo, uma procriação fantástica, terrível. Depois andei ali pelo Moinho Inglês, haviam uns trilhos e no meio dos mesmo ao longe, vi uma fogueira. Quando cheguei lá, baratas, mil baratas fazendo um som muito estranho como o de pena de pássaros arrastando pelo concreto e ao lado desse cenário uma colônia de mendigos, uns 50, parei e todos me olharam, ninguém me disse nada. Havia um velho que parecia o chefe e havia também uma mulher grávida muito linda, fiquei olhando para as pessoas, dirigi-lhes a palavra mas não consegui articular som algum pois tudo passava-se em meu cérebro, perguntaram-me se me sentia bem, fiz sinal que sim com a cabeça e continuei caminhando. Na altura do Flamengo entrei numa vila de pessoas humildes onde existia um chuveiro o qual abri e fiquei debaixo com roupa e tudo. Vários moradores me olharam atônitos, acho que não entenderam nada e aí uma mulher desligou o chuveiro retomei minha caminhada sendo que os moradores da vila deixaram-me passar sem nada dizerem.
.................4 DIAS 4 NOITES não foi um trabalho programado mas ligado ao acúmulo de percepções sendo o corpo e o cérebro o captador e motor dessas percepções e sensações..poderia muito mais dizer sobre outros trabalhos realizados posteriormente a maio de 1970 tais como:
3 MOVIMENTOS, SIT....................Cidade..........y campo...............A ORELHA
e o GOGÓ DEMONSTRADOS, LADO 1, LADO 2, LADO 3, TEORIA DO BANHEIRO, ESPERMÁTICA 1HAAAAAAAC, etc. e etc..
....

Para finalizar direi algo referente ao corpo no referente à realidade Latino-Americana e especificamente à Brasileira: o confronto do corpo, do fazer, é obviamente uma característica do terceiro mundo por justamente sermos economicamente subdesenvolvidos e justamente por isso mesmo o corpo está muito mais presente em qualquer tipo de ação do que em qualquer país superindustrializado conseqüentemente super organizado, senão vejamos: numa obra, ao mesmo tempo que são utilizados os últimos tipos de máquinas, coabita ao lado dessa perfeição tecnológica o trabalho braçal nos seus aspectos mais primários, é incrível que o estágio primário do trabalho ou seja carregar com as próprias mãos enormes calhaus (como na idade da pedra) coabita / e simultaneamente com as mais avançadas máquinas de nossa época. No plano artístico podemos ver que Flávio de Carvalho nos idos 1950 já tinha uma atitude no sentido do corpo, ou seja a consciência do corpo em ação nas ruase aí vemos que o processo brasileiro nada tem a ver com a Body Art (arte do corpo), principalmente por a mesma ser ligada aos países super industrializados estando portanto muito distante da nossa realidade cotidiana além do que vejo eu no estigma e atuação do body artista sua ligação direta com a cultura judaico-cristã no que ela tem de mais primário e negativo e conseqüentemente degradante ou seja a auto-flagelação. Na Idade Média os fanáticos se auto-flagelavam com pregos, chicotes, etc., hoje os artistas da body empregam giletes, armas de fogo, anzóis ou o que seja, portanto não vejo a body art como a celebração do corpo mas justamente a negação total do próprio, uma regressão.

.....a criança se autodilacera para que seus pais aflitos a confortem em seus braços...............UFFFFAAAAAAAAA..................................NO Brasil o corpo ainda sua.

ARTUR BARRIO (Porto, Portugal, 1945) é artista plástico e multimídia. Mudou-se para o Rio de Janeiro em 1955, onde frequentou a Escola Nacional de Belas Artes. Sua obra, iniciada no final da década de 1960, é baseada na conceitualidade e na performance, optando, muitas vezes, por instalações. Ela é marcada por experiências repressivas, como a ditadura militar brasileira (1964-1985).

FONTE: Texto relacionado ao trabalho *4 dias 4 noites* (1970). In: *CadernoLivro*, 1978. Esse texto, escrito em agosto de 1978, é apenas um fragmento do *CadernoLivro*, constituído por 800 folhas manuscritas no qual o artista continua trabalhando. Ortografia e pontuação mantidas a pedido do autor.

1 Sobre Artur Barrio, ver Claudia Calirman, *Arte brasileira na ditadura militar: Antonio Manuel, Artur Barrio, Cildo Meireles*. Rio de Janeiro: Réptil, 2012; e Artur Freitas, *Arte de guerrilha: vanguarda e conceitualismo no Brasil*. São Paulo: Edusp, 2013. [N. E.]

2 A referência à preparação das T.E., que teve lugar na noite de 19 para 20 de abril de 1970, em Belo Horizonte, compreende-se devido a que o limite criado por esse Trabalho/Situação T/T,1 evidenciou-se como um terminus. Criei e materializei *4 dias 4 noites* com o intuito de abrir portas e anular fronteiras para além da Situação T/T,1 (1970).

3 19º Salão Nacional de Arte Moderna, realizado no Museu de Arte Moderna do Rio de Janeiro em 15.5-14.6.1970. [N. E.]

4 Claudio Paiva (1946-2011), artista da mesma geração do autor que trabalhou com uma série de procedimentos dentro das artes visuais. [N. E.]

Público idiota

VIAJOU SEM PASSAPORTE
1978

Quando estúpidos entrevistadores perguntam ao artista qual a "mensagem" de sua "obra", a armadilha está montada.[1] Variando da mensagem de amor à mensagem política — inclusive opondo cegamente categorias — a armadilha abocanha a todos, entrevistadores, leitores e artistas, quando estes caem no jogo ginasiano e moralizante da "mensagem da obra de arte".

Munido de uma "mensagem", este ser superior — o artista — não apenas domina técnicas emprestadas aos deuses, mas detém arrogantemente a pretensão de compreender o mundo.

Não conseguiremos jamais levar a sério esta curiosa manifestação da natureza humana a que chamam "arte", ou seja, acreditar que a coisa artística é a própria realidade, como se não houvesse artista e meios, com técnicas e intenções.

Raramente se enfrenta a dura realidade de que, na realidade, a arte nada tem de "realidade": é quase sempre uma grossa mentira, quando muito um inocente equívoco e nunca mais que uma *articulação*, consciente ou não, da realidade exterior a ela.

Pois bem,

não sabemos recitar, representar, cantar, desenhar, escrever, dançar

não sabemos ensinar lições angustiantes ou reconfortantes

nada faremos por ou para vocês: desistam

como não somos nada, jamais seremos o gordo passageiro que atrasa, com suas pesadas "mensagens políticas", o carro da revolução e a revolução não partirá do teatro municipal, assim como a grande greve de junho/julho passou a quilômetros de distância dos teatrinhos de periferia

junto com a "mensagem" e a impressão de realidade", jogamos no lixo a categoria "obra de arte", já que ela tenta diferenciar seu objeto de um dentifrício, quando não passa de um dentifrício sofisticado

colocamos no lugar a denominação "trabalho-de-arte", pois não criamos produtos para serem utilizados, obras: apenas trabalhamos e o trabalhar é nosso produto

não construiremos coisas, empacotadas para viagem

não organizaremos o caos

nada esconderemos

não vamos enganá-los, agredi-los, resolver seus problemas, retratá-los, nos matar: nada faremos por ou para vocês

as dicotomias entre o racional e emocional, forma e conteúdo, nacional e importado, feio e belo, real e irreal — leve-as de volta para sua casa, seu trabalho, seu cotidiano; nada temos a ver com o paralisar-se perante elas, muito menos com optar por uma ou outra face de moedas indivisíveis

e quanto à discussão sobre o predomínio da forma ou do conteúdo, que excita desde velhas múmias acadêmicas até jovens toupeiras ao sol, temos firme posição: jogamos fora esta separação mecânica, este quase maniqueísmo

aqueles que procurarem desvendar nosso "conteúdo", nossa mensagem para o mundo, que se virem (de costas): nos taxarão de loucos irrecuperáveis; e aqueles que procurarem aplicar emboloradas leis estéticas ao nosso trabalho se sentirão ridículos (que inventem outras)...

estaremos (e isto é um convite) constantemente sobre limite elétrico entre a liberdade e a restrição: a tradução do nosso trabalhar do limite elétrico entre a revolução e a barbárie, até que não haja mais barbárie, só a vida e o viver

Apêndice (ou apendicite?)

Não existe processo cultural brasileiro: existiram pontos, isolados e higienicamente separados por longos hiatos e montanhas colossais de lixo cultural.

Os chamados artistas, os chamados intelectuais, a chamada crítica e o chamado público estão imersos na mais completa confusão, quando não na simples idiotia catatônica.

Não há correntes de opinião!

Não há propostas globalizantes!

Não há debate, polarização!

Há sim uma variedade infinita de manifestações de ganância financeira travestidas de "saídas" para o "cinema brasileiro", a "música brasileira", o "teatro brasileiro", cuja profundidade dura o tempo exato da temporada do filme, show, ou peça em questão. Auferida a bilheteria, enterra-se o debate...

Os artistas são tintureiros: fazem um velho par de calças parecer novo até que se observe com atenção — nos dizia Picabia no começo do século.

É preciso separar, criar uma fronteira nítida entre os trabalhadores-de-arte e os enlatadores de lixo (atenção: nacionais ou importados); entre o trabalho-de-arte e o exercício de oportunismo financeiro (atenção: nacional ou importado): entre a transformação e a mumificação reacionária (atenção: nacional ou importada).

Chega de mentira e oportunismo!
queremos apenas quebrar as paredes que envolvem janelas!

Viajou Sem Passaporte
Outubro de 78
S. Paulo

VIAJOU SEM PASSAPORTE (São Paulo, 1978-1982) foi um grupo de pesquisa em criatividade fundado por oito estudantes da Escola de Comunicações e Artes da Universidade de São Paulo. Foi influenciado pelas vanguardas históricas, especialmente o surrealismo, e seus integrantes fizeram parte de organizações trotskistas ativas no meio universitário, como a Liberdade e Luta. Foram um dos primeiros grupos a realizar intervenções urbanas (ou "intervenções criativas") na cidade de São Paulo, além da produção de jogos criativos com a participação do público e experiências de intervenção em peças de teatro.

FONTE: *Público idiota*, 1978. Versão revisada. O texto foi distribuído como encarte da revista independente *U.S.B.A.E.A.E.* São Paulo: publicação independente editada pelo Viajou Sem Passaporte em novembro de 1979, e publicado também na revista *Cine Olho* n. 5-6, jun.-ago. 1979.

1 Sobre o Viajou Sem Passaporte, ver Viajou Sem Passaporte, *U.S.B.A.E.A.E.* São Paulo: publicação independente, nov. 1979; Viajou Sem Passaporte, *WYK*. São Paulo: publicação independente, nov. 1980; 3NÓS3, D'Magrela, Viajou Sem Passaporte, Gextu. *Top Secret: Evento Fim de Década — set. a dez. de 1979*. São Paulo: publicação independente, 1979; Otília Arantes, Celso Favaretto, Iná Costa e Walter Addeo (orgs.), *Arte em Revista*, "Independentes", ano 6, n. 8, out. 1984; André Mesquita, *Insurgências poéticas: arte ativista e ação coletiva*. São Paulo: Annablume/Fapesp, 2011; Red Conceptualismos del Sur, *Perder la forma humana: una imagen sísmica de los años ochenta en América Latina*, Madri: Museo Nacional Centro de Arte Reina Sofía, 2012; Erin Denise Aldana, *Interventions into Urban and Art Historical Spaces: The Work of the Artist Group 3Nós3 in Context, 1979-1982*. Tese de PhD. University of Texas at Austin, 2008. [N. E.]

"Se você tem uma pitangueira em casa, cuide das pitangas... Pode ser que um dia você se exile também"

IONE CIRILO/*FOLHA DE S.PAULO*
ENTREVISTA PAULO FREIRE
1979

IC **[Ione Cirilo]:** Paulo, amigo velho, a gente não pôde se abraçar na tua saída. Mas eu não podia deixar de te abraçar nessa volta. E venho pra retomar o papo que ficou parado em Recife há tantos anos. Me conte: chegando ao Brasil, quando desceu do avião, como é que foi? Ou até quando sobrevoava e começou a ver a terrinha lá de cima?

PF **[Paulo Freire]:** A emoção começou muito antes. Começou, por exemplo, quando numa certa tarde de setembro de 1964 eu ouvi o comandante de uma companhia boliviana de aviação, que fazia o percurso São Paulo-La Paz, advertir os passageiros que estávamos saindo do Brasil. E eu, um pouco timidamente, um pouco assustadamente, um pouco não sei quê, olhei de cima e vi um verdume enorme. E disse a mim mesmo: "Está se acabando, pelo menos agora, durante muito tempo, a minha visão física do Brasil". Por isso digo que talvez a emoção tenha começado ali, no momento da saída. A saída cutucava a volta! Nem sei se esse verbo ainda existe por aqui.

IC Claro que existe. Alguns verbos não foram exilados não.

PF Pois bem, a saída sugeria a volta, o retorno.

IC E você nem podia pegar naquele verdume, guardar um bocadinho.

PF Não, não! Era um verde longe... Evidentemente que nesses 15 anos as palavras desse comandante de vez em quando voltavam a mim. Mas tive que vivê-los tentando, com Elza [Freire (1916-1986), esposa de Paulo Freire], não permitir que a saudade do Brasil me paralisasse. A saudade que eu tinha era uma saudade mansa, bem comportada, direita, que me empurrava para o futuro, não me amarrava ao passado. Em alguns dos meus encontros com vários amigos no exílio, muitos dos quais sofriam profundamente a falta do Brasil — não digo que sofriam mais do que eu; sofriam de forma diferente —, vi que eles eram sofridos por essa falta. E por causa disso idealizavam. Viam aberturas quando não havia nenhum sintoma disso. E, às vezes, eu sentia pena porque tinha de funcionar como uma espécie de desmancha-prazeres, chamando-os para o realismo.

Mesmo assim, sem querer criar na minha cabeça uma realidade que satisfizesse o meu sonho, eu estava como que à espera da emoção da volta. Só que guardava isso com muito cuidado, até com carinho, e talvez até egoisticamente eu não mostrava. E isso funcionava como uma defesa do sofrimento. Em certo sentido havia uma espécie de preparação da volta. De modo que, quando nessa nossa re-conversa você perguntou da emoção ao descer, e até antes, ao sobrevoar o Brasil, num certo sentido estava sendo preparada essa emoção. E era até necessário que estivesse.

IC Senão teu coração explodia?

PF Ah, explodia. E veja: por falta de teto no Rio viemos direto para São Paulo. Chegamos uma hora e meia antes da hora marcada. Quando sobrevoávamos Campinas, eu me preocupei em observar os meus filhos que olhavam misteriosamente aquele mundo lá embaixo.

IC Mundo um tanto desconhecido pra eles que saíram daquilo com 5 e 8 anos, não?

PF Exato, exato. Tu te lembras deles pequeninhos, não? Aí descemos em Viracopos. Sentimos o cheiro do chão, que é uma das coisas mais formidáveis.

IC Cheiro bom da terra da gente. Cheiro de pele de gente da gente.

PF É, isso é uma maravilha! Quando saímos da faixa interna do aeroporto então, as emoções se multiplicaram, porque aí eu via caras. Revia caras cuja impressão eu tinha deixado aqui 15 anos atrás. Eram emoções distintas encontrar diferentes gerações no aeroporto. A minha geração, a de Fernando Henrique [Cardoso]. A de Francisco Weffort (1937-2021) [cientista político da Universidade de

São Paulo], Almino Afonso. Encontrei gente jovem que trabalhou comigo em São Paulo e até que trabalhou também no nordeste. E encontrei também o que costumo chamar de a "geração dos sobrinhos brasileiros", jovens hoje que tinham 5, 6 anos quando eu saí do Brasil. E que me abraçavam dizendo: "Viva! Paulo, chegaste". Daí pra cá não parou mais, as emoções se multiplicam. É o telefone que toca (o telefone não parou mais de tocar todo o tempo) e que me chama de diferentes pedaços do Brasil me trazendo uma voz de conforto, e também com muito otimismo, para dar um pulinho em Porto Alegre, em Salvador, em Brasília. E seria para mim uma alegria enorme rever essas cidades. Mas não dá nessa primeira visita, que é curta, um mês somente. E a nossa geografia sentimental do país inteiro.

IC E os teus filhos, vendo esse entrar e sair de gente, identificando você com esse alvoroço brasileiro, esse querer saber tudo. Como é?

PF Bom, como é que os meninos reagem, né? (Os "meninos" têm 20 e 23 anos). Ainda ontem o mais moço me dizia: "Realmente, o Brasil tem o que ver comigo e eu tenho o que ver com o Brasil". Não sei se essas expressões ainda se dizem.

IC Claro! Tá tudo aí, todo mundo usa.

PF Ontem à noite, por exemplo, um dos momentos dessa alegria foi ver e ouvir a [Maria] Bethânia. Na sua parte escrita eu quero até agradecer, porque, quando ela soube que estávamos no teatro, mandou que a gente entrasse para falar com ela, menina!

IC Isso não é uma coisa muito brasileira?

PF Muito, muito. Isso é o Brasil. Não sou crítico de coisa nenhuma, sou é brasileiro, e acho extraordinário ver como a Bethânia propõe ao público um poema ao lado de uma música que necessariamente não foi ela quem fez. Também no jeito do seu corpo, como algo a ser lido por nós, e não apenas ouvido, e com uma graça, um respeito por si própria! Achei fantástica essa unidade e essa expressividade comunicante da Bethânia. Foi uma noite de imensa emoção. E eu tinha visto Bethânia uma vez só, na TV alemã.

IC Virgem Maria!

PF Virgem Maria mesmo. Eu tinha ido dar um seminário na universidade alemã e estava comendo uma feijoada em casa de um professor que tinha morado no Brasil.

IC Feijoada alemã com gosto de quê?

PF De feijoada mesmo, pode acreditar. Perfeita! E por coincidência estavam mostrando uma parte de um show da Bethânia. Ontem eu a vi!

IC De pertinho, até podendo tocar nela?

PF De pertinho, e até a abracei e agradeci. Fiquei triste porque pedi um autógrafo na capa de um disco dela que eu havia comprado, mas a danada da minha caneta suíça falhou.

IC Até caneta suíça falha!

PF A capa do disco é muito lisa também. E quando saí, chovia demais. A chuva caiu em cima do que ela conseguiu escrever e borrou tudo. Borrou a comunicação de Bethânia. Isso fez parte do meu reencontro com o Brasil. Não vou esquecer nunca. Porque, veja: tu, que começaste a conversar comigo antes de 1964, e com quem agora reato a conversa que parou... É como se eu tivesse te dito: "Olha, Ione, espera aí um momentinho que eu já chego". Custou, mas cheguei. Tu, que me conheces de muito tempo, tu sabes que, sobretudo, eu sou um cara que vive, que existe. Essa é a minha pretensão: amar a existência.

IC O gosto pela vida que não há nada, tempo ou ninguém que tire, é o mesmo?

PF O gosto pela vida... que não há nada, nada, que tire. Isso mesmo. A vida é uma pedrinha no chão. A vida é uma noite de lua, que a gente não tem na Europa. Existe, mas a gente não vê.

IC Gozado. Fisicamente, Paulo Freire mudou um bocado. Mas não te vejo com pressa, afobado, angustiado ou tímido, apesar destes 15 anos e do porquê deles. Não há em você nenhum sintoma de exilado. Está até mais calmo e sereno do que antes. Não se queixou ou lamentou. Que é que é isso?

PF É verdade... Bem, evidentemente que a minha imaginação sempre passeou pelas bandas de cá. A minha e a de Elza. Às vezes eu tento sondar a memória dos filhos, que saíram pequenos. Quase nada acontece. Vamos ver aqui, agora. Imagine que um deles recorda o domingo em que eu ia com eles numa ponte grande, no centro do Recife [ponte Duarte Coelho]. Ele diz: "Eu olhava assim, lá embaixo", e você dizia "meu filho, como é o nome deste rio?". Aí ele mesmo parou, pensou, pensou e lembrou: "Capibaribe!".

Eles me pediram que, ao voltar agora ao Recife, gostariam de sair comigo sozinhos. E só vou ter oito dias lá. Mas vou fazer tudo isso. Sair de manhã, ver o quintal da casa onde eu nasci, tomar caldo de cana no mesmo lugar onde eu tomava com eles. Nunca esquecemos disso.

Minha amiga, passamos 15 anos exilados, mas comendo comida brasileira. Elza, que gosta de cozinhar — é uma artista! —, nos primeiros dias quando chegávamos a um lugar, ela fazia uma pesquisa em torno do que existia para que tivéssemos algo parecido conosco. Nos Estados Unidos comíamos carne de charque, feijão preto, batata doce, cozido, macaxeira. Lá tem o que a gente quiser. Em Toronto, no Canadá, a mesma coisa. Em Genebra tem menos, mas encontramos o mínimo fundamental. Na África, nem se fala. Mantivemos este tempo todo uma relação muito íntima com a nossa cultura. E gosto de comida é cultural, sem ofender o gosto dos outros, mas satisfazendo o nosso.

IC Não teve nadinha nesses anos que você não encontrou por lá?

PF Pitangada! Estou ansioso por uma. Já recebi muitos telefones dos amigos do Recife me prometendo. Vou ter várias pitangadas! Eu escrevia falando nisso, acreditas? Lembro de uma carta para um amigo do Recife em que eu dizia: "Se você um dia sair de casa de tarde, no tempo do verão, céu azul, ventinho ensinado varrendo a rua da Aurora... se você sair pra passear numa tarde como essa, fixe o momento em que dobra a esquina. E fixe o momento de uma surpresa que tenha ao dobrar a esquina. Nunca mais esqueça. Trate com cuidado esse momento, porque pode ser que um dia você se exile também. Se você, numa manhã de sol, vai numa praia como Rio Doce, Tambaú, na Paraíba, queime direitinho o seu corpo. Molhe o seu corpo nas águas mornas do Atlântico e guarde a saúde dessa quentura. Se você tem uma pitangueira em casa, cuide das pitangas. Se você tem uma goiabeira...". A carta era toda assim, de chamamento à atenção para as coisas que deviam ser bem cuidadas.

IC E às vezes passa-se tão distraído, tão desatento por elas, porque estão sempre tão à mão!

PF Tão à mão... que nem se sabe o valor que isso terá depois! Aparentemente, esses momentos eram de nostalgia, mas eram saudade doce e amiga.

IC Impressionante esse teu jeito de manter as coisas perto. Em nenhum momento você me perguntou "e o fulano? E a ponte da Imperatriz, não desabou na última enchente lá no Recife? Ainda tem goiaba nesta época?". Parece que nada se desprendeu de você.

PF Nadinha. Você observou muito bem. Essas coisas, que eu vivi com tal intensidade... Nada alvoroçado, profundamente, carinhosamente... que eu as assumi e fui assumido por elas. Daí a paz com que eu desci do avião. Te confesso que eu me perguntava: "Paulo, o que há contigo? Por que tanta paz?". Era a paz de quem voltava em paz. Eu nunca dei as costas ao meu país, mas também nunca me senti torturado por estar longe dele. Me senti capaz de integrar-me com outras culturas.

IC Não foi também por causa do tipo de trabalho, dos contatos humanos, que você se manteve em paz, mesmo longe?

PF Claro. Eu fui exilado confrontando certos riscos, mas de uma forma conscientemente crítica. E o que é importante: tendo sempre o Brasil como uma preocupação. Além disso, havia o apoio crítico-afetivo de Elza, de uma importância extraordinária na minha vida íntima, inteira. Mas sobretudo nestes 15 anos.

IC A grande companheira! Sempre prestando atenção nela e em você.

PF Sempre. Tomava conta da nossa saudade, de dar certas cordas à saudade.

IC Sem esticar demais.

PF Perfeito. Eu não quero dizer que fui um exilado perfeito. Isto não existe. Mas ninguém faz o que fiz sozinho. Foi tudo um conjunto, com as pessoas de fora e de dentro de casa. Com todas as dificuldades que uma situação de exílio pode propor, se não tivéssemos o cuidado de cuidar da estrutura da casa, do lar, da relação com os filhos, talvez hoje a minha volta fosse um tanto arrebentada. Temos as marcas dos 15 anos. Elza mais gorda, mas muito mais moça do que eu. Eu com pouco cabelo, e branco, o que me leva na Europa a usar chapéu para defender a careca... A barba que vem ficando rapidamente branca, e que comecei a usar há dez anos nos Estados Unidos para me defender do frio de Cambridge, que é terrível... Mas, voltamos inteiros.

IC Já te contaram que a volta de você não tem causado nenhum tumulto? Que não existe especulação ou enquadramento para o que vocês vão fazer, onde e como fazer?

PF Olha, há uma coisa que eu quero sublinhar. É a maneira como a imprensa, desde que cheguei, até em entrevistas por telefone, tem se comportado comigo de forma muito madura, profissional, compreensiva, respeitosa. Isso não significa que todos os jornalistas com quem conversei concordem comigo. O que saliento é a seriedade com que me tratam, recebem, veiculam. Isso me agrada muito.

IC Como você avalia esse comportamento?

PF Eu não avaliaria em função de mim mesmo. Esse comportamento deve ser geral. Deve ser um momento de desenvolvimento dos que fazem a imprensa em função do momento histórico brasileiro. Há uma espécie de camaradagem, sabe? Não digo que vá ser eterno. Mas foi uma forma de demonstração de carinho que nos deixa muito contentes.

IC Acho que deve ter algo muito claro quando a imprensa vem conversar com você. Pelo que me consta, as perguntas são muito diretas, não há nenhum jogo duplo pra te pegar. Pelo que li, ninguém te perguntou, por exemplo, em qual Partido Trabalhista Brasileiro você poderia se alinhar, ou se mais importante é a frente de oposição do Movimento Democrático Brasileiro. Por quê?

PF Engraçado. Todos eles perceberam que não precisam preocupar-se porque falo franco e aberto. Teve dias que fui entrevistado das 10h da manhã às 7h da noite. E aqui o clima, o tempo todo, foi de cordial e franca abertura, de amizade, nenhuma cobrança. Acho fantástica essa compreensão.

IC Sei que você não é chegado a melancolia. E acredito que na Europa você integrou novos amigos, novas emoções, e que devem ser muitas. Laços bons que empurram para frente. E me pergunto, te perguntando: se eu tivesse passado tanto tempo fora, voltando ao Brasil e indo por último ao Recife... o coração ia balançar demais. Aí fico vendo aquela casa do Jardim Triunfo (onde você morava), principalmente à noite, depois do jantar, você sentado na cabeceira, Elza ao seu lado esquerdo, os meninos pequenos, e nós, gente mais jovem, num clima tão bom de igualdade, de solidariedade, conversando com Paulo...

PF Tempo bom e rico.

IC E íamos conversar e trabalhar sobre uma pesquisa importante chamada "Universo vocabular".[1]

PF Exato, exato!

IC Paulo, eu queria tanto que você contasse alguma coisa daquelas noites do Jardim Triunfo quando descobrimos a importância da palavra "tijolo".

PF Sim, eu tenho uma notícia pra te dar. Aquelas conversas que nós tínhamos se deram no mesmo momento em que eu me estendi com a Universidade do Recife até o Rio Grande do Norte para a célebre experiência de Angicos [cidade do Rio Grande do Norte onde se deu a experiência piloto de alfabetização pelo método Paulo Freire, dentro das 72 horas estimadas]. Mas ontem — tu não imaginas a emoção! — eu recebi um telefonema de Natal de um dos jovens que foram educadores em Angicos. E ele me disse que está cheio de documentos, de investigações posteriores provando que não houve regressão.

IC Maravilha! Provando então que o método naquela época já estava certo e o que foi aprendido está lá, intacto?

PF Intacto. Inteirinho! E progrediu, avançou. E me disse que ele está pensando em publicar um trabalho com testemunho de uma experiência, sem nenhuma pretensão de estar fazendo nada extraordinário, mas de um momento da educação popular no Brasil.

IC Mas é um testemunho extraordinário que não se pode perder.

PF Pois é. E que tem um sentido do próprio tempo. Mas, não era possível parar nos meus últimos anos de exílio. Então, eu tive outras tantas Iones para conversar, outros tantos Marcos, Carlos, Pedros e Antônios. Às vezes falando outras línguas, nesta minha peregrinação, nesta minha andarilhagem. No terceiro capítulo da *Pedagogia do oprimido* eu relato como o método avança além do tema gerador.[2] Isso vem se desenvolvendo muito em outras investigações fora da América Latina.

IC Me conte desses avanços. Porque para mim ainda está muito gravado na aplicação do método de alfabetização o momento em que mostrávamos, através de desenhos, que o homem ao transformar a natureza — construindo a casa, o poço, os tijolos — faz cultura. A relação ser humano-mundo, né? E eu lembro das nossas caras de espanto quando ouvíamos o ainda analfabeto dizer: "Quer dizer que quando eu faço tijolo, eu faço cultura?" ["Tijolo" foi o tema gerador do método de alfabetização no nordeste.] Então descobriram que, apesar de toda a crueza social em que viviam, não eram "coisas", sombras que sobreviviam como podiam. Faziam parte da sociedade de todos os homens. Lembras?

PF Esta experiência se repetiu, eu a vivi lá fora, exatamente. Há uma afirmação que eu lembro bem, entre milhares, de um velho camponês chileno. Numa noite, a uns 60 quilômetros de Santiago, eu assistia a um debate. Lá eu não fazia o debate, meu "castanhês" não me permitia, isso era feito por um nacional. Num certo momento, exatamente na discussão do problema da cultura, da relação ser humano-mundo, de repente o camponês olha assim com energia, mas sobretudo com paz, e diz: "Agora eu sei que sou um homem com cultura". E eu perguntei: "Por quê?". Ele me olhou e disse: "Ora!" (como quem dissesse: isso é pergunta que se faça?). "Porque trabalho e, trabalhando, transformo o mundo." Eu fiquei tão comovido como estou te vendo agora. Outro camponês, discutindo esse mesmo problema, disse: "Agora eu descubro que não há mundo sem o homem. E não há o homem sem o mundo". E o educador disse: "Muito bem. Agora vamos admitir que, no momento atual, morressem todos os homens e todas as mulheres, mas ficasse a cordilheira dos Andes, todos os animais, as árvores. Seria mundo isso?". E o velho camponês, possivelmente numa posição que chamaríamos agora, academicamente, de subtjetivista/objetivista, respondeu: "Não". E o educador: "Por quê?". E ele: "Porque não haveria quem dissesse: isto é o mundo".

Coisas maravilhosas! Agora, Ione, eu tenho uma observação para te fazer e não sei se tu concordas. Retomando as nossas conversas do Jardim Triunfo, a minha observação é a seguinte: quando nós, você bem menina, eu moço mas já homem feito (comecei as minhas pesquisas lá pelos 20 anos), quando costumávamos conversar, trabalhar, fazer perguntas uns aos outros... Eu hoje estou convencido, Ione, de que naqueles momentos em que a gente se espantava em Recife, Angicos, São Paulo, onde quer que estivéssemos, não importa, mas quando a gente se espantava a ouvir informações como a de uma mulher, em Recife, ao dizer: "Eu quero aprender a ler e escrever para deixar de ser sombra dos outros", tu te lembras?

IC Lembro muito bem.

PF Estou convencido de que o nosso espanto diante disso tinha uma origem de classe. No fundo, era um espanto de elitistas que não queriam ser — e inclusive proclamavam que não eram —, mas nosso espanto revelava que ainda éramos elitistas.

IC Isso é absolutamente verdadeiro. O espanto era o desconhecimento completo do nosso povo. Não sabíamos quanta sabedoria havia nele.

PF Exato.

IC O que faltava era uma chance, um instrumento que organizasse, sistematizasse o conhecimento.

PF Claro! E era como se disséssemos: "Quem pode expressar uma compreensão dessas?". Só esperávamos isso de nós mesmos. É a ideologia do conhecimento verbalista que temos. Ai daqueles, entre nós, que não foram capazes de superar esse espanto! Porque só os que superaram isso na prática, pensando a sua prática, e que foram vivendo a conversão ao povão, descobrindo, então que é o fato do trabalho dele mesmo, é a dureza da sua experiência que o faz saber isso tudo. E não é privilégio nosso.

O que temos que fazer é apenas, em colaboração com o povo, sistematizar, ou proporcionar meios de sistematizar, um conhecimento que sempre esteve lá. Foi preciso viver isso tudo pra perceber essas coisas. Afinal de contas nossa formação era esta.

IC Certo. E mais: essa coisa do espanto era natural, então, e até necessária, pois sem ela continuaríamos universitários, apenas. Na verdade, transmitimos tanto, mas aprendemos muito mais.

PF Nos seminários de formação de educadores, eu chamava muito a atenção para essa convivência com o povo, lembras? Para essa compreensão da realidade. E havia também uma coisa boa que era nos sentirmos muito bem, felizes. Para mim era como se estivessem comprovando uma coisa, que era o método, da qual eu ainda não estava muito convencido. Hoje eu te confesso: não me espanto mais. Me espanto quando se dá o contrário. É quando em Círculos de Cultura [trabalho conjunto da alfabetização], na África, por exemplo, eu não ouço frases como as que comentamos. A análise crítica, por parte do povo, não me espanta, de jeito nenhum.

IC Paulo, sei que o método avançou, adaptou-se a cada realidade cultural onde foi aplicado. Na aplicação há alguma semelhança com a experiência brasileira?

PF Mudou muito. Quando discuto o nosso comportamento na Guiné, eu digo que as experiências não se transplantam, elas se recriam, reinventam-se. O que tenho tentado fazer no mundo — enquanto um andarilho da obviedade, que é isso que eu sou — é demonstrar que nós temos que recriar. O caso do Chile, por exemplo, te respondendo diretamente, foi muito interessante. Os chilenos se recusavam a apresentar as fichas do mundo da cultura antes da alfabetização. Claro que essas fichas tinham codificações chilenas, feitas por um extraordinário pintor jovem. Se ele ia fazer codificações para uma zona rural, ele passava oito dias antes pela zona com um pincel e um cavalete, pintando, fixando a região e os traços fisionômicos do povo, fazendo pesquisas.

IC Algo muito mais rico e real do que as nossas fichas, que eram simplesmente desenhadas, hein?

PF Muito mais, muito. O trabalho dele era uma coisa tão perfeita que no meio do debate o camponês olhando a ficha dizia: "Esse cara aí é a cara do compadre João". Porque o tal rapaz pintava os traços característicos daquela região. Pois bem, os chilenos se recusavam a discutir a questão da cultura em si, como uma introdução à alfabetização. Exigiam entrar imediatamente na alfabetização. Os educadores chilenos tiveram que dar um salto, me reinventaram. Enquanto aqui nós levávamos de três a quatro dias na discussão do conceito de cultura, ou das relações entre seres humanos-mundo, da prática transformadora do mundo pelo trabalho humano (que era a introdução ao método de alfabetização), no Chile tudo isso era discutido na própria decodificação da palavra geradora, entendes? Pois é o que é mais correto. Por isso mesmo, nas experiências africanas nós já sugerimos entrar direto na palavra geradora. Nós estamos voltando também de uma viagem aos Estados Unidos. Passamos um mês na Universidade de Michigan, onde tive seminário de verão. No último dia do seminário um jovem me perguntou: "Se estou interessado em repetir aqui no meu país, na minha cidade, algo do que tu fizeste, o que devo fazer?". E imediatamente respondi: "Reinventar-me". Fora disso não dá. Em fevereiro estive em Nova Deli, na Índia, durante dez dias. Num primeiro seminário eu trabalhei com gente que [não só] tinha lido tudo que escrevi (lá meus livros e trabalhos estão publicados em inglês e em hindi, a língua nacional) como aplicado tudo na prática, no trabalho rural.

IC O seminário, então, era para discutir contigo o resultado da prática?

PF Exatamente. Mas não ao nível da alfabetização, aí é que está! Mas o que chamaríamos aqui de pós-alfabetização: ao nível de uma formação geral, de educação política, por exemplo. Foi fantástico!

IC Imagino você vendo um Paulo Freire indiano.

PF Paulo Freire indiano! Se o Paulo Freire brasileiro tem algo de corretor, ao lado de erros e deficiências, o indiano também estava correto — só que indiano. Era dialogar comigo mesmo numa outra perspectiva. Então, esse seminário não foi nada livresco, não foi uma discussão conceitual dentro dos livros. Esta experiência eu também tive na Europa. Recentemente, publicou-se na Alemanha um livro grandão: *Aprendendo com Paulo Freire*.[3] Conversei quatro horas com os autores. É um relatório bem alemão, com uma profundidade teórica imensa, em que esses autores me reinventaram, recriaram. O que não dá certo é fazer transplante puro. Não se pode fazer isso nem aqui, no mesmo país, nem no mesmo estado. Em Pernambuco, por exemplo, há diferenças entre a zona do agreste, o centro urbano, a zona da mata.

IC Bom, recriado e recriando, você trabalhou o tempo todo só com educação?

PF Ah, isso é uma característica minha e do meu exílio até hoje, e que me confere um certo ar de privilégio. Enquanto muitos exilados que conheci e de quem me fiz amigo tiveram que reciclar-se, buscar uma nova profissão, refazer-se do ponto de vista profissional, eu cheguei num dia, e no outro comecei a trabalhar no mesmo lugar. Contando os dez dias que passei muito mal, em La Paz, por causa da altitude, e depois, mais ou menos um mês, à espera de um documento boliviano para sair do país e entrar no Chile, eu trabalhei todo o tempo desses 15 anos. Foi bom porque eu saía de uma prisão no Recife. E por mais que não estivesse fazendo coisa nenhuma na prisão, uma prisão não é lugar para se repousar. Por isso, não tenho nem do que reclamar. Trabalhei sempre como educador, no concreto. Foram 15 anos de reflexão, estudo, de crítica, de curiosidade, que jamais desapareceram, jamais. É preciso que eu esteja muito cansado, exausto, para não estar esperto para algo. Isso tornou-se em mim a prática de pensar a prática. Estes anos me ensinaram uma enormidade.

IC Você não tem secura de, voltando pro Brasil, reinvestir aqui toda essa experiência?

PF Ah, sim. Por outro lado, eu vou levar um tempo porque sei que estou num contexto brasileiro — que é meu e para o qual volto felicíssimo — buscando ver onde, neste contexto, eu posso ser útil. Na atividade docente, investigadora, que é o que estou discutindo nesta passagem.

1 No método Paulo Freire, o levantamento do universo vocabular busca descobrir os vocábulos utilizados pelos alunos, utilizando-os como base para o desenvolvimento do ensino. [N. E.]

2 Paulo Freire, *Pedagogia do oprimido*. São Paulo: Paz e Terra, 1974. [N. E.]

3 Refere-se ao livro de Achim Heimbucher e Rene Bendit, *Von Paulo Freire lernen*. Munique: Juventa Verlag, 1977. [N. E.]

IONE CIRILO é jornalista, nutricionista e escritora.

PAULO FREIRE (Recife, 1921 – São Paulo, 1997) foi educador e filósofo. O método de alfabetização Paulo Freire tornou-o reconhecido mundialmente, principalmente em países da América Latina e da África. Foi preso depois do golpe de 1964 e mais tarde exilou-se no Chile, onde escreveu *Pedagogia do oprimido* (1968), publicado no Brasil somente em 1974. É autor dos livros *Pedagogia da esperança* (1992) e *À sombra desta mangueira* (1995).

FONTE: Versão revisada da entrevista originalmente publicada no jornal *Folha de S.Paulo* "Folhetim", ano 58, n. 18.407, 26.8.1979, pp. 8-9. Disponível em: https://www1.folha.uol.com.br/folha-100-anos/2020/10/apos-15-anos-no-exilio-paulo-freire-concedeu-a-folha-sua-primeira-entrevista.shtml. Acesso em 18.3.2022.

Nego Dito

ITAMAR ASSUMPÇÃO
1979

E o meu nome é Benedito João dos
    Santos Silva Beleléu,[1]
vulgo Nego Dito, Nego Dito Cascavé.
Benedito João dos Santos Silva Beleléu,
vulgo Nego Dito, Nego Dito.

Eu me invoco, eu brigo,
eu faço e aconteço, eu boto pra correr.
Eu mato a cobra e mostro o pau
pra provar pra quem quiser ver
    e comprovar.

Me chamo Benedito João dos Santos
    Silva Beleléu,
vulgo Nego Dito, Nego Dito Cascavé.
Me chamo Benedito João dos Santos
    Silva Beleléu,
vulgo Nego Dito, Nego Dito.

Tenho o sangue quente,
não uso pente, meu cabelo é ruim.
Fui nascido em Tietê
pra provar pra quem quiser ver
    e comprovar.

Me chamo Benedito João dos Santos
    Silva Beleléu,
vulgo Nego Dito, Nego Dito Cascavé.
Me chamo Benedito João dos Santos
    Silva Beleléu,
vulgo Nego Dito, Nego Dito Cascavé.

Não gosto de gente
nem transo parente,
eu fui parido assim.
Apaguei um no Paraná (pá, pá, pá, pá).

Meu nome é Benedito João dos Santos
Silva Beleléu,
vulgo Nego Dito, Nego Dito Cascavé.
Me chamo Benedito João dos Santos
Silva Beleléu,
vulgo Nego Dito, Nego Dito.

Quando tô de lua
me mando pra rua
pra poder arrumar,
destranco a porta a pontapé.

Meu nome é Benedito João dos Santos
Silva Beleléu,
vulgo Nego Dito, Nego Dito Cascavé.
Me chamo Benedito João dos Santos
Silva Beleléu,
vulgo Nego Dito, Nego Dito Cascavé.

Se tô tiririca
tomos umas e outras pra baratinar.
Arranco o rabo do satã
pra provar pra quem quiser ver
e comprovar.

Meu nome é Benedito João dos Santos
Silva Beleléu,
vulgo Nego Dito, Nego Dito Cascavé.
Meu nome é Benedito João dos Santos
Silva Beleléu,
vulgo Nego Dito, Nego Dito.

Se chamá polícia
eu viro uma onça, eu quero matar.
A boca espuma de ódio
pra provar pra quem quiser ver
e comprovar.

Me chamo Benedito João dos Santos
Silva Beleléu,
vulgo Nego Dito, Nego Dito Cascavé.
Benedito João dos Santos Silva Beleléu,
vulgo Nego Dito.

Se chamá polícia
eu viro uma onça.
Se chamá polícia
a boca espuma de ódio.

ITAMAR ASSUMPÇÃO (Tietê, São Paulo, 1949 – São Paulo, 2003) foi cantor, compositor e produtor musical, integrante da chamada vanguarda paulista (1979-1985).

FONTE: "Nego Dito", 4'30". *Beleléu Leléu Eu*, 1980.

1 Sobre Itamar Assumpção, ver Sean Stroud, "Música popular brasileira experimental: Itamar Assumpção, a vanguarda paulista e a tropicália". *Revista USP*, n. 87, 2010, pp. 86-97; Gabriela Miranda de Frias, *"Entre o sim e o não existe um vão": um estudo sobre Itamar Assumpção e o álbum Sampa Midnight (1986)*. Dissertação de Mestrado. Universidade de São Paulo, 2020; e Museu Itamar Assumpção, 2020. Disponível em www.itamarassumpcao.com. Acesso em 2.6.2022. [N. E.]

Quilombismo: um conceito científico histórico-social

ABDIAS NASCIMENTO
1980

[img. 17] Para os africanos escravizados, assim como para os seus descendentes libertos, tanto o Estado colonial português quanto o Brasil — colônia, império e república — têm uma única e idêntica significação: um Estado de terror organizado contra eles[1]. Um Estado por assim dizer *natural* em sua iniquidade fundamental, um Estado *naturalmente* ilegítimo. Porque tem sido a cristalização político-social dos interesses exclusivos de um segmento elitista, cuja aspiração é atingir o status ário-europeu em estética racial, em padrão de cultura e civilização. Este segmento tem sido o maior beneficiário da espoliação que em todos os sentidos tem vitimado as massas afro-brasileiras ao longo da nossa história. Conscientes da extensão e profundidade dos problemas que enfrenta, o negro sabe que sua oposição ao que aí está não se esgota na obtenção de pequenas reivindicações de caráter empregatício ou de direitos civis, no âmbito da dominante sociedade capitalista-burguesa e sua decorrente classe média organizada. O negro já compreendeu que terá de derrotar todas as componentes do sistema e estrutura vigentes, inclusive a sua *intelligentsia*, responsável pela cobertura ideológica da opressão através da teorização "científica", seja de sua inferioridade biossocial, da miscigenação sutilmente compulsória ou da criação do mito da "democracia racial". Essa *intelligentsia*, aliada a mentores europeus e norte-americanos, fabricou uma "ciência" histórica ou humana que ajudou a desumanização dos africanos e seus descendentes para servir os interesses dos opressores eurocentristas. Uma ciência histórica que não serve à história do povo de que se trata está negando a si mesma. Trata-se de uma presunção cientificista e não de uma ciência histórica verdadeira.

Como poderiam as ciências humanas, históricas — etnologia, economia, história, antropologia, sociologia etc. —, nascidas, cultivadas e definidas para povos e contextos socioeconômicos diferentes, prestar útil e eficaz colaboração ao conhecimento do negro — sua realidade existencial, seus problemas e aspirações e projetos? Seria a ciência social elaborada na Europa ou nos Estados Unidos tão universal em sua aplicação? A raça negra conhece na própria carne a falaciosidade do universalismo e da isenção dessa "ciência". Aliás, a ideia de uma ciência histórica pura e universal está ultrapassada. O conhecimento científico que os negros necessitam é aquele que os ajude a formular teoricamente — de forma sistemática e consistente — sua experiência de quase quinhentos anos de opressão. Haverá erros ou equívocos inevitáveis em nossa busca de racionalidade do nosso sistema de valores, em nosso esforço de autodefinição e de nosso caminho futuro. Não importa. Durante séculos temos carregado o peso dos crimes e dos erros do eurocentrismo "científico", os seus dogmas impostos em nossa carne como marcas ígneas da verdade definitiva. Agora devolvemos ao obstinado segmento "branco" da sociedade brasileira as suas mentiras, a sua ideologia de supremacismo europeu, a lavagem cerebral que pretendia tirar a nossa humanidade, a nossa identidade, a nossa dignidade, a nossa liberdade. Proclamando a falência da colonização mental eurocentrista, celebramos o advento da libertação quilombista.

O negro tragou até a última gota os venenos da submissão imposta pelo escravismo, perpetuada pela estrutura do racismo psicossociocultural que mantém atuando até os dias de hoje. Os negros têm como projeto coletivo a ereção de uma sociedade fundada na justiça, na igualdade e no respeito a todos os seres humanos, na liberdade; uma sociedade cuja natureza intrínseca torne impossível a exploração econômica e o racismo. Uma democracia autêntica, fundada pelos destituídos e os deserdados deste país, aos quais não interessa a simples restauração de tipos e formas caducas de instituições políticas, sociais e econômicas as quais serviriam unicamente para procrastinar o advento de nossa emancipação total e definitiva, que somente pode vir com a transformação radical das estruturas vigentes. Cabe mais uma vez insistir: não nos interessa a proposta de uma adaptação aos moldes de sociedade capitalista e de classes. Esta não é a solução que devemos aceitar como se fora mandamento inelutável. Confiamos na idoneidade mental do negro, e acreditamos na reinvenção de nós mesmos e de nossa história. Reinvenção de um caminho afro-brasileiro de vida fundado em sua experiência histórica, na utilização do conhecimento crítico e inventivo de suas instituições golpeadas pelo colonialismo e o racismo. Enfim, reconstruir no presente uma sociedade dirigida ao futuro, mas levando em conta o que ainda for útil e positivo no acervo do passado.

A segurança de um futuro melhor para as massas negras não se inclui nos dispositivos da chamada "lei de segurança nacional". Esta é a segurança das elites dominantes, dos seus lucros e compromissos com o capital interno ou estrangeiro, privado ou estatal. A segurança da "ordem" econômica, social e política em vigor é aquela associada e inseparável das teorias "científicas" e dos parâmetros culturais e ideológicos engendrados pelos opressores e exploradores tradicionais da população afro-brasileira.

Um instrumento conceitual operativo se coloca, pois, na pauta das necessidades imediatas da gente negra brasileira, o qual não deve e não pode ser fruto de uma maquinação cerebral arbitrária, falsa e abstrata. Nem tampouco um elenco de princípios importados, elaborados a partir de contextos e de realidades diferentes. A cristalização dos nossos conceitos, definições ou princípios deve exprimir a vivência de cultura e de práxis da coletividade negra. Incorporar nossa integridade de ser total, em nosso tempo histórico, enriquecendo e aumentando nossa capacidade de luta.

Precisamos e devemos codificar nossa experiência por nós mesmos, sistematizá-la, interpretá-la e tirar desse ato todas as lições teóricas e práticas conforme a perspectiva exclusiva dos interesses das massas negras e de sua respectiva visão do futuro. Esta se apresenta como a tarefa da atual geração afro-brasileira: edificar a ciência histórico-humanista do quilombismo.

Quilombo não significa escravo fugido. Quilombo quer dizer reunião fraterna e livre, solidariedade, convivência, comunhão existencial. Repetimos que a sociedade quilombola representa uma etapa no progresso humano e sociopolítico em termos de igualitarismo econômico. Os precedentes históricos conhecidos confirmam esta colocação. Como sistema econômico, o quilombismo tem sido a adequação ao meio brasileiro do comunitarismo e/ou ujamaaísmo da tradição africana. Em tal sistema as relações de produção diferem basicamente daquelas prevalentes na economia espoliativa do trabalho, chamada capitalismo, fundada na razão do lucro a qualquer custo, principalmente o lucro obtido com o sangue do africano escravizado. Compasso e ritmo do quilombismo se conjugam aos mecanismos operativos do sistema, articulando os diversos níveis da vida coletiva cuja dialética interação propõe e assegura a realização completa do ser humano. Nem propriedade privada da terra, dos meios de produção e de outros elementos da natureza. Todos os fatores e elementos básicos são de propriedade e uso coletivo. Uma sociedade criativa no seio da qual o trabalho não se define como uma forma de castigo, opressão ou exploração; o trabalho é antes uma forma de libertação humana que o cidadão desfruta como um direito e uma obrigação social. Liberto da exploração e do jugo embrutecedor da produção tecnocapitalista, a desgraça do trabalhador deixará de ser o sustentáculo de uma sociedade burguesa parasitária que se regozija no ócio de seus jogos e futilidades.

Os quilombolas dos séculos 15, 16, 17, 18 e 19 nos legaram um patrimônio de prática quilombista. Cumpre aos negros atuais manter e ampliar a cultura afro-brasileira de resistência ao genocídio e de afirmação da sua verdade. Um método de análise, compreensão e definição de uma experiência concreta, o quilombismo expressa a ciência do sangue escravo, do suor que este derramou enquanto pés e mãos edificadores da economia deste país. Um futuro de melhor qualidade para as massas afro-brasileiras só poderá ocorrer pelo esforço enérgico de organização e mobilização coletiva, tanto das massas negras como das inteligências e capacidades escolarizadas da raça para a enorme batalha no fronte da criação teórico-científica. Uma teoria científica inextricavelmente fundida à nossa prática histórica que efetivamente contribua à salvação do povo negro, o qual vem sendo inexoravelmente exterminado. Seja pela matança direta da fome, seja pela miscigenação compulsória, pela assimilação do negro aos padrões e ideais ilusórios do lucro ocidental. Não permitamos que a derrocada desse mundo racista, individualista e inimigo da felicidade humana afete a existência futura daqueles que efetiva e plenamente nunca a ele pertenceram: nós, negro-africanos e afro-brasileiros.

Condenada a sobreviver rodeada ou permeada de hostilidade, a sociedade afro-brasileira tem persistido nesses quase quinhentos anos sob o signo de permanente tensão. Tensão esta que consubstancia a essência e o processo do quilombismo.

Assegurar a condição humana das massas afro-brasileiras, há tantos séculos tratadas e definidas de forma humilhante e opressiva, é o fundamento ético do quilombismo. Deve-se assim compreender a subordinação do quilombismo ao conceito que define o ser humano como o seu objeto e sujeito científico, dentro de uma concepção de mundo e de existência na qual a ciência constitui uma entre outras vias do conhecimento.

ABDIAS NASCIMENTO (Franca, São Paulo, 1914 – Rio de Janeiro, 2011) foi poeta, escritor, teatrólogo, pintor, ativista pan-africano e professor emérito da New York University. Fundador do Teatro Experimental do Negro (1944-1961) e curador do projeto Museu de Arte Negra (1950), foi o primeiro deputado federal e senador afro-brasileiro a defender os direitos civis e humanos do povo negro no Congresso Nacional (1983-1999). Em 1981, criou o Instituto de Pesquisas e Estudos Afro-brasileiros, que hoje guarda seu acervo documental e museológico.

FONTE: Originalmente publicado em *O quilombismo*. Petrópolis: Vozes, 1980, pp. 261-65.

1 Sobre Abdias Nascimento, ver Adriano Pedrosa e Amanda Carneiro (orgs.), *Abdias Nascimento: um artista panamefricano*. São Paulo: MASP, 2022. [N. E.]

Racismo e sexismo na cultura brasileira

LÉLIA GONZALEZ
1980

Cumé que a gente fica?

[...] Foi então que uns brancos muito legais convidaram a gente pra uma festa deles, dizendo que era pra gente também. Negócio de livro sobre a gente. A gente foi muito bem recebido e tratado com toda consideração. Chamaram até pra sentar na mesa onde eles estavam sentados, fazendo discurso bonito, dizendo que a gente era oprimido, discriminado, explorado. Eram todos gente fina, educada, viajada por esse mundo de Deus. Sabiam das coisas. E a gente foi se sentar lá na mesa. Só que tava cheia de gente que não deu pra gente sentar junto com eles. Mas a gente se arrumou muito bem, procurando umas cadeiras e sentando bem atrás deles. Eles tavam tão ocupados, ensinando um monte de coisa pro crioléu da plateia, que nem repararam que se apertasse um pouco até que dava pra abrir um espaçozinho e todo mundo sentar junto na mesa. Mas a festa foi eles que fizeram, e a gente não podia bagunçar com essa de chega pra cá, chega pra lá. A gente tinha que ser educado. E era discurso e mais discurso, tudo com muito aplauso. Foi aí que a neguinha que tava sentada com a gente deu uma de atrevida. Tinham chamado ela pra responder uma pergunta. Ela se levantou, foi lá na mesa pra falar no microfone e começou a reclamar por causa de certas coisas que tavam acontecendo na festa. Tava armada a quizumba. A negrada parecia que tava esperando por isso pra bagunçar tudo. E era um tal de falar alto, gritar, vaiar, que nem dava mais pra ouvir discurso nenhum. Tá na cara que os brancos ficaram brancos de raiva e com razão. Tinham chamado a gente pra festa de um livro que falava da gente e a gente se comportava daquele jeito, catimbando a discurseira deles. Onde já se viu? Se eles sabiam da gente mais do que a gente mesmo? Se tavam ali, na maior boa vontade, ensinando uma porção de coisa pra gente da gente? Teve uma hora que não deu pra aguentar aquela zoada toda da negrada ignorante e mal-educada. Era demais. Foi aí que um branco enfezado partiu pra cima de um crioulo que tinha pegado no microfone pra falar contra os brancos. E a festa acabou em briga...

Agora, aqui pra nós, quem teve a culpa? Aquela neguinha atrevida, ora. Se não tivesse dado com a língua nos dentes... Agora tá queimada entre os brancos. Malham ela até hoje. Também quem mandou não saber se comportar? Não é à toa que eles vivem dizendo que "preto quando não caga na entrada caga na saída"...

A longa epígrafe diz muito além do que ela conta. De saída, o que se percebe é a identificação do dominado com o dominador. E isso já foi muito bem analisado por um Frantz Fanon (1925-1961), por exemplo. Nossa tentativa aqui é a de uma indagação sobre o porquê dessa identificação. Ou seja, o que foi que ocorreu para que o mito da democracia racial tenha tido tanta aceitação e divulgação? Quais foram os processos que teriam determinado sua construção? O que é que ele oculta, para além do que mostra? Como a mulher negra é situada no seu discurso?

O lugar em que nos situamos determinará nossa interpretação sobre o duplo fenômeno do racismo e do sexismo. Para nós o racismo se constitui como a sintomática que caracteriza a neurose cultural brasileira. Nesse sentido, veremos que sua articulação com o sexismo produz efeitos violentos sobre a mulher negra em particular. Consequentemente, o lugar de onde falaremos põe um outro, aquele é que habitualmente nós vínhamos colocando em textos anteriores. E a mudança foi se dando a partir de certas noções que, forçando sua emergência em nosso discurso, nos levaram a retornar à questão da mulher negra numa outra perspectiva. Trata-se das noções de mulata, doméstica e mãe preta.

Em comunicação apresentada no Encontro Nacional da Latin American Studies Association (LASA), em abril de 1979,[1] falamos da mulata, ainda que de passagem, não mais como uma noção de caráter étnico, mas como uma profissão. Tentamos desenvolver um pouco mais essa noção em outro trabalho, apresentado num simpósio realizado em Los Angeles (UCLA) em maio de 1979.[2]

Ali, falamos dessa dupla imagem da mulher negra de hoje: mulata e doméstica. Mas ali também emergiu a noção de mãe preta, colocada numa nova perspectiva. Mas ficamos por aí.

Nesse meio tempo, participamos de uma série de encontros internacionais que tratavam da questão do sexismo como tema principal, mas que certamente abriam espaço para a discussão do racismo também. Nossa experiência foi muito enriquecedora. Vale ressaltar que a militância política no Movimento Negro Unificado se constituía como fator determinante de nossa compreensão da questão racial. Por outro lado, a experiência vivida enquanto membro do Grêmio Recreativo de Arte Negra e Escola de Samba Quilombo permitiu-nos a percepção de várias facetas que se constituiriam em elementos muito importantes para a concretização deste trabalho. E começaram a se delinear, para nós, aquilo que se poderia chamar de contradições internas. O fato é que, enquanto mulheres negras, sentimos a necessidade de aprofundar nessa reflexão, ao invés de continuarmos na reprodução e repetição dos modelos que nos eram oferecidos pelo esforço de investigação das ciências sociais. Os textos só nos falavam da mulher negra numa perspectiva socioeconômica que elucidava uma série de problemas propostos pelas relações raciais. Mas ficava (e ficará) sempre um resto que desafiava as explicações. E isso começou a nos incomodar. Exatamente a partir das noções de mulata, doméstica e mãe preta que estavam ali, nos martelando com sua insistência...

Nosso suporte epistemológico se dá a partir de Sigmund Freud (1856-1939) e de Jacques Lacan (1901-1981), ou seja, da Psicanálise. Justamente porque como nos diz Jacques-Alain Miller em sua *Teoria da Alíngua*:

> O que começou com a descoberta de Freud foi uma outra abordagem da linguagem, uma outra abordagem da língua, cujo sentido só veio à luz com sua retomada por Lacan. Dizer mais do que sabe, não saber o que diz, dizer outra coisa que não o que se diz, falar para não dizer nada, não são mais, no campo freudiano, os defeitos da língua que justificam a criação das línguas formais. Estas são propriedades inelimináveis e positivas do ato de falar. Psicanálise e Lógica, uma se funda sobre o que a outra elimina. A análise encontra seus bens nas latas de lixo da lógica. Ou ainda: a análise desencadeia o que a lógica doméstica.[3]

Ora, na medida em que nós negros estamos na lata de lixo da sociedade brasileira, pois assim o determina a lógica da dominação, caberia uma indagação via psicanálise. E justamente a partir da alternativa proposta por Miller, ou seja: por que o negro é isso que a lógica da dominação tenta (e consegue muitas vezes, nós o sabemos) domesticar? E o risco que assumimos aqui é o do ato de falar com todas as implicações. Exatamente porque temos sido falados, infantilizados (*infans* é aquele que não tem fala própria, é a criança que se fala na terceira pessoa, porque falada pelos adultos), que neste trabalho assumimos nossa própria fala. Ou seja, o lixo vai falar, e numa boa.

A primeira coisa que a gente percebe nesse papo de racismo é que todo mundo acha que é natural. Que negro tem mais é que viver na miséria. Por quê? Ora, porque ele tem umas qualidades que não estão com nada: irresponsabilidade, incapacidade intelectual, criancice etc. e tal. Daí é natural que seja perseguido pela polícia, pois não gosta de trabalho, sabe? Se não trabalha, é malandro e se é malandro é ladrão. Logo, tem que ser preso, naturalmente. Menor negro só pode ser pivete ou trombadinha,[4] pois filho de peixe, peixinho é. Mulher negra, naturalmente, é cozinheira, faxineira, servente, trocadora de ônibus ou prostituta. Basta a gente ler jornal, ouvir rádio e ver televisão. Eles não querem nada. Portanto têm mais é que ser favelados.

Racismo? No Brasil? Quem foi que disse? Isso é coisa de americano. Aqui não tem diferença porque todo mundo é brasileiro acima de tudo, graças a Deus. Preto aqui é bem tratado, tem o mesmo direito que a gente tem. Tanto é que, quando se esforça, ele sobe na vida como qualquer um. Conheço um que é médico; educadíssimo, culto, elegante e com umas feições tão finas... Nem parece preto.

Por aí se vê que o barato é domesticar mesmo. E se a gente detém o olhar em determinados aspectos da chamada “cultura brasileira”, a gente saca que em suas manifestações mais ou menos conscientes ela oculta, revelando, as marcas da africanidade que a constituem (como é que pode?). Seguindo por aí, a gente também pode apontar pro lugar da mulher negra nesse processo de formação cultural, assim como os diferentes modos de rejeição/integração de seu papel.

Por isso a gente vai trabalhar com duas noções que ajudarão a sacar o que a gente pretende caracterizar. A gente tá falando das noções de consciência e de memória. Como consciência a gente entende o lugar do desconhecimento, do encobrimento, da alienação, do esquecimento e até do saber. É por aí que o discurso ideológico se faz presente. Já a memória, a gente considera como o não saber que conhece, esse lugar de inscrições que restituem uma história que não foi escrita, o lugar da emergência da verdade, dessa verdade que se estrutura como ficção. Consciência exclui o que a memória inclui. Daí, na medida em que é o lugar da rejeição, a consciência se expressa como discurso dominante (ou efeitos desse discurso) numa dada cultura, ocultando memória, mediante a imposição do que ela, consciência, afirma como a verdade. Mas a memória tem suas astúcias, seu jogo de cintura: por isso ela fala através das mancadas do discurso da consciência. O que a gente vai tentar é sacar esse jogo aí, das duas, também chamado de dialética. E, no que se refere à gente, à crioulada, a gente saca que a consciência faz tudo pra nossa história ser esquecida, tirada de cena. E apela pra tudo nesse sentido.[5] Só que isso tá aí... e fala.

A nêga ativa

> Mulata, mulatinha meu amor
> Fui nomeado teu tenente interventor
> — Lamartine Babo[6]

Carnaval. Rio de Janeiro, Brasil. As palavras de ordem de sempre: bebida, mulher e samba. Todo mundo obedece e cumpre. Blocos de sujo, banhos à fantasia, frevos, ranchos, grandes bailes nos grandes clubes, nos pequenos também. Alegria, loucura e libertinagem geral. Mas há um momento que se impõe. Todo mundo se concentra: nas concentrações, nas arquibancadas, diante da tevê.

As escolas vão desfilar suas cores duplas ou triplas. Predominam as duplas: azul e branco, verde e rosa, vermelho e branco, amarelo e preto, verde e branco e por aí afora. Espetáculo feérico, dizem os locutores: plumas, paetês, muito luxo e riqueza.

Imperadores, uiaras, bandeirantes e pioneiros, princesas, orixás, bichos, bichas, machos, fêmeas, salomões e rainhas de sabá, marajás, escravos, soldados, sóls e luns, baianas, ciganas, havaianas. Todos sob o comando do ritmo das baterias e do rebolado das mulatas que, dizem alguns, não estão no mapa. "Olha aquele grupo do carro alegórico, ali. Que coxas, rapaz." "Veja aquela passista que vem vindo; que bunda, meu Deus! Olha como ela mexe a barriguinha. Vai ser gostosa assim lá em casa, tesão." "Elas me deixam louco, bicho."

E lá vão elas, rebolantes e sorridentes rainhas, distribuindo beijos como se fossem bênçãos para seus ávidos súditos nesse feérico espetáculo... E feérico vem de *fée*, fada, na civilizada língua francesa. Conto de fadas?

O mito que se trata de reencenar aqui é o da democracia racial. E é justamente no momento do rito carnavalesco que o mito é atualizado com toda a sua força simbólica. É nesse instante que a mulher negra transforma-se única e exclusivamente na rainha, na "mulata deusa do meu samba", "que passa com graça, fazendo pirraça, fingindo inocente, tirando o sossego da gente".[7] É nos desfiles das escolas do primeiro grupo que a vemos em sua máxima exaltação. Ali, ela perde seu anonimato e se transfigura na Cinderela do asfalto, adorada, desejada, devorada pelo olhar dos príncipes altos e loiros, vindos de terras distantes só para vê-la. Estes, por sua vez, tentam fixar sua imagem, estranhamente sedutora, em todos os seus detalhes anatômicos; e os *flashes* se sucedem, como fogos-de-artifício eletrônicos. E ela dá o que tem, pois sabe que amanhã estará nas páginas das revistas nacionais e internacionais, vista e admirada pelo mundo inteiro. Isto sem contar o cinema e a televisão. E lá vai ela feericamente luminosa e iluminada no feérico espetáculo.

Toda jovem negra, que desfila no mais humilde bloco do mais longínquo subúrbio, sonha com a passarela da Marquês de Sapucaí. Sonha com esse sonho dourado, conto de fadas no qual "a lua te invejando fez careta, porque, mulata, tu não és deste planeta".[8] E por que não?

Como todo mito, o da democracia racial oculta algo para além daquilo que mostra. Numa primeira aproximação, constatamos que exerce sua violência simbólica de maneira especial sobre a mulher negra. Pois o outro lado do endeusamento carnavalesco ocorre no cotidiano dessa mulher, no momento em que ela se transfigura na empregada doméstica. É por aí que a culpabilidade engendrada pelo seu endeusamento se exerce com fortes cargas de agressividade. É por aí, também, que se constata que os termos "mulata" e "doméstica" são atribuições de um mesmo sujeito. A nomeação vai depender da situação em que somos vistas.[9]

Se a gente dá uma volta pelo tempo da escravidão, a gente pode encontrar muita coisa interessante. Muita coisa que explica essa confusão toda que o branco faz com a gente porque a gente é preto. Pra gente que é preta então, nem se fala. Será que as avós da gente, as mucamas, fizeram alguma coisa pra eles tratarem a gente desse jeito? Mas, o quê era uma mucama? O *Aurélio* assim define:

> Mucama (do quimbundo *mu'kama*: "amásia escrava")
> S. f. bras. A escrava negra, moça e de estimação, que era escolhida para auxiliar nos serviços caseiros ou acompanhar pessoas da família e que por vezes era ama-de-leite.

Parece que o primeiro aspecto a observar é o próprio nome, significante proveniente da língua quimbunda, e o significado que nela possui. Nome africano, dado pelos africanos e que ficou como inscrição não apenas no dicionário. Outro aspecto interessante é o deslocamento do significado no dicionário, ou seja, no código oficial. Vemos aí uma espécie de neutralização, de esvaziamento no sentido original. O "por vezes" é que, de raspão, deixa transparecer alguma coisa daquilo que os africanos sabiam, mas que precisava ser esquecido, ocultado.

Vejamos o que nos dizem outros textos a respeito de mucama. June E. Hahner, em *A mulher no Brasil* (1978), assim se expressa:

> A escrava de cor criou para a mulher branca das casas grandes e das menores, condições de vida amena, fácil e da maior parte das vezes ociosa. Cozinhava, lavava, passava a ferro, esfregava de joelhos o chão das salas e dos quartos, cuidava dos filhos da senhora e satisfazia as exigências do senhor. Tinha seus próprios filhos, o dever e a fatal solidariedade de amparar seu companheiro, de sofrer com os outros escravos da senzala e do eito e de submeter-se aos castigos corporais que lhe eram, pessoalmente, destinados. [...] O amor para a escrava [...] tinha aspectos de verdadeiro pesadelo. As incursões desaforadas e aviltantes do senhor, filhos e parentes pelas senzalas, a desfaçatez dos padres a quem as Ordenações Filipinas, com seus castigos pecuniários e degredo para a África, não intimidavam nem os fazia desistir dos concubinatos e mancebias com as escravas.[10]

Mais adiante, citando José Honório Rodrigues (1913-1987), ela se refere a um documento do final do século 18 pelo qual o vice-rei do Brasil na época excluía de suas funções de capitão-mor que manifestara "baixos sentimentos" e manchara seu sangue pelo fato de se ter casado com uma negra. Já naqueles tempos observa-se de que maneira a consciência (revestida de seu caráter de autoridade, no caso) buscava impor suas regras do jogo: concubinagem, tudo bem; mas casamento é demais.

Ao caracterizar a função da escrava no sistema produtivo (prestação de bens e serviços) da sociedade escravocrata, Heleieth Saffioti (1934-2010) mostra sua articulação com a prestação de serviços sexuais. E por aí ela ressalta que a mulher negra acabou por se converter no "instrumento inconsciente que, paulatinamente, minava a ordem estabelecida, quer na sua dimensão econômica, quer na sua dimensão familiar".[11] Isto porque o senhor acabava por assumir posições antieconômicas, determinadas por sua postura sexual; como houvesse negros que disputavam com ele no terreno do amor, partia para a apelação, ou seja, a tortura e a venda dos concorrentes. E a desordem se estabelecia exatamente porque

> as relações sexuais entre os senhores e escravas desencadeavam, por mais primárias e animais que fossem, processos de interação social incongruentes com as expectativas de comportamento, que presidiam à estratificação em castas. Assim, não apenas homens brancos e negros se tornavam concorrentes na disputa das negras, mas também mulheres brancas e negras disputavam a atenção do homem branco.[12]

Pelo que os dois textos dizem, constatamos que o engendramento da mulata e da doméstica se fez a partir da figura da mucama. E, pelo visto, não é por acaso que, no dicionário *Aurélio*, a outra função da mucama está entre parênteses. Deve ser ocultada, recalcada, tirada de cena. Mas isso não significa que não esteja aí, com sua malemolência perturbadora. E o momento privilegiado em que sua presença se torna manifesta é justamente o da exaltação mítica da mulata nesse entre parênteses, que é o carnaval.

Quanto à doméstica, ela nada mais é do que a mucama permitida, a da prestação de bens e serviços, ou seja, o burro de carga que carrega sua família e a dos outros nas costas. Daí ela ser o lado oposto da exaltação; porque está no cotidiano. E é nesse cotidiano que podemos constatar que somos vistas como domésticas. Melhor exemplo disso são os casos de discriminação de mulheres negras da classe média, cada vez mais crescentes. Não adianta serem "educadas" ou estarem "bem vestidas" (afinal, "boa aparência", como vemos nos anúncios de emprego, é uma categoria "branca", unicamente atribuível a "brancas" ou "clarinhas"). Os porteiros dos edifícios obrigam-nos a entrar pela porta de serviço, obedecendo instruções dos síndicos brancos (os mesmos que as "comem com os olhos" no carnaval ou nos *oba-oba*). Só pode ser doméstica, logo, entrada de serviço. E, pensando bem, entrada de serviço é algo meio maroto, ambíguo, pois sem querer remete a gente pra outras entradas (não é, Seu síndico?). É por aí que a gente saca que não dá pra fingir que a outra função da mucama tenha sido esquecida. Está aí.

Mas é justamente aquela negra anônima, habitante da periferia, nas baixadas da vida, quem sofre mais tragicamente os efeitos da terrível culpabilidade branca. Exatamente porque é ela que sobrevive na base da prestação de serviços, segurando a barra familiar praticamente sozinha. Isto porque seu homem, seus irmãos ou seus filhos são objeto de perseguição policial sistemática (esquadrões da morte, mãos brancas estão aí matando negros à vontade; observe-se que são negros jovens, com menos de trinta anos. Por outro lado, que se veja quem é a maioria da população carcerária deste país).

Cabe de novo perguntar: como é que a gente chegou a este estado de coisas, com abolição e tudo em cima? Quem responde pra gente é um branco muito importante (pois é cientista social, *uai*) chamado Caio Prado Júnior (1907-1990). Num livro chamado *Formação do Brasil contemporâneo* ele diz uma porção de coisas interessantes sobre o tema da escravidão:

> Realmente a escravidão, nas duas funções que exercerá na sociedade colonial, fator trabalho e fator sexual, não determinará senão relações elementares a muito simples. [...] A outra função do escravo, ou antes da mulher escrava, instrumento de satisfação das necessidades sexuais de seus senhores e dominadores, não tem um efeito menos elementar. Não ultrapassara também o nível primário e puramente animal do contato sexual, não se aproximando senão muito remotamente da esfera propriamente humana do amor, em que o ato sexual se envolve de todo um complexo de emoções e sentimentos tão amplos que chegam até a fazer passar para o segundo plano aquele ato que afinal lhe deu origem.[13]

Depois que a gente lê um barato assim, nem dá vontade de dizer nada porque é um prato feito. Mas vamos lá. Quanto aos dois fatos apontados e conjugados, é só dar uma olhadinha, de novo, no texto de Heleieth. Ela dá um baile no autor, dentro do mesmo espaço discursivo em que ele se colocou. Mas nosso registro é outro, vamos dar nossa chamadinha também. Pelo exposto, a gente tem a impressão de que branco não trepa, mas comete ato sexual e que chama tesão de necessidade. E ainda por cima, diz que animal só tira sarro. Assim não dá pra entender, pois não? Mas na verdade, até que dá. Pois o texto possui riqueza de sentido, na medida em que é uma expressão privilegiada do que chamaríamos de "neurose cultural brasileira". Ora, sabemos que o neurótico constrói modos de ocultamento do sintoma porque isso lhe traz certos benefícios. Essa construção o liberta da angústia de se defrontar com o recalcamento. Na verdade, o texto em questão aponta para além do que pretende analisar. No momento em que fala de alguma coisa, negando-a, ele se revela como desconhecimento de si mesmo.

Nessa perspectiva, ele pouco teria a dizer sobre essa mulher negra, seu homem, seus irmãos e seus filhos, de que vínhamos falando. Exatamente porque ele lhes nega o estatuto de sujeito humano. Trata-os sempre como objeto. Até mesmo como objeto de saber. É por aí que a gente compreende a resistência de certas análises que, ao insistirem na prioridade da luta de classes, se negam a incorporar as categorias de raça e sexo. Ou seja, insistem em esquecê-las.[14]

E, retomando a questão da mulher negra, a gente vai reproduzir uma coisa que a gente escreveu há algum tempo:

> As condições de existência material da comunidade negra remetem a condicionamentos psicológicos que têm que ser atacados e desmascarados. Os diferentes índices de dominação das diferentes formas de produção econômica existentes no Brasil parecem coincidir num mesmo ponto: a reinterpretação da teoria do "lugar natural" de Aristóteles. Desde a época colonial aos dias de hoje, percebe-se uma evidente separação quanto ao espaço físico ocupado por dominadores e dominados. O lugar natural do grupo branco dominante são moradias saudáveis, situadas nos mais belos recantos da cidade ou do campo e devidamente protegidas por diferentes formas de policiamento que vão desde os feitores, capitães de mato, capangas, etc, até à polícia formalmente constituída. Desde a casa grande e do sobrado até aos belos edifícios e residências atuais, o critério tem sido o mesmo. Já o lugar natural do negro é o oposto, evidentemente: da senzala às favelas, cortiços, invasões, alagados e conjuntos "habitacionais" [...] dos dias de hoje, o critério tem sido simetricamente o mesmo: a divisão racial do espaço [...]. No caso do grupo dominado o que se constata são famílias inteiras amontoadas em cubículos cujas condições de higiene e saúde são as mais precárias. Além disso, aqui também se tem a presença policial; só que não é para proteger, mas para reprimir, violentar e amedrontar. É por aí que se entende porque o outro lugar natural do negro sejam as prisões. A sistemática repressão policial, dado o seu caráter racista, tem por objetivo próximo a instauração da submissão psicológica através do medo. A longo prazo, o que se visa é o impedimento de qualquer forma de unidade do grupo dominado, mediante à utilização de todos os meios que perpetuem a sua divisão interna. Enquanto isso, o discurso dominante justifica a atuação desse aparelho repressivo, falando de ordem e segurança sociais.[15]

Pelo visto, e respondendo a pergunta que a gente fez mais atrás, parece que a gente não chegou a esse estado de coisas. O que parece é que a gente nunca saiu dele. Basta a gente dar uma relida no que a Hahner e Heleieth disseram. Acontece que a mucama "permitida", a empregada doméstica, só faz cutucar a culpabilidade branca porque ela continua sendo a mucama com todas as letras. Por isso ela é violenta e concretamente reprimida. Os exemplos não faltam nesse sentido; se a gente articular divisão racial e sexual de trabalho fica até simples. Por que será que ela só desempenha atividades que não implicam "lidar com o público"? Ou seja, em atividades onde não pode ser vista? Por que os anúncios de emprego falam tanto em "boa aparência"? Por que será que, nas casas das madames, ela só pode ser cozinheira, arrumadeira ou faxineira e raramente copeira? Por que é "natural" que ela seja a servente nas escolas, supermercados, hospitais etc. e tal?

E quando, como no famoso caso Marli (que tem sua contrapartida no "caso Aézio" que, afinal, deu no que deu),[16] ela bota a boca no trombone, denunciando o que estão fazendo com homens de sua raça? Aí as coisas ficam realmente pretas e há que dar um jeito. Ou se parte para a ridicularização ou se assume a culpabilidade mediante a estratégia de não assumi-la. Deu pra sacar? A gente se explica: os programas radiofônicos ditos populares são useiros e vezeiros na arte de ridicularizar a crioula que defende seu crioulo das investidas policiais (ela sabe o que vai acontecer a ele, né? O caso Aézio taí de prova). Que se escute as seções policiais desses programas. Afinal, um dos meios mais eficientes de fugir à angústia é ridicularizar, é rir daquilo que a provoca. Já o caso Marli, por exemplo, é levado a sério, tão a sério que ela tem que se esconder. É sério porque se trata do seu irmão (e não do seu homem); portanto, nada melhor para neutralizar a culpabilidade despertada pelo seu ato do que o gesto de folclorizá-la, de transformá-la numa "Antógina Negra", na heroína, única e inigualável. Com isso, a massa anônima das Arlis é esquecida, recalcada. E tudo continua legal nesse país tropical. Elementar, meu caro Watson.

É por aí que a gente entende porque dizem certas coisas, pensando que estão xingando a gente. Tem uma música antiga chamada *Nega do cabelo duro*[17] que mostra direitinho porque eles querem que o cabelo da gente fique bom, liso e mole, né? É por isso que dizem que a gente tem beiços em vez de lábios, fornalha em vez de nariz e cabelo ruim (porque é duro). E quando querem elogiar a gente dizem que a gente tem feições finas (e fino se opõe a grosso, né?). E tem gente que acredita tanto nisso que acaba usando creme pra clarear, esticando os cabelos, virando *lady* e ficando com vergonha de ser preta. Pura besteira. Se bobear, a gente nem tem que se defender com os xingamentos que se referem diretamente ao fato da gente ser preta. E a gente pode até dar um exemplo que põe os pontos nos i's.

Não faz muito tempo que a gente estava conversando com outras mulheres, num papo sobre a situação da mulher no Brasil. Foi aí que uma delas contou uma história muito reveladora, que complementa o que a gente já sabe sobre a vida sexual da rapaziada branca até não faz muito: iniciação e prática com as crioulas. É aí que entra a história que foi contada pra gente (obrigada, Ione). Quando chegava na hora do casamento com a pura, frágil e inocente virgem branca, na hora da tal noite de núpcias, a rapaziada simplesmente brochava. Já imaginaram o vexame? E onde é que estava o remédio providencial que permitia a consumação das bodas? Bastava o nubente cheirar uma roupa de crioula que tivesse sido usada, para "logo apresentar os documentos". E a gente ficou pensando nessa prática, tão comum nos intramuros da casa grande, da utilização desse santo remédio chamado catinga de crioula (depois deslocado para o cheiro de corpo ou simplesmente "cc").[18] E fica fácil entender quando xingam a gente de negra suja, né?

Por essas e outras também, que dá vontade de rir quando a gente continua lendo o livro do "seu" Caio Prado Junior. Aquele trecho, que a gente reproduziu aqui, termina com uma nota de rodapé, onde ele reforça todas as babaquices que diz da gente, citando um autor francês em francês (só que a gente traduz):

> "O milagre do amor humano é que, sobre um instinto tão simples, o desejo, ele constrói os edifícios de sentimentos os mais complexos e delicados". (André Maurois) É este milagre que o amor da senzala não realizou e não podia realizar no Brasil-colônia.[19]

Pelo exposto, parece que nem Freud conseguiu melhor definir neurose do que André Maurois (1885-1967). Quanto à negativa do "seu" Caio Prado Júnior, infelizmente, a gente sabe o que ele está afirmando esquecidamente: o amor da senzala só realizou o milagre da neurose brasileira, graças a essa coisa simplérrima que é o desejo. Tão simples que Freud passou a vida toda escrevendo sobre ela (talvez porque não tivesse o que fazer, né Lacan?). Definitivamente, Caio Prado Júnior "detesta" nossa gente.

A única colher de chá que dá pra gente é quando fala da "figura boa da ama negra" de Gilberto Freyre (1900-1987), da "mãe preta", da "bá", que "cerca o berço da criança brasileira de uma atmosfera de bondade e ternura".[20] Nessa hora a gente é vista como figura boa e vira gente. Mas aí ele começa a discutir sobre a diferença entre escravo (coisa) e negro (gente) pra chegar, de novo, a uma conclusão pessimista sobre ambos.

É interessante constatar como, através da figura da "mãe-preta", a verdade surge da equivocação.[21] Exatamente essa figura para a qual se dá uma colher de chá é quem vai dar a rasteira na raça dominante. É através dela que o "esse obscuro objeto do desejo" (o filme do Buñuel),[22] em português, acaba se transformando na "negra vontade de comer carne" na boca da moçada branca que fala português. O que a gente quer dizer é que ela não é esse exemplo extraordinário de amor e dedicação totais como querem os brancos e nem tampouco essa entreguista, essa traidora da raça como querem alguns negros muito apressados em seu julgamento. Ela, simplesmente, é a mãe. É isso mesmo, é a mãe. Porque a branca, na verdade, é a outra. Se assim não é, a gente pergunta: quem é que amamenta, que dá banho, que limpa cocô, que põe pra dormir, que acorda de noite pra cuidar, que ensina a falar, que conta história e por aí afora? É a mãe, não é? Pois então. Ela é a mãe nesse barato doido da cultura brasileira. Enquanto mucama, é a mulher; então "bá", é a mãe. A branca, a chamada legítima esposa, é justamente a outra que, por impossível que pareça, só serve pra parir os filhos do senhor. Não exerce a função materna. Esta é efetuada pela negra. Por isso a "mãe preta" é a mãe.

E quando a gente fala em função materna, a gente tá dizendo que a mãe preta, ao exercê-la, passou todos os valores que lhe diziam respeito pra criança brasileira, como diz Caio Prado Júnior. Essa criança, esse *infans*, é a dita cultura brasileira, cuja língua é o pretuguês. A função materna diz respeito à internalização de valores, ao ensino da língua materna e a uma série de outras coisas mais que vão fazer parte do imaginário da gente.[23] Ela passa pra gente esse mundo de coisas que a gente vai chamar de linguagem. E graças a ela, ao que ela passa, a gente entra na ordem da cultura, exatamente porque é ela quem nomeia o pai.

Por "ao" a gente entende porque, hoje, ninguém quer saber mais de babá preta, só vale portuguesa. Só que é um pouco tarde, né? A rasteira já está dada.

Muita Milonga pra uma Mironga só

> Só uma palavra me devora:
> aquela que o meu coração não diz.
> — Abel Silva[24]

Quando se lê as declarações de um Dom Avelar Brandao (1912-1986), Arcebispo da Bahia, dizendo que a africanização da cultura brasileira é um modo de regressão, dá pra desconfiar. Porque afinal de contas o que tá feito, tá feito. E o Bispo dançou aí. Acordou tarde porque o Brasil já está e é africanizado. MD Magno tem um texto que impressionou a gente, exatamente porque ele discute isso. Duvida da latinidade brasileira afirmando que este barato chamado Brasil nada mais é do que uma América Africana, ou seja, uma *Améfrica Ladina*. Pra quem saca de crioulo, o texto aponta pra uma mina de ouro que a boçalidade europeizante faz tudo pra esconder, pra tirar de cena.

E justamente por isso tamos aí, usando de jogo de cintura, pra tentar se entender. Embora falando, a gente, como todo mundo, tá numa de escritura. Por isso a gente vai tentar apontar praquele que tascou sua assinatura, sua marca, seu selo (aparentemente sem sê-lo), seu jamega, seu sobrenome como pai dessa "adolescente" neurótica que a gente conhece como cultura brasileira. E quando se fala de pai tá se falando de função simbólica por excelência. Já diz o ditado popular que "filhos de minha filha, meus netos são; filhos do meu filho, serão ou não". Função paterna é isso aí. É muito mais questão de assumir do que de ter certeza. Ela não é outra coisa senão a função de ausentificação que promove a castração. É por aí, graças a Gottlob Frege (1848-1925), que a gente pode dizer que, como o zero, ela se caracteriza como a escrita de uma ausência.

É o nome de uma ausência. O nome dessa ausência, digamos, é

> o nome que se atribui à castração. E o que é que falta para essa ausência não ser ausente, para completar essa série? Um objeto que não há, que é retirado de saída. Só que os mitos e as construções culturais etc. vão erigir alguma coisa, alguma ficção para colocar nesse lugar; ou seja, qual é o nome do Pai e qual é o nome do lugar-tenente do Nome do Pai? Por um motivo importante, porque se eu souber qual é o nome do lugar-tenente do Nome do Pai, acharei esse um (S1) que talvez não seja outra coisa senão o nome do Nome do Pai.[25]

É por isso que a gente falou em sobrenome, isto é, nesse S1 que inaugura a ordem significante de nossa cultura. Acompanhando as sacações de Magno, a gente fecha com ele ao atribuir ao significante Negro o lugar de S1. Pra isso, basta que a gente pense nesse mito de origem elaborado pelo Mário de Andrade que é o Macunaíma. Como todo mundo sabe, Macunaíma nasceu negro, "preto retinto e filho do medo da noite". Depois ele branqueia como muito crioulo que a gente conhece, que, se bobear, quer virar nórdico. É por aí que dá pra gente entender a ideologia do branqueamento, a lógica da dominação que visa a dominação da negrada mediante a internalização e a reprodução dos valores brancos ocidentais. Mas a gente não pode esquecer que Macunaíma é o herói da nossa gente. E ninguém melhor do que um herói para exercer a função paterna.[26] Isto sem falar nos outros, como Zumbi dos Palmares (1655-1695),[27] Ganga Zumba (*circa* 1630-1678) e até mesmo Pelé. Que se pense nesse outro herói chamado de a "Alegria do Povo", nascido em Pau-Grande.[28] Eles estão aí como repetição do S1, como representações populares do herói. Os heróis oficiais não têm nada a ver com isso, são produto da lógica da dominação, não têm nada a ver com "a alma de nossa gente".

É por essa via que dá pra entender uma série de falas contra o negro e que são como modos de ocultação, de não assunção da própria castração. Por que será que dizem que preto correndo é ladrão? Ladrão de que? Talvez de uma onipotência fálica. Por que será que dizem que preto quando não caga na entrada, caga na saída? Por que será que um dos instrumentos de tortura utilizados pela polícia da Baixada é chamado de "mulata assanhada" (cabo de vassoura que introduzem no ânus dos presos)? Por que será que tudo aquilo que o incomoda é chamado de coisa de preto? Por que será que ao ler o *Aurélio*, no verbete negro, a gente encontra uma polissemia marcada pelo pejorativo e pelo negativo? Por que será que Seu Bispo fica tão apavorado com a ameaça da africanização do Brasil? Por que será que ele chama isso de regressão? Por que vivem dizendo pra gente se pôr no lugar da gente? Que lugar é esse? Por que será que o racismo brasileiro tem vergonha de si mesmo? Por que será que se tem "o preconceito de não ter preconceito" e ao mesmo tempo se acha natural que o lugar do negro seja nas favelas, cortiços e alagados?

É engraçado como eles gozam quando a gente diz que é "Framengo". Chamam a gente de ignorante dizendo que a gente fala errado. E de repente ignoram que a presença desse "r" no lugar do "l" nada mais é do que a marca linguística de um idioma africano, no qual o "l" inexiste. Afinal, quem que é o ignorante? Ao mesmo tempo, acham o maior barato a fala dita brasileira, que corta os erres dos infinitivos verbais, que condensa você em cê, o está em tá e por aí afora. Não sacam que tão falando pretuguês.

E, por falar em pretuguês, é importante ressaltar que o objeto parcial por excelência da cultura brasileira é a bunda (esse termo provém do quimbundo que, por sua vez, e juntamente com o ambundo, provém do tronco linguístico bantu que "casualmente" se chama bunda). E dizem que significante não marca... Marca bobeira quem pensa assim.[29] De repente "bunda" é língua, é linguagem, é sentido, é coisa. De repente é desbundante perceber que o discurso da consciência, o discurso do poder dominante, quer fazer a gente acreditar que a gente é tudo brasileiro, e de ascendência europeia, muito civilizado etc. e tal. Só que na hora de mostrar o que eles chamam de "coisas nossas", é um tal de falar de samba, tutu, maracatu, frevo, Candomblé, umbanda, escola de samba e por aí afora. Quando querem falar do charme, da beleza da mulher brasileira, pinta logo a imagem de gente queimada da praia,[30] de andar rebolativo, de meneios no olhar, de requebros e faceirices. E, culminando, pinta este orgulho besta de dizer que a gente é uma democracia racial. Só que quando a negrada diz que não é, caem de pau em cima da gente, xingando a gente de racista. Contraditório, né? Na verdade, para além de outras razões, reagem dessa forma justamente porque a gente pôs o dedo na ferida deles, a gente diz que o rei tá pelado. E o corpo do rei é preto e o rei é Escravo.

E logo pinta a pergunta. Como é que pode? Que inversão é essa? Que subversão é essa? A dialética do Senhor e do Escravo dá pra explicar o barato.

E é justamente no carnaval que o reinado desse rei manifestadamente se dá. A gente sabe que carnaval é festa cristã que ocorre num espaço cristão, mas aquilo que chamamos de Carnaval brasileiro possui, na sua especificidade, um aspecto de subversão, de ultrapassagem de limites permitidos pelo discurso dominante, pela ordem da consciência. Essa subversão na especificidade só tem a ver com o negro. Não é por acaso que, nesse momento, a gente sai das colunas policiais e é promovida a capa de revista, a principal focalizada pela tevê, pelo cinema e por aí afora. De repente, a gente deixa de ser marginal pra se transformar no símbolo da alegria, da descontração, do encanto especial do povo dessa terra chamada Brasil. É nesse momento que "Oropa", França e Bahia são muito mais Bahia do que outra coisa. É nesse momento que a negrada vai pra rua viver o seu gozo e fazer a sua gozação. Expressões como: "botá o bloco na rua", "botá pra frevê" (que virou nome de dança nas fervuras do carnaval nordestino), "botá pra derretê", "deixa sangrá", "dá um suó" etc. são prova disso. É também nesse momento que os não negros saúdam e abrem passagem para o Mestre-Escravo, para o senhor, no reconhecimento manifesto de sua realeza. É nesse momento que a exaltação da cultura americana se dá através da mulata, desse "produto de exportação" (o que nos remete a reconhecimento internacional, a um assentimento que está para além dos interesses econômicos, sociais etc., embora com eles se articule). Não é por acaso que a mulher negra, enquanto mulata, como que sabendo, posto que conhece, bota pra quebrar com seu rebolado. Quando se diz que o português inventou a mulata, isso nos remete exatamente ao fato de ele ter instituído a raça negra como objeto; a mulata é crioula, ou seja, negra nascida no Brasil, não importando as construções baseadas nos diferentes tons de pele. Isso aí tem mais a ver com as explicações do saber constituído do que com o conhecimento.

É também no carnaval que se tem a exaltação do mito da democracia racial, exatamente porque nesse curto período de manifestação do seu reinado o Senhor-Escravo mostra que ele sim, transa e conhece a democracia racial. Exatamente por isso que no resto do ano há o reforço do mito enquanto tal, justamente por aqueles que não querem olhar para onde ele aponta. A verdade que nele se oculta, e que só se manifesta durante o reinado do Escravo, tem que ser recalcada, tirada de cena, ficando em seu lugar as ilusões que a consciência cria para si mesma. Senão como é que se explicaria, também, o fato dos brancos proibirem a presença da gente nesses lugares que eles chamam de chique e da gente não ter dessas frescuras com eles? E é querendo aprofundar sua sacação que Magno se indaga se

> Na dialética Senhor-Escravo, porque é a dialética da nossa fundação [...], aonde sempre o senhor se apropria do saber do escravo, a inseminação, por vias desse saber apropriado, como marca que vai dar em relação com o S2, não foi produzida pelo escravo, que na dialética, retoma o lugar do senhor, sub-repticiamente, como todo escravo. [...] quer dizer, o lugar do senhor era de outrem, mas a produção e a apropriação do lugar-tenente de nome do pai veio marcada, afinal, por esse elemento africano.[31]

Diferentes lugares da cultura brasileira são caracterizados pela presença desse elemento. No caso da macumba, por exemplo, que se atente para os 31 de dezembro nas praias do Rio de Janeiro, para os despachos que se multiplicam em cada esquina (ou encruzilhada) de metrópoles como Rio e São Paulo, e isso sem falar de futebol. Que se atente para as festas de largo em Salvador (tão ameaçadoras para o inseguro eurocentrista do Bispo de lá). Mas que se atente para os hospícios, as prisões e as favelas, como lugares privilegiados da culpabilidade enquanto dominação e repressão. Que se atente para as práticas dessa culpabilidade através da chamada ação policial. Só porque o Significante-Mestre foi roubado pelo escravo que se impôs como senhor. Que se atente, por fim, pro samba da Portela quando fala de Macunaíma: "Vou-me embora, vou-me embora. Eu aqui volto mais não. Vou morar no infinito e virar constelação".[32] E o que significa constelação, senão lugar de inscrição, de marcação do Nome do Pai?

Se a batalha discursiva, em termos de cultura brasileira, foi ganha pelo negro, que terá ocorrido com aquele que segundo os cálculos deles, ocuparia o lugar do senhor? Estamos falando do europeu, do branco, do dominador. Desbancando do lugar do pai ele só pode ser, como diz o Magno, o tio ou o corno; do mesmo modo que a europeia acabou sendo a outra.

LÉLIA GONZALEZ (Belo Horizonte, 1935 – Rio de Janeiro, 1994) foi ativista e intelectual, sendo uma das fundadoras do Movimento Negro Unificado (1978). Doutora em Filosofia pela Universidade de São Paulo e autora dos livros *Lugar de negro* (1982) e *Festas populares no Brasil* (1987), Gonzalez lutou pela descolonização do movimento feminista, defendendo a criação de um feminismo "afrolatinoamericano". É tida como pioneira no mundo e uma das mais influentes pensadoras nas discussões que envolvem raça, classe e gênero.

FONTE: Apresentado na Reunião do Grupo de Trabalho "Temas e Problemas da População Negra no Brasil", IV Encontro Anual da Associação Brasileira de Pós-Graduação e Pesquisa nas Ciências Sociais, Rio de Janeiro, 31.10.1980. Versão revisada.

1 Lélia Gonzalez, "Cultura, etnicidade e trabalho: efeitos linguísticos e políticos da exploração da mulher". *Annual Meeting of the Latin American Studies Association*, Pittsburgh, abr. 1979. [N. E.]

2 Lélia Gonzalez, "O papel da mulher negra na sociedade brasileira". *Spring Symposium: The Political Economy of the Black World*, Los Angeles, maio 1979. [N. E.]

3 Jacques Alain Miller, "Teoria da alíngua". *Revista Lugar*, n. 8, 1976. [N. E.]

4 Lélia Gonzalez, "A Juventude negra brasileira e a questão do desemprego". *Annual Meeting of African Heritage Studies Association*, Pittsburgh, abr. 1979. [N. E.]

5 O melhor exemplo de sua eficácia está no barato da ideologia do branqueamento. Pois foi justamente um crioulo, apelidado de mulato, quem foi o primeiro na sua articulação em discurso "científico". A gente ta falando do "seu" Oliveira Vianna (1883-1951). Branqueamento, não importa em que nível, é o que a consciência cobra da gente, pra mal aceitar a presença da gente. Se a gente parte pra alguma crioulice, ela arma logo um esquema pra gente "se comportar como gente". E tem muita gente da gente que só embarca nessa.

6 Lélia Gonzalez faz referência à marchinha de carnaval "O teu cabelo não nega" (1938), composta por Lamartine Babo (1904-1963). [N. E.]

7 Letra da música "Mulata assanhada" (1956), composta por Ataulfo Alves (1909-1969). [N. E.]

8 Lamartine Babo, 1938, op. cit. [N. E.]

9 Nesse sentido vale apontar para um tipo de experiência muito comum. Refiro-me aos vendedores que batem à porta da minha casa e, quando abro, perguntam gentilmente: "A madame está?" Sempre lhes respondo que a madame saiu e, mais uma vez, constato como somos vistas pelo "cordial" brasileiro. Outro tipo de pergunta que se costuma fazer, mas aí em lugares públicos: "Você trabalha na televisão?" ou "Você é artista?". E a gente sabe o que significa esse "trabalho" e essa "arte".

10 June E. Hahner, *A mulher no Brasil*. Rio de Janeiro: Civilização Brasileira, pp. 120-21. [N. E.]

11 Heleieth Saffioti, *A mulher na sociedade de classe:*

mito e realidade. Petrópolis: Vozes, 1976, p. 165. [N. E.]

12 Ibid. [N. E.]

13 Caio Prado Junior, *Formação do Brasil contemporâneo*. São Paulo: Editora Brasiliense, 1976, pp. 342-43. [N. E.]

14 Que se leia o *Jornal do Brasil* de 28.10.1980, para se ter uma ideia de como se dá esse "esquecimento". Trata-se de mais um caso de discriminação racial de uma mulher negra; no caso uma professora. Como a história resultou em morte, indo para a alçada judicial, o criminoso, juntamente com seus "cúmplices", afirma que a causa do crime não foi o seu racismo, mas a incompetência da professora.

15 Lélia Gonzalez, "O papel da mulher negra na sociedade brasileira". *Spring Symposium: The Political Economy of the Black World,* Los Angeles, 1979. [N. E.]

16 Lélia Gonzalez faz referência ao caso de Marli Pereira da Silva, mulher negra que, no ano de 1980, enfrentou grupos de extermínio ao denunciar o assasinato do irmão Paulo Pereira da Silva por policiais militares, e ao caso de Aézio, que morreu vítima de tortura numa delegacia na Barra da Tijuca, Rio de Janeiro, no ano de 1979. [N. E.]

17 Luiz Caldas, "Nega do cabelo duro". *Magia,* 1985. [N. E.]

18 Sobre a origem e o uso da expressão "C.C.", ver Elizabete Kobayashi e Gilberto Hochman, "O 'CC' e a patologização do natural: higiene, publicidade e modernização no Brasil do pós-Segunda Guerra Mundial". *Anais do Museu Paulista*, v. 23, n. 1, pp. 67-89. jan.-jun. 2015.

19 Caio Prado Junior, 1976, op. cit., p. 343. [N. E.]

20 Ibid. [N. E.]

21 Jacques Lacan, *O seminário*. Rio de Janeiro: Zahar, 1979. [N. E.]

22 Em referência ao filme do diretor Luis Buñuel (1900-1983), *Cet obscur objet du désir* (1977). [N. E.]

23 Lélia Gonzalez, 1979, op. cit. [N. E.]

24 Abel Silva, Sueli Costa, "Jura secreta", 1977.

25 MD Magno, *Améfrica Ladina: introdução a uma abertura*. Rio de Janeiro: Colégio Freudiano do Rio de Janeiro, 1980. [N. E.]

26 O barato do Magno é chamar Macunaíma de Máquina-íman, o erói sem H. Sacaram?

27 Que se atente para o fato da permanência de Zumbi no imaginário popular nordestino como aquele que faz as crianças levadas se comportarem melhor. "Se você não ficar quieto, Zumbi vem te pegar." Por aí, a gente lembra não só o temor que os senhores de engenho tinham em face de um ataque surpresa do grande general negro, como também a fala das mães que, referindo-se ao pai que vai chegar, ameaçam os filhos de lhe contar (ao pai) as molecagens destes. Que se atente também para a força simbólica de Zumbi como significante que cutuca a consciência negra do seu despertar. Não é por acaso que o 20 de novembro, dia de sua morte em 1695, é considerado o Dia Nacional da Consciência Negra e que nada tem a ver com o 13 de maio. Esse deslocamente de datas (do 13 para o 20) não deixa de ser um modo de assunção da paternidade de Zumbi e a denúncia da falsa maternidade da Princesa Isabel (1846-1921). Afinal a gente sabe que a mãe-preta é que é a mãe.

28 Em referência ao jogador da seleção brasileira de futebol Garrincha (1933-1983). [N. E.]

29 Basta olhar na tevê e sacar como as multi transam bem os significantes que nos pegam "pelo pé". A *U.S. Top* tem um anúncio de jeans que só mostra o pessoal rebolando a bunda, e isto sem falar na Sardinha 88, "a mais gostosa do Brasil".

30 Um anúncio de bronzeador utilizado nos ônibus que trafegam na zona sul do Rio de Janeiro, reproduz um ato falho, uma mancada do discurso consciente, ao afirmar: "Primeiro a cor, depois o amor". Bandeira, né?

31 MD Magno, 1980, op. cit. [N. E.]

32 Clara Nunes, "Macunaíma", 1975. [N. E.]

Salve, mulher negra

OLIVEIRA SILVEIRA
1980

Rainha Jinga de Angola[1],
soberana quilombola.
Aqualtune do Palmar,
sangue real dos bravos.
Felipa do Pará,
chefe de negros livres, não escravos.
Luiza Mahin e preta Zeferina,
o que a baiana tem
de heroína.

Salve, mulher negra,
nesses exemplos dignos!

Harriet Tubman também:
liberdade leste-norte
para escravos leste-sul.
Quantas guerreiras, África liberta,
em tuas trincheiras alertas?
Quanta anônima guerreira
brasileira,
sul-centro-norte-americana,
cotidiana?

Salve, mulher negra,
na luta que nos irmana.

OLIVEIRA SILVEIRA (Rosário do Sul, Rio Grande do Sul, 1941 – Porto Alegre, 2009) foi poeta, intelectual e militante do movimento negro. Membro do movimento Negritude em Porto Alegre, integrou o Grupo Palmares e fez parte da articulação pela criação do Dia da Consciência Negra.

FONTE: "Salve, mulher negra". *Cadernos Negros*, n. 3, São Paulo: Gráfica Liberdade, 1980, p. 119.

1 Sobre Oliveira Silveira, ver Eloisa Elena Prates Boeira, *Pelo escuro: a poesia afro-brasileira de Oliveira Silveira*. Dissertação de Mestrado. Universidade Federal do Rio Grande do Norte, 2014; e Elisângela Aparecida Lopes, "O percurso da diáspora negra na poesia de Oliveira Silveira". *Jangada: Crítica, Literatura, Artes*, n. 2, 2018, pp. 3-14. Sobre os *Cadernos Negros*, ver Lélia Gonzalez, "Prefácio a *Cadernos Negros 5*". *Cadernos Negros*, n. 5, 1982, pp. 3-6; Denise Almeida Silva, "De epistemicídio, (in)visibilidade e narrativa: reflexões sobre a política de representação da identidade negra em *Cadernos Negros*". *Ilha do Desterro*, n. 67, jul.-dez. 2014, pp. 51-62; e Fernanda Rodrigues de Figueiredo, *A mulher negra nos Cadernos Negros: autoria e representação*. Dissertação de Mestrado. Universidade Federal de Minas Gerais, 2014. [N. E.]

A palavra negro

CUTI
1982

a palavra negro[1]
tem sua história e segredo
veias do São Francisco
prantos do Amazonas
e um mistério Atlântico

a palavra negro
tem grito de estrelas ao longe
sons sob as retinas
de tambores que embalam as meninas
dos olhos
a palavra negro
tem chaga tem chega!
tem ondas fortessuaves nas praias
        do apego
nas praias do aconchego

a palavra negro
que muitos não gostam
tem gosto de sol que nasce

a palavra negro
tem sua história e segredo
o sagrado desejo dos doces vôos
        da vida
o trágico entrelaçado
e a mágica da alegria

a palavra negro
tem sua história e segredo
e a cura do medo
de nosso país

a palavra negro
tem o sumo
tem o solo
a raiz.

LUIZ SILVA (CUTI) (Ourinhos, São Paulo, 1951) é escritor e dramaturgo. Mestre em teoria da literatura e doutor em literatura brasileira pela Universidade Estadual de Campinas, foi um dos criadores da série de antologias afro-brasileiras *Cadernos Negros*, do grupo Quilombhoje.

FONTE: "A palavra negro". In: *Batuque de tocaia*. São Paulo: Edição do autor, 1982, p. 76.

1 Sobre Cuti, ver Francys Carla Arraiz Lindoso Cavalcante, "Literatura afro-brasileira: um processo de afirmação identitária e de resistência negra na poesia de Cuti". *Opiniães*, n. 10, 2017, pp. 86-102: e Cleo Amorim Nascimento, "O preto no branco: memória, identidade e resistência na poesia afrobrasileira de Cuti". *Nau Literária*, v. 16, n. 1, 2020, pp. 177-204. [N. E.]

Um futuro que já chegou

FÉLIX GUATTARI ENTREVISTA LULA
1982

FG [**Félix Guattari**] Na França, hoje, não sabemos direito o que está acontecendo no Brasil, toda essa efervescência de ideias, de vontades de mudança que, por ocasião das próximas eleições no mês de novembro, irão provavelmente afundar a ditadura a que vocês estão submetidos há 18 anos. Nós conhecemos teu nome, nós sabemos da existência do Partido dos Trabalhadores (PT), mas nem suspeitamos da importância que o partido está tomando. A última vez que vim ao Brasil, há três anos, os militantes sindicais de esquerda ainda estavam submetidos a uma dura repressão. Eu tive, em Campinas, uma longa conversa com Jacó Bittar[1] e com outros militantes operários que, na época, me falaram do projeto de se passar a uma ação política global, criando um novo partido. Hoje isso está feito. E parece até que os resultados foram bastante inesperados, pois atualmente reina no Brasil um clima inteiramente novo, já que muitos desejos de transformação, relativos a categorias sociais as mais diversas, parecem ter-se encarnado no movimento do qual o PT tornou-se articulador. A tal ponto que a direita parece não ser mais capaz de conduzir o jogo ao seu modo, como fazia antes. A consolidação dos direitos do trabalhador, a instauração de um mínimo de democracia política, o desenvolvimento de novos espaços de liberdade para as minorias que se engajam com vocês, parecem estar realmente muito próximos. Você acha que, apesar disso, a direita ainda tem meios de bloquear esse processo? Qual seria, por exemplo, o alcance da manobra que ela acaba de fazer, ao impor um procedimento eleitoral que, de fato, acabará proibindo o acesso às urnas de certas camadas sociais que terão dificuldades em preencher adequadamente as cédulas eleitorais? O que pensar, a este respeito, da atitude ambígua do Partido do Movimento Democrático Brasileiro (PMDB)? A direita pode ainda intimidar o eleitorado, empregando contra ele a chantagem do golpe militar?

L **[Lula]** Eu creio que a direita é ainda muito forte no Brasil. De fato, ela continua sendo o setor que dispõe de mais força nesse país, pois exerce seu controle sobre os estados, sobre a grande maioria das municipalidades e sobre as forças armadas. Na verdade, existe um clima de expectativa em toda a sociedade, em relação às mudanças que poderão surgir através do processo eleitoral. A direita permanece poderosa, e não só o governo. Há muitos setores da direita que estão hoje travestidos de liberais, e que tentam adquirir posições de força dentro dos partidos de oposição como o PMDB. O que é mais grave é que, no momento que a classe operária começar a se manifestar, a querer andar com suas próprias pernas, a direita, a esquerda ortodoxa e os liberais se associam na tentativa de impedir a organização da classe operária. O processo eleitoral está tumultuado. E será mais difícil para o PT do que para outros partidos, na medida em que os candidatos serão impedidos de ir à televisão. E também em consequência deste novo tipo de cédula eleitoral, adotado ontem, onde a sigla do partido não aparecerá, e onde o eleitor deverá inscrever o nome completo do candidato que escolheu, o que complica muito sua tarefa. Parece-nos que o verdadeiro objetivo do governo, neste negócio, é descaracterizar o sentido das eleições, esforçando-se para obter a anulação de uma grande quantidade de cédulas. Nós do PT, estamos muito preocupados com estas questões, mas estamos conscientes de que a luta do PT e a luta da classe operária não terminará com o processo eleitoral que, na realidade, representa para nós um passo a mais na organização da classe operária. É unicamente por esta razão que aceitamos disputar as eleições e decidimos apresentar nossos candidatos.

FG E o risco de intervenção direta dos militares?

L Em um país dirigido por militares, há sempre o risco de que a repressão militar possa se acentuar. Enquanto o povo não se organizar, enquanto ele não tiver uma consciência política, este risco subsistirá. É por isto que a gente diz no PT que a coisa mais importante que temos a fazer é organizar a classe trabalhadora. Em seguida, caberá a ela decidir, por si mesma, o seu destino.

FG O PMDB tenta atualmente exercer um tipo de chantagem sobre o corpo eleitoral, com sua campanha dita do "voto útil", proclamando que o PT não tem maturidade suficiente e que seus dirigentes não têm competência real que justifique sua pretensão de gerir os negócios do país. Esse tipo de argumento poderá ter impacto sobre a opinião pública?

L Eu acredito que este argumento possa ter um certo peso de influência sobre o eleitorado. Em primeiro lugar, porque a experiência de participação política de nosso povo ainda é muito restrita. Ao longo de toda a nossa vida, e isso desde a proclamação da República, temos sido tratados como massa de manobra. O povo sempre foi induzido a acreditar que não existia para ele nenhuma possibilidade de se autogovernar e que seria preciso alguém que o dirigisse. Em segundo lugar, devido aos preconceitos de classe existentes em nosso país. Muitos setores das camadas médias, em particular as camadas médias altas e o conjunto da burguesia nacional, consideram que a capacidade das pessoas é medida pela quantidade de diplomas, ou pelo acúmulo de sua renda nos bancos, ou por suas propriedades, seus títulos de comércio etc. Uma das grandes tarefas do PT é, precisamente, desmistificar esse erro histórico, segundo o qual nós só servimos para trabalhar. E provar que a administração de um Estado não é uma questão técnica, mas sim política.

FG Na passeata que atravessou São Paulo, há dois dias, para apresentação pública dos candidatos do PT, uma grande faixa de papel, levada por quatro ou cinco pessoas, trazia a inscrição: "Nós sabemos trabalhar, nós sabemos governar".

L Toda a questão é saber onde está o Estado: do lado do poder econômico ou do lado dos trabalhadores? Nós consideramos que este apelo ao "voto útil" é uma proposta fascista, pois pressupõe que a existência da força política do PMDB depende da inexistência de outras forças políticas. E nós, no PT, defendemos a existência do PMDB, do mesmo modo que defendemos a nossa própria existência.

FG Este "processo de competência" parece-me tanto mais improcedente, na medida em que os dirigentes atuais já deram amplamente provas de sua incompetência e corrupção. Na convenção do PT, no mês de julho, você reafirmou que seu partido não faria nenhum acordo, nenhum compromisso com o PMDB e outras formações da esquerda tradicional. Vocês manterão essa posição depois das eleições? Vocês se recusariam, por exemplo, a participar de uma "coalizão de esquerda" para gerir o estado de São Paulo?

L Eu não vejo como conseguiríamos conciliar interesses tão divergentes. Eu não acredito que o avanço de uma classe possa depender simplesmente do fato de que alguns de seus membros ocupem cargos oficiais. Eu já fui contatado por uma pessoa do PMDB que explicou que uma das grandes preocupações de seu partido se eles ganham as eleições é obter o apoio do PT, de modo a poder governar tranquilamente, sem greves, sem convulsões sociais.

FG O PT nasceu do afluxo do movimento de São Bernardo, depois que a classe operária industrial deu mostras de que ela era capaz de se engajar em lutas políticas de envergadura, às quais poderiam se associar o conjunto dos membros da classe operária e também das classes médias, intelectuais etc. Sei também que o PT se preocupa, igualmente, com os interesses dos camponeses, e que o partido inclusive formulou o primeiro e verdadeiro programa de reforma agrária no Brasil. Mas o PT não permanece, ainda hoje, essencialmente, o que eu chamaria "um partido das cidades"? De que base de apoio ele dispõe no campo?

L Eu diria que, proporcionalmente, o PT é mais forte no campo do que nas cidades, principalmente no norte e no nordeste do país. A acusação segundo a qual nós seríamos um partido somente dos grandes centros perdeu o sentido, na medida em que nosso trabalho no campo desenvolveu-se consideravelmente. Mas é um trabalho difícil, que se dá em condições financeiras terríveis, onde faltam, por exemplo, meios de locomoção, o que é um problema cruel num país tão grande quanto o nosso. Creio, entretanto, que, pela primeira vez na História desse país, nós concretizamos o velho sonho que a esquerda brasileira nunca pôde realizar: a união dos trabalhadores do campo com os da cidade.

FG Muitos católicos estão no PT. Diz-se mesmo que ele tem o apoio do episcopado. Que tipo de relação a Igreja estabelece com seu partido? Será algo comparável com o que existe na Polônia entre a hierarquia religiosa e uma parte da direção do sindicato Solidarność (Solidariedade),[2] consultas regulares, mediação com os poderes estabelecidos etc.?

L Não. Esse tipo de relação com a Igreja não existe aqui. O que existe, na verdade, é que, a partir de Puebla,[3] a Igreja brasileira, ou melhor, uma parte da Igreja brasileira, decidiu fazer uma opção na questão da organização do povo oprimido. Foi a partir daí que as comunidades de base e os bispos "progressistas" começaram a aparecer. E o que acontece é que as formas de organização que eles propõem coincidem com as do PT. Nenhum bispo orienta os cristãos a se inscreverem no PT. Mas eu acredito que todos — ou ao menos uma grande parte — orientam o cristão a adotar critérios para que escolham seus partidos e seus candidatos, e isto também coincide com as propostas políticas do PT. Ora, qualquer outro partido poderia adotar formas de organização semelhante às que nós preconizamos; aí a orientação atual da igreja poderia beneficiar a todos.

FG O programa econômico do PT prevê uma reapropriação coletiva dos grandes meios econômicos, como bancos, complexos industriais, para liberá-los do domínio dos grandes monopólios nacionais e das multinacionais. Isto não implicaria numa certa concepção subjacente das futuras relações entre Estado, economia e sociedade? Que forma, segundo você, deveria tomar essa coletivização? A de uma nacionalização de caráter estatal, ou a de um processo mais autogestionário?

L Se eu devesse responder de pronto uma tal questão, eu diria que as coisas se orientariam mais em direção a um sistema de estatização. Entretanto, é preciso estar com os pés no chão, e saber que os processos de transformação não se dão porque queremos, mas sim em virtude das forças políticas sobre as quais eles se apoiam. Se, numa primeira etapa, nós pudéssemos fazer uma nacionalização,[4] isso já seria muito importante, mas o objetivo final continua sendo a estatização. Mas é preciso que as coisas estejam claras: essa estatização só terá sentido no quadro de um Estado democrático, onde o povo poderá gerir e administrar suas indústrias e seus bancos em benefício da coletividade, e não em benefício das burocracias do Estado. Nós devemos ser realistas; as propostas do PT não podem ser sonhadoras: hoje, nós não temos nem delegados sindicais, nem comissões de fábrica. Se nós conseguirmos obter isso, já será um passo decisivo, que poderia ser seguido de outros passos, nos aproximando desta forma de uma cogestão, do acesso à contabilidade das empresas, com poder de decisão para discutir projetos e investimentos. Em seguida, chegaríamos à etapa de nacionalização, e acumularíamos forças para passar enfim à estatização. É como se estivéssemos subindo uma escada de 16 degraus: se não subirmos um a um, arriscamos cair e quebrar a perna. Nós não queremos ir com sede ao pote. Nós queremos é matar nossa sede! Por isso, precisamos ter cuidado.

FG Você não vê, portanto, no alto de sua escada, um modelo constituído, de tipo soviético, chinês ou cubano?

L Não, de forma alguma. E aliás, nem francês, nem sueco.

FG Você quer forjar um outro tipo de Estado, um outro tipo de sociedade. Mas não há uma contradição entre esta perspectiva criadora e a maneira pela qual o PT se define hoje como organização centralista? Eu li os estatutos do PT. Eles se parecem muito com os de qualquer partido comunista ou socialista tradicional.

L Você fala dos estatutos oficiais! Estes estatutos são os mesmos para todos os partidos. Mas a prática do PT é completamente diferente. Por exemplo, os estatutos do PT preveem convenções com um delegado para cada municipalidade. O PT inventou uma outra "figura": a da pré-convenção descentralizada, aberta à participação de muito mais delegados. As convenções oficiais só servirão para referendar as decisões das convenções ampliadas. Apesar de todas as imperfeições, o PT conseguiu criar um sistema de núcleo de base, garantindo que todas as decisões passem por um processo de discussão em nível local e de tal modo que as instâncias nacionais disponham sempre de uma representação exata do que pensa na realidade o conjunto do partido.

FG Eu tive a oportunidade de verificar o que você acabou de dizer quando encontrei militantes do comitê local do PT de Pinheiros, comitê em torno do qual juntaram-se diversos grupos que se qualificam como "autônomos" (ecologistas, feministas, homossexuais etc). Esse comitê defende posições que parecem bastante minoritárias, marginais em relação ao conjunto da organização. Certas instâncias hierárquicas do PT tentaram proibir, para as próximas eleições, a candidatura de Caty Koltai, que apresenta, em seu nome, um programa de estilo um tanto quanto "situacionista". Finalmente, foi uma convenção, do tipo desta a que você se referiu, que resolveu a questão, aprovando a candidatura de Caty Koltai por aclamação, após a leitura pública do programa em questão.

Nós temos uma expressão na França para qualificar a linguagem esclerosada, dogmática de muitos dos militantes: nós dizemos que eles falam uma "língua de pau" (*langue de bois*). Com relativo sucesso, algumas rádios livres, na Itália e na França, tentaram substituir esta "língua estereotipada" por meios de expressão melhor adaptados aos grupos sociais reais, às minorias, às diferentes sensibilidades. Vocês também têm em mente a criação de rádios livres, que não estejam nem sob o controle do Estado, nem dos partidos, nem de grupos comerciais?

L Nós ainda não estamos a ponto de criar mídias alternativas! Mas penso que chegaremos lá. Somente é preciso compreender que estamos no Brasil, não na Europa. É um outro universo, uma outra formação política, uma outra experiência de luta. Mas acreditamos que chegaremos lá, pois é a única forma de nos liberarmos da dependência das mídias oficiais.

FG Como os intelectuais são vistos no seio do PT? Existe entre eles e o movimento social novos tipos de relação? Eu penso, por exemplo, naqueles que se instauram na Polônia no Solidarność.

L Um fato muito importante, no interior do PT, é a desmistificação da distância entre o intelectual, o estudante, o camponês e o trabalhador. O PT aproximou as pessoas; ele criou novas relações de fraternidade e lá as pessoas se sentem mais iguais. Eu acredito mesmo que uma das razões do grande sucesso que conhece esse partido se deve ao fato de que nele não existem divergências baseadas na posição social e origem de classe de seus membros. Na verdade, este tipo de preconceito existia menos na classe operária que em outros setores da sociedade. Eu acredito sinceramente que as pessoas vivem livremente dentro do PT.

FG Na passeata do PT que atravessou São Paulo havia algumas faixas de solidariedade ao Solidarność. Isto corresponde a uma posição de conjunto dentro do PT ou a uma posição minoritária?

L É uma posição oficial do PT, se bem que estas faixas que você viu são as de uma tendência do PT, chamada Convergência Socialista/Liberdade e Luta, que aliás nasceu em Paris.

FG Você encontrou-se com Lech Wałęsa,[5] antes dele ser preso, quando você foi à Europa. O PT manteve relações com os dirigentes exilados do Solidarność?

L Não, pois logo após a onda de prisões do mês de dezembro nós tínhamos enviado dois ofícios ao escritório do Solidarność em Londres e não obtivemos resposta (o último nos foi, inclusive, devolvido).

FG Qual foi a posição do PT durante a guerra das Malvinas (1982)?

L O PT se pronunciou contra a demonstração de força da Inglaterra, mas também contra a ditadura dos militares argentinos. Nós achamos, no PT, que o General Galtieri (1926-2003) tentou um "golpe de mestre" para fazer com que o povo argentino esquecesse seus problemas internos: os 30 mil desaparecidos, a inflação a 150% etc. Resultado: isso não resolveu nada no plano interno e a Argentina saiu completamente desmoralizada da questão. O mais grave nisso tudo é que as vidas humanas perdidas não serão jamais resgatadas. De qualquer modo, essa guerra deixou claro uma coisa: que os países desenvolvidos vão sempre preferir se ajudar, em vez de serem solidários com os países subdesenvolvidos. E um exemplo disso foram os americanos que, mesmo sendo os maiores credores da Argentina, não hesitaram em abandonar esse país para apoiar a Inglaterra.

FG Você aprova a palavra de ordem "as Malvinas são argentinas"?

L Esta questão foi muito debatida dentro do PT. Nós a discutimos um dia inteiro. Minha posição é que as Malvinas pertencem à Argentina.

FG No mínimo, elas pertencem ao continente latino-americano!

L Perfeitamente! Mas é preciso também não esquecer que seus primeiros proprietários foram os franceses. E é preciso levar também em consideração os dois mil ingleses que vivem ali há tanto tempo. Mas a América Latina e a Argentina têm direito sobre essas ilhas.

FG Se eu compreendi bem, você não aprovou a posição assumida por uma grande parte da esquerda argentina sobre essa questão.

L Não. Eu fui até convidado a participar de uma reunião no Peru, onde diversos setores da esquerda argentina proclamaram sua intenção de voltar a

Buenos Aires — inclusive os Montoneros[6] — para apoiar o general Galtieri. Eu me recusei a ir. Em momento algum, o PT apoiaria não só a guerra das Malvinas, como também o general Galtieri. Com a esquerda, na América Latina — sobretudo a esquerda ligada aos partidos comunistas argentinos e brasileiros — nunca se sabe se estamos, na verdade, à esquerda ou à direita!

FG Qual é a posição do PT a respeito das ameaças de intervenção dos Estados Unidos na Nicarágua, em El Salvador ou em Cuba?

L Nós estamos solidários com todos os povos oprimidos do mundo. Nós achamos que o povo salvadorenho deve resolver, ele mesmo, seus problemas, sem nenhuma ingerência dos Estados Unidos. Do mesmo modo, o povo da Nicarágua e os outros povos da América Latina. Seria melhor que o governo americano acabasse com o racismo e o desemprego nos Estados Unidos, em vez de se preocupar com o bloqueio eventual de Cuba ou da Nicarágua. Nós achamos, no PT, que [Ronald] Reagan (1911-2004) é apenas presidente dos Estados Unidos e não presidente do mundo.

FG Não há uma espécie de fatalidade, para os países que tentam sair da zona de influência norte-americana, de se acharem como que aspirados por um outro imperialismo, o da União Soviética? E isto, por todo tipo de razões: econômicas, estratégicas etc.?

L O que é preciso, na verdade, é criar condições que nos permitam não depender nem do imperialismo americano nem do imperialismo soviético.

FG O PT mantém relações privilegiadas com a Internacional Socialista?

L Não. No PT nós não nos preocupamos em estabelecer compromisso com nenhuma das internacionais existentes. Aliás, enquanto estivermos em fase de crescimento, as questões ideológicas não poderão ser colocadas em sua amplitude, no PT. Seria prematuro se engajar a nível internacional. Nós esperamos estabelecer relações estreitas com todas as forças democráticas do mundo e isto só será possível se não fizermos opções ideológicas de cúpula, antes que a base faça suas próprias escolhas.

FG Eu te agradeço por ter respondido tão francamente às minhas questões.

L De meu lado, eu gostaria de conhecer teu ponto de vista sobre a política atual do Partido Socialista (PS) francês. Ele está colocando em prática o que propunha antes das eleições?

FG Comecemos pela política internacional. François Mitterrand (1916-1996) afirmou a vontade da França — particularmente em Cancún — de não deixar o campo livre à política imperialista americana no terceiro Mundo. Mas isto não o impediu de levar seu apoio a Margaret Thatcher (1925-2013) e a Reagan na questão das Malvinas! Por outro lado, os socialistas franceses afirmaram, de viva voz, sua solidariedade à resistência do povo polonês. Mas eles não querem tocar na questão do comércio com a URSS, por exemplo. Negócios são negócios! Após um encaminhamento sinuoso, ambíguo, com relação à política de Israel, a França decidiu levar uma certa ajuda aos povos mártires do Líbano e da Palestina. Parece-me que estamos sempre num movimento oscilante. Em certas regiões do mundo, como a África, a política parece ainda menos evidente. É verdade que é mais fácil para a França ser anti-imperialista na América Latina do que na África!

L Por que mais fácil?

FG Porque na África o governo socialista tem que se haver com gestão de toda uma herança neocolonialista. Apesar disso, creio que há, assim mesmo, certos aspectos positivos na política internacional da França. Por exemplo, a denúncia feita por Jack Lang, ministro da Cultura francês, no México, diante da Unesco, das práticas norte-americanas em matéria de "exportação cultural", sobretudo no domínio da televisão e do cinema. Sua ideia de uma cooperação de novo tipo entre os diferentes componentes do que ele chama de "culturas latinas" poderia ser igualmente interessante. Portanto, nem tudo é negativo neste plano, longe disso! Por outro lado, o que me parece muito mal encaminhada é a política interna. Após um período que podemos chamar de "estado de graça", porque foi vivido em meio à surpresa e à espera de grandes mudanças, com medidas de revalorização do nível de vida das categorias mais desfavorecidas e, sobretudo, medidas para a salvaguarda das liberdades (como a supressão dos tribunais de exceção, a libertação dos prisioneiros políticos e abolição da pena de morte) o governo pouco a pouco se atolou na crise: ele se debate e não consegue resolver a inflação, o desemprego, a fuga dos capitais, a paralisação dos investimentos, a queda nas exportações etc. E vem, progressivamente, gerindo o país quase como o teria feito um governo conservador. O fundo da questão é que o Partido Socialista não tem uma verdadeira política de transformações sociais. Ele se preocupa com o dia a dia e se comporta, cada vez mais, como um partido clássico. Agora há pouco eu perguntei sobre os estatutos do PT, formais demais, rígidos demais para o meu gosto. Mas com o PS é outra coisa! Não só os estatutos são esclerosados! No PT, vocês tentam, no mínimo, colocar a questão do respeito à autonomia dos diversos componentes sociais e minoritários, que se associam à ação do Partido. Sem dúvida, há sempre problemas! Fique tranquilo, não estou idealizando o PT! Mas, na França, esse tipo de problema não se coloca, ou só aparece em período eleitoral, quando se trata de angariar votos. Eu sei que a questão das minorias e das marginalidades se coloca, no Brasil, em termos bem diferentes e em escala muito maior, a tal ponto que todos os partidos atuais se confrontam com o problema. Mas na França também existem fenômenos de marginalização social, de minoração subjetiva, que dizem respeito a grupos cada vez mais numerosos e a categorias sociais cada vez mais amplas. Diante dessas questões, que estão, na verdade, no centro da crise, a sociedade francesa cochila num conformismo temeroso e sonha com sua glória passada. Nestes últimos tempos, provocações terroristas serviram de pretexto para uma retomada de um tema batido: "A segurança antes de tudo", fala-se de novo numa "rede de controle informatizada" da sociedade, no estilo da Alemanha ocidental. Sei muito bem que não se pode esperar tudo de um partido, e que podemos imputar o impasse atual, em larga medida, às incidências internacionais da crise. Mas, tudo está ligado, e não se pode, indefinidamente, diluir as responsabilidades de um partido que não responde às aspirações de mudança em função dos quais foi eleito. Se os socialistas não se decidirem a modificar seu próprio modo de funcionamento enquanto partido do poder, sua concepção de intervenção no campo social — ou melhor, a ausência evidente de qualquer perspectiva concreta nesse campo — então é claro que um abatimento, uma perda irreversível de confiança acabará se instaurando entre a maioria daqueles que os levaram ao poder. E a França recairá, mais uma vez, nas mãos dos piores bandos reacionários. Apesar das diferenças de contexto, sempre consideráveis e, aliás, evidentes, acredito que certos problemas sociais tendem, cada vez mais, a atravessar os países e até os continentes. Para mim, o Solidarność na Polônia, o PT no Brasil, são espécies de experiências em grande escala que tentam inventar novos instrumentos de entendimento e de luta coletiva e mesmo uma nova sensibilidade e uma nova lógica política e micropolítica. As conquistas e os fracassos destas experiências não concernem somente a Polônia e o Brasil, mas também a todos aqueles que, em condições diferentes, se chocam com os mesmos tipos de impasses de organização, burocratismo, esclerose... Na verdade, isto acontece em toda a superfície do planeta e em todos os níveis sociais e individuais, a começar pelo nível mais imediato da linguagem. Eu fiquei, sinceramente, fascinado com a leitura de uma coletânea de tuas entrevistas e de teus discursos,[7] por tua liberdade de tom, pelo teu modo, por exemplo, de falar de Mahatma Gandhi (1869-1948), de Mao Tsé-Tung (1893-1976), de Fidel Castro (1926-2016) ou de Adolf Hitler (1889-1945), sem nenhuma das costumeiras preocupações, sem clichês e mesmo se aventurando de modo, por assim dizer "imprudente", em considerações intempestivas. Você não parece se dar conta de que algumas vezes as tuas propostas poderiam ser voltadas contra você, você parece confiar a priori na boa fé dos teus interlocutores.

L A grande força, a melhor arma do PT é justamente isto — o não dogmatismo; porque ele se parece no mundo inteiro... Por exemplo, quando fui à Itália, participei de uma reunião com o grupo Manifesto, e lá também a gente pôde perceber com muita clareza que as pessoas são doutrinadas pela cartilha. E somente depois é que chegam à prática. Mas nós acreditamos que a prática deve ser estreitamente ligada à teoria. Se não, não faz nenhum sentido. Não nos interessa discutir a teoria se o próprio povo também não estiver disposto a discuti-la! É preciso, antes, despertar seu interesse. É evidente!

FG A esse respeito, você não tem a impressão de que coexistem, igualmente, no interior do PT, muitos componentes militantes, tradicionais e dogmáticos? Será que os velhos grupelhos que também investiram no PT estão evoluindo de seu lado?

L A tendência é, antes de tudo, sua "diluição" no interior do PT, sem que haja, no entanto, "patrulhas ideológicas". Quanto mais numerosos forem os trabalhadores dentro do PT, menos haverá motivo para a sobrevivência de tais tendências.

SR **[Suely Rolnik]** Certos candidatos operários do PT encontram grandes dificuldades para levar adiante suas campanhas, pois eles dispõem de menos tempo e de menos condições materiais.

L Esse é um problema muito sério no interior do partido. Nós temos todo interesse em eleger um máximo de candidatos operários. Mas temos dificuldades para criar condições que permitam aos trabalhadores candidatos fazer uma campanha semelhante à dos outros candidatos. A isso se acrescenta o fato de que muitos líderes operários, que poderiam se eleger tranquilamente deputados no Parlamento ou nas Assembleias estaduais, foram obrigados a apresentar sua candidatura para os cargos de senador e governador de Estado. Mas, para poder consolidar a legalização do partido, seria preciso que dispuséssemos de uma base de candidatos mais ampla possível.

FÉLIX GUATTARI (Villeneuve-les-Sablons, França, 1930 – Cour-Cheverny, França, 1992) foi filósofo, psicanalista e ativista político. Junto ao filósofo Gilles Deleuze (1925-1995) desenvolveu a Esquizoanálise, publicada no livro *Anti-Édipo* (1972).

LUIZ INÁCIO "LULA" DA SILVA (Caetés, Pernambuco, 1945) é ex-sindicalista e presidente do Brasil (2003-2011; 2023-2026). Iniciando sua participação política no Sindicato de Metalúrgicos de São Bernardo do Campo e Diadema, foi ativista político durante a ditadura militar, liderando grandes greves no ABC paulista, região tradicionalmente industrial de São Paulo. Em 1980, fez parte da fundação do Partido dos Trabalhadores, considerado um dos maiores partidos da América Latina.

FONTE: Originalmente publicado em *Félix Guattari entrevista Lula*. São Paulo: Ed. Brasiliense, 1982. Retirado de GUATTARI, Félix; ROLNIK, Suely. *Micropolítica: cartografias do desejo*. Petrópolis: Vozes, 2011, pp. 226-33. Versão revisada.

1 Em 1979, época do encontro com Jacó Bittar ao qual Guattari se refere, Bittar era o responsável sindical junto aos trabalhadores da indústria petrolífera. Em 1982, momento em que se deu esta conversa entre Guattari e Lula, Bittar era candidato do PT ao cargo de senador pelo Estado de São Paulo.

2 Movimento sindical surgido na Polônia em 1980, com forte inspiração da Igreja Católica e de posição anticomunista [N. E.]

3 Lula faz alusão ao encontro de Puebla, no México, em janeiro de 1979, por ocasião da 3ª Conferência Episcopal Latino-Americana, com a presença do papa João Paulo II.

4 Lula parece distinguir aqui uma fase de "nacionalização" correspondendo a uma política de salvaguarda da economia nacional contra o domínio internacional, e uma fase de "estatização" propriamente dita.

5 Lech Wałęsa foi um dos fundadores do Solidarność e presidente da Polônia entre 1990 e 1995. [N. E.]

6 Formada em 1970 na Argentina, a organização política e guerrilheira Montoneros seguia uma orientação peronista e era influenciada pelo marxismo revolucionário. [N. E.]

7 *Lula: entrevistas e discursos*. Org. Marcos Silva. São Paulo: Editora O Repórter de Guarulhos, 1981.

Miséria e fome

INOCENTES
1983

[img. 33] É tão difícil viver entre a miséria e a fome,
senti-la na carne
e ter que ficar parado, calado.

É tão difícil entender como homens armados
expulsam outros homens das terras em que eles nasceram e se criaram,
que são deles por direito,
para lá plantarem nada, nada.

É tão difícil entender como um governo pode permitir
que os homens saiam do campo
e venham para a cidade criar mais miséria,
criar mais fome.

Não estou culpando ninguém.
Não estou acusando ninguém.
Apenas conto o que eu vi.
Apenas conto o que eu senti.

Miséria e fome.

INOCENTES é uma banda formada em 1981, sendo uma das precursoras do punk brasileiro. Foi formada por ex-integrantes das bandas Condutores de Cadáver e Restos de Nada — considerada a primeira banda punk do Brasil.

FONTE: Clemente Tadeu Nascimento/Inocentes, "Miséria e fome", 2'43". *Miséria e fome*, 1983. Warner/Chappell Edições Musicais.

Vivo na cidade

CÓLERA
1986

Vivo na cidade.
O ar é negativo.
As árvores vão morrendo.
Concreto a me cercar.

Olho a cidade, todas as suas faces,
lixos e pessoas a se misturar.
Quero protestar para encontrar
o outro lado desta vida

Vivo na cidade.
O ar é negativo.
As árvores vão morrendo.
Concreto a me cercar mais.

Olhe as avenidas, gente muita gente,
não expressam nada, correm
sem parar.
Quero protestar para encontrar
O outro lado desta vida.

Vivo na cidade.
O ar é negativo.
As árvores vão morrendo.
Concreto a me cercar mais.

Vivo na cidade.
O ar é negativo.
As árvores vão morrendo.
Concreto a me cercar.

Vivo na cidade.
O ar é negativo.
As árvores vão morrendo.
Concreto a me cercar mais.

CÓLERA é uma banda formada em 1979, considerada uma das pioneiras do movimento punk do Brasil. O álbum *Pela paz em todo o mundo* (1986) é tido como um marco na história do punk nacional e na sua abordagem ao tratar de assuntos como ecologia, direitos humanos, pacifismo e antimilitarismo.

FONTE: Edson Lopes Pozzi/Carlos Mariano Lopes Pozzi/Valdemir Pinheiro/Cólera, "Vivo na cidade", 2'26". *Pela paz em todo o mundo*, 1986. Ataque Frontal.

O negro e a democracia

FLORESTAN FERNANDES
1987

De uma perspectiva negra, há pouco interesse no debate formal sobre a democracia e sobre o papel que a nova Constituição pode desempenhar para consolidar uma República burguesa democrática.[1] O regime capitalista lança, aqui, suas raízes no passado colonial, na produção escravista e no apogeu que esta alcançou depois da Independência. A escravidão atingiu o seu ponto alto, como fator de acumulação interna de capital, não antes mas depois que se constituiu um Estado nacional. Isso pode parecer um paradoxo, mas não é. As estruturas coloniais de organização da economia, da sociedade e do poder só conheceram sua plenitude quando os senhores de escravos organizaram sua própria forma de hegemonia. O trabalho escravo passou a gerar um excedente econômico que não ia mais para fora na mesma proporção que anteriormente, e sobre ele se alicerçou a primeira expansão do capital comercial dentro do país.

A crise da produção escravista prende-se à proibição do tráfico e às represálias inglesas contra os "navios negreiros", procedentes da África. A substituição da mão de obra tornou-se um problema econômico e político. Havia uma "reserva interna" de mão de obra escrava, que se concentrava nas minas e nos centros de produção do nordeste. Quando o café apareceu como o produto de exportação que iria comandar a vida econômica do Rio de Janeiro, de Minas Gerais e São Paulo, essa reserva foi deslocada. Todavia, existia uma ameaça sombria: como enfrentar o dilema do desaparecimento do trabalho produtivo? Formularam-se projetos de "preparação do escravo e do liberto para o trabalho livre". Porém, esses projetos não prosperaram tão solidamente como se poderia esperar. Logo se descobriu que a imigração punha à disposição dos fazendeiros e do crescimento econômico urbano outro tipo de reserva de mão de obra, a custos baixos. As leis emancipacionistas golpearam ainda mais o modo de produção escravista e fortaleceram as duas preocupações, a da preparação do negro para o trabalho livre e a da importação de imigrantes, como mão de obra barata. Por fim, prevaleceu a última tendência. A escravidão se esboroou, mas o substituto e o sucessor do escravo não foi o trabalhador negro livre, mas o trabalhador branco livre estrangeiro, ou então o homem pobre livre, mestiço ou branco, porém sempre marginalizado sob o regime de produção escravista.

Esta recapitulação parece levar-nos a fatos longínquos e sem relação com o presente. No entanto, ela é crucial. A moldura histórica da desagregação do modo de produção escravista e da substituição do trabalho escravo pelo trabalho livre evidencia uma última espoliação dos antigos escravos, libertos e imaturos no Brasil. O negro só encontrava alguma oportunidade de transição balanceada ou quando submergia na economia de subsistência através das migrações que se sucederam à Abolição, pois os antigos escravos buscavam as regiões de origem, ou quando permanecia nas áreas que entravam em decadência e em estagnação econômica relativa. O trabalho livre não contou como uma fonte de libertação do homem e da mulher negros: ele os colocou em competição com os imigrantes em condições desiguais. Os empregadores consideravam os "trabalhadores livres" recém-chegados uma opção melhor, mais racional! Protegida pela experiência de trabalho nos sobrados e nas casas-grandes, a mulher negra dispunha de muitas oportunidades de emprego. O homem negro, no entanto, foi peneirado ou selecionado negativamente. Empurrado para a franja dos piores trabalhos e de mais baixa remuneração, ele se sentiu, subjetivamente, como se ainda estivesse condenado à escravidão. Em muitos lugares, preferiu não aceitar as oportunidades de trabalho acessíveis e desenvolveu uma espécie de parasitismo destrutivo sobre a companheira negra. O quadro negativo se completava porque, com o advento da República, só teoricamente ele era livre e cidadão. Como outros homens pobres, mestiços e brancos, brasileiros e estrangeiros, o negro não é cidadão — nem mesmo um cidadão de segunda ou terceira categoria. O estudo da cidade de São Paulo que fiz com o professor Roger Bastide (1898-1974) demonstrou que mais de meio século decorreria antes que o negro pudesse começar a bater-se pela conquista da cidadania, um processo longo e doloroso, no qual ainda se acha mergulhado.[2] Essa discussão sugere a complexidade dos dilemas que são enfrentados pelos negros, quando se fala de democracia. Para eles democracia quer dizer democracia racial, uma transformação simultânea de relações raciais e de classes nas quais se acham envolvidos. Existem barreiras sociais e, ao lado delas, barreiras raciais na luta pela conquista de "um lugar ao sol" e da "condição de gente". Muitos afirmam que o preconceito de cor é um fenômeno de classe e que no Brasil não existem barreiras raciais. Todavia, essas se manifestam de vários modos e são muito fortes. Aqueles que conseguem varar as barreiras sociais, qualificando-se como técnicos ou como profissionais liberais, logo se defrontam com barreiras raciais. Promoção, reconhecimento de valor e acesso a vários empregos são negados por causa da condição racial, embora os pretextos apresentados escondam as razões verdadeiras.

Para a massa da população negra, a questão é ainda mais grave que para suas elites. Ela se vê expulsa da sociedade civil, marginalizada e excluída. E defronta-se com o peso de um bloqueio insuperável e de uma forma de dominação racial hipócrita, extremamente cruel e camuflada, que aumenta a exploração do negro e anula suas oportunidades sociais, mas, ao mesmo tempo, identifica o Brasil como um país no qual harmonia e igualdade reinam entre as raças. A armadilha faz a cabeça do negro, que se desorienta e com frequência acaba capitulando, como se ele fosse responsável pelos "seus fracassos". Em um estudo que fiz com dados do Censo de 1940, descobri que a distribuição desigual das oportunidades vai das ocupações à educação e é tão forte, em termos relativos, em São Paulo quanto na Bahia.[3] Em estudo posterior, sobre dados mais recentes, Eduardo Matarazzo Suplicy constatou a mesma coisa.[4] Não há, aí, só "comprovação empírica" de um estudo pelo outro. Há algo pior. Cotejados entre si, os dois estudos demonstram como é lenta a transformação das relações de classe que se cruzam com as relações de raça. E como é urgente que o negro se organize, como o fez no passado (nas décadas de 1930 e 40, em São Paulo e no Rio de Janeiro), em movimentos sociais que tenham por objetivo destruir as barreiras sociais e as barreiras raciais que são obstáculos à sua participação na economia, na sociedade civil, na cultura, no Estado etc., em condições de igualdade com os brancos em posição de classe análoga. Karl Marx (1818-1883) e Friedrich Engels (1820-1895) afirmam que a emancipação coletiva dos trabalhadores deve ser realizada pelos próprios trabalhadores[5] Essa afirmação também é verdadeira com referência aos negros. Cabe-lhes conquistar a sua autoemancipação coletiva, liberando-se de uma situação desumana, ultrajante e insustentável, que nos prende ao passado e a padrões de dominação racial obsoletos.

Desse ângulo, o negro vem a ser a pedra de toque da revolução democrática na sociedade brasileira. A democracia só será uma realidade quando houver, de fato, igualdade racial no Brasil, e o negro não sofrer nenhuma espécie de discriminação, de preconceito, de estigmatização e de segregação, seja em termos de classe, seja em termos de raça. Por isso, a luta de classes, para o negro, deve caminhar juntamente com a luta racial propriamente dita. O negro deve participar ativa e intensamente do movimento operário e sindical, dos partidos políticos operários, radicais e revolucionários, mas levando para eles as exigências específicas mais profundas da sua condição de oprimido maior. Ao mesmo tempo, o negro deve ter a consciência clara de que sua emancipação coletiva põe o problema da democracia e de uma República democrática sem subterfúgios: a revolução dentro da ordem é insuficiente para eliminar as iniquidades econômicas, educacionais, culturais, políticas etc., que afetam os estratos negros e mestiços da população. Mesmo quando o negro não sabe o que é socialismo, a sua luta por liberdade e igualdade possui uma significação socialista. Daí ser ele uma vanguarda natural entre os oprimidos, os humildes, os explorados, enfim, o elemento de ponta daqueles que lutam por "um Brasil melhor" ou por "uma sociedade justa". O Partido dos Trabalhadores precisa avançar muito para acompanhar o processo de luta que emerge por dentro e através desses estratos da população. Porque, nessa esfera, não basta apontar para o caráter emancipador do socialismo proletário. É preciso que o socialismo proletário venha embebido de um impulso radical profundo que ultrapasse a libertação coletiva da classe trabalhadora e destrua, até o fim e até o fundo, a opressão racial.

FLORESTAN FERNANDES (São Paulo, 1920-1995) foi sociólogo e deputado federal. Doutor em sociologia pela Faculdade de Filosofia, Ciências e Letras da Universidade de São Paulo, integrou o Programa de Pesquisa sobre Relações Raciais no Brasil e investigou as questões da discriminação racial na sociedade brasileira. Em 1968, após a instauração do Ato Institucional n. 5, perdeu o vínculo com a universidade e começou a se dedicar aos movimentos sociais. Nesse período publicou o livro *A revolução burguesa no Brasil* (1975).

FONTE: "O negro e a democracia". *Raça & Classe*, n. 1, jun.-jul. 1987, pp. 69-71.

1 Sobre Florestan Fernandes, ver Florestan Fernandes, *O negro no mundo dos brancos*. São Paulo: Difusão Europeia do Livro, 1972; Dermeval Saviani, "Presença de Florestan Fernandes". *Estudos Avançados*, v. 10, n. 26, 1996; e Fernando Henrique Cardoso, *Pensadores que inventaram o Brasil*. São Paulo: Companhia das Letras, 2013. [N. E.]

2 Roger Bastide e Florestan Fernandes, *Brancos e negros em São Paulo. São Paulo:* Companhia Editora Nacional, 1959. [N. E.]

3 Ibid. [N. E.]

4 Ver Eduardo Matarazzo Suplicy, "A desigualdade social, racial e sexual". *Revista de Economia Política*, v. 2, n. 4, out.-dez. 1982, pp. 129-38. [N. E.]

Discurso na Assembleia Nacional Constituinte

AILTON KRENAK
1988

[img. 21] Senhor Presidente, senhores Constituintes, eu, com a responsabilidade de, nesta ocasião, fazer a defesa de uma proposta das populações indígenas à Assembleia Nacional Constituinte, havia decidido, inicialmente, não fazer uso da palavra, mas de utilizar parte do tempo que me é garantido para defesa de nossa proposta numa manifestação de cultura com o significado de indignação — e que pode expressar também luto — pelas insistentes agressões que o povo indígena tem indiretamente sofrido pela falsa polêmica que se estabeleceu em torno dos direitos fundamentais do povo indígena e que, embora não estejam sendo colocados diretamente contra o povo indígena, visam atingir gravemente os direitos fundamentais de nosso povo.

Não estamos chegando agora a esta casa. Tivemos a honra de, desde a instalação dos trabalhos da Assembleia Nacional Constituinte, sermos convidados a participar dos trabalhos na Subcomissão dos Negros, Populações Indígenas, Pessoas Deficientes e Minorias. Essa Subcomissão teve a competência de tratar da questão indígena e, mais tarde, tivemos também a oportunidade de participar da instalação dos trabalhos da Comissão da Ordem Social.

Ao longo desse período, a seriedade com que trabalhamos e a reciprocidade de muitos dos senhores Constituintes permitiram a construção, a elaboração de um texto que provavelmente tenha sido o mais avançado que este país já produziu com relação aos direitos do povo indígena. Esse texto procurou apontar para aquilo que é de mais essencial para garantir a vida do povo indígena. E muitas das pessoas que estiveram envolvidas nesse processo de discussão, aqui na Assembleia Nacional Constituinte, se sensibilizaram a ponto de levar além dos limites das paredes desta casa o trabalho relativo aos direitos indígenas, como foi na visita à área dos índios Caiapó, no Gorotire. Ouvindo ali, e tirando a impressão dos índios que estavam na aldeia acerca do que sentem, do que desejam para si, das inquietações que nós, indígenas, colocamos no sentido de ter um futuro, no sentido de ter uma perspectiva. Assegurar para as populações indígenas o reconhecimento aos seus direitos originários às terras em que habitam — e atentem bem para o que digo: não estamos reivindicando nem reclamando qualquer parte de nada que não nos cabe legitimamente e de que não esteja sob os pés do povo indígena, sob o habitat, nas áreas de ocupação cultural, histórica e tradicional do povo indígena. Assegurar isto, reconhecer às populações indígenas as suas formas de manifestar a sua cultura, a sua tradição, se colocam como condições fundamentais para que o povo indígena estabeleça relações harmoniosas com a sociedade nacional, para que haja realmente uma perspectiva de futuro de vida para o povo indígena, e não de uma ameaça permanente e incessante.

Os trabalhos que foram feitos até resultar no primeiro anteprojeto da Constituição significaram lançar uma luz na estupidez e no breu que tem sido a relação histórica do Estado com as necessidades indígenas. Avançou no sentido de avançar a perspectiva de um futuro para o povo indígena.

E, neste momento, insisto: eu havia optado mesmo por estar aqui e à semelhança da manifestação de luto pela perda, seja de um parente, seja da solidariedade, seja de um amigo e, sobretudo, pela perda de um respeito que o nosso trabalho aqui dentro construído, o respeito que tivemos para com esta casa e que pudemos identificar também nas pessoas que se sensibilizaram com essa questão. Queremos manifestar a nossa indignação com os ataques que estamos sofrendo e alertar esta casa de que ainda somos os interlocutores dos senhores, e que não confundam uma eventual campanha e possíveis agressões ao povo indígena com polêmicas que são construídas à nossa revelia.

Os senhores sabem, Vossa Excelência sabe que o povo indígena está muito distante de poder influenciar a maneira que estão sugerindo os destinos do Brasil, pelo contrário. Somos, talvez, a parcela mais frágil nesse processo de luta de interesse que se tem manifestado extremamente brutal, extremamente desrespeitosa, extremamente aética. Espero não agredir, com a minha manifestação, o protocolo desta casa. Mas acredito que os senhores não poderão ficar omissos. Os senhores não terão como ficar alheios a mais esta agressão movida pelo poder econômico, pela ganância, pela ignorância do que significa ser um povo indígena. (O Sr. Krenak inicia processo de pintura facial).[1]

O povo indígena tem um jeito de pensar, tem um jeito de viver, tem condições fundamentais para a sua existência e para a manifestação da sua tradição, da sua vida, da sua cultura, que não coloca em risco e nunca colocaram a existência, sequer, dos animais que vivem ao redor das áreas indígenas, quanto mais de outros seres humanos. Creio que nenhum dos senhores poderia jamais apontar atos, atitudes da gente indígena do Brasil que colocaram em risco, seja a vida, seja o patrimônio de qualquer pessoa, de qualquer grupo humano neste país. Hoje somos alvo de uma agressão que pretende atingir, na essência, a nossa fé, a nossa confiança. Ainda existe dignidade, ainda é possível construir uma sociedade que saiba respeitar os mais fracos, que saiba respeitar aqueles que não têm dinheiro, mas mesmo assim, mantêm uma campanha incessante de difamação. Um povo que sempre viveu à revelia de todas as riquezas, um povo que habita casas cobertas de palha, que dorme em esteiras no chão, não deve ser, de forma nenhuma, contra os interesses do Brasil ou que coloca em risco qualquer desenvolvimento. O povo indígena tem regado com sangue cada hectare dos oito milhões de quilômetros quadrados do Brasil. Vossas Excelências são testemunhas disso.

Agradeço à Presidência e aos senhores constituintes, espero não ter agredido com as minhas palavras os sentimentos dos presentes neste plenário. Obrigado.

AILTON KRENAK (Itabirinha, Minas Gerais, 1953) é escritor, ambientalista e defensor dos direitos indígenas. Pertencente ao povo Krenak, da região do rio Doce, Minas Gerais, Krenak participou da fundação da Aliança dos Povos da Floresta e da União das Nações Indígenas e recebeu o título de doutor *honoris causa* pela Universidade Federal de Juiz de Fora. É autor dos livros *Ideias para adiar o fim do mundo* (2019), *A vida não é útil* (2020) e *O amanhã não está à venda* (2020).

FONTE: Versão revisada do discurso publicado no *Diário da Assembleia Nacional Constituinte*, disponível em fac-símile: http://www2.camara.leg.br/atividade-legislativa/legislacao/Constituicoes_Brasileiras/constituicao-cidada/o-processo-constituinte/comissao-de-sistematizacao/COMSist23ext27011988.pdf. Acesso em 16.2.2022.

1 Neste momento do discurso, Ailton Krenak inicia o processo de pintura de seu próprio rosto com tinta preta de jenipapo. Coloca uma das mãos na tinta preta e a leva ao lado direito do rosto, na altura da bochecha. Repete o mesmo gesto, dessa vez passando a mão de tinta em sua bochecha esquerda. Enquanto profere seu discurso, vai passando as mãos embebidas com tinta pelo rosto, até que sua face fica completamente tingida com a tinta preta de jenipapo. Com esse ato, Krenak produziu uma imagem histórica na Assembleia Nacional Constituinte. O jenipapo representa, na cultura do povo Krenak, o sentido universal do luto. O gesto representou a expressão de uma visão coletiva sobre o momento histórico que os povos indígenas estavam vivendo em 1987. Mais do que um protesto, a pintura no rosto significou a radicalidade apresentada no discurso de Ailton Krenak, bem como uma demonstração da indignação coletiva contra as violações dos direitos indígenas. [N. E.]

Discurso do presidente da Assembleia Nacional Constituinte

ULYSSES GUIMARÃES
1988

Dois de fevereiro de 1987. "Ecoam nesta sala as reivindicações das ruas." "A Nação quer mudar." "A Nação deve mudar." "A Nação vai mudar." São palavras constantes do discurso de posse como presidente da Assembleia Nacional Constituinte.

Hoje, 5 de outubro de 1988, no que tange à Constituição, a Nação mudou.

A Constituição mudou na sua elaboração, mudou na definição dos Poderes. Mudou restaurando a Federação, mudou quando quer mudar o homem cidadão. E é só cidadão quem ganha justo e suficiente salário, lê e escreve, mora, tem hospital e remédio, lazer quando descansa.

Num país de 30 milhões e 401 mil analfabetos, afrontosos 25% da população, cabe advertir: a cidadania começa com o alfabeto.

Chegamos! Esperamos a Constituição como o vigia espera a aurora.

[...]

A Nação nos mandou executar um serviço. Nós o fizemos com amor, aplicação e sem medo.

A Constituição certamente não é perfeita. Ela própria o confessa ao admitir a reforma. Quanto a ela, discordar, sim. Divergir, sim. Descumprir, jamais. Afrontá-la, nunca. Traidor da Constituição é traidor da Pátria. Conhecemos o caminho maldito: Rasgar a Constituição, trancar as portas do Parlamento, garrotear a liberdade, mandar os patriotas para a cadeia, o exílio, o cemitério.

[...]

Quando, após tantos anos de lutas e sacrifícios, promulgamos o *Estatuto do homem, da liberdade e da democracia*, bradamos por imposição de sua honra: Temos ódio à ditadura. Ódio e nojo. Amaldiçoamos a tirania onde quer que ela desgrace homens e nações. Principalmente na América Latina.

[...]

Foi a audácia inovadora, a arquitetura da Constituinte, recusando anteprojeto forâneo ou de elaboração interna.

O enorme esforço admissionado pelas 61.020 emendas, além de 122 emendas populares, algumas com mais de 1 milhão de assinaturas, que foram apresentadas, publicadas, distribuídas, relatadas e votadas no longo caminho das subcomissões até a redação final.

A participação foi também pela presença, pois diariamente cerca de 10 mil postulantes franquearam, livremente, as onze entradas do enorme complexo arquitetônico do Parlamento à procura dos gabinetes, comissões, galerias e salões.

Há, portanto, representativo e oxigenado sopro de gente, de rua, de praça, de favela, de fábrica, de trabalhadores, de cozinheiras, de menores carentes, de índios, de posseiros, de empresários, de estudantes, de aposentados, de servidores civis e militares, atestando a contemporaneidade e autenticidade social do texto que ora passa a vigorar. Como caramujo guardará para sempre o bramido das ondas de sofrimento, esperança e reivindicações de onde proveio.

[...]

Nós, os legisladores, ampliamos os nossos deveres. Teremos de honrá-los. A Nação repudia a preguiça, a negligência e a inépcia. Soma-se a nossa atividade ordinária bastante dilatada, a edição de 56 leis complementares e 314 leis ordinárias. Não esqueçamos que, na ausência da lei complementar, os cidadãos poderão ter o provimento suplementar pelo mandado de injunção.

[...]

Tem significado de diagnóstico a Constituição ter alargado o exercício da democracia. [...] É o clarim da soberania popular e direta, tocando no umbral da Constituição, para ordenar o avanço no campo das necessidades sociais.

O povo passou a ter a iniciativa de leis. Mais do que isso, o povo é o superlegislador habilitado a rejeitar pelo referendo os projetos aprovados pelo Parlamento.

A vida pública brasileira será também fiscalizada pelos cidadãos. Do Presidente da República ao prefeito, do senador ao vereador.

A moral é o cerne da Pátria.

A corrupção é o cupim da República. República suja pela corrupção impune tomba nas mãos de demagogos, que, a pretexto de salvá-la, a tiranizam.

Não roubar, não deixar roubar, pôr na cadeia quem roube, eis o primeiro mandamento da moral pública.

[...]

Não é a Constituição perfeita. Se fosse perfeita seria irreformável. Ela própria, com humildade e realismo, admite ser emendada dentro de cinco anos.

Não é a Constituição perfeita, mas será útil, pioneira, desbravadora. Será luz ainda que de lamparina na noite dos desgraçados. É caminhando que se abrem os caminhos. Ela vai caminhar e abri-los. Será redentor o caminho que penetrar nos bolsões sujos, escuros e ignorados da miséria.

[...]

A sociedade sempre acaba vencendo, mesmo ante a inércia ou o antagonismo do Estado.

O Estado era Tordesilhas. Rebelada, a sociedade empurrou as fronteiras do Brasil, criando uma das maiores geografias do mundo.

O Estado, encarnado na metrópole, resignara-se ante a invasão holandesa no nordeste. A sociedade restaurou nossa integridade territorial com a insurreição nativa de Tabocas e Guararapes sob a liderança de André Vidal de Negreiros (1606-1680), Filipe Camarão (*circa* 1600-1648) e João Fernandes Vieira (*circa* 1600-1681) que cunhou a frase da preeminência da sociedade sobre o Estado: "Desobedecer a El Rei para servir El Rei".

O Estado capitulou na entrega do Acre. A sociedade retomou com as foices, os machados e os punhos de Plácido de Castro (1873-1908) e seus seringueiros.

O Estado autoritário prendeu e exilou. A sociedade, com Teotônio Vilella (1917-1983), pela anistia, libertou e repatriou.

A sociedade foi Rubens Paiva (1929-1971), não os facínoras que o mataram.

Foi a sociedade mobilizada nos colossais comícios das Diretas Já, que pela transição e pela mudança derrotou o Estado usurpador.

Termino com as palavras com que comecei esta fala: A Nação quer mudar. A Nação deve mudar. A Nação vai mudar.

A Constituição pretende ser a voz, a letra, a vontade política da sociedade rumo à mudança.

Que a promulgação seja o nosso grito:
Mudar para vencer!
Muda, Brasil!

ULYSSES GUIMARÃES (Itirapina, São Paulo, 1916 – Angra dos Reis, Rio de Janeiro, 1992) foi advogado e deputado federal. Opositor da ditadura militar, participou do movimento das Diretas Já (1983-1984) e foi presidente da Assembleia Nacional Constituinte, responsável pela promulgação da Constituição.

FONTE: Excerto do discurso proferido na sessão de 5.10.1988, publicado no *Diário da Assembleia Nacional Constituinte*, pp. 14.380-82. Disponível em http://www2.camara.leg.br/atividade-legislativa/plenario/discursos/escrevendohistoria/25-anos-da-constituicaode-1988/constituinte-1987-1988/pdf/Ulysses%20Guimaraes%20-%20DISCURSO%20%20REVISADO.pdf. Acesso em 25.4.2022.

Depoimento de Jaime Cubero

ANTONIO JOSÉ ROMERA VALVERDE
ENTREVISTA JAIME CUBERO
1989

> O anarquismo é uma utopia positiva.
> — **Jaime Cubero**

AV **[Antonio Valverde]** Jaime, você frequentou escola, formalmente, até que grau e série?

JC **[Jaime Cubero]** Eu propriamente só tenho o curso primário, fiz três anos do curso primário. Quando tinha sete anos, ingressei no primeiro ano escolar, em Jundiaí, depois interrompi quando me transferi para São Paulo. Eu tinha ficado órfão de pai e, junto com meus irmãos — três homens e três mulheres —, fomos divididos pela família. Ficamos três com os avós paternos e três com os avós maternos. Posteriormente, a família resolveu reunir todos os irmãos com minha mãe, então eu vim para São Paulo. E tive que sair da escola. Chegando em São Paulo, como não havia vaga no primeiro ano escolar, eu fui matriculado logo no segundo ano para aproveitar a vaga que existia. Assim, eu praticamente estudei três anos do curso primário. E essa foi toda minha formação em bancos escolares. Eu tenho um diplominha que recebi no Grupo Escolar, do primário. Naquela época, o ensino era de quatro anos de primário, cinco de ginásio, depois havia um ou outro curso na fase terciária, por fim a universidade.

AV Jaime, você se considera um autodidata?

JC Considero-me, dentro dos meus conceitos de autodidatismo. Um autodidata porque, com a instrução que eu recebi no curso primário, não daria para fazer o que faço hoje, inclusive participar e até ocupar o cargo que ocupo aqui no Centro de Cultura Social. Eu não teria condições intelectuais nem nível para fazer o que faço se eu não tivesse uma instrução adequada para exercer essa função e mesmo para registrar um certificado de jornalista profissional, como cheguei a registrar. Se eu não tivesse uma instrução autodidata, não conseguiria grande coisa.

AV Do seu ponto de vista, o que é ser autodidata?

JC Essa é uma pergunta que demandaria muita reflexão... Aí nós teríamos que desenvolver todo um conceito, porque, é claro, o anarquista tem um conceito de educação que se contrapõe a toda concepção de educação dada pelo sistema capitalista, pelo sistema do poder constituído, que se propõe a reproduzir os valores do sistema eternamente, visando uma reprodução constante do sistema e da ordem.

O anarquista pensa em alterar, em modificar a sociedade. Para modificar a sociedade, ele considera que o ensino, a instrução, o conhecimento são alavancas necessárias. As pessoas têm que se munir de conhecimentos para poder agir, no sentido de mudar a sociedade, o que significa mudar a estrutura social. Então, é claro, não é por meio da escola oficial que as pessoas vão se preparar para mudar a sociedade. É mediante a aquisição de conhecimentos que possam gerar e desenvolver uma consciência crítica. Para quê? Para justamente se contrapor à estrutura da sociedade, como ela está constituída, e poder trabalhar para criar uma nova sociedade.

A partir dessa concepção valoriza-se extraordinariamente a educação, o aprendizado, o conhecimento por outras vias, que não as convencionais, e que começaram a ser desenvolvidas dentro das associações dos trabalhadores, desde o século 19. Isso é algo de que não se tem notícias precisas das origens. Acredito que exista desde que surgiu a necessidade de se libertar da própria opressão sentida pelos grupos sociais ao tomarem conhecimento de certos aspectos sociais. Começou então um processo de estudo, de informação para poder combater essa opressão, mas nós não podemos situar isso no tempo. Podemos dizer que foi a partir de um movimento criado pela perspectiva do movimento libertário desde o século 19. A partir de então os trabalhadores começaram a se organizar, foi quando começou a surgir realmente o movimento de massa, as associações de trabalhadores, de operários, que começaram a se organizar para se defender da extrema exploração de que eram vítimas. Aí, então, iniciaram a criação de instâncias de estudo, visando o conhecimento entre eles mesmos. Cito os exemplos da Espanha e do Brasil.

Eu posso citar o exemplo do meu pai, e ele não era propriamente vinculado ao movimento, mas teve uma experiência que foi passada por meio do que se fazia na Europa. Meu pai era o único que sabia ler nas fazendas, em Jundiaí, onde a família trabalhava. Ele reunia todas as noites, depois do trabalho, um grupo de colonos. E à luz de lampião, lia para eles, ensinava os outros a ler. Não era uma escola formal, como você vê, mas eles liam jornais e o que conseguiam. Os mais aptos, aqueles que tinham mesmo vontade de aprender a ler, queriam saber gramática também. Isso porque depois iam substituindo o meu pai em outros núcleos. Esse processo foi se disseminando e as pessoas foram desenvolvendo formas de passar conhecimentos, de passar instrução, de uma forma autogerida pelos próprios trabalhadores, fora da escola oficial. E por meio dessas lutas, juntando aquelas experiências mais as reclamações da população nos movimentos sociais de massa dos trabalhadores, foram sendo criadas escolas, legitimando essas conquistas. Depois as escolas passaram a estar a serviço do próprio sistema, porque recebiam um programa previamente elaborado, dirigido no sentido de implementar nos alunos os valores da "ordem". Então, dentro dessas formas de ensino, dessas formas de passar conhecimento e instrução, o caso é muito amplo.

É claro que há uma variação enorme de indivíduo para indivíduo, do potencial de cada um, da inquietude que cada um tem, porque surgem militantes que têm mais bulbo, outros menos, que têm um potencial até revolucionário maior do que outros. Então, sentem necessidade de saber mais, de se informar mais, daí ler mais, especular mais. Assim começa o processo do autodidatismo, do ensino mútuo. Coisa semelhante é o que se passou na Espanha do século passado [século 19].

A minha experiência pessoal está dentro desse aspecto do autodidatismo. Muito jovem, depois que eu saí da escola, senti uma necessidade muito grande de continuar estudando. Sentia mesmo. Eu posso contar uma experiência, uma frustração terrível de não poder continuar os meus estudos na escola.

Houve um concurso na escola de primeiro grau, onde fiz o curso primário, para escolher em toda a escola um aluno que obtivesse a melhor nota média. Esse aluno receberia uma bolsa de estudos, e eu ganhei o concurso, com uma diferença muito grande para o segundo colocado, mas eu não pude aproveitar aquela bolsa porque tinha que trabalhar, tinha que colocar alguma coisa em casa.

Com 11 anos comecei a trabalhar numa fábrica. Eram quase treze horas de trabalho por dia. Era o que se trabalhava por dia naquela ocasião. Era o ano de 1935, e eu entrava no trabalho às sete horas da manhã e saia às oito horas da noite, parava só para um lanche, uma refeição ligeira, sem interrupção, praticamente. Eu não pude continuar a estudar e a bolsa de estudos ganha foi cedida ao segundo colocado. Por aí você percebe as diferenças de oportunidades. É claro que a presença de um professor, um orientador, com critérios mais ou menos libertários, como os da Escola de Ferrer,[1] faz muita diferença no tratamento com os alunos...

A minha formação libertária deve muito a um professor que tive no último ano da escola, pois hoje — e mesmo antes, quando comecei a ganhar consciência política — o considero um professor libertário. Ele se chamava Noel Carlos dos Santos. Um dia ele chegou e me disse: "Bom, você não pode ir para o ginásio, onde você ganhou a bolsa de estudos, mas poderá estudar, eu tenho um externato, e você vem estudar comigo, você não vai pagar nada, te dou os livros, você só terá que dispor das horas". E nem isso eu pude aproveitar pela necessidade de ter que estar na fábrica, para ganhar algum [dinheiro]. Os meus irmãos todos, que tinham de 10 anos em diante, já trabalhavam.

Aquele professor já era um libertário, não só pela generosidade, mas porque os métodos que ele aplicava na sala de aula contrariavam tudo que estava estabelecido nas escolas. Enquanto era comum aplicar castigos rigorosos para aqueles colegas que copiavam dos outros, que colavam etc., ele juntava os alunos mais atrasados — com dificuldades de compreensão — com os mais adiantados, para estudarem em grupo. Dizia que o aluno, às vezes, aprende mais com o colega que com o próprio professor. Então, nós fazíamos sempre esse remanejamento.

Na ocasião dos exames finais, ele disse: "Vocês são filhos de trabalhadores", a maioria já tinha idade e trabalhava em fábrica. "Vocês não vão ter condições de continuar os estudos, o que é uma pena". Sentindo o problema, disse: "O que quiser continuar estudando vai ter que estudar por si mesmo". Era a forma da autopedagogia, do autodidatismo. Na hora dos exames, disse ainda: "Ninguém vai ser reprovado nesta sala". E sendo coerente com seu método de ensino, montou pequenos grupos, com alunos que sabiam mais e outros que sabiam menos. Dizia: "Fulano, fulano e fulano sentam juntos com fulano". E todos fizeram as provas baseados naqueles que conheciam mais, os mais habilitados. Lembro que, pessoalmente, na prova de Matemática, resolvi rapidamente os problemas e comecei a copiar e passar a solução para os colegas próximos e me atrasei. Atrasei tanto que, quando apareceu na porta o subdiretor dizendo que tínhamos cinco ou dez minutos para acabar a prova, eu ainda não tinha feito a minha, aí na hora da sofreguidão para copiar, acabei invertendo a resposta e a solução apareceu trocada. Tirei uma nota abaixo da dos companheiros que havia ajudado. Isso foi um detalhe engraçado que não esqueço até hoje.

Mesmo assim, ficou o exemplo edificante de professor. Naquela época havia uma pobreza tão grande, a gente lutava com tanta dificuldade, que os alunos não podiam comprar quase nada. Muitos não tinham calçados, outros não tinham uniformes e a Secretaria de Ensino Estadual fez uma determinação: a partir de certa data, todos os alunos deveriam usar uniforme. Calça branca e paletó azul. Era uma pobreza brutal. O tempo ia passando e eu não conseguia adquirir o uniforme. Lembro-me que as minhas tias de Jundiaí me deram a calça branca, que usei durante os três anos de curso — a mesma calça. Já o paletó era de saco de farinha tingido de anil. Minha irmã, que tinha doze anos e já costurava, fez o paletó para mim. No entanto, muitos não conseguiam de jeito nenhum o tal uniforme. Então, o diretor lançou um desafio: a primeira sala de aula que conseguisse se apresentar inteirinha uniformizada ganharia um dia de folga e uma bola para jogar. Aquilo para nós foi um estímulo enorme, pois eu passava todas as minhas poucas horas de folga jogando futebol na rua.

De novo, nosso professor mostrou sua face mais generosa e compreensiva. Disse: "Bom, é uma competição e é ruim a gente estar brigando com os outros, pois alguns vão perder, seria bom que todos pudessem vir uniformizados, mas nós formamos uma pequena comunidade...". Me lembro bem das palavras dele. "Somos uma classe, podemos perder porque tem aqui pessoas que não podem comprar de jeito nenhum até o dia marcado ou mesmo mandar tingir uma... Vamos fazer um esforço e cada um vai dar um tantinho que puder para comprar a roupa deles, mesmo se for para a gente não jogar bola, mas somente para mostrarmos o nosso esforço comum, nossa luta". Foi assim, e cada um deu vinte réis.

AV Em solidariedade...

JC A solidariedade era muito marcante entre nós. Cheguei em casa e contei essa história. Os recursos em casa ficavam com minha avó, aquela coisa de medir os tostõezinhos. Digo isso de uma forma simbólica, mas não estava muito longe da realidade de dividir um ovo em três. Minha avó fazia aquelas tortilhas de ovo e cortava em pedacinhos, que não correspondiam a um ovo por pessoa. Era uma pequena multidão o conjunto de todos os irmãos na hora da alimentação. Fizemos uma espécie de conselho e me deram a moedinha. Para mim, foi uma vitória junto com a classe poder concorrer e acabamos ganhando. E fomos jogar futebol. De novo o professor foi magnânimo, conseguiu que o diretor dispensasse também a outra sala que não tinha conseguido uniforme para todos os alunos. Foi uma boa experiência e aprendi o que pode a solidariedade... Aquele professor tinha mesmo um espírito libertário. Demoro nesse aspecto porque realmente teve uma grande influência na minha vida.

Ainda menino, com onze anos, eu chegava a ir até a porta do colégio, ficava rondando, morrendo de vontade de entrar, sofria quando via as crianças entrando. Voltava para casa, procurava um livro para ler. Minha avó tinha o hábito de ler romance e comprava uns, tipo folhetim, que vinham como encarte, um por semana. Nós líamos para ela, que não lia português, embora entendesse corretamente. Tinham coisas curiosas naquele tempo. Por exemplo, os horários. Marcava de jogar bola com a meninada na rua e estava lá na hora marcada. Tinha também o horário de ler o folhetim para minha avó e, às vezes, coincidiam. Então, eu lia atropeladamente para poder chegar a tempo ao jogo, mas ela me obrigava a ler de novo, pausadamente. Claro, perdia o jogo.

Aquela leitura, em princípio, era quase um castigo, mas me ajudou muito, porque era obrigado a ler em voz alta. Leitura em voz alta é um exercício muito bom, porque se aprende a falar corretamente cada palavra, dar as ênfases necessárias da leitura para que o ouvinte entenda e aprecie. Prestar atenção nos tempos verbais e mais serve para dominar a língua, embora a linguagem utilizada nos folhetins não fosse lá essas coisas em termos de literatura... Teve um desses romances que era insuportável, até pelo título: *A princesa seduzida e o condenado à morte*. Terrível no nome e em tudo, com mais de cem fascículos. Não terminava nunca. Em compensação, li um com cunho social, que contava a vida de trabalhadores em contraste com a dos donos das empresas, chamado *As damas da miséria*. Este li em voz alta mais de uma vez. E quando acabava de ler um livro, como não havia outro de imediato para ler, relia aquele mesmo. Outras vezes, tinha que reler como castigo por alguma desobediência. Uma vez fiquei na rua até tarde, num racha de bola. Como tinha passado a hora do jantar, fiquei de castigo por umas duas semanas, sem sair, só lendo. O racha não acabava nunca, era na base do doze vira e vinte e quatro acaba, só que não acabava nunca. Jogávamos sob o luar, que era fantástico. Quando chegava em casa era aquela surra, porque todos já tinham jantado.

Isso acontecia antes de começar a trabalhar. Porque depois, já trabalhando, passava em sebinhos e comprava livros. Uma ocasião, nunca esqueço, comprei um calhamaço com umas oitocentas páginas. Naquela época, os livros eram muitos volumosos e num só volume. Comprei pelo tamanho e disse: "Aqui tem leitura barata e boa por muito tempo". Quando cheguei em casa, minha avó ficou curiosa e quis saber se eu ia ler tudo e do que tratava. Comecei também a comprar revistas. Havia uma, tipo *Seleções*, mas toda feita aqui no Brasil mesmo. Esta reproduzia artigos e publicações do mundo inteiro, com informações científicas, políticas e sociológicas. Comprei a coleção inteira, aos poucos. Foge-me o título, mas não era a *Hoje*.

AV E o conceito de autodidatismo sob a concepção anarquista ou socialista libertária?

JC Desde o início, quando comecei a participar do movimento anarquista, entrei em contato com militantes que não tiveram nenhuma escolaridade regular, mas que demonstravam muito saber e conhecimento. Eu os admirava muito. Pensava que o conhecimento deles, a facilidade de falar, de escrever, era uma coisa adquirida com muito empenho pessoal e obstinação. Como uma verdadeira obrigação e envolvimento com o conhecimento e a militância. Uma responsabilidade de saber, mesmo sem condições materiais, sem condições de cursar regularmente qualquer coisa. Sentia que aquelas pessoas tinham a obrigação, impostas por elas mesmas, de procurar se instruir, de procurar os livros, de questioná-los. Logo que entrei para o Centro de Cultura Social, com 18 anos, fui percebendo o que se passava a minha volta e formei o conceito do que é ser militante anarquista. Se ele vai lutar no movimento pela mudança da sociedade, ele tem que estar preocupado com a sua formação intelectual. Nesse aspecto, eu me empolgava muito com os discursos do Edgard Leuenroth [1881-1968], sobre a formação e autoformação intelectual do militante, e o admirava demais. Ele foi para mim um ótimo exemplo de autodidata... Encontrei também o Pedro Catallo [1901-1969], que era sapateiro e escreveu muitas peças de teatro, sem nunca ter abandonado a sua bancada onde fazia sapatos. Ele dizia: "A formação intelectual é um dever ser, no sentido do sujeito se preparar, pois o saber é o meio de libertação, o instrumento de luta, mais objetivo e preciso ao seu alcance". Isso calava fundo em mim, porque quando o sujeito vai defender uma posição, como a do anarquismo, que do meu ponto de vista é superior em relação às outras posições políticas, ele tem que assumir a responsabilidade de defendê-la de fato. Porque o anarquismo não pressupõe a conquista do poder pelo poder, simplesmente, nem deseja os privilégios ou a conquista de bem-estar só para alguns poucos. O anarquismo é contrário aos padrões morais da sociedade de consumo.

O norte do anarquismo repousa em fundamentos puramente éticos e morais, porque o anarquista sente, simplesmente, prazer em ser digno. É a atitude ética que ele coloca em face da justiça, da equidade, da dignidade humana, da elevação e superação do homem pelo homem. Como o homem tem um potencial imenso voltado para a vontade de conhecer, isso tem que ser canalizado para procurar saber cada vez mais, sem limitações. Essa experiência de procurar o conhecimento eu vi em todos os militantes anarquistas, que não tinham frequentado os bancos escolares. Liam seus livros e, sempre que saia um livro novo, liam, estavam sempre estudando e discutindo no Centro de Cultura. Ainda há pouco estive em Porto Alegre e encontrei o Augusto.[2] Ele está com 84 anos, quase cego, diabético, mas passa todo o tempo lendo. Incrível, a leitura. Depois de um certo tempo, passa a compor uma segunda natureza do militante anarquista. O Augusto doou toda a biblioteca dele, com livros muito bons, alguns raríssimos hoje em dia. No entanto, me disse: "Vou ficar com esses, que ainda estou estudando". Sabe como ele lê? Com muita dificuldade, numa mão segura a lupa e, na outra, o livro. Foi assim, também, quando conheci o [José] Oiticica [1882-1957], no Rio de Janeiro. Ele estava com 74 anos, tinha já uma formação completa, acadêmica, foi professor a vida toda, deu cursos na Alemanha. Sabe o que ele estava fazendo? Estudando russo e, ao mesmo tempo, como músico, estudando Johann Sebastian Bach [1685-1750]. Não admitia que o avançado dos anos pudesse empobrecer o espírito.

O Mário Ferreira dos Santos [1907-1968], que era formado em Direito — a família tinha tradição na área — e que foi autodidata em Filosofia, dizia que o ato humano para ser verdadeiramente humano tem que ser livre. Num livro dele, intitulado *Filosofia e história da cultura* (1962), havia uma análise do que ele chamou de "Considerações em torno do ato humano". Primeiro, o sujeito tem que ter vontade de executar o ato. Segundo, ter conhecimento da finalidade do ato. Por último, liberdade para a execução do ato. Senão, não é ato humano. Assim se passa com o conhecimento. Com o ato de conhecer. É preciso liberdade para conhecer, para além do que o Estado e as autoridades impõem. Mário Ferreira chamava de nesciência, a ausência de conhecimento e de saber, em que o sujeito age sem compreender a finalidade do seu ato. Isso pressupõe a necessidade de um norte, uma orientação política para o conhecimento. Os animais agem instintivamente, mas com o homem é diferente: o que conta é a racionalidade do projeto. E para o militante da causa operária, sobretudo o anarquista que tenta pensar a sociedade com uma abrangência maior, atingir um nível de conhecimento e consciência é imprescindível.

AV Jaime, como os ateneus, de modo geral, e o Centro de Cultura Social de São Paulo, em particular, promoveram a cultura e o autodidatismo dos militantes?

JC A resposta é longa. Antes um pouco de história e propaganda. O Centro de Cultura Social de São Paulo foi fundado em 14 de janeiro de 1933, como remanescente das entidades culturais criadas pelo movimento anarcossindicalista e libertário nas primeiras décadas do século 20.

Quando o fluxo imigratório se acentuou a partir dos últimos anos do século passado [século 19], os trabalhadores que aqui chegavam, muitos deles saídos da militância anarquista na Europa, ao organizarem suas sociedades de resistência, não só para a luta por melhores condições de vida, mas movidos por ideais de transformação social, passaram a criar seus centros de cultura.

Cada associação, união, liga — ou como se chamasse a entidade profissional fundada — procurava criar o seu centro, ateneu ou grêmio cultural, transportando para o Brasil a prática do Movimento Libertário europeu e a preocupação permanente dos anarquistas com a educação e a cultura. Criou-se uma vasta rede de entidades culturais entre os trabalhadores, com suas bibliotecas, publicações, elencos teatrais etc. Pouca coisa restou da sanha policial nos longos períodos de repressão, quando bibliotecas, periódicos, programas e documentos eram destruídos. Só o zelo e uma resistência, em surdina, possibilitou a alguns militantes salvar o suficiente para testemunhar a imensa obra desenvolvida. Exemplifico com algumas entidades, dentre muitas outras, cujo registros e documentos foram mantidos: Grupo Filodramático Social (1905); Grupo Filodramático do Centro de Estudos Sociais do Brás (1906); Grupo Libertário do Brás (1910); Grupo Aurora Libertas (1911); Círculo de Estudo Sociais Francisco Ferrer (1912); Circolo Filodramático Libertário (1914); Centro Feminino Jovens Idealistas (1915); Associação Universidade Popular de Cultura Racionalista (1915); Centro de Estudos Sociais Juventude do Futuro (1920); Grupo Nova Era (1922); Biblioteca Social A Inovadora (1924). Todas de São Paulo. Essas entidades se espalharam pelo Brasil, com predominância em São Paulo e no Rio de Janeiro.

A partir de 1930, com refluir do movimento — por uma conjugação de fatores, que não cabe tratar aqui —, os militantes de São Paulo decidiram fundar uma entidade que, atendendo aos seus objetivos culturais e educativos, servisse de instrumento para desenvolver suas atividades como marco inicial de uma retomada na caminhada dos ideais libertários. Consta dos estatutos do Centro de Cultura Social que este tem por finalidade "estimular, apoiar e promover nos meios populares e principalmente entre os trabalhadores, onde as possibilidades de cultura são limitadas por toda espécie de empecilhos, o estudo de todos os problemas que se relacionam com a questão social". E mais: que o Centro "trabalhará para desenvolver nos meios populares o espírito de solidariedade... condena todas as formas de tirania que prejudicam as liberdades individuais e coletivas; todas as formas de exploração, que anulam as possibilidades econômicas para o desenvolvimento do indivíduo...". E mais, se propõe a "auxiliar a fundação de centros com igual finalidade em subúrbios e em outras cidades, estabelecendo com estes e com as entidades já existentes uma obra de trabalho conjunto".

Desde sua fundação, o Centro de Cultura Social promove intensa atividade cultural. Já em janeiro de 1933 anunciava a conferência da escritora argentina Concepción Fernandez, subordinada ao título de "Música como fator de aproximação dos povos". No dia 23 de julho do mesmo ano, anunciava grande ato comemorativo do primeiro aniversário da morte de Errico Malatesta [1853-1932]. Além das conferências, houve cursos, exposições, montagens teatrais com grupo próprio etc. O Centro de Cultura Social participou de campanhas políticas de envergadura, como a luta antifascista, juntamente com o jornal *A Plebe* e outros órgãos libertários. Promoveu comícios, publicou panfletos e, em sua sede, se reuniam os militantes, que culminaram enfrentando os integralistas no dia 4 de outubro de 1934. O Centro de Cultura Social sempre esteve presente nas lutas dos trabalhadores.

Em 1937, em consequência do golpe fascista de Getúlio Vargas [1882-1954], o Centro foi fechado, reabrindo em 2 de junho de 1945 e, novamente, sustou as atividades no dia 21 de abril de 1969, logo após ser promulgado o Ato Institucional n. 5, embora houvesse resistido à ditadura militar desde março de 1964 até aquela data, com a criação do Laboratório de Ensaio, a mais fecunda experiência do Centro de Cultura Social no campo das artes. Não sendo possível prosseguir, o Centro só voltou plenamente à vida ativa a partir de 14 de abril de 1985.

Seria por demais longo e exaustivo fazer um registro, mesmo parcial, da trajetória do Centro de Cultura Social. Um ou outro exemplo citado, quiçá os menos ilustrativos, não instrui sobre o essencial, o quanto importante, necessária e fundamental é sua atividade para o desenvolvimento do Movimento Libertário.

A ideia do Centro origina-se do Ateneu Libertário. A palavra ateneu vem do grego *athenáion*, nome que designava as associações de caráter cultural, científico ou literário, entidades não oficiais de instrução como academias. O nome também se aplicava ao local onde ocorriam as reuniões dessas sociedades.

A partir da segunda metade do século 19, na Europa, fundaram-se os primeiros Ateneus Libertários, dedicados a fomentar a cultura entre o proletariado. Os ateneus foram grandes promotores da arte, da cultura e do conhecimento em geral. Neles se originaram — ainda que os interesses dominantes hoje não sejam os mesmos, mas no fundo as necessidades não variavam — as aspirações à dignidade do ser humano e os anseios de liberdade em confronto com uma cultura enquadrada numa sociedade autoritária e discriminatória. Atenderam à necessidade de levar cultura e saber para as ruas e proporcionar abertamente os conhecimentos e a solidariedade desejada.

O Ateneu Libertário é uma associação autônoma e livre, com identidade própria, cuja organização é a federação livre e voluntária de indivíduos e grupos, tendo a Assembleia como órgão de discussão, debate e decisão, com cargos em contínua revogabilidade e permanente rotação. É um centro de aprendizagem e cultura libertárias. Seu âmbito de atuação é o público, a rua, o bairro e a cidade. O ateneu oferece-se para as tarefas de informação, formação e participação. O Ateneu Libertário baseia-se na cooperação e fundamenta-se no apoio mútuo. Liberdade e autogestão são seus motores primordiais.

Historicamente, na Europa, principalmente na Espanha, os ateneus tiveram e têm presença marcante na vida do movimento libertário e podem ser considerados como centros onde se expuseram, em todos os tempos, as preocupações e a prática dos militantes anarquistas. Neles convergem as tendências libertárias nos aspectos e nas formas diferentes de interpretar a luta contra o capitalismo e o Estado, nos aspectos diversos, mas inseparáveis da mesma realidade.

Situados em diferentes bairros de cidades grandes e pequenas, foram sempre um espaço de lazer e cultura para os trabalhadores após o horário de trabalho. Ao mesmo tempo, eram centros de instrução destinados a substituir os valores tradicionais de uma ordem hierarquizada e dividida em classes. Centros onde se destacavam os valores defendidos pelo Anarcossindicalismo e o Movimento Libertário. Tais valores repudiam e continuam repudiando a sociedade autoritária, e apresentavam e continuam apresentando as alternativas de uma sociedade nova baseada no apoio mútuo e numa ética de responsabilidade pessoal intransferível.

Isso significa assumir a responsabilidade com todos os seus riscos, a liberdade com todas as suas implicações, porque só a liberdade e a responsabilidade não delegadas podem criar uma vida nova.

Nos ateneus foram tratados assuntos nunca antes tocados em lugar nenhum: o estudo da sexualidade, da natureza e do equilíbrio desta com a pessoa humana, fundamento da atual ecologia. As escolas racionalistas foram outro aspecto demonstrativo da influência anarquista, das ideias-força do Anarquismo sobre pedagogia. A atualidade dos temas tratados demonstra a importância da função dos ateneus.

No Brasil, considerando as variáveis próprias de lugar e de tempo, o Centro de Cultura Social corresponde exatamente à função do Ateneu Libertário. Sua trajetória é adequada exatamente às mesmas finalidades: no passado, no presente e nas perspectivas futuras.

O Centro é essencial à projeção libertária sobre a vida atual, principalmente porque dessa projeção há de se prefigurar o mundo futuro que desejamos. Queremos dizer, desde o meio em que vivemos, desde a marginalidade de que nos desenvolvemos, devemos ganhar paulatinamente, mas sem descanso, espaços e setores de consciência e opinião. Devemos aumentar em quantidade, força e intensidade a presença libertária nos bairros, distritos e municípios.

Outros centros devem ser criados. Eles são o espaço dessa prática libertária generalizada, que deve ir substituindo os valores viciados da burguesia e do capitalismo, penetrando profundamente na consciência social.

Devemos estar nos sindicatos e nas entidades específicas, mas também devemos estar nos Centros de Cultura. Ademais, os centros e possíveis e futuras federações de centros terão um papel fundamental na configuração do Movimento Libertário, se conseguirmos torná-lo catalisador de todas as forças, correntes, tendências e práticas libertárias que atuam no seio da atual sociedade. As atividades dos Centros de Cultura devem orientar-se para o aprendizado e a formação das pessoas, priorizando o tratamento da ética libertária, essência de nossas atuações e esquemas organizativos.

Os Centros de Cultura são espaços de luta contra o autoritarismo existente, que se manifesta por meio da repressão que permeia todas as esferas de nossa vida, seja na família, na escola, no exército ou na fábrica. Quando alguém se rebela contra a ordem existente, o lugar que o espera é a prisão, o reformatório ou qualquer instituição criada para reprimir e castrar. A alternativa que surge como forma de luta é o Centro de Cultura, tentando arrebatar do Estado e do capitalismo, em espaços de atuação, parcelas do seu controle, por meio de uma educação e cultura não institucionalizada, desenvolvendo uma consciência crítica, que faça dos homens e das mulheres seres livres. Livres na atuação das ideias, sem influências estranhas ou artificiais à natureza de cada indivíduo.

À proporção que adquirimos conhecimentos, sentimo-nos mais livres. A grande força criadora do homem está no conhecimento. Conhecer é vencer obstáculos, é abrir espaços à liberdade. Sabem muito bem os poderosos que o saber liberta e, por isso, querem regulá-lo para, por esse meio, manietar mais facilmente o ser humano. Cultura às meias, conhecimentos bitolados, doutrinas oficiais, programas preestabelecidos, segundo interesses do Estado, controle total de todos os institutos e escolas de todos os níveis, destinados a reproduzir o sistema de privilégios em que vivemos, sempre usando medidas para evitar que o povo possa aquilatar a miséria moral e a mediocridade dos que governam.

Os Centros de Cultura hoje, como os ateneus ontem, são uma resposta: desenvolvendo atividade social, no apoio às lutas das comunidades (ecologia, saúde, educação etc.); participando sempre em prol da autogestão, contra a manipulação dos partidos políticos; incentivando a cultura e a educação libertárias, com palestras, cursos, festas, teatros, bibliotecas; e tudo que a criatividade, num espaço reprimido, faça germinar. Como a mola mestra é o conhecimento, o Centro é o lugar da troca de ideias, do ensino mútuo, que acaba favorecendo o autodidatismo.

A preocupação era a de criar uma forma de conhecer, dar um embasamento teórico para os trabalhadores, de modo que tivessem consciência da sua situação. Edgard Leuenroth usava muito a expressão "unidades conscientes" dos grupos. Eram as pessoas que atuavam conscientemente nas assembleias: consciência adquirida por meio de leituras, conferências, debates. Assim, todas as atividades passavam por esse lado didático. Um militante com mais experiência e conhecimentos era convidado para tratar de determinado assunto de interesse geral no Centro de Cultura. Depois da exposição, seguiam-se as perguntas da plateia. Nem sempre pacíficas, pois as pessoas tomavam partido e se empolgavam. Lembro de muito bate-boca entre o Pedro Catallo, que era esquentadíssimo, e o Manuel Taveira. Era o calor das ideias e a premência da ação. E todos foram autodidatas como o Florentino de Carvalho [1883-1947], Oswaldo Salgueiro, Antonio Ruiz Bello, Rodolfo Felipe, Avelino Fóscolo [1864-1944], Felipe Gil.

AV Os militantes autodidatas também aprendiam línguas estrangeiras?

JC Penso que sim, mas muitos já chegavam aqui sabendo. A questão era aprender o português. No Brasil, as primeiras associações de trabalhadores fizeram as primeiras publicações de textos e artigos sobre a situação da classe operária, e esses artigos eram publicados em língua estrangeira. De certa forma, eram jornais estrangeiros publicados aqui. Espanhóis, italianos, poucos alemães. Tivemos até jornais em alemão, publicados em Porto Alegre, até 1930. No entanto, ao mesmo tempo, havia necessidade de tradução para o português. Era muito comum encontrar militantes que sabiam mais que a língua materna. Muitos traduziam peças de teatro. Neno Vasco [1878-1920] e Gigi Damiani [1876-1953], mesmo o Pedro Catallo, traduziram peças de teatro, mas livros em francês, espanhol e italiano eram traduzidos normalmente. As neolatinas. O problema era com os livros em alemão, pois era raro encontrar um tradutor. Entretanto, muitos imigrantes anarquistas sabiam catalão, o que era uma excentricidade, mas o Oiticica, depois que entrou para o Movimento, traduziu muita coisa...

AV Jaime, você lia muito? Continua lendo bastante?

JC Ler, eu leio sempre, tenho o hábito de ler e, para dizer a verdade, tenho milhares de livros. Leio sempre que posso e geralmente de madrugada. Tenho sempre uma pilha de livros na cabeceira da cama. Em função das minhas atividades, eu direciono as leituras. Por exemplo, nesses dias, estou lendo sobre a Revolução Francesa, porque vou participar de um seminário na Universidade de São Paulo. No entanto, eu gosto mesmo é de literatura. Quando estou cansado, pego um romance e devoro. Nós, anarquistas, sempre tivemos o hábito de ler. Pedro Catallo, Edgard Leuenroth, Felipe Gil, todos gostavam de literatura, discutiam a filosofia das escolas literárias. Não leio Sociologia, Filosofia, Política sem intercalar com um bom romance, como uma espécie de lenitivo. A literatura contribuiu muito para minha formação, não só os clássicos, mas também os contemporâneos. Clássicos da literatura universal e brasileira, vou sempre comprando e lendo. De vez em quando, sinto necessidade de reler os livros de Filosofia do Mário Ferreira dos Santos. Tenho o hábito de ler, mas não de uma forma sistemática, como fazem algumas pessoas marcando tantas horas do dia, de maneira fanática.

AV Você tem escrito? Li o prefácio que você escreveu para *Os sindicatos operários e a revolução social* (1988), de Pierre Besnard [1886-1947].

JC Eu poderia até escrever mais, refletir e produzir mais, mas só tenho escrito quando sou solicitado a fazer. Tem uma parte de minha função aqui no Centro de Cultura que é burocrática, então mantenho a correspondência em dia, e artigos vou produzindo aos poucos.

AV Poucos militantes anarquistas brasileiros escreveram suas memórias. Você já pensou em assentar no papel tudo que você sabe, pensou e viveu como militante libertário?

JC Já cheguei a pensar e às vezes me dá vontade de começar a fazer um registro, mas até agora não parei para fazê-lo. Os militantes anarquistas autodidatas, que escreveram memórias, fizeram a pedido do Edgar Rodrigues [1921-2009]. Você pode verificar que ele as tem usado nos livros dele. Em notas de rodapé, aparece a indicação da citação feita. Assim, escreve ele, segundo a memória escrita de fulano... O Pedro Catallo e o Perdigão[3] fizeram. O Edgard Leuenroth se propunha a escrever, mas nunca chegou de fato a fazê-lo. A militância dele ficou devendo um trabalho de sua história pessoal. Tinha todos os documentos necessários, mas não escreveu. Quem escreveu, como tese de doutorado, foi a professora Yara Aun Khoury, sobre o Edgard e o movimento anarcossindicalista.

AV E a memória do Centro de Cultura Social de São Paulo está registrada?

JC Existe um documento mais voltado para a conceituação do Centro de Cultura Social, finalidade, função, expressão de luta e instrumento do Movimento Libertário. Nele respondi a uma série de questões que havia me proposto a responder. O trabalho tinha um endereço: foi escrito, inicialmente, para o pessoal do próprio Centro de Cultura. Nas atuais circunstâncias e expectativas do Movimento Libertário, o Centro de Cultura Social é um dos melhores instrumentos de expressão que ele dispõe, mas o ideal seria ter mesmo um veículo de comunicação, um órgão de imprensa para divulgar as ideias socialistas libertárias. E nesse sentido, o *Dealbar* foi o nosso último jornal. E o último com alcance nacional foi mesmo o *Inimigo do Rei*, editado na Bahia. O que o Centro faz mensalmente é publicar o seu Boletim, com edição e distribuição de mais ou menos três mil exemplares. O Boletim sai com um pequeno artigo no editorial, resenhas de livros, informações sobre o funcionamento do Centro de Cultura, a ordem dos eventos e das palestras e comentários políticos importantes para o momento. Nesse sentido, o Centro de Cultura é um passo no meio da caminhada até chegarmos, com amadurecimento e reflexão, a criar uma Federação.

AV Suas palavras finais...

JC Acho que falei demais e tenho tanto ainda para comentar. Penso que o autodidatismo é uma solução para o analfabetismo, dentro da perspectiva libertária, que além de aprender a ler contém um rumo ético e político. Tudo isso fundado na necessidade de expandir o potencial humano do conhecimento. Élisée Reclus [1830-1905] escreveu, em *Revolução e evolução* e *A terra e os homens*,[4] que é suficiente dar às crianças uma certa noção geral, ensinar a ler e a escrever, que depois por si mesmas elas aprenderão o que for do interesse e da necessidade delas. Pensava que a sociedade inteira deveria se transformar numa escola, na qual as crianças passariam a desenvolver-se segundo seus interesses, gostos, desejos. Ele escreveu e eu concordo com essa ideia. O sujeito, tendo uma base formal, vai em frente. Tenho muito gosto em tratar desses assuntos, porque sempre gostei de ler. E a minha ambição quando era menino era me tornar professor.

AV Mas de certo modo você é professor, tem dado conferências em universidades, como convidado especial, participado de bancas examinadoras de teses e de dissertações.

JC Isso tudo em função do Centro de Cultura Social. Eu tinha uma noção que foi amadurecendo. Para mim, professor não é o que passa matéria, como se diz. Isso qualquer um pode fazer, desde que habilitado pelo diploma. Professor é aquele que consegue motivar, despertar o interesse do aluno pela matéria, com um envolvimento prático, com muita simpatia. Às vezes ouvia o Mário Ferreira falar por três, quatro horas, voltava para casa e pegava um livro para ler. Não estava cansado, estava motivado. Há muitos professores dando aula por contingência, a maior parte deles se desenvolvem na profissão, mesmo não gostando dela. Então, a profissão de professor, que é maravilhosa, é encarada como uma parte da maldição geral do trabalho. Gostaria mesmo de ter sido professor, um professor libertário.

AV Muito obrigado, Jaime!

ANTONIO JOSÉ ROMERA VALVERDE é doutor em filosofia e história da educação pela Universidade Estadual de Campinas e professor do departamento de filosofia da Pontifícia Universidade Católica de São Paulo.

JAIME CUBERO (Jundiaí, São Paulo, 1926 – São Paulo, 1998) foi jornalista, intelectual e militante do movimento anarquista integrando, em 1933, o Centro de Cultura Social, criado pela convergência de entidades do movimento anarcossindicalista e libertário.

FONTE: Entrevista cedida a Antonio José Romera Valverde, entre 5-9.5.1989, no Centro de Cultura Social, em São Paulo. *Educação e Pesquisa*, v. 34, n. 2, pp. 393-408, mai.-ago, 2007. Versão revisada.

1 Referência a Francisco Ferrer Guardia, educador anarquista catalão e criador da Escola Moderna, baseada nos princípios da pedagogia libertária. [N. E.]

2 Trata-se do militante anarquista espanhol José Augusto Guardia, autodidata, membro da CNT, que lutou na Guerra Civil Espanhola. Durante a juventude, morou em Paris e entrou em contato com Jean Grave (1854-1939), Nestor Makhno (1888-1934), Sébastian Faure (1858-1942), dentre outros.

3 Trata-se de João Perdigão Gutierrez (1895-1970), cujas memórias estão em poder de Edgar Rodrigues. In: Edgar Rodrigues. *Socialismo: uma visão alfabética*. Rio de Janeiro: Porta Aberta, p. 9.

4 Refere-se às obras *Évolution & revolution* (1891) e *La terre et les hommes* (1876). [N. E.]

Retrocesso

RATOS DE PORÃO
1989

[img. 7] Não!
Não!

Cuidado com o poder
do regime militar.
O tempo vai retroceder
E o Doi-Codi vai voltar no
Brasil! Brasil! Brasil!

Por trás da festa do tri,
tortura e podridão.
Milhares de inocentes
sofreram porque queriam o bem do
Brasil! Brasil! Brasil!

Ame-o ou deixe-o,
essa era a solução
de Médici e sua corja
imposta para o povo do
Brasil! Brasil! Brasil!

RATOS DE PORÃO é uma banda formada em 1981 durante o movimento punk na cidade de São Paulo, tornando-se referência do punk hardcore brasileiro. Em 2022, a banda lançou o seu décimo terceiro álbum, *Necropolítica*.

FONTE: Jarbas Alves/João Carlos Molina Esteves/João Francisco Benedan/Nelson Onofrio Evangelista Jr/Ratos de Porão, "Retrocesso", 1'33". *Brasil*, 1989. Estudio Eldorado.

Xawara: o ouro canibal e a queda do céu

BRUCE ALBERT ENTREVISTA DAVI KOPENAWA
1990

Em entrevista concedida ao Centro Ecumênico de Documentação e Informação, em Brasília, no dia 9 de março de 1990 e registrada em vídeo, Davi Kopenawa Yanomami respondeu na própria língua às perguntas do antropólogo Bruce Albert, revelando a visão do jovem pajé da aldeia Demini sobre o drama vivido atualmente pelo seu povo.

BA **[Bruce Albert]** Gostaria que você contasse o que os Yanomami falam das epidemias que assolam o seu território por causa da invasão garimpeira.

DK **[Davi Kopenawa]** Vou te dizer o que nós pensamos. Nós chamamos estas epidemias de "xawara". A xawara que mata os Yanomami. É assim que nós chamamos epidemia. Agora sabemos da origem da xawara. No começo, nós pensávamos que ela se propagava sozinha, sem causa. Agora ela está crescendo muito e se alastrando em toda parte. O que chamamos de xawara há muito tempo nossos antepassados mantinham escondido. Omamë[1] mantinha a xawara escondida. Ele a mantinha escondida e não queria que os Yanomami mexessem com isto. Ele dizia: "Não! não toquem nisso!". Por isso ele a escondeu nas profundezas da terra. Ele dizia também: "Se isso fica na superfície da terra, todos Yanomami vão começar a morrer à toa!". Tendo falado isso, ele a enterrou bem profundo. Mas hoje os *nabëbë*, os brancos, depois de terem descoberto nossa floresta, foram tomados por um desejo frenético de tirar esta xawara do fundo da terra, onde Omamë a tinha guardado. Xawara é também o nome do que chamamos *booshikë*, a substância do metal, que vocês chamam "minério". Disso temos medo. A xawara do minério é inimiga dos Yanomami, de vocês também. Ela quer nos matar. Assim, se você começa a ficar doente, depois ela mata você. Por causa disso, nós, Yanomami, estamos muitos inquietos.

Quando o ouro fica no frio das profundezas da terra, aí tudo está bem. Tudo está realmente bem. Ele não é perigoso. Quando os brancos tiram o ouro da terra, eles o queimam, mexem com ele em cima do fogo como se fosse farinha. Isto faz sair fumaça dele. Assim se cria a xawara, que é essa fumaça do ouro. Depois, esta *xawara wakëxi*, esta "epidemia-fumaça", vai se alastrando na floresta, lá onde moram os Yanomami, mas também na terra dos brancos, em todo lugar. É por isso que estamos morrendo. Por causa desta fumaça. Ela se torna fumaça de sarampo. Ela se torna agressiva e quando isso acontece ela acaba com os Yanomami...

Quando os brancos guardam o ouro dentro de latas, ele também deixa escapar um tipo de fumaça. É o que dizem os mais velhos, os verdadeiros anciãos, que são grandes pajés. Quando os brancos secam o ouro dentro de latas com tampas bem fechadas e deixam essas latas expostas à quentura do sol, começa a sair uma fumaça, uma fumaça que não se vê e que se alastra e começa a matar os Yanomami. Ela faz também morrer os brancos, da mesma maneira. Não são só os Yanomami que morrem. Os brancos podem ser muito numerosos, eles acabarão morrendo todos também. É isto que os Yanomami falam entre eles...

Quando essa fumaça chega no peito do céu[2] ele começa também a ficar muito doente, ele começa também a ser atingido pela xawara. A terra também fica doente. E mesmo os *hekurabë*, os espíritos auxiliares dos pajés,[3] ficam muito doentes. Mesmo Omamë está atingido. Deosimë (Deus) também. É por isso que estamos agora muito preocupados. "Os pajés que já morreram vão querer se vingar, vão querer cortar o céu em pedaços para que ele desabe em cima da terra... Nós queremos contar tudo isso para os brancos, mas eles não escutam."

Tem também a fumaça das fábricas. Vocês pensam que Deomisë pode afugentar essa xawara, mas ele não pode repelir essa fumaça. Ele também vai ficar morrendo disso. Mesmo sendo um ser sobrenatural, ele vai ficar muito doente. Nós sabemos que as coisas andam assim, por isso estamos passando essas palavras para vocês. Mas os brancos não dão atenção. Eles não entendem isso e pensam simplesmente: "Esta gente está mentindo". Não há pajés entre os brancos, é por isso. Nós, Yanomami, temos pajés que inalam o pó de *yakõana*,[4] que é muito potente, e assim sabemos da xawara e ficamos muito inquietos. Não queremos morrer. Nós queremos ficar numerosos. Mas agora que os garimpeiros nos viram e se aproximaram de nós, apesar do fato de que Omamë tem guardado o ouro embaixo da terra, eles estão retirando grandes quantidades dele, cavando o chão da floresta. Por isso, agora, xawara cresceu muito. Ela está muito alta no céu, alastrou-se muito longe. Não são só os Yanomami que morrem. Todos vamos morrer juntos. Quando a fumaça encher o peito do céu, ele também vai ficar morrendo, como um Yanomami. Por isso, quando ficar doente, o trovão vai se fazer ouvir sem parar. O trovão vai ficar doente também e vai gritar de raiva, sem parar, sob o efeito do calor.

Assim, o céu vai acabar rachando. Os pajés Yanomami que morreram já são muitos, e vão querer se vingar... Quando os pajés morrem, os seus hekurabë, seus espíritos auxiliares, ficam muitos zangados. Eles veem que os brancos fazem morrer os pajés, seus "pais". Os hekurabë vão querer se vingar, vão querer cortar o céu em pedaços para que ele desabe em cima da terra; também vão fazer cair o sol, e, quando o sol cair, tudo vai escurecer. Quando as estrelas e a Lua também caírem, o céu vai ficar escuro. Nós queremos contar tudo isso para os brancos, mas eles não escutam. Eles são outra gente, e não entendem. Eu acho que eles não querem prestar atenção. Eles pensam: "Essa gente está simplesmente mentindo". É assim que eles pensam. Mas nós não mentimos. Eles não sabem dessas coisas. É por isso que eles pensam assim.

Os brancos parecem aumentar muito, mas, mais tarde, os Yanomami acabarão tendo a sua vingança. Isso porque os hekurabë estão aqui conosco e o céu também está, bem como o espírito de Omamë, que nos diz: "Não! Não fiquem desesperados! Mais tarde nós vamos ter a nossa vingança! Os garimpeiros, o governo, esses brancos que não gostam de nós... eles são outra gente, por isso eles querem nos fazer morrer. Mas nós teremos nossa vingança, eles também acabarão morrendo"... É assim também que pensam os hekurabë: "Sim! teremos nossa vingança!".

Nós, os pajés, também trabalhamos para vocês, os brancos. Por isso, quando os pajés todos estiverem mortos, vocês não conseguirão se livrar dos perigos que eles sabem repelir... Vocês ficarão sozinhos na terra e acabarão morrendo também. Quando o céu ficar realmente muito doente, não se terá mais pajés para segurá-lo com os seus hekurabë. Os brancos não sabem segurar o céu no seu lugar. Eles só ouvem a voz dos pajés, mas pensam, sem saber das coisas: "Eles estão falando à toa, é só mentira!". Quando os pajés ainda estão vivos, o céu pode estar muito doente, mas eles vão conseguir impedir que ele caia. Sim, ainda que ele queira cair, que ele comece a querer desabar em direção à terra, os pajés seguram ele no lugar. Isso porque nós, os Yanomami, nós ainda estamos existindo. Quando não houver mais Yanomami, aí o céu vai cair de vez. São os hekurabë dos pajés que seguram o céu. Ele pode começar a rachar com muito barulho, mas eles conseguem consertá-lo e o fazem ficar silencioso de novo. Quando nós, os Yanomami, morrermos todos, os hekurabë cortarão os espíritos da noite, que cairão. O Sol também acabará assim. Nos primeiros tempos, o céu já caiu, quando ele estava ainda frágil.[5] Agora ele está solidificado, mas, apesar disso, os hekurabë vão querer quebrá-lo. Eles também vão querer rasgar a terra. Um pedaço se rasgará por aqui, outro por aí, outro ainda numa outra direção. Tudo isso também cairá, todos cairão do outro lado da terra e todos morrerão juntos. É assim que serão as coisas, por isso estamos ficando muito inquietos. Mas os grandes pajés, os mais velhos, dizem-nos: "Não! Não fiquem inquietos! Mais tarde teremos nossa vingança! Da mesma maneira que eles estão nos fazendo morrer, nós também provocaremos sua morte!". É assim que os pajés falam.

Os hekurabë são muito valentes. Quando seus "pais", os velhos pajés, morrem, eles ficam com uma raiva-de-luto muito grande. Eles querem muito se vingar. Aí, eles começam a cortar o peito do céu. Mas outros hekurabë, que pertencem aos pajés que ficaram vivos, nos seguram, dizendo: "Não! Não façam isso! Ainda há outros pajés vivos! Os pajés mais jovens estão ficando no lugar dos mais velhos!"... Falando assim, eles conseguem impedir a queda do céu... "Os espíritos da xawara, os *xawararibë*, estão aumentando muito... Eles são tão numerosos quanto os garimpeiros, tão numerosos quanto os brancos. Por isso não conseguimos nos juntar o suficiente para lutar."

BA Os pajés e seus hekurabë estão tentando lutar contra a xawara. Como é essa luta?

DK Nós queremos acabar com a xawara, mas ela é muito resistente. Ela é toda enrugada e elástica, como borracha. Os hekurabë não conseguem cortá-la com suas armas e ela acaba segurando-os quando a atacam... Quando ela consegue, assim, se apoderar dos hekurabë, seus "pais", os pajés, morrem. Só mandando muitos outros hekurabë consegue-se arrancar os hekurabë que ela mantém presos... Aí, o pajé volta de novo à vida. Os espíritos da xawara, os xawararibë, estão aumentando muito. Por isso a fumaça da xawara é muito alta no céu. Eles são tão numerosos quanto os garimpeiros, tão numerosos quanto os brancos. Por isso não conseguimos nos juntar o suficiente para lutar. Os brancos não se juntam a nós contra a xawara. Os seus ouvidos são surdos às palavras dos pajés. Somente você, que é outro, entende essa língua. Os brancos não pensam "o céu vai desabar"... eles não se dizem "a xawara está nos devorando". Por isso ela está comendo também um monte das suas crianças, ela acaba com elas, as devora sem parar, as mata e moqueia como se fossem macacos que ela anda caçando. Ela amontoa, assim, um monte de crianças moqueadas. Todos Yanomami que ela mata são moqueados e juntados, assim, pela xawara. Só quando tem o bastante é que ela para. Ela mata um bocado de crianças de uma primeira vez e, um tempo depois, ataca um outro tanto. É assim. Xawara tem muita fome de carne humana; não quer caça nem peixes, ela só quer a carne do Yanomami, porque ela é uma criatura sobrenatural.

Quando os pajés tentam afugentar a fumaça da xawara que está no céu com chuva, também não dá. Ela está muito alta, fica fora de alcance e não pode ser afugentada. É assim que falamos dessas coisas entre nós. No começo eu não sabia de nada disso. Foram os grandes pajés, os mais velhos, que me ensinaram a pensar direito. Não sabia, mas agora aprendi. Está bom assim? Se você me perguntar outra coisa, te darei outras palavras minhas.

BA Se os garimpeiros não forem retirados das suas terras, o que você pensa que vai acontecer para o povo Yanomami? "Outros Yanomami não vão ser criados depois de nós. Quando os garimpeiros acabarem com os Yanomami, outros não vão surgir de novo assim..."

DK Se os garimpeiros continuam a andar em nossa floresta, se eles não voltam para o lugar deles, os Yanomami vão morrer, eles vão verdadeiramente acabar. Não vai haver pessoas para nos curar. Os brancos que nos curam, médicos e enfermeiras, são poucos. Por isso, se os garimpeiros continuarem trabalhando em nossa mata, nós vamos realmente morrer, nós vamos acabar, só vai sobreviver um pequeno grupo de nós. Já morreu muita gente, e eu não queria que se deixasse morrer toda essa gente... Mas os garimpeiros não gostam de nós, nós somos outra gente e por isso eles querem que nós morramos... Eles querem ficar sozinhos trabalhando. Eles querem ficar sozinhos com nossa floresta. Por isso estamos muito assustados. Outros Yanomami não vão ser criados depois de nós. Quando os garimpeiros acabarem com os Yanomami, outros não vão surgir de novo assim... não vão, não. Omamë já foi embora deste mundo para muito longe e não vai criar outros Yanomami. Não vai, não.

BA Você quer que eu traduza mais alguma coisa?

DK Agora você vai dar para os outros brancos as palavras que eu dei para você, e diga mais alguma coisa, você. Diga que, no começo, quando você morava lá... conte como a gente era, com boa saúde... Como a gente não morria à toa, a gente não tinha malária. Diga como a gente era realmente feliz. Como a gente caçava, como a gente fazia festas, como a gente era feliz. Você viu isso. Nós fazíamos pajelanças para curar. Hoje, os Yanomami nem fazem suas grandes malocas, que chamamos *yano*, só moram em pequenas *tapiris* no mato, embaixo de lona de plástico. Não fazem nem roça, nem vão caçar mais, porque eles ficam doentes o tempo todo. É isto.

BRUCE ALBERT (Marrocos, 1952) é doutor em antropologia pela Université Paris-Nanterre. Em 1978 participou da fundação da Comissão Pró-Yanomami, cujo objetivo inicial era a demarcação das terras Yanomami. É autor do livro *A queda do céu: palavras de um xamã yanomami* (2015), no qual transcreve os relatos de Davi Kopenawa.

DAVI KOPENAWA (rio Toototobi, Amazonas, *circa* 1956) é escritor, ativista socioambiental, líder e porta-voz do povo Yanomami. Ficou conhecido internacionalmente pela defesa das terras indígenas Yanomami, localizadas entre os estados de Amazonas e Roraima e homologadas em 1992. Em 1988, Davi Kopenawa foi premiado com o Global 500 Roll of Honour pela Organização das Nações Unidas por sua atuação em defesa do meio ambiente e dos direitos indígenas.

FONTE: Versão revisada da entrevista concedida por Davi Kopenawa e Bruce Albert ao Centro Ecumênico de Documentação e Informação, 9.3.1990. Disponível em https://pib.socioambiental.org/files/file/PIB_verbetes/yanomami/xawara. Acesso em 17.2.2022.

1 Criador da humanidade Yanomami e de suas regras culturais.

2 Para os Yanomami, o céu tem "costas" (onde moram os fantasmas, o trovão e diversas criaturas sobrenaturais) e um "peito", que é a abóbada celeste vista pelos humanos.

3 Espíritos descritos como humanoides miniaturas e que são manipulados pelos pajés (considerados seus "pais") para curar, agredir, influir sobre fenômenos e entidades cosmológicas etc.

4 Pó tirado da resina da árvore *Virola elongata*, que tem propriedades alucinógenas.

5 Antes dessa queda do céu, morava na terra uma humanidade Yanomami que foi precipitada no mundo subterrâneo, onde se transformou num povo de monstros canibais.

Resposta da sociedade civil à violência racial e de gênero

SUELI CARNEIRO
1993

O movimento de mulheres ressurge no Brasil em meados da década de 1970, no bojo das lutas empreendidas pela sociedade civil e por democracia e pelo fim da ditadura militar. Nasce marcado pelo engajamento nas questões políticas e sociais do país, mobilizando-se em campanhas pela anistia aos presos políticos, contra a tortura, contra a carestia, por creche, entre outras. Nesse contexto, o pensamento feminista se introduz no Brasil a partir do contato de mulheres exiladas com os movimentos feministas da Europa e dos Estados Unidos, trazendo para o Brasil a crítica à desigualdade de gênero. Ocorre a politização do espaço privado. Temas como sexualidade e violência doméstica se transformam em questões políticas. Esta nova visão coloca propostas de organização das mulheres a partir da perspectiva de gênero na agenda política dos partidos políticos, dos sindicatos e demais instituições sociais.

As contradições de gênero, apontadas pelas feministas, serão apropriadas e recriadas pelas mulheres das classes populares produzindo, cada vez mais, o entrelaçamento entre as questões de gênero e os problemas sociais gerais. Disso decorre que, ao longo do tempo, os Encontros Feministas passam cada vez mais a incorporar demandas específicas de mulheres pertencentes a diferentes segmentos sociais, trazendo reivindicações específicas como as trabalhadoras rurais, as empregadas domésticas, as mulheres negras, as sindicalistas etc. A participação desses diferentes setores vai permitindo o alargamento da compreensão de diferentes facetas da discriminação à mulher na sociedade brasileira e construindo bandeiras de luta e propostas de organização que buscam dar conta da diversidade de questões colocadas pelas mulheres.

Embora todo esse processo não tenha ocorrido sem contradições, ao longo dos últimos vinte anos constituíram-se organizações de mulheres a nível nacional, tendo por principais bandeiras de luta: o combate à violência contra a mulher, pela igualdade no mercado de trabalho, pelo direito à creche, pela descriminalização do aborto, pela regulamentação do emprego doméstico, pela paridade de direitos trabalhistas e previdenciários entre trabalhadores rurais e urbanos, pela igualdade legal no âmbito da família, pelo combate ao racismo e pela implantação do Programa de Atenção Integral à Saúde da Mulher (PAISM).

Desse processo de mobilização e organização das mulheres no Brasil resultou a realidade de onze Encontros Feministas, a conquista de vários espaços institucionais, como as Delegacias de Defesa da Mulher, os serviços de atendimento às mulheres vítimas de violência, os centros de estudos de relação de gênero instaurados nas principais universidades do país, os conselhos da condição feminina instituídos a nível municipal, estadual e federal e os órgãos governamentais encarregados do desenvolvimento de políticas públicas para a mulher.

Porém, é através da análise das conquistas obtidas pelas mulheres na nova Constituição de 1988 que temos uma dimensão mais global da luta travada pelo movimento de mulheres pela igualdade de direitos e oportunidades no Brasil. A Constituição de 1988 representou o ápice de um processo de lutas e conquistas que mudaram radicalmente a situação legal e social da mulher brasileira nos últimos 20 anos porque o movimento de mulheres conseguiu incorporar no novo texto constitucional 80% de suas reivindicações.

No entanto, se de um lado a conquista de direitos constitucionais representa um avanço importante na luta das mulheres, a tradição brasileira de incompatibilidade entre a lei e a prática social aponta para a necessidade de que se aumentem os esforços de mobilização e organização das mulheres pela defesa dos direitos arduamente conquistados. De outro lado, persiste um entulho de legislação discriminatória na legislação ordinária que terá que ser revista para que se regulamentem nos códigos os novos princípios constitucionais.

Esta é uma das mais importantes tarefas políticas colocada para o movimento de mulheres neste momento quando se avizinha a revisão constitucional prevista para 1994 que, nesta conjuntura mais conservadora do Congresso Nacional do que aquela encontrada pelo movimento em 1988, coloca em risco as conquistas obtidas. É neste sentido que está em curso neste momento a elaboração de propostas de revisão dos códigos civil e penal numa ação articulada de militantes feministas da área do direito do Brasil e da América Latina com vistas ao encaminhamento conjunto e apoio mútuo das mulheres do continente latino-americano, no sentido de que a revisão desses códigos contemplem as conquistas constitucionais e os interesses gerais das mulheres.

Permanecem ainda como prioridades políticas a luta pela descriminalização do aborto, a questão da esterilização de mulheres, a luta pela paridade de representação nos partidos políticos e sindicatos, o combate à violência contra a mulher e a implantação de políticas públicas que já são consensuais para os movimentos de mulheres, como por exemplo o PAISM.

Paralelamente ao movimento de mulheres, o movimento negro ressurge nos anos 1970, influenciado pelos movimentos de minorias internacionais, de libertação das nações africanas e de direitos civis dos negros norte-americanos. O assassinato de um trabalhador negro por policiais militares e a discriminação racial sofrida por dois atletas negros em um clube em São Paulo detonaram um processo que estava sendo gestado há anos, de recuperação da capacidade de manifestação e intervenção política dos negros brasileiros reprimida por vários momentos de autoritarismo desde a extinção da Frente Negra Brasileira, a maior organização política dos negros pós-abolição.

Tendo à frente ativistas, artistas e intelectuais negros, surge em junho de 1978 o Movimento Negro Unificado (MNU), que recoloca o problema racial para a sociedade brasileira, situando o racismo e a discriminação racial como aspectos estruturantes do tipo de dominação imposta pelo sistema capitalista com vistas a manter as desigualdades sociais e raciais. Por outro lado, para os setores tidos como progressistas ou de esquerda, a visão expressa pelo MNU sinaliza para a impossibilidade de se pensar na construção de uma sociedade justa e igualitária subordinando o problema racial à mera contradição de classes sociais, ou seja, a nova visão política emergente em 1978 preconiza que classe e raça são variáveis sociais que devem ser tratadas conjuntamente em qualquer proposta de sociedade em que esteja em jogo a eliminação das desigualdades sociais, particularmente em sociedades multirraciais como a brasileira. Tendo por principal eixo de luta o combate à violência policial, o MNU situa a violência sofrida pelo preso comum na mesma dimensão que a tortura sofrida pelos presos políticos, buscando sensibilizar as instituições de direitos humanos para a violência racial presente no cotidiano do povo negro.

A ação do MNU produziu efeito multiplicador na organização de entidades negras a nível nacional que, embora marcadas por diferentes visões políticas, vêm empreendendo a desmistificação do mito da democracia racial, ampliando a consciência racial do negro brasileiro, incorporando a questão racial nas propostas partidárias e de governo, conquistando espaços institucionais, elaborando propostas de políticas públicas, transformando as manifestações culturais negras em instrumentos de afirmação étnica e de combate ao racismo.

No entanto, apesar das trajetórias semelhantes, há grande diferença nos resultados obtidos pelo movimento negro comparado com os resultados obtidos pelos movimentos de mulheres. Ao longo destes vinte anos de luta é absolutamente seguro dizer que, malgrado o nível de desigualdade sofrido pelas mulheres, a sociedade brasileira mostrou-se, ao longo desse processo, muito mais receptiva para absorver a demanda de reivindicações das mulheres, do que a pauta de reivindicações e denúncias do movimento negro. A questão racial permanece sendo um dos maiores tabus da sociedade brasileira e todas as ações desenvolvidas historicamente pelo movimento negro buscam romper a conspiração do silêncio que envolve o racismo e a discriminação racial nesta sociedade. Isso se manifesta nas dificuldades que o movimento negro tem enfrentado para a incorporação da questão racial pelos agentes políticos, pelas instâncias acadêmicas e pelos agentes financiadores do movimento social.

Por outro lado, o movimento de mulheres, desde o seu início, pôde contar com um número significativo de mulheres oriundas das classes médias e superiores da sociedade que trouxeram para o movimento o capital político, social e intelectual de sua origem, promovendo o diálogo do movimento de mulheres com importantes setores da sociedade civil, com o movimento feminista internacional, facilitando, portanto, uma maior inserção da temática da mulher na sociedade. Diferentemente, o movimento negro, à medida que se amplia, apoia-se numa militância política e acadêmica precária, sem capital político, social ou econômico, sem tradição de disputa pelo poder, atuando sobre uma população negra prisioneira do mito da democracia racial e da ideologia do branqueamento, enfrentando ainda a resistência ao tema racial mesmo nos setores tidos como progressistas da sociedade. Essas condições atuaram e atuam ainda de maneira negativa no avanço organizativo dos negros no Brasil, na possibilidade de construção de alianças políticas consequentes, na capacidade de dar ampla visibilidade ao problema racial e buscar apoios e intercâmbios a nível internacional.

Porém, a conquista na nova Constituição do princípio constitucional que estabelece que "a prática do racismo constitui crime inafiançável e imprescritível, sujeito à pena de reclusão", situa a questão racial num novo patamar dentro da sociedade brasileira, visto que este princípio, ao reconhecer a prática do racismo e ao criminalizá-la, questiona a igualdade de direitos e oportunidades tão decantados pelo mito da democracia racial.

A perspectiva que emerge a partir do 1º Encontro Nacional de Entidades Negras, ocorrido em novembro de 1991, é que o movimento negro tem por prioridade política o fortalecimento das organizações negras, a capacitação dos quadros militantes e a definição de bandeiras que apoiem um projeto político que dê conta da totalidade da questão racial. Na interseção desses dois movimentos, assiste-se à emergência de um novo ator social: o Movimento de Mulheres Negras.

Em 1988, data do Centenário da Abolição da Escravidão, assistimos a uma ampla mobilização de mulheres negras em torno de suas questões específicas. O Centenário da Abolição constituiu-se no momento político propício para as mulheres negras expressarem com maior visibilidade um processo que vem sendo gestado há alguns anos, que é a sua crescente mobilização e organização na defesa de seus interesses. Esse processo culmina na realização, em dezembro de 1988, do 1º Encontro Nacional de Mulheres Negras, com a participação de 460 militantes, representando 17 estados da União.

A busca da afirmação política da mulher negra decorre da insuficiência com que a questão da mulher negra é tratada, tanto no movimento de mulheres quanto no movimento negro, e também do fato de que, malgrado a solidariedade de algumas feministas e militantes negros, a conjugação de racismo e sexismo sobre a mulher negra resulta na prática social que as conquistas dos movimentos de mulheres terminam privilegiando socialmente as mulheres brancas e as conquistas dos movimentos negros tendem a privilegiar os homens negros, mantendo-se para a mulher negra o confinamento nos piores lugares da hierarquia social.

Portanto, impõe-se para as mulheres negras a dupla militância, que consiste em assumir as bandeiras gerais do movimento negro e do movimento de mulheres, a partir de sua perspectiva. Porém, para que essa dupla militância seja consequente em seus objetivos, impõe-se outra, a organização independente das mulheres negras e sua constituição em força política, capaz de dialogar em condições de igualdade com as demais forças do movimento social e demais instituições sociais. A constituição da mulher negra como um novo ator político exigiu criatividade no sentido de demarcar a identidade política do ser mulher negra diante da questão da mulher e da questão do negro.

As formas de organização a serem engendradas por esse novo ator social, para fazerem jus à complexidade colocada por ele, carecem do mesmo esforço de criatividade, posto que a mera transposição das formas de organização do movimento de mulheres e do movimento negro talvez não respondam às necessidades das mulheres negras na sua complexidade. Ou seja, o movimento negro brasileiro, na sua expressão contemporânea e progressista, tem tido como modelo de organização política as organizações ou partidos de esquerda mais ou menos condicionados pela visão do centralismo democrático.

Diferentemente do movimento negro, o movimento de mulheres vem buscando historicamente formas mais horizontais de organização, que passam pela criação de coletivos, coordenações, redes etc.

Essas duas tradições estão presentes na experiência política das mulheres negras e o desafio colocado neste momento é a reelaboração destas experiências, na busca de novas formas de organização que conduzam a processos mais democráticos de tomada de decisão e encaminhamento da luta.

SUELI CARNEIRO (São Paulo, 1950) é doutora em filosofia pela Universidade de São Paulo e ativista antirracismo. Em 1988 fundou o Geledés — Instituto da Mulher Negra, organização que se articula em defesa de mulheres e negros, e em 1992 criou o Projeto Rappers, que denunciava a violência policial contra jovens negros da periferia de São Paulo.

FONTE: "Resposta da sociedade civil à violência racial e de gênero". *Cadernos Geledés*, n. 4, 1993. Versão revisada.

Pronunciamento no Senado Federal

BENEDITA DA SILVA
1995

Senhor presidente, senhores senadores, assumo o mandato no Senado Federal consciente da grande responsabilidade e também do privilégio que significa representar um estado com a importância econômica, política e cultural do Rio de Janeiro. Cartão de visita do Brasil, o Rio ostenta, com muito orgulho, glorioso passado de lutas, com seu povo trabalhador, generoso e combativo. Neste pronunciamento, quero deixar clara a minha visão dos problemas e prioridades nacionais, meus projetos para o estado do Rio de Janeiro e as linhas gerais que nortearão a minha atuação como senadora da República. Acima de tudo, gostaria de dizer que compartilho da crença do povo brasileiro na democracia. Conheço bem o povo e sei das enormes dificuldades que enfrenta todos os dias para ganhar a vida. Mas esse povo que sofre tanto continua disposto a ouvir, dialogar e participar.

Compartilho também da sua fé no trabalho, pois o povo sabe que esse é seu único bem, o meio que conta para viver e sustentar a sua família. Compartilho da sua confiança na solidariedade humana, na capacidade que todos nós temos para nos indignarmos com a miséria, a violência e a injustiça. Compartilho, finalmente, da esperança do povo na justiça social, cuja procura se move incansavelmente na sociedade, nas instituições e na consciência dos dirigentes da nação.

Assumo uma cadeira no Senado na condição de representante do estado do Rio de Janeiro. Mas aqui cheguei trazida pelos valores fundamentais cultuados pelo povo. Democracia, trabalho, solidariedade e justiça social são princípios que, se respeitados, fazem de qualquer país uma grande nação.

Entro nesta casa não com o punho cerrado, mas com a mão estendida para realizar, com os demais senadores, um trabalho pelo progresso do povo, do Brasil e de nossos respectivos estados. O Senado Federal é uma instituição que, por sua grande representatividade nacional, pode dar maior contribuição para a construção de um país mais justo e democrático.

Entendo que os valores fundamentais do povo devem ser não apenas proclamados, mas principalmente praticados. A minha atuação parlamentar continuará coerente com esse princípio. Podem ter certeza de que dignificarei o mandato de senadora da mesma forma com que dignifiquei todos os mandatos que me foram outorgados pelo povo. Sei que nesta casa existem divergências sobre as prioridades da nação. Numa democracia, divergências e debates são coisas normais, fazem parte de sua natureza. No entanto, quanto à gravidade e emergência da situação social do Brasil, acredito que haja consenso. Estou convicta de que nenhuma política econômica pode dar certo se não solucionar os problemas sociais.

Senhor presidente, senhores senadores, somos um país muito endividado, e não só de dívidas financeiras. O Brasil está em dívida com o seu próprio povo. Temos muitas contas a pagar na área social, no campo das relações raciais e na esfera cultural. São enormes as nossas dívidas com as crianças, com os adolescentes, com os idosos e com as mulheres. Penso que o principal desafio posto diante de todos os brasileiros, principalmente daqueles que ocupam cargos de liderança nos órgãos públicos e na iniciativa privada, é o de resolver a monumental dívida social historicamente acumulada. Somente enfrentando esse desafio podemos transformar o nosso país numa nação próspera, unida, pacífica e respeitada.

Em todas as fases de nossa história — colonial, monárquica e republicana —, o crescimento econômico do país nunca beneficiou a maioria da população, que se tornava cada vez mais pobre. Nas crises econômicas, socializavam-se os prejuízos; nos períodos de desenvolvimento, privatizavam-se os lucros. Durante o recente regime autoritário, tentou-se justificar essa injustiça social com a famigerada pseudoteoria do ex-ministro Delfim Netto, segundo a qual "primeiro o bolo precisa crescer para depois ser dividido". Pelo menos para o povo, o bolo nunca foi dividido. O resultado histórico de todos os modelos econômicos injustos adotados pelas elites brasileiras é a existência de uma nação socialmente dividida, com a maioria da população vivendo numa situação de indigência ou pobreza extrema.

O Brasil tem uma das piores distribuições de renda do planeta. Os 10% mais ricos da população recebem 53% da renda nacional. Nos Estados Unidos, os 10% mais ricos ficam com 25% da renda. Aqui, paga-se um dos mais baixos salários mínimos do mundo. Pior ainda, paga-se um dos mais baixos da América Latina. Mesmo assim, esse salário perde continuamente seu valor de compra. Enquanto em 1964 o trabalhador precisava trabalhar 39,5 horas para comprar a cesta básica, em 1980 precisava trabalhar 157 horas e, em 1992, 188 horas. Além disso, o subemprego é uma prática generalizada. Em 1990, somente 58,8% da população economicamente ativa tinham carteira assinada. Desse total, 36,7% viviam no campo. Em suma, a grande maioria dos trabalhadores subempregados não consegue nem ganhar o salário mínimo integral.

A maioria da população brasileira sofre um perverso processo de exclusão social. Mais de 10 milhões de crianças estão fora da escola. Mesmo entre as que estudam, grande parte acaba por abandonar os bancos escolares, seja por necessidade de trabalho, seja por falta de estímulo. Não há estímulo que resista diante de um ensino público de baixa qualidade e de uma educação elitista e discriminadora.

Para agravar o quadro, a população pobre sofre com todo tipo de doenças como consequência da desnutrição, da falta de saneamento básico e da crise do serviço de saúde pública. Cerca de 100 milhões de brasileiros consomem abaixo das 2.240 calorias diárias, que representam o mínimo vital para o ser humano. Desse total, 32 milhões de pessoas passam fome.

Como é profundo o abismo existente entre o reconhecimento formal e constitucional dos direitos do cidadão para todos os brasileiros e as condições subumanas em que vivem parcelas majoritárias do povo! É uma situação de apartheid social que agride a consciência democrática da nação. Essa situação, senhor presidente, gera um contexto psicossocial tenso, explosivo, discriminador, violento e autoritário, no qual a vida perde gradualmente seu valor. Na realidade, a preocupação imediata de grande parte da população é defender o seu direito à vida.

Precisamos ter a coragem de dizer que os segmentos mais pobres do povo brasileiro são vítimas de um genocídio lento, silencioso e ininterrupto. A mortalidade infantil ceifa milhões de recém-nascidos. A subnutrição, a fome e as doenças matam outros milhões de crianças, adultos e idosos. Os grupos de extermínio completam o serviço ao eliminar crianças, jovens e adultos não apenas das favelas e periferias das cidades, mas também do campo e do interior. Graças a Deus, contra esta barbárie, a sociedade se torna menos omissa. A opinião está tomando consciência de que a população que sofre também faz parte do Brasil e que todos estão no mesmo barco.

Senhor presidente, senhores senadores: os negros, indígenas, mestiços e pobres em geral que participam e continuam a participar da construção do país com o seu trabalho físico e intelectual sempre são deixados fora do edifício nacional; são vergonhosamente tratados como cidadãos de segunda categoria. Enquanto persistir tamanha injustiça social e continuar a absurda discriminação racial, nunca teremos uma democracia realmente ampla, sólida, enraizada.

Chego ao Senado com o voto de negros, mestiços, brancos e com o compromisso maior de lutar contra todo tipo de discriminação. Democracia significa, antes de tudo, o respeito às diferenças raciais, ideológicas, religiosas, culturais, regionais e de qualquer outra natureza. Assumo com muito orgulho minha negritude e minhas origens sociais. A trajetória que percorri, das bases sociais até minha atual condição, é uma referência da qual jamais me afastarei. Vou trabalhar incansavelmente pelo fim das desigualdades sociais, para que todos os brasileiros tenham a mesma oportunidade de ascensão social. Enquanto não assumir o caráter multirracial de sua identidade nacional, o Brasil não encontrará seu verdadeiro destino de grande nação.

No Dia da Consciência Negra, 20 de novembro, vamos comemorar os 300 anos da morte de Zumbi dos Palmares (1655-1695), ou melhor, da imortalidade, pois seu espírito rebelde continua vivo em todos nós. Zumbi foi o maior líder do Quilombo dos Palmares, uma comunidade democrática criada no século 17, na serra da Barriga, Alagoas, por escravos negros fugitivos; e ao longo de quase 100 anos Palmares foi uma comunidade multirracial da qual participaram também indígenas, brancos e mestiços. Portanto, Palmares é patrimônio histórico não apenas dos negros, mas também de todo o movimento democrático e popular do país.

A campanha pelos 300 anos da imortalidade de Zumbi é o momento ideal para se resgatar a identidade histórica do negro e para se discutir amplamente a discriminação racial no Brasil. É hora de realizar um grande diálogo multirracial para aprofundarmos a unidade nacional, com base no respeito às diferenças étnicas e raciais.

Pouco antes de morrer, o grande dramaturgo Oduvaldo Vianna Filho (1936-1974) definiu, com profundidade, a situação da cultura no Brasil. Disse ele:

> Reduzir uma sociedade de 100 milhões de pessoas a um mercado de 25 milhões exige um processo cultural muito intenso e sofisticado. É preciso embrutecer essa sociedade de uma forma que só se consegue com o refinamento dos meios de comunicação, da publicidade, com um certo paisagismo que disfarça a favela, que esconde as coisas.[1]

Desde então, esse quadro sociocultural piorou cada vez mais, o que confirma a aguda observação de Vianinha.

Em relação à cultura nacional, o Brasil tem uma grande dívida com o povo. Nossas raízes culturais são desprezadas, e o povo é envolvido pela superficialidade da cultura de massa, uma cultura esvaziada de qualidade criativa, de memória histórica e de identidade nacional.

Apesar do reconhecimento da Constituição, o caráter multirracial da cultura nacional não é respeitado na prática. Salvo algumas exceções, as culturas indígenas e afro-brasileiras, principalmente, não são protegidas nem estimuladas. A fixação de datas significativas para os diferentes componentes étnicos do país é desprezada. Nos principais meios de difusão cultural, o negro quase nunca aparece. E, quando aparece, é de forma subalterna ou distorcida. Nosso patrimônio cultural é tratado cronicamente com descaso e monotonia, sem a preocupação de atrair os interesses das novas gerações, que precisam da informação histórica para manter viva a identidade nacional.

Tenho ainda familiares com 95, 100 anos, e todos contam essa história. Eles viveram aquele momento; eu vivo outro momento. Lembro-me de que, todo dia 13 de maio, mamãe fazia reuniões em casa, com todos os filhos. Minhas avó e bisavó iam para lá, aconselhavam e contavam histórias, falando na sua língua. E repetiam sempre: "Não estão aqui todos os nossos filhos, porque alguns foram vendidos — e não sabemos para quem; não estão todos aqui, mas nós estamos aqui". E diziam: "Negro tem que ter vergonha; negro tem que ter brio; negro tem que vencer!". Elas diziam isso não com ódio, mas com amor e com carinho, até porque amamentaram muitas crianças brancas. Foram as negras que amamentaram os filhos dos brancos, que, assim, puderam dar ao país os governantes de hoje. Quantas de nós nas cozinhas, quantas de nós na senzala, quantas de nós nas ruas, quantas de nós nas casas, quantas de nós fora da política e quantas de nós na política!

Este momento não é apenas de comemoração e de emoção pura e simplesmente, mas é o momento de fazer valer os direitos conquistados com suor, com trabalho, com o sangue das escravas e dos escravos negros, dos índios, hoje uma sociedade miscigenada, injusta do ponto de vista social e injusta do ponto de vista racial.

Lembro-me perfeitamente — e aqui um adendo ao meu discurso, é necessário fazer esse comentário — de que, no dia da posse dos senadores, dia em que todos estávamos felizes com nossos familiares, recebendo as lideranças políticas, circulando por estes corredores e pelo plenário, aconteceu algo importante que preciso registrar. Passaram pela porta do meu gabinete e disseram: "Olha, aqui vai ser o gabinete da senadora Benedita da Silva; aqui vai ter de tudo, até pagode". Foi uma alusão depreciativa não ao pagode, mas à representação que exerço.

Pude ver a alegria estampada nos rostos dos democratas, das pessoas que conhecem minha luta — não se trata apenas de vaidade pessoal ou de uma representação partidária; trata-se do compromisso que cada um de nossos mandatos representa. Mas nem por isso deixaram de dar, como sempre dão, uma espetadela. Essas espetadelas não constituem pedras de tropeço; pelo contrário, alimentam a minha consciência e renovam a minha esperança de ver um país diferente.

Em relação à cultura nacional, o Brasil tem grande dívida com o povo. Nossas raízes culturais são desprezadas, e o povo é envolvido pela superficialidade da cultura de massa, uma cultura esvaziada de qualidade criativa, de memória histórica e de identidade nacional. Qualquer apoio à produção cultural de um povo com vocação artística, como o nosso, desperta rapidamente a criatividade e o interesse das pessoas. Mas a produção cultural de pequeno porte, que é aquela responsável por manter vivas as manifestações mais autênticas da cultura nacional, não conta com apoio significativo. A difusão de nossa produção cultural é muito reduzida e não tem espaço nos modernos meios de comunicação. Precisamos de políticas que visem ampliar de forma permanente o universo dos consumidores populares de cultura. Isso é muito importante para a elevação do grau de exigência artístico-cultural do povo e a ampliação do mercado cultural. A importância que se dá à cultura no Brasil pode ser medida na sua ínfima participação nos orçamentos públicos da União, dos estados e municípios. É necessário desenvolver a concepção de que investir na cultura significa investir na cidadania e na motivação social, econômica e política dos brasileiros.

Vivemos a sutileza do mito da democracia racial, mas esse é um assunto importante, que realmente muitos não assumem, porque mexe ideologicamente com sentimentos que deveremos assumir dentro da cultura que absorvemos. Estamos num país onde existem racismo e machismo, e a melhor forma de enfrentarmos isso é fazendo com que haja justiça, reconhecendo que esses sentimentos existem e que deles temos que abrir mão. Quem não é racista e machista num país onde essas injustiças foram cometidas? Como não existir racismo num país onde a escravidão teve lugar, onde os negros foram assassinados, exterminados e amarrados? Como não ter em cada um de nós esse preconceito? Como não existir o machismo num lugar onde há injustiça, onde as mulheres foram e continuam a ser maltratadas? É preciso que tenhamos consciência de que essa situação existe para, então, podermos trabalhar o racismo e o machismo que existe em cada um de nós, sendo homem, ou sendo mulher, ou sendo branco, ou sendo negro.

Conduzir o Brasil ao seu destino de país justo e democrático é um desafio muito grande. Não é tarefa de uma elite, nem de uma vanguarda, mas de todos os brasileiros, principalmente dos que formam o governo e dos que estão na oposição. Os dirigentes políticos precisam sair de seus gabinetes e dialogar com a nação sobre suas ideias e propostas. Devem buscar ampliar os pontos de consenso que alavancam o desenvolvimento do país. O meu caminho continuará sendo este, o do diálogo com a sociedade civil, com os movimentos sociais, com o povo. Anseio por um diálogo produtivo, destinado a gerar compromissos e ações práticas que transformem o meu estado e o país. Em meu mandato no Senado combino os componentes social, racial e feminino, que tradicionalmente identificaram a minha trajetória política, com os novos componentes decorrentes da representação federativa de que sou portadora como senadora da República.

Mas os diferentes componentes políticos que formam o meu mandato têm o mesmo objetivo: encurtar a enorme distância que existe entre a situação do povo e os direitos de cidadania inscritos na Constituição. Transformar o simples trabalhador em cidadão de fato significa produzir a força vital da democracia. No plenário e nas comissões desta Casa, nas ruas e nos recintos fechados, sempre estarei lutando pela construção da cidadania popular.

Tenho consciência de que, na defesa dos direitos humanos, é preciso incorporar novas questões, como a da geração de emprego e renda, a do meio ambiente, a de um novo padrão de desenvolvimento e a da governabilidade democrática, entre outras. Em conjunto, essas questões constituem a chamada segurança humana global.

Será por meio do diálogo com os diferentes setores da sociedade civil e do movimento popular que formularei projetos e articularei ações concretas coerentes com os compromissos do meu mandato. Estou fazendo a minha parte na busca de um consenso democrático para transformar o país.

Senhor presidente, senhoras e senhores senadores, como vereadora e deputada federal por dois mandatos, lutei pelos direitos dos despossuídos e discriminados, principalmente mediante propostas legislativas, comissões parlamentares de inquérito, denúncias e pressões políticas. Agora, no Senado, continuarei esse trabalho com o mesmo vigor, mas, simultaneamente, utilizarei todas as possibilidades que me confere a condição de senadora para obter do sistema econômico e dos poderes públicos um retorno efetivo para as demandas sociais reivindicadas pelo meu país e pelo meu estado.

Quero concluir afirmando que defendo o respeito, a dignidade humana e a concretização dos direitos de cidadania para o povo brasileiro. É lutando pela realização de nossas utopias individuais e coletivas que conquistaremos vitórias para ajudar na construção de um Brasil mais justo.

Era o que tinha a dizer, senhor presidente.

1 Oduvaldo Vianna Filho, *Vianinha: teatro, televisão, política*. Org. Fernando Peixoto. São Paulo: Brasiliense, 1983. [N. E.]

BENEDITA DA SILVA (Rio de Janeiro, 1942) é deputada federal pelo Partido dos Trabalhadores. Foi ministra de Assistência Social (2003-2004) no governo de Luiz Inácio Lula da Silva e secretária estadual de Assistência Social e Direitos Humanos do Rio de Janeiro (2007-2010). Implantou a Lei de Cotas na Universidade do Estado do Rio de Janeiro em 2002 e foi relatora da proposta de emenda constitucional que ampliava os direitos de trabalhadoras domésticas (2010).

FONTE: Versão revisada do excerto do pronunciamento de Benedita da Silva no Senado Federal em homenagem ao Dia Internacional pela Eliminação da Discriminação Racial. *Senado Federal*. Íntegra do pronunciamento disponível em https://www25.senado.leg.br/web/atividade/pronunciamentos/-/p/pronunciamento/165765. Acesso em 28.12.2021.

Fórmula mágica de paz

RACIONAIS MC'S
1997

[Mano Brown]
Essa porra é um campo minado.[1]
Quantas vezes eu pensei em me
jogar daqui?
Mas aí, minha área é tudo o que
eu tenho,
a minha vida é aqui, eu não
consigo sair.

É muito fácil fugir, mas eu não vou.
Não vou trair quem eu fui, quem
eu sou.
Eu gosto de onde eu tô e de onde
eu vim,
ensinamento da favela foi muito bom
pra mim.

Cada lugar um lugar, cada lugar
uma lei,
Cada lei uma razão, eu
sempre respeitei.
Qualquer jurisdição, qualquer área,
Jardim Santo Eduardo, Grajaú,
Missionária.

Funchal, Pedreira e tal, Joaniza,
eu tento adivinhar o que você
mais precisa.
Levantar sua goma ou comprar
uns pano,
um advogado pra tirar seu mano.

No dia da visita você diz
que eu vou mandar cigarro pros
maluco lá no xis.
Então, como eu tava dizendo,
sangue bom,

isso não é sermão, ouve aí, tenho
o dom.

Eu sei como é que é, é foda, parceiro,
é, a maldade na cabeça o dia inteiro.
Nada de roupa, nada de carro,
sem emprego,
não tem ibope, não tem rolê,
sem dinheiro.

Sendo assim, sem chance, sem mulher,
você sabe muito bem o que ela quer (é).
Encontre uma de caráter se você puder.
É embaçado ou não é?

Ninguém é mais que ninguém,
absolutamente,
aqui quem fala é mais um sobrevivente.
Eu era só um moleque, só pensava
em dançar,
cabelo black e tênis All-Star.

Na roda da função, mó zoeira,
tomando vinho seco em volta
da fogueira.
A noite inteira só contando história
sobre o crime, sobre as treta na escola.

Não tava nem aí, nem levava nada
a sério,
admirava os ladrão e os malandro
mais velho.
Mas se liga, olhe ao seu redor e
me diga,
o que melhorou, da função
quem sobrou?

Sei lá, muito velório rolou de lá pra cá.
Qual a próxima mãe que vai chorar?
Rá, demorou, mas hoje eu posso
compreender
que malandragem de verdade é viver.

Agradeço a Deus, aos orixás,
parei no meio do caminho e olhei
pra trás.
Meus outros mano todos foram
longe demais,
cemitério São Luiz, aqui jaz.

Mas que merda, meu oitão tá até
a boca,
que vida louca, por que é que tem que
ser assim?
Ontem eu sonhei que um fulano
aproximou de mim:
Agora eu quero ver ladrão, pá, pá, pá,
pá, fim.

É... sonho é sonho, deixa quieto,
sexto sentido é um dom, eu tô esperto.
Morrer é um fator, mas conforme for
tem no bolso, na agulha e mais cinco
no tambor.

Joga o jogo, vamos lá,
caiu a oito eu mato a par.
Eu não preciso de muito pra sentir-me
capaz
de encontrar a fórmula mágica da paz.

[Dagô Miranda e Mano Brown]
Eu vou procurar,
sei que vou encontrar,
eu vou procurar, eu vou procurar,
você não bota uma fé,
mas eu vou atrás
(da minha fórmula mágica da paz)

Eu vou procurar,
sei que vou encontrar,
(procure a sua)
eu vou procurar, eu vou procurar,
você não bota uma fé,
(eu vou atrás da minha)
você não bota uma fé

[Mano Brown]
Caralho, que calor, que horas
são agora?
Dá pra ouvir a pivetada gritando
lá fora.
Hoje acordei cedo pra ver,
sentir a brisa de manhã e o sol nascer.

É época de pipa, o céu tá cheio,
quinze anos atrás eu tava ali no meio.
Lembrei de quando era pequeno, eu e
os cara,
(faz tempo) faz tempo, e o tempo
não para.

Hoje tá da hora o esquema pra sair,
É, vamo, não demora, mano, chega aí.

[Ice Blue]
Cê viu ontem? os tiro ouvi de monte!
Então, diz que tem uma pá de sangue
no campão.

[Mano Brown]
Mas, ih, mano, toda mão é sempre a
mesma ideia junto,
Treta, tiro, sangue, aí, muda de assunto.
Traz a fita pra eu ouvir porque eu
tô sem,
principalmente aquela lá do Jorge Ben.

Uma pá de mano preso chora a solidão,
uma pá de mano solto sem disposição.
Empenhorando por aí rádio, tênis,
calça,
acende num cachimbo, virou fumaça.

Não é por nada não, mas aí, nem me
liga (ó),
a minha liberdade eu curto
bem melhor.
Eu não tô nem aí pra o que os
outros fala,
quatro, cinco, seis preto num Opala.

Pode vir gambé, paga pau,
tô na minha, na moral,
na maior, sem goró,
sem pacau, sem pó.

Eu tô ligeiro,
Eu tenho a minha regra.
Não sou pedreiro,
nao fumo pedra.

Um rolê com os aliados já me faz feliz,
respeito mútuo é a chave, é o que eu
sempre quis.
Procure a sua, a minha eu vou atrás,
até mais,
da fórmula mágica da paz.

[Dagô Miranda e Mano Brown]
Eu vou procurar,
sei que vou encontrar,
eu vou procurar, eu vou procurar,
você não bota uma fé,
mas eu vou atrás
(da minha fórmula mágica da paz)

Eu vou procurar,
sei que vou encontrar,
(procure a sua)
eu vou procurar, eu vou procurar,
você não bota uma fé,
(eu vou atrás da minha)
você não bota uma fé

[Mano Brown]
Choro e correria no saguão do hospital,
Dia das criança, feriado indo pro final.
Sangue e agonia, entra pelo corredor:
Ele tá vivo? Pelo amor de Deus, doutor!

Quatro tiros do pescoço pra cima,
puta que pariu, a chance é mínima.
Aqui fora, revolta e dor,
lá dentro, estado desesperador.

Eu percebi quem eu sou realmente
quando eu ouvi o meu subconsciente:
E aí, Mano Brown, cuzão, cadê você?
Seu mano tá morrendo o que você
vai fazer?

Pode crê, eu me senti inútil, eu me
senti pequeno,
mais um cuzão vingativo (vai vendo).
Puta desespero, não dá pra acreditar,
que pesadelo, eu quero acordar.

Não dá, não deu, não daria de
jeito nenhum,
o Derley era só mais um rapaz comum.
Dali a poucos minutos,
mais uma dona Maria de luto.

Na parede o sinal da cruz, que porra
é essa?
Que mundo é esse? Onde tá Jesus?
Mais uma vez o emissário
não incluiu Capão Redondo em
seu itinerário.

Porra, eu tô confuso, preciso pensar,
me dá um tempo pra eu raciocinar.
Eu já não sei distinguir quem tá errado,
sei lá, minha ideologia enfraqueceu.

Preto, branco, polícia, ladrão, ou eu,
quem é mais filha da puta, eu não sei.
Aí fodeu, fodeu, decepção essas hora,
a depressão quer me pegar, vou
sair fora.

Dois de novembro era Finado,
eu parei em frente ao São Luiz, do
outro lado.
E durante uma meia hora olhei um
por um,
e o que todas as senhoras tinham
em comum?

A roupa humilde, a pele escura,
o rosto abatido pela vida dura,
Colocando flores sobre a sepultura,
podia ser a minha mãe (que loucura).

Cada lugar uma lei, eu tô ligado,
no extremo sul da zona sul tá
tudo errado.
Aqui vale muito pouco a sua vida,
nossa lei é falha, violenta e suicida.

Se diz que me diz que não se revela,
parágrafo primeiro na lei da favela.
Legal, assustador é quando se descobre
que tudo deu em nada e que só
morre pobre.

A gente vive se matando irmão,
por quê?
Não me olha assim, eu sou igual a você.
Descanse o seu gatilho, descanse o
seu gatilho,
entre no trem da malandragem, o meu
rap é o trilho.

(Vou dizer...) Pra todas a famílias aí que perderam pessoas importantes, morô, meu, procure a sua paz. Não se acostumem com esse cotidiano violento, que essa não é a sua vida, essa não é a minha vida, morô, mano. Aí, Derley, descanse em paz. Aí, Carlinhos, procure a sua paz. Aí, Kiko, você deixou saudade, morô, mano.

Eu tenho muito a agradecer por tudo. Cheguei aos 27, sou um vencedor, tá ligado, mano. Aí, procure a sua, eu vou atrás da minha fórmula mágica da paz. Aí, manda um toque na quebrada lá, Cohab, Adventista e pá, rapaziada. Procure a sua paz.

Aqui quem fala é Mano Brown, mais um sobrevivente. 27 anos contrariando a estatística, morô, mano?

Você pode encontrar a sua paz, o seu paraíso. Você pode encontrar o seu inferno. Eu procuro a paz.

RACIONAIS MC'S é um grupo brasileiro de rap que surgiu no final dos anos 1980 com um discurso que tinha a preocupação de denunciar o racismo e o sistema capitalista opressor que patrocinava a miséria automaticamente ligada à violência e ao crime. O grupo, ainda com forte engajamento na luta contra o racismo e a discriminação, continua a deixar seu legado e a construir uma história ao lado das pessoas que sempre os acompanharam.

FONTE: "Fórmula mágica da paz". 10'40". *Sobrevivendo no inferno*, 1997. A faixa, produzida por KL Jay, conta com samples de "Attitudes" (1977), de Bar-Kays, e "Me dê motivo" (1983), de Tim Maia.

1 Sobre Racionais MC's, ver Walter Garcia, "Elementos para a crítica da estética do Racionais MC's (1990-2006)". *Ideias*, v. 4, n. 2, 2013, pp. 81-108; e Acauam Silverio de Oliveira, *O fim da canção? Racionais MC's como efeito colateral do sistema cancional brasileiro*. Tese de Doutorado. Universidade de São Paulo, 2015. Sobre o rap brasileiro ver Roberto Camargos, *Rap e política: percepções da vida social brasileira*. São Paulo: Boitempo, 2015; e Guilherme Machado Botelho, *Quanto vale o show? O fino rap de Athalyba-Man. A inserção social do periférico através do mercado de música popular*. Dissertação de Mestrado. Universidade de São Paulo, 2018. [N. E.]

A epopeia dos guerreiros balaios na versão dos oprimidos

MAGNO JOSÉ CRUZ
1998

Dá licença rapazeada
Que eu aqui vou relatar
(Prestem muita atenção!)
Pra depois poder contar
Pois aconteceu no Maranhão
No Piauí e Ceará.

Foi em mil e oitocentos
No ano de trinta e oito
Quando explodiu a Balaiada
Com muitos cabras afoitos
Pra agarrar a burguesada
E, ó, cortar-lhe o pescoço.

Brigavam bem-te-vis e cabanos
Na política do Maranhão
Briga de jornal (lero-lero)
Vejam a comparação:
Briga de Sarney e Castelo
Pra enganar Zé Povão.

A Província naquela época
Tinha problemas sociais
Sofriam caboclos e negros
Com os preconceitos raciais
Fome, pega, desemprego
Tudo consta nos anais.

Esses negros organizados
Chamados de quilombolas
Viram na Balaiada
Que era chegada a hora
Da liberdade sonhada
Renascer naquela aurora.

Cosme Bento das Chagas
Logo então se destacou
E lá de Lagoa Amarela
Três mil negros libertou
E com tal valentia cega
A Balaiada engrossou.

Ali Negro Cosme implantou
Uma conceituada escola
Para ensinar ler e escrever
À toda massa quilombola
Queria o líder dizer:
"Façamos nossa história".

Na história que tem nos livros
Escritos pela burguesia
Cosme é o grande bandido
(Ora vejam, quem diria!)
E Luís, racista assumido
É o herói Duque de Caxias.

Contei parte da Balaiada
E da bravura daquela gente
Há muito o que contar
Da lição desses valentes
Cosme, Balaio e Matroá
Pois quem luta sempre vence.

A luta não terminou
Pois a exploração continua
Vamos ser os novos balaios
E sairmos todos às ruas
Gritando contra os lacaios.

MAGNO JOSÉ CRUZ (São Luís, 1951–2010) foi presidente do Centro de Cultura Negra do Maranhão e militante da Sociedade Maranhense de Direitos Humanos.

FONTE: "A epopeia dos guerreiros balaios na versão dos oprimidos". *Coleção Negro Cosme*, dez. 1998.

Um dia por vez

NO VIOLENCE
2000

Dona Maria faz de cabeça as contas
das despesas do mês,
apertada no busão cheio às cinco e
meia da manhã.
Fez o café pro filho e pro Altair antes
de sair.
Edilson é office-boy e seu esposo faz
uns bicos por aí.

Um dia por vez.
Um dia por vez.

Na "casa de família" ela chega
bem cedinho,
ganha duzentão por mês e a patroa
uma plástica por ano.
Às vezes ela compara, mas acha que
inveja é pecado,
mas no fundo gostaria de ter ao me-
nos estudado.

Um dia por vez.
Um dia por vez.

Já há vinte anos trabalha naquela casa,
não recolhe previdência e não
é registrada.
Limpa o DVD, a TV e o computador
com flanela,
e lembra que em sua casa há um sofá
velho na sala.

Vida maldita! (pensei)
Vida desgraçada!
Mas ela não pensa assim,
acha que é abençoada.

E com os olhos brilhando me falou de
sua fé,
com tanta esperança que até fi-
quei impressionado.
Ela me contou do mutirão pra encher
a sua laje
e do esgoto da sua rua, finalmen-
te encanado.

E imaginava um futuro cercado por
seus netinhos,
todos de pele escura e dentes
bem branquinhos.
E queria envelhecer ao lado do seu
Altair
e me dizia: "Seu moço, o que eu quero
mais pra ser feliz?"

NO VIOLENCE (1989-2005) foi uma das mais influentes bandas de hardcore do Brasil. Formada em São Paulo, a banda possui uma discografia lançada de forma independente, com músicas marcadas por letras com temas sociais e políticos.

FONTE: Ruy F./No Violence, "Um dia por vez", 1'36". *No Violence: Prioridades/Abuso Sonoro: Contraataque*, 2000. 2+2=5 Records e Luna Records.

No Brooklin

SABOTAGE
2000

[Satia][1]
Lá no bairro do Brooklin, reparei que, na periferia, a maioria dos moradores é gente pobre, carente de cultura própria. O terceiro mundo tem sido cruel. Eu vejo a marca do sofrimento no rosto dos brasileiros. É, Sabotage, cada pessoa tem a sua história, e o respeito é tu que faz prevalecer. Vai na fé, negô!

[Sabotage]
Olhe por mais um nessa terra, Senhor do Bonfim,
sem ter medo de colar, cheguei no sapatim.
Trabalhador, ladrão, irá se divertir,
sou Sabotage, há tempos que Jesus pede assim.
Por que não?
Mais uma vez, esse conselho, sim, vou seguir,
Mais uma vez, esse conselho eu vim pra seguir,
Há muito tempo, esse conselho eu
venho buscando e é de Deus que eu preciso pra seguir.

No Brooklin, lembrei, sim, foram várias leis,
mil veneno, sofrimento passado ali dentro.
Por ali, tudo mudou, mas eu não posso moscar,
o que é aquilo? Lá vem tiro, é os pilantras, se pá.

Submundo do subúrbio faz vítima
em tudo,
fuzil na mão, dominado, mão, alguém
gritou "sujou".
Nessas horas amarelou, merece uma
pá de soco
por dar brecha, deixar goela ou morar
na favela.

Uia! Espera aí, o Helião citou
o Cicatriz,
irmãozinho, na moral, na humilde,
ajuda o crime.
Dando escassez, querem rir do
meu fim,
podem vir, não vou fugir, tô aqui, sou
assim, por que não?

Mais uma vez, esse conselho, eu vim
pra seguir,
Mais uma vez, esse conselho, sim,
vou seguir,
Há muito tempo, esse conselho eu
venho buscando e é de Deus que eu
preciso pra seguir.

[Negra Li]
Zona sul,
no Brooklin aprendi viver.
E o respeito de um por um
faz a paz prevalecer.

[Sabotage]
Ah, Senhor (é), pedir a Deus, outra
vez, a razão,
Não vou ficar imóvel, irmão.
Quem me tirou, vou embaçar,
Eu não devo, eu não cagueto, pra
pipoca querer me tirar.

Mas aí, senti firmeza ao ver o
Xis gravar,
que puta salve, na moral, os caras
corre atrás.
Isto nos leva a crer: o rapper
tem poder,
várias histórias do planeta chegam
pra você.

Canto pra loucos que me entendem,
Tô aqui, sou assim,
se for do louco, a gente mesmo
acende, então.
Fogo na bomba, o Mikimba
disse anteriormente,
três tragada, solta o preso, corre um
beck, aí.

Mais uma vez, esse conselho, irmão
eu vim pra seguir,
Mais uma vez, esse conselho, sim,
vou seguir,
Há muito tempo, esse conselho eu
venho buscando
e é de Deus que eu preciso pra seguir.

Mais uma vez, esse conselho, sim,
vou seguir,
Mais uma vez, esse conselho eu tenho
que seguir,
Há muito tempo, esse conselho eu
venho buscando e é de Deus que eu
preciso pra seguir.

[Negra Li]
Zona sul,
no Brooklin aprendi viver.
E o respeito de um por um
faz a paz prevalecer.

[Sabotage]
A essas horas, nem vem com
historinhas e glórias,
ou seja, histórias e glórias que não
estão na memória.
Eu deixo um salve das ruas da sul
para a sua, ladrão:
é que o dinheiro nunca compre
sua postura.

Então, breve
Estou registrando e nunca esquece.
Por isso, meu vacilo, ô, gambé,
nunca espere,
Vê se me esquece, sai fora, desaparece,
Deus é poderoso e nós todos protege.

How, Rappin' Hood! Família sempre
se ilude, discute,
troca, boatos rolam.
Logo surgirão os disse-me-disse,
e o Cachorrão, sério, mesmo, tá longe
do crime.

Há muito tempo, ele me disse:

A quebrada é embaçada,
tem homem revistando homem,
forjando de monte,
nas Espraiadas, lá na Conde.

Ali, quem eles catam, é óbvio
que embaça,
o Peter, a Aline e o Casca caíram
em cilada.
De vez em quando, a lei vai lá pra
nos atrapalhar,
Choque, borrachada, bala perdida,
coronhada.

Cotidiano violento na favela
da Espraiada,
quem tem sorte, é forte, enfrenta,
tenta catar.
Em plena praça, se pá, presenciei, não
imaginava
puta salseiro no Itaú da rua Alba.

Agência desossada, PM acionada.
Celular na mão do zé povim virou
uma arma.
Que louco, sufoco, o malote tá com o
louco, pipoco.
Agora, é cada um por si e Deus
por todos.

A meio corpo, eu vejo um gordo
enfiando bala,
Pra ser mais claro, parou de AR-15
aquela barca.
Impressionante, cena cinematográfica,
central de Santo Amaro, Brooklin,
sul, o tempo não para.

Não tem desculpa, só tem disputa.
País que vive a luta,
se vem das ruas.
pergunta curta.

Se liga, juca, favela pede paz, lazer,
cultura.
Inteligência, não muvuca.
Rap é compromisso, esse é meu hino
que me mantém vivo.
Então, que seja breve e considere isso.

Branco e preto pobres não dão sorte
contra o meritíssimo,
então, vai arriscar? Se errar,
tá perdido.
Tipo um portador do vírus, magoado,
esquecido.

Sem minha mãe, sem meu irmão, só
meus filhos.

Porque, do lado de lá da sul fica
esquisito
E, pra provar, ladrão, o rap
é compromisso.
Pra uns, pode até ser, pra maioria, não
é viagem.
Favela do Canão (Brooklin), Sabotage.

[Marrom]
Humildade me faz correr, ir atrás
da paz,
se puxa um beck, somente,
não satisfaz.
Se embaixo do pontilhão
da Espraiada,
eu vejo, ali, a molecada.
Que puxa um beck, e não come nada
Escuta um rap, dá uma paulada, os
homem enquadra
Tá na chuva,
chuva vem pra molhar.

[Negra Li]
Zona sul,
no Brooklin aprendi viver.
E o respeito de um por um
faz a paz prevalecer.

1 Sobre Sabotage, ver Toni C., *Sabotage: um bom lugar*. São Paulo: LiteraRUA, 2014. Sobre o rap brasileiro, ver nota 1 em Racionais MC's, "Fórmula mágica da paz", presente neste volume. [N. E.]

MAURO MATEUS DOS SANTOS (SABOTAGE) (São Paulo, 1973–2003) foi rapper, compositor e ator. Sua obra abordava recorrentemente temas enfrentados nas regiões de periferia da cidade de São Paulo. Lançou seu primeiro e único disco, *Rap é compromisso*, em 2000, e em 2016 foi lançado o álbum póstumo *Sabotage*, 13 anos após sua morte.

FONTE: Helião/Sabotage. "No Brooklin", 5'47". *Rap é compromisso*, 2000. Cosa Nostra. Obra gentilmente disponibilizada por Sabotage Produções e Deck Disc.

Mensagem de Raoni Metuktire sobre a Amazônia / Pedido de apoio internacional do cacique Raoni e dos representantes dos povos indígenas do Xingu contra a usina de Belo Monte / Fala na plenária do 9° Acampamento Terra Livre / Entrevista de Raoni Metuktire (com Samantha Ro'otsitsina de Carvalho Juruna)

RAONI METUKTIRE
2000-2013

Declaração 1

Mensagem de Raoni Metuktire sobre a Amazônia (2000)

Há dez anos, vim para explicar-vos da minha preocupação frente à destruição da floresta Amazônica. Eu falei do fogo, do sol escaldante, dos ventos que soprariam se o homem continuar a destruir a floresta.

Vocês me ajudaram e me deram os meios de demarcar nossas terras ancestrais. É fato: a Amazônia é um território imenso, cheio de animais para caçar, de flores e de frutos. É a mais bela floresta.

Antes de tudo, a todos que nos deram dinheiro ou ajuda, eu digo, em nome do povo Kayapó, obrigado, *nambikwa* e *meikumbre*. Estou de volta, hoje, porque minha preocupação voltou. Eu aprendi que vocês também estão inquietos. Os grandes ventos vieram e destruíram sua floresta. Vocês conheceram o medo que nós conhecemos.

Eu lhes digo: se o homem continuar a destruir a terra, os ventos voltarão com mais força, não somente uma, mas várias vezes, cedo ou tarde. Esses ventos vão nos destruir.

Respiramos todos um só ar, bebemos todos a mesma água, vivemos todos em uma só Terra. Nós devemos protegê-la.

Aqui, a invasão recomeçou. Os madeireiros e os mineiros à procura de ouro não respeitam a reserva. Nós não temos os meios de proteger essa imensa floresta, a qual somos guardiões por todos.

Eu preciso do vosso apoio. E peço antes que seja tarde.

Obrigado.

Declaração 2

Pedido de apoio internacional do cacique Raoni e dos representantes dos povos indígenas do Xingu contra a usina de Belo Monte (2010)

Nós, 62 lideranças indígenas das aldeias Bacajá, Mrotidjam, Kararaô, Terra-Wanga, Boa Vista Km 17, Tukamã, Kapoto, Moikarako, Aykre, Kiketrum, Potikro, Tukaia, Mentutire, Omekrankum, Cakamkubem e Pokaimone, já sofremos muitas invasões e ameaças. Quando os portugueses chegaram ao Brasil, nós, índios, já estávamos aqui e muitos morreram e perderam enormes territórios, perdemos muitos dos direitos que tínhamos. Muitos perderam parte de suas culturas e outros povos sumiram completamente. Nosso açougue é o mato, nosso mercado é o rio. Não queremos mais que mexam nos rios do Xingu e nem ameacem mais nossas aldeias e nossas crianças, que vão crescer com nossa cultura.

Não aceitamos a hidrelétrica de Belo Monte porque entendemos que a usina só vai trazer mais destruição para nossa região. Não estamos pensando só no local onde querem construir a barragem, mas em toda a destruição que a barragem pode trazer no futuro: mais empresas, mais fazendas, mais invasões de terra, mais conflitos e mais barragens depois. Do jeito que o homem branco está fazendo, tudo será destruído muito rápido. Nós perguntamos: o que mais o governo quer? Pra que mais energia com tanta destruição?

Já fizemos muitas reuniões e grandes encontros contra Belo Monte, como em 1989 e 2008 em Altamira, Pará, e em 2009 na aldeia Piaraçu, nas quais muitas das lideranças daqui estiveram presentes. Já falamos pessoalmente para o presidente Lula que não queremos essa barragem, e ele nos prometeu que essa usina não seria enfiada goela abaixo. Já falamos também com a Eletronorte e Eletrobras, com a Fundação Nacional do Índio e com o Ibama. Já alertamos o governo que, se essa barragem acontecer, vai ter guerra. O governo não entendeu nosso recado e desafiou os povos indígenas de novo, falando que vai construir a barragem de qualquer jeito. Quando o presidente Lula fala isso, mostra que pouco está se importando com o que os povos indígenas falam e que não conhece os nossos direitos. Um exemplo dessa falta de respeito é marcar o leilão de Belo Monte na semana dos povos indígenas.

Por isso nós, povos indígenas da região do Xingu, convidamos de novo o James Cameron e sua equipe, representantes do Movimento Xingu Vivo para Sempre, como o movimento de mulheres, o Instituto Socioambiental e o Conselho Indigenista Missionário (Cimi), o Amazon Watch e outras organizações. Queremos que nos ajudem a levar o nosso recado para o mundo inteiro e para os brasileiros que ainda não conhecem e que não sabem o que está acontecendo no Xingu. Fizemos esse convite porque vemos que tem gente de muitos lugares do Brasil e estrangeiros que querem ajudar a proteger os povos indígenas e os territórios de nossos povos. Essas pessoas são muito bem vindas entre nós.

Nós estamos aqui, brigando pelo nosso povo, pelas nossas terras, pelas nossas florestas, pelos nossos rios, pelos nossos filhos, e em honra aos nossos antepassados. Lutamos também pelo futuro do mundo, pois sabemos que essas florestas trazem benefícios não só para os índios, mas para o povo do Brasil e do mundo inteiro. Sabemos também que sem essas florestas, muitos povos irão sofrer muito mais, pois já estão sofrendo com o que já foi destruído até agora. Pois tudo está ligado, como o sangue que une uma família.

O mundo tem que saber o que está acontecendo aqui, perceber que destruindo as florestas e povos indígenas estarão destruindo o mundo inteiro. Por isso não queremos Belo Monte. Belo Monte representa a destruição de nosso povo.

Para encerrar, dizemos que estamos prontos, fortes, duros para lutar, e lembramos de um pedaço de uma carta que um parente indígena americano falou para o presidente deles muito tempo atrás: "Só quando o homem branco destruir a floresta, matar todos os peixes, matar todos os animais e acabar com todos os rios, é que vão perceber que ninguém come dinheiro".

Assinam esta petição: Cacique Bet Kamati Kayapó (Krajmopyjakare, atual Kapot, Mato Grosso, circa 1932), Cacique Raoni Kayapó e Yakareti Juruna, representando 62 lideranças indígenas da bacia do Xingu.

17 de junho de 2010

Declaração 3

Fala na plenária do 9° Acampamento Terra Livre (2012)

Sou contra que o governo faz as barragens nos nossos rios, sou contra desmatamento, estão matando minha caça, meu peixe. E meu filho, o que ele vai comer? O que ele vai beber? Precisamos que estas nossas propostas cheguem no governo, pois é obrigação do governo nos ajudar, pois somos donos da terra, vamos escrever pois só assim ele vai escutar nossa voz.

Declaração 4

Entrevista de Raoni Metuktire com Samantha Ro'otsitsina de Carvalho Juruna (2013)

O povo não entendia a língua do outro, então aconteceu o descobrimento do Brasil, o branco veio. Eu sou filho dos antigos, e tenho a sabedoria dos ancestrais, e me preocupo com os povos indígenas do Brasil e toda cultura. Mas o governo brasileiro não está respeitando a cultura, e o histórico dos ancestrais.

Antes da constituição, nós íamos para o movimento sem saber do conforto, sem saber do alimento. O conforto e o alimento não vão conseguir trazer as coisas que estamos querendo, comíamos poucas coisas. Nós não sabíamos o que era o movimento, mas nós íamos assim mesmo para discutir o que estavam tratando o governo daquela época.

Hoje não; eu vou falar. Hoje o pessoal quer conforto, o jovem quer alimento bom; isso não significa que é guerreiro. O guerreiro não come muito; o guerreiro não tem conforto. Quando vou para a guerra, não uso coberta; só uso a folha de bananeira para cobrir só a cabeça, mas hoje o jovem quer comer na hora certa, e isso não vai levar resultado positivo para nossa aldeia; isso que eu vejo.

Então eu posso falar para os jovens, e espero que você divulgue essas imagens. O jovem de hoje tem que ouvir o que eu vou falar, tem que ser firme na língua, e só assim vamos ter o poder de enfrentar o governo brasileiro para defender o nosso direito. Os jovens estão se vestindo da maneira que o branco veste, e isso não é nossa tradição. Eu sei que a disputa é grande; da tradição do índio com o branco e está tendo essa disputa, mas temos que ser guerreiros, é isso que eu quero falar para o jovem.

SAMANTHA RO'OTSITSINA DE CARVALHO JURUNA é mestra em Desenvolvimento Sustentável (2013) pela Universidade de Brasília.

RAONI METUKTIRE é cacique do povo Kaiapó e um dos líderes indígenas mais influentes do mundo, atuando na defesa dos direitos humanos e da proteção da floresta Amazônica.

FONTE: Mensagem do cacique Raoni Metuktire. Disponível em: http://raoni.com/palavras.php. Acesso em 27.04.2022.

FONTE: Texto publicado originalmente no portal *Raoni*. Disponível em http://raoni.com/atualidade-57.php. Acesso em 27.04.2022.

FONTE: Fala do cacique Raoni Metuktire na plenária do dia 16 de junho de 2012 no Acampamento Terra Livre.

FONTE: Transcrição da entrevista publicada por Samantha Ro'otsitsina de Carvalho Juruna, *Sabedoria Ancestral em Movimento: perspectivas para a sustentabilidade*. Dissertação de Mestrado. Brasília, fev. 2013.

A quilombagem como expressão de protesto radical

CLÓVIS MOURA
2001

O quilombo era uma sociedade alternativa ou paralela de trabalho livre encravada no conjunto do escravismo colonial que constituía a sociedade maior e institucionalizada. O seu agente social era o negro-escravo inconformado, que traduzia esse sentimento no ato da fuga, primeiro estágio de consciência rebelde, obstinada, e que já expressava e refletia um protesto contra a situação em que estava submerso. O negro fugido era o rebelde solitário que escapava do cativeiro. O segundo estágio era a socialização desse sentimento, e, em consequência, a organização com outros negros fugidos em uma comunidade estável ou precária. Era, portanto, a passagem, no nível da consciência, do negro fugido para o quilombola. O seu protesto solitário adquiria um sentido social mais abrangente e já se expressava em atos de interação coletivos. O quilombola era, portanto, um ser social com uma visão menos fragmentária da necessidade de negar coletiva e organizadamente o instituto da escravidão.

Historicamente, o quilombo aparecerá como unidade de protesto e de experiência social, de resistência e reelaboração dos valores sociais e culturais do escravo em todas as partes em que a sociedade latifundiário-escravista se manifestou. Era a sua contrapartida de negação. Isso se verificava à medida que o escravo passava de negro fugido a quilombola.

Esses núcleos de ex-escravos remanipulavam assim os seus valores culturais ancestrais e a experiência empírica adquirida no trabalho das plantations, dando-lhes um novo conteúdo. Isto é: transformando-o em trabalho livre. E com isso imprimiam um selo de negação ao trabalho executado no quilombo em confronto com o trabalho executado nas fazendas escravistas. Era, portanto, uma negação total no seu universo existencial e de trabalho, que se verificava ao transformar-se em quilombola. Tudo isso se refletirá na nova organização sociopsicológica do agente rebelde, a qual se expressará numa dinâmica oposta àquela do escravo, pois refletirá um nível de reflexão coletiva que era oposta à reflexão que ele tinha na condição anterior. O quilombola era, portanto, um ser novo, contraposto ao escravo, e que somente enquanto quilombola podia assim pensar e sobretudo agir. O interior quilombola tinha como unidade permanente, por isso mesmo, o anseio de conservar a liberdade conquistada, enquanto objetiva e subjetivamente negava a ordem escravista e consequentemente a condição de escravo. Era, portanto, um ser para si no nível em que se reconhecia e se reencontrava na negação dessa ordem.

O quilombo tinha portanto, como justificativa de existir, essa resistência radical por parte do ser escravizado, era um módulo de protesto organizado, que variava de tamanho e de particularidades, região, detalhes etc. Mas a sua substantividade se expressava na negação do sistema.

Daí podemos ver como ele irá se organizar de forma mais ou menos uniforme naquilo que tinha de singular: resistir ao cativeiro criando um espaço livre. Um território no qual as relações entre os homens não tinham outra hierarquização senão aquela necessária para defender aquilo que os unia: a liberdade. O status de prestígio, quer político, religioso ou militar, era concedido coletivamente àqueles que aceitavam o mandato da comunidade para defendê-la, organizá-la e protegê-la, mas todos formando uma unidade que garantia a harmonia interna capaz de dinamizá-la e unir as suas forças contra os invasores. A invasão significava ameaça e negação da ordem quilombola (livre) e restauração da escravidão.

O quilombo tinha, no seu interior, elementos em comum com a sociedade abrangente, especialmente com os seus segmentos e grupos oprimidos. Um deles era a produção. Nas áreas em que ele se instalava podia haver diferenças regionais dos gêneros produzidos, especialmente no setor agrícola. Daí vinha, em grande medida, a criação pela produção quilombola dos gêneros produzidos nos engenhos. Mas, se de um lado eles plantavam esses gêneros, a coisa muda substancialmente de figura se analisarmos como eles eram produzidos, porque o mesmo gênero produzido nos engenhos e fazendas através do trabalho compulsório do escravo era produzido no quilombo de forma comunitária, com uma nova divisão interna do trabalho de acordo com a condição de homens livres.

A mesma coisa podemos dizer sobre os demais gêneros produzidos pelos senhores de engenhos (ou outra classe social detentora do poder regional) e aqueles produzidos nos quilombos. Essa diferenciação na forma de produzir internamente — trabalho escravo em um, trabalho livre comunitário em outro — determinou o comportamento e a dinâmica interna da fazenda escravista e do quilombo. Eram dois universos antagônicos que se defrontavam em todos os níveis estruturais, sem que isso, no entanto, impedisse formas de interação entre esses dois universos.

Se o universo escravista tentava obter do segundo a reconquista dos escravos perdidos e estabelecia, para isso, relações conflituosas e violentas cujo ponto-limite eram as expedições punitivas, o universo quilombola interagia com a sociedade através de várias formas. A primeira era pacífica, através do contato com os escravos dos engenhos, pequenos sitiantes, vadios das estradas e desclassificados em geral, dos quais obtinham informações, víveres complementares, armas, pólvora e outros; a segunda era semipacífica (com atritos variáveis) com sitiantes, escravos recalcitrantes de se incorporarem ao quilombo e outros membros da população flutuante que habitava o território escravista. A terceira era a que existia entre o universo escravista e o universo quilombola, o qual mantinha com ele um tipo de relacionamento conflitante. Era aquele que existia entre o quilombo e os representantes do latifúndio escravista: senhores de engenhos, fazendeiros, autoridades coloniais e os seus segmentos armados, milícias, capitães-do-mato e mercenários (bandeirantes e chefes de "terços"). A mais importante função social do quilombo era portanto esta: uma ruptura radical, em todos os níveis, com o sistema colonial-escravista, os seus representantes, a sua economia e os seus valores raciais e ideológicos. Este era o seu papel: a negação, quer pelo conflito armado, quer pela competição de dois modos de produção (o escravista e o do trabalho livre) e dos seus valores ideológicos.

Do ponto de vista sociológico, representavam essa ruptura mesmo quando eram muito pequenos. Mas no seu espaço o trabalho escravo era um anacronismo. Antecipava-se, assim, o quilombo à formação de sociedades livres em toda aquela área que se convencionou chamar de Afro-América e que estava incluída no sistema colonial. A sua geografia — e referimo-nos à sua geografia política — delimitava um universo excludente, mesmo que não formalmente estabelecido. O quilombo, portanto, só pode ser explicado e compreendido se visto na sua totalidade de negação radical ao sistema. Somente assim ele se justifica e tem função no processo de substituição do trabalho escravo pelo trabalho livre.

O quilombo podia se formar de diversas maneiras, mas, após formado, o comportamento dos seus membros era o mesmo: organizar-se para a resistência social. Mesmo quando mudava de local, ao ser descoberto, o quilombo carregava consigo a sua irredutibilidade social que era o trabalho livre no próprio centro da sociedade escravista. As diversas formas que adquiriu durante o tempo da sua existência aconteciam para melhor desempenhar o seu papel de negação. Assim, as diversas estruturas internas que ele montou, nos diferentes sítios onde se instalou, ou nas diversas épocas em que existiu, perseguiam o mesmo objetivo.

O quilombo como entidade radical

O quilombo caracterizava-se basicamente pela sua conotação radical, como expressão de radicalidade diante do escravismo. Essa radicalidade vem da própria essência da sociedade escravista. Nela não pode haver posição de negação, a não ser se ela for radical. O escravo, ao negá-la, só pode fazê-lo radicalmente. Ele tem de passar subitamente da condição de coisa à de homem livre. O escravismo não lhe dá a oportunidade do meio-termo. Por isso, essa passagem no sistema tem de ser radical. Para ele não há possibilidade de uma meia posição, e por isso é que somente negando radicalmente o escravismo na sua essência ele adquire a condição de homem livre.

O quilombola é o homem que adquire, pela sua posição radical, a sua liberdade. Ele não pode ser meeiro, camponês, posseiro ou arrendatário. Só pode ser homem livre ou escravo. Sociologicamente, essa radicalidade surge da impermeabilidade do sistema escravista ao escravo. É somente no quilombo que ele adquire a cidadania. No nível de posse da terra o quilombola também tem de ser radical. Não pode comprá-la, arrendá-la ou mesmo alugá-la. Tem por isso de desapropriá-la, ocupá-la através de um ato radical, muitas vezes pela violência. A terra, o espaço quilombola, é um reduto livre que também nega o sistema de propriedade escravista, e tem de manter a posse desse território através do radicalismo social em face das tentativas da ordem escravista de reavê-lo.

O território quilombola é também uma negação dialética do tipo de propriedade legal no escravismo. A mesma coisa podemos dizer do ponto de vista político: o quilombo é um reduto que expressa a sua radicalidade através da formação de outro poder: o poder quilombola. Somente assim o quilombo poderá ser governado. Socialmente, o quilombo também é uma expressão de radicalidade. Ele não reproduz o tipo de propriedade, família e distribuição de renda de acordo com o sistema escravista. Pelo contrário, economicamente, o seu sistema de trabalho, executado por homens livres, é outra negação ao trabalho escravo praticado nos engenhos, latifúndios e fazendas. Além disso, é também uma negação à monocultura de exportação, produzindo uma policultura para o consumo. Em todos os níveis da sua estrutura, portanto, o quilombo expressa essa radicalidade de negação à ordem social escravista, suas instituições e valores.

Dentro da ordenação social, econômica, cultural e jurídica do modo de produção escravista, não há probabilidades de uma mobilidade social massiva que permita a passagem do escravo a cidadão pleno a não ser pela violência, se excluirmos as alforrias (irrelevantes do ponto de vista do deslocamento das classes no poder) — violência física, social e militar de enfrentamento dos outros agentes de controle do sistema. Era ser senhor ou ser escravo, e para o escravo não havia outra possibilidade de ser cidadão, ou melhor, homem livre.

Qualquer acordo entre o senhor e o escravo dentro do sistema escravista tinha de partir do reconhecimento do direito do senhor em relação ao escravo, que não tinha nenhum. Era a partir daí que os possíveis acordos eram montados, isto é, o escravo tinha de reconhecer a sua condição estrutural escrava. As discussões possíveis eram de ordem adjetiva (melhor tratamento, favores pessoais para certas categorias de escravos, uso da terra do senhor etc.), mas substantivamente o direito do senhor era inalienável e somente o quilombola, ao fugir para as matas, subtraindo-se do poder do senhor, negava objetivamente esse direito.

O escravo só poderá, portanto, reencontrar-se como homem e restabelecer integralmente a sua interioridade e subjetividade a partir do momento em que não apenas se recusar ao trabalho, mas recusar-se junto com outros, coletivamente e socialmente, através da organização de um território livre. É a partir desse momento que o escravo restabelece a sua plenitude humana que lhe foi socialmente negada pela força, pela coerção econômica e extraeconômica, pela violência. Na sua totalidade, por isso, o quilombo é uma instituição radical, negando social e economicamente o regime escravista. Nega-o na medida em que cria e recria uma unidade de protesto social e cultural, restabelecendo a cidadania confiscada do escravo. É, portanto, um universo que só se mantém e prospera se mantiver essa radicalidade permanente, pois o acordo com o sistema escravista é um passo para a sua reescravização. Fora da situação radical de quilombola, o escravo só chegava no máximo a ser liberto,[1] isto é, um súdito do sistema escravista, obrigado a prestar-lhe obediência (vassalagem). Somente no universo quilombola o escravo se integrava completamente na essência plena de sua cidadania e tinha a sua humanidade restaurada e resgatada.

Essa radicalidade imposta pelo sistema levava o quilombola a ser infenso ao acordo. O acordo com o inimigo era a primeira etapa da sua reescravização, da volta ao cativeiro. Cada cláusula de acordo era uma mutilação à sua condição de ser livre, ou seja, a aceitação em princípio da sua condição de escravo. Os diversos exemplos históricos de acordo entre quilombolas e senhores somente provam, do ponto de vista lógico-teórico, que os quilombolas, ao aceitarem as condições para a efetivação do trato, mutilavam a totalidade da sua condição de ser livre, legitimando o poder do senhor de escravos. Qualquer forma de submissão ou sujeição às normas dos senhores vinha mutilar, na sua essência, a personalidade quilombola.

Por isso, se o quilombola aceitava, no acordo, ser súdito da autoridade que representava simbolicamente a escravidão, estava derrotado na condição de homem livre. Deixava de ser quilombola para voltar à condição de escravo fugido que torna à casa do senhor para ser reescravizado. Essa radicalidade do ser quilombola é pouco compreendida porque a análise tradicional é feita a partir das posições, símbolos e valores escravistas, negando-se, com isso, o universo e os valores do quilombola.

O quilombo, portanto, como categoria sociológica, é uma estrutura organizada que configura, na sua totalidade, a negação do universo da sociedade escravista, os seus valores e representações.

Do ponto de vista da estrutura de negação, podemos ver os seguintes pontos de antagonismo entre o quilombo e o sistema escravista:

Quilombo	Sistema escravista
Homem livre	Escravo
Terra livre confiscada	Latifúndio escravista
Trabalho comunal livre	Trabalho compulsório
Coletivismo agrário	Produção para o senhor
Forças armadas de defesa	Forças armadas de repressão
Família alternativa livre	Família reprodutora de escravos

Por essas razões, somente através dessa radicalidade o quilombo transformou-se em um *continuum* social, cultural, econômico e político durante a vigência do sistema escravista: a quilombagem. Não interessa, por esse motivo, a análise factual da vitória ou derrota deste ou daquele quilombo isoladamente, mas analisar a quilombagem como um *continuum* de desgaste permanente às forças sociais, culturais, políticas e econômicas da escravidão e dos seus valores. E é justamente esse processo contínuo e permanente de desgaste que dá à quilombagem o nível de resistência revolucionária, porque destrói ou corrói por desgaste permanente a estabilidade e a eficiência do sistema nas suas bases: a produção. É portanto a quilombagem um processo radical e permanente de desgaste do sistema que se articula durante todo o percurso histórico da escravidão no Brasil com a sua dinâmica radical permanente.

O quilombo e a quilombagem

Se o quilombo foi um módulo de resistência radical ao escravismo, a quilombagem — o *continuum* dos quilombos através da história social da escravidão — foi um processo de desgaste permanente do sistema. Não queremos dizer, com isso, que houve uma articulação consciente por parte dos seus agentes sociais, mas a sua existência e a sua permanência no tempo, a sua imanência contínua, constituíram um processo social que, atuando no centro da contradição fundamental do sistema escravista, desarticulou a sua estabilidade e o desempenho econômico do seu projeto. A quilombagem deve, por isso, ser vista como um processo permanente e radical entre aquelas forças que impulsionaram o dinamismo social na direção da negação do trabalho escravo.

De modo geral, o quilombo é visto como um ato de fuga do escravo, sem um projeto político ou uma configuração consciente dos objetivos estratégicos do seu papel como agente social. Se analisarmos do ponto de vista do comportamento de cada quilombo isoladamente, isso poderá ser aceito. Mas se analisarmos na sua totalidade o processo histórico da sua existência é que poderemos ver como a quilombagem se articula socialmente como arma permanente de negação do sistema, que o nega no centro do eixo mais importante para o seu êxito: as relações de trabalho entre o senhor e o escravo. É justamente no nível da produção que a quilombagem atinge o sistema escravista, vulnerabilizando-o e desgastando-o através da negação do trabalho do agente mais importante da dinâmica do sistema. É através da quilombagem que a luta de classes se realiza no bojo das relações senhor-escravo. É por isso que para compreendê-la (a quilombagem) temos de encará-la como um processo permanente de negação radical do sistema escravista.

Durante toda a vigência do sistema escravista ela se manifesta e se dinamiza de maneira polimórfica através de quilombos grandes ou pequenos, agrícolas, pastoris, mistos, predatórios e de mineração, acompanhando de forma diversa (porque de negação) o sistema de produção e suas variações regionais. Mas essa reprodução da economia do senhor, feita pelo escravo através do trabalho livre quilombola, era a negação essencial (de essência) do trabalho executado na economia escravista. Era exatamente o outro lado da moeda. Expressava-se como um protesto objetivo e vulnerabilizador. Nesse trajeto histórico que a quilombagem percorre, os choques, as assimetrias com o sistema, as lutas, as vitórias, a destruição das suas unidades e as estratégias de enfrentamento ou de recuo atuam como uma peça desgastadora e permanente do sistema. Diminui a sua eficiência e segurança, onera-o pela perda do escravo e do seu trabalho, além da insegurança que cria em todos os ramos de atividade. Cria a síndrome do medo, que acompanhará os senhores durante todo o tempo da quilombagem. Ela é um multiplicador psicológico, colocando o senhor em permanente defensiva, na expectativa da ação do inimigo. A quilombagem marca com a sua presença (ou ausência) o comportamento dos senhores, as suas ações de violência contra o escravo produtivo, estabelece o seu conceito de eficiência no trabalho e a contrapartida de agressão permanente à ela, sendo um símbolo permanente de desarticulação dos valores ideológicos e existenciais do senhor de escravos.[2]

A quilombagem põe no centro da discussão permanente o problema da legalidade ou ilegalidade da escravidão e do escravizador. Ao discutir se a fuga do negro era ou não um ato normal ou amoral, se o escravo fujão era ou não um perigo, se e como os seus atos ativos (criminosos?) deviam ser punidos, os agentes mantenedores da ordem tinham de dialogar com os valores do outro lado e aceitá-los como elemento de referência para o julgamento. Com isso, o quilombola já era o outro, ou seja, o ser que se negara como escravo e recriara uma nova galáxia existencial e social de homem livre com o qual o senhor de escravos tinha de dialogar, mesmo que fosse em posição radical em relação a ela. Assim, o senhor sabia que o quilombola já lhe fugira ao controle e com isso a disciplina despótica, indispensável à ordem do sistema, havia sido trincada e fragmentada. Tinha de estabelecer, portanto, uma nova linguagem para tratar com ele. Não era mais a linguagem do senhor para o escravo, mas se articulava através de categorias de oposição radical. Por seu turno, o quilombola não usava mais a linguagem unilateral da obediência, mas, pelo contrário, uma linguagem de oposição a ele: a da violência.

Uma das origens da síndrome do medo é a perda do universo de obediência do escravo. Mesmo que seja apenas uma desobediência simbólica, o senhor já se sentia fragmentado na sua posição de comando totalitário. Isso porque ele devia ser total, compacto e sem fissuras de quaisquer espécies. Sem isso, as relações senhor-escravo não seriam perfeitas.

Por outro lado, o poder da quilombagem tinha fronteiras muito mais abrangentes do que as do senhor. Elas não se limitavam ao território ocupado pelo quilombo, mas iam às matas, florestas, estradas, rios, chegando até as senzalas. Podemos mesmo dizer que nas senzalas o poder da quilombagem tinha polos receptores e irradiadores da sua ação e do seu prestígio. Era uma articulação subterrânea, ambígua, sem códigos ou normas, mas que se manifestava em atos objetivos de solidariedade sutis ou dissimulados no escravo passivo. Era uma passividade que a qualquer momento podia se transformar em fuga, ato de violência ou descaso pelo trabalho, sabotagem, doença simulada ou outras formas de resistência.

Daí dizermos que a quilombagem é o eixo que explicará o comportamento do senhor. Os rasgos fundamentais da sua conduta só são explicáveis em função de como ele atua para se defender do inimigo fundamental e permanente do seu prestígio e riqueza. E é justamente o quilombola (fugitivo da senzala e do trabalho) que é a sua negação dialética. É sobre ele que o senhor tem de atuar para manter os seus valores patrimoniais, o seu prestígio patriarcal-escravista e também a sua produção. É esse papel de desarticulador nos níveis econômico, social, ideológico e psicológico que a quilombagem exerce até o fim, atuando no centro do sistema. É portanto um componente dos mais importantes, senão o mais importante, das contradições que impulsionaram a dinâmica de mudança social rumo ao trabalho livre.

Ao compreender a quilombagem com essa função, temos novas formas — mais radicais — de entender o comportamento do senhor, do escravo e do próprio quilombola, isto é, vendo-o como expressão da luta de classes dentro das condições específicas do modo de produção escravista.

É esse aspecto de negação dialética ao sistema escravista-latifundiário que dá à quilombagem um conteúdo revolucionário. É nessa dialética de totalidade, de negação, que iremos encontrar o seu papel social e a consequente interpretação sociológica correta, a partir do momento em que ela é vista como um agente de negação emergente do latifúndio escravista. O quilombo assim visto deixa de ser uma sequência de atos e episódios sem conexão com a dinâmica global, e passa a ser visto como eixo fundamental em torno do qual gira essa dinâmica. Isso porque o quilombo — e a quilombagem por extensão — não foi uma negação apenas no seu aspecto político e/ou militar, como as insurreições urbanas, mas estabeleceu um espaço livre, criou e desempenhou uma função na economia, gerando uma totalidade de negação. Há, por isso, a possibilidade de comparação da economia, da ordem militar e da vida social do quilombo com o escravismo colonial no seu conjunto. São duas unidades que se confrontam na sua globalidade. Não se pode ver, portanto, a quilombagem como um simples suceder de quilombos isolados no tempo e no espaço, ela só poderá ser compreendida sociologicamente se a virmos como um *continuum* social que tem como papel central a negação da ordem escravista em todos os seus níveis e durante a sua historicidade.

Contestar a quilombagem como um *continuum* revolucionário é procurar vê-la dentro de uma metodologia estática (portanto antidialética) que nega a conexão íntima entre as partes e o todo, o particular e o geral. É deixar de ver a diferença entre a quilombagem na sua essência dinâmica e o escravismo. É não ver a articulação social que historicamente se processa na sequência de quilombos e a sua permanente postura de negação ao sistema escravista. Somente podemos valorizar adequadamente (sem julgamento de valor) a participação dinâmica do escravo através da quilombagem na substituição do trabalho escravo pelo trabalho livre.

Por outro lado, se o quilombo era o polo de negação mais radical daquilo que era institucional no regime escravista, era, também, um polarizador das camadas, grupos ou segmentos de oposição ao sistema: marginais, indígenas destribalizados, foragidos da Justiça ou do serviço militar ou etnicamente excluídos, como mamelucos, curibocas, mulatos e mesmo brancos pobres ou perseguidos por diversas razões. Esses excluídos que se refugiavam nos quilombos durante todo o período da sua existência reforçarão a postura de negação da quilombagem e ainda mais o seu radicalismo. Com isso, configura-se no quilombo uma radicalidade não apenas social e econômica, mas também étnica, pois a sua população será diferenciada etnicamente sem que sobre essas diferenças se monte uma escala hierárquica que dê valor positivo (ou negativo) a cada conotação, graduando os agentes sociais segundo a sua cor. Com isso, rompia-se o código senhorial que estabelecia a inferiorização da população não branca em relação ao branco. Era o que poderíamos chamar de uma democracia racial.

Esse poder polarizador do quilombo, e da quilombagem por extensão, era consequência da negação dos valores de julgamento do sistema escravista colonial em relação à origem étnica desses agentes sociais excluídos, marginalizados ou perseguidos. A função aglutinadora da quilombagem estendia-se, também, à postura que demonstrava em relação à origem dos que convergiam em busca da possibilidade de interagir com os demais em nível de igualdade étnica. A unidade quilombola tinha, assim, características específicas. Constituía uma nova realidade social, dinamizava-a. E, ao dinamizá-la contrapunha-se social, econômica, política, étnica e ideologicamente ao escravismo através dos novos valores e da nova economia composta por homens livres.

Conclusões

O que entendemos como quilombagem é um processo social contínuo de protesto que se desenvolve dentro da estrutura escravista, solapando-a histórica, econômica, étnica e socialmente a partir do seu centro, isto é, a produção. Por outro lado, esse processo tem um conteúdo radical, porque nega o escravismo não apenas na sua base econômica, mas também se contrapõe a ele como unidade permanente de negação do sistema. É uma unidade que se contrapõe — social, econômica, cultural e existencialmente — a outra: o universo escravista. Ela só pode ser entendida, portanto, na sua totalidade. Não como uma série de fatos isolados, repetidos na sua singularidade, com êxitos e derrotas particulares que se esgotam em si mesmos, mas como um *continuum* que tem início quando o escravismo é implantado no Brasil e somente termina com a sua derrota, isto é, com a implantação do trabalho livre. Dessa forma, a quilombagem não é um suceder de quilombos isolados, com uma história atomizada e particular de cada um, mas um *continuum* que só termina com a abolição do sistema escravista colonial.

Antonio Gramsci (1891-1937) escreve, referindo-se à dinâmica dos grupos rebeldes de subalternizados e oprimidos, que ela é

> necessariamente desagregada e episódica. Sem dúvida, a atividade histórica destes grupos tende à unificação mesmo em planos provisórios, mas esta tendência é continuamente despedaçada pela iniciativa dos grupos dominantes e, portanto, só pode ser demonstrada no encerramento do ciclo histórico, se encerrado com sucesso. Os grupos subalternos sofrem sempre a iniciativa dos grupos dominantes, mesmo quando se rebelam e se insurgem: somente a vitória permanente estraçalha, e não imediatamente, a subordinação. Na realidade, mesmo quando parecem triunfantes, os grupos subalternos estão somente em estado de defesa alarmada. Qualquer traço de iniciativa autônoma por parte dos grupos subalternos deveria, por isso, ser de valor inestimável para o histórico integral.[3]

Como se vê, somente situando cada quilombo, vitorioso ou derrotado, como componente de um *continuum* histórico permanente, que ocupa todo o ciclo que perfaz o tempo de existência da escravidão entre nós, a quilombagem poderá ser compreendida.

Por outro lado, mesmo sofrendo a iniciativa despedaçadora da ação repressiva do poder senhorial, a quilombagem pode apresentar como saldo a construção de um modelo paralelo de organização todas as vezes que se estrutura em um espaço quilombola: modelo de economia, organização familiar, estrutura militar, religião, organização política, distribuição de bens, interação interna, papéis e função social dos sexos, forma de lazer e de poder. A quilombagem construiu um universo que pode ser apresentado como elemento de comparação ao outro, ao dominante, ao universo escravista. É nessa visão de totalidade — histórica, política, social e cultural — que o universo quilombola pode ser apresentado na sua radicalidade em confronto com o outro, o escravista. Somente na conclusão do ciclo histórico a que ele se contrapôs é que se poderá determinar se ele foi vitorioso ou derrotado. A totalidade da quilombagem é um universo de resistência que funcionou durante todo o tempo histórico em que vigorou a escravidão e somente desapareceu concomitantemente à sua extinção. E é por isso que os quilombos isolados só podem ser compreendidos no seu papel histórico e social se incluídos como elos do processo de lutas e negação do escravismo que constituiu a quilombagem. A quilombagem é, portanto, um processo permanente que se manifesta durante todo período escravista e somente termina quando este se extingue. Essa é a essência da sua radicalidade e somente vendo-a dessa maneira, nesta perspectiva dialética, poderá ser entendido e desvendado o seu verdadeiro sentido sociológico, político e cultural.

Devemos destacar que esse universo da quilombagem manifesta a sua concretude histórica através dos diversos espaços dos quilombos que se sucederam durante o périplo da sua existência. E é nesses espaços constante e sucessivamente produzidos e reproduzidos que a quilombagem manifesta a sua permanência histórica e a sua função social. Com a visão gramsciana (marxista) fica explicada essa função da quilombagem e a sua importância na dinâmica de negação do sistema escravista.

Somente no sentido de totalidade — estrutural e dinâmica — a quilombagem pode ser decifrada, compreendida, e a sua função sociológica resgatada. Em todos os níveis do universo escravista, o universo da quilombagem é a sua contestação concreta, porque essa totalidade manifesta-se através de uma concretude permanente, e não de suposições utópicas ou escatológicas. É a concretude que a transforma em permanência, em objetividade. E essa objetividade, essa presença dinâmica de negação, criará no outro universo normas de comportamento que a ele se contrapõem e que têm também a sua concretude na síndrome do medo. Essa concretude subjetiva nasce da expectativa permanente do dominador em relação ao comportamento do dominado, mas também no comportamento do dominador, que reflete a sua fragilidade social em função da alienação que existe na essência da sua dominação. Isto é, a transformação do ser humano em coisa. Porque aí, por mais que o dominador exerça socialmente esse direito de dominação (coisificação), do ponto de vista existencial jamais ele pode transformar um ser cognoscente em coisa. A essência humana do escravo não pode ser coisificada e isso se expressa através de atos que são a negação da coisificação e a afirmação da sua essência humana. É da certeza de que o poder econômico, extraeconômico, social etc. não apaga ou neutraliza a condição humana do escravo que surge a síndrome do medo. E surgem daí os estereótipos que os dominadores criam para justificar essa síndrome: a agressividade do escravo negro, a sua preguiça, a sua luxúria, o seu perigo sexual, a sua incapacidade para o trabalho etc.

Essa síndrome do medo criada pela quilombagem também cria, por outro lado, a imagem negativa do escravo negro na sociedade escravista. Essa imagem negativa passa a funcionar como multiplicador nos valores sociais que analisam e julgam o negro escravo. Esses mecanismos neuróticos do senhor de escravo procuram influir para neutralizar o dinamismo da quilombagem e se reproduzem durante todo o tempo do escravismo.

Finalmente, o poder quilombola era um poder intermitente, mas que se reestruturava e se reproduzia historicamente, reelaborando traços de culturas africanas, usando a experiência vivida no sistema como escravos e elaborando táticas de defesa em face da violência imposta contra ele. Esse poder tem pontos de contato que se entrecruzam, se encontram e se repetem no decorrer da experiência quilombola. Zumbi dos Palmares (1655-1695), Ambrósio, Preto Cosme (*circa* 1802-1842) e outros líderes quilombolas eram diferentes no espaço geográfico e histórico mas se articulam como um *continuum* de desgaste à escravidão.

Todos eles reelaboraram e uniram a herança cultural africana à experiência social adquirida no trabalho, e com isso dinamizaram historicamente a quilombagem como processo de desgaste.

Esse poder paralelo que se fragmentava e era destruído periodicamente se recompunha e se reestruturava, organizava-se, sobrevivia, vencia, era perseguido e novamente se recompunha com as próprias contradições do sistema escravista, que era um fator dinâmico de desgaste permanente da ordem escravista. É, por isso, um poder político-social que se contrapõe ao outro. O poder dos senhores de escravos. O seu poder militar, embora muitas vezes combatido, se rearticulava, e na conclusão do processo foi aquela força que mais atuou e demonstrou eficiência. A quilombagem, por tudo isso, foi a força que desgastou, sem interrupção, o poder escravista, foi o único movimento que se contrapôs com eficiência social, cultural e militar à escravidão, mesmo ocasionalmente derrotado. O poder da quilombagem, por isso, nunca foi definitivamente destruído e só terminou quando terminou a escravidão.

CLÓVIS MOURA (Amarante, Piauí, 1925 – São Paulo, 2003) foi sociólogo, historiador, escritor e jornalista. Fundador do Instituto Brasileiro de Estudos Africanistas (1975), integrou grupos sociais do movimento negro como o Movimento Negro Unificado e a União de Negros pela Igualdade.

FONTE: "A quilombagem como expressão de protesto radical". In: MOURA, Clóvis (org.). *Os quilombos na dinâmica social do Brasil*. Maceió: Edufal, 2001, pp. 103-15.

1 O liberto era distinto do ingênuo (o nascido livre). Se crioulo, isto é, brasileiro, a alforria elevava-o à condição de cidadão; se africano, permanecia estrangeiro, podendo requerer naturalização. Mas a ambos eram limitados os direitos políticos (permitia-se apenas aos crioulos participar das eleições primárias). Eram-lhes "vedadas as dignidades eclesiásticas, o acesso ao Poder Judiciário, o direito ao porte de armas e mesmo à livre locomoção noturna". Maria Inês Côrtes Oliveira, *O liberto: o seu mundo e os outros*. São Paulo: Corrupio, 1988, p. 11.

2 A síndrome do medo era um conjunto de pensamentos do senhor de escravos que se baseava em fatos ou era criada por seu imaginário. Constituía-se nas horas-trabalho subtraídas pelo quilombola ao sistema e no valor do escravo fugido. As despesas com a captura (tomadia) e com o escravo capturado e recolhido à cadeia (carceragem), o pavor da violação sexual da mulher branca, o medo do envenenamento pelo escravo, o medo de ser assassinado e o medo de "contaminação" do escravo produtivo pelo pensamento quilombola, o medo da magia e da "feitiçaria" praticadas pelas religiões dos escravos, o perigo das insurreições, o terror da vingança do escravo castigado ou açoitado etc. resultam na síndrome do medo. Antonio Gramsci, *Cartas do cárcere*. Rio de Janeiro: Civilização Brasileira, 1978.

3 Ibid.

Vozes-mulheres

CONCEIÇÃO EVARISTO
2008

A voz de minha bisavó
ecoou criança
nos porões do navio.
Ecoou lamentos
de uma infância perdida.
A voz de minha avó
ecoou obediência
aos brancos-donos de tudo.

A voz de minha mãe
ecoou baixinho revolta
no fundo das cozinhas alheias
debaixo das trouxas
roupagens sujas dos brancos
pelo caminho empoeirado
rumo à favela

A minha voz ainda
ecoa versos perplexos
com rimas de sangue
e
fome.

A voz de minha filha
recolhe todas as nossas vozes
recolhe em si
as vozes mudas caladas
engasgadas nas gargantas.

A voz de minha filha
recolhe em si
a fala e o ato.
O ontem — o hoje — o agora.
Na voz de minha filha
se fará ouvir a ressonância
O eco da vida-liberdade.

CONCEIÇÃO EVARISTO (Belo Horizonte, 1946) é linguista e escritora. Doutora em literatura comparada pela Universidade Federal Fluminense e mestre em literatura brasileira pela Pontifícia Universidade Católica do Rio de Janeiro, publicou pela primeira vez seus contos e poemas em 1990 na série literária *Cadernos Negros*, do coletivo negro Quilombhoje. É autora dos romances *Ponciá Vivêncio* (2003) e *Becos de memória* (2006).

FONTE: "Vozes-mulheres". In: *Poemas de recordação e outros movimentos*. Rio de Janeiro: Malê, 2008, pp. 10-11.

Projeto de Lei n. 5.819-B/2009

LUIZ ALBERTO SILVA DOS SANTOS
2009

[img. 13] Congresso Nacional decreta:

Art. 1º Inscreve os nomes de João de Deus (1771-1799), Lucas Dantas (1774-1799), Manuel Faustino (1775-1799) e Luís das Virgens (1761-1799) no Livro dos Heróis da Pátria, depositado no Panteão da Liberdade e da Democracia, em Brasília.

Art. 2º Esta lei entra em vigor na data de sua publicação.

Justificativa

João de Deus, Lucas Dantas, Manuel Faustino e Luís das Virgens foram os heróis e mártires da Revolta dos Búzios, ocorrida no dia 12 de agosto, há 211 anos, na capital baiana. Os quatro acima citados foram presos entre 12 e 25 de agosto de 1798 e enforcados na Praça da Piedade no dia 7 de novembro de 1799.

A revolta dos Búzios, também conhecida como revolta dos Alfaiates, Inconfidência/Conjuração Baiana ou revolta das Argolinhas é classificada pelos historiadores como um importante movimento emancipacionista de caráter popular. Baseados nos ideais da Revolução Francesa (1789-1799) de liberdade, igualdade e fraternidade, os revolucionários pregavam a independência do Brasil, ideias republicanas e de direitos iguais para todos os habitantes do país.

Na Bahia colonial viviam milhões de africanos e seus descendentes, a maioria esmagadora sem quaisquer direitos humanos respeitados, sem direito a ir e vir livremente, sem liberdade de expressão ou crença, sem direito de reunir-se.

O legado da revolta dos Búzios, assim como de outras revoltas organizadas e levadas adiante por africanos, negros livres, forros e libertos é indiscutivelmente o da liberdade, ainda que na diáspora forçada. A inspiração que nos deixaram é a coragem para lutar mesmo que tudo esteja contra as nossas aspirações.

Somos descendentes de revolucionários e não temos o direito de nos esquecer disso. Vivemos sobre um chão em que correu o sangue derramado em revoltas que, sem dúvida alguma, contribuíram para que o Brasil se libertasse de Portugal. Em nosso país ser negro ou negra também é ter a consciência de que muitos morreram para que se esteja vivo e livre.

O Boletim dos Revolucionários pregava ideias que nos são caras, mas ainda não conseguimos estender a todos e todas nesse país: dizia um dos panfletos dos revoltosos dos Búzios: "Está para chegar o tempo feliz da nossa liberdade, tempo em que todos seremos irmãos, tempo em que todos seremos iguais".

Em nome deste legado de coragem e persistência, ao custo da própria vida, é que apresentamos esta proposição que inscreve João de Deus, Lucas Dantas, Manuel Faustino e Luís das Virgens no Livro dos Heróis da Pátria.

Sala das Sessões, em 19 de agosto de 2009

Deputado Luiz Alberto PT/BA

Comissão de Educação e Cultura (CEC)

I Relatório

O projeto de lei em pauta, de autoria do deputado Luiz Alberto, propõe inscrever os nomes dos heróis da revolta dos Búzios João de Deus, Lucas Dantas, Manuel Faustino e Luís das Virgens no Livro dos Heróis da Pátria.

Nos termos do art. 54 do Regimento Interno, o projeto foi distribuído às Comissões de Educação e Cultura e de Constituição e Justiça e de Cidadania. Durante o prazo regimental, não foram apresentadas emendas ao projeto. Cabe-nos, agora, por designação da Presidência da CEC, a elaboração do parecer, onde nos manifestaremos acerca do mérito da proposição.

É o Relatório.

II Voto do relator

Era uma manhã de domingo em Salvador. Prometia ser um dia calmo. Cedo, no entanto, muito cedo começou o alvoroço. A notícia se espalhou entre os que assistiam às missas, nas rodas de conversa das calçadas, às portas das casas onde senhoras falavam das últimas. Papéis sediciosos, panfletos subversivos apareceram afixados em pontos centrais da cidade. Os escritos conclamavam a população a se rebelar contra o domínio de Portugal. A palavra escrita, a opinião escrita, não eram aceitas na colônia, onde a imprensa era proibida pelo governo metropolitano.

Não se desconheça o fato de que o analfabetismo era altíssimo. Não havia escolas. O estudo, a leitura eram reservados a uma elite reduzidíssima. Ler e escrever eram privilégios reservados a poucos. No entanto, os boletins sediciosos, como foram chamados os panfletos, tiveram uma repercussão imensa. Menos pela leitura direta e mais pelo boca a boca, pelo boato, pela oralidade do próprio povo, suscitada pela leitura de uns poucos alfabetizados e que traduziam por assim dizer o conteúdo explosivo dos boletins. Esses papéis sediciosos apareceram no dia 12 de agosto de 1798, um domingo, como já se disse. Dia de descanso, próprio para a troca de ideias, para a circulação de boatos, para a conversa das comadres, para o encontro dos compadres.

Cabe lembrar que Salvador era uma cidade grande para os padrões de então. Nela viviam em torno de 60 mil pessoas. Uma cidade majoritariamente negra, tempo de escravidão. Apenas 28% eram brancos. Quando nos referimos a negros, estamos querendo falar dos 52% que eram considerados como tais e mais 20% tidos como pardos. Importante observar, nem que de passagem, que Salvador hoje conta com uma população de mais de 80% de negros. A ideologia do branqueamento da sociedade brasileira não funcionou.

Voltando aos nossos papéis sediciosos, é evidente, como já se disse, que a leitura deles foi reduzidíssima. A repercussão, no entanto, foi extraordinária. Até porque os panfletos foram afixados em locais estratégicos da cidade. Esquina da Praça do Palácio, Rua de Baixo de São Bento, Portas do Carmo, Açougue da Praia, Igreja da Sé, Igreja do Passo e Igreja da Lapa. O conteúdo dos boletins sediciosos era incendiário para a época. Revolucionário. Defendiam a liberdade, a igualdade e se manifestavam contra a escravidão. Era demais para aquele Brasil colonial e escravagista.

A revolução dos Búzios — ou dos Alfaiates, como também ficou conhecida — teve três fases: o período conspiratório e de divulgação das ideias, que vai de 1794 a 1797; a preparação do levante, de maio a agosto de 1798, e as prisões, processo, condenações e execuções. Esclareça-se que no dia 22 de agosto de 1798 novos boletins foram distribuídos, e isso mesmo depois de se ter iniciado a repressão ao movimento.

Com as delações, tudo ruiu: 41 pessoas foram presas, 48 foram acusadas, 33 chegaram ao final das devassas. Quatro mulheres figuravam entre as pessoas acusadas: Luiza Francisca de Araújo, Lucrecia Maria, Domingas Maria do

Nascimento e Anna Romana Lopes. Ao final da devassa, quatro dos acusados foram condenados à morte por enforcamento: o mestre-alfaiate João de Deus do Nascimento, o aprendiz de alfaiate Manuel Faustino Santos Lira e os soldados Lucas Dantas de Amorim Torres e Luís Gonzaga das Virgens e Veiga.

Luís Gonzaga foi preso logo no dia 23 de agosto.

João de Deus do Nascimento foi preso três dias depois, 26 de agosto. Filho da parda forra Francisca Maria da Conceição e de José de Araújo, branco, tinha 27 anos e possuía oficina à rua Direita do Palácio. Era pai de cinco filhos, e tivera uma relação amorosa conturbada com a jovem Anna Romana, dez anos mais nova que ele. Ao ser preso, começa fingindo demência. No terceiro interrogatório, decide negar ter tido qualquer ideia de revolução ou de aliciar quem quer que seja para isso.

A 11 de setembro, no entanto, estufa o peito e assume fazer parte do projeto revolucionário. Pelo depoimento das testemunhas, é possível perceber o seu espírito aguerrido, altivo e revolucionário. "Insolente, atrevido e despejado, pronto para toda ação má" — era assim que o definia o coronel dom Carlos Balthazar da Silveira. "Muito petulante, altivo e insolente, capaz de empreender qualquer projeto mau, e ruinoso" — assim o deputado da Junta de Administração da Fazenda Real, Francisco Gomes de Souza, o definia.

As palavras atravessam os séculos e se metamorfoseiam. Olhadas hoje, da perspectiva das classes dominadas, a partir do olhar revolucionário dos oprimidos, o que era visto como defeito no mestre-alfaiate, converte-se no seu contrário. São os defeitos — sua insolência, seu atrevimento, sua altivez — que revelam o revolucionário e devem ser vistos, portanto, a partir do olhar dos oprimidos, como extraordinárias qualidades. São os defeitos apontados por seus acusadores que atestam sua alma revolucionária. Uma testemunha, José Antônio dos Santos, diz ter ouvido o mestre-alfaiate proclamar: "Viva a bela liberdade".

Lembre-se, porque importante, que num dos boletins sediciosos — Aviso ao Povo Bahinence — há uma belíssima definição do que seja liberdade.

> A liberdade consiste no estado feliz, no estado livre do abatimento: a liberdade e a doçura da vida, o descanso do homem com igual paralelo de uns para outros, finalmente a liberdade e o repouso, e bem-aventurança do mundo.

Manuel Faustino dos Santos Lira foi preso na tarde de 14 de setembro, uma sexta-feira. Nasceu escravo, depois liberto, era alfaiate ligado à poderosa família dos Pires de Carvalho e Albuquerque, filho do ex-escravo Raimundo Ferrara e da escrava Felizarda, foi preso no engenho da Pedra, propriedade do senhor de sua mãe, padre Antônio Francisco de Pinho, que foi quem o entregou à prisão.

Lucas Dantas do Amorim Torres foi preso no dia 9 de setembro, um domingo, na Carlos Balthazar da Silveira fazenda Topo do Nambi, sertão de Água Fria. Soldado do Regimento de Artilharia, filho do homem branco Domingos da Costa e de Vicença Maria, Lucas Dantas resistiu bravamente à prisão. Foi gravemente ferido na testa, um corte de mais três polegadas. A cicatrização dos ferimentos demorou pelo menos três meses para se completar.

Os desembargadores Avellar de Barbedo e Costa Pinto apresentaram a conclusão das devassas em 5 de novembro de 1799. Estavam convencidos que "alguns indivíduos malévolos" de Salvador haviam articulado, nas palavras deles, "execranda conspiração destinada a sublevar os povos, subtraindo-os ao supremo poder e alta soberania da mesma senhora, a quebrantar a forma de governo estabelecida, fazendo-lhe suceder uma democracia rasa e independente".

Nos termos da conclusão dos autos da devassa, os revolucionários eram acusados de tentarem uma sublevação destinada a "se subtraírem ao Suavissímo e Iluminadíssimo governo" da rainha D. Maria I e a suprimirem as leis da metrópole, pretendendo com isso construir uma República Democrática "onde" — veja-se o crime — "todos seriam iguais, onde os acessos e lugares representativos seriam comuns".

Luís Gonzaga das Virgens, definido como aquele que "não podia suportar em paz a diferença de condições e desigualdade de fortuna" e visto como "um dos Chefes principais" da revolução foi condenado por crime de lesa-majestade a morrer na forca. Além disso, deveria ter a cabeça e as mãos cortadas e expostas no local da execução. A sentença foi confirmada no dia 7 de novembro.

Lucas Dantas do Amorim Torres, considerado o principal líder da revolução — ao menos segundo os autos da devassa —, Manuel Faustino dos Santos Lira e João de Deus do Nascimento também foram condenados à morte por enforcamento e também teriam seus corpos esquartejados. Os soldados Lucas Dantas e Luís Gonzaga, como penas complementares, teriam suas fardas rasgadas por dois sargentos ao "toque de caixa destemperada".

Impõe-se a pergunta: por que foram esses quatro, e não outros, os condenados à forca? Condenados à forca e esquartejados, insista-se, com ênfase. As partes dos corpos expostas pelas ruas. Por que pobres? Por que soldados e alfaiates, homens simples? Por que negros? Por que da perigosa ralé?

O historiador Luís Henrique Dias Tavares (1926-2020), notável intelectual baiano, rigoroso pesquisador, que fornece base a esse voto, a quem aqui homenageio, ensaia uma resposta em seu *História da sedição intentada na Bahia em 1798: a conspiração dos alfaiates.*[1] Acontece que "os que iam morrer, iam morrer para dar exemplo".

A devassa fez a devida seleção, atenuou penas para muitos outros, e cravou pena de morte para os quatro, os quatro mártires da revolução dos Búzios, heróis do povo brasileiro.

O governador da Bahia de então, dom Fernando (1752-1817), num ofício, deixa claro que sempre se receou nas colônias que eclodissem rebeliões de escravos. O que se queria conter, o que se queria matar para sempre era não apenas aquela rebelião, mas qualquer outra que pudesse ser levada a cabo por negros. Quiseram as autoridades coloniais eliminar de vez o perigo que representou aquela "associação de mulatos" que pretendia coisas como liberdade, democracia, fim da escravidão.

Era demais para os brancos, era demais para as autoridades coloniais. Eliminaram-se as penas severas para as "pessoas de consideração", para usar expressão da época, e mataram os revolucionários pobres para dar o exemplo que se pretendia definitivo.

Aquela "associação de mulatos", aquela rebelião negra, de cunho democrático, que guardava conteúdos obviamente recolhidos da Revolução Francesa, e que, de alguma forma, ia além dela ao propor o fim da escravidão, causava medo às autoridades coloniais, mesmo após tanta repressão, tantas prisões. Era preciso condenar alguns à forca para dar o exemplo.

Os preparativos para a execução da sentença foram cuidadosos. Até uma nova forca foi "plantada em lugar extraordinário" na praça da Piedade. No dia 8 de novembro de 1799, quando os quatro foram executados, a praça da Piedade foi ocupada pelos Regimento Velho, Regimento Novo e Regimento de Artilharia. Os que assistiam aos preparativos e depois à execução eram mantidos à distância pelo aparato militar.

Luís Gonzaga e João de Deus foram conduzidos para a praça da Piedade em cadeirinhas, ou palanquins, sem cortinas ou tampas, de modo a que no trajeto pudessem ser vistos por todo o povo, que se aglomerava nas calçadas, que olhava das janelas, das varandas, que espreitava de todos os cantos, de todos os becos, todos os sobrados.

Os dois iam manietados por grilhões presos aos encostos das cadeiras. Contemporaneamente, poderíamos falar que a Colônia calculadamente promovia um espetáculo, um efeito-demonstração. Queria, pelo terror público do enforcamento, atemorizar a população, especialmente o povo negro, de modo a que ninguém mais se atrevesse a rebelar-se contra a Coroa e contra a escravidão.

Salvador parou para ver o sacrifício dos mártires.

Lucas Dantas e Manuel Faustino vieram a pé da cadeia ao patíbulo. Em volta deles, além dos guardas, muitos religiosos. Quando os quatro chegam à forca, a soldadesca dá as costas para o interior da praça. Mantém as armas apontadas para o povo. Uma tropa disposta a atirar diante de qualquer manifestação. Uma tropa tensa, cheia de medo. A colônia queria dar o exemplo, mas temia a reação dos negros e mulatos que acompanhavam o espetáculo de dor e sangue e martírio.

Tudo durou seis horas: das nove da manhã, exata hora em que os quatro mártires saíram da cadeia, às três da tarde, quando os quatro já estavam sem vida, quando então tudo terminou.

Terminou, vírgula. O espetáculo macabro, pleno de crueldade e cálculo, havia de continuar. Mortos os quatro, tiveram seus corpos esquartejados. Pedaços dos corpos dos mártires foram expostos em lugares públicos para que todo mundo visse, para que todos soubessem que aquele seria o destino de quantos se rebelassem contra a Coroa portuguesa.

A cabeça de Lucas Dantas, espetada no campo do Dique, na parte do Desterro. A de Manuel Faustino, no Cruzeiro de São Francisco. A de João de Deus, na rua Direita do Palácio. A de Luís Gonzaga, juntamente com as mãos, na própria praça da Piedade, afixadas nos caibros do patíbulo.

Durante cinco dias, a população de Salvador olhou nos olhos mortos dos quatro mártires, olhou para suas cabeças despregadas dos corpos, certamente alternando sentimentos de compaixão e indignação. No dia 13 de novembro de 1799, repitamos as datas, as cabeças cortadas foram retiradas das ruas e enterradas.

Para a Coroa, a perspectiva da revolução democrático-burguesa, na esteira da Revolução Francesa, era assombrosa. E a revolução dos Búzios era ainda mais assombrosa pelo fato de ter negros e pobres à frente, e por sugerir uma igualdade que suprimisse a escravidão. Tudo perigoso demais para uma Coroa que se colocava na contramão da tendência universal da revolução democrático-burguesa calcada na Revolução Francesa de 1789.

Já se disse, mas não custa insistir, que a Revolução dos Búzios ia além dos marcos da revolução democrático-burguesa, ao sugerir o fim da escravidão. Amplia os marcos revolucionários, quando soldados e artesãos, quando negros e pobres, quando os excluídos de então entram em cena. Vamos nos transportar àquele tempo. João de Deus, indaga de Lucas Dantas, sobre o significado de uma revolução. Lucas Dantas explica que, para fazer a revolução, será necessária uma guerra civil "para que não se distinga a cor branca, parda e preta, e sermos todos felizes, sem exceção de pessoa". Uma Revolução, vê-se, para chegar a uma sociedade de iguais.

Lucas Dantas diria ainda, ao mesmo João de Deus, que a Revolução tinha o objetivo de chegar a um governo democrático onde todos fossem felizes. E seriam felizes porque só seriam admitidos no governo "pessoas que tivessem capacidade para isso", fossem eles "brancos, ou pardos, ou pretos, sem distinção de cor".

O deputado Luiz Alberto acertou em cheio ao apresentar essa proposição.
Que vivam para sempre os novos Heróis da Pátria:
João de Deus do Nascimento,
Manuel Faustino Santos Lira,
Lucas Dantas de Amorim Torres e
Luís Gonzaga das Virgens e Veiga.
Neste sentido, votamos pela aprovação do PL n. 5819, de 2009.

Sala da Comissão, em 21 de outubro de 2009.

Deputado Emiliano José
Relator.

LUIZ ALBERTO (Maragogipe, Bahia, 1953) é ex-deputado federal e ex-secretário de Promoção da Igualdade do Estado da Bahia. Como sindicalista, fez parte da fundação do Partido dos Trabalhadores e foi membro do Movimento Negro Unificado.

FONTE: "Projeto de Lei nº 5.819-B, de 2009 (do Sr. Luiz Alberto)". *Câmara dos Deputados*, dez. 2009. Disponível em http://www.camara.gov.br/proposicoesWeb/prop_mostrarintegra;jsessionid=C880C5DD9C55D27C1E97510684C00D9F.proposicoesWeb1?-codteor=731553&filename=Avulso+-PL+5819/2009. Acesso em 15.12.2021.

1 Luís Henrique Dias Tavares, *História da sedição intentada na Bahia em 1798: a conspiração dos alfaiates*. São Paulo: Pioneira, 1975. [N. E.]

Carta aberta das entidades estudantis entregue ao governador de Pernambuco Eduardo Campos

UNIÃO BRASILEIRA DOS ESTUDANTES SECUNDARISTAS
2012

O movimento estudantil, em toda a sua trajetória, é marcado pela irreverência e ousadia em seus protestos de rua. Foi assim ao enfrentarmos uma ditadura e exigir eleições diretas, pavimentando o caminho desse novo Brasil. E será sempre dessa forma na defesa dos interesses nacionais. A mobilidade urbana, a acessibilidade, a qualidade do transporte e a gestão das empresas que controlam esse serviço público são constantes discussões que unificam a luta dos estudantes em todos os estados brasileiros. Seja na década de 1960 em manifestações contra o aumento da passagem nos bondes do Rio de Janeiro ou no início da primeira década desse novo século, com a Revolta do Buzu em Salvador e os megaprotestos em Santa Catarina, ou, mais recentemente, com passeatas no Piauí e em Pernambuco.

Inclusive, foi com a mobilização estudantil que veio uma importante conquista, com a garantia da meia passagem estudantil na região metropolitana. Mas, para nós, não bastam vitórias pela metade. É urgente a necessidade de uma discussão um pouco mais ampla para repensarmos o transporte público na região metropolitana do Recife. Atualmente, encontramos vias engarrafadas, pontos e terminais de ônibus sem estrutura física e logística para suportar uma demanda crescente, além de muitos veículos não possuírem acessibilidade a idosos, crianças e portadores de deficiência. A equação é inversamente proporcional, já que são recorrentes os aumentos das tarifas, problema crônico para o bolso do estudante, ao mesmo tempo que não se nota uma prioridade de investimento no setor, com qualidade e infraestrutura.

O Estado precisa acompanhar com mais seriedade a responsabilidade da Grande Recife Consórcio de Transporte, empresa que detém a concessão pública de exploração do setor de linhas de ônibus na região metropolitana. Em um setor sensível e estratégico para o desenvolvimento de nossa região, o Estado não pode apenas visar o lucro advindo dessas empresas e deve, junto à sociedade, reestruturar a formatação atual do conselho do Consórcio para que tenha mais representatividade e sirva à população e não a uma minoria com os dois olhos em cifras.

Surpreendidos com a possibilidade de um aumento de 17,20% no preço das passagens, sem haver nenhum tipo de discussão, os estudantes mais uma vez usaram da criatividade. Rapidamente, um grande movimento virtual se iniciou pela internet e se materializou em grandes passeatas de rua. O que se viu, entretanto, foi uma incompreensível intolerância do poder público para o debate e para lidar com a democracia. Em um surto autoritário, o que nos fez relembrar tempos sombrios que queremos esquecer, a tropa de choque foi acionada nos dias 20 e 23 de janeiro para reprimir as passeatas. Vimos novamente bombas de gás no campus da Universidade Federal de Pernambuco. A Polícia Militar usou de força desproporcional com balas de borracha e spray de pimenta contra jovens que marchavam pacificamente e empunhavam uma única arma: suas vozes.

Esperamos, como representantes dos estudantes, retratação pública do governo do estado, posicionamento já publicado em todos os jornais por meio de nota aberta de entidades estudantis. O confronto que nos interessa é o que continuaremos a travar nas ruas, é no campo das ideias, formar grupos de discussões, conselhos e promover encontros entre todas as partes para podermos discutir o problema do transporte público em nosso estado.

Diante de tudo apresentado, reivindicamos:

1. A revogação imediata do aumento da tarifa implementado desde o dia 22 de janeiro;

2. Retratação pública para com os estudantes, fruto do comportamento da Polícia Militar;

3. Instauração da Sindicância para apurar atitudes irregulares da Polícia Militar;

4. Imediata retirada de qualquer processo administrativo, civil ou criminal contra os estudantes que participaram das passeatas;

5. Passe livre estudantil;

6. Meia passagem ilimitada: fim do limite de meia passagem dos estudantes;

7. Passe livre metropolitano para "prounistas" e cotistas;

8. Meia passagem intermunicipal estudantil;

9. Aumento do número de integrações na região metropolitana;

10. Criação da integração eletrônica;

11. Participação ativa do Governo de Pernambuco na ampliação e qualificação do metrô, atingindo toda a região metropolitana;

12. Reformular o Conselho de Transporte, refazer a proporcionalidade das cadeiras, constituindo um conselho mais democrático e participativo;

13. Constituição de um controle de qualidade dos ônibus, instituindo patamares mínimos, como: refrigeração, intervalos máximos de dez minutos entre ônibus etc.;

14. Ampliação progressiva da frota;

15. Ampliação das ciclovias.

Assinam a carta: União Nacional dos Estudantes, União dos Estudantes de Pernambuco, União Brasileira dos Estudantes Secundaristas, União Metropolitana dos Estudantes Secundaristas e União dos Estudantes Secundaristas de Pernambuco.

A **UNIÃO BRASILEIRA DOS ESTUDANTES SECUNDARISTAS** é uma entidade que atua em prol de estudantes de escolas das redes de ensino municipal, estadual e federal. Fundada em 1948, a organização atuou na luta pelo passe livre estudantil e pela reserva de vagas para alunos de escolas públicas em universidades e institutos federais.

FONTE: "Carta aberta das entidades estudantis entregue ao governador de Pernambuco Eduardo Campos". *União Brasileira dos Estudantes Secundaristas*, jan. 2012. Disponível em https://ubes.org.br/2012/carta-aberta-das-entidades-estudantis-entregue-ao-governador-do-estado-de-pernambuco/. Acesso em 23.11.2021.

Feminismos e antirracismo: entraves e intersecções

SONIA E. ALVAREZ ENTREVISTA LUIZA BAIRROS
2012

A ministra Luiza Bairros (1953-2016), que assumiu o seu cargo no governo de Dilma Rouseff em janeiro de 2011 como ministra de Estado chefe da Secretaria de Políticas de Promoção da Igualdade Racial da Presidência da República, é uma notória intelectual nas áreas de estudos feministas, relações raciais e sociologia, com longa história de militância, tanto nos movimentos negros quanto nos feministas. Sua inabalável dedicação às lutas pelos direitos das mulheres e dos afrodescendentes, em especial das mulheres negras, se reflete também na sua atuação destacada em diversos órgãos governamentais, como titular da Secretaria de Promoção da Igualdade do Estado da Bahia, e em instituições internacionais, como consultora do Sistema Nações Unidas no Brasil no processo da 3ª Conferência Mundial contra o Racismo, e em outros projetos de interesse da população afro-brasileira.

Esse entrecruzamento singular de caminhos intelectuais e políticos coloca a ministra em uma posição *sui generis* para analisar com contundência as questões complexas abordadas na entrevista que me concedeu em 14 de dezembro de 2011, em Brasília. Procurei indagar como a ministra, a partir da sua gestão no governo e à luz de sua longa trajetória política nos movimentos negros e feministas, avaliava os pontos de (des)encontro entre a luta antirracista e os feminismos e movimentos de mulheres no Brasil, procurando delinear os caminhos pelos quais questões relacionadas à raça e ao racismo têm circulado nos diversos espaços feministas, e vice-versa.

SEA **[Sonia E. Alvarez]** O meu interesse é saber como você entende a relação dos feminismos vários com os diversos movimentos negros, e as articulações de ambos os movimentos com a gestão pública: o feminismo e o movimento negro no Estado. Mas vamos primeiro pontuar algumas questões. Queria pedir a você que falasse sobre a sua trajetória política e profissional. Desde 2008 você está trabalhando no Estado, primeiro na Bahia e agora em Brasília, em...

LB **[Luiza Bairros]** Janeiro de 2011.

SEA Podíamos então começar com a sua trajetória política e o que a levou a esse lugar. Eu sei que você tem uma longa trajetória em ambos os movimentos.

LB É difícil saber o que exatamente lhe traz para o lugar que você ocupa no momento. Até porque não havia uma intencionalidade nesse sentido. Toda a minha trajetória de militância se deu em primeiro lugar no movimento negro. E, pelas contradições que aí a gente identificava nas relações entre homens e mulheres militantes, passamos, sob a influência de Lélia Gonzalez (1935-1994), a nos reunir num grupo de mulheres negras.

SEA Dentro do próprio movimento negro?

LB No caso, dentro do Movimento Negro Unificado (MNU), isso no início dos anos 1980. Com essa articulação das mulheres no MNU é que começa a minha relação com o movimento de mulheres e com o movimento feminista mais especificamente. Ao longo dos anos 1980 e 1990, a questão das mulheres negras foi ficando cada vez mais evidente, como uma forma de pensar e uma forma de atuação diferenciada no movimento negro. Eu deixei de participar do MNU na metade dos anos 1990, mas dei seguimento à militância. Não mais vinculada a uma organização específica, mas cada vez mais próxima da atuação enquanto mulher. Quer dizer, naquilo que ser mulher negra possibilita uma organização política para intervenção na sociedade. Paralelamente a isso, essa questão sempre foi muito presente, do ponto de vista da minha reflexão acadêmica, inclusive.

SEA Você entrou no MNU bem no começo do movimento?

LB Em 1979.

SEA E daí de dentro do MNU forma-se essa articulação?

LB Essa articulação de mulheres negras. Permaneci no MNU até 1994, depois me desliguei, no momento em que voltei a estudar. Depois, virei professora.

SEA Você fez um estágio nos Estados Unidos.

LB Morei nos Estados Unidos um tempo.

SEA Onde foi nos Estados Unidos?

LB Em Michigan, estudei na Michigan State University. Na volta, fui ensinar na Universidade Católica de Salvador. Ao mesmo tempo, eu era pesquisadora associada do Centro de Recursos Humanos, um centro de pesquisas sociais da Universidade Federal da Bahia. Lá, coordenei um projeto de intercâmbio entre pesquisadores afro-norte-americanos e estudantes afro-brasileiros. Paralelamente, trabalhei com o Programa das Nações Unidas para o Desenvolvimento, que foi um espaço na verdade criado por pressão do movimento negro, o que me permitiu conhecer outras agências internacionais, como o Department for International Development,[1] o Departamento para o Desenvolvimento Internacional do Reino Unido. Aí começamos a desenvolver o Programa de Combate ao Racismo Institucional. Então, o objetivo do programa era trabalhar como o racismo opera especialmente no setor público. Foi nesse programa que eu comecei a refinar o meu pensamento e a minha prática sobre a ausência de políticas para a população negra, ou ausência de políticas de igualdade racial, e o que impede que isso aconteça dentro das organizações. Trabalhamos a partir de um conceito de racismo institucional e, com o apoio internacional, desenvolvemos uma experiência na prefeitura de Recife, no Ministério Público de Pernambuco e, depois, na prefeitura de Salvador.

SEA Qual era a natureza desses programas? Tentar identificar os pontos de resistência no aparelho do Estado?

LB Existem várias possibilidades de você trabalhar com essa questão. No nosso caso, optamos por fazer um trabalho de capacitação de servidores e gestores públicos. E acabamos, no processo, em parceria com o Instituto Amma Psique e Negritude, dirigido pela Maria Lúcia da Silva, em São Paulo, criando uma metodologia de capacitação com a abordagem da psicologia social. Quer dizer, como fazer com que servidores e gestores identifiquem os entraves que o racismo causa na atuação de uma instituição e qual o efeito disso nos serviços que são prestados. São serviços que acabam deixando de atingir determinado setor da população ou, se atingem, o fazem de maneira muito precária. Isso é muito evidente, por exemplo, na saúde: quais as dificuldades no atendimento, quais obstáculos o racismo interpõe na relação de um negro usuário do serviço com quem trabalha na unidade de saúde? Existem até regras criadas pela instituição, mas os servidores, não importa em que nível estejam, por conta de suas próprias crenças e percepções, impedem que elas sejam cumpridas. É o que ainda acontece no uso do quesito cor, que na área da saúde tem uma importância muito grande, porque através disso é que a gente conseguiria produzir estatísticas bem mais acuradas, a partir de registros administrativos sobre a situação de saúde da população que procura os serviços públicos. Então, identificar a cor da pessoa que está sendo atendida é algo que existe como possibilidade nos sistemas de informações do Ministério da Saúde. No entanto, por decisão de um funcionário, esse quesito simplesmente pode não ser coletado, porque o servidor acha que se perguntar vai constranger ou porque acha que isso não tem importância nenhuma, que raça não existe. Portanto, o programa trabalhava com essas dimensões; todas as interposições que vão acontecendo no dia a dia do trabalho. Por exemplo, em situações de sala de aula, professores frequentemente rotulam alunos e alunas negras, "esse menino é desatencioso" ou "essa menina não aprende nada, nunca".

São várias situações, várias possibilidades de interferência do racismo nas práticas cotidianas de uma instituição, especialmente no setor público, que acabam provocando desvantagens para a população negra. Foi assim que eu comecei a mexer com política pública. Fiquei algum tempo trabalhando com esse programa, que foi uma experiência bastante rica. Eu estava nessa condição, prestando consultoria, quando, na Bahia, o Partido dos Trabalhadores ganhou a eleição de 2006 ao governo do estado, pela primeira vez desbancando uma oligarquia política que estava no poder já há muitos anos. No novo governo, foi criada, em 2007, a Secretaria de Promoção da Igualdade, que tinha uma característica diferenciada porque reunia igualdade racial e política para as mulheres. Num primeiro momento, foi escolhido um homem para dirigir essa secretaria, o deputado Luiz Alberto, que também vinha de uma trajetória de movimento negro. Ele ficou durante um ano e meio como secretário e depois resolveu retornar para a atividade parlamentar, que é a grande vocação dele. Com a volta de Luiz Alberto à Câmara Federal, meu nome foi considerado para substituí-lo. Isso foi em agosto de 2008, quando fui para a Secretaria de Promoção da Igualdade para trabalhar exatamente com as duas questões às quais eu tinha me dedicado como militante. E a partir daí foram sendo criadas, eu acredito, as possibilidades para eu agora me tornar ministra. Mas acho que isso é muito mais devido à eleição da presidenta, Dilma Rousseff, e à decisão que ela tomou de ter como meta pelo menos 30% de mulheres no ministério.

SEA Que ela não atingiu completamente.

LB Chegou muito perto. São 29% de mulheres.

SEA O que eu entendi é que alguns partidos aliados não apresentaram nomes. Não foi por escolha ou negligência dela.

LB Não. Acho que pela vontade dela seriam pelo menos 12 mulheres, desde o início, no ministério. O ministério começou com nove mulheres, hoje somos dez. Então, a eleição da presidenta Dilma foi fundamental para que alguém com a trajetória como a minha pudesse ocupar esse cargo. Acho que em outras circunstâncias isso não teria acontecido de jeito nenhum.

SEA É uma reflexão interessante. Voltando à trajetória, tem muito sentido isso de você começar a se preocupar com o racismo institucional como conceito e como trabalhar dentro do Estado, e o fato de que o processo de Durban[2] traz a institucionalidade mais centralmente como preocupação para o movimento negro, né?

LB Exatamente.

SEA Durban foi uma espécie de "efeito Beijing"[3] para o movimento negro.

LB De certa forma, sim. A partir de Durban, o que acontece? Você tem um documento que não só coloca, pela primeira vez, os afrodescendentes como alvos do racismo, mas também define que o Estado tem como responsabilidade primária combater o racismo. Isso foi muito bem aproveitado no caso brasileiro. O movimento negro utilizou o processo de Durban para, cada vez mais, forçar o Estado a assumir essa responsabilidade. Durban é um ponto de inflexão no enfrentamento ao racismo no Brasil. Tanto é que dois anos depois da conferência, com a eleição do Partido dos Trabalhadores ao governo federal, ocorre a criação da Seppir [Secretaria de Políticas de Promoção da Igualdade Racial].

SEA Vamos pegar então o processo de Durban para pensar movimentos e relação entre os movimentos e em relação ao Estado. Por exemplo, pelo que eu acompanhei do processo de Durban, as mulheres negras tiveram um papel bastante destacado.

LB Muito importante.

SEA E também Durban teve repercussões interessantes dentro do movimento feminista, além do movimento negro. Como você entende o que esse processo trouxe para a discussão do movimento negro? O protagonismo das mulheres negras se deu de que forma dentro desse processo?

LB Como eu entendo, as mulheres negras acumularam condições políticas para participar de forma mais ativa do processo de Durban, também pela proximidade com o movimento feminista. Já tinham uma experiência com conferências mundiais; as mulheres negras se apropriaram mais rapidamente das ferramentas que você precisa para participar de uma conferência das Nações Unidas, que têm um processo bastante longo, feito de várias instâncias e etapas que se realizam em diferentes lugares do mundo. Esses processos, na prática, são levados pelas representações de governos e acompanhados por setores da sociedade civil que se credenciem junto às Nações Unidas para influenciar as posições que o país toma dentro dessas instâncias. As Nações Unidas têm uma etiqueta, uma linguagem, procedimentos definidos sobre como você acessa ou não determinados espaços. O conhecimento disso estava nas mãos das mulheres negras, que aprenderam com a participação com o movimento feminista nas conferências de mulheres. Outros setores do movimento negro quase não tinham experiência nessa área.

SEA E ao fazer isso consegue se colocar mais proeminentemente, mais visivelmente, a questão de gênero no processo de Durban também no Brasil?

LB Não necessariamente. As mulheres negras produziram bons documentos e debates colocando seu ponto de vista sobre o racismo, mas isso não gerou uma predominância sobre as outras visões. Como eu percebo, você estava ali engajada num processo amplo, no esforço político de conseguir espaços para assegurar que a questão do racismo constasse do documento final, da declaração final, da forma mais próxima possível das perspectivas das populações negras no mundo e, mais especificamente, na América Latina e no Brasil. Eu não tenho memória da questão da mulher negra sendo discutida de modo mais amplo nas reuniões entre os países. Isso se deu mais no processo preparatório em espaços da sociedade civil.

SEA Quando você diz isso, significa que não tem havido muita influência dessa temática dentro do movimento negro?

LB A questão não é essa. Como você trabalha com a ideologia racista do ponto de vista dos efeitos na vida das pessoas? Durban foi uma conferência mundial e os negros não eram o foco exclusivo, entendeu? Tratava de africanos e afrodescendentes, asiáticos e descendentes de asiáticos, indígenas, migrantes, vários grupos que sofrem racismo e discriminação racial, xenofobia e intolerâncias correlatas. Então, o que você assegura nos documentos são as declarações de caráter mais geral, porque especificar todas as possibilidades de discriminação dentro de cada grupo é, sem dúvida alguma, muito difícil. Mas você tem nos documentos dessa 3ª Conferência referências às mulheres, como sofrem de forma diferenciada os efeitos do racismo, e recomendações de medidas especiais para esse segmento. Mas o documento não se detém a isso. A própria utilização da palavra "afrodescendente" no contexto de Durban é um exemplo da necessidade de generalizações, pois é como você se refere aos negros de todas as partes do mundo com uma só denominação, que seja entendida no Brasil, nos Estados Unidos, no Canadá, na Colômbia, no Equador e por aí vai. Embora o termo historicamente utilizado no Brasil para nos definirmos seja "negro". Então, o documento final, que continua superatual, traz declarações e propostas de medidas para tratar situações vividas por determinados povos no mundo, submetidos ao racismo e à discriminação racial, à xenofobia e a intolerâncias correlatas.

SEA Mas, fora o processo oficial em si, você acha que tanto a presença das mulheres, do protagonismo das mulheres negras no processo, quanto algumas referências e debates internos podem ter contribuído para trazer as questões de interesse específico das mulheres negras?

LB A consequência disso é que você teve a afirmação do movimento de mulheres negras dentro do movimento negro; é quando, efetivamente, ele se descola do movimento negro tal como a gente o conhecia até então. Ganha uma identidade própria.

SEA Dentro do movimento negro.

LB Exatamente.

SEA Porque ele já tinha identidade própria dentro do movimento feminista. Mas dentro do movimento negro...

LB Eu acho que se especifica completamente porque no processo de Durban, inclusive, é que foi criada a Articulação de Organizações de Mulheres Negras Brasileiras. Como ator político, isso deu uma nitidez que foi muito importante.

SEA Que tem impacto tanto no movimento negro como no movimento feminista.

LB Não tenho dúvida.

SEA Durban é um dos momentos de virada na discussão da questão racial dentro do movimento feminista; outro foi o processo Beijing, onde também as mulheres negras tiveram um protagonismo importante. Como você vê a relação entre ambos os processos?

LB Beijing, eu só acompanhei por notícias, foi no período em que eu estava fora do Brasil. Mas acho que não se compara com Durban, porque aí as questões de gênero não são o ponto de partida para a discussão sobre as mulheres negras. O ponto de partida é a questão racial mesmo. Em minha opinião, se você especifica o racismo, tem uma possibilidade maior de dar conta das questões das mulheres negras mais do que quando você especifica o sexismo. Nesse sentido, para nós, Durban é muito mais definitivo do que Beijing, não tenho dúvida.

SEA E, posterior a Durban, mulheres negras continuam tendo uma atuação de destaque em ambos os movimentos. Quais as conquistas e as resistências em relação à agenda das mulheres negras em ambos os espaços?

LB Você se coloca para o movimento feminista a partir da identidade de mulher negra, mas para dentro do movimento de mulheres negras também passam a ocorrer outros movimentos. Você começa a assistir a um processo que a gente ainda não discutiu tanto quanto deveria, no qual vão se especificando outras identidades entre as mulheres negras, e isso aconteceu muito rapidamente. Se você pensa no que foi o caminho anterior até a gente se constituir como mulher negra e no que é o momento atual, você percebe um outro movimento que é para especificar quem são essas mulheres. É como se em determinado momento mulher negra tivesse deixado de ser uma categoria universal, porque não representa mais todas as possibilidades dessa experiência numa sociedade como a brasileira.

SEA Que tipo de possibilidades?

LB Tem mulheres quilombolas, de terreiro, jovens, lésbicas. Só estou me lembrando aqui das mais visíveis...

SEA Quer dizer, surgem multiplicidades, múltiplas identidades de mulheres negras.

LB Surge o que eu chamo de múltiplas possibilidades de organização política da identidade negra. É isso.

SEA Cada uma dessas vertentes de organização política se articula de diferentes formas?

LB Vão começando a formar articulações de modos diferenciados. As trabalhadoras domésticas formam outro segmento também importante que vai se articulando de modos específicos.

SEA Como há muito tempo você não pode mais falar de um movimento de mulheres ou um feminismo, não pode mais falar de um movimento de mulheres negras?

LB Exatamente. O mesmo processo. Digamos, são círculos que vão se formando em torno de um mesmo núcleo para pensar a identidade de mulher negra. Isso é algo muito forte que tem caracterizado o movimento de mulheres negras hoje.

SEA E você acha que isso tem enriquecido a possibilidade de influência desse movimento em relação a outros movimentos?

LB Lógico, com isso você ganha muito mais penetração em diversos setores e espaços de discussão. É muito interessante o caso das trabalhadoras domésticas, só para dar um exemplo recente. No processo de buscar na Organização Internacional do Trabalho (OIT) a aprovação de uma convenção específica para o trabalho doméstico, o trabalho político foi desenvolvido por mulheres negras, trabalhadoras domésticas. Elas estiveram na linha de frente, embora outras mulheres negras também participassem do debate. A convenção foi finalmente aprovada na Conferência Internacional da OIT que aconteceu em junho de 2011, pelo esforço das próprias trabalhadoras domésticas. Nas questões relativas às quilombolas, também elas estão à frente de tudo. Isso é muito rico. Hoje, aqui em Brasília, a partir da democratização do governo federal, passou a ser um lugar para onde converge a pressão dos movimentos sobre o Estado, você encontra pessoas negras, mulheres negras das mais diferentes organizações, fazendo o trabalho político nos seus próprios termos. O que nos une a todos e todas é a luta contra o racismo, mas essa luta acontece a partir de diferentes lugares.

SEA Isso é importante, sim. Acho que nem sempre se reconhece do ponto de vista de fora dos movimentos negros. Não sei se tem necessariamente esse reconhecimento no próprio movimento de mulheres. Porque essas diferentes instâncias dialogam com diferentes instâncias dos movimentos de mulheres e feministas. Eu queria saber do ponto de vista de onde você está parada agora, quais você vê como os principais ganhos da questão racial dentro do feminismo e quais as principais resistências? Quais os avanços em relação a, digamos, dez, quinze, vinte anos atrás?

LB Você tem hoje um feminismo que se define como antirracista no Brasil, algo que não existia antes. Agora, como eu vou localizar isso na prática, Sonia? Eu acho que a experiência da Articulação de Mulheres Brasileiras (AMB), é muito interessante nesse sentido. A AMB tem uma forma de organização bastante flexível; ela atua com fóruns de mulheres em diversos estados do Brasil, e sempre me impressiona a quantidade de mulheres negras que fazem parte disso. Então, eu considero um avanço ter uma articulação de mulheres que é geral, vamos dizer assim, mas com a presença de mulheres negras. Isso era quase impossível há anos, porque o grau de tensão e de enfrentamento entre mulheres negras e mulheres brancas era pesado demais. Hoje, há certo esfriamento dessa tensão que, fazendo uma análise, digamos, otimista, é dado por pelo menos dois fatores. Por um lado, o fato de que as feministas finalmente concordam que as mulheres não são todas brancas e que, portanto, o espaço político vai ter que ser compartilhado entre muitas mulheres diferentes entre si. E, por outro lado, acho que há uma segurança maior das mulheres negras de que o fato de você trabalhar numa organização que não se define como negra não elimina as suas possibilidades de expressão a partir do seu lugar racial.

SEA Muito mais do que dez anos atrás.

LB Sim, sim. Eu sempre acompanhei o trabalho da AMB, participei de reuniões e tudo mais, pela flexibilidade que ela tem. Você pode não estar ligada a uma organização, mas se está ligada a um fórum, você participa do debate igual. Logo que eu cheguei ao ministério, num encontro nacional da Articulação, tive uma reunião específica com as mulheres negras porque elas pediram que a gente sentasse para conversar, sem nenhum receio de que isso pudesse ser questionado pelas mulheres brancas. Essa segurança está dada e é um ganho importante. As resistências ainda existem, mas são mais difíceis de serem manifestadas, apesar de as organizações feministas no Brasil continuarem sendo de maioria branca. Quer dizer, tem uma barreira final aí que não foi totalmente vencida ainda. Na atuação das redes, você percebe, como eu falei, a presença de brancas e negras, mas o mesmo não ocorre nas organizações especificamente.

SEA Nos Estados Unidos se chamaria o feminismo organizado, as organizações especificamente, de *advocacy*, as ONGs feministas.

LB Essa barreira não foi quebrada ainda porque não há, ou se existe eu não tenho conhecimento, uma organização feminista que seja paritariamente formada por mulheres brancas e negras. Essa é uma dimensão do que ainda é preciso romper em termos de resistências. As organizações ou são brancas ou são negras.

SEA Alguns pontos de uma agenda antirracista têm sido incorporados por alguns setores do movimento feminista. Eu concordo plenamente que hoje em dia pelo menos existem setores, especialmente das mulheres jovens, que são muito mais receptivas à questão racial, nem imaginam o feminismo sem um componente antirracista. Acho que há um nível de reconhecimento bastante significativo da importância da questão racial. Agora, até que ponto a agenda antirracista que se assume enquanto tal no feminismo se aproxima da agenda antirracista do movimento negro?

LB Essas questões são tão complexas, absolutamente complexas! Essas coisas só acontecem se você respeita as possibilidades, se respeita o que cada uma tem de específico na sua própria experiência como mulher. A gente parou de brigar. As feministas pararam, por exemplo, de dizer que a gente não é feminista. Pode ser que continuem achando, mas pararam de dizer. Isso já ajudou a distensionar um monte, já se admite que existe um feminismo negro. Agora, esses feminismos mantêm distâncias e diferenças muito marcadas. As mulheres negras, qualquer uma, por mais feminista que seja, muito dificilmente vão ter uma leitura de sociedade a partir e para as mulheres negras. Nos outros feminismos, isso é possível, mas aqui é um ponto de vista da mulher negra em relação à sociedade e à população negra.

SEA E que só nesse feminismo negro que você vai ter...

LB Isso só é possível aqui. Então, a agenda antirracista, de uma e de outra, tem diferenças muito marcadas.

SEA Nesse sentido, é por isso que o único jeito de avançar é trabalhar em coalizão, construir alianças.

LB Sim, vamos reconhecendo nossas diferenças. Porque se a gente for querer achar que existe uma forma única de ser, não vai dar certo. Por exemplo, a questão da mortalidade da juventude negra no Brasil, hoje, é uma pauta perfeitamente aceitável nas organizações de mulheres negras, mas muito dificilmente vai ser levada pelo movimento feminista, entendeu? Ainda que nas organizações de mulheres negras se faça uma especificação para dizer "olha, não são apenas os homens negros jovens que morrem, as mulheres negras jovens estão morrendo também". As jovens morrem em menor número, mas as taxas estão crescendo de forma mais acelerada, o que tendencialmente indica que a vitimização por homicídio das mulheres negras é um problema também. Mas você tem que reconhecer que foi a mortalidade dos jovens negros que alterou o perfil demográfico da população masculina no Brasil e isso é um peso enorme para a população negra, para o país. E você não pode, pelo fato de ser mulher, dizer que não lhe diz respeito porque "é homem que está morrendo". Isso não existe! E você não vai impor uma agenda dessas para o movimento de mulheres, não vai.

SEA Entendi.

LB Mas aqui, do lado de cá, isso tem importância. Muita importância.

SEA Agora, em relação a ganhos dos movimentos de mulheres negras ou da questão feminista dentro do movimento negro. Quais os principais ganhos nos últimos dez, quinze anos?

LB Para além de tudo que eu já falei? De as mulheres negras terem assegurado espaço político no movimento social... mais do que isso?

SEA Mas em relação a questões específicas. Há algumas resistências ainda dentro do movimento negro?

LB Não, você não tem mais tanto isso, porque o próprio movimento negro se modificou também. O mesmo processo que houve entre as mulheres negras, de como vão se especificando outras identidades, aconteceu no movimento negro. Porque lá você tem também quilombo, jovem, entre os jovens tem hip-hop e outros grupos. No geral, hoje existe um movimento poderoso de juventude negra, movimento contra a intolerância religiosa e por aí vai.

SEA E dentro de cada um desses setores haverá diferentes ganhos e diferentes resistências, claro.

LB Existem as chamadas organizações gerais, que correspondem ao modelo inicial do movimento negro de 1970, 1980, em que cabem homem e mulher e todas as questões são tratadas ali dentro. Hoje, em minha opinião, há uma crise de representatividade no movimento negro, porque as organizações de caráter geral vão perdendo a capacidade de falar pelo conjunto, já que cada um, cada setor fala por si. Elas resistem à perda de representatividade, e aí é que a disputa política se acirra, alimentada pelo esgotamento de determinado modelo. Então, as organizações gerais não incorporam, ou incorporam de uma forma insuficiente, as questões novas que vão aparecendo, com essas novas formações em que a preocupação com a mulher negra e outros segmentos é muito maior, é a razão de ser mesmo da sua existência. Um exemplo simples desse processo aconteceu no Afro XXI, encontro do encerramento do Ano Internacional dos Povos Afrodescendentes (2011),[4] que foi realizado agora em Salvador. Para assistir à reunião de chefes de Estado, foi definido, pelo cerimonial da Presidência, um número x de representantes de sociedade civil. Quando as organizações se sentaram para escolher quem iria, a necessidade de as mulheres estarem representadas estava colocada. Todo mundo já sabe que não pode aparecer só com homem, porque, afinal de contas, o movimento é formado principalmente pelas mulheres. Quando se trata de representação, essa preocupação aparece. Isso não significa que no dia a dia as relações entre mulheres e homens negros tenham melhorado a ponto de as mulheres desfrutarem, automaticamente, de uma posição de igualdade com os homens. Não, as disputas permanecem. Modificadas, mas permanecem. Já faz alguns anos, eu escrevi uma coisa pequenininha temos uma população negra imensa no país, totalmente fora ou com uma participação muito rala na vida política do país. Então, para você como negro, a atuação política mais garantida é a que existe no que chamamos genericamente de movimento negro. E esse espaço é exíguo demais; em termos de expressão política, é muito pequeno. À medida que as mulheres negras ganham a sua própria identidade como movimento, aumenta mais a sensação de ameaça do ponto de vista dos homens. Até por isso essas relações ainda não conseguiram encontrar o seu leito tranquilo.

SEA Acho importante a ideia de que há um espaço exíguo e todo mundo está disputando, é uma concepção instigante.

LB Você quase não tem outros lugares para se expressar politicamente. As pessoas negras vão para o partido político, estão lá em grandes números, mas você não tem lideranças de expressão negras nacionalmente reconhecidas. Não tem. Muitas pessoas vão para o partido político e acabam voltando para cá, porque aqui vão ser ouvidas, vão ser consideradas.

SEA É, imagino que esse espaço político possa ficar apertado e disputado mesmo. Nesse sentido, para ir encerrando, eu queria pedir que você voltasse ao lugar que você ocupa, justamente, porque você não está mais exclusivamente no espaço do movimento.

LB Não estou, mas também não saí. Você não sai disso! Especialmente nesse lugar em que eu estou. Se eu estivesse em outro cargo, até poderia, mas, na verdade, querendo ou não, a Seppir é decorrência do movimento negro. E ela é, no âmbito institucional, um outro espaço também reduzido como o movimento negro. Talvez, menor ainda. Acho que o mesmo poderia ser dito em relação à Secretaria de Políticas para as Mulheres, que também surgiu de um processo provocado pelo movimento de mulheres. Em termos institucionais, é sempre muito difícil corresponder ao que seria a expectativa de um movimento social.

SEA Isso nos remete ao conceito de racismo institucional com o qual você começou, de como negociar, navegar, dentro do racismo institucional, manifestado cotidianamente, no governo federal.

LB Digamos que a Esplanada dos Ministérios seja representativa do tamanho do governo. Nós somos dois andares, aliás, um e meio. Entendeu? Quando cheguei aqui, usava a seguinte expressão que deu certa confusão, inclusive: "A Seppir bateu no teto". Eu fui ter a dimensão mais exata do que é a expressão "teto de vidro" quando cheguei aqui, porque era assim mesmo que me sentia olhando lá para cima, vendo possibilidades infinitas para o trabalho. As possibilidades que temos aqui são fantásticas, fantásticas! Mas você não fura o teto. Também existe uma demanda, uma expectativa das pessoas negras de virem trabalhar na Seppir. Mas não tem quase ninguém que demande trabalhar no Ministério da Saúde, no Ministério da Educação, no Ministério da Ciência e Tecnologia, no Ministério do Trabalho, entendeu? As pessoas que adquiriram dentro do Estado as competências para trabalhar o racismo ou a promoção da igualdade racial na gestão pública não são absorvidas por essas outras estruturas.

SEA E terminam sendo absorvidas aqui.

LB Há uma demanda, mas a estrutura é pequena e não permite que sejam absorvidas.

SEA Aí a Seppir termina virando uma espécie de reduto também. Há menos articulação aqui na Seppir do que o movimento negro tem fora daqui?

LB Não, isso não. Aqui as suas possibilidades de articulação são muito grandes. Mas o que acontece, essa é uma discussão que a gente vai ter que enfrentar, é que o modelo tem que ser revisto. Precisa ter o ministério específico? Sim. A gente vai precisar de ministério das mulheres e de igualdade racial ainda por algum tempo. Agora, você tem que criar meios de fazer com que a articulação a partir do ministério específico tenha vida, tenha sustentabilidade dentro dos demais.

SEA Isso é uma discussão muito longa também dentro do movimento feminista e dentro do movimento negro e dos movimentos em geral. É a questão de, primeiro, como melhor articular as especificidades e, ao mesmo tempo, estabelecer e manter uma presença transversal; e, segundo, qual seria o modelo institucional, organizacional, para melhor realizar ambos os objetivos.

LB Exatamente. E como você dá sustentabilidade?

SEA O modelo atual é vocês terem um conselho que tem representações diferentes, certo?

LB A mesma estrutura da Secretaria das Mulheres. A gente precisa avaliar isso. A AMB criou um espaço que, de tempos em tempos, reúne mulheres da militância, as que estão em conselhos e as que estão na gestão. São três lugares, três perspectivas. E nessas discussões tem aparecido de forma mais nítida a necessidade de rever esse modelo, porque a gente tem problemas com o papel dos conselhos, tem insatisfações com a capacidade dos órgãos de gestão.

SEA Que tipo de possibilidades haveria? Uma instância mais permanente de representação, uma instância mais consistente de articulação?

LB Eu não gostaria de me arriscar numa resposta, porque o debate está só começando. É preciso rever a representação governamental nos conselhos, porque muitas vezes ela está desvinculada dos setores que trabalham as agendas de nosso interesse nos ministérios. Os ministérios poderiam ter algum tipo de estrutura, um núcleo, talvez, para trabalhar a promoção da igualdade de forma consistente. Isso teria que ser ligado ao gabinete do ministro ou à secretaria executiva do ministério, de maneira que essas questões tivessem o poder de penetrar na estrutura. No caso da Seppir, que tem uma equipe extremamente reduzida, a inexistência de contrapartes na maioria dos ministérios obriga a gente, o tempo inteiro, a provocar o diálogo com os outros órgãos para não deixar que as coisas morram lá dentro.

SEA Claro, porque não tem sustentabilidade interna nesses espaços. É relegado às margens. Tem representantes, mas são indivíduos, não são núcleos.

LB Tem uma série de questões. Os conselheiros governamentais são designados sem que, necessariamente, tenham a possibilidade de assegurar que o que está sendo definido seja efetivamente implementado. A gente trabalhou muito esse ano na relação com os demais ministérios. Agora no início de janeiro, vamos ver o que resultou dos novos acordos e pactuações e qual a estratégia para assegurar que isso realmente seja executado. É um trabalho permanente. Mas no Ministério da Educação tem um lugar em que essas questões são tratadas, existe uma interlocução bem definida. No Ministério da Saúde ainda não conseguimos a criação de uma instância específica, embora o tema da saúde da população negra seja trabalhado lá. No Ministério do Trabalho tem muito pouco para além do que a gente provoca e por aí vai.

SEA E com a SPM vocês têm boas relações em geral?

LB Muito boas. Voltar a ter uma mulher como ministra da Seppir foi positivo. Há coisas que eu retomo a partir do que foi interrompido com a saída de Matilde Ribeiro. A questão das mulheres negras é uma, porque nos últimos anos havia dúvidas se essa seria pauta da Seppir. É preciso acabar com isso, até porque a SPM é um ministério de articulação, como nós somos, que se interessa em ter ações relativas à mulher em todos os órgãos, inclusive na Seppir. Então, não há contradição. Obviamente, isso melhora muito a relação com a SPM, sem contar com o fato de que trouxemos para a equipe pessoas que vêm do movimento de mulheres negras.

SEA E que tipo de coisas especificamente?

LB Esse ano ainda fizemos muito pouco. Por conta da limitação estrutural, tivemos que priorizar a mortalidade da juventude negra, um plano que envolve nove ministérios. O tema das mulheres ficou mais restrito ao trabalho doméstico. A preparação para a Conferência da OIT implicou um processo de articulação com os Ministérios do Trabalho e das Relações Exteriores para assegurar uma posição brasileira consistente com as expectativas dos sindicatos das trabalhadoras domésticas. O governo brasileiro teve um papel muito bom no sentido de costurar com outros países a aprovação da convenção específica. Terminada a conferência, a Seppir passou a acompanhar no legislativo os projetos de lei relacionados ao trabalho doméstico. Tudo isso foi feito junto com a SPM; fizemos uma nota conjunta para subsidiar a Presidenta da República nos vetos a uma lei, impedindo oportunismos dos planos de saúde em relação a esse contingente. São 7 milhões de trabalhadores domésticos no Brasil.

SEA E para 2012, quais as prioridades?

LB Nós temos, no Conselho Nacional de Promoção da Igualdade Racial, representações das redes de mulheres negras e também uma comissão para trabalhar esse tema. Para 2012, a gente pretende que essa comissão nos dê sugestões para poder atuar para além do trabalho doméstico. O nosso grande desafio é começar a tirar do papel o Eixo 9 do segundo Plano Nacional de Políticas para as Mulheres.[5] Isso não está ainda totalmente desenhado, mas, seguramente, no próximo ano a gente vai poder se dedicar mais.

SEA Tirar o Eixo 9 do papel seria revolucionário porque realmente ele é muito forte. Alguma coisa que eu não perguntei que você queira registrar? Acompanhei, de longe, algumas das controvérsias que surgiram na imprensa em relação às críticas, ou mais bem dito, ataques sofridos pela sua gestão nos últimos meses. Tenho ficado muito bem impressionada com a sua gestão toda e mais ainda com a delicadeza com a qual você tem manejado essas críticas. Deve ser muito complicado.

LB É complicado porque eu não sou delicada, então...

SEA (riso) Não sendo delicada, aí é fácil.

LB Mas é uma loucura. A minha presença no ministério e o tipo de reação que ela provocou em alguns setores do movimento negro podem ter a ver com a percepção de que as mulheres negras estão tomando espaço demais.

SEA Claro. Por cima uma feminista negra.

LB Ah, gente, me deixa trabalhar! Mas é muito interessante isso tudo. É tanta coisa que as pessoas dizem a meu respeito, tantas coisas que dizem a respeito da gestão. Começou assim: "Ela não sabe dialogar; ela não dialoga com o movimento social". Diga aí, alguém afirmar isso a meu respeito! É aquela velha técnica, as pessoas repetem, repetem, repetem mentiras...

SEA Até que pareça verdade.

SONIA E. ALVAREZ é mestra e doutora em ciência política pela Yale University. Atua principalmente nos estudos sobre movimentos sociais, feminismo, política e cultura latino-americana. Foi organizadora, com Marlise Matos, dos volumes *Quem são as mulheres das políticas para as mulheres no Brasil: o feminismo estatal participativo brasileiro* (2018) e *Quem são as mulheres das políticas para as mulheres no Brasil: expressões feministas nas Conferências Nacionais de Políticas para as Mulheres* (2018).

LUIZA BAIRROS (Porto Alegre, 1953-2016) foi administradora, mestra em ciências sociais pela Universidade Federal da Bahia, doutora em sociologia pela Michigan State University e ministra-chefe da Secretaria de Políticas de Promoção da Igualdade Racial entre 2011 e 2014.

FONTE: Versão revisada da entrevista publicada na *Revista de Estudos Feministas*, n. 3, v. 20, set.-dez. 2012, pp. 833-50.

1 Atualmente, Foreign, Commonwealth & Development Office. [N. E.]

2 Referência à 3ª Conferência Mundial contra o Racismo, a Discriminação Racial, a Xenofobia e Formas Correlatas de Intolerância, promovida pela Organização das Nações Unidas e realizada em Durban, na África do Sul, entre 31.8-8.9.2001. [N. E.]

3 Referência à 4ª Conferência Mundial sobre a Mulher: Igualdade, Desenvolvimento e Paz, promovida pela Organização das Nações Unidas e realizada em Pequim, China, entre 4-15.9.1995. [N. E.]

4 Em 2009, a Assembleia Geral das Nações Unidas declarou o ano de 2011 como o Ano Internacional dos Afrodescendentes. [N. E.]

5 Referência ao Eixo 9 do Plano Nacional de Políticas para as mulheres discutido no âmbito da 2ª Conferência Nacional de Políticas para as Mulheres, realizada em Brasília, entre 17-20.8. 2007. [N. E.]

Depoimento da historiadora Dulce Pandolfi à Comissão Estadual da Verdade do Rio de Janeiro

DULCE PANDOLFI
2013

Por acreditar que no Brasil de hoje a busca pelo "direito à verdade e à memória" é condição essencial para nos libertarmos de um passado que não podemos esquecer, aceitei o convite da Comissão da Verdade do Rio de Janeiro para fazer hoje, aqui, este depoimento.

Mesmo sem nenhum mandato, quero falar em nome dos presos, torturados, assassinados e desaparecidos pela ditadura militar que vigorou no nosso país entre 1964 e 1985.

Como historiadora, sei que a memória não diz respeito apenas ao passado. Ela é presente e é futuro. Os testemunhos que estão sendo dados à Comissão da Verdade, embora sobre o passado, dizem respeito ao presente e apontam para o futuro, e por isso mesmo espero que ajudem a construir um Brasil mais justo e solidário. Sei também que da memória — sempre seletiva — fazem parte o silêncio e o esquecimento. Por isso, nestas minhas fortes lembranças, permeadas por ruídos, odores, cores e dores, estarão presentes ausências e esquecimentos.

Nascida e criada em Recife, fiz parte de uma geração que sonhou e lutou muito. Queríamos romper com as tradições, acabar com a miséria e com as injustiças sociais, reformar a universidade, derrubar a ditadura, enfim, queríamos transformar o Brasil e o mundo.

Em 1968, um ano marcado por muitas paixões e fortes embates políticos e ideológicos, eu, cursando o segundo ano de Ciências Sociais, fui eleita secretária-geral do Diretório Central dos Estudantes da Universidade Federal de Pernambuco, entidade que congregava todos os estudantes da universidade. Naquele ano o movimento estudantil explodiu por toda parte. No Brasil, depois da famosa Passeata dos Cem Mil, realizada aqui no Rio de Janeiro e que tentamos replicar nas diversas capitais do país, o ano terminou com a decretação do Ato Institucional n. 5. A partir daí, as prisões, as mortes e as torturas, iniciadas em 1964, aumentaram. A radicalização do regime, para muitos de nós, justificava a continuidade da nossa luta. Foi também em 1968 que ingressei em uma organização de esquerda armada, a Ação Libertadora Nacional (ALN).

No início de 1970, perseguida pelos órgãos da repressão, fugi do Recife e vim para o Rio de Janeiro. Poucos meses depois, fui presa. Naquela noite do dia 20 de agosto de 1970, no momento em que entrei no quartel da Polícia do Exército situado na rua Barão de Mesquita, número 425, no bairro da Tijuca, no Rio de Janeiro, ouvi uma frase que até hoje ecoa forte nos meus ouvidos: "Aqui não existe Deus, nem pátria, nem família. Só existe nós e você". Hoje, passados mais de 40 anos, penso no efeito que aquela frase produziu em mim. Com 21 anos de idade, cheia das certezas e transbordando de paixões, eu não queria morrer. Embora totalmente acuada e literalmente apavorada, aquela frase não deixava a menor dúvida para algo que eu já sabia, mas que naquele momento ganhou força e concretude. Não havia comunicação ou negociação possível entre aqueles dois mundos: o meu e o deles.

Era naquele quartel que funcionava o DOI-Codi. O prédio tinha dois andares. Diferentemente do que muitos dizem, aquele lugar não era um "porão da ditadura", um local clandestino. Embora ali não existisse "nem Deus, nem pátria, nem família", eu estava em numa dependência oficial do Exército brasileiro. Uma instituição que funcionava a todo vapor, com todos os seus rituais, seus símbolos, seus hinos, sua rotina. Ali fiquei mais de três meses.

Na andar térreo, tinha a sala de tortura, com as paredes pintadas de roxo e devidamente equipada, outras salas de interrogatório com material de escritório, essas às vezes usadas, também, para torturar, e algumas celas mínimas, chamadas solitárias, imundas, onde não havia nem colchão. Nos intervalos das sessões de tortura, os presos eram jogados ali. No segundo andar do prédio havia algumas celas pequenas e duas bem maiores, essas com banheiro e diversas camas-beliches. Foi numa dessas celas que passei a maior parte do tempo.

Normalmente, os torturadores, embora quase todos militares, andavam à paisana. Os fardados cobriam com um esparadrapo o nome gravado em um dos bolsos do uniforme. Cabia aos cabos e soldados cuidar da infraestrutura. Eram eles que fechavam e abriam as celas, nos levavam para os interrogatórios, ou melhor, para as sessões de tortura, faziam a ronda noturna, levavam as nossas refeições. Ali não havia banho de sol, visita familiar, conversa com advogado. Nenhum contato com o mundo lá de fora. Naquela fase, éramos presos clandestinos. Só saíamos das celas para os interrogatórios, de olhos vedados, sempre com um capuz preto na cabeça. Quase todos os que faziam o trabalho de infraestrutura incorporavam o ambiente da tortura. Mas tinha algumas exceções. Um dos soldados, por exemplo, me deu um pedaço de papel e uma caneta para eu escrever uma carta para meus pais. E, de fato, a carta chegou ao destino.

Durante os mais de três meses que fiquei no DOI-Codi, fui submetida, em diversos momentos, a diversos tipos de tortura. Umas mais simples, como socos e pontapés. Outras mais grotescas, como ter um jacaré andando sobre o meu corpo nu. Recebi muito choque elétrico e fiquei muito tempo pendurada no chamado pau de arara: os pés e os pulsos amarrados em uma barra de ferro e a barra de ferro, colocada no alto, numa espécie de cavalete. Um dos requintes era nos pendurar no pau de arara, jogar água gelada e ficar dando choque elétrico nas diversas partes do corpo molhado. Parecia que o contato da água com o ferro potencializava a descarga elétrica. Embora essa tenha sido a tortura mais frequente, havia uma alternância de técnicas. Uma delas, por exemplo, era o que eles chamavam de afogamento. Amarrada numa cadeira, de olhos vedados, tentavam me sufocar, com um pano ou algodão umedecido com algo com um cheiro muito forte, que parecia ser amônia.

De modo geral, para os presos, a barra mais pesada ocorria nas primeiras 24 horas após a prisão. Era a corrida contra o tempo: para eles e para nós. Durante essas primeiras horas, duas eram as perguntas básicas: ponto e aparelho. Ponto era o local, na rua, onde os militantes se encontravam, e aparelho era o local de moradia ou de reunião.

Não sei quanto tempo durou a minha primeira sessão. Só sei que ela acabou quando eu cheguei no limite. Muito machucada, e sem conseguir me locomover, ouvi, ao longe, um bate-boca entre os torturadores sobre se eu deveria ou não ser levada para o Hospital Central do Exército. A minha prisão, consequência de um contato familiar, tinha muita testemunha. Ou seja, muitos familiares, que nada tinham a ver com a minha militância, foram presos e levados para o DOI-Codi. Sobre essas prisões nada ficou documentado.

Quando eu passei a correr risco de vida, montaram uma pequena enfermaria em uma das celas do segundo andar. Ali fui medicada, ali fiquei tomando soro. Meu corpo parecia um hematoma só. Por conta, sobretudo, da grande quantidade de choque elétrico, fiquei com o corpo parcialmente paralisado. Achava que tinha ficado paralítica. Aos poucos fui melhorando. Fiquei um bom tempo sem descer para a sala roxa. Mas, ouvir gritos dos outros companheiros presos e ficar na expectativa de voltar a qualquer momento para a sala roxa era enlouquecedor.

Uma noite, que não sei precisar quando, desci para a sala roxa para ser acareada com o militante da ALN Eduardo Leite (1945-1970), conhecido como Bacuri. Lembro até hoje dos seus olhos, da sua respiração ofegante e do seu caminhar muito lento, quase arrastado, como se tivesse perdido o controle das pernas. Num tom sarcástico, o torturador dizia para nós dois, na presença de outros torturadores: "Viram o que fizeram com o rapaz? Essa turma do Centro de Informações da Marinha é totalmente incompetente. Deixaram o rapaz nesse estado, não arrancaram nada dele e ainda prejudicaram nosso trabalho". No dia 8 de dezembro daquele ano, mataram Bacuri.

Durante o tempo em que fiquei sozinha na tal cela grande do segundo andar, com muita dor, sem ter absolutamente nada para fazer, achava que ia enlouquecer. Para passar o tempo, inventei duas atividades: contar os ladrilhos do chão e fazer pequenas tranças com palhas retiradas dos colchões.

Foi nessa mesma cela que, naqueles primeiros dias, fui acolhida, durante alguns minutos, por Ana Burzitin, encarregada de dar meu primeiro banho. Depois de algum tempo, chegaram ou passaram por lá Cecília Coimbra, que também me ajudava no banho, Margarida Sollero, a canadense Tânia Chao, Maria do Carmo Menezes, Carmela Pezzutti (1926-2009), Vânia, Marcia e Josi. Todas igualmente torturadas. Juntas, totalmente apoiadas umas nas outras, chorávamos, cantávamos e rezávamos muito.

No dia 20 de outubro, dois meses depois da minha prisão e já dividindo a cela com outras presas, servi de cobaia para uma aula de tortura. O professor, diante dos seus alunos, fazia demonstrações com o meu corpo. Era uma espécie de aula prática, com algumas dicas teóricas. Enquanto eu levava choques elétricos, pendurada no tal do pau de arara, ouvi o professor dizer: "Essa é a técnica mais eficaz". Acho que o professor tinha razão. Como comecei a passar mal, a aula foi interrompida e fui levada para a cela. Alguns minutos depois, vários oficiais entraram na cela e pediram para o médico medir minha pressão. As meninas gritavam, imploravam, tentando, em vão, impedir que a aula continuasse. A resposta do médico Amilcar Lobo (1939-1997), diante dos torturadores e de todas nós, foi: "Ela ainda aguenta". E, de fato, a aula continuou. A segunda parte da aula foi no pátio. O mesmo onde os soldados, diariamente, faziam juramento à bandeira, cantavam o hino nacional. Ali fiquei um bom tempo amarrada num poste, com o tal do capuz preto na cabeça. Fizeram um pouco de tudo. No final avisaram que, como eu era irrecuperável, eles iriam me matar, que eu ia virar "presunto", um termo usado pelo Esquadrão da Morte. Ali simularam meu fuzilamento. Levantaram rapidamente o capuz, me mostraram um revólver, apenas com uma bala, e ficaram brincando de roleta russa. Imagino que os alunos se revezavam no manejo do revólver porque a "brincadeira" foi repetida várias vezes.

No final de novembro fui transferida para o Departamento de Ordem Política e Social (Dops), na rua da Relação, no centro do Rio de Janeiro. Ali, durante um mês, fiquei numa cela com a médica Germana Figueiredo. A ela, também, muito devo. Com o dobro da minha idade, cuidou de mim como uma mãe. Durante a minha estadia no DOPS fui levada para o IML, para fazer um exame de corpo de delito. Achavam que eu seria uma das presas políticas trocadas pelo embaixador suíço, sequestrado no dia 8 de dezembro. Uma das exigências da embaixada era que os prisioneiros que fossem trocados pelo embaixador tivessem um laudo médico oficial do Estado brasileiro sobre o seu estado físico. E eu, quase quatro meses depois, ainda estava marcada pelas torturas. Essas marcas constam do laudo oficial do IML, que o meu advogado Heleno Fragoso (1926-1985) conseguiu anexar ao meu processo. Mas, no final de dezembro, ao invés de sair rumo ao Chile, como os companheiros que foram trocados pelo embaixador suíço, eu fui transferida para o presídio Talavera Bruce, em Bangu, zona norte do Rio de Janeiro. Depois de ter ficado ali quase seis meses, enfrentando uma barra bastante pesada, fui transferida para o presídio Bom Pastor, em Recife.

Ao todo fiquei presa um ano e quatro meses. Como tinha vários processos, mas nenhum julgamento concluído, saí da prisão no dia 14 de dezembro de 1971, com um recurso jurídico chamado "relaxamento de prisão preventiva". Era uma espécie de "liberdade condicional", tinha várias restrições e não podia me ausentar do país. Anos depois, a Justiça Militar me absolveu. Mas nenhuma absolvição pode apagar os métodos utilizados durante o tempo em que estive presa sob a responsabilidade do Estado brasileiro.

No momento em que estava escrevendo este depoimento, me veio à cabeça um texto que li, também no famoso ano de 1968, no curso de literatura que fazia na Aliança Francesa de Recife. Esse texto, que muito me mobilizou, tem o título de "J'Accuse", em português, "Eu acuso". Em carta endereçada ao presidente da República Francesa, escrita em 1898, o escritor francês Émile Zola (1840-1902) fazia uma defesa pública de Alfred Dreyfus (1859-1935), preso e condenado à morte por conta de uma falsidade e de um grave erro judicial. Começando todas as frases da carta com a expressão "Eu acuso", aquele documento produziu um enorme impacto na sociedade francesa. Obviamente sem a pretensão literária de Zola, mas esperando que os trabalhos da Comissão da Verdade produzam também impacto forte na sociedade brasileira, eu finalizo este meu depoimento fazendo uma espécie de plágio do texto do famoso escritor francês.

Eu acuso todos os torturadores, civis e militares, inclusive aqueles que diziam e continuam dizendo que estavam apenas cumprindo ordens dos seus superiores. Eu acuso os altos oficiais e comandantes do Exército brasileiro que, em visitas oficiais ao DOI-Codi, entravam nas nossas celas e faziam gracejos com as nossas torturas. Em uma dessas visitas, um desses oficiais colocou seu acompanhante, um cão pastor, para lamber minhas feridas.

Eu acuso quem, durante a minha primeira sessão de tortura, me deu uma injeção na veia, dizendo ser o tal "soro da verdade".

Eu acuso o major da Polícia Militar Riscala Corbage, conhecido como doutor Nagib, que, ao perceber que o tal soro da verdade não havia produzido o efeito esperado, me levou para uma pequena sala, me deitou no chão, subiu nas minhas costas, começou a me pisotear e me bater com um cassetete, dizendo, aos gritos, que ia me socar até a morte. O seu descontrole foi tamanho, e seus gritos tão estridentes, que os outros torturadores entraram na sala e arrancaram ele de cima de mim.

Eu acuso o major do Exército João Câmara Gomes Carneiro, conhecido como Magafa, que, em uma daquelas noites, dias depois que eu havia saído do soro, me deixou durante algumas horas, em pé, com um capuz na cabeça e fios amarrados nos meus dedos. De tempos em tempos ele cochichava nos meus ouvidos que eu tivesse "um pouco de paciência" porque ele estava muito ocupado, mas que "a sessão dos choques elétricos iria começar a qualquer momento". Para mim aquele foi um tempo quase infinito. A despeito de ser aquela uma noite muito fria, quando voltei para a cela minha roupa estava totalmente molhada, colada no corpo, de tanto que eu havia transpirado de medo.

Eu acuso o médico Amilcar Lobo (1939-1997), que fez uso dos seus conhecimentos médicos para auxiliar o esquema da tortura. Um dia, diante do nosso clamor para que ele tentasse impedir que Maria do Carmo Menezes, grávida de cinco meses, continuasse sendo torturada, ele nos respondeu: "Comunista não pode engravidar".

Eu acuso o cabo Gil, um dos responsáveis pela infraestrutura do quartel da Polícia do Exército (PE). O seu sadismo era sem fim. Lembro até hoje do barulho forte das chaves quando ele abria a porta da nossa cela com o capuz na mão. Propositalmente, ele demorava um tempo e, como se estivesse fazendo um sorteio, dizia: "Acho que agora é sua vez". Descer as escadas de olhos vedados, guiadas por ele, era um horror. Sempre inventava mais um degrau ou colocava o pé para nós tropeçarmos.

Eu acuso o agente da Polícia Federal Luiz Timóteo de Lima, conhecido como Padre, que me deu muito choque elétrico.

Eu acuso o coronel da reserva Paulo Malhães (1938-2014), que em recente entrevista ao jornal *O Globo*, no dia 26 de junho de 2012, afirmou que em 1970 trouxe do rio Araguaia cinco jacarés e levou para o quartel da PE na rua Barão de Mesquita, no Rio de Janeiro, para atemorizar os presos políticos.

Eu acuso todos os que assistiram e os que ministraram aulas de tortura comigo e com outros presos.

Eu acuso a diretora do presídio Talavera Bruce em Bangu, no Rio de Janeiro, que me deixou durante seis meses, sozinha, isolada, numa cela mínima, insalubre, chamada solitária. Em solitárias semelhantes estavam, naquele mesmo período, as presas políticas Estrela e Jessie Jane.

Eu acuso os ex-presidentes da República Humberto Castelo Branco (1897-1967), Costa e Silva (1899-1969), Emílio Garrastazu Médici (1905-1985), Ernesto Geisel (1907-1996) e João Batista Figueiredo (1918-1999). A despeito das divergências entre eles e das diferentes conjunturas em que chefiaram o país, todos, sem exceção, foram responsáveis e coniventes com a tortura.

Finalmente, eu acuso o regime ditatorial implantado no Brasil em 1964, que fez da tortura uma política de Estado.

DULCE PANDOLFI é doutora em história pela Universidade Federal Fluminense e mestre em ciência política pelo Instituto Universitário de Pesquisas do Rio de Janeiro. Em 2013, foi ouvida pela Comissão Estadual da Verdade do Rio de Janeiro, que apurou crimes e violações contra os direitos humanos ocorridos durante a ditadura militar (1964-1985).

FONTE: Testemunho dado à Comissão Estadual da Verdade do Rio de Janeiro concedido em audiência pública, 28.5.2013. Retirado de *Fórum Paranaense de Resgate da Verdade, Memória e Justiça*, jun. 2013. Disponível em http://www.forumverdade.ufpr.br/blog/2013/06/03/integra-do-depoimento-da-historiadora-dulce-pandolfi-a-comissao-estadual-da-verdade-do-rio-de-janeiro. Acesso em 15.12.2021.

Não começou em Salvador, não vai terminar em São Paulo

MOVIMENTO PASSE LIVRE — SÃO PAULO
2013

Como um fantasma que ronda as cidades deixando marcas vivas no espaço e na memória, as revoltas populares em torno do transporte coletivo assaltam a história das metrópoles brasileiras desde sua formação.[1] Os bondes virados, os trens apedrejados, os ônibus incendiados, os catracaços,[2] os muros "pixados" com as vozes das ruas, as barricadas erguidas contra os sucessivos aumentos das passagens são expressão da digna raiva contra um sistema completamente entregue à lógica da mercadoria. Num processo em que a população é sempre objeto em vez de sujeito, o transporte é ordenado de cima, segundo os imperativos da circulação do valor. Dessa forma, a população é excluída da organização de sua própria experiência cotidiana da metrópole, organização essa que se realiza principalmente pelo sistema de transporte, o qual restringe a mobilidade ao ir e vir do trabalho e coloca catracas em todos os caminhos da cidade. E, no momento que se fortalecem as catracas, as contradições do sistema tornam-se mais evidentes, suscitando processos de resistência. É em meio a essa experiência concreta da luta contra a exclusão urbana que se forjou o Movimento Passe Livre (MPL).

As revoltas de junho de 2013, desencadeadas pela luta organizada pelo MPL de São Paulo contra o aumento das tarifas, não são algo inteiramente novo. Para começar a compreender esse processo é preciso que voltemos a, no mínimo, 2003, quando, em resposta ao aumento das passagens, iniciou-se em Salvador uma série de manifestações que se estenderam por todo o mês de agosto daquele ano, que ficou conhecida como a revolta do Buzu.[3] É impossível calcular precisamente quantas pessoas participaram desses protestos, mas as estimativas giram em torno de 40 mil, e pode-se dizer que qualquer pessoa que tenha entre 24 e 34 anos hoje em dia e que morava na capital baiana participou da revolta. Durante as aulas, estudantes secundaristas pulavam os muros das escolas para bloquear ruas em diversos bairros, num processo descentralizado, organizado a partir de assembleias realizadas nos próprios bloqueios. A indignação popular represada no interior do transporte coletivo fomentou uma dinâmica de luta massiva que escapava a qualquer forma previamente estabelecida. A revolta do Buzu exigia na prática, nas ruas, um afastamento dos modelos hierarquizados; expunha outra maneira, ainda que embrionária, de organização.

Ao fugir de qualquer receituário pronto, a revolta deixava em aberto o sentido das mobilizações, tanto no que se refere à organização do transporte quanto à do próprio movimento. Com isso, entidades estudantis aparelhadas por grupos partidários se colocaram como lideranças e passaram a negociar com o poder público em nome dos manifestantes. Após barganhar meias concessões com os governantes, sem atingir a revogação do aumento, utilizaram-se de todos os meios possíveis para desmobilizar a população.

A partir dos relatos publicados no Centro de Mídia Independente[4] e do documentário *Revolta do Buzu*, de Carlos Pronzato,[5] a experiência da ação direta da população por meio de assembleias horizontais, o aparelhamento da revolta pelas entidades estudantis e a explosividade da luta pelo transporte público ganharam certa projeção nacional. O filme passou a ser utilizado em várias cidades por comitês pelo passe livre estudantil — que já se organizavam localmente em torno de Projetos de Lei — em atividades em escolas, ampliando o debate sobre a questão do transporte e as formas de organização alternativas ligadas a ela. Os mesmos estudantes que assistiram àquelas imagens e as debateram pulariam os muros de suas escolas pouco tempo depois, para se juntar às manifestações da revolta da Catraca, em Florianópolis, em 2004.[6] Ocupando terminais e bloqueando a ponte que dá acesso à ilha, os protestos forçaram o poder público a revogar o aumento e serviram de base para a fundação do MPL no ano seguinte.

A perspectiva aberta por esse curto processo de lutas que alcançou a vitória na capital catarinense deu origem ao movimento: uma tentativa de formular o sentido presente naquelas revoltas, a experiência acumulada pelo processo popular, tanto em sua forma como em suas motivações. Surge então um movimento social de transportes autônomo, horizontal e apartidário, cujos coletivos locais, federados, não se submetem a qualquer organização central. Sua política é deliberada de baixo, por todos, em espaços que não possuem dirigentes nem respondem a qualquer instância externa superior.

Ao mesmo tempo que ultrapassava as formas de organização já estabelecidas, o teor explosivo das mobilizações apontava para as contradições que o produziam, imbricadas no sistema de transporte coletivo, ponto nodal na estrutura social urbana. O acesso do trabalhador à riqueza do espaço urbano, que é produto de seu próprio trabalho, está invariavelmente condicionado ao uso do transporte coletivo. As catracas do transporte são uma barreira física que discrimina, segundo o critério da concentração de renda, aqueles que podem circular pela cidade daqueles condenados à exclusão urbana. Para a maior parte da população explorada nos ônibus, o dinheiro para a condução não é suficiente para pagar mais do que as viagens entre a casa, na periferia, e o trabalho, no centro: a circulação do trabalhador é limitada, portanto, à sua condição de mercadoria, de força de trabalho.

A luta de reapropriação do espaço urbano produzida pelos trabalhadores supera, na prática, a bandeira do MPL em seus primeiros anos, que era o passe livre estudantil. Quando as tarifas aumentam, evidenciam-se contradições que afetam a todos, não somente os estudantes, e então deixa de fazer sentido ter em vista apenas um recorte da população. A luta por transporte tem a dimensão da cidade e não desta ou daquela categoria. Cada vez mais debatida internamente, a ideia do passe livre para todos ganhou sustentação após o movimento revisitar o projeto Tarifa Zero, formulado pela prefeitura de São Paulo no início da década de 1990. O salto de compreensão sobre o sistema que tal análise trouxe ao MPL terminou por desfazer o véu de argumentos técnicos que escondia os conflitos sociais e econômicos por trás da gestão do transporte. Daí em diante, assumiu-se o discurso do transporte como direito, aliás, fundamental para a efetivação de outros direitos, na medida em que garante o acesso aos demais serviços públicos. O transporte é entendido então como uma questão transversal a diversas outras pautas urbanas. Tal constatação amplia o trabalho do MPL, que deixa de se limitar às escolas para adentrar bairros, comunidades e ocupações, numa estratégia de aliança com outros movimentos sociais — de moradia, cultura e saúde, entre outros.

Se a retomada do espaço urbano aparece como objetivo dos protestos contra a tarifa, também se realiza como método na prática dos manifestantes que ocupam as ruas, determinando diretamente seus fluxos e usos. A cidade é usada como arma para sua própria retomada: sabendo que o bloqueio de um mero cruzamento compromete toda a circulação, a população lança contra si mesma o sistema de transporte caótico das metrópoles, que prioriza o transporte individual e as deixa à beira de um colapso. Nesse processo, as pessoas assumem coletivamente as rédeas da organização de seu próprio cotidiano. É assim, na ação direta da população sobre sua vida — e não a portas fechadas, nos conselhos municipais engenhosamente instituídos pelas prefeituras ou em qualquer uma das outras artimanhas institucionais —, que se dá a verdadeira gestão popular. Foi precisamente isso que aconteceu em São Paulo quando, em junho de 2013, o povo, tomando as ruas, trouxe para si a gestão da política tarifária do município e revogou o decreto do prefeito que aumentava a passagem em vinte centavos.

Não foi diferente do que ocorrera em Florianópolis, na vitória que se sucedeu à luta de Salvador, e no ano seguinte, quando a cidade barrou o aumento mais uma vez. A mesma experiência, em que a população se apodera de forma parcial mas direta da organização do transporte — e, com ela, de uma dimensão fundamental da vida urbana — se repetiu nas revoltas de Vitória (2006), Teresina (2011), Aracaju e Natal (2012) e Porto Alegre e Goiânia (início de 2013), e se repete nas periferias sempre que pneus e ônibus queimados revertem o corte de linhas das quais dependem os moradores. É também esse o gesto cotidiano (limitado apenas pelo alcance das ações individuais) de quem não paga a tarifa — pulando a catraca, passando por baixo, entrando pela porta traseira ou descendo pela frente — e implementa assim, na prática, a tarifa zero. Em 2012, os usuários foram ainda mais longe quando, revoltados com as panes nos trens, arrancaram as catracas, incendiaram a bilheteria e destruíram as câmeras de segurança da estação Francisco Morato da CPTM, viajando de graça até a conclusão dos reparos, no dia seguinte.[7]

Tomando as ruas, as Jornadas de Junho de 2013 rasgaram toda e qualquer perspectiva técnica acerca das tarifas e da gestão dos transportes que procurasse restringir seu entendimento aos especialistas e sua "racionalidade", a serviço dos de cima. Ao reverter o aumento das passagens em mais de cem cidades do país, as pessoas deslocaram momentaneamente — e com impactos duradouros — o controle político da gestão do transporte. Forjou-se, no calor das barricadas, uma experiência de apoderamento que não se resume à ocupação física das cidades, mas estende-se à maneira como se organizam os transportes no país. É essa tomada de poder que assusta os gestores estatais e privados, que tentam agora reocupar o espaço que perderam para os trabalhadores urbanos.

As mobilizações sempre foram muito mais amplas que o MPL — que jamais se pretendeu dono de qualquer uma delas — e eclodiram, por vezes, em cidades e regiões onde nunca houve atividades do movimento. As lutas por transporte no Brasil formam um todo muito maior do que o MPL. Contudo, a tomada direta e descentralizada das ruas, a radicalidade das ações e a centralidade dos aumentos tarifários dá a tônica dessas lutas. Após as Jornadas de Junho, milhares continuam nas ruas em diversas cidades, defendendo agora a implementação da tarifa zero.

A organização descentralizada da luta é um ensaio para uma outra organização do transporte, da cidade e de toda a sociedade. Vivenciou-se, nos mais variados cantos do país, a prática concreta da gestão popular. Em São Paulo, as manifestações que explodiram de norte a sul, leste a oeste, superaram qualquer possibilidade de controle, ao mesmo tempo que transformaram a cidade como um todo em um caldeirão de experiências sociais autônomas. A ação direta dos trabalhadores sobre o espaço urbano, o transporte, o cotidiano da cidade e de sua própria vida não pode ser apenas uma meta distante a ser atingida, mas uma construção diária nas atividades e mobilizações, nos debates e discussões. O caminho se confunde com esse próprio caminhar, que não começou em Salvador, e não vai terminar em São Paulo.

Cronologia

2003 Revolta do Buzu em Salvador (agosto-setembro).

2004 Revolta da Catraca barra o aumento em Florianópolis (junho) e aprova lei do passe livre estudantil (26 de outubro); surge o Comitê do Passe Livre em São Paulo.

2005 Plenária de fundação do MPL-Brasil no 5º Fórum Social Mundial em Porto Alegre (janeiro); luta contra o aumento em São Paulo (fevereiro); 2ª Revolta da Catraca barra o aumento em Florianópolis (junho); mobilizações revogam o aumento em Vitória (julho).

2006 Encontro Nacional do Movimento Passe Livre (junho); luta contra o aumento em São Paulo (novembro-dezembro).

2008 Grande luta contra o aumento no Distrito Federal (outubro).

2009 Aprovação do passe livre estudantil no Distrito Federal (julho); ocupação da Secretaria de Transportes em São Paulo (novembro).

2010 Luta contra o aumento em São Paulo (janeiro).

2011 Luta contra o aumento em São Paulo e em várias capitais (janeiro-março); mobilizações revogam aumento em Teresina (agosto).

2013 Lutas na região metropolitana de São Paulo conquistam revogação do aumento no Taboão da Serra (janeiro); mobilização derruba aumento em Porto Alegre (abril); Jornadas de Junho conquistam revogação do aumento em mais de cem cidades.

O **MOVIMENTO PASSE LIVRE** é um movimento social autônomo que iniciou sua atuação em 2005 em defesa da tarifa zero para o transporte coletivo.

FONTE: "Não começou em Salvador, não vai terminar em São Paulo". In: *Cidades rebeldes: Passe Livre e as manifestações que tomaram as ruas do Brasil*. São Paulo: Boitempo/Carta Maior, 2013, pp. 13-18.

1 Este texto foi redigido por uma comissão, estabelecida em reunião do MPL — São Paulo. A comissão discutiu coletivamente as ideias que deviam estar presentes em cada parágrafo. Foi um processo intenso, no qual a comissão se revezou por vezes em duplas, trios e quartetos. No fim, o texto foi lido em reunião, em que foram feitas alterações definitivas.

2 O catracaço é a implementação prática da tarifa zero. Pode ser feito com a abertura das portas traseiras do ônibus ou pulando as catracas.

3 Para uma análise mais detalhada, ver Manolo, "Teses sobre a Revolta do Buzu: 1ª parte". *Passa Palavra,* 2011. Disponível em passapalavra.info/2011/09/46384. Acesso em 26.4.2022.

4 Disponível em www.midiaindependente.org. Acesso em 26.4.2022.

5 Carlos Pronzato (dir.), *RevoltaBuzuFSA: Documentário — Revolta do Buzu Salvador 2003,* 2012, 27'41". Disponível em youtu.be/1BjRhZfcLHA. Acesso em 26.4.2022.

6 Ver Leo Vinicius, *A guerra da tarifa*. São Paulo: Faísca, 2005.

7 Ronan, "Um avanço nas revoltas de trabalhadores humilhados pela CPTM". *Passa Palavra*, 2012. Disponível em passapalavra.info/2012/04/55756. Acesso em 26.4.2022.

Brasil | brasiu | Brazis

CRISTINA THORSTENBERG RIBAS
2014

Um Brasil? Não, não tem um só. A distância também sao muitos. Há camadas de intensidade e de profundidade. Cada um tem um Brasil projetado, cartografia projetada, e um Brasil radicalizado, conhecido, pé na terra. Tem gente que tem um Brasil urbano, do asfalto do metro a metro. Outros têm um Brasil de interior, de procurar cachoeira, curva e plano inclinado. Tem gente que tem Brasil para fora, que vive fora dele e que o alimenta como se alimenta passarinho na gaiola. Tem gente que vive fora dele, porém dele nunca saiu. Quem vem de fora e quer chegar ao **Brazil**, esse encontra outro também. Quem escreve **Brazil** já diz a que vem. **brasiu** menor tem também.

Brasil | **brasiu** | **Brazis**. Significações em disputa. Um sonho moderno não consumado. Por ninguém. Como querer consumar um projeto moderno, quando na verdade não há consumação que chegue? Quando a consumação é equação, valendo mais como instrumento de mais-valia, de incitar a máquina produtivista, de fazê-la espremer a estômagos vazios algo que se toma por Crescimento?... Consumação de algo, que não se consuma, e reificação do Poder. Há um cansaço da repetição dessa diretiva. Há uma reclamação pela proliferação de sentidos desse Brasil. Não faz muito que novamente fomos tomados por uns afetos grandiosos e impossíveis de conter. Palavra Crescimento. O crescimento do Brasil seria imagem mais poética se não fosse dolorosa.

Quem opera, incólume, os bits das máquinas desenvolvimentistas? E quantos bits. Quantas estatísticas por cima daqueles que recebem, seja na perfuração do corpo à bala, seja na destruição de seus modos de vida, camadas de concreto armado sobre suas terras? Afetos duros, esses de fazer crescer e exportar a torto e a direito mais valia de nós: "Engenheiros, mais engenheiros!", disse uma vez Dilma. Todo mundo que menciona — Brasil — o agencia, todo mundo que o habita, mais também. Aqueles que o fazem, desde dentro, do **brasiu** pequeno, desses jeitos de fazer dessa terra, têm segredos. Porque é assim que se faz Brasil | **brasiu** | **Brazis**. De maneiras diferentes.

O **brasiu** pequeno escapa dos discursos ostentatórios e promissores, como se não ouvisse, pela sua preguiça mista (ou mixturada) de resistência, o que dizem essas vozes robustas, que anunciam desmedidos roubos, que arrasam desmedida gente. **brasiu** no toque das coisas daqui na palma da mão, e entre mãos e batatas de pernas e escápulas, suor e sono sonâmbulos no transporte público, e frita quente o pastel e queima e refresca pela concessão diária dos pequenos prazeres e das pequenas curas. **brasiu** mamão formosa cresce no fundo do quintal de quem tem casa ou cresce na rachadura do concreto daquela pirambeira no Alemão. **brasiu** código pequeno de sabor gigantesco. Bula de sobrevivência essa sua toda medicina. Camarão seco cruza o país, chega aqui perto, cozido bem cozido entrou no estômago com cheiro de jambu e tudo o mais da alquimia do que eu não sabia. cheguei. **brasiu** inteiro. Interno. Como acordar às 5 horas da manhã.

Quando eu era criança cruzamos o país em um ônibus. Foram três ou quatro dias. Minha mãe nos levou ao Maranhão para visitar uma tia. Rio Grande do Sul-Maranhão. Vixe Maria. Mudança da paisagem, claro, nem posso relatar tudo. Buriticupu. Imperatriz. São Luís do Maranhão. Conheci Maria-do-Socorro, a tia avó dos meus primos. Eu olhava para ela, que era dona de farmácia, ou enfermeira, não sei, e pensava: "Que nome! Que nome!". Que apropriado era, ainda mais para mim na minha cabeça de criança. Ela tinha todos os jeitos do cuidar. Maria-do-Socorro me faz pensar hoje no **brasiu** das pequenas medicinas, das pequenas curas, dos sabores... num **brasiu** pequeno e íntimo, que vem pelo gesto de se aproximar, de saber pela intimidade. Um **brasiu** hoje confrontado... Um **brasiu** que já foi antropofágico (não aquele modernista) e que vem sendo apressado...

Na escala nacional, qual seria nossa Maria-do-Socorro? Como será que este país-cuida-de-si? Nas transições Brasil | **brasiu** | **Brazis** se precisa de várias Marias-do-Socorro... todo o tempo. Esse vocábulo não é, contudo, mister nem em remédios, nem em análise política. É uma maneira de relatar uma percepção. Na memória do recente, no plano da política do estado, parece ser impossível não refletir o que se tem agora no que se tinha antes, quando antes o plano do governo sustentava diferencialmente os fluxos do desejo dos movimentos e das singularidades. Na memória afetiva, é como se houvesse o rompimento de um olhar escala um-pra-um (ou um corpo coletivo, mais que a identificação do estado), o Lula dos seus começos (dos seus pequenos remédios!?), que desapareceu sob as estatísticas desenvolvimentistas grandiloquentes.

Parecia que havia uma certa pedagogia, ou o experimento de potencialidades que dependiam evidentemente de uma contaminação mais fresca entre as práticas dos movimentos sociais, seus representantes, os conselhos criados na busca de aplicar metodologias territoriais, porventura radicais, sobre os mecanismos cansados da máquina estatal. O que poderia ser renovado nas linhas da produção, reprodução e mobilização social num projeto talvez inaugural de realização democrática? Mas algo disso se perdeu, na tradução de escala e de projetos e manobras políticas, aos poucos, e bastante, e quase tudo.

Ouvi de Célio Turino, uma vez, que o estado que ele pensava e praticava era um "estado educador", quando ele ainda estava no Cultura Viva.

[Hoje Célio faz crowdfunding para publicar seu livro sobre Pontos de Cultura.]

O estado educador foi, portanto, sendo enxugado e desmelhorando numa versão mais efetivista, retirando gente mais do que incluindo nos programas de fomento à cultura, por exemplo, com a remodelação da economia criativa. Nos últimos anos vivemos, portanto, uma disputa mais dura de usos e significações da terra Brasil-**Brazis**, colocada entre o superávit da economia (mais precisamente das empresas privadas) e a criação de programas de distribuição de renda. O aumento de serviços e assistência foram determinantes no crescimento do país por parte do governo federal, a partir da mobilização da economia de bens de consumo, do aumento do poder de compra, do Bolsa Família, de dignidade, de casa própria, de acesso a estudo, bolsas de estudo etc. "Estatisticamente, isso se traduziu na mobilidade ascendente dos níveis de rendimento de mais de 50 milhões de brasileiros e pela entrada de novas gerações [e periféricas] nas escolas técnicas e universidades".[1] A disputa entre dimensões de tamanha distância não é só por valores, mas também por posses, pela manutenção das classes sociais estratificadas por parte daqueles abastados, ou pela subida ou atravessamento delas, como têm desejado alguns fluxos do governo... Por tudo isso somos Brics lá fora, de forma glamurosa, mas e aqui dentro? Ao passo que há uma inclusão na economia (a retirada da extrema pobreza), há ao mesmo tempo um crescer em bloco, ou seja, aquele abastado também está crescendo numa equação que afeta por demais o brasiu menor. É perceptível, então, que o afeto/efeito de uma democracia desenvolvimentista se mantém por meio de um tônus que faz adoecer gente e mais gente de afetos moles, afetos frágeis. Indígenas aldeias, corpos urbanos periféricos em suas casas, camponeses nas suas nesgas,[2] modos de vida, as matas. Nessa cena confusa entre a floresta e a barragem, o grande verde-amarelo que é vendido é um **Brazil** colonizado por si mesmo, pequeno império regional.

Brasis. Tanta gente, tanta gente. Se mistura e se multiplica com capacidade de proliferação incontrolável. A escrita canibalesca de Giuseppe Cocco (um italiano devorado) em *Mundobraz: o devir Brasil do mundo e o devir mundo do Brasil* (2009)[3] marca uma nova maneira de pensar o Brasil. Brasil arrebatante, intensivo, recuperado nas suas forças antropológicas e, claro, antropofágicas. É a partir de uma ética da potência dos pobres, de linhagem afroameríndia-negro-negriana (de Antonio Negri), que ele vai traçar a análise desses Brasis que sacodem a relação significação/valoração no modo produtivo do capitalismo contemporâneo e colocam a criação como valor. A proliferação de modos de vida nesses Brasis seria não um arquipélago de multiculturalismos, como se pensa nos discursos da globalização, mas uma hibridação, miscigenações, ou seja, mundialismos. "Capacidade de criação do mundo", seguindo o pensamento de Jean-Luc Nancy (1940-2021). Na perspectiva do trabalho, isso significa uma capacidade inventiva nas formas de trabalhar, nas variações da cooperação social e da produção de renda — e nas formas de reclamar reparações. O Brasil é para Cocco um híbrido complexo. E na luta política a radicalização da democracia é o grande desafio donde surge uma construção imanente, a sociedade como constituinte, como processo.

O **Brazil** da democracia desenvolvimentista, por sua vez, na minha parca percepção, convoca a entrar numa linha de produção que é mais ainda da ordem de uma autoexploração (assim como do território), que cobra uma espécie de fidelidade, o comprometimento com aquele Crescimento. O que não parece estar em discussão, contudo, é o modelo de desenvolvimento, um modelo que nos leva para a mesma falência ambiental e social que já vimos em tantos outros países "desenvolvidos". O Brasil é formado, evidentemente, por todas as variações possíveis de forma de produtividade e lucro, o que lhe dá essa característica plural e complexa. E a precariedade que marca o trabalho na contemporaneidade não é uma característica apenas do Brasil ou dos países menos desenvolvidos. O ideal do emprego não seria, portanto, salvaguardar de um perigo, visto que a precarização se acentua ainda mais com o novo modelo de acumulação. O novo modelo, o capitalismo financeiro (ou financeirista), desloca o lucro da produtividade de bens propriamente ditos e acontece por meio do aumento da circulação, seja de informação, seja de saberes, de funções. Ou seja, há mais lucro quanto mais há circulação da informação, e do valor que um produto agencia, por exemplo — imagem da publicidade como tecido do mundo digital. Jean Baudrillard (1929-2007) chama isso de "fim da referencialidade". Franco (Bifo) Berardi fala em "autonomização do dinheiro", que passa a circular por si, separado também da força-trabalho do trabalhador.[4] O fim da referencialidade é também a des-papelização do dinheiro, que se soma à essa des-fisicalização do dinheiro relacionado tanto à força-trabalho como ao produto ele mesmo. Encurtando boa parte da história, o "crescimento econômico" hoje em dia é baseado também em estatísticas de aumento de poder de compra, ou capacidade de aquisição de crédito (dinheiro des-papelizado), e, portanto, de endividamento. Não é à toa que, para Maurizio Lazzarato, na atualidade o homem (e a mulher) se tornam necessariamente "endividados", ou seja, por mais que o lucro na dimensão mais abstrata do capital esteja desrefencializado, a dívida sempre será paga na medida do trabalho do corpo.

O estado atual de um Brasil e a pactuação com a autoexploração desenham o mapa total do território integrado por todos nós, brasileirx, brasileiras, brasileires, brasileirOs, brasileirinhus... Ou seja, provém de Poder do Estado + Mercados como capacidade de provocar e convocar uma simbiose, e de alguma maneira induzir à força, pela força da repressão. O território Brasil-**Brazil** portanto, na promessa do Crescimento, se estende para Bolívia, Venezuela, Cuba, Argentina. Engole a África, velha mãe, e lhe provê caminhos de mão dupla da criação e da inclusão em uma economia. Engole, portanto, outros menores **brasius**.

Esse **Brazil** que reproduz dentro de suas tramas colonialismos cujas linhas de poder nunca sumiram, que os convoca desde a esquerda como da direita, de repente recebe um levante. Susto nos discursos do poder, susto nos discursos arraigados de que há um povo pacífico, que tudo assimila e que a tudo se adapta, que tudo digere — até mesmo seus 5,2 litros individuais de agrotóxico por ano. 2013: ano que marca um rompimento. O rompimento que diz um basta, que escancara a rebelião da periferia e que reclama no asfalto seus corpos sumidos na favela.

[Cadê o Amarildo?]

Enquanto insurge um poder de ruas e de redes, os colonialismos, variando-se e confundindo-se em fascismos, militarismos e o diabo a quatro se afirmam com mais força, instituindo um momento em que a violência passa a escancarar que é o último recurso do Poder. Repressão. Brasis em conflito, não um Brasil homogêneo, ele mesmo menor contra o Estado. Mas uma multiplicação, uma multifacetação da potência-criação-vida (potência concisa da vida cotidiana, assim pode ser tomada, como na palavra biopolítica), insurgindo e diferindo, apresentando os limites da macropolítica, debatendo seus sentidos, enfrentando de frente e de baixo as linhas visíveis e invisíveis de Crescimento, Poder e Repressão.

[Pinheirinho, ninguém nunca viu. Saíram de foices, facões, capacetes, e barricada inventada, galão de óleo. Fogo. Potência rizomática pura, transversal, integração doutra ordem.]

[Rafael Braga Vieira condenado a 4 anos e 8 meses de prisão, sem crime qualquer, derivava pela rua, passou pela manifestação de 20 de junho de 2013, "portava" uma garrafa de pinho-sol, trabalhava com limpeza, quando foi preso.]

Nos últimos anos o **Brazil** se transforma paulatinamente em um grande balcão de negócios, tornando-se uma espécie de teatro mambembe de megaeventos, Copa do Mundo, Olimpíadas e grandes outras vendas e espetáculos que deixam mais explícita a incongruência social da diretiva economicista. É como se fosse um jogo no qual se perde ou se perde. Negócios de brasileiros com **Brazileiros**, negócios de brasileiros com estrangeiros, negócios de estrangeiros com extrangeiros.

O que significa, então, ser brasileiro por direito diante de uma semiotização máxima como tal, diante de um tipo de engajamento generalizante, macropolítico, do tipo que o Crescimento e os megaeventos formalizam? Sendo o Brasil ele mesmo uma coisa trans, *#só tem bicha nessa cidade!*, *transnational*, e não dizente apenas dos processos internos do Brasil-no-meu-quintal (colonialista!). A que servem os discursos de *Brasil*? De uma Brasilianização? De **Brazilianismos**? De *a certain Braziliannnessss*? De Brasis? Esse é um tema que Cocco trata com profundidade em parte de *MundoBraz*, livro de cuja extensão e complexidade trago apenas um *drop*. Cocco, por sua vez (canibalismo?), recorta este trecho de Paulo

Arantes em "A fratura brasileira do mundo: visões do laboratório brasileiro de mundialização" (2001):

> Ocorre que a tal "brasilianização" do mundo [...] indica justamente a contaminação da polarização civilizada em andamento do núcleo orgânico do sistema pelo comportamento selvagem dos novos bárbaros das suas periferias internas, que se alastram propagando a incivilidade dos subdesenvolvidos, de sorte que a grande fratura passa a ser vista também como a que separa os que são capazes e os que não são capazes de policiar suas próprias pulsões.[5]

O **brasiu** menor seria, então, essa recusa, a recusa da velocidade atropelante de um economicismo. Capacidade de dizer não. Menor que é, portanto, a negação da totalidade expressa no território geográfico mensurável. Mas, já dissemos, o **Brazil** se faz lá fora, também nos foras desse território. O **brasiu** menor, insurgente, esse da ordem dos bandos e dos bárbaros, que encanta pela capacidade de quebrar as representações totalizantes de um Brasil-estado, de sucumbir àquela semiotização máxima — **Brazil** = potência (quantas Transmazônicas para afirmar esse poderio?). São partes do **brasiu** menor que se movem e desafiam as determinações da polarização, e bem por isso não é à toa que o que caracteriza essa brasilianização são a reclamação de ações reparadoras, retomadas de território, quilombos urbanos, e a proliferação de modos produtivos, embrenhados de invenção, muito mais que *jeitinho*, gambiarrice ancestrofuturista... Em busca de sobrevivência.

O Brasil-**Brazil** como coisa vendável é uma malha flexível, serve a tantos usos quantos modos de vida habitam esse território. Por isso, o Brasil nas suas variações enfrenta um conflito de representações, visto que aquilo que define esse território são os modos de vida e seus movimentos desgarrados, suas insurgências contra o estado (sempre repressivo), inflexões **Brazis-brasiu**. O **brasiu** de corpos de cor vem sendo maltratado nas segregações do poder há mais de 500 anos, julgado e excluído da sociedade de direitos, criminalizado tanto pela esquerda no poder como pela direita no poder, pela criação de proibições, pelo achatamento da potência criativa que insurge nos protestos. O **brasiu** cabe dentro do **Brazil**,[6] mas esse maior não cabe dentro do menor. Nos códigos de desenvolvimento financeirista, naquilo que tem direcionado a relação entre estado e economia, se desvela que as linhas de (sub)desenvolvimento não é que sejam incapazes de serem semiotizadas no progresso, no crescimento, na competitividade... o **Brazil** mesmo é que não quer aceitar tanta diferença e portanto opera expulsando a rodo gente dos centros urbanos, por exemplo, enquanto mais políticas de planejamento urbano poderiam ser implementadas; e o que falar da dizimação de muitos e muitos grupos de indígenas, expulsos de suas terras? Sobra um **brasiu** menor onde só há resistência, um **brasiu** de pobrezas que são o oposto daquela pobreza descrita pela logo nacional: "País rico é país sem pobreza".

O brasiu das diferenças, das aldeias de indígenas urbanos (que segundo alguns não parecem ou não podem ser indígenas), ou que se tornaram indígenas na cidade, ou de rolezinhos de jovens negros de periferia nos shopping centers, só acirra mais a crise da representação do Brasil, que é também a crise da representação da política, dos modelos da (macro)política. Em uma entrevista, Giuseppe Cocco analisa o ciclo de manifestações no Brasil a partir de junho de 2013 como sendo em parte uma consequência positiva dos 10 anos de governo do Partido dos Trabalhadores. Segundo ele, isso aconteceu não porque o governo fosse de "esquerda" ou socialista, mas porque "[tinha] se deixado atravessar — sem querer — por uma série de linhas de mudança: políticas de acesso, cotas de cor, políticas sociais, criação de empregos, valorização do salário mínimo, expansão do crédito".[7] Na conspiração de que algo pudesse estar sendo implementado pelo privilégio de estar no poder (o socialismo?), Cocco avalia que o que o poder pode fazer, contudo, é "apenas ter a sensibilidade de apreender as dinâmicas reais que, na sociedade, poderão amplificar-se e produzir algo novo".[8] Contudo, essa não parece ter sido a sensibilidade expressa pelo governo Dilma nos últimos meses, visto que, por exemplo, o modelo repressor das manifestações públicas primeiramente adotado para a Copa das Confederações em 2013 se estendeu não apenas, evidentemente, ao megaevento Copa do Mundo (sendo parte dela a Lei Geral da Copa), mas também para as favelas e periferias, como no caso da Maré, no Rio de Janeiro, onde se acopla com o curso de "pacificações" ordenado pelo governo do estado e a ocupação militar pelo exército. Ou seja, o megaevento é igualmente um aparelhamento militar do país, ele sela a compra e a implementação de políticas de segurança pública que atuam, ainda mais, na repressão das periferias.

O posicionamento do governo diante das manifestações, a criminalização dos movimentos organizados, a prisão preventiva por "crimes que poderiam ser cometidos", o julgamento de inocentes que portavam "artefatos", assim como o extermínio incessante de jovens negros de periferia, crianças e velhos, reforçam uma política de controle social que vem instaurando sensações e dúvidas sobre que tipo de poder, na verdade, ocupa o Planalto Central. As conspirações de que estamos ou continuamos em um regime de ditadura foram uma constante na passagem 2013-2014, ao passo que muitos movimentos de favela e contra o extermínio de jovens negros nunca deixam de assinalar: "a ditadura [na favela] nunca acabou", como nos disse o fotógrafo Davi Marcos, da favela da Maré no Rio de Janeiro (um dos participantes do projeto *Vocabulário político para processos estéticos*,[9] de onde surge este texto).

Essa espécie de zum-zum-zum sobre a incidência do controle policial, a militarização das vidas precárias e a política do medo fez proliferar uma série de textos, entre eles o que destaco de Bruno Cava, que analisa como a ditadura na atualidade está constrangida, acuada, pela mobilização social.

> Não é que, com a redemocratização pós-1985, vivamos uma aparência de democracia encobrindo a perseverança da ditadura. Mas, sim, que continuamos a viver a própria ditadura, agora entranhada na democracia representativa, uma ditadura molecularizada, convertida em princípio interno de reprodução das relações sociais desiguais, nos mais diferentes níveis (renda, origem, racial, gênero, sexualidade), *por dentro* da democracia representativa.[10]

Cava afirma — junto com os movimentos — que "é preciso derrotar a ditadura sempre". Mas esse derrotar a ditadura dos movimentos não é a mesma perpetração da "paz" da maneira como ela tem sido impressa pelo estado no Rio de Janeiro, no caso das Unidades de Polícia Pacificadora — chamadas pelos movimentos de "Unidades de Porrada em Pobre". Em um discurso no começo de 2014, Dilma convidou os presentes no Fórum de Davos, na Suíça, para a "Copa das Copas", que seria, segundo ela, um momento de afirmar a paz, o papel principal do futebol... Mas, bem, se a paz foi o que se viu dentro dos estádios — frequentado por uma maioria branca e abastada —, não era o que se via fora deles...

Há quem diga agora que a Copa de fato não aconteceu (já gritavam os movimentos antes dela: #Nãovaitercopa), ainda mais pela literal derrota da seleção, Brasil 1 x 7 Alemanha.[11] Seria essa derrota um feito de conspiração (ou de corrupção?) ou uma grande mandinga dos movimentos sociais para quebrar o encanto da simbiose estado desenvolvimentista=seleção, marcando uma perda histórica que destitui a força de um Brasil-**Brazis**, e nos restitui novamente aos cuidados do brasiu menor?

Verdade é que sabemos bem quando as ruas reinventam gritos que estão exaltando mais e mais as linhas ativas dos estados vitais, as transformações sensíveis e a política como criação. Nas passagens Brasil | brasiu | **Brazis** abrimos nossos mapas de análise de relações de força e de poder, tornando-nos mais atentos aos cheiros das ervas, e das ervas daninhas. No brasiu menor acho que, de certa forma, somos todos Marias-do-Socorro.

CRISTINA THORSTENBERG RIBAS é artista e pesquisadora. Doutora em arte pela Goldsmiths College University of London e mestre em artes visuais pelo Instituto de Artes da Universidade Estadual do Rio de Janeiro, desenvolveu a pesquisa *Arquivo de emergência* (2005), presente na plataforma aberta Desarquivo, criada em 2011. É integrante do grupo de pesquisadores da plataforma Red Conceptualismos del Sur e do Grupo de Estudos Epistemologias Afetivas Feministas, na Pontíficia Universidade Católica do Rio Grande do Sul.

FONTE: Texto originalmente publicado em RIBAS, Cristina; UCHOA, Sara (Orgs.). *Vocabulário político para processos estéticos*. Rio de Janeiro: 2014, pp. 61-72. Revisto pela autora.

1 Giuseppe Cocco, "Mobilização reflete nova composição técnica do trabalho imaterial das metrópoles. Entrevista especial com Giuseppe Cocco". *Instituto Humanitas Unisinos*, 25.6.2013. Disponível em http://www.ihu.unisinos.br/entrevistas/521331-mobilizacao-reflete-nova-composicao-tecnica-do-trabalho-imaterial-das-metropoles-entrevista-especial-com-giuseppe-cocco. Acesso em 8.12.2021.

2 A agricultura familiar e de pequenos produtores corresponde a cerca de 70% da produção de alimentos no Brasil (dados do Instituto de Pesquisa Econômica Aplicada).

3 Giuseppe Cocco, *MundoBraz: o devir Brasil do mundo e o devir mundo do Brasil*. Rio de Janeiro: Record, 2009.

4 Franco (Bifo) Berardi, *The Uprising: on Poetry and Finance*. Los Angeles: Semiotext(e), 2012.

5 Paulo Arantes apud Giuseppe Cocco, 2009, op. cit.

6 Aldir Blanc e Maurício Tapajós, "Querellas do Brasil".

7 Giuseppe Cocco, 2013, op. cit.

8 Ibid.

9 Ver https://vocabpol.cristinaribas.org. Acesso em 8.12.2021.

10 Bruno Cava, "A ditadura perdeu pero no mucho". *Quadrado dos Loucos*, 2014.

11 Adriano Belisário, "Um jogo para poucos". *Pública — Agência de Jornalismo Investigativo*, 30.6.2014. Disponível em https://apublica.org/2014/06/um-jogo-para-poucos/. Acesso em 8.12.2021.

Manifesto da Marcha das Mulheres Negras 2015: contra o racismo e a violência e pelo bem viver

COMITÊ IMPULSOR NACIONAL DA MARCHA DAS MULHERES NEGRAS
2014

Nós, mulheres negras brasileiras, descendentes das aguerridas quilombolas e que lutam pela vida, vimos neste 25 de julho — Dia da Mulher Afro-latino-americana e Afro-caribenha — denunciar a ação sistemática do racismo e do sexismo com que somos atingidas diariamente, mediante a conivência do poder público e da sociedade, com a manutenção de uma rede de privilégios e de vantagens que nos expropriam oportunidades de condição e plena participação da vida social.

Nesta data vimos visibilizar a incidência do racismo e do sexismo em nossas vidas, assim como as nossas estratégias de sobrevivência, nosso legado ancestral e nossos projetos de futuro, e afirmar que a continuidade de nossa comunidade, da nossa cultura e dos nossos saberes se deve única e exclusivamente a nós, mulheres negras. Transcorrido esse marco histórico e a atualidade de nossas lutas, nos valemos do Dia da Mulher Afro-latino-americana e Afro-caribenha para anunciar a realização da Marcha das Mulheres Negras 2015 contra o racismo e a violência e pelo bem viver, que realizaremos em 13 de maio do próximo ano, em Brasília. Somos 49 milhões de mulheres negras, isto é, 25% da população brasileira. Vivenciamos a face mais perversa do racismo e do sexismo por sermos negras e mulheres. No decurso diário de nossas vidas, está presente a forjada superioridade do componente racial branco, do patriarcado e do sexismo, que fundamenta e dinamiza um sistema de opressões que impõe, a cada mulher negra, a luta pela própria sobrevivência e de sua comunidade. Enfrentamos todas as injustiças e negações de nossa existência, enquanto reivindicamos inclusão a cada momento em que a nossa exclusão ganha novas formas.

Impõe-se a luta pela terra e pelos territórios quilombolas, de onde tiramos o nosso sustento e mantemo-nos ligadas à ancestralidade.

A despeito da nossa contribuição, somos alvo de discriminações de toda ordem, as quais não nos permitem, por gerações e gerações de mulheres negras, desfrutarmos daquilo que produzimos. Fomos e continuamos sendo a base para o desenvolvimento econômico e político do Brasil, sem que a distribuição dos ativos do nosso trabalho seja revertida para o nosso próprio benefício.

Consideramos que, mesmo diante de um quadro de mobilidade social pela via do consumo, percebido nos últimos anos, as estruturas de desigualdade de raça e de gênero mantêm-se por meio da concentração de poder racial, patriarcal e sexista, alijando a nós, mulheres negras, das possibilidades de desenvolvimento e disputa de espaços como deveria ser a máxima de uma sociedade justa, democrática e solidária.

Não aceitamos ser vistas como objeto de consumo e cobaias das indústrias de cosméticos, moda ou farmacêutica. Queremos o fim da ditadura da estética europeia branca e o respeito à diversidade cultural e estética negra. Nossa luta é por cidadania e a garantia de nossas vidas.

Estamos em marcha para exigir o fim do racismo em todos os seus modos de incidência, a exemplo da saúde, onde a mortalidade materna entre mulheres negras está relacionada à dificuldade do acesso aos serviços de saúde e à baixa qualidade do atendimento recebido aliada à falta de ações e de capacitação de profissionais de saúde voltadas especificamente para os riscos aos quais as mulheres negras estão expostas; da segurança pública, cujos operadores e operadoras decidem quem deve viver e quem deve morrer, mediante a omissão do Estado e da sociedade para com as nossas vidas negras.

Denunciamos as batalhas solitárias contra a drogadição e a criminalização do nosso povo e contra a eliminação de nossas filhas e filhos pelas forças policiais e pelo tráfico, há muito tempo! Denunciamos o encarceramento desregrado de nossos corpos, vez que representamos mais de 60% das mulheres que ocupam celas de prisões e penitenciárias deste país.

Ao travarmos batalhas solitárias por justiça num quadro de extrema violência racial, denunciamos a cruel violência doméstica que vem levando aos maus-tratos e homicídios de mulheres negras, silenciados em dados oficiais. Lutamos pelo fim do racismo estrutural patriarcal que promove a inoperância do poder público e da sociedade sobre a exterminação da nossa população negra.

Estamos em marcha para reivindicarmos o livre culto de nossas divindades de matriz africana sem perseguições, nem profanações e depredações de nossos templos sagrados.

Estamos em marcha contra a remoção racista das populações das localidades onde habitam. Lutamos por moradia digna, por cidades que não limitem nosso direito de ir e vir e contra a segregação racial do espaço urbano e rural; por transporte coletivo de qualidade; por condições de trabalho decente nas diferentes profissões que exercemos. Valorizamos nosso patrimônio imaterial em terreiros, escolas de samba, blocos afros, carimbó, literatura e todas as demais manifestações culturais, definidoras da nossa identidade negra.

Estamos em marcha porque somos a imensa maioria das que criam nossos filhos e filhas sozinhas, as chefes de famílias, com parcos recursos e o suor de nosso único e exclusivo trabalho.

Estamos em marcha:

1. pelo fim do femicídio de mulheres negras e pela visibilidade e garantia de nossas vidas;

2. pela investigação de todos os casos de violência doméstica e assassinatos de mulheres negras, com a penalização dos culpados;

3. pelo fim do racismo e sexismo produzidos nos veículos de comunicação promovendo a violência simbólica e física contra as mulheres negras;

4. pelo fim dos critérios e práticas racistas e sexistas no ambiente de trabalho;

5. pelo fim das revistas vexatórias em presídios e as agressões sumárias às mulheres negras em casas de detenção;

6. pela garantia de atendimento e acesso à saúde de qualidade às mulheres negras e pela penalização de discriminação racial e sexual nos atendimentos dos serviços públicos;

7. pela titulação e garantia das terras quilombolas, especialmente em nome das mulheres negras, pois é de onde tiramos o nosso sustento e por onde nos mantemos ligadas à ancestralidade;

8. pelo fim do desrespeito religioso e pela garantia da reprodução cultural de nossas práticas ancestrais de matriz africana;

9. pela nossa participação efetiva na vida pública.

Buscamos um processo de protagonismo político das mulheres negras, em que nossas pautas de reivindicação tenham a centralidade neste país. Nosso ponto de chegada e início de uma nova caminhada é 13 de maio de 2015 — Dia Nacional de Denúncia contra o Racismo — em Brasília, Distrito Federal.

Conclamamos todas as mulheres negras para que se juntem a esse processo organizativo, nos locais onde estiverem, e se integrem nessa marcha pela nossa cidadania.

Imbuídas da nossa força ancestral, da nossa liberdade de pensamento e ação política, levantamo-nos — nas cinco regiões deste país — para construir a marcha das mulheres negras contra o racismo e a violência e pelo bem viver, para que o direito de vivermos livres de discriminações seja assegurado em todas as etapas de nossas vidas.

Estamos em marcha!
"Uma sobe e puxa a outra!"
Brasil, 25 de julho de 2014.

A **MARCHA DAS MULHERES NEGRAS** foi idealizada no ano de 2011 em Salvador, Bahia. Organizada e realizada por mulheres negras, a manifestação ocorreu no ano de 2015, quando reuniu entidades e movimentos negros na luta contra o racismo e pela igualdade social e de gênero.

FONTE: "Manifesto da marcha das mulheres negras 2015 contra o racismo e a violência e pelo bem viver". *Portal Geledés*, jul. 2014. Disponível em https://www.geledes.org.br/manifesto-da-marcha-das-mulheres-negras-2015-contra-o-racismo-e-violencia-e-pelo-bem-viver. Acesso em 12.1.2021.

O primeiro e único condenado das manifestações de junho de 2013

LUIZA SANSÃO
2015

[img. 31] Mais de dois anos depois de ser preso por supostamente portar material explosivo durante as manifestações de junho de 2013 no Rio de Janeiro, o catador de latas Rafael Braga Vieira permanece encarcerado. O caso chegou ao Supremo Tribunal Federal.

Preso em junho de 2013 por suposta prática de porte de aparato incendiário ou explosivo quando levava apenas duas garrafas plásticas de produtos de limpeza, o catador de latas Rafael Braga Vieira, então com 25 anos e considerado morador de rua, foi denunciado pelo Ministério Público do Estado do Rio de Janeiro e condenado em primeira instância cinco meses depois. O recurso da defesa foi negado e os artefatos supostamente explosivos, com base em um laudo pericial considerado no mínimo duvidoso, destruídos após a sentença condenatória, inviabilizando a ampla defesa do acusado.[1] Assim, em contraste com a costumaz morosidade do Poder Judiciário, todo o processo foi muito ágil — Rafael se tornou, facilmente, mais um negro pobre no sistema carcerário.

Para a defesa do catador, entretanto, o processo não se deu com a mesma agilidade nesses dois anos em que vem lutando pela liberdade do único condenado, em todo o país, de todos os presos no contexto dos protestos numerosos das chamadas Jornadas de Junho de 2013 — ainda que jamais tenha tido qualquer relação com manifestações e grupos militantes. "O Rafael é uma vítima do sistema, das instituições que não compreendiam a insatisfação popular, e acabou sendo bode expiatório para testar, digamos assim, um cenário de responsabilidade do poder público em relação a esses movimentos", define um dos advogados responsáveis pelo caso, Carlos Eduardo Martins, consultor do Instituto de Defensores de Direitos Humanos (DDH), que assumiu a causa após a condenação em primeira instância.

Julgado em segunda instância em agosto de 2014, a pena de Rafael, inicialmente de cinco anos, foi apenas reduzida para quatro anos e oito meses. Em junho deste ano, quando se completaram dois anos de sua prisão, um recurso extraordinário interposto pelo DDH foi dirigido à Suprema Corte, pedindo "o reconhecimento das afrontas a diversos postulados constitucionais na condenação injustamente imposta a Rafael, como os primados da legalidade, da lesividade, da dignidade da pessoa humana, da presunção de inocência, da proporcionalidade e da ampla defesa", conforme publicação do DDH. O recurso hoje se encontra, portanto, nas mãos do Ministro do Supremo Tribunal Federal, Luiz Fux, seu atual relator, de quem a defesa de Rafael aguarda uma resposta.

O caso

Rafael foi preso durante a grande manifestação do dia 20 de junho de 2013, quando o centro do Rio de Janeiro foi tomado por quase 1 milhão de pessoas. Dois policiais civis o abordaram quando ele saía do local onde dormia e armazenava as latas, garrafas e demais objetos que recolhia nas ruas — uma loja abandonada em frente à Delegacia da Criança e do Adolescente Vítima, na rua do Lavradio, bairro da Lapa, cuja porta se encontrava arrombada havia semanas, segundo Rafael e os próprios policiais que o detiveram, porque ele levava consigo dois frascos de produtos de limpeza, um de cloro (água sanitária Barra) e um de desinfetante (Pinho Sol), ambos lacrados.

Mesmo sem qualquer indício de envolvimento nos protestos, Rafael foi conduzido à 5ª Delegacia de Polícia, de onde não pôde mais sair com liberdade. Sob a alegação de que os produtos que levava seriam usados como coquetel molotov (arma química incendiária comumente utilizada em protestos), foi enquadrado no inciso III do artigo 16 do Estatuto do Desarmamento (lei 10.826/03), que proíbe o porte, uso ou fabricação de "artefato explosivo ou incendiário, sem autorização ou em desacordo com determinação legal ou regulamentar", e prevê pena de três a seis anos de prisão e multa.

Diferente dos vários manifestantes presos durante a onda de protestos de junho de 2013, a maior parte brancos de classe média, Rafael foi impedido de responder ao processo em liberdade, permanecendo detido até o dia do julgamento. Após cinco meses na cadeia, foi condenado a cinco anos de reclusão e dez dias de multa. Aos 25 anos, o catador de latas negro, pobre e desvinculado de qualquer tipo de militância política, tornou-se o primeiro e único condenado no contexto nas manifestações, não apenas no Rio de Janeiro, mas em todo o país.

Em entrevista ao deputado estadual Marcelo Freixo, em dezembro de 2013, na penitenciária Milton Dias Moreira, em Japeri (município da região metropolitana do Rio de Janeiro), Rafael falou sobre como foi detido, pouco depois das oito horas da noite do dia 20 de junho de 2013, quando chegou ao local onde dormia e abrigava seus pertences. Ele contou que, ao chegar, guardou a bolsa que carregava com os objetos que havia "garimpado" nas ruas durante o dia de trabalho e encontrou as duas garrafas plásticas de produtos de limpeza, que já estavam lá dentro. Ele pegou os produtos e saiu novamente, com a intenção de levá-los para uma senhora que mora na região. Ao sair, dois policiais o abordaram com violência e o incriminaram por porte de coquetel molotov — que ele nem sequer sabia o que era:

> Me chamaram do outro lado [da rua], na delegacia em frente ao estabelecimento onde eu dormia, já chegaram me metendo a porrada, "que que é isso aí na mão?". Eram duas garrafas, uma de cloro e uma de Pinho Sol, lacradas, que eu achei, que lá é aberto, o casarão onde eu durmo. Lá fecha, mas os outros entram. Então tava lá, me chamaram, já me metendo a porrada, aí me deixaram lá em cima, no "porquinho", um quadrado lá, um espaço chamado "porquinho", me deixaram preso lá um tempão, depois de terem me metido a porrada, aí me levaram para a delegacia, me falaram que eu tava preso. Chegou na delegacia, eu vi dentro do frasco de Pinho Sol só menos do que a metade de líquido, não sei dizer se eles botaram gasolina ou o que que eles fizeram ali, e botaram um pedaço de pano na boca da garrafa de Pinho Sol [...]. Nunca ouvi falar de coquetel molotov na minha vida, sei nem o que é esse negócio de protestar, não tava fazendo bagunça nenhuma, [tava] voltando do trabalho como tô falando, cheguei com a minha bolsa, guardei, peguei essas duas garrafas e saí.[2]

Versão dos policiais

Todas as testemunhas ouvidas no processo eram policiais. Os depoimentos de Erik Duarte Correa e Eduardo Nogueira Vieitos (DCAV), os policiais civis que detiveram Rafael, foram idênticos e corroborados pelo também policial Elington Cacella Vieira, do Esquadrão Antibombas da Coordenadoria de Recursos Especiais (CORE), órgão responsável pela análise do suposto material explosivo — após a qual as duas garrafas anteriormente lacradas passaram a garrafas abertas com líquido adulterado e pedaços de pano em seus bocais, conforme atesta o laudo produzido por dois peritos da CORE.[3]

Os policiais da DCAV alegaram que, ao ser questionado sobre o material que levava, Rafael teria dito apenas que estava "participando da manifestação". Disseram ainda que um dos frascos que ele levava "estava parcialmente preenchido com substância incolor com odor semelhante ao de álcool, e o outro preenchido com substância de odor muito forte, embora não identificado", de acordo com o termo de declaração da Secretaria de Estado de Segurança.

No laudo técnico nº 267/13, produzido pelo Esquadrão Antibombas da CORE, consta que, introduzidos nos gargalos das duas garrafas plásticas que Rafael levava, havia pavios ("mechas ignotoras") e que um dos frascos continha material inflamável "apto a ser acionado (por chama) e lançado". Ainda assim, contraditoriamente, a conclusão da perícia foi de que o material apreendido apresentava "mínima aptidão para funcionar como coquetel molotov", já que se encontrava em garrafa plástica, isto é, "com mínima possibilidade de quebra que possibilitaria o espalhamento do seu conteúdo inflamável e contato com a chama da mecha ignotora, o qual provocaria incêndio".

Questionando o "já comprovado comportamento policial durante tais episódios populares, forjando provas, alterando a verdade dos fatos e incriminando inocentes", as alegações finais apresentadas pela Defensoria Pública do Estado do Rio de Janeiro ao juiz Guilherme Schilling Pollo Duarte, da 32ª Vara Criminal do Rio de Janeiro, em outubro de 2013, contestaram o laudo técnico, mas não foram suficientes para que as provas do flagrante delito, consideradas fracas, fossem revistas pelo Judiciário.

Laudo "incongruente e inconclusivo"

Após a condenação de Rafael em primeira instância, em 2 de dezembro de 2013, o DDH, que vinha acompanhando diversos casos de manifestantes presos durante os protestos de junho daquele ano, passou a atuar em segunda instância em favor de Rafael. Segundo o advogado Carlos Eduardo Martins, do DDH,

> Havia um cenário em que cresciam em profusão aquelas acusações arbitrárias, mas, paralelamente, o judiciário arquivava, ou então absolvia os acusados, seguindo uma lógica de trabalho condizente com as regras legais. Só que o caso do Rafael saltou aos olhos, porque nós acompanhamos a atuação da Defensoria em primeira instância, e ele foi condenado mesmo assim, com uma prova muito fraca.

Em artigo publicado em setembro de 2014, Martins e Thiago Melo, diretor do DDH, afirmam que, "no caso de Rafael, o Judiciário não relativizou o depoimento dos PMs que o acusaram do porte de coquetéis molotov", desconsiderando inclusive o fato de o acusado ter alegado desconhecer a substância inflamável no frasco.[4] Segundo os advogados,

> vigora no Tribunal de Justiça do Rio a inconstitucional Súmula 70, que orienta os julgadores a condenar um cidadão com base apenas no relato policial: "O fato de restringir-se a prova oral a depoimentos de autoridades policiais e seus agentes não desautoriza a condenação".

Os maiores obstáculos às soluções jurídicas que estão sendo buscadas em prol da liberdade de Rafael desde que assumiu o caso são impostos pelas "limitações próprias do sistema recursal brasileiro", segundo Martins. Para ele, o laudo técnico deveria ter sido contestado de forma mais incisiva pela Defensoria em primeira instância, por ser "incongruente e inconclusivo". "Faltou usar uma prova técnica auxiliar, e questionar esse laudo, porque ele é frágil", afirma. A suspeição sobre o laudo se baseia na própria composição dos produtos de limpeza encontrados com Rafael.

De acordo com Martins,

> é muito estranho um ser água sanitária, como é, inapta para explosão, e no outro surgirem quatrocentos mililitros de etanol, porque não é uma composição usual de um produto com aquela rotulagem. Mas, o que a gente questiona é que, mesmo com essa composição, um artefato sob essa constituição, em uma garrafa de plástico, não pode ter aptidão para funcionar como explosivo, é um artefato fracassado. Porque a composição do molotov é lastreada no conjunto da garrafa de vidro, que espalha as substâncias que vão formar combustão. Então é a combustão, que é um pavio embebido de gasolina, um material inflamável, mas tem que ter esse pavio e um receptáculo de vidro. E era um receptáculo de plástico com etanol. Então é algo completamente discrepante. Ainda que, por exemplo, fosse um receptáculo com gasolina, de plástico, com pavio, ele não seria apto a explodir, como é o caso desse encontrado com o Rafael. Na realidade, nem o líquido inflamável é usual para coquetel molotov. Teria que ser gasolina, e não etanol.

Tendo tais questionamentos em vista, os principais argumentos defendidos no recurso de apelação de Rafael, no qual o DDH deu entrada em 20 de fevereiro de 2014, baseiam-se nas "contradições entre o laudo e a condenação por ele motivada", dada a "absoluta impropriedade" das garrafas para funcionarem como coquetel molotov, e consideram absurdo que a posse de substância livremente comercializada no país configure crime de porte de artefato explosivo. Os embargos declaratórios também refutam o fato de o material supostamente explosivo ter sido destruído, inviabilizando "o exercício da Ampla Defesa, além de macular o Princípio da Presunção de Inocência, ambos direitos individuais fundamentais salvaguardados no Artigo 5º, LV e LVII, da Constituição da República Federativa do Brasil de 1988".

O documento também questiona a "pena excessivamente alta" aplicada a Rafael, já que esta foi aumentada considerando que o réu estivesse "evadido do sistema penal", quando, na verdade, restou comprovado o cumprimento integral das penas antecedentes por dois crimes patrimoniais de baixa monta em nada relacionados à acusação pela qual foi condenado em 2013. Por fim, os Embargos Declaratórios defendem que, em sendo arbitrariamente condenado, ainda assim, "por conta da pena excessivamente alta, o regime inicial de cumprimento da pena também deveria ser revisto, devendo-lhe ser aplicado, no máximo, o regime semiaberto".

Após exame do recurso de apelação pelo Tribunal de Justiça do Rio de Janeiro, Rafael, que até então se encontrava no Complexo Penitenciário de Bangu, foi julgado em segunda instância em agosto de 2014, mas sua pena foi apenas reduzida em quatro meses. Mantida a condenação por um crime que não cometeu, ele passou ao regime semiaberto, sendo transferido para uma unidade da Secretaria de Estado de Administração Penitenciária, em Niterói, e conquistou o benefício denominado "trabalho externo" — que, em pouco tempo, foi suspenso, em razão de ter posado para uma foto em frente ao muro da Casa do Albergado Coronel PM Francisco Spargoli Rocha, onde cumpria pena na época, e do que foi considerada uma tentativa de fuga em um dia em que se atrasou na volta do trabalho, motivos pelos quais Rafael foi, duas vezes, duramente punido com dez dias em uma solitária.

Em 18 de agosto, contudo, a Vara de Execuções Penais do Rio de Janeiro entendeu que a conduta atribuída a Rafael não poderia ser enquadrada como ato de evasão e, assim, atendendo aos pleitos defensivos apresentados pela defesa, determinou que Rafael poderá voltar a usufruir do benefício do "trabalho externo", de acordo com nota do DDH. Ele voltará a trabalhar no escritório de advocacia João Tancredo, no centro do Rio, como antes de o Ministério Público fazer o pedido de regressão do regime prisional.

Com o recurso extraordinário encaminhado pelo DDH ao Supremo Tribunal Federal em junho deste ano, o que a defesa de Rafael espera é "o reconhecimento de nulidade da prova", o que o levaria "a um passo da inocência", de acordo com Martins.

Família de catadores de latinhas

Negro, pobre, magro e analfabeto, hoje com 27 anos, Rafael foi tratado inicialmente como morador de rua. Embora vivesse em circunstâncias semelhantes às de pessoas em situação de rua, ele trabalhava como catador de latinhas e, se muitas vezes dormia nas ruas, era porque faltava dinheiro para pagar a condução de volta para casa. Na favela onde vive sua família, na Penha, zona norte do Rio, nem sempre há muitas latas para coleta, motivo pelo qual Rafael preferia trabalhar no centro da cidade, onde há abundância de latas, garrafas e outros objetos recicláveis — que ele recolhia para vender na feira que acontece aos sábados na Lapa, como conta sua mãe, Adriana Oliveira Braga, em entrevista à Ponte. "Ele ficava dois, três dias por lá. Depois ele vendia e vinha, trazia o dinheiro, comprava uma coisa em casa e depois voltava de novo." Nas semanas que precederam sua prisão, ele vinha dormindo e armazenando os objetos coletados sempre no mesmo local — um estabelecimento abandonado, em frente à DCAV, na Lapa. Adriana sabia que o filho podia levar alguns dias para voltar, mas sempre voltava. Quando não voltou, passaram-se meses sem que ela soubesse seu paradeiro, até ser comunicada, por uma advogada do DDH, que ele havia sido preso.

Tendo estudado só até a terceira série, Rafael esteve com o pai pela última vez com apenas um ano e dois meses de vida, quando se mudou com a mãe e a avó materna para Aracaju, Sergipe, onde viveu até os 12 anos. Foi na capital sergipana que ele começou a trabalhar engraxando sapatos, aos oito anos de idade, enquanto a mãe e a avó eram catadoras de latas nas ruas — e de caranguejos e sururus nos mangues, para ter o que comer. Depois, voltaram para o Rio. Antes de falecer, a avó, que ajudou a criar Rafael, comprou para o neto "um barraquinho de madeira" próximo ao de Adriana, onde ele ficava quando não estava trabalhando no Centro.

Aos 45 anos, Adriana, também analfabeta, tem seis filhos além de Rafael. Os quatro mais novos se apertam com ela e o marido em um casebre de madeira numa favela da Penha — dois meninos, de 3 e 5 anos, e duas meninas que, com 12 e 17 anos, não sabem ler. A mais velha, Rafaela, este ano foi "convidada a se retirar" da escola pública onde ainda cursava a sexta série do ensino fundamental, por excessiva dificuldade de aprendizagem.

Catadores de latas na região onde moram, Adriana e o marido, Gilson, têm uma rotina dura. "Nós sai cinco horas da manhã e cata na rua até uma, duas horas [da tarde]", conta. Como só há o que coletar nos "dias de lixo" — segundas, quartas e sextas-feiras — é preciso reunir volume suficiente para compensar a venda. "Eu junto mais ou menos uma semana. Se for vender logo não ganha nada, porque ferro é dez centavos o quilo. Aí eu junto e depois vendo."

Na parede de madeira da sala estreita, um cartaz da campanha pela liberdade de Rafael, com a imagem do filho e os dizeres "Não é manifestante, não é militante, mas é negro e pobre", e um retrato antigo em que ele, ainda criança, sorri. Nos olhos de Adriana, uma tristeza profunda: "O Mateus adora o irmão dele", diz, referindo-se ao filho de 5 anos. "Ele vê a foto ali e fala 'ói lá meu irmão querido'. Eles gostam dele. Quem é mais apegada com ele é a mais branquinha", completa, apontando a filha de 12 anos com um meio sorriso — sem nenhum dente. Como os poucos dentes que tinha eram todos podres, os ativistas da campanha estão financiando um tratamento para ela, que agora aguarda a colocada de uma dentadura.

Adriana fala pouco e com muita dificuldade. Todas as vezes que se refere a Rafael, menciona o quanto ele a ajudava. "Ele não merecia estar lá dentro, não. É um menino querido aqui, no morro todo mundo gosta dele. Nunca fez nada de errado. O jeito dele era só catar as latinhas, pedir uma comida na porta dos mercadinhos. Ele me ajudava muito, sempre foi o filho que mais me ajudou." A dor de não poder contar com a tão necessária ajuda de Rafael é acentuada por outra dor. "Saudade demais. Ficar sem ver seu filho. Mesmo passando dois, três, quatro dias na cidade, eu via ele chegando. Lá [na prisão], é só quando eu vou ver", desabafa.

No Instituto Penal Edgard Costa, em Niterói (que fica a aproximadamente 15 quilômetros da capital), onde se encontra hoje, Rafael recebe a visita da mãe de quinze em quinze dias. Ela não pode ir todos os finais de semana porque, além do custo da passagem, nem sempre tem o que levar. "A passagem daqui pra lá é uns vinte reais, tem que levar uma comida pra comer lá com ele. Eu não vou sair daqui dia de sábado ou domingo com a mão abanando. Quando eu vou, levo umas três carteiras de cigarro, comida, leite, achocolatado, biscoito, e deixo na custódia pra ele", conta. Os mantimentos são adquiridos por meio de doações recolhidas pelos ativistas da campanha pela liberdade de Rafael.

No segundo semestre de 2014, como benefício do regime semiaberto, Rafael pôde trabalhar em um escritório de advocacia no centro do Rio, amparado pelo DDH, que atua em sua defesa. Apesar de suas limitações, ajudou a mãe até nesse período. "Quando ele recebeu [o pagamento], me ligou do serviço, me chamou pra ir lá. Eu fui, ele me deu dinheiro e falou 'mãe, toma pra você comprar roupa pras minhas irmãs', um dia antes do Natal. Qualquer dinheiro que ele arranjava, até um real, era dividido comigo", recorda Adriana. "Ele nunca deixou faltar nada aqui em casa no Natal. Por isso que ele quase não estudou, o negócio dele era trabalhar."

Nas últimas visitas, Rafael mostrou-se triste e abatido, segundo Adriana.

> Nas outras vezes, ele era mais animado, conversava mais comigo, me dava mais atenção. No último domingo que eu fui, ele demonstrou tristeza, quase não conversava, ficou o tempo todo de cabeça baixa. Quando ele levantou os olhos, vi que tava chorando. Eu quase nunca vi meu filho chorar. Acho que agora tá caindo a ficha que já tem mais de dois anos e ele não tá aguentando ficar mais lá dentro.

Intensa mobilização pela liberdade de Rafael

Passado o período dos protestos de junho de 2013, em que vários manifestantes foram presos e soltos dias depois, ativistas de direitos humanos se deram conta de que "alguém havia ficado para trás", segundo Ronilso Pacheco, interlocutor social da ONG Viva Rio. "Muitos dos nossos amigos foram presos e praticamente todos foram soltos um ou dois dias depois. Claro, todos com o perfil branco de classe média, ou até pobres e negros, mas vinculados a movimentos sociais."

Diferente dos militantes presos no contexto das manifestações, Rafael Braga Vieira, aquele que havia "ficado para trás", não se enquadrava no perfil "branco de classe média" nem pertencia a nenhum movimento social que pudesse ampará-lo quando foi injustamente acusado de portar material explosivo nos protestos dos quais nem sequer participou — e que tampouco compreendia. Mas, ao tomarem conhecimento do caso, ativistas abraçaram a causa e, cerca de um mês após a prisão de Rafael, deram início às reuniões que culminaram na criação da campanha "Pela Liberdade de Rafael Braga Vieira".

Formado por coletivos, movimentos e militantes de direitos humanos, o grupo se reúne todas as terças-feiras na Cinelândia, no Centro do Rio, para definir atividades e ações pontuais da campanha, que envolve doações de mantimentos para a custódia de Rafael e o acompanhamento constante do caso, que ganhou grande visibilidade em todo o país. No ano passado, movimentos e coletivos de outros estados, como São Paulo e Brasília, aderiram à campanha e realizaram, paralelamente, atividades culturais e debates nos quais, a partir do caso, foram discutidas a seletividade do sistema penal brasileiro, discriminação racial e questões sociais relacionadas ao tema.

Quando, em agosto de 2014, após recurso do Instituto de DDH, Rafael foi julgado em segunda instância, os ativistas se reuniram em uma vigília que durou 24 horas em frente ao Tribunal de Justiça do Rio, onde promoveram diversas ações, como apresentações de rap, poesia e exibição de curtas, e lavaram o passeio com água sanitária e Pinho Sol (os mesmos produtos que Rafael levava quando foi preso). Na ocasião, foi entregue ao Poder Judiciário um abaixo-assinado com 1.324 apoiadores — entre pessoas físicas e organizações, como Tortura Nunca Mais, Conectas, Anistia Internacional e diversos coletivos.

Após a longa vigília, em que os militantes resistiram às tentativas de dispersão do Poder Judiciário, como o adiamento do julgamento do dia 26 de agosto para o dia seguinte, o resultado foi desolador: a pena de Rafael foi reduzida em quatro meses. Ronilso critica:

> É quase um recado, né? De que a pressão não surte nenhum efeito. Aquele dia foi extremamente entristecedor. A dona Adriana chorando, desanimada. A gente tinha muita esperança, diante dos fatos: o próprio Rafael, a conduta dele, a questão do laudo do Esquadrão Antibomba da Polícia Civil. Ou seja, é uma falta de vontade e muita presunção e vaidade do sistema judiciário, sobretudo quando é pressionado

Entretanto, apesar da dificuldade em dialogar com o Poder Público, o militante destaca que uma das maiores conquistas tem sido o modo como a campanha "alterou as expectativas e possibilidades da família de Rafael" e não irá esmorecer.

Pode ser que, na realidade dura, ele fique os cinco anos preso. Mas tem duas coisas: uma é que a gente não vai desistir, e outra é que, se nesses cinco anos a dona Adriana tiver uma casa melhor, as irmãs do Rafael estiverem estudando, a menina que ainda não sabe ler e escrever tiver aprendido a ler e escrever, todo esse processo já vai ter valido.

LUIZA SANSÃO é jornalista formada pela Universidade Federal de Juiz de Fora. Atuando como repórter com foco nos direitos humanos e em segurança pública, participou do caderno *Subsídios para uma Comissão da Verdade* (2012), que recebeu menção honrosa no prêmio Vladimir Herzog (2013). Foi repórter no *Ponte Jornalismo* entre os anos de 2015 e 2017. Desde 2015 Luiza se dedica à cobertura do caso Rafael Braga.

FONTE: *Ponte Jornalismo*, ago. 2015. Disponível em https://ponte.org/o-primeiro-e-unico-condenado-das-manifestacoes-de-junho-de-2013/. Acesso em 26.1.2022.

1 Ver *Laudo técnico n.267/EA/2013*. Disponível em https://ponte.org/wp-content/uploads/2015/08/laudo-rafael-braga_%C3%ADntegra.pdf. Acesso em 2.2.2022. [N. E.]

2 Marcelo Freixo e Rafael Braga Vieira, *Primeiro condenado das manifestações*. Disponível em https://www.youtube.com/watch?v=ftjGNczaoNI. Acesso em 26.1.2022. [N. E.]

3 Os depoimentos dos policiais citados estão presentes no processo n. 0212057-10.2013.8.19.0001, do Ministério Público do Estado do Rio de Janeiro. Disponível em http://jusliberdade.com.br/wp-content/uploads/2018/02/Processo-Artefato-Incendi%C3%A1rio-Rafael-Braga.pdf. Acesso em 26.1.2022. [N. E.]

4 Thiago Melo e Carlos Eduardo Martins, "Por que só Rafael?". *O Globo*, nov. 2014. Disponível em https://oglobo.globo.com/opiniao/por-que-so-rafael-13897279. Acesso em 26.1.2022. [N. E.]

"Eu queria desaparecer, neste mundo não existe lugar para mim." Setembro Amarelo: suicídio indígena

DAIARA TUKANO
2016

Neste mês de setembro me sentiria hipócrita ao escrever sobre suicídio sem admitir que eu mesma (assim como muitos parentes) já passei por esse sentimento. Tive que acompanhar vários familiares pelo mesmo processo de diversas maneiras, pois o sofrimento é único de cada pessoa, assim como a maneira que passamos por ele ou que ele passa por nós.

Talvez a face mais cruel do genocídio seja aquela que, quando exaustos, nos leva a considerar abdicar da própria vida. No mundo, os povos indígenas são a população mais suscetível a cometer suicídio: no Brasil a taxa de suicídio entre os povos indígenas é seis vezes maior que a taxa nacional. No município de São Gabriel da Cachoeira, no Amazonas, também conhecido como a cidade dos enforcados, os dados do Mapa da Violência de 2014 revelaram que, entre 2008 e 2012, a taxa de suicídios na cidade foi de 50 casos por 100 mil habitantes, dez vezes maior do que a média brasileira.[1] Entre os que se mataram, 93% eram indígenas. Oito entre dez se enforcaram.

Mato Grosso do Sul e Amazonas concentram cerca de 81% dos casos de suicídio do país. No primeiro, a taxa é 34 vezes maior do que a média nacional. O valor sobe ainda mais entre os jovens. O Brasil tem cinco casos de suicídio a cada cem mil habitantes; entre os jovens indígenas do Mato Grosso do Sul, esse número chega a 446 casos para cada cem mil. Só em 2015 foram 45 suicídios, sendo 33 homens e 12 mulheres, a maioria entre 10 e 29 anos; ano passado foram 36 homicídios, de

34 homens e duas mulheres, a maioria entre 15 e 29 anos. Em 2014 o Distrito Sanitário Especial Indígena do estado teve 619 registros de violência física e 32 de violência sexual. A maioria dos casos ocorreu em Dourados e em Amambai.

Suicídio é um tabu difícil de se falar, pois mencioná-lo é lembrar de dores profundas. Acredito que a palavra é a principal medicina contra essas dores que precisam desaguar de alguma forma, e que, na verdade, quando chegamos ao ponto de querer desaparecer, é principalmente por não encontrar alguém que possa ouvir e entender de alguma forma essa dor.[2]

Pessoalmente, passei por essa angústia após ter sido vítima de estupro, uma das experiências que certamente define muito de minha luta, especialmente pelo fim da violência contra a mulher. Chegar até o ponto de falar abertamente sobre isso foi um lento processo de 15 anos, durante os quais entendi o quanto a violência sexual é frequente e onipresente: uma em cada cinco mulheres passam ou passarão por essa experiência enquanto nossa sociedade e nossa cultura não tomarem a atitude consciente de mudar esse panorama. Ser estuprada é sentir o corpo e a alma violada profundamente, a repulsa profunda dessa experiência que parece impregnada no corpo é algo difícil de se lidar: é difícil aceitar o próprio corpo e saber que há marcas invisíveis e indeléveis em nossa vida. Nos momentos em que me sentia mais solitária, pensei repetidas vezes naquele vazio de simplesmente não existir mais. Precisei chorar muito para conseguir escutar que haviam outras chorando em volta pelo mesmo motivo e que eu, assim como elas, afinal de contas não estávamos sós, que poderíamos discretamente nos aproximar e nos fortalecer até o ponto de mostrar umas às outras que éramos mais fortes que a dor.

A dor do estupro é uma das motivações mais frequentes para o suicídio de mulheres e lamentavelmente é igualmente uma das práticas de violência contra os povos indígenas. No estado do Mato Grosso do Sul, mulheres guarani-kaiowá são frequentemente estupradas por pistoleiros conscientes que elas em seguida tentarão o suicídio.

São Gabriel da Cachoeira é igualmente um dos municípios brasileiros com um dos maiores índices de tráfico de pessoas, a maioria meninas e jovens mulheres. Quando eu era criança pequena achava normal e até romântico ver soldados "namorando" com crianças sentadas no seu colo. Hoje, adulta, consigo perceber quão trágica era essa percepção infantil. Minha intuição me incomoda ao pensar que os índices de estupro de São Gabriel devem ser tão altos quanto os de suicídio. Não é de espantar que os estados do Amazonas e do Mato Grosso do Sul concentrem 81% dos suicídios do país, sendo os estados de maior população indígena.[3]

Num panorama mundial em que a depressão se tornou epidemia entre os adolescentes, a discriminação é um agravante para os jovens indígenas que se encontram cada vez mais imersos no dilema de caminhar entre o choque de dois mundos: para nós, sobreviver ao genocídio é uma missão passada de geração em geração, continuar existindo como indígenas apesar daqueles que a todo momento negam nossa história, nossa identidade, nossa dor, nossa capacidade, nossa cultura e nossa beleza das maneiras mais diversas.

A solidão, a rejeição e a incompreensão são sentimentos comuns entre os jovens indígenas, especialmente quando nos deparamos com os cânones de beleza, ciência e cultura das cidades e com a dificuldade de diálogo com aqueles que muitas vezes não têm interesse em conhecer nossa cultura, mas que acham que somos obrigados a conhecer e entender a deles.

O bullying é constante na escola e também no ensino superior, para os poucos sortudos que conquistam uma vaga em universidade. Apesar das ações afirmativas de inclusão social, as instituições de ensino superior encontram grande dificuldade em aceitar o diálogo com o saber, a ciência e a experiência indígenas.

Para aqueles que estão em retomadas e outros conflitos de território, a violência explícita de ameaças, estupros, incêndios, tiroteios e assassinatos é um cotidiano que inviabiliza a sanidade mental: além de sobreviver à miséria, é impossível fugir da tristeza quando se nasce no meio ao genocídio. Parece que nossa herança sempre vai incluir a maldita lista de óbito de nossos vizinhos e familiares pelos motivos mais diversos: desnutrição, falta de medicação ou atendimento médico, inúmeras doenças e acidentes por falta de estrutura, o álcool.

Desde criança tive a percepção de que o alcoolismo é uma doença e uma forma de suicídio lento, sintoma da dor de nosso genocídio: as pessoas bebem para esquecer da dor, se anestesiam enquanto o álcool as mata, ou as faz matarem umas as outras. Os índices de alcoolismo são enormes nas populações indígenas; na região de São Gabriel da Cachoeira é endêmico. Lembro das lágrimas de minhas tias ao relatarem os problemas do álcool em nossa comunidade e de como juntas tentávamos decifrar maneiras de fugir desse ciclo de violência mortal tecido entre o preconceito, a violência, a tristeza e o álcool. A cachaça foi trazida pelos não indígenas a nossas regiões, primeiramente para festas de santo. Desde o início do contato foi usada como uma técnica cruel de atordoamento para o genocídio. Os povos indígenas das Américas são geneticamente susceptíveis às doenças causadas pelo açúcar e pelo álcool. Ainda que alguns povos tenham suas bebidas alcoólicas tradicionais, seu uso acontecia de forma e em quantidade e concentração muito diferentes da bebida do branco. Pagar o trabalho escravo com cachaça é uma prática comum, convidar os indígenas para tomar um trago antes de negociar também: as garrafas de cachaça são inflacionadas a preços exorbitantes, mas ainda assim serão pagas ou trocadas por enormes quantidades de mercadorias. Há ainda aqueles que, não conseguindo pagar por cachaça, bebem álcool de cozinha ou gasolina para poder esquecer por algumas horas seu desespero.

Esse triste panorama é uma constante do polo norte ao polo sul quando tratamos de povos indígenas: em uma única noite dez parentes chegaram a cometer suicídio na comunidade Attawapiskat no Canadá; o suicídio é um dos temas do Fórum Permanente de Assuntos Indígenas da Organização das Nações Unidas. Em junho de 2016 aconteceu a Conferência Mundial sobre Suicídio Indígena em Rotorua, na Nova Zelândia, onde foram apresentadas as estatísticas do suicídio indígena ao redor do mundo, assim como experiências de combate à epidemia de suicídio. Em outubro de 2015 a Secretaria Especial de Saúde Indígena promoveu uma oficina de qualificação de estratégias de prevenção ao suicídio indígena. A comunidade acadêmica é unânime ao reconhecer que o suicídio indígena se enquadra como sintoma do genocídio praticado pelos colonizadores contra nossos povos ao longo de séculos. Há ainda pesquisas que apontam que a depressão nas populações indígenas possa ter deixado um rastro genético ao longo dos últimos quinhentos anos.

As experiências de combate ao suicídio indígena apontam também que, ainda que pareçamos fadados à tristeza, nossa alegria pode se encontrar na afirmação e celebração de nossa identidade indígena e na desconstrução histórica do processo colonial: ter acesso à justiça histórica, ao reconhecimento e aceitação de nossas identidades, celebração, valorização e prática da beleza de nossas línguas e de nossa cultura, garantir o direito à nossos territórios, e ao esforço coletivo em desconstruir a narrativa da colonização que sistematicamente nos empurra à invisibilidade, marginalização e negação de nossos corpos.

Para combater o suicídio precisamos falar sobre e reconhecer o quão comum ele é a nossa volta, em nossa comunidade, em nossa família ou até em nossa própria cabeça para entender que não estamos assim tão sós, e, percebendo isso, entender o que nos leva a esse sofrimento e falar sobre isso também. Quem sabe assim possamos também parar para sentir as coisas boas que tem nossa vida e encontremos o respiro que precisamos para nos levantar juntos e continuar nossa caminhada, cada vez com passos mais firmes.

Para o não indígena que por acaso venha a ler este texto, gostaria de reiterar que combater o suicídio indígena é desconstruir a discriminação, celebrar a cultura indígena com orgulho, conhecer a história dos povos indígenas e sua importância, porque lamentavelmente preconceito mata direta e indiretamente, e todos temos a ver com isso.

1 Julio Jacobo Waiselfisz, *Mapa da violência: os jovens do Brasil*. Brasília: Flacso, 2014, p. 139. [N. E.]

2 A revista *Ciência Hoje* publicou em 2014 um mapa do suicídio indígena no Brasil. Disponível em https://cienciahoje.carto.com/viz/37e9e4de-3dde-11e4-89ee-0e230854a1cb/embed_map. Acesso em 31.1.2022. [N. E.]

3 Julio Jacobo Waiselfisz, op. cit., p. 183. [N. E.]

DAIARA TUKANO (São Paulo, 1982) é artista, ativista, educadora e comunicadora do povo indígena Tukano, do alto do rio Negro. Mestra em direitos humanos pela Universidade de Brasília, é pesquisadora sobre o direto à memória e à verdade dos povos indígenas e fundadora da rádio Yandê.

FONTE: Versão revisada de "'Eu queria desaparecer, neste mundo não existe lugar para mim' — Setembro Amarelo: suicídio indígena". *Daiara Tukano*, 2016. Disponível em https://www.daiaratukano.com/post/eu-queria-desaparecer-neste-mundo-n%C3%A3o-existe-lugar-para-mim-setembro-amarelo-suic%C3%ADdio-ind%C3%ADgena. Acesso em 31.1.2022.

Não foi Cabral

MC CAROL
2016

Professora me desculpe,
mas agora vou falar.
Esse ano na escola
as coisas vão mudar.

Nada contra ti,
não me leve a mal.
Quem descobriu o Brasil
não foi Cabral.

Pedro Álvares Cabral
chegou 22 de abril.
Depois colonizou
chamando de Pau-Brasil.

Ninguém trouxe família,
muito menos filho.
Porque já sabia
que ia matar vários índios.

Treze Caravelas
trouxe muita morte.
Um milhão de índio
morreu de tuberculose.

Falando de sofrimento
dos tupis e guaranis,
lembrei do guerreiro
Quilombo Zumbi.

Zumbi dos Palmares
vítima de uma emboscada.
Se não fosse a Dandara
eu levava chicotada.

Nada contra ti,
não me leve a mal.
Quem descobriu o Brasil
não foi Cabral.

CAROLINA DE OLIVEIRA LOURENÇO (MC CAROL) (Niterói, Rio de Janeiro, 1993) é cantora, compositora e ativista. A música "Não foi Cabral" faz parte do seu álbum de estreia *Bandida* (2016).

FONTE: MC Carol (Carolina de Oliveira Lourenço)/Leonardo Manfrinato Justi. "Não foi Cabral", 3'17". *Bandida*, 2016. Heavy Baile Records.

Não temer o mundo, mas enfrentá-lo para criar outros mundos!

RED CONCEPTUALISMOS DEL SUR
2016

Em 31 de agosto de 2016, com a consumação do golpe que retira Dilma Rousseff da presidência do Brasil, as forças elitistas, conservadoras e corruptas retomam o poder no país. A normalização do golpe pelas narrativas que o chamam de impeachment tenta esconder as dinâmicas nefastas que o consolidaram. Posicionamo-nos aqui contra essa normalização e insistimos: é um golpe de Estado!

Nós nos colocamos junto àqueles que denunciam que se trata de uma nova modalidade de golpe: parlamentar, jurídico e midiático. Sua diferença em relação aos golpes militares ocorridos na América Latina nas décadas passadas é que aqueles se caracterizaram pela utilização da força das armas como meio de tomada e imposição de poder, enquanto este se utiliza da força do desejo das massas manipulado pelos meios de comunicação, que veiculam a narrativa fictícia de uma crise de consequências incontroláveis, o que mobiliza o medo e fragiliza. Acompanha a imagem da crise a figura de bode expiatório protagonizada pela presidente Dilma e seu partido, o Partido dos Trabalhadores, e sobretudo por seu líder, o ex-presidente Lula, sobre os quais se projeta a causa da crise. A ficção e seu principal personagem são compostos por informações selecionadas pelo Poder Judiciário a partir de investigações policiais, de modo a lhe dar uma máscara de credibilidade. Aos poucos a ficção vai sendo adotada pela população como verdade, o que lhe oferece um remédio para aliviar seu medo e sua fragilidade: a destruição do bode expiatório. O Parlamento entra em ação para dar o golpe no momento em que essa tendência torna-se majoritária, o que lhe garante sua suposta legalidade democrática.

Vale dizer que a substituição da força das armas pela força do desejo é uma necessidade do capitalismo financeirizado, e que as ditaduras militares representam um estorvo para seu livre fluxo internacional. O novo regime capitalista necessita de um Estado mínimo e flexível, o Estado neoliberal, que leiloa o patrimônio do país e dá livre passagem à tomada de poder da economia local pelo capital internacional — cujas metas incluem, entre outras, a precarização do trabalho como meio de acumulação exorbitante, versão atualizada da acumulação primitiva gerada pelo trabalho escravo. Basta constatar que, apesar das medidas do governo Dilma terem claramente beneficiado o empresariado (nunca os bancos enriqueceram tanto), ele participou ativamente da construção do golpe. Contudo, é necessário apontar que o novo procedimento do poder capitalista não elimina o velho procedimento da força militar e repressora — resíduo ativo das ditaduras na América Latina —, mas a ela se soma. A violência direta é sistemática na implantação do capitalismo financeirizado. As armas são usadas por várias facetas do poder militar: armas nas periferias, sempre atirando e matando, tendo como alvo privilegiado a população negra; armas como instrumento de repressão nas ruas, nos movimentos contra o golpe, mediante a extrema violência da polícia, hoje treinada pelo exército com novas estratégias e tecnologias.

Em suma, o livre fluxo do capital financeirizado não depende apenas de Estados neoliberais. Ele também se baseia na força das armas nos países pobres e nas periferias, para mantê-los como fontes de máxima extração de mais-valia e evitar sua rebeldia, assim como manter "limpas" e "seguras" as áreas que comandam e acessam a circulação de capital. Para ficar em dois exemplos, lembremos, por um lado, as armas estadunidenses, europeias e russas bombardeando intermitentemente a Síria e outros países, gerando hordas de migrantes e várias outras formas de morte. Por outro lado, sabemos que os "golpes" nas periferias de vários países da América Latina são diários e que, em muitos lugares, os direitos e os recursos nunca chegaram.

Antes do Brasil, o novo tipo de golpe foi aplicado em Honduras (2009) e no Paraguai (2012), onde, do mesmo modo, a aparência constitucional ocultou a ruptura democrática. O mesmo procedimento está sendo adotado em outros países da América Latina, preparando o terreno para os próximos golpes. No Brasil, o "julgamento" parlamentar que retira Dilma da presidência da república acontece a partir de acusações juridicamente inconsistentes, sem a comprovação de crime de responsabilidade, tal como é previsto na Constituição brasileira de 1988. Em maior ou menor grau, os ministros do Supremo Tribunal Federal atuaram de forma partidária, o que fragilizou o sistema presidencialista do país — que tem como base o equilíbrio de poder entre o executivo, o legislativo e o judiciário. A falta patente de legitimidade criou um vazio institucional propício às forças conservadoras, dando cada vez mais espaço ao autoritarismo moralista, à intolerância às minorias e à anulação de qualquer contrainformação pela grande mídia, ao passo que as manifestações de resistência e as mídias alternativas não pararam de crescer, tentando rebater a sistemática invisibilização dos posicionamentos que diferem da narrativa fictícia dominante. Mas, sobretudo, julga-se sem provas, apenas com base naquilo que se convencionou chamar de "convicções", que nada mais são do que manifestações da mesma ideologia que deu origem à ficção criada para legitimar o golpe — a ideologia do capitalismo neoliberal. Trata-se, portanto, também — e fundamentalmente —, de um golpe do capitalismo financeirizado em seu poder internacional, que coloniza agora o conjunto do planeta.

Somente através da eleição indireta, sentido real do suposto impeachment, Michel Temer pôde chegar a ser presidente da república. E com a mesma ilegitimidade, formou o ministério mais machista, ignorante e conservador desde a ditadura militar, composto unicamente por homens brancos, grande parte envolvida em processos por corrupção. Em seu primeiro dia de "governo", com o mesmo autoritarismo estratégico, decretou o fim do Ministério das Mulheres, da Igualdade Racial e dos Direitos Humanos, excluiu e fundiu outros e substituiu seis dos 16 membros da Comissão de Anistia do Ministério da Justiça por 20 outros, inclusive militares que participaram da ditadura.

Mais uma vez, o golpe no Brasil se dá em prol da concentração de renda e do enriquecimento pessoal corrupto, e para responder aos interesses de um sistema antidemocrático, de opressão das classes mais pobres, assim como das diversas minorias, e do desrespeito à sistemática mais básica da democracia: a eleição direta de Dilma Rousseff pelas brasileiras e brasileiros que a escolheram em 2014.

O que fazer?

Esse tipo de reação autoritária e corrupta é acompanhada pelo recrudescimento do plano neoliberal e pelo crescimento da direita no continente, com seu brutal conservadorismo. As elites não suportam a saída da miséria de milhares de pessoas e a ampliação do acesso público à educação; este fato traz o fantasma de ameaça de perda de seu poder simbólico e territorial.

No curso dos últimos anos, vimos a emergência de várias frentes partidárias de esquerda, movimentos sociais, lutas de minorias, grupos de precários auto-organizados, entre outros, serem atacadas por ideologias de direita, daqueles que não suportam a emergência de novas subjetividades políticas, pois é neste plano que sentem seu mundo ameaçado de ruir.

O duelo está posto entre a consolidação do plano neoliberal, marcado pela minimização do Estado de bem-estar social, e as políticas de resistência que pretendem garantir direitos básicos, reafirmando a democracia do acesso aos bens comuns, materiais e imateriais. Nós nos posicionamos com a esquerda, e assumimos a resistência como movimento constante. Continuaremos resistindo às opressões históricas e às novas ondas violentas do neoliberalismo.

Diante desse cenário, reconhecemos também os limites e contradições das esquerdas institucionais no Brasil e no continente. Considerá-las apenas "vítimas" das manobras das forças que as destituíram do poder é, no mínimo, uma visão simplista. Ao fazer alianças equivocadas e transitar pelas vias da institucionalidade "democrática" próprias do neoliberalismo, muitos partidos de esquerda não foram capazes de romper com as dinâmicas que favorecem a concentração de poder, mas também as tradições de comportamento político herdeiras da origem colonial — ainda tão presentes e ativas no continente —, sem encarnar demandas mais radicais de transformação. É necessário que tais partidos façam uma revisão profunda de suas histórias e realizações, erros e acertos. Mas, para além deles, cabe a nós pensarmos formas do fazer político que rompam esses limites da esquerda tradicional: outras formas de conduzir o Estado, mas que não se limitem a ele; formas que sejam fruto da "sociedade em movimento" e que não se reduzam aos "movimentos sociais" que têm o Estado como seu principal alvo.

A rápida e brutal virada à direita que hoje tem lugar na América Latina — após um ciclo de importantes reformas e conquistas sociais — se dá segundo a "doutrina do choque e do pavor".[1] Faz-se necessário um grito de conjuro contra os efeitos em nossos corpos da doutrina do choque e do terror, aplicada em nosso continente desde os golpes de Estado dos anos 1960 e 1970 e baseada na execução de uma série de ações rápidas, violentas, avassaladoras, desproporcionais e inesperadas para paralisar a compreensão do adversário e destruir sua vontade de lutar.

"Fora, Temer" se clama hoje, e cada vez com mais força, nas ruas do Brasil. "Fora, Temer" significa também: fora o temor! Com esse grito, dizemos que não vamos dar suporte à volta do coronelismo, do elitismo e dos diversos microfascismos que vêm se consolidando como resposta direta à emergência de novas subjetividades políticas, fortalecidas pelas políticas públicas emergenciais, e de ações em ressonância às demandas sociais, estabelecidas por governos reparadores dos efeitos de séculos de colonialismo no continente, ainda que de maneira incipiente. O desafio está no horizonte das resistências à tradição colonial-escravocrata, presente na existência individual e coletiva de nosso continente, e das novas formas de composição política.

Convocatória: fora, Temer! Fora o temor!

A Red Conceptualismos del Sur convoca uma campanha de ação gráfica internacional pela democracia plena e radical, pela justiça, pela proteção, manutenção e ampliação dos direitos. Esta é uma convocatória pela expressão livre, tanto das dúvidas quanto dos desejos, tanto dos medos quanto da coragem, tanto da imobilização quanto da imaginação criadora. Um ato de solidariedade, com propostas de luta estratégica, de encontros, de formas de ser e fazer que reverberem as vozes que resistem a este estado de coisas, de modo que falem mais alto do que o ruído ensurdecedor dos meios de comunicação de massa e o silenciamento que produzem ao seu redor. Perplexos de ver esta repetição nefasta da irrupção de forças antidemocráticas, uma vez mais, em 2016, temos que dizer alto e bom som: fora o Temor! — condição para que o grito "fora, Temer!" possa materializar-se em ações de transformação efetiva.

A **RED CONCEPTUALISMOS DEL SUR** (RedCSur) se define como uma trama afetiva e ativista que busca atuar no campo de disputas epistemológicas, artísticas e políticas do presente. Formada em 2007, a RedCSur trabalha para incidir na dimensão crítica das práticas artísticas, arquivistas, curatoriais e de movimentos sociais, sob a ideia de que a pesquisa é um ato político.

FONTE: Versão revisada de "Não temer o mundo, mas enfrentá-lo para criar outros mundos!". *Red Conceptualismos del Sur*, out. 2016. Disponível em https://redcsur.net/manifiestos-e-intervenciones/nao-temer-o-mundo-mas-enfrenta-lo-para-criar-outros-mundos/. Acesso em 20.10.2021.

1 Naomi Klein, *A doutrina do choque: a ascensão do capitalismo de desastre*. Rio de Janeiro: Nova Fronteira, 2008.

Identidades sexo-gênero diversas e direitos

DANIELA ANDRADE
2016

Sou a Daniela Andrade, uma mulher transexual. Estou na militância de travestis, transexuais, LGBT, movimento de mulheres. Movimento, para mim, percebo como a maneira de se movimentar. Como diz aquela famosa frase: "Quem não se movimenta não percebe o peso de suas correntes". Acho que movimentos acontecem de diversas formas, sejam eles organizados ou não, e cada um pode contribuir de alguma forma para modificar este quadro opressivo que temos.

O que significa ser mulher transexual? Significa que fui uma pessoa nascida e designada "homem", porém jamais me entendi como homem. Sempre me entendi como mulher, vivo como mulher, quero ser respeitada como mulher. Mais: exijo ser respeitada como mulher. No meu caso, infelizmente raro no Brasil, sou uma mulher não só de fato como de direito. Modifiquei judicialmente meus documentos e hoje em dia consta "sexo feminino" na minha certidão de nascimento.

Não existe uma lei de identidade de gênero no Brasil, como na Argentina, por exemplo — sem qualquer burocracia, sem movimentar a máquina do Judiciário, sem precisar pagar advogado, sem precisar ficar esperando anos por uma decisão de terceiros, a pessoa pode ir ao cartório onde nasceu e modificar os documentos. A lei é de 2011. Não aconteceu uma hecatombe na Argentina, não caiu um meteoro, o país não foi à bancarrota. Aliás, que eu saiba, a economia da Argentina vai mal, mas não é por causa de travestis e transexuais. É isso que parece quando a gente fala de identidade de gênero no Brasil para pessoas conservadoras e hipócritas, religiosas fundamentalistas: caso fosse aprovada uma lei de identidade de gênero aqui, alguma dessas coisas ia acontecer. Parto do princípio de que, quando um grupo ganha direitos, os outros não os perdem. Não é porque a gente está dando a travestis e transexuais o direito de serem tratadas e tratados como sujeitos de direito que qualquer outro grupo neste país vá perder quaisquer direitos. Isso não vai ocorrer.

Falo de um grupo que perfaz um dado que é estarrecedor: o Brasil é o país que mais mata travestis e transexuais no mundo. O México, que vem em segundo lugar, não mata metade. Então, ser travesti ou ser transexual no Brasil é correr risco de vida o tempo inteiro. A expectativa de vida do brasileiro padrão está em torno de 73 anos — quando se fala de travestis e transexuais, está entre 30 e 35. Estou com 36. Já estou fazendo hora extra na Terra, praticamente uma senhora idosa no bico do corvo. É muito triste a gente saber que travestis e transexuais no Brasil morrem todos os dias das formas mais horrendas possíveis: o caixão vai lacrado, com 487 tiros, 295 facadas, e não se faz nada. Hoje em dia está muito em voga debater a democracia. Sempre pergunto: quando vocês falam de democracia, do que será que estão falando? Pertenço a um grupo que nunca, em qualquer governo, teve direito neste país.

Vamos fazer a diferenciação. Não sofro homofobia, sofro transfobia. A raiz da palavra, "homo", diz respeito a uma orientação sexual que não é a minha. Sou uma mulher heterossexual. Infelizmente sofro de heterossexualismo. Quando se fala de travestis e transexuais está se falando de identidade de gênero, e não de sexualidade. Ainda que o seminário seja "Histórias da sexualidade", não vou falar de sexualidade. "LGB" diz respeito às orientações sexuais, à sexualidade. O "T" diz respeito a gênero. Estou dizendo para vocês que somos pessoas nascidas e designadas com o gênero "xis", porém não nos identificamos com esse gênero. Aliás, isso nada diz com respeito à nossa sexualidade, nada diz com respeito ao desejo, ao tesão. Posso ser uma mulher transexual lésbica, bissexual, pansexual, ou, no meu caso, infelizmente, heterossexual. Infelizmente, porque vocês sabem que homem dá muito trabalho, não é? Quem lida com homem sabe.

Estou falando de gênero, de identidade de gênero, ou seja, de uma percepção muito íntima, interna, sobre o gênero que reivindico. Quando você é travesti, transexual, significa que você vai dizer que aquele gênero que registraram na certidão de nascimento não é o seu. Aquele nome também não é o seu, pois é um nome que é lido com o gênero que você não reivindica. É muito difícil você dizer para o pai e para a mãe: "Pai, mãe, olha, eu não sou homem, eu sou mulher". Vejo meus amigos gays, lésbicas e bissexuais: "Olha, tudo bem, mas não fala na escola, não fala lá para o vô, para a vó, não fala na rua. Pode ser gay, lésbica, aqui dentro de casa". Mas não tem como embrulhar para presente travesti ou transexual. Como vou falar na rua que a Maria agora tem barba, na escola que o João tem seios? Grande parte dessa população vai requisitar modificações corporais e, no Brasil, como a gente não tem direito ao Sistema Único de Saúde (SUS), não temos direito à saúde. Lemos o capítulo dos direitos e garantias fundamentais da

Constituição Federal e caem lágrimas. É lindo, choro com aquilo, mas é só no papel, porque na hora da prática não existe.

Você sendo travesti ou transexual no Brasil geralmente vai ser expulsa da casa do seu pai ou da sua mãe. A primeira violência sofrida é dentro da sua própria casa. Fui expulsa da casa dos meus pais aos 18 anos. Cometi o crime de ser uma mulher transexual, pois neste Brasil isso é um crime. Ainda estou no ganho, porque grande parte das travestis, mulheres transexuais e homens trans são expulsos de casa com 10, 11, 12 anos de idade. Como que vou explicar para a família que o meu filho agora tem seios, que a minha filha tem barba? Vamos expulsar essa população. O que você faz na rua com tão pouca idade? O Estado não está nem aí para você, nunca esteve nem aí para travestis e transexuais. Falo isso com bastante propriedade. Quando fui expulsa da casa dos meus pais, o Estado não estava nem aí para mim. A sociedade, de modo geral, serve para agredir. Somos o país que mais mata travestis e transexuais no mundo. Normalmente você conhece outra transexual, outra travesti, que vai falar que você vai ter onde dormir, o que comer: a casa da cafetina. Como você se sustenta com tão pouca idade? Não existe almoço grátis, você vai ter que se prostituir.

Sabemos que o mercado da prostituição não aceita qualquer corpo. Será preciso modelá-lo. Esse é um dos motivadores para a modificação tão cedo dos corpos de travestis e transexuais com silicone industrial, que é óleo lubrificante de peças automotivas, não produzido para uso humano. A arrasadora maioria das travestis mulheres e transexuais tem isso no corpo. O Estado não vai dar prótese para essas pessoas. Eu me reconheço como mulher, me identifico como mulher. Nasci e ouvi o tempo inteiro, em todos os lugares, na televisão, na mídia, na sociedade, na escola, até hoje, que mulher tem seio, vagina, útero, ovário, mulher menstrua, fica grávida. Evidentemente, se me reconheço como mulher, naturalmente, em grande parte dos casos, vou querer ter esses corpos que as outras mulheres têm. O Estado não vai me dar cirurgia, não vai me dar próteses. Vou recorrer ao silicone industrial. Ele vai me causar acidente vascular cerebral, trombose, derrame. É um caso gravíssimo de saúde pública e que jamais foi preocupação de nenhum movimento neste país.

Estou há 18 anos participando de espaços que se querem LGBT, mas, na maioria, isso é uma mentira. Grande parte dos espaços da minha vida em que eu participei e que se queriam LGBT eram espaços para homens gays, feitos por eles, em função deles, lutando por duas coisas: criminalização da homofobia, para proteger o homem branco burguês que pode pagar o advogado, e o casamento gay, já que nessa situação tenho que ver a história e a disposição dos meus bens. Nunca vi, em 36 anos de vida, qualquer comoção neste país porque travesti ou transexual morreu. Morrem todos os dias de forma horrenda, duas vezes — e se já não respeitavam a identidade de gênero desse ser humano quando estava viva ou vivo, por que vão respeitar depois de morta ou morto? Não se respeita o nome dessa população, não se respeita o gênero.

Respeito não é uma questão de escolha. Não é você que escolhe como vai me tratar para que eu me sinta respeitada. Eu que digo como mereço ser tratada, e você acata. Tenho certeza de que não vai cair a língua de ninguém se passar a tratar no masculino ou feminino. Estou lá com meu cachorro: "Olha que lindo, ele é maravilhoso". "Não, é ela." "Ah, desculpa." Aí já muda todos os pronomes. "Qual o nome dela? Ela é linda, maravilhosa." Cachorro. Com cachorro todo mundo o tempo inteiro está se policiando. Com gente, não. Com gente cai a língua quando se trata de travestis e transexuais. A gente vai ser expulsa de casa, a gente vai ser obrigada a ir para a prostituição, a gente vai colocar silicone industrial no corpo. Na escola, cinco dias por semana, no mínimo cinco horas por dia, em um espaço em que você não tem direito a fazer xixi e cocô. Quando eu precisava usar o banheiro feminino, diziam para mim que não podia porque não nasci com pepeca. Banheiro feminino é para quem nasceu com pepeca. No masculino seria agredida, violentada.

Fui violentada muitas vezes. Quando você é travesti ou transexual, sequer pode abrir a boca para qualquer ser humano para dizer isso, afinal de contas há um consenso na sociedade de que toda travesti, toda transexual é puta. Existe outro consenso, tão transfóbico e tão preconceituoso quanto, dizendo que puta não é estuprada porque puta foi feita para aliciar. Aliás, a puta é aliciadora. Ainda que eu seja puta, se a pessoa está me obrigando a transar, a ter qualquer aproximação sexual, é estupro. Sexo não consentido é estupro, ainda que eu seja uma profissional do sexo. Mas a sociedade não considera assim do alto de seu moralismo hipócrita judaico-cristão. A gente não pode sequer falar que a gente sofreu abuso. Fui abusada muitas vezes na minha vida e passei a entender que eu não tinha o direito a usar o banheiro.

No Brasil, travestis e transexuais estão debatendo o uso de banheiro. Em 2016 chegou ao Supremo Tribunal Federal uma ação em que os onze ministros da Suprema Corte se debruçaram para decidir se eu teria o direito de fazer xixi e cocô em paz. A ação está em suspenso. Depois que o ministro Luiz Fux pediu vista, está em disputa. Enquanto gays, lésbicas e bissexuais estão lutando de modo geral pelo direito de amar quem quiser, andar na rua de mãos dadas, beijar, estamos lutando pelo direito de fazer xixi e cocô. Ele não está garantido. Fui expulsa algumas vezes de banheiros na minha vida. A gente já sabe, quando é travesti ou transexual no Brasil, que a gente tem que esvaziar tudo o que a gente tem que esvaziar: urinar, defecar, mijar e cagar não é nosso direito. Estamos disputando esse direito. Ou seja, se eu não tenho sequer o direito a algo que é primitivo, as necessidades fisiológicas, isso quer dizer, com um consenso do aparato judiciário e da biomedicina (ou biopoder foucaultiano), que nós não somos consideradas e considerados seres humanos, porque seres humanos podem fazer xixi e cocô em paz. A gente ainda não alcançou esse status. Tudo bem matar uma travesti, uma mulher transexual. Vamos aplaudir, afinal de contas matou uma mosca varejeira, porque é dessa forma que nós somos identificadas.

A gente é expulsa da escola, pois você não pode fazer xixi e cocô, você não tem direito. "Professora, me chama de Maria." "Não, está escrito João, vai ser chamado de João." "Professora, me trata no feminino." "Não, é homem. Vai ser tratado no masculino." Travestis e transexuais não abandonam a escola, a gente é expulsa ou expulso da escola. A escola no Brasil é um motor de exclusão dessa população. Por isso grande parte dessa população não tem o fundamental completo, e logo seremos também expulsas e expulsos do mercado de trabalho. Somos empurradas para a prostituição. Uma vez que estejamos na prostituição, essa mesma sociedade vai apontar o dedo e vai falar: "Tudo puta e se prostitui porque quer". Tratam prostitutas como se não fossem sujeitos de direitos. Como se aquela parte da Constituição Federal que fala sobre a dignidade da pessoa humana não coubesse para as prostitutas. Mas eu não me lembro da Constituição Federal fazer uma vírgula: "Exceto prostitutas". Não me lembro da Constituição Federal fazer uma vírgula: "Exceto travestis e transexuais". É dessa forma que a sociedade considera. Existem algumas leis que não estão escritas, mas todos sabem delas.

Fui expulsa com 18 anos de idade, espancada a minha vida inteira dentro da casa dos meus pais. Levava surras homéricas para "virar homem". Desde muito cedo imaginei que o que eu era — ainda que não controlasse o que eu era — era errado. Aprendi à base de bastante violência. Conheço muitas amigas travestis e transexuais que fugiram de casa porque não aguentavam mais levar surras de fio de aço, surras de mangueira, como eu levei. Meu pai dizia que ele ia me quebrar para eu virar gente, o que eu era não era gente. Ele falava assim para mim: "Você, sendo traveco...". Era essa palavra. Acho ridícula, horrível. Não usem. É um termo pejorativo. Esse sufixo, "-eco", diz respeito a uma minimização, a uma inferiorização do sujeito: livreco, padreco, "traveco". Meu pai dizia que "travecos" como eu morriam infelizes, sozinhos e aidéticos. Este é outro termo horrível. Meu pai falava isso para mim. Minha mãe dizia que eu não poderia ter saído de dentro dela. Eu era uma criança. Não se dizem essas coisas para uma criança.

Aprendi desde muito cedo que ser quem eu sou é algo mais repugnante do que ser uma pessoa criminosa. Aprendi sendo espancada na rua. Por exemplo, no largo do Arouche, em São Paulo, tido como um lugar LGBT (ou, como queiram, *gay friendly*), fui espancada e arrastada no chão. Aprendi que ser quem eu sou significava ser solitária. A gente não tem direito ao amor, porque para ter direito ao amor precisa ser considerada gente. Não somos consideradas gente, não temos direito à família, não temos direito ao mercado de trabalho, não temos direito à escola, não temos direito ao aparato público neste país. Estou há oito anos numa fila do SUS. Reza a Constituição Federal que a saúde é um direito de todos e um dever do Estado. Provavelmente vou morrer na fila do SUS esperando uma cirurgia que me é garantida por direito pelas leis deste país. Conheço amigas que estão há dez, quinze, conheço quem se matou esperando uma cirurgia no SUS. Cirurgias para pessoas transexuais e travestis no Brasil que só são feitas em cinco lugares neste país de extensão continental e 200 milhões de habitantes. Cinco. Estou numa fila de um lugar aqui em São Paulo que só faz uma cirurgia por mês, doze por ano. Na última vez que soube do lugar em que eu estava na fila, levaria 166 anos, no ano retrasado, para operar todas as pessoas que estão na fila do SUS no estado de São Paulo. Logo, com bastante certeza, grande parte da população de travestis e transexuais vai morrer sem ter um direito constitucional garantido. O que é democracia? Do que vocês estão falando? Vamos lutar pela democracia? Do que vocês estão falando?

Essa democracia pela qual vocês querem que nós ocupemos espaço público para lutar nunca nos disse respeito, porque nunca nos alcançou. Nunca fomos vistos e vistas como gente neste país. Nunca tivemos direito à educação, nunca tivemos direito à saúde. O único local do Brasil nos 26 estados da federação que fornece hormônio gratuito para transexuais e travestis é São Paulo. No único ambulatório da cidade mais populosa do país, com 11 milhões de habitantes, no estado mais populoso do país, com 45 milhões de habitantes, tem um ambulatório para toda a população de travestis e transexuais. Do que vocês estão falando quando falam de democracia mesmo? Refresca a minha memória. Não sei do que vocês estão falando.

Sou uma pessoa que tem bastante sorte, bastante privilégio, reconheço todos os meus privilégios. Aliás, eu estar aqui sentada falando para vocês é uma situação extremamente privilegiada. Grande parte das travestis e trans mulheres nem sabem que o Museu de Arte de São Paulo Assis Chateaubriand (MASP) existe, morando na cidade de São Paulo. Aliás, é a primeira vez na minha vida que entro no MASP. Escrevi hoje no Facebook que estou realizando o sonho de entrar neste espaço, pois esses espaços não nos abrigam. Grande parte das minhas amigas, por exemplo, sabe o que é a Universidade de São Paulo porque se prostitui no entorno dela, mas nunca pôde entrar lá como sujeito de direitos, como alunas. Quantos alunos e alunas travestis e transexuais estudaram com vocês? Quantos professores e professoras travestis e transexuais deram aulas para vocês? Nos trabalhos de vocês, nas empresas onde vocês trabalham ou trabalharam, com quantas travestis, mulheres transexuais e homens trans vocês trabalharam na vida? Trabalho numa empresa, a Thoughtworks. Sou a primeira mulher transexual de uma empresa multinacional com cinco escritórios no Brasil. Agora a gente acabou de contratar mais uma. Até brinco: temos duas mulheres transexuais, é a empresa mais trans inclusiva do país.

Sou formada em letras e em análise de sistemas e tenho 18 anos na área de tecnologia da informação, uma área machista, geralmente composta por homens. Sempre fui a única mulher transexual de todas as empresas onde trabalhei na minha vida. Isso não é uma questão de orgulho, é uma questão de bastante tristeza. Profunda tristeza você olhar para os lados e não reconhecer as suas iguais, porque elas não estão lá, mas elas estão na pista se prostituindo. Fiquei quase um ano desempregada, com duas graduações, duas pós-graduações, dois *lato sensu*, com 18 anos de carreira. Não fosse o meu namorado (por sorte, eu tinha um namorado) pagando do sabonete que eu usava ao aluguel da quitinete em que eu moro no centro de São Paulo, que todo dia 15 cai, faça chuva ou faça sol, eu teria com muita certeza ido para a pista me prostituir. Eu me prostituiria com bastante dignidade, porque acredito que quem tem que ter alguma vergonha não somos nós, que nos prostituímos, não somos nós, travestis e transexuais, que não temos direito a estar sentadas nessa plateia assistindo às pessoas aqui falarem. Acho que quem tem que ter alguma vergonha são vocês, enquanto sociedade, que nos empurram para as margens.

Vejo hoje certa esquerda com um discurso muito bonito da inclusão dos mais desfavorecidos, mas não vi as mulheres transexuais, as travestis, os homens trans, incluídos, incluídas. Na última vez em que estava desempregada, só não passei fome porque amigos próximos pagaram cesta básica. Essa inclusão não chegou para o nosso grupo, então não sei do que vocês estão falando. Eu gostaria muito de saber do que vocês falam. Ou vamos parar de ser hipócritas e vamos falar que estamos incluindo desde que sejamos considerados humanos. Travestis e transexuais ainda não são consideradas e considerados humanos. Estou há oito anos em uma fila do SUS com depressão severa. Estou aqui batendo papo com vocês porque hoje de manhã eu tomei meu antidepressivo e o meu ansiolítico. Tenho bastante privilégio de conseguir comprá-los porque são caríssimos, senão não teria conseguido levantar da cama. Travestis e transexuais sequer podem comprar a medicação. Só há um único lugar no país inteiro que, como no caso de hormônios, os fornece gratuitamente. Quando vocês falam de inclusão, do que vocês estão falando?

É muito triste, muito difícil. Eu gostaria muito de estar aqui sentada falando que as coisas estão melhorando. Quando se fala que direitos LGBT estão avançando no Brasil, sempre pergunto: de quais LGBT vocês estão falando? Será que os direitos LGBT estão avançando para a travesti negra, pobre, que está se prostituindo na avenida São Miguel ali na zona leste de São Paulo, na periferia? Será que está avançando para ela? Moro no centro de São Paulo, na Santa Cecília. Abro a porta da minha casa e vejo travestis dormindo na calçada. Estamos falando de uma cidade que tem um programa, o Transcidadania, com duzentas vagas em uma cidade com onze milhões de habitantes. Aplaudamos. Não estou falando que esse é o caso do Transcidadania, mas de modo geral, quando se fala de políticas públicas para travestis e transexuais, é distribuição de gel e camisinha. Afinal, travesti e transexual não faz outra coisa na vida que não seja trepar. Quando se fala de qualquer política pública para travestis e transexuais, por exemplo, nome social, para mim é uma cidadania gambiarra, farsa.

Cansei de me ajoelhar, implorando para respeitarem o meu nome social no SUS. O cidadão ou a cidadã não sabia nem do que eu estava falando. Tivemos o lançamento do cartão do SUS, na época a Dilma era presidenta, lindo, todo mundo chorou, aplaudiu, mas cadê o treinamento dos funcionários do SUS pelo país? Mesmo dizendo: "Olha, imprime a portaria e leva", cansei de ouvir travestis e transexuais imprimindo a portaria, levando, e a pessoa acha que está fazendo um favor respeitando seu nome social. Nome social para mim é uma cidadania gambiarra, cidadania de fato seria eu ter o direito de modificar meus documentos na hora que eu achasse mais conveniente, sem precisar gastar do meu bolso advogado, esperar a morosidade do Judiciário. A gente sabe o quanto o Judiciário é elitista. Não são todas as pessoas que têm acesso ao Judiciário. Mesmo quando você tem esse acesso, não é uma garantia de que você vai conseguir alguma coisa.

Modifiquei os meus documentos há três anos e alguma coisa, meu diploma universitário não foi modificado até hoje. Estou com uma ação judicial em andamento contra o Ministério da Educação. Está há dois anos esperando para conclusão no Superior Tribunal de Justiça, para mudar o meu nome no meu diploma universitário. Hoje sou uma pessoa que tem nível superior, mas não posso provar, por que como mostro um diploma com um nome que não é o meu? Preciso processar o Estado brasileiro para ter uma coisa muito mínima, que é respeito. Eu não precisaria. Sou uma pessoa que conhece os meus direitos e o caminho, e tenho outra sorte que é namorar um advogado, logo não preciso pagar honorário advocatício. Esse é o zero vírgula um milhão de zeros um por cento da população de travestis e transexuais, porque a grande maioria nem sabe que pode mudar o nome. Mudar nome e gênero no Brasil é uma coisa extremamente difícil. Tive que provar para o Judiciário com fotos que eu era feminina mesmo. O Ministério Público me pediu isso. Eu pergunto: que régua é essa que mede feminilidade e masculinidade? Quantas mulheres aqui presentes, ou quantas mulheres nós conhecemos, nascidas e designadas mulheres, conquistariam esse aval do Judiciário? "Ah, essa é mulher mesmo, ela é bem feminina".

Tive que colocar que sou uma doente mental. Transexualidade é uma doença mental no Brasil. A homossexualidade deixou de ser em 1973 para a American Psychological Association e em 1990 para a Organização Mundial da Saúde. A transexualidade está tanto na Classificação Internacional de Doenças (CID) como no *Diagnostic and Statistical Manual of Mental Disorders* (DSM) até hoje. Sou o código F64.0 do CID. Sofro de transexualismo. Vocês estão falando com uma doente mental aqui. No DSM mudou de "transtorno de identidade de gênero" para "disforia de gênero". Trocou seis por meia dúzia, continuo patologizada. Como doente mental, que é o que o Estado brasileiro me considera, preciso provar para o Judiciário com laudos de psicólogo, psiquiatra. Depois de dois anos de terapia obrigatória, portaria do SUS, do Ministério da Saúde, ele lauda que realmente sou uma mulher transexual. O Judiciário exige isso.

Estou há oito anos na fila porque quero mudar o meu corpo. Não quero mudar o de vocês. Vocês fiquem com os corpos que vocês quiserem. Preciso de autorização de psiquiatra, psicólogo, endocrinologista, assistente social, clínico geral, o papa, o Congresso Nacional. Todo mundo tem que autorizar a mudança do meu corpo. Depois de tudo isso, tenho direito de entrar numa fila, aquela em que estou há oito anos. Depois de passar por uma olímpiada, olimpíada do sofrimento, em que preciso convencer terceiros de que eu sou o que digo ser, terceiros que nunca viveram a transexualidade. Posso ler tudo sobre racismo, mas nunca sofri racismo na minha vida. Tenho menos legitimidade para falar sobre racismo do que qualquer pessoa negra. Assim como homens podem ler tudo sobre machismo e misoginia. Mas só uma mulher tem propriedade porque vive aquilo diariamente. Sim, acho que falar, todo mundo pode falar sobre tudo, mas acho que o papel daquela que fala e que vive aquilo é extremamente importante e não pode ser desconsiderado.

Termino a minha reflexão dizendo para vocês o seguinte: ouvi uma fala magnífica da Nina Power[1] sobre espaço público. A gente não tem direito ao espaço público. Trabalho numa empresa onde começamos a fazer um trabalho de capacitação digital de travestis e transexuais com o pessoal do Transcidadania. O que ouvi no dia em que a gente foi lá, que a gente disse que elas poderiam vir para a avenida Paulista, que é onde fica a empresa, foi o seguinte: "Nossa, seria ótimo se elas pudessem ir para o escritório de vocês na Paulista, porque elas não sabem que têm direito à cidade. Elas não sabem que têm direito a ocupar o espaço da avenida Paulista. Na cabeça delas, elas precisam viver nos guetos, onde elas estão se prostituindo". Não vejo travestis e transexuais, ou vejo com bastante raridade, transitando aqui na avenida Paulista, um espaço dito LGBT *friendly*. Talvez a gente esteja falando de um espaço LGBT *friendly* desde que gay, branco, burguês, cisgênero e heteronormativo. Quando a gente fala de direitos, espaço, quero que vocês coloquem e considerem que travestis e transexuais estão muitos degraus abaixo de qualquer humanidade em qualquer aspecto.

1 Referência à apresentação de Nina Power intitulada "Feminismo e o público", durante o seminário *Histórias da sexualidade* no MASP, 2016. O vídeo da apresentação encontra-se disponível em https://www.youtube.com/watch?v=RBvoKsfVb4U. Acesso em 26.4.2022. [N. E.]

DANIELA ANDRADE é militante e ativista trans, que busca em sua luta a atenção para a causa dos direitos humanos no Brasil. Formada em letras e análise de sistemas, é membro do Grupo de Advogados pela Diversidade Sexual e de Gênero, cocriadora dos sites Transempregos e Transerviços e atua ativamente na promoção dos direitos das pessoas transexuais e travestis.

FONTE: Transcrição da fala de Daniela Andrade no seminário *Histórias da sexualidade*, realizado pelo MASP nos dias 16 e 17.9.2016.

O que os jovens indígenas querem?

DENILSON BANIWA
2017

"Às vezes é preciso ser louco para se dizer o óbvio", essa é uma frase que lembro ser dita por uma professora do ensino médio que algum tempo depois aqui no Facebook descobri que era do Erasmo de Roterdã (1466-1536), escrita em um livro chamado *Elogio da loucura* (1511).[1] Mas, o que isso quer dizer? Não sei. Não consigo dormir há alguns meses: a cabeça com mil pensamentos, ansiedade, medo de falhar e cair? Não sei ao certo!

Hoje acordei em 1998, com uma tristeza tão grande, uma solidão... Pensando em algo que não li nos textos antropológicos nem em matérias de jornais. Um sentimento ruim de ser adulto cedo e se ver sozinho contra o mundo. Lembrei dos meus 15 anos, quando saí do rio Negro pela primeira vez, ao mesmo tempo que me despedia de um amigo da mesma idade, morto por um acidente, praticamente um suicídio. Aliás, o final dos anos 1990 foi de muitas dores por suicídios. Quinze anos, sabe! Quinze anos e ele nem tinha visto o básico da nossa capacidade. Eu nem sei se o que estou relatando faz sentido para as pessoas desta rede social, mas sei que faz sentido para vários jovens indígenas que estão com 15 anos e os da minha idade agora.

Os antropólogos não sabem, mas nós vivemos um rancor contra tudo e contra o mundo, que até poderia explicar várias coisas que a antropologia tenta entender faz tempo: o porquê de os jovens não quererem mais falar a própria língua ou estarem com vergonha de serem indígenas, por exemplo. "Temos que fazer uma revitalização cultural", dizem os pesquisadores, tal como jesuítas falando que deveriam ensinar tupi aos índios, para que estes não perdessem sua cultura. Tudo muito sem sentido pra quem é indígena.

Ninguém fala da violência, das gangues, da raiva contra os brancos que nos torturam com chacotas só pelo fato de sermos diferentes. Da raiva dos meninos contra as meninas que preferem os brancos, da raiva que as meninas têm dos meninos indígenas porque não se parecem com os brancos. Não se fala das drogas que são um alívio, da 51 que é um lazer, dos pequenos furtos, como "capitães da areia amazônicos" tentando encontrar um jeito de burlar a miséria humana, das brigas e mortes violentas. Ninguém fala das cicatrizes dos combates entre gangues de crianças, nem do choro das mães e dos irmãos levando marmita para crianças de 14, 15 anos, presas na delegacia.

Querem falar de suicídio de um ponto de vista cristão, querem falar da violência por culpa dos mais velhos não ensinarem a cultura para os mais novos. Eles querem tudo, sabe? Mas e o que nós queremos? O que os jovens indígenas querem? Talvez, não sei, um par de tênis? É complicado, né, morrer por um par de tênis em Santa Isabel do Rio Negro, ou por um boné em São Gabriel da Cachoeira, ou numa briga por causa de ciúmes em Barcelos.

Ah, sei lá! Este texto nem faz sentido, sabe. Eu só queria escrever, desabafar. As pessoas acham que por ser indígena a gente é mais feliz, tudo é maravilhoso, tudo é diferentemente melhor: melhor água, melhor comida, melhores relacionamentos, melhor mundo. Mas não sabem o que se passa de verdade: o desespero e a falta de perspectiva. Talvez a melhor saída seja mesmo o abuso de drogas, o suicídio, a prisão, é o que o mundo preparou pra gente, né? É essa realidade que precisa ser vista.

As aldeias estão cercadas por cidades, por gente querendo explorar, por jovens cada dia mais desesperados sem saber o que serão no futuro. Não há possibilidades na aldeia porque daqui a pouco tudo estará acabado. De que adianta demarcar uma terra, se o rio que passa por ela vem com veneno ou se a caça está acabando?

Meu amigo tinha o sonho de sair do rio Negro, talvez ser ator, igual ao Bruce Lee (1940-1973) ou ao Van Damme, o Dragão Branco. Ele seria o Dragão Maku, a gente ria. Era engraçado e a gente brincava de boxe e telecatch. É, telecatch! A televisão era mesmo uma vitrine de possibilidades, e essa possibilidade não era para nossa gente, talvez nem para os brancos. A televisão era uma ideia, uma possibilidade de mudança real, e a gente pensava em como seria legal ter um filme, um programa de TV, um espaço. Mas, ao desligar o aparelho, tudo o que sobrava era a realidade, onde não tínhamos que lutar contra um vilão, mas contra vários vilões que se transvestiam de escárnios de professores e colegas, da miséria, da impossibilidade de mudança.

Sem superpoderes, as gangues, ou galeras, como são chamadas no Amazonas, eram de bairros diferentes, como naquele filme *The Warriors* (1979) (ainda hoje é assim em várias cidades por lá), e lutavam pelo espaço de poder imaginário. Dos vários amigos que eu tinha, hoje somos uns cinco resistindo neste mundo, outros estão presos ou jazem. Sabe o que isso trouxe de benefícios pra gente? Nada.

Que solução seria boa pra resolver isto? Não sei. Se soubesse eu tentaria, mas não sei!

Talvez possa falar: estudem! Talvez a solução seja estudar mesmo, pois os meus amigos que estão vivos foram os que estudaram. Mas eu sei que não é só isso, é preciso que se tenha uma oportunidade também. Não adianta o desejo, a vontade de mudar. É preciso que se tenham referências com as quais nos identifiquemos, para olharmos e esperançarmos.

Dessa forma, penso que os antropólogos, indigenistas e comunidades podem trabalhar juntos para encontrar e mostrar possibilidades. Foram as possibilidades mostradas para mim que me fizeram mudar o caminho. Em 1999, fui mandado para a Federação das Organizações Indígenas do Rio Negro para fazer um curso de Comunicação e Multimeios, isso me mostrou um caminho diferente a seguir. Outros amigos também puderam seguir caminhos que os tiraram dos problemas. A palavra é "possibilidade"! Oportunidade e possibilidade! Infelizmente isso só é possível com ajuda externa, pois não temos mais força nem autoestima que nos façam vislumbrar a possibilidade de futuro.

Não sei ao certo, repito, o que quero com este texto, talvez segurar a caveira do meu amigo, como Hamlet fez com a de Yorick, e falar:

> Ser ou não ser, eis a questão: será mais nobre em nosso espírito sofrer pedras e flechas com que a Fortuna, enfurecida, nos alveja. Ou insurgir-nos contra um mar de provocações e em luta pôr-lhes fim? Morrer... dormir: não mais. Dizer que rematamos com um sono, a angústia e as mil pelejas naturais, herança do homem: Morrer para dormir... é uma consumação que bem merece e desejamos com fervor.[2]

Às vezes é preciso ser louco para ver além do que nos mostram e enxergar a vida real, lugar onde podemos de verdade fazer as mudanças e que, solitários, possamos vislumbrar o futuro para onde as nossas escolhas de hoje nos levarão.

Jovens de 15 anos hoje: estudem!

A felicidade pode não ter sido feita pra nós, mas a vitória, sim. Então aprendam a usar as ferramentas, aprendam o que puderem, pois a luta será intensa todos os dias, e se você tiver conhecimento sobre as ferramentas e suas forças, você terá uma chance de manter-se em pé.

DENILSON BANIWA (Aldeia Darí, rio Negro, Amazonas, 1984) é artista e ativista do povo indígena Baniwa, do interior do Amazonas. Seus trabalhos envolvem pinturas, imagens digitais e performances que buscam estabelecer um diálogo entre ícones das artes indígena e ocidental e denunciar políticas racistas e coloniais. Baniwa participou da exposição *Djá Guatá Porã: Rio de Janeiro indígena*, no Museu de Arte do Rio (2017-18) e foi ganhador do prêmio Pipa online em 2019.

FONTE: Versão revisada de "O que os jovens indígenas querem?", *Combate Racismo Ambiental*, dez. 2017. Disponível em https://racismoambiental.net.br/2017/12/11/o-que-os-jovens-indigenas-querem-por-denilson-baniwa/. Acesso em 30.11.2021.

1 O *Elogio da loucura* é uma obra satírica de Erasmo de Roterdã sobre a sociedade ocidental, suas crenças e superstições. [N. E.]

2 Monólogo da tragédia *Hamlet,* de William Shakespeare (1564-1616). [N. E.]

Bixa preta

LINN DA QUEBRADA
2017

Bixa estranha, louca, preta, da favela,
quando ela tá passando todos riem da
cara dela.
Mas, se liga macho, presta mui-
ta atenção.
Senta e observa a tua destruição.

Que eu sou uma bixa, louca, preta,
favelada,
quicando eu vou passar e ninguém
mais vai dar risada.
Se tu for esperto, pode logo perceber
que eu já não tô pra brincadeira, eu
vou botar é pra foder.

Ques bixa estranha, ensandecida,
arrombada, pervertida.
Elas tomba, fecha, causa,
elas é muita lacração.

Mas daqui eu não tô te ouvindo, *boy*,
eu vou descer até o chão.
O chão, o chão.
O chão, o chão, o chão, o chão.

Bixa pre-trá, trá, trá, trá.
Bixa pre-trá, trá, trá, trá, trá.
Bixa pre-trá, trá, trá, trá.
Bixa pre-trá, trá, trá, trá, trá.

A minha pele preta é meu manto
de coragem,
impulsiona o movimento, envaidece
a viadagem.
Vai desce, desce, desce, desce,
desce a viadagem.

Sempre borralheira com um quê
de chinerela,
eu saio de salto alto, maquiada
na favela.
Mas, se liga macho, presta mui-
ta atenção.
Senta e observa a tua destruição.

Que eu sou uma bixa, louca, preta,
favelada,
quicando eu vou passar e ninguém
mais vai dar risada.
Se tu for esperto, pode logo per-
ceber que eu já não tô
pra brincadeira,
Eu vou botar é pra foder.

Ques bixa estranha, ensandecida,
arrombada, pervertida.
Elas tomba, fecha, causa,
elas é muita lacração.

Mas daqui eu não tô te ouvindo, *boy,*
eu vou descer até o chão.
O chão, o chão, o chão.
O chão, o chão, o chão, o chão.

Bixa pre-trá, trá, trá, trá.
Bixa pre-trá, trá, trá, trá, trá.
Bixa pre-trá, trá, trá, trá.
Bixa pre-trá, trá, trá, trá, trá.

Sempre borralheira com um quê
de chinerela,
eu saio de salto alto, maquiada
na favela.
Mas que pena, só agora viu, que
bela aberração?
É muito tarde, macho alfa, eu não sou
pro teu bico, não.

LINA PEREIRA DOS SANTOS (LINN DA QUEBRADA) (São Paulo, 1990) é cantora, atriz e artista multimídia. Foi protagonista e roteirista do documentário *Bixa Travesty* (2018), que recebeu o prêmio Teddy Award de melhor documentário internacional no Festival Internacional de Cinema de Berlim. Sua obra frequentemente aborda temas como o machismo, o racismo e a transfobia.

FONTE: "Bixa preta", 3'31". *Bixa preta*, 2017. Altafonte Brasil Direitos Musicais.

O movimento das mulheres lésbicas feministas no Brasil

MARISA FERNANDES
2018

O começo da organização das lésbicas

Nos últimos 40 anos de lutas por cidadania e reconhecimento no Brasil, as lésbicas organizadas se confrontaram com dificuldades, tanto no movimento feminista quanto no LGBT. Elas começaram a fazer parte do Grupo Somos-SP, pioneiro no movimento LGBT, em fevereiro de 1979. Passados apenas três meses de atividades com os gays, perceberam atitudes machistas e discriminatórias desses companheiros de militância. Influenciadas pelo feminismo, elas sabiam que suas especificidades como mulheres — e não apenas como homossexuais femininas — geravam dupla discriminação. Como lésbicas feministas, decidiram então atuar como um subgrupo dentro do Somos, o Grupo de Ação Lésbico-Feminista (LF), com posicionamento político de independência frente à centralização do poder masculino.

Em uma reunião geral do Somos de julho de 1979, auge do grupo, participaram 10 lésbicas e 80 gays. Ainda que claramente minoria, as lésbicas do LF apresentaram suas decisões: encaminhar a discussão sobre machismo e feminismo no Somos, apresentar um temário específico para ser discutido por todos, ter um grupo de acolhimento e afirmação da identidade só para lésbicas e buscar alianças com o movimento feminista. Nessa reunião, elas foram hostilizadas e chamadas de histéricas. Felizmente receberam apoio de alguns gays do Somos, mais abertos às questões de gênero. Essa primeira fase da luta do LF não foi nada fácil, pois se depararam com empecilhos que não haviam imaginado. O LF era bastante plural, tinha de empregada doméstica a programadora de software, mulheres que não vinham da academia, mas dos "armários" e do "gueto". O ponto comum entre elas era o lesbianismo.

"Sapatonas" no movimento feminista

Em 1979 e 1980, no movimento feminista, o LF integrou as Coordenações Organizadoras do 2º e do 3º Congresso da Mulher Paulista. A primeira aparição organizada do LF em público foi um escândalo, mesmo para as feministas. Nesses congressos, as lésbicas defenderam que as mulheres lutassem pelo direito ao prazer e à sexualidade, que rompessem com o círculo de opressão e subordinação masculina que não aceitava o desejo da mulher e que tomassem conhecimento de que a heterossexualidade era imposta a todas as mulheres como a única sexualidade "normal". Mas essas ideias não foram bem-aceitas pela maior parte do movimento de mulheres e soavam radicais para as feministas. Márcia Campos, do grupo político MR-8, por exemplo, questionou: "Como pode uma mulher da periferia aceitar que o seu movimento seja dirigido por lésbicas, como querem as mulheres de classe média do movimento? A lésbica nega a sua própria condição de mulher, não pode fazer parte de um movimento feminino".[1] Publicamente, duvidava-se da representatividade das Coordenações por conterem "sapatonas". Direito ao corpo e ao prazer era demais para as companheiras e camaradas da época.

Wilminha expressou bem a intenção do LF:

> Ora, se nossa principal questão era visibilidade, que nos vissem. Trazíamos uma postura sexual diferente e mal conhecida, um inusitado discurso sobre a sexualidade e uma determinação em discuti-la. Éramos lésbicas assumidas no Brasil dos anos 1980 e queríamos discutir lesbianismo não mais como assunto privado, mas como questão política.

O fato é que a presença das lésbicas no movimento feminista impactou profundamente a discussão sobre sexualidade junto às mulheres de baixa renda. Foi o início do desmonte da crença de que a mulher pobre não estava interessada em discutir sexualidade, mas somente as desigualdades econômicas. Além disso, a questão da sexualidade não ficou reduzida ao uso de contraceptivos, também envolvia a liberdade de eleger sua/seu parceira/o de cama e de vida.

Galf: Agora, tudo no feminino

Em abril de 1980, em São Paulo, aconteceu o 1º Encontro Brasileiro de Homossexuais (EBHO), com 200 participantes de diferentes estados. Com presença majoritária de gays, o LF esteve presente trazendo discussões sobre as lésbicas, o machismo e o feminismo. O 1º EBHO foi burocrático e cheio de discordâncias que acabaram tensionando as relações dentro de um movimento homossexual cada vez mais diverso e amplo. Após a participação de algumas lésbicas e gays do Somos na passeata do 1º de maio de 1980, realizada em São Bernardo do Campo, instalou-se uma divisão irreconciliável dentro do grupo. O LF reconheceu que não fazia mais sentido continuar brigando dentro do Somos e, assim, em 17 de maio, as lésbicas se retiraram definitivamente do grupo. O que fizeram foi tornar pública uma situação que já existia de fato, isto é, a autonomia total do LF. O nome então foi mudado para Grupo de Ação Lésbica Feminista (Galf). Agora, tudo no feminino.

O Galf atuava dentro do gueto de lésbicas vendendo boletins, panfletava folhetos de conscientização sobre discriminação e violência contra as lésbicas e divulgava as atividades do grupo. Atuou fortemente contra a onda de prisões arbitrárias, torturas e extorsões comandada pelo delegado José Wilson Richetti a partir de abril de 1980, ainda durante a ditadura civil-militar de 1964. Os alvos da violência estatal eram homossexuais, travestis, prostitutas, negros e desempregados. Grupos homossexuais organizados, o Movimento Negro Unificado (MNU) e grupos feministas divulgaram uma carta aberta à população repudiando essa violência e chamando todos para um ato público no dia 13 de junho de 1980, na frente do Theatro Municipal. Quando o ato saiu em caminhada pelo centro de São Paulo, as lésbicas carregavam duas faixas com os dizeres "Pelo prazer lésbico" e "Contra a violência policial". Esse evento político se configurou como a primeira passeata LGBT da cidade de São Paulo. Mas a violência seguia. Em 15 de novembro, o mesmo aparato policial fez uma operação para prender lésbicas, que, indiscriminadamente, foram levadas dos guetos sob a "acusação": "Você é sapatão".

Diversos outros episódios de repressão, mas também de resistência, devem ser lembrados nessa trajetória. Um deles é especial. O primeiro boletim das lésbicas no Brasil, o *Chanacomchana*, foi lançado pelo Galf em 1981 e circulou até 1987. Na noite de 23 de julho de 1983, integrantes do Grupo vendiam o *Chanacomchana* no Ferro's Bar, no centro de São Paulo, mas foram expulsas e proibidas de entrar naquele que era um dos lugares de sociabilidade mais frequentados pelas lésbicas na noite da cidade. **[img. 22]**

Diante desse autoritarismo, no dia 19 de agosto as lésbicas promoveram a invasão do Ferro's Bar, em um episódio que ficou conhecido como o pequeno Stonewall brasileiro, em referência ao bar invadido pela polícia em 1969, em Nova York, um marco para o movimento LGBT nos Estados Unidos. A invasão do Ferro's Bar foi um ato político organizado pelo Galf e coordenado por Rosely Roth (1959-1990), que articulou a ação com a grande imprensa, gays, lésbicas, feministas, defensores de direitos humanos e políticos. Como a ocupação causou um grande tumulto, com cobertura da mídia e presença da polícia, o dono do Ferro's voltou atrás, liberando a venda do *Chanacomchana*. Foi uma vitória e um marco fundamental para a história do movimento das lésbicas brasileiras.

O Galf deixou de existir no ano de 1989. O primeiro grupo de lésbicas no Brasil teve duração de 10 anos, com ações ininterruptas nesse período. As lésbicas organizadas iniciaram sua luta em espaços de legitimação junto aos gays e às heterofeministas, para depois, de forma autônoma, figurar como sujeitos políticos, habilitando-se na busca por seus direitos.

A articulação nacional das lésbicas

No Brasil, em 1985, aconteceu o 3º Encontro Feminista Latino-Americano e do Caribe, em São Paulo. Pela primeira vez no movimento feminista brasileiro, colocou-se no temário oficial do Encontro o tema "lesbianismo". No entanto, nesse mesmo Encontro houve uma reunião de lésbicas na qual Rosely Roth afirmou que o Galf se retirava do movimento feminista, porque era evidente que ele não dava apoio efetivo para as lésbicas.

Os mesmos problemas do passado se impunham. O movimento de lésbicas feministas no Brasil já existia há quase 17 anos e suas pautas não encontravam apoio real nos movimentos feminista e homossexual. Para elas, então, era urgente a criação de um espaço próprio, autônomo, de abrangência nacional, para repensar a si mesmas enquanto individualidades. Só assim seria possível aperfeiçoar os posicionamentos políticos e as estratégias de combate ao patriarcado, à heterossexualidade compulsória, ao racismo e à lesbofobia, de modo a elaborar um corpo político específico.

Foi assim que surgiu o Seminário Nacional de Lésbicas (Senale), o fórum mais importante de junção política e deliberação do movimento de lésbicas e bissexuais. Em agosto de 1996, aconteceu o 1º Senale/RJ, com a participação de 100 lésbicas. Entre as deliberações, o dia 29 de agosto, início do 1º Senale, passou a ser o Dia Nacional da Visibilidade Lésbica.

Os Senales continuam acontecendo e são realizados em diferentes estados e regiões do país. No 8º Senale-RS, o nome foi alterado para Senalesbi, garantindo a visibilidade das mulheres bissexuais. O 10º Seminário Nacional de Lésbicas e Mulheres Bissexuais aconteceu em 2018, na Bahia.

A luta pela visibilidade lésbica nos dias atuais

Na busca por visibilidade e respeito dentro do movimento LGBT, as lésbicas reivindicaram paridade e cotas de participação em eventos nacionais do movimento. Apesar de aprovada a paridade no 7º EBHO, em 1993, e depois as cotas mínimas para lésbicas, tais reivindicações nunca foram concretizadas, o que demonstra a manutenção de posturas de poder machista e patriarcal dentro do movimento.

Na 1º Conferência Nacional LGBT, em 2008, as delegações da sociedade civil foram obrigatoriamente compostas de 50% de pessoas com identidade de gênero feminina (lésbicas, mulheres bissexuais, travestis e mulheres transexuais) e 50% de homens.

A Liga Brasileira de Lésbicas apresentou uma proposta mais justa, segundo a qual as delegações fossem formadas por 20% de lésbicas, gays, bissexuais, transexuais e travestis, respectivamente. O Coletivo Nacional de Lésbicas Negras Feministas Autônomas criticou o fato de não haver cotas para a comunidade LGBT negra. Mas os pedidos dessas duas redes nacionais de lésbicas não foram atendidos.

A visibilidade política das lésbicas também não foi alcançada nas Paradas do Orgulho LGBT de São Paulo, que até 2003 denominava-se Parada do Orgulho Gay. Desde 1997 se pedia a alteração do nome, que invisibilizava os segmentos de lésbicas, travestis, transexuais e bissexuais. Para produzir visibilidade social e política para as lésbicas, protestar por seus direitos específicos, demarcar suas pautas e celebrar, surgiu em 2003 a 1ª Caminhada de Lésbicas e Simpatizantes, espaço criado por mulheres, que acontece no sábado que antecede a Parada. O nome da Caminhada foi alterado em 2013 para Caminhada de Mulheres Lésbicas e Bissexuais. Neste ano de 2018, será realizada sua 16ª edição.

Foi no ano de 2006 que as lésbicas negras organizaram o 1º Seminário Nacional de Lésbicas Negras: Afirmando Identidades, que aconteceu em São Paulo. O resultado propiciou à população LGBT negra, de forma crescente e efetiva, a incorporação da orientação sexual e da identidade de gênero às agendas governamentais e não governamentais das atividades antirracismo. O 2º Seminário Nacional de Lésbicas Negras e Bissexuais: Afirmando Identidades para a Saúde Integral, aconteceu em 2015, em Curitiba. Em 2018 acontecerá o 3º Senale Negras, na Paraíba.

Como se pode notar nestas breves notas, o movimento de lésbicas feministas surgiu com um discurso pelo direito ao prazer, transformando aquele desejo sexual particular em um potencial transformador e revolucionário. Contudo, é fundamental não incorrer em um ativismo LGBT burocrático, hierarquizado, com a concentração de poder nas mãos de alguns que falam e representam a todas e todos, não considerando as diferentes realidades, verdades e identidades. Muitas vezes, nesta longa trajetória, perderam-se de vista o desejo de se aprender umas com as outras, o radicalismo, a ousadia e a rebeldia.

As cores do arco-íris e do triângulo invertido lilás não podem desbotar sob um poder centralizado dentro do movimento LGBT. Além disso, é preciso recuperar o feminismo das lésbicas para combater a heterossexualidade compulsória que tanto oprime todas as mulheres. Exemplos dessa renovação necessária são a formação de Coletivas de lésbicas que, de forma autônoma, colocam nas ruas as Caminhadas Lésbicas de São Paulo, e outras formas de ativismo com apelo cultural, utilizando-se de distintas linguagens, como o hip-hop, as bandas de rock hardcore e os fanzines, capazes de atingir distintos públicos.

MARISA FERNANDES é mestre em história social pela Universidade de São Paulo e pesquisadora do Coletivo de Feministas Lésbicas.

FONTE: "O movimento das mulheres lésbicas feministas no Brasil". *Revista Cult*, 12.6.2018. Disponível em https://revistacult.uol.com.br/home/mulheres-lesbicas-feministas-brasil/ Acesso em 25.4.2022.

1 Em entrevista à *Folha de S.Paulo*, 11.2.1981. [N. E.]

Último discurso escrito por Marielle Franco

MARIELLE FRANCO
2018

[img. 4] O Brasil é o quinto país que mais mata mulheres no mundo. Os números são assustadores: em 2016, foi registrada uma violência contra a mulher a cada cinco horas no estado do Rio de Janeiro. Mas também sabemos que esses números são apenas de parte das mulheres que conseguiram, de algum modo, buscar auxílio e denunciar. E eu pergunto a vocês: seguiremos nos recusando a falar sobre igualdade de gênero? Até quando? O debate sobre a nossa igualdade é urgente no mundo, no Brasil e no município do Rio de Janeiro! Enfrentar esse debate é nos comprometermos com a democracia e com nosso avanço civilizatório. Falar de igualdade entre mulheres e homens, meninas e meninos, é falar pela vida daquelas que não puderam ainda se defender da violência. E são muito mais que as 50.377 registradas em 2016 aqui no Rio.

Diferente do que se fala ou, infelizmente, do que se costuma ver em Casas Legislativas, como esta, não somos a minoria. Somos a maior parte da população, ainda que sejamos pouco representadas na política. Ainda que ganhemos salários menores, que estejamos em cargos mais baixos, que passemos por jornadas triplas, que sejamos subjugadas pelas nossas roupas, violentadas sexualmente, fisicamente e psicologicamente, mortas diariamente pelos nossos companheiros, nós não vamos nos calar: as nossas vidas importam!

No Brasil, segundo o Instituto de Pesquisa Econômica Aplicada, em 2016, as mulheres negras brasileiras ainda não conseguiam alcançar nem 40% do rendimento total recebido por homens brancos. E somos nós, mulheres negras, que mais sofremos violências diariamente. Só acha que isso é normal quem não sofreu no corpo o machismo e o racismo estrutural. Quem acha que isso não merece ser debatido na nossa educação é porque se beneficia das desigualdades. Por isso, quero deixar registrado que esta Casa, ao retirar os termos "gênero", "sexualidade" e "geração", fortalece a continuidade de desigualdades e violências dos mais diversos tipos.

Hoje falamos do principal plano para o desenvolvimento social do nosso município: o Plano Municipal de Educação. Esse plano merece que tenhamos compromisso e responsabilidade. O termo "gênero" começou a ser utilizado como categoria de análise a partir de 1970, com o objetivo de dar visibilidade às desigualdades entre homens e mulheres. Logo, tanto na origem da sua criação quanto no uso corrente em debates sobre a superação das desigualdades, falar de "gênero" tem como finalidade promover a devida atenção e a crítica das discriminações sofridas pelas mulheres, e tentar achar meios para que todas e todos possamos juntos enfrentar este cenário.

Desde quando falar sobre uma opressão, que gera tantas mortes, é falar sobre alguma doutrinação?

Se dizem tanto a favor da vida, então deveriam ser a favor da igualdade de gênero. E só se promove igualdade através de uma educação consciente e do debate com nossas crianças, para que se tornem adultos melhores. Por isso, como parlamentares responsáveis pelas cidadãs e cidadãos desta cidade, devemos defender o debate na educação!

Se é da escola que nasce o espaço público que queremos, é indispensável que se fale de igualdade de gênero, sim! Que se fale de sexualidade, de respeito, de laicidade, de racismo, de LGBTfobia, de machismo. Pois falar sobre esses temas é se comprometer com a vida, com suas múltiplas manifestações. É se comprometer com o combate à violência e à desigualdade!

É mais do que urgente que esta Casa não se cale sobre as vidas que são interrompidas dia a dia neste município.

Falar de igualdade de gênero é defender a vida!

MARIELLE FRANCO (Rio de Janeiro, 1979-2018) foi socióloga, mestra em administração pública pela Universidade Federal Fluminense e vereadora da Câmara do Rio de Janeiro. Fez parte de organizações da comunidade civil, como a Brasil Foundation e o Centro de Ações Solidárias da Maré. Atualmente, o Instituto Marielle Franco, fundado pela família da vereadora, tem a missão de manter a memória e buscar justiça pela morte de Marielle, assassinada em março de 2018.

FONTE: Último discurso escrito por Marielle Franco para a votação do Plano Municipal de Educação do Rio de Janeiro, reproduzido no plenário pelo vereador Tarcísio Motta, 13 dias após a sua morte, em 27.3.2018. *Revista Fórum*. Disponível em https://revistaforum.com.br/politica/discurso-inedito-escrito-por-marielle-franco-e-lido-na-camara-dos-vereadores-do-rio/. Acesso em 9.2.2022.

Makunaima, o meu avô em mim!

JAIDER ESBELL
2018

[img. 12] Eu aconteço, artisticamente falando, acredito, dentro de um processo que nos convida a pensar criticamente a decolonização, a apropriação cultural, o cristianismo, o monoteísmo, a monocultura e todos os dilemas do existir globalizado. Ou não? O meu surgimento vem junto com a expectativa que se cria em volta de outro termo, no Brasil ao menos, a arte indígena contemporânea. Não a moderna, a passada e extinta, nem a por vir, mas a deste início do século 21.

Adianto que não ando só, que não falo só, que não apareço só. Faço saber que toda a visualidade que me comporta, todas as pistas já expostas do meu existir são meramente um passo para mais mistérios. Somos por nós mesmos o poço de todos os mistérios. Faço saber ainda que não temos definição, que viemos de um tempo contínuo, sem estacionar. Antes, faço saber que buscamos os sentidos mais abstratos, tratamos de outros tratos bem firmes nessa passagem. Antes mesmo, devo dizer que tanto meu avô Makunaima quanto eu mesmo, parte direta dele, somos artistas da transformação.

Surgimos junto com a arte todos os desafios do grande existir e suas mais claras urgências individuais e coletivas. Surgimos no aparente caos, como é mesmo descrito entre os grandes xamãs do mundo e um quase consenso na ciência, em termos de rumos para a humanidade tal qual. O prenúncio matemático do fim do mundo é também um cenário de nossa aparição. Como produto, também desse tempo, tenho a ideia de que a colonização foi um processo, embora saiba que se trata de um ato contínuo.

Assim, olhei para todos os lados e vi meu o avô no horizonte. No horizonte está claro também que não haverá cultura, tampouco vida — e vida de qualidade, muito menor — para quem quer que seja em nada sendo feito. Não é possível, caso não rompamos alguma membrana extra do agora, pensar uma ideia de futuro em questões de nossa ligação espiritual com a terra e com o nosso lixo. Adianto, Makunaima não é só um guerreiro forte, másculo, macho e viril, distante de uma realidade possível, não, senhores. Ele é uma energia densa, forte, com fonte própria como uma bananeira.

A ideia inicial da construção deste texto me fez pensar profundamente os propósitos da ciência em fazer da arte um instrumento de estímulo ao pensamento. Visto que bem ocupo um lugar privilegiado de trabalho, não me furto em deixar pistas ou acessos para que todas as questões maiores estejam contempladas. Falamos em desconstrução? Gênero, sexualidade e o extrapolar de mundos serão temas recorrentes, pois fazem parte da vida e para a arte tudo é mesmo substância. Ter a liberdade na escrita não quer dizer muito quando o mundo precisa de outros meios possíveis para se traduzir em si mesmo.

Há esse agenciamento na educação escolar? São questões que nos apetecem. Empréstimos que temos que fazer a todo o momento. Empréstimos que já vêm de longe descaracterizando as coisas, as energias e não queiramos nós ter a essência das coisas, pois essas coisas não estão para nós a menos que elas mesmas nos sucedam.

Ensaio escrever para socializar um pouco o socializável da minha relação com meu avô, esse que não é gente exatamente para não sê-lo. Portanto, Makunaima é meu avô, e o gênero, a forma e o conteúdo têm seus lugares de açao, como vamos citar sempre, pois são fundamentais, mas é preciso ir além. Makunaima está além e prova isso ao transformar-se continuamente. Não, ele não é transformista. Vamos dissociar aos poucos o existir-atuação de Makunaima dos efeitos cognitivos do gênero em nossas mentes. Sim, nas mentes.

Então Makunaima me aparece primeiro colonizado? Eu nem bem apresentei o meu avô e já lhe convido a ir além do gênero, além do tempo. É que vamos ter que visitar um outro mundo. Isso eu também devo lhe avisar. Devo lhe avisar que estas estórias são parte da minha vida e que realmente Makunaima é meu avô; isso é um fato. Makunaima e muitos outros vovôs são daqui do extremo norte da Amazônia. Nós temos uma história e uma geografia. Somos parentes diretos. É uma relação biológica, genética, material e uma parte substancial em espírito, ou energia.

Eu, quando assumo e reivindico o meu laço familiar com Makunaima, estou convidando a ir ao além no discutir decolonização ou colonização. Quando tomo isso como um argumento quero dizer que é parte minha querer que em todas as partes estejam algum extrapolar dos discursos. Quando faço isso publicamente em um lugar estratégico, com arte, acredito estar sendo paradidático. Pois sou artista e enquanto pessoa aplico minha revelação, fruto de minha pesquisa, em minha vida plena, sendo esta também pesquisa de minha pesquisa.

Um sentido para a existência da Pan-Amazônia e seus povos passa nas mãos de Makunaima. Existe, onde me empenho em levar, um pleno sentido para além dos factoides sobre a preguiça e a falta de caráter do Makunaima.

De fato, nem quero falar dessas questões, embora tenham sido elas que nos trouxeram para este ponto. Existe todo um entremeio, não de explicação, mas de possibilidade de entendimento. Sem adentrar as portas das cosmovisões dos povos originários não há como discutir decolonização. Sem considerar as culturas mexidas e hoje abertas para a discussão com parte humana representada não há como discutir fronteira alguma.

Desde antes das anotações de Theodor Koch-Grünberg[1] (1872-1924) até o caso de Makunaíma estar na capa do livro[2] e ganhar o mundo também com o cinema,[3] caminhos para a decolonização podem ter sido deixados.

Acredito que haja outro momento para além do oriente e ocidente se juntando para tentar encapsular o pensamento. Ganham novas dimensões quando velhos termos são postos em outros contextos. O caso é que vivemos em estado de arte e o passeio em outros mundos é apenas uma forma de como podemos pensar e experimentar a tão falada decolonização.

Makunaima e decolonização soam termos soltos no meio da multidão, ou seja, o povo, aquele a quem nós midiáticos buscamos. Ou não? Acontece que Makunaima expôs-se em Makunaíma para ser parte da cultura disponível. Uma vida inteira a esse propósito é anunciada para a contextualização mínima. A minha relação com meu avô será o nosso passeio. Makunaima no círculo que este texto alcança é, ou poderia ser, minimamente conhecido por sua parte exposta antes na arte, no mundo.

Tanto quanto outros ou todos os atores fantásticos colonizados com nossa gente, Makunaima deve ser retirado da ala dos folclores. Significativamente, Makunaima é envolvido nas leituras que são propostas por diversos influentes sobre o caráter duvidoso do brasileiro. Isso está relacionado também com a Semana de Arte Moderna de 1922, tempo de quase um século quando surgimos com mais essa demanda. O hoje e o futuro dessa gente-nação de identidade desafiadora, beirando o fantástico, de onde mesmo lhe é proposto com arte. Pena Mário de Andrade (1893-1945) não estar mais aqui para ver e sentir esses outros lados dos movimentos. Mas não tem problema, suas crias, que também o sou, estão por aqui.

Makunaima sabia sempre o que fazia; parto desse pressuposto. Ele expôs-se sozinho e em estratégia. Agora é outro tempo. O tempo que ele pensou que chegaria não levou nem um século. Onde me couber, vou. Vou além de minha relação direta com ele. Como artista também dou um salto na colonização e vou antes do tempo disso tudo. Acredito e sinto que em determinado momento posso estar em um tempo anterior, em um tempo de nossas diversidades pré-colonialistas.

Aos leitores é requerido um vácuo total interior, um nudar-se por dentro para ter espaço. Em uma grande concepção, é requerido um esvaziamento total de um ser para outro ser caber. O ser vem pleno e ele mesmo traz seu caber. O novo ser não fica, portanto, onde não lhe caiba pleno. Repito, não ando só, não falo só, não apareço só. Reitero, toda a visualidade que me comporta, todas as pistas já expostas do meu existir são meramente um passo para mais mistérios. Somos por nós mesmos o poço de todos os mistérios. Ressalto, não temos definição, viemos de um tempo contínuo, sem estacionar. Lembro, buscamos os sentidos mais abstratos, tratamos de outros tratos bem firmes nessa passagem. Reforço, tanto meu avô Makunaima quanto eu mesmo, parte direta dele, somos artistas da transformação.

Quando meu avô transforma algo em pedra ele não destrói. E Makunaima passa, na volta, vem transformando o que transformou na ida. Ele vem sempre em outra forma. Quando Makunaima, ao caminhar na savana, deu de cara com uma pedra grande, branca, não hesitou, parou diante da pedra e transformou-a em um touro. Makunaima tinha poderes e decisão para transformar a pedra em touro e assim o fez. Ao transformar a pedra em touro, o touro, ao ver Makunaima, lhe atacou. O touro atacou seu criador como a uma criatura. Makunaima lutou com o touro. A luta foi brava. Por fim, o touro passou a conhecer Makunaima e passou a amá-lo como seu paralelo, como algo parte de si mesmo. Ele cria as coisas com suas decisões. Tudo o que ele vê, tudo que toca, passa a receber um outro tipo de ação, um outro tipo de energia, algo que desencadeia um mover em seu ser, no ser que foi tocado.

Makunaima, como disse, dispensa uma forma, um gênero, uma gênese. É um estado de energia que se cria e recria em si mesmo, como uma bananeira que não precisa de par. São as cobranças mundanas de nossos humanos sentidos que nos exigem uma referência lógica. Eis que Makunaima experimenta uma forma de materialidade, de sonoridade, de sensitividade acessível aos seus descendentes, como uma ideia de gênero, por exemplo. Ele vem então em muitos estados transitórios, passa a aparecer além da oralidade, além do mito. Desce de seu estado supremo flechado por seu orgulho superado; quando se enxerga além de seu orgulho e depois de todo o seu sofrer essencial. Ele rompe todos os limites, subverte todos os conselhos, deixa beijada a mão do seu avô, o jabuti, e vai ao encontro do pai de todos nós, o universo.

Do universo Makunaima vê a Mãe-Terra e, de lá, se entristece. Por lá, Makunaima quer estar, mas a mae lhe suplica e ele não suporta o clamor de sua mãe, e volta. Desce para encontrar sua família. Vai ao lugar de origem e vê as flores em botão. Uma dessas floradas darão grandes poetas. Eis que Makunaima vai, uma a uma, para conferir. Alegre está e ao passar perto de minha rede lhe puxo pelo dedo. Ele me vê. Seus olhos brilham e me absorvem. Fiz-me em meu avô, somos agora um só, de fato. Antes desse momento, fotografia e dentro dela estamos eu e meu avô em constante movimento. Estamos em constante passagem e nossa origem comum é desconhecida para muitos, mas há o caminho vivo a que se quer chegar.

Entro em associação neste texto, como não podia ser diferente. Sou neto direto de Makunaima. É uma relação de família, algo íntimo e sagrado que só mesmo o respeito pode aproximar. Então, sou artista assim como meu avô; sou meio como o meu avô. Seguro no dedo do meu avô e vamos seguindo. Com o tempo vou crescendo e meu avô Makunaima vai diminuindo e vamos indo até ele virar criança e eu me tornar um velho e inverter a lógica da vida e da existência, seguindo assim para sempre. Eis que tudo então é só o instante e logo já estará passando a outra coisa.

Essa é a nossa linguagem, um ato contínuo em si mesmo, a transformação. Lá, antes de vir o outro, a conjuntura era a conjuntura de lá. Uma origem em si mesma, um recurso próprio do grande ato, a criatividade. Surgimos com o tudo, do nada. Trouxemos a origem do mundo e foi para todos que surgimos. Surgir é uma palavra emprestada. Quando agora emprestamos tudo para desencantar. Desencantar é um estado transitório diretamente relacionado ao ato de destruir, o que logo foi associado ao meu avô em sua grande jornada pelo mundo: a falta de caráter e o desdém por tudo. Antes de um século apenas nós estamos no rastro dele, sempre. Estou aqui para resgatar meu avô, levá-lo pra casa pra cuidar dele. O ser que sou, eu mesmo, é homem, um guerreiro pleno de 1,68 metros, 82 kg, 39 anos. É livre como deve ser. É livre como é meu avô Makunaima, ao se lançar na capa do livro do Mário de Andrade. Ele se deixou ir; foi o que me disse em uma de nossas inúmeras conversas de avô e neto. Assim me diz ele:

> Meu filho, eu me grudei na capa daquele livro. Dizem que fui raptado, que fui lesado, roubado, injustiçado, que fui traído, enganado. Dizem que fui besta. Não! Fui eu mesmo que quis ir na capa daquele livro. Fui eu que quis acompanhar aqueles homens. Fui eu que quis ir fazer a nossa história. Vi ali todas as chances para a nossa eternidade. Vi ali toda a chance possível para que um dia vocês pudessem estar aqui, junto com todos. Agora vocês estão juntos com todos eles e somos de fato uma carência de unidade. Vi vocês no futuro. Vi e me lancei. Me lancei dormente, do transe da força da decisão, da cegueira de lucidez, do coração explodido da grande paixão. Estive na margem de todas as margens, cheguei onde nunca antes nenhum de nós esteve. Não estive lá por acaso. Fui posto lá para nos trazer até aqui.

Foi o meu avô que contou tudo isso pra mim. Ele não tem segredo nenhum comigo e foi mesmo ele que mandou lhes falar. Foi mesmo ele que me autorizou a citá-lo, a reivindicá-lo, a cultivá-lo, vivê-lo, ressuscitá-lo.

Minha relação com meu avô Makunaima é muito forte por meio da arte e por meio do sangue. Sim, temos o mesmo sangue, a mesma astúcia, o mesmo caráter. Eis o grande artista Makunaima, o grande ser incompreendido. Eu mal nasci e fui alçado pelos pés com o pulo que meu avô deu para me alcançar.

Ele me disse: — É você mesmo. É você que eu esperava para me acompanhar.

Então me mostrou o caminho. Mas eu era apenas uma criança e não sabia de fato o tamanho do meu avô, que logo me levou escanchado no ombro a cruzar os primeiros montes. Foi assim a minha introdução no mundo, meu avô foi me mostrando.

Só nesta vida já são mais de 30 anos de um caminhar diário em sua própria origem e trajetória. Meu avô me contou que provou a fruta proibida. Me contou que a fruta proibida nada mais é que a coragem. Me disse que o exemplo maior para nosso entendimento contemporâneo foi lançar-se na capa do livro. Quando Makunaima decide lançar-se na capa do livro sabia o que estava fazendo. Meu avô sempre sabia o que estava fazendo. Não tinha escolha, era sua vida a acontecer. Makunaima deu o grande salto, comeu inteira a fruta proibida. Quando Makunaima decide expor-se, faz estremecer o universo, algo novo realmente surge, algo urge latente no universo. Nada mais seria como antes, a decisão estava tomada.

Quando, de outro tempo, Makunaima precisa expor evidências de suas decisões universais, nos conta sobre o corte da grande árvore Wazak'á. Sim, outro ato grandioso, determinante para a pan-origem de todos seus filhos; e é dele a decisão. Ele cortou a grande árvore para o existir de todos esses que se espalham na vastidão da verde floresta de hoje. Cortou a árvore para dar vida também aos habitantes da savana, aqui nesta parte do mundo. Havia fome, escassez, quando a natureza mostrou para Makunaima e seus irmãos as grandes árvores. Foi o Deus maior, que é a Natureza maior, que por meio da cutia mostrou a Makunaima a grande árvore de todas as frutas e sementes. Não, não era apenas uma, mas, simbolicamente, ficamos com a maior, a mais imponente, a primeira.

A árvore do bem, que ao tombar levou ao chão também a árvore dos mistérios, a árvore dos outros seres, a árvore proibida que ainda hoje existe o tronco ao lado da árvore da vida derrubada por Makunaima. A natureza deixa, portanto, Makunaima diante da grande árvore. Deixa ele lá com o pescoço virado para cima vendo e analisando se vai mesmo tomar a grande decisão. Makunaima está parado medindo seu existir. Com o machado na mão toca o tronco da árvore e recebe um choque. É um sinal para o corte. Ele teria a coragem. Makunaima dá os primeiros golpes e então seus irmãos, convencidos do ato seguinte, o ajudam na jornada. Depois de muito tempo, a grande árvore vem ao chão e o mundo se recria, se re-transforma ainda mais.

O ato glorioso e transgressor de derrubar a árvore encantada é só mais um momento, mais uma decisão, uma atitude universal. É preciso fatiar o tempo para o mínimo entendimento. É preciso ouvir o silêncio-pensamento de Makunaima entre uma machadada e outra. Não era o mero ato de cortar; era pôr a vida em outra dimensão. Em todas as passagens que me conta meu avô sobre seu lançar-se sobre a vida é nesse sentido. O estar diante da possibilidade e o ato seguinte vêm com a grande decisão.

Quando Makunaima decide estar na capa do livro, sabia que a partir daquele momento sua vida ganharia outra dimensão. Sabia da grandiosidade do ato dessa representação de realidades ainda a vir a se extrapolar. Sabia da importância dos ícones na cultura que havia chegado. Sabia dos limites e da gana daquele povo. Sabia da sua missão e foi. Foi para o livro, foi para o cinema, foi sujeito e entregue para o mundo. Foi por saber, por lucidez, foi por querer. Sabia que estar na capa do livro era estar em um outro ambiente. Sabia que em um mundo carente de deuses e bondades sua imagem estaria sendo associada a algo ainda não vivido, mas bem conhecido. Sabia de tudo, sabia de todas as etapas sentidas até seu pleno fazer que é o agora.

O endeusamento de Makunaima lhe permite viver ainda mais as amarguras necessárias para o triunfo que virá. O herói sem nenhum caráter estava pronto para abrir os braços bem abertos ao mundo e receber sua chuva de flechas, suas estocadas contínuas e esse projetar nos indígenas por todo o existir. Nos preservou se entregando, se fazendo caça ao caçador. O surgimento, o encantamento, a máxima sucção e o abandono de meu avô como um inútil trapaceiro chega ao fim, aparentemente. O martírio, algo de mártir é sentido na vida de Makunaima, é mais sabedoria e prazer absoluto de um outro tipo de amor; não por ele.

Makunaima é um ser pleno de coragem. Aparece humanizado. É tido como homem e em parte da aparição é visto como sem qualquer compromisso com a vida e com o amor. É mostrado seco, mal, do tipo perverso, detentor de péssimas qualidades, mesmo como um reforço à ideia de machismo e patriarcado. E foi exatamente o que aconteceu, ao estar alçado ao topo da visibilidade meu pequeno avô vai ao encontro do trovão, vai ao centro do fogo e chega mesmo a tomar chá com Deuses e Demônios. Makunaima foi ser sua jornada.

A máxima exposição de Makunaima reflete severamente para dentro da floresta a ideia leviana de um tipo curioso de monoteísmo. Vieram os ismos, o cristianismo especialmente. Reflexos de todos os tons de existência incidem em Makunaima, que os recebe com contrarreflexos. Seria Makunaima o grande Deus, o maior e mais perverso, pois foi essa a tentativa imperativa de extrair-impondo por força tal identidade. Foi essa a proposta enviesada, que tanto se festejou, esse fracasso de sentimento que é a cara falida da cultura brasileira. Foi um fracasso humano, uma leitura mundana sem profundidade.

Em lugar nenhum pode caber o não tem alma para caber. Não tem substância para caber os dilúvios de Makunaima em mais uma vez desconstruir e construir. É função atual de Makunaima, em sua nova vida, desmentir. É papel de Makunaima, pelo poder que lhe foi atribuído, devolver. Devolver as visões que sua aura, luz super poderosa, roubou por encantamento.

Meu avô vai devolver tudo; vai devolver o porquê de todas as histórias, a simplicidade da vida. Makunaima vai tirar de si os olhos penosos do mundo e direcioná-los para a natureza. Makunaima se volta em guerreiro do inconformismo como unicamente é e vai mostrar aos donos de cada coisa a alma-espírito de cada coisa. Voltamos a entrar pelas mesmas portas abertas, as veias abertas no mundo dos desconhecidos. Mais curiosidade para chamar à memória, mais movimento para ir além. Mais um tempo para novos olhares. Mais política e tecnologia, mais magia e outros espetáculos.

Vivemos em estado de arte e assumimos isso. Viemos de outras estruturas para nos fazer cabíveis aqui nesta ideia de tempo. Os caminhos deixados por meu avô se abrem para outros passeios, tempos de outras festas. Onde ele foi posto em desuso é o nosso destino ir além, mostrando novas frestas. Devo acompanhá-lo em seu revisitar, atravessar de volta de onde fui alcançado para reaprender. Ouvir a vida no caminhar de meu avô e traduzir, vivendo como ele quiser e o que ele quiser, na dimensão que me couber. Estaremos em tom de universo, cor de terra verde de floresta em arte em seu estado máximo de fluidez.

Todas as visões são transitórias e há mais de um em mim. Nunca haverá uma conclusão e minha passagem é tão temporária como essas aparentes demandas e suas urgências. Relembrar detalhes essenciais é fundamental, portanto. O fato de que saímos recentemente da plena oralidade, de um mundo mais de sentimento que de sentidos literais, pesa muito nessa equação. O fato de vivermos em estado de colonização permanente também tem seu fator obrigador a nos motivar a estar em uma além das coisas. Caminhamos abertos junto com os grandes temas do mundo, a fé, a educação, a cultura, o gênero. E também acreditamos, por nossa natureza fortemente espiritual, que nossa arte pode dar alcances. Alcances outros, como a nós foi dado muito ou tão pouco, tal qual seja ao menos compor ativamente a grande diversidade para sempre.

JAIDER ESBELL (Normandia, Roraima, 1979 – São Sebastião, São Paulo, 2021) foi artista, curador, ativista, escritor e produtor cultural da etnia Macuxi, população indígena que habita a região do monte Roraima, entre Brasil, Venezuela e as Guianas. *Terreiro de Makunaima: mitos, lendas e estórias em vivências* (2012) foi seu livro de estreia. Em 2021, Jaider Esbell foi destaque na 34ª Bienal de São Paulo e curador da mostra paralela *Moquém_Surarî: arte indígena contemporânea*, realizada durante a bienal no Museu de Arte Moderna de São Paulo.

FONTE: Versão revisada de "Makunaíma, o meu avô em mim!". *Iluminuras*, v. 19, n. 46, jan.-jul. 2018, pp. 11-39.

1 Theodor Koch-Grünberg foi um etnólogo alemão e pesquisador vinculado ao Museu de Etnologia de Berlim. Suas pesquisas no Brasil incluem o estudo da mitologia e etnologia de povos amazônicos. *Vom Roraima zum Orinoco* (1917) é fonte referida por Mário de Andrade na obra literária e modernista *Macunaíma: o herói sem nenhum caráter* (1928). [N. E.]

2 Apenas quatro anos após a morte de Theodor Koch-Grünberg, e onze anos após a publicação de *Vom Roraima zum Orinoco*, Mário de Andrade publica em São Paulo a obra *Macunaíma: o herói sem nenhum caráter*, com uma tiragem independente de apenas 800 exemplares, marco do modernismo brasileiro. [N. E.]

3 Joaquim Pedro de Andrade (dir.), *Macunaíma*. 108'. 1969. [N. E.]

Carta proposta da Coalizão Negra por Direitos

COALIZÃO NEGRA POR DIREITOS
2018

Estamos por nossa própria conta. Sempre lutamos. E venceremos!

Nós, organizações, entidades, grupos e coletivos do movimento negro brasileiro, reafirmamos nosso legado de resistência, luta, produção de saberes e de vida. Historicamente, seguimos enfrentando o racismo, que estrutura esta sociedade e produz desigualdades que atingem principalmente nossas existências. Durante os quase 400 anos de escravização e desde o início da República, somos alvo de violações de direitos, do racismo antinegro, da discriminação racial, da violência e do genocídio. Mesmo assim, temos construído, com nossas trajetórias individuais e coletivas, a riqueza deste país.

O Estado brasileiro, alinhado a uma onda mundial, expõe sem maquiagem sua face de horror. Parte significativa da sociedade já não sustenta sua máscara de hipocrisia e assume seu caráter racista, preconceituoso e intolerante. Sua política de morte — necropolítica — e a narrativa do ódio atualmente se alinham de forma coerente. Lidamos com uma concepção de nação materializada na prática cotidiana de assassinatos de um jovem negro a cada 23 minutos; chacinas diárias; estado penal e encarceramento crescentes e com muita violência contra população carcerária e internos dos sistemas socioeducativos; assassinato da população negra LGBTTQI+ e crescentes números de feminicídio de mulheres negras; estupros e assassinatos de crianças negras; perseguição de imigrantes, refugiados e refugiadas negras; criminalização e violência contra a população em situação de rua; acirramento dos conflitos nos territórios dos povos tradicionais quilombolas e ações sistemáticas de terror contra as religiões de matriz africana.

O Brasil se vê diante de um espelho que evidencia suas mazelas. E o único contraponto de esperança possível a este rosto branco, velho, rico, heterossexual e cisgênero, que ocupa o topo da pirâmide social e majoritariamente os espaços de poder, está na potência transformadora de mulheres, homens, jovens e LGBTTQI+, favelados e periféricos, aquilombados e ribeirinhos, encarcerados e em situação de rua, negras e negros, que formam a maioria do povo brasileiro.

Compreendemos que as opressões sofridas por nossa gente se relacionam a um sistema global capitalista-neoliberal, supremacista branco e patriarcal. Portanto, a articulação pela libertação deve se dar para além das fronteiras nacionais, em diálogo e ações conjuntas com movimentos e territórios transnacionais em uma perspectiva internacionalista de reconhecimento de tais opressões como parte de um projeto político mundial.

A História exige da população negra brasileira e de toda a diáspora africana ações articuladas para o enfrentamento ao racismo, ao genocídio e às desigualdades, injustiças e violências derivadas desta realidade. Esta Coalizão se reúne para fazer incidência política em nosso próprio nome, a partir dos valores da colaboração, ancestralidade, circularidade, partilha do axé (força de vida herdada e transmitida), oralidade, transparência, autocuidado, solidariedade, coletivismo, memória, reconhecimento e respeito às diferenças, horizontalidade e amor. Em defesa da vida, do bem viver e de direitos arduamente conquistados, irrenunciáveis e inegociáveis, seguiremos honrando nossas e nossos ancestrais, unificando em luta toda a população afro-diaspórica, por um futuro livre de racismo e de todas as opressões.

Na promoção de ações conjuntas de incidência política, são princípios da Coalizão Negra por Direitos:

1. Lutar por um país justo, com igualdade de direitos e oportunidades que, para se concretizar, exige um longo e profundo processo de reparação histórica à população negra brasileira.

2. Combater a discriminação racial, o racismo, a dominação patriarcal, a lesbofobia, a transfobia e o genocídio da população negra.

3. Enfrentar as assimetrias e desigualdades raciais, bem como buscar efetivação da justiça social redistributiva e da justiça racial restaurativa.

4. Defender o exercício do protagonismo de mulheres negras e homens negros, cis e trans, com especial atenção ao legado de luta de mulheres negras em nossa sociedade.

5. Enfrentar de modo intransigente o feminicídio, a violência doméstica, o machismo, o sexismo e a exploração infantil.

6. Lutar pelo direito à cultura como patrimônio, pela valorização de todas as manifestações culturais afro-brasileiras e africanas, reconhecendo-as e as incorporando como método de luta e como canais de preservação de nossa identidade.

7. Promover o fortalecimento da sistematização e da disseminação de nossas memórias e história, bem como a defesa do direito à imaginação negra, como fundamento para a construção de futuro.

8. Defender o respeito coletivo à livre orientação sexual, à identidade de gênero, ao direito à vida LGBTQI+, bem como enfrentar a lesbofobia, homofobia e transfobia.

9. Lutar pela preservação e proteção de comunidades quilombolas e outras comunidades tradicionais negras, dos rios, das florestas e dos terreiros.

10. Combater o racismo e o ódio religioso, enfrentar as violações do direito de culto e crença nas religiões de matriz africana, promover o acolhimento de vítimas e a garantia da reprodução cultural de nossas práticas ancestrais, em nossa diversidade.

11. Atuar em prol do fortalecimento dos coletivos, movimentos e organizações compostas e protagonizadas pela juventude negra e da promoção do diálogo intergeracional.

12. Promover o fortalecimento da identidade racial de negras e negros nos bairros, periferias, comunidades, favelas, escolas, universidades e presídios.

13. Estimular e valorizar o trabalho de base permanente e a ação comunitária e local, no seio dos territórios atingidos pela barbárie, como elemento fundamental para a legitimidade das ações desta Coalizão, bem como buscar que as lideranças de base que enfrentam o cotidiano das dificuldades e violências sejam, elas próprias, a representação de suas pautas nos diversos espaços de incidência política em nível nacional e internacional.

14. Construir alianças transnacionais com movimentos, organizações, entidades, grupos e coletivos negros e não negros aliados, para a promoção eficaz da incidência política em organismos e fóruns internacionais.

São agendas para a incidência política como Coalizão Negra por Direitos exigir do Estado brasileiro:

1. A erradicação da pobreza, enfrentamento às políticas neoliberais e ao desmonte do Estado de Direito, bem como o enfrentamento das desigualdades étnico-raciais e a distribuição equitativa de recursos públicos.

2. O fim do desemprego, do subemprego e da precarização do trabalho da população negra, a inserção de mulheres negras e homens negros no mercado de trabalho decente, livre de discriminação racial, com igualdade salarial, garantia de direitos trabalhistas, assistência e previdência social, bem como a promoção da geração de renda e acesso a crédito.

3. A garantia de direitos trabalhistas, assistência e previdência social às trabalhadoras e aos trabalhadores domésticos e informais e a valorização do salário mínimo.

4. A defesa dos direitos humanos, sociais e políticos da população em situação de rua, de ampla maioria negra em todo país, e das pautas defendidas por seus movimentos, na exigência de garantia de políticas públicas de proteção contra a criminalização e a violência; de garantia de integração real à sociedade a partir da inclusão no processo de recenseamento, oferta de moradia e emprego, socialização de egressos do sistema carcerário e saúde pública para dependentes químicos.

5. A garantia do direito à creche, essencial às crianças e às mães trabalhadoras.

6. Garantia do direito e preservação da infância negra, que permita que meninas negras e meninos negros tenham o direito de ser crianças; combate a todo e qualquer processo de uso de estereótipos, criminalização, sexualização e exploração do trabalho infantil; enfrentamento às tentativas de redução da maioridade penal; defesa contundente do Estatuto da Criança e do Adolescente.

7. A luta pela manutenção da vida de negras e negros e a busca pela liberdade efetiva dos nossos corpos, o que inclui assegurar direitos sexuais e reprodutivos e não a exposição livre do racismo institucionalizado e da violência obstétrica.

8. A efetivação do direito à saúde, com a manutenção e aperfeiçoamento do Sistema Único de Saúde (SUS), considerando as especificidades da saúde da população negra, conforme definido no Estatuto da Igualdade Racial e estabelecido pela Política Nacional de Saúde Integral da População Negra, com aplicação dos recursos necessários, combate ao racismo institucional e investimento na promoção dos saberes das comunidades de terreiro, de práticas de cuidado e autocuidado, no acesso às tecnologias em saúde, na prevenção e promoção da saúde e ambiente saudável, com atenção especial à saúde mental.

9. A preservação, proteção, certificação e titulação, como garantias de propriedade e reconhecimento coletivos dos territórios quilombolas, assegurando recursos orçamentários para a elevação da qualidade de vida nesses quilombos e comunidades tradicionais de matrizes africanas; a proteção do patrimônio genético de comunidades quilombolas e tradicionais; além da difusão dos modos de vidas comunitários e ancestrais reconhecidos como patrimônio por suas práticas e saberes.

10. A garantia do direito de consulta prévia, livre e informada às comunidades quilombolas, dos rios, das florestas e de terreiro, de acordo com a Convenção 169 da Organização Internacional do Trabalho (OIT), a respeito de todas as medidas legislativas e administrativas que afetem direta ou indiretamente seus direitos, sobretudo aquelas relacionadas a grandes empreendimentos que afetam seus territórios e modos de vida.

11. O direito à educação pública, gratuita, laica e de qualidade, em todos os níveis de ensino, com continuidade das leis de cotas e outras políticas de ação afirmativa voltadas ao acesso e à permanência de estudantes negras e negros nas universidades, instituições de ensino básico, técnico e tecnológico, concursos públicos, sistema de justiça e sua extensão a programas de pós-graduação, estágios, residências, concursos docentes e bolsas de iniciação científica, mestrado, doutorado, pós-doutorado e a outras formas de acesso aos processos de pesquisa e desenvolvimento.

12. A efetivação e o monitoramento, desde a educação infantil, do cumprimento do artigo 26A da Lei de Diretrizes e Bases da Educação Nacional, da Resolução 01/2004 do Conselho Nacional de Educação e das Diretrizes Nacionais

Curriculares para o ensino de História e Cultura Africana e Afro-Brasileira e para a Educação das Relações Étnico-Raciais, que tornaram obrigatório, em todos os níveis de ensino, o estudo da história e cultura africana e afro-brasileira, a partir da Lei 10.639/2003.

13. A garantia da oferta de educação escolar quilombola, respeitando-se as diretrizes específicas já estabelecidas e as realidades dessas comunidades.

14. A oferta de educação de jovens e adultos a pessoas negras, tanto para a alfabetização de toda a população, como na promoção da escolarização alternativa ao ensino regular, que atenda às demandas específicas das diferentes fases da vida de negras e negros.

15. A cobrança da coleta, análise, publicação e disseminação de dados estatísticos confiáveis em níveis local, regional e nacional sobre a população negra, baseadas no princípio da autodeclaração; a defesa do Censo 2020, incluindo a dotação orçamentária adequada para sua realização, sem cortes relacionados à produção de indicadores fundamentais à elaboração de políticas sociais, de ações afirmativas e eliminação das desigualdades étnico/raciais.

16. A criação de uma nova política/lei nacional de drogas que regule e descriminalize o uso e comércio de drogas no Brasil, estabelecendo políticas econômicas de reparação para pessoas, famílias e territórios atingidos pela guerra às drogas e investindo em estratégias de cuidados tal qual as políticas de redução de danos.

17. O fim da militarização das políticas de segurança pública em nossas comunidades, para que se coíba o uso da violência racial que tem produzido altos índices de homicídios contra a população negra; a promoção de políticas de segurança pública baseadas em Direitos Humanos.

18. O fim do encarceramento em massa, das torturas, violações e mortes promovidas em presídios, delegacias, casas de detenção e centros de cumprimento de medidas socioeducativas; além da fiscalização, e prevenção, rumo a um projeto antipunitivista e ao fim das prisões.

19. A erradicação do racismo ambiental com promoção de políticas que garantam o acesso universal das populações urbanas e rurais à moradia digna, à cidade, à terra, à água potável, ao saneamento básico; bem como a promoção da soberania alimentar e o acesso à alimentação saudável, adequada e com qualidade, livre de agrotóxicos e transgênicos, a defesa dos bens comuns e proteção contra a mercantilização dos recursos naturais —inclusive as águas e as florestas.

20. A garantia do princípio constitucional de liberdade de crença e proteção aos locais sagrados das religiões de matriz africana; a adoção de medidas eficientes de combate à intolerância religiosa e ao racismo religioso.

21. A participação efetiva de pessoas negras com trajetória junto a movimentos negros, comprometidas com a luta antirracista e com a defesa dos direitos humanos e da democracia na vida pública, incluindo a necessidade de representação equânime na política institucional.

22. O estímulo a candidaturas negras do campo progressista, com vistas a disputa real de poder, bem como forma de praticar, em momentos eleitorais, o exercício da elevação da consciência da população negra sobre a importância do voto negro e da superação da desigualdade de representação política no Congresso Nacional, nas Assembleias Legislativas, Câmaras de Vereadores e nos Executivos de todas instâncias.

23. A democratização e regulamentação da mídia; o fortalecimento da mídia negra, periférica e popular; encaminhamento e monitoramento das denúncias de publicação, circulação ou difusão, por qualquer forma e/ou meio de comunicação, inclusive a internet, de qualquer material racista ou racialmente discriminatório, incluindo abordagens e imagens que exponham, como expresso no Estatuto da Igualdade Racial (Lei 12.288/2010), as pessoas e grupos ao ódio e ao desprezo e à intolerância por motivos fundados na religiosidade de matrizes africanas.

24. A erradicação do racismo institucional em todas as instâncias do sistema de justiça.

25. A defesa da livre manifestação e atuação dos movimentos sociais e a proteção de defensoras e defensores de direitos humanos.

COALIZÃO NEGRA POR DIREITOS reúne organizações, entidades e coletivos do movimento negro no enfrentamento ao racismo e à discriminação e na incidência política no Congresso Nacional e em fóruns internacionais, como a Comissão Interamericana de Direitos Humanos da Organização dos Estados Americanos e o Conselho de Direitos Humanos da Organização das Nações Unidas.

FONTE: "Carta proposta da Coalizão Negra por Direitos". Disponível em https://coalizaonegrapordireitos.org.br/sobre/. Acesso em 2.2.2022.

Invasão às terras indígenas e a migração

ELIANE POTIGUARA
2018

Muitas famílias indígenas foram separadas pelas invasões estrangeiras. Invasoes do passado, invasões do presente, invasões do futuro. No passado, as frentes de expansão econômica, as frentes missionárias e as frentes de atração eram as causas das transformações sociais das populações indígenas. Varicela, escarlatina, varíola, sarampo, gripe e tuberculose, em 1763, fizeram 7.414 vítimas! O padre Fernandez escreveu, em um de seus relatórios,[1] que os portugueses e os mamelucos de São Paulo tinham assassinado, em 130 anos, 2 milhões de índios Guarani nas bacias dos rios Paraná, Paraguai e Uruguai. Muitos desses indígenas foram capturados, levados para São Paulo, para o Rio de Janeiro e até para o nordeste brasileiro. Em 1729, a chamada República Guarani somava um total de 131.658 indígenas escravizados. Os exércitos português e espanhol, na batalha de 7 de fevereiro de 1756,[2] próximo a Bagé (sudoeste do Rio Grande do Sul), assassinaram Sepé Tiaraju (1723-1756) e mais 10 mil Guarani. Sua esposa, Marina (Juçara), levaria às costas a menina recém-nascida que Sepé jamais veria. Era o início da solidão das mulheres, motivada pela violência, pelo racismo e por todas as formas de intolerância referentes inclusive à espiritualidade e à cultura indígenas.

Durante o processo de escravidão indígena, muitos pais e famílias realizavam o suicídio em massa contra essa forma de opressão. Despencavam dos penhascos. Isso era um ato de resistência. Então, percebemos que muitas famílias sofreram a separação, e é a esse enfoque que nos reportamos. Entre as causas da separação das famílias estão a violência aos territórios imemoriais dos povos indígenas e a migração compulsória. Isso provocou insegurança familiar, distúrbios, medo e pânico, causando loucura, violências interpessoais, suicídios, alcoolismo, timidez e a baixa autoestima diante do mundo. Tudo isso motivado pelo racismo contra povos indígenas e em prol da colonização europeia. E mais: a destruição dos cemitérios sagrados dos povos indígenas, que representam uma forte referência cultural, fez com que famílias perdessem definitivamente o elo com seus ancestrais, causando a desintegração cultural e espiritual.

Violência, migração e suas consequências

Dando um salto cronológico na história, já na segunda década do século 20, a violação aos direitos humanos dos povos indígenas continua. E aqui contamos um caso particular, mas comum a milhares de brasileiros, migrantes indígenas. Conta-se que o índio X, pai das meninas Maria de Lourdes, Maria Isabel, Maria das Neves e Maria Soledad, por combater a invasão às terras tradicionais no nordeste, foi assassinado cruelmente, segundo palavras de uns velhos que encontrei um dia. Amarraram-lhe pedras aos pés, enfiaram um saco em sua cabeça e o arremessaram ao fundo das águas do litoral paraibano. A família colonizadora inglesa Y ainda fez desaparecer muitos pais e avós de família. Quase 70 anos depois, a empresa Z foi à falência e nunca se fez justiça a esses crimes organizados, objetivando interesses políticos e econômicos locais.

As filhas do índio X e toda a sua família, amedrontadas, assim como outras famílias, migraram para Pernambuco. Por volta de 1928, nascia a pequena Elza, filha de Maria de Lourdes, fraquinha e enferma — tanto pelas condições de vida de sua família quanto por sua própria mãe ter somente 12 anos, uma menina ainda em formação, violentada sexualmente pelo colonizador. Pouco tempo depois, toda a família migrava de novo para o Rio de Janeiro, em um navio subumano que trazia os nordestinos para o sul do Brasil. Sem conhecer ninguém e completamente empobrecida, a família indígena permaneceu por uns tempos nas ruas. Quando Maria de Lourdes, indígena, mulher, analfabeta, paraibana, nordestina e já separada do homem que lhe fez mais dois filhos, conseguiu trabalho, se estabeleceu com a família em uma área de prostituição chamada Zona do Mangue, próxima à Estação Ferroviária da Central do Brasil, na Praça XI, propriamente à rua General Pedra.

Para que Maria de Lourdes pudesse trabalhar, a debilitada Elza tinha de tomar conta de seus dois irmãos. Ia à escola, levando-os junto, um no colo e outro pela mão. Elza, no começo da adolescência, acabou permanecendo seis meses entrevada na cama por uma doença nos ossos. Mais ou menos oito anos depois, a jovem Elza casou-se e teve dois filhos: um menino e uma menina. Lamentavelmente, seu marido foi atropelado por um bonde na cidade e morreu, ficando órfãs as suas crianças. A história se repetiu na vida de Elza, tornando-se só, como sua mãe

Maria de Lourdes, e sofrendo todas as consequências de uma mulher sozinha na sociedade em que o pátrio poder dominava.

Em 1956, quando a filha de Elza já tinha seis anos de idade, Maria de Lourdes, mulher indígena, analfabeta, paraibana, nordestina e, então, quase mão de obra escrava nas feiras cariocas, iniciou o processo de criação da menina, para ajudar Elza, que trabalhava como faxineira em uma empresa.

A menina, então, foi criada a sete chaves, dentro de um quarto mal iluminado, e quase nunca saía. Quando via o sol, desmaiava. As necessidades biológicas e os banhos eram realizados ali mesmo. A cozinha apertada e fora da casa era cenário das caçarolas expostas: os peixes e carnes-secas eram pendurados como se fossem roupas no varal ou expostos no telhado para secar, sendo constante a presença de mandioca, fruta-pão, inhame, banana-da-terra e frutas em geral. Quando conseguiam, comiam caranguejo e o caldo com farinha, fazendo bolinhas com a mão. Presume-se que a mulher indígena Maria de Lourdes mantinha a pequena menina Potiguara no quarto, objetivando a preservação de sua identidade moral, física e psicológica, pois viviam em uma área socialmente comprometida. Além disso, havia uma colônia de estrangeiros que vieram emigrados da Europa, fugindo da Segunda Guerra Mundial (1939-1945), como carvoeiros italianos, bananeiros portugueses e comerciantes espanhóis. Maria de Lourdes era uma curandeira: não só curou pessoas estranhas como também dois tumores de sua neta, alojados um no olho outro no mamilo, com uma mistura de minhoca amassada, teia de aranha e visgo de jaca. Ela trocava essa composição diariamente, por um período de mais de quinze anos.

Ali naquele pequeno mundo, ou politicamente situando, naquele pequeno gueto indígena, a menina foi ouvindo as histórias indígenas de suas tias, tias-avós (aquelas quatro adolescentes filhas do índio X) e mãe, todas mulheres indígenas, migrantes de suas terras originais. Com exceção da tia Evanilda, todas se casaram e, tempos depois, os maridos foram embora ou morreram, ficando as mulheres sozinhas com os filhos para criar e enfrentando o racismo e a intolerância da sociedade. A menina a que nos referimos teve como cenário de vida essa história e tornou-se uma pessoa muito observadora, calada, sensível e espiritualizada, herança dessas mulheres indígenas que, mesmo fora das terras originais e violentadas pelo processo histórico, político e cultural, mantiveram sua cultura, seus hábitos tradicionais e, principalmente, os seus laços com os ancestrais, a cosmologia e a herança espiritual.

Quando a menina começou a ir à escola, era a sua avó que a levava diariamente e permanecia do lado de fora das grades, tomando conta, observando todas as ações da neta. A menina nunca podia falar com as outras crianças, não conseguia se relacionar ou brincar com elas, principalmente porque a estigmatizavam por ser indígena e por sua avó ter hábitos de uma avó diferenciada. Aquela avó tinha peitos grandes, caídos, barriga inchada, vendia bananas, tinha algum pedaço de ouro nos dentes, misturado às grandes falhas, como uma necessidade de elevar seu nível social que testemunhava a pobreza. Mas sua fala, seu sotaque e seus hábitos denunciavam sua condição de migrante indígena e as crianças e adolescentes debochavam cruelmente, em uma atitude xenófoba, que deixava Potiguara extremamente infeliz, sentindo-se feia, magra e menor, não conseguindo compreender o sentido daquilo tudo.

Porém, com a cultura indígena recebida no gueto familiar, o amor e a dedicação que tinha aos livros, Potiguara (com "i" e não com "y") foi crescendo. Sua avó, analfabeta, sempre solicitava que a menina, já com sete anos, escrevesse cartas a uma determinada pessoa na Paraíba, e sempre chorava ao receber as respostas. Por isso, a avó bebia demais, bebia cachaça pura, que era escondida atrás das panelas, sob a pia enegrecida pelo limo e pelo tempo de uso. Carlos Alberto, irmão da menina, às vezes, despejava a bebida no ralo e substituía por água, o que deixava a idosa Lourdes revoltada. Foi assim que Potiguara começou a escrever, absorta nas histórias da própria avó e no sentimento que tudo isso envolvia. As histórias de sua avó a levavam para um mundo mágico e literário.

Quando "a encarcerada domiciliar" se tornou professora primária, "o orgulho da família pobre, indígena e desaldeada", a sua consciência crítica estava borbulhando a ponto de explodir. Ao tomar contato com a filosofia de educação do professor Paulo Freire (1921-1997), um dos maiores educadores populares do Brasil, perseguido pela ditadura militar e exilado no Chile e na África, a menina — agora mulher — ganhou o mundo. Incentivada por sua avó, já falecida pelos maus-tratos da migração, e pelo cantor e comunista, de origem Charrua, o inesquecível Taiguara (1945-1996), com o qual se unira em 1978, Potiguara fez o retorno ao inconsciente coletivo, visitando nações indígenas e perseguindo, sem medir esforços, a verdadeira história de sua tão sacrificada, marginalizada e discriminada família migrante do nordeste, uma das áreas mais pobres do país. Nas cidades de Santa Maria, Bagé, Santo Ângelo e cidadelas próximas à fronteira do Uruguai, em 1978, pôde conhecer as mulheres indígenas que testemunhavam em suas peles e rugas o sofrimento que causava a violação dos direitos dos povos indígenas. Ali começou a segunda etapa de seu diálogo com as mulheres indígenas. Pensava, já naquela época, na organização e na articulação das mulheres indígenas. Há quase quatro décadas!

Visitou as terras imemoriais de sua mãe, de sua avó paraibana e de seus ancestrais espirituais. Ali sentiu a essência da existência humana, o seu cordão umbilical queimava e seus pés não andavam: flutuavam... Foi lá que, em 1979, conheceu um senhor muito velhinho e cego, o indígena Potyguara, a quem chamava de Senhor Marujo, com cerca de noventa anos, que narrou como se deu a retirada daquela família específica do local, por volta de 1927. Foi impactante porque eram todas mulheres, as quatro filhas do índio X, mais a mãe Maria da Luz. Sua avó, a menina Maria de Lourdes, com apenas doze anos, já era mãe solteira, vítima de violação sexual praticada por colonos que trabalhavam para a família inglesa Y, que escravizava a população indígena no plantio do algodão.

Com esse testemunho, a nova cidadã, agora sabedora de suas raízes, tinha a certeza de que estava em casa e queria resgatar e preservar essa cidadania. Entrou para o movimento indígena, arquitetou políticas de resistência, fez um trabalho de campo que sensibilizou muitas pessoas, mas esbarrou com as forças reacionária, política e econômica locais que quase a mataram por querer noticiar os fatos arbitrários e por disseminar a conscientização dos direitos indígenas entre aquele povo que, na época, sofria o impacto sociopolítico e ambiental do arrendamento de terras indígenas e suas trágicas consequências. Sofreu humilhações públicas, ameaças de morte, extorsões e difamações em jornais de renome e em jornais locais. Sofreu também abuso sexual, o que prejudicou sua imagem moral, afetou seu trabalho, seu lado psicológico e o de seus filhos.

Para não prejudicar a imagem histórica, política e social de um povo, teve de se calar na época, sendo levada pela Polícia Federal, na frente de seus filhos, como se fora uma assassina. Teve de depor na Procuradoria do Estado, na época do governo de Fernando Collor, e retirar-se, constituindo, assim, um ato de respeito e desapego às histórias de seu povo, após uma ação de solidariedade internacional do Pen Club da Inglaterra e da organização internacional denominada Escritores na Prisão, que defendiam os direitos humanos em seus países. Essa ação de solidariedade foi indicada por Genaro Bautista, indígena mexicano, escritor, jornalista e coordenador do Agência de Imprensa Indígena (Aipin).

Similaridade de histórias

Analisando esses fatos que ocorreram no final do século 20, percebemos que a causa principal dos conflitos, dissabores, amarguras e solidão está lá! Lá no início do século 20, quando o índio X foi dado como desaparecido e sua família mutilada. E a violência, a intolerância e o racismo aos direitos indígenas se arrastaram por muitos e muitos anos e séculos, vindo a prejudicar dezenas de vidas e de relações interpessoais. Assim está formalizada a história de muitas famílias indígenas que se separaram de seu território tradicional e de suas parentes. Esse é um caso a ser estudado também e que deve se constituir em um inquérito a partir de estudos antropológicos baseados em histórias e testemunhos, para que se consiga resgatar a dignidade e a cidadania dessas famílias discriminadas, exploradas e escravizadas por milhares de processos colonizadores ao longo do território nacional, como é o caso também dos povos ressurgidos e dos quilombolas.

A história aqui narrada não é um caso incomum. A diferença é que aqui está tendo visibilidade, quando a esmagadora maioria de famílias indígenas violentadas, que continua em aldeias indígenas ou que faz parte das famílias desaldeadas ou desestruturadas, permaneceu calada, enferma, enlouquecida, isolada na sociedade envolvente. Famílias caladas pela pressão política, social e econômica ou por desconhecerem os seus direitos ou até mesmo por vergonha. A vergonha é o resultado do estigma. A paraibana Maria de Lourdes, a avó da menina, tinha vergonha de sua história, assim como muitos indígenas desaldeados das terras amazônicas. A vergonha se transforma em medo, medo da discriminação social e racial.

Esse tipo de violência e racismo e a migração dos povos indígenas de suas áreas tradicionais merecem estudos, pois essas situações não têm visibilidade no país, assim como a situação das mulheres indígenas que sofrem abuso, assédio e violência sexual, que se tornam objeto de tráfico nas mãos de avarentos e degradados nacionais e internacionais não é divulgada. Essa é a causa que estamos levantando!

Os conflitos entre povos e o poder, no mundo inteiro, têm causado migrações, deslocamentos (esses povos são obrigados a se deslocar e a fugir por diversos motivos, sejam guerras locais, sejam internacionais, conflitos de raça, etnia ou religião). Muitas consciências já se levantaram contra essa situação e, principalmente, contra as consequências desses deslocamentos de povos de seu hábitat natural, constituindo-se no chamado racismo ambiental. Muitos organismos da Organização das Nações Unidas (ONU) têm tratado desse ponto com considerável atenção. E as mulheres e as crianças são os mais atingidos nesses casos.

Sobre as mulheres indígenas, a violação aos seus direitos humanos as tem conduzido às mãos de homens corruptos que as seduzem por um prato de comida, por programas ou eventuais promessas, que confundem esse universo feminino, pois essas mulheres têm valores e tradições totalmente diferentes do mundo urbano, envolvente e masculino. Temos como exemplo o caso de algumas mulheres indígenas Yanomami, em Roraima, que, há mais de uma década, são conduzidas à prostituição, ludibriadas por soldados ou comerciantes.

Em 1996, um chefe indígena no Brasil central passou por uma situação muito humilhante perante os parentes de seu povo. Sua esposa partiu com um comerciante local, estranho à sua etnia. As mulheres indígenas, em suas comunidades, acabam sendo iludidas pelo encantamento e pelas condições da sociedade envolvente, assim, centenas delas acabam por sair de suas casas para a insegurança das cidades próximas ou das grandes cidades. Isso constitui tráfico de mulheres, pois a maioria acaba sendo empregada como doméstica com mão de obra quase escrava. Podemos tomar como exemplo o depoimento de Deolinda Prada, indígena do povo Desana, no Amazonas, dado ao Grupo Mulher-Educação Indígena (GRUMIN) há quase 30 anos, quando eu estive lá, que motivou a criação do primeiro núcleo de apoio às empregadas indígenas em Manaus, a Associação de Mulheres do Alto Rio Negro (AMARN).

As mulheres indígenas também vão trabalhar como operárias mal remuneradas ou nas grandes plantações dos latifundiários, em um sistema de cativeiro, trocando seu trabalho por latas de sardinhas e nunca conseguindo pagar sua dívida com o contratante. Outras vezes, vão morar com homens sem caráter que as transformam em objeto de cama e mesa, submetidas a agressões físicas e parindo dezenas de filhos, para viverem, miseravelmente, nas casas de palafitas na Amazônia, dentro e fora do Brasil, ou sobreviverem em favelas contaminadas moral, social, política e fisicamente. Muitas vezes, trabalham somente pelo prato miserável de comida ou por um pouco de farinha de mandioca.

Atualmente, com o apelo da comunicação de massa, muitas meninas e adolescentes querem projetar-se nos louríssimos símbolos sexuais das grandes redes de televisão, atuais modelos de beleza brasileira que deixam os homens enlouquecidos e supérfluos. É o que acontece com centenas de mulheres indígenas que se dirigem aos grandes centros urbanos como Manaus, Belém, Boa Vista, Recife, Brasília, São Paulo, Rio de Janeiro e demais capitais do Brasil, para tentarem ser também essas insinuantes loiras da mídia. Muita gente desatenta pode criticar, conduzindo seu raciocínio para um julgamento injusto e intolerante, do tipo: "Essa população, então, não preserva mais os seus valores, já quer o mundo da sociedade envolvente!". Outra forma de escravidão de mulheres indígenas é a constatação da presença delas em prostíbulos e em zonas de meretrício, onde vendem seu corpo por migalhas, contraindo Aids e outras doenças sexualmente transmissíveis. Criando crianças sem futuro, famintas ou portadoras do vírus HIV.

O sistema político, que deveria garantir o direito territorial dos povos indígenas, a preservação cultural e sua dignidade, nada faz. Entra governo e sai governo e as terras indígenas não são priorizadas, tampouco os direitos constitucionais e imemoriais desses povos são considerados. Os povos, há séculos, sobrevivem em um clima constante de insegurança, não se sabendo se aquele local em que estão enterrados seus mortos será o território de seus filhos!

Os instrumentos jurídicos internacionais resultantes das Conferências sobre o Meio Ambiente Humano[3] organizadas pela ONU estão aí para serem aplicados pelos governos. Mas cada vitória da população oprimida do mundo é uma nova batalha para que os governos ponham em prática os direitos conseguidos.

Brasil

Que faço com a minha cara de índia?

E meus cabelos
E minhas rugas
E minha história
E meus segredos?

Que faço com a minha cara de índia?

E meus espíritos
E minha força
E meu Tupã
E meus círculos?

Que faço com a minha cara de índia?

E meu Toré
E meu sagrado
E meus "cabocos"
E minha Terra?

Que faço com a minha cara de índia?

E meu sangue
E minha consciência
E minha luta
E nossos filhos?

Brasil, o que faço com a minha cara
de índia?

Não sou violência
Ou estupro

Eu sou história
Eu sou cunhã
Barriga brasileira
Ventre sagrado
Povo brasileiro.

Ventre que gerou
O povo brasileiro

Hoje está só...
A barriga da mãe fecunda
E os cânticos que outrora cantavam
Hoje são gritos de guerra
Contra o massacre imundo.

ELIANE POTIGUARA é professora e ativista do povo Potiguara. Considerada a primeira escritora indígena do Brasil, é Embaixadora Universal da Paz em Genebra, Suíça, fundadora do Grupo Mulher-Educação Indígena e doutora *honoris causa* pela Universidade Federal do Rio de Janeiro. Em 1992, foi premiada pelo PEN Club da Inglaterra com a publicação do livro *A terra é a mãe do índio* (1985).

FONTE: Excerto do capítulo "Invasão às terras indígenas e a migração". In: *Metade cara, metade máscara*. Rio de Janeiro: Grumin Edições, 2018, pp. 23-33. Versão revisada.

1 Referência ao jesuíta espanhol Juan Patricio Fernández (1667-1733). Membro da Companhia de Jesus, foi enviado a missões jesuíticas no Paraguai no fim do século 17 que descreve em *Relación historial de las misiones de indios, que llaman chiquitos, que están a cargo de los Padres de la Compañía de Jesús de la provincia del Paraguay*, publicado em 1726. [N. E.]

2 Referência à guerra Guaranítica (1753-1756), quando os reinos ibéricos assinaram o Tratado de Madri (1750), que formalizava a troca entre a região de Sacramento (pertencente aos portugueses) e a área dos Sete Povos das Missões (do império espanhol), no Rio Grande do Sul, provocando a revolta dos Guarani, que seriam obrigados a deixar seu território. [N. E.]

3 Conferência de Estocolmo (Estocolmo, 1972); Eco 92 ou Rio 92 (Rio de Janeiro, 1992); Rio+10 ou Cúpula Mundial de Desenvolvimento Sustentável (Johanesburgo, 2002); Rio+20 (2012).

Discurso no ato em defesa da democracia

JEAN WYLLYS
2018

Boa noite! Boa noite a todas e todos vocês.

Eu fico feliz de poder falar com o presidente Lula presente, porque talvez, como único homem gay assumido desta cúpula, aqui no palco, eu corri o risco de falar sem ele me ouvir. E a minha existência, a existência simbólica, tem a ver com o Lula, e seria ruim ele não me ouvir.

Eu estou falando também em nome do meu companheiro Glauber Braga, que não pôde estar aqui porque está em Brasília representando a gente. Quando me convidaram para participar deste evento, imediatamente eu aceitei, porque a democracia é uma das minhas prioridades.

A democracia é um tecido. Um tecido que vem sendo construído há um tempo no Brasil. Um tecido construído por vários atores que vão entrando aos poucos: instituições, pessoas físicas, coletivos, movimentos sociais.

A democracia pretende se estender a todo mundo, garantindo oportunidades e direitos a todos, incluindo todos no espaço da cidadania que ela constrói. Mas a democracia tem inimigos – inclusive inimigos internos. E por isso a democracia no Brasil, esse tecido, ele é interrompido sempre. Ele foi interrompido durante vinte anos pela ditadura militar – e agora, quando a gente estava retomando a construção desse tecido, com novos atores (e aí me perdoem os meus companheiros psolistas, os governos petistas, sim, garantiram e estenderam cidadania a muito mais gente). Quando esse tecido estava sendo estendido, a democracia foi novamente golpeada, e desta vez ela foi esgarçada.

Porque, no cavalo de Troia do antipetismo, promovido pelos meios de comunicação, pelos plutocratas, pelos partidos que vinham sendo derrotados nas urnas, dentro desse cavalo de Troia do antipetismo, veio o fascismo. E o fascismo decidiu mostrar sua força, esgarçando o tecido democrático, não só no assassinato brutal da nossa companheira Marielle Franco e de Anderson [Gomes], o motorista, mas também no ataque à caravana de Lula no sul, nos assassinatos em Maricá,[1] nos assassinatos das lideranças de movimentos sociais. O fascismo tem expressão no próprio Estado e por isso nós precisamos urgentemente defender a democracia e criar uma frente antifascista. Por isso eu estou aqui.

Eu nunca cedi a ressentimentos. Entrei no PSOL quando o PSOL já era PSOL e portanto não alimento nenhuma relação freudiana com o PT. Gosto de ser PSOL, mas respeito o PT, respeito o PCdoB, respeito todos os partidos de esquerda, e por isso desde sempre defendi o governo Dilma contra o golpe e defendo a democracia.

Não sou oportunista e quero dizer que esse tecido que vem sendo esgarçado, ele precisa ser recomposto. Não só de fora pra dentro. Temos que defender as instituições democráticas, o tempo das garantias jurídicas, o direito à ampla defesa de Lula, que se exijam provas para prendê-lo. Nós não vamos deixar que ele seja preso.

Mas também a democracia, ela é construída de dentro pra fora. E por isso fiz questão de frisar que sou o único gay assumido de toda essa gente que ocupa este palco. Nós precisamos de mais representação neste espaço, não só de mulheres, mas de homens negros também, porque a democracia não se estendeu a todo mundo. A quantidade de negros mortos neste país é um acinte e ninguém se importa. A quantidade de LGBTs mortos nesse país é um acinte e ninguém se importava. Nós bradávamos, nós queríamos que a democracia viesse até nós. Essa construção da democracia deve ser dentro de nós. Os preconceitos têm que acabar dentro de nós, no nosso campo.

Vamos defender a democracia, custe o que custar. E vamos defender Lula.

Aqui eu mando beijos da minha mãe Nalva, dos meus irmãos George, Ricardo e Josiane.

Muito obrigado.

1 Referência à chacina ocorrida em Maricá em que cinco jovens foram mortos em 25 de março de 2018, portanto, poucos dias antes deste discurso. [N. E.]

JEAN WYLLYS (Alagoinhas, Bahia, 1974) é jornalista, professor universitário e político. Mestre em linguística pela Universidade Federal da Bahia, foi deputado federal pelo Rio de Janeiro entre os anos de 2011 e 2019.

FONTE: Versão revisada do discurso de Jean Wyllys no ato em defesa da democracia, realizado no dia 2.4.2018, no Rio de Janeiro, que reuniu lideranças de diferentes partidos de esquerda contra o fascismo e ações extremistas.

Pequeno manual antirracista

DJAMILA RIBEIRO
2019

Introdução

Quando criança, fui ensinada que a população negra havia sido escrava e ponto, como se não tivesse existido uma vida anterior nas regiões de onde essas pessoas foram tiradas à força. Disseram-me que a população negra era passiva e que "aceitou" a escravidão sem resistência. Também me contaram que a princesa Isabel (1846-1921) havia sido sua grande redentora. No entanto, essa era a história contada do ponto de vista dos vencedores, como diz Walter Benjamin (1892-1840).[1] O que não me contaram é que o Quilombo dos Palmares, na Serra da Barriga, em Alagoas, perdurou por mais de um século, e que se organizaram vários levantes como forma de resistência à escravidão, como a Revolta dos Malês (1835) e a Revolta da Chibata (1910). Com o tempo, compreendi que a população negra havia sido escravizada, e não era escrava — palavra que denota que essa seria uma condição natural, ocultando que esse grupo foi colocado ali pela ação de outrem.

Se para mim, que sou filha de um militante negro e que sempre debati essas questões em casa, perceber essas nuances é algo complexo e dinâmico, para quem refletiu pouco ou nada sobre esse tema pode ser ainda mais desafiador. O processo envolve uma revisão crítica profunda de nossa percepção de si e do mundo. Implica perceber que mesmo quem busca ativamente a consciência racial já compactuou com violências contra grupos oprimidos.

O primeiro ponto a entender é que falar sobre racismo no Brasil é, sobretudo, fazer um debate estrutural. É fundamental trazer a perspectiva histórica e começar pela relação entre escravidão e racismo, mapeando suas consequências. Deve-se pensar como esse sistema vem beneficiando economicamente por toda a história a população branca, ao passo que a negra, tratada como mercadoria, não teve acesso a direitos básicos e à distribuição de riquezas.

É importante lembrar que, apesar de a Constituição do Império de 1824 determinar que a educação era um direito de todos os cidadãos, a escola estava vetada para pessoas negras escravizadas. A cidadania se estendia a portugueses e aos nascidos em solo brasileiro, inclusive a negros libertos. Mas esses direitos estavam condicionados a posses e rendimentos, justamente para dificultar aos libertos o acesso à educação.

Havia também a Lei de Terras de 1850, ano em que o tráfico negreiro passou a ser proibido no Brasil — embora a escravidão tenha persistido até 1888. Essa lei extinguia a apropriação de terras com base na ocupação e dava ao Estado o direito de distribuí-las somente mediante a compra. Dessa maneira, ex-escravizados tinham enormes restrições, pois só quem dispunha de grandes quantias poderia se tornar proprietário. A lei transformou a terra em mercadoria ao mesmo tempo que facilitou o acesso a antigos latifundiários — embora imigrantes europeus tenham recebido concessões, como a criação de colônias.

Quando estudamos a história do Brasil, vemos como esses e outros dispositivos legais, estabelecidos durante e após a escravidão, contribuem para a manutenção da mentalidade "casa-grande e senzala" no país em que, nas senzalas e nos quartos de empregada, a cor foi e é negra. A psicanalista Neusa Santos (1948-2008), autora de *Tornar-se negro* (1983), um dos primeiros trabalhos sobre a questão racial na psicologia, afirma que:

> A sociedade escravista, ao transformar o africano em escravo, definiu o negro como raça, demarcou o seu lugar, a maneira de tratar e ser tratado, os padrões de interação com o branco e instituiu o paralelismo entre cor negra e posição social inferior.[2]

No Brasil, há a ideia de que a escravidão aqui foi mais branda do que em outros lugares, o que nos impede de entender como o sistema escravocrata ainda impacta a forma como a sociedade se organiza. É necessário reconhecer as violências ocorridas durante o período escravista. Historiadores como Lilia Schwarcz, Flávio Gomes, João José Reis e Nizan Pereira Almeida já comprovaram que essa ideia não passa de um mito.[3] São inúmeros os fatos históricos que a desmentem. Basta lembrar, por exemplo, que a expectativa de vida dos homens escravizados no campo era 25 anos, bem abaixo da média dos Estados Unidos para o mesmo grupo, 35 anos.

Movimentos de pessoas negras há anos debatem o racismo como estrutura fundamental das relações sociais, criando desigualdades e abismos. O racismo é, portanto, um sistema de opressão que nega direitos, e não um simples ato da vontade de um indivíduo. Reconhecer o caráter estrutural do racismo pode ser paralisante. Afinal, como enfrentar um monstro tão grande? No entanto, não devemos nos intimidar. A prática antirracista é urgente e se dá nas atitudes mais cotidianas. Como diz Silvio Almeida em seu livro *Racismo estrutural*:

> Consciente de que o racismo é parte da estrutura social e, por isso, não necessita de intenção para se manifestar, por mais que calar-se diante do racismo não faça do indivíduo moral e/ou juridicamente culpado ou responsável, certamente *o silêncio o torna ética e politicamente responsável pela manutenção do racismo.* A mudança da sociedade não se faz apenas com denúncias ou com o repúdio moral do racismo: depende, antes de tudo, da tomada de posturas e da adoção de práticas antirracistas.[4]

Portanto, nunca entre numa discussão sobre racismo dizendo "mas eu não sou racista". O que está em questão não é um posicionamento moral, individual, mas um problema estrutural. A questão é: o que você está fazendo ativamente para combater o racismo? Mesmo que uma pessoa pudesse se afirmar como não racista (o que é difícil, ou mesmo impossível, já que se trata de uma estrutura social enraizada), isso não seria suficiente — a inação contribui para perpetuar a opressão.

É preciso ressaltar que mulheres e homens negros não são as únicas vítimas de opressão estrutural: muitos outros grupos sociais oprimidos compartilham experiências de discriminação em alguma medida comparáveis. Este livro foca em estratégias para combater o racismo contra pessoas negras, mas espero que, se possível, ele possa contribuir também para o combate a outras formas de opressão.[5]

O objetivo deste pequeno manual é apresentar alguns caminhos de reflexão — recuperando contribuições importantes de diversos autores e autoras sobre o tema — para quem quiser aprofundar sua percepção de discriminações estruturais e assumir a responsabilidade pela transformação de nossa sociedade. Afinal, o antirracismo é uma luta de todas e todos.

DJAMILA RIBEIRO (Santos, São Paulo, 1980) é mestra em filosofia pela Universidade Federal de São Paulo, escritora e ativista do movimento feminista e do movimento negro. Foi secretária-adjunta de Direitos Humanos e Cidadania da prefeitura de São Paulo (2016) e é autora dos livros *O que é lugar de fala* (2017), *Quem tem medo do feminismo negro?* (2018) e *Pequeno manual antirracista* (2019).

FONTE: "Introdução". In: *Pequeno manual antirracista*. São Paulo: Companhia das Letras, 2019, pp. 7-15.

1 Walter Benjamin. "Teses sobre o conceito de história". In: *Obras escolhidas: magia e técnica, arte e política*. São Paulo: Brasiliense, 1985.

2 Neusa Santos Souza, *Tornar-se negro ou as vicissitudes da identidade do negro brasileiro em ascensão social*. Rio de Janeiro: Graal, 1983, p. 19.

3 Sobre os autores citados, ver Lilia Moritz Schwarcz, *O espetáculo das raças*. São Paulo. Companhia das Letras, 1990; e *Sobre o autoritarismo brasileiro*. São Paulo: Companhia das Letras, 2019; Flávio Gomes, *Mocambos e quilombos: uma história do campesinato negro no Brasil*. São Paulo: Companhia das Letras, 2015; João José Reis: *Rebelião escrava no Brasil: a história do levante dos malês em 1835*. São Paulo: Companhia das Letras, 2012; Nizan Pereira Almeida, *A construção da invisibilidade e da exclusão da população negra nas práticas e políticas educacionais no Brasil*. Tese de Doutorado. Pontifícia Universidade Católica do Paraná, 2014. [N. E.]

4 Silvio Almeida, *Racismo estrutural*. São Paulo: Pólen, 2019, p. 52.

5 Sobre a questão dos povos indígenas, sugiro as obras de Daniel Munduruku, Ailton Krenak e Davi Kopenawa, entre outros.

Uma história oral do Movimento Negro Unificado por três de seus militantes

BRUNA CAETANO/*BRASIL DE FATO*
2019

No ano de 1978, a ditadura militar prendeu, torturou e assassinou o feirante Robson Silveira da Luz, acusado de roubar frutas em seu local de trabalho. No mesmo ano, quatro garotos jogadores de vôlei foram discriminados pelo Clube de Regatas Tietê e o operário Nilton Lourenço foi morto pela Polícia Militar no bairro da Lapa, em São Paulo. A reação imediata da juventude negra aos ataques foi a articulação do Movimento Negro Unificado (MNU), que pedia o fim da violência policial, do racismo nos meios de comunicação, no mercado de trabalho, e do regime, juntando setores de todos os espectros políticos.

A criação do movimento foi marcada por uma manifestação histórica que reuniu milhares de pessoas na escadaria do Theatro Municipal de São Paulo, no dia 7 de julho. Ao longo dos anos de ditadura e depois dela, o movimento foi fundamental para a resistência e a luta por pautas que fossem em direção ao fim da discriminação racial no país. O MNU contribuiu com a formulação de demandas do movimento negro à Assembleia Constituinte de 1987, que deu origem à Constituição Cidadã.

Com quase 41 anos, o movimento obteve conquistas importantes como a demarcação de terras quilombolas, a Lei n. 10.639, que prevê o ensino da história afro-brasileira nas escolas, o crescimento — ainda que insuficiente — da quantidade de pessoas negras nas universidades e o fortalecimento da consciência racial dos jovens. Contudo, são muitas as pautas que ainda necessitam de atenção, ainda mais após a eleição de Jair Bolsonaro, fato que ameaça os avanços conseguidos até o momento.

O *Brasil de Fato* conversou com José Adão Oliveira e Milton Barbosa, que participam do movimento desde a sua fundação, e com Regina Lucia Santos, no MNU desde 1996. Eles contam sobre o surgimento do movimento, trazem momentos importantes e avaliam as perspectivas de luta e resistência diante do governo Bolsonaro.

BF **[Brasil de Fato]** Como foi o surgimento do MNU? E quais as principais reivindicações?

MB **[Milton Barbosa]** O MNU foi criado no dia 18 de junho de 1978 para dar resposta à discriminação racial de quatro garotos do time infantil de voleibol do Clube de Regatas Tietê, e também à prisão, tortura e morte de Robson Silveira da Luz, trabalhador e pai de família que foi preso no 44º Distrito de Guaianazes pelo delegado Alberto Abdala por uma acusação de que ele havia roubado frutas na feira. Essas coisas revoltaram muito a juventude negra da época, então fizemos uma reunião das várias entidades.

No período em que estávamos preparando a manifestação, na semana em que íamos realizar o ato, foi preso e foi morto pela Polícia Militar o operário Nilton Lourenço, no bairro da Lapa. Então, esses foram os fatos imediatos que levaram à criação do MNU. Foi feita uma discussão, levantados alguns pontos prioritários como a questão da violência policial, o racismo nos meios de comunicação e no mercado de trabalho e a forma com que pagavam menos para o trabalhador negro em relação aos brancos. Várias questões foram indicadas.

RLS **[Regina Lucia Santos]** No momento da fundação, o pessoal do movimento na verdade denunciava a inexistência da democracia racial tão falada, inclusive pelo regime militar. Essa é uma diferença. Hoje, na verdade a gente já teve presidentes que reconheceram a existência do racismo no Brasil.

JAO **[José Adão Oliveira]** Foi muito difícil e ao mesmo tempo estimulante porque tinha dois fatos concretos que exigiam uma resposta não usual pelo regime militar. Há que se ressaltar que as entidades negras culturais continuavam os seus processos de valorização da raça negra, mas os grupos que faziam a militância política, como o Núcleo Negro Socialista/Grupo Afro Latino América e Decisão, já haviam intervido em plena celebração do 13 de Maio, dia da Lei Áurea, no palco no largo do Paissandu, onde havia setores da comunidade negra e autoridades representantes do governo militar. Distribuiu-se um manifesto denunciando a falsa abolição da escravatura e lançando o 13 de Maio como Dia Nacional de Denúncia do Racismo. Além disso, atuamos nas passeatas pela abertura democrática, pela Anistia e apoiamos as greves metalúrgicas no ABC paulista.

MB O movimento juntou setores de esquerda, de centro, de direita. Juntamos todo mundo quando criamos o MNU, então fizemos um ato público porque tinha que ser um processo vitorioso para enfrentar a ditadura militar, que pegava pesado. Realizamos um ato nas escadas do Theatro Municipal. Articulamos setores da imprensa nacional e internacional e a manifestação estourou nos jornais e rádios do mundo todo. Foi um processo importante na luta de negros e negras aqui no Brasil.

Ao longo do tempo, setores foram saindo fora, foram para partidos de direita. Houve esse processo natural, mas foi de fundamental importância juntarmos todas as forças para criar o MNU, e foi um processo vitorioso que levou ao avanço da luta do negro no Brasil no combate ao racismo e à violência policial. O MNU veio em resposta a esses ataques sistemáticos sobre a população negra, a juventude negra. Hoje entendemos que há um projeto de genocídio da população negra no Brasil.

RLS Naquele momento, a gente reivindicava o ensino da história da África e dos afrobrasileiros, hoje já existe a Lei n. 10.639, que dá conta dessa pauta, mas ainda lutamos pela aplicação plena dessa lei. Em todas as outras reivindicações, a gente tem caminhado, mas ainda são pautas muito parecidas. A tentativa de invisibilização do negro tem sido vencida por conta da luta que o movimento travou, e hoje a gente faz a denúncia sistemática de quando o negro aparece só de forma caricata, estereotipada. A pauta de luta é a mesma, ainda lutamos contra o racismo em todas as formas. O religioso, o econômico, ainda estamos lutando em todas as frentes que eram reivindicações na época e continuam sendo atuais.

MB As reivindicações são muito parecidas, mas há aspectos de diferenças conjunturais. Por exemplo, o Carnaval deste ano foi avançado, politizado, as escolas de samba fizeram denúncias da morte da Marielle Franco (1979-2018), do racismo no Brasil.[1] As discussões que a gente fazia no movimento hoje se esparramaram. As escolas tiveram um papel importante para mostrar o racismo brasileiro, que é algo que a sociedade sempre tentou esconder. Vários setores da cultura negra, como as escolas de samba, avançaram e hoje fazem um trabalho progressista, de denúncia do racismo. As religiões de matriz africana também preservaram a cultura africana no Brasil, e inclusive preservam coisas mais profundas que na África.

As próprias escolas falaram da importância das religiões de matriz africana. Tem setores que demonstram que há um avanço importante, e não é mais algo que fica na discussão de movimentos e grupos de negros nas universidades. São questões que avançaram e tomaram a dimensão de luta de massa. O mundo tem consciência de que o africano foi o primeiro ser do mundo, então tudo o que existe de cultura vem dos africanos, e isso não é pouca coisa. Isso interfere no dia a dia do negro e da humanidade como um todo.

JAO No momento da fundação as pautas eram a violência policial, a discriminação, a igualdade e a participação democrática. Mas essas eram pautas quase que conceituais, exclusivas dos grupos negros culturais, de teatro e de grupos políticos de esquerda trotskista. Todos os demais setores de esquerda eram contrários à pauta racial, sem exceção. Hoje conquistou-se uma unanimidade quanto à necessidade de solução do problema racial no Brasil, e, embora não haja consenso sobre como solucionar a questão, o único partido totalmente contrário é o Democratas (atual União Brasil), que representa as forças do atraso colonial. Mas isso é compreensível, porque é o partido das famílias herdeiras do período escravista.

BF Quais foram os momentos mais importantes para a história do MNU?

RLS Tem um momento ímpar para a história do MNU, que foi a participação na discussão da Constituinte e o papel do negro na Constituinte. O MNU teve um papel muito importante nesse momento. Acho que há momentos significativos como o da promulgação da Lei n. 10.639. Os fundamentos da lei já eram colocados no primeiro programa de ação do MNU.

MB Para mim, foi quando decidimos, no dia 4 de novembro de 1978, transformar o dia 20 de novembro no Dia Nacional da Consciência Negra, em uma assembleia nacional em Salvador, na Bahia. Esse foi um momento de extrema importância. O próprio ato do dia 7 de julho foi muito importante. Algumas figuras que tiveram papel histórico fundamental se constituíram dentro do Movimento Negro Unificado, como Lélia Gonzalez (1935-1994), Luiza Bairros (1953-2016) e mais algumas outras figuras históricas que ainda estão vivas fazendo um trabalho fundamental. Tivemos também marchas que foram realizadas no mês de novembro, em 1995, em Brasília, o primeiro seminário nacional que fizemos com os quilombolas. Tem momentos que são inesquecíveis para nós, militantes, para dar um norte político na nossa luta.

BF Quais as principais conquistas do movimento negro no Brasil?

RLS As principais conquistas são a Lei n. 10.639, a juventude negra estar assumindo a herança negra, a re-contação da história, tudo isso são conquistas provenientes do movimento negro em geral, e em particular do MNU. Temos momentos marcantes, por exemplo agora, aos 40 anos do MNU é um momento de extrema grandeza porque a gente refez todos os passos feitos há 40 anos, e percebemos que caminhamos muito, mas ainda temos muito o que caminhar. Temos que deixar plantada a semente para os próximos 40, então há momentos extremamente significativos e muitas conquistas, porque na verdade há 40 anos era proibido se falar em racismo, nas questões dos negros, na desigualdade racial. O negro continua sendo minoria nas universidades, mas, além de minoria, era invisibilizado, e hoje estamos na luta para visibilizar a contribuição do negro.

JAO Conquistamos algumas políticas históricas e outras afirmativas, como a titulação de terras quilombolas, o reconhecimento de Zumbi dos Palmares (1655-1695) como herói nacional, a Lei n. 10.639, que institui a história da África e dos afrodescendentes na história oficial, a Lei de Cotas universitárias e no serviço público. Esse é o panorama geral, mas a principal diferença é que a juventude acessou a universidade e utiliza a própria metodologia científica para derrubar e desmascarar todos os argumentos e justificativas para a existência do racismo no Brasil e no mundo.

BF E quais as principais reivindicações hoje?

RLS Acho que uma das principais pautas hoje é contra o genocídio da juventude negra, da população negra em geral, o fim do racismo religioso. Eu acho que outra questão importante é a educação não ser colocada só a partir da história do europeu, mas principalmente do povo negro e indígena. Nós temos reivindicações muito fortes que são todas de combate ao racismo existente no país. A questão do acesso às terras quilombolas, a educação não centralizada na filosofia judaico-cristã europeia e a questão do papel da mulher negra são também pontos-chave.

O que as escolas de samba este ano fizeram, de contar a história deste país por uma religiosidade de matriz africana, mostrar o cotidiano da população brasileira e a resistência na luta sob o ponto de vista da população negra. Acho que essa é uma reivindicação muito forte. E nesse bojo todo está a questão da reparação histórica, porque todo esses itens entram na herança que a escravização e o colonialismo deixaram através do racismo continuado.

JAO Pessoalmente, aponto o fim do genocídio da juventude negra, o fim do feminicídio em geral, implementação dos planos de educação com a Lei n. 10.639 e a verdadeira democracia racial, com efetiva ocupação de cargos por meio da lei de cotas raciais gradativas e crescentes, articulada com a paridade de gênero e raça.

BF Quais são os desafios que o período atual impõe sobre o movimento?

RLS Os desafios que o governo Bolsonaro e a extrema direita impõem ao movimento negro são enormes, porque eles avançam sobre conquistas históricas que acabaram beneficiando a população negra. A retirada desses direitos primeiramente atinge os negros. A questão da reforma da Previdência, por exemplo, já que quem com certeza não se aposentará será a população negra, pobre e periférica. Se a gente der uma olhada na expectativa de vida nas periferias de São Paulo, onde está a população negra, a gente percebe que os negros nunca chegarão à aposentadoria por essa reforma do governo Bolsonaro.

Os desafios são extremos, e temos que lutar com todas as forças para que a gente não perca os direitos conquistados até hoje. Já se fala em acabar com as cotas nas universidades e nos concursos públicos, o que é uma conquista do movimento negro. Nós temos uma luta de vida, na verdade, contra esse governo.

MB A extrema direita está forte no mundo, e aqui no Brasil não é diferente. Eles têm o papel de tentar retirar as conquistas, e vamos que ter que enfrentá-los em todas as frentes. Com os trabalhadores, nas entidades culturais, escolas de samba, grupos de capoeira, religiões de matriz africana e outras áreas, até mesmo a Igreja católica irá desenvolver setores de combate ao racismo, porque ele é utilizado por um setor reacionário do capital para nos explorar. Além do MNU, setores importantes do movimento negro darão norte para a luta e se juntarão com forças progressistas para darmos os próximos passos.

JAO O cineasta brasileiro Glauber Rocha (1939-1981) classificou, em 1972, o racismo como o "câncer do Brasil", e o físico Albert Einstein (1879-1955), em 1946, em palestra na Lincoln University, classificou o racismo como "doença de pessoas brancas". O governo Bolsonaro e a extrema direita não colocam nenhum desafio novo para o MNU, apenas estão agudizando uma doença já diagnosticada na mentalidade das ricas famílias herdeiras do escravismo brasileiro.

A constituição e o lançamento do MNU foram uma resposta a um efeito cuja causa é uma doença, mas sua origem está no orgulho, no egoísmo, na frieza de sentimentos e na má vontade. Então, a articulação e o fortalecimento do movimento estão em sermos coletiva e individualmente mais amorosos, afetuosos, solidários e pró-ativos em tudo que valoriza e vitaliza coletivamente a população negra. Devemos ser protagonistas e exemplificadores desses valores.

1 Como foram os casos das homenagens à Marielle Franco feitas nos desfiles da Estação Primeira de Mangueira e Unidos de Vila Isabel, no Carnaval do Rio de Janeiro, e os desfiles da Escola de Samba Vai-Vai e da Escola de Samba Pérola Negra, no carnaval em São Paulo, todos ocorridos em 2019. [N. E.]

BRUNA CAETANO é jornalista e editora. No *Brasil de Fato*, foi responsável pelo desenvolvimento de reportagens sobre direitos humanos, política, cultura e movimentos sociais.

BRASIL DE FATO é um jornal, site de notícias e radioagência. Fundado em 2003 como um jornal impresso, reúne jornalistas, intelectuais, articuladores e movimentos populares do Brasil e do mundo.

FONTE: *Brasil de Fato*, abr. 2019. Disponível em https://www.brasildefato.com.br/2019/04/05/uma-historia-oral-do-movimento-negro-unificado-por-tres-de-seus-fundadores. Acesso em 26.1.2022.

Manifesto do Movimento dos Trabalhadores Rurais Sem Terra ao povo brasileiro

MOVIMENTO DOS TRABALHADORES RURAIS SEM TERRA
2019

1.

Neste mês de abril de 2019, mais uma vez erguemos nossas bandeiras e levantamos nossos punhos em memória dos nossos mártires de Eldorado de Carajás e lembramos que em 17 de abril completam-se 23 anos da impunidade do latifúndio. Nossas vozes de indignação e nosso clamor por justiça se somam hoje às vítimas da empresa Vale, no sul do Pará, em Mariana, Brumadinho e tantas outras comunidades ameaçadas por suas dezenas de barragens irresponsáveis. Se erguem contra a impunidade dos mandantes do assassinato de Marielle Franco (1979-2018) e de muitos outros militantes das causas populares. Estamos solidários com as lutas dos povos indígenas e quilombolas, atacados em suas terras pelos interesses do agronegócio com aval do governo. Somos solidários e lutaremos sempre pela liberdade de Luiz Inácio Lula da Silva, cuja prisão desrespeita a Constituição e a vontade do povo brasileiro.

2.

Vivemos tempos do aumento das desigualdades, das injustiças e da violência contra o povo. Tempos de sofrimento e de muitas tragédias, a maioria delas causada pela fúria insana do capital em busca de soluções para a crise estrutural que o sistema capitalista enfrenta em todo o mundo. Em períodos de crise as alternativas das classes dominantes buscam aprofundar a exploração dos trabalhadores e o assalto aos recursos públicos e aos bens da natureza. Nesse momento isso está sendo feito através de uma descarada espoliação dos direitos dos trabalhadores, conquistados a duras penas ao longo do último século, e pela privatização desenfreada dos bens comuns da natureza, se apropriando ilegitimamente de terras, petróleo, minérios, água e da biodiversidade. O peso da crise é jogado sobre as costas do povo, com aumento do desemprego, corte do Bolsa Família, diminuição dos salários, paralisação dos programas de moradia e redução de bolsas na universidade. E agora querem acabar com a aposentadoria dos pobres e os benefícios do INSS vinculados ao salário mínimo.

3.

O atual governo ganhou as eleições manipulando a vontade popular e impedindo a participação do Lula no pleito. O grande capital o colocou ali para cumprir essa agenda neoliberal perversa. Foi eleito para manter os privilégios dos que historicamente saquearam o país e atacam os direitos da classe trabalhadora.

4.

Não devemos combater as cortinas de fumaça, nem nos distrair com os arroubos de ignorância. Esse é um governo escolhido pelo capital financeiro, formado pelos setores mais entreguistas e antinacionais da classe dominante, verdadeiros funcionários de petrolíferas e de bancos internacionais, fardados ou não. Trata-se de um governo no qual os interesses dos bancos e dos Estados Unidos estão acima de tudo e de todos, como ficou evidente na postura submissa da entrega da base de Alcântara, da Embraer e da reunião do presidente e ministros com a CIA e o FBI.

O governo deveria cumprir a Constituição e ter um programa de defesa dos interesses do povo. Os problemas das pessoas não se resolvem com ameaças, repressão ou fanfarronices no Twitter. Esse governo envergonha o povo brasileiro, ofende nossa história e os valores humanistas. Esperamos que seja o mais breve possível e que as contradições abertas pelos problemas sociais que se aprofundam possam se transformar em lutas e organização do povo, para enfrentá-los.

5.

Queremos denunciar especialmente que este governo está enterrando a reforma agrária, acabando com o Instituto Nacional de Colonização e Reforma Agrária e todas as políticas públicas de apoio e fortalecimento da agricultura familiar e camponesa. Há um aparelhamento e subordinação dos órgãos públicos da agricultura aos interesses da bancada ruralista, dos fazendeiros e das empresas transnacionais do agronegócio. Entendemos que essas medidas atingem não apenas aos camponeses, aos povos indígenas e quilombolas, mas a todo povo, com aumento do desemprego, com a migração forçada, liberação dos agrotóxicos e exclusão dos serviços públicos. Há no Brasil ao redor de 100 mil famílias de sem-terras acampadas, esperando pela reforma agrária. E outras 800 mil famílias assentadas, à margem das políticas públicas que foram eliminadas. O que o governo quer? Escondê-las, reprimi-las?

6.

A reforma agrária é uma política de Estado, em que a Constituição determina que o governo desaproprie todas as grandes propriedades improdutivas que não cumprem função social, que tenham trabalho escravo, crimes ambientais, contrabando e plantas psicotrópicas, e distribua essas terras aos trabalhadores. Não fazer reforma agrária é descumprir a Lei, que eles dizem defender. Não fazer reforma agrária é aumentar a concentração do latifúndio, a pobreza e a desigualdade na sociedade brasileira.

7.

Seguiremos nossa luta em defesa da reforma agrária, da agroecologia e da agricultura camponesa, para que todos tenham acesso a alimentos saudáveis. Em defesa da educação pública com gestão democrática, sem privatizações e mordaças. Em defesa das empresas estatais, da soberania nacional e contra a submissão do Brasil aos interesses dos Estados Unidos.

8.

Conclamamos o povo brasileiro a seguir em luta pelo direito de todos a trabalho, moradia, emprego, educação, saúde e cultura. Por democracia, justiça social e defesa da natureza como bem comum.

Lutar, construir Reforma Agrária Popular!

O **MOVIMENTO DOS TRABALHADORES RURAIS SEM TERRA (MST)**, fundado em 1984, reúne cerca de 450 mil famílias e trabalhadores rurais que lutam pela desapropriação de latifúndios para o assentamento e pela Reforma Agrária Popular. A entidade é integrante do Fórum Nacional da Reforma Agrária, da Coordenação dos Movimentos Sociais, da Frente Brasil Popular e da Via Campesina, organização internacional formada por movimentos sociais do campo.

FONTE: Versão revisada do "Manifesto do MST ao povo brasileiro". *Câmara dos Deputados,* abr. 2019. Disponível em https://escriba.camara.leg.br/escriba-servicosweb/obterAquivoItem/4359. Acesso em 25.1.2021.

Débora, do Mães de Maio, luta por memória: "Meu filho morreu por ser preto"

NATHÁLIA GERALDO/*UNIVERSA*
2020

[img. 30] No último domingo, Débora Maria da Silva completou 61 anos. Avisou às filhas e aos netos que não iria comemorar a chegada de mais um ano, nem o Dia das Mães. Para a fundadora do movimento social Mães de Maio, da Baixada Santista, no litoral paulista, o mês é atravessado por sofrimento. "Eu sou leoa o ano inteiro. Mas maio é minha tortura", afirma.

Desde 2006, Débora vive para honrar a memória de seu filho, o gari Edson Rogério Silva dos Santos (1977-2006), que foi uma das vítimas dos chamados "Crimes de Maio", ações atribuídas a grupos de extermínio em resposta a ataques do Primeiro Comando da Capital, o PCC, que deixaram o estado de São Paulo em choque. O movimento Mães de Maio, liderado por ela, surgiu naquele mesmo ano, depois que ela resolveu procurar outras mães que se reergueram para ir ao *front* da luta por justiça e para não deixar a morte dos filhos em vão — foram, ao todo, 564 assassinatos.

Rogério, como Débora chama o filho, foi morto em um posto de gasolina e seu corpo foi encontrado, diz a mãe, "na subida do morro da Caneleira", em Santos. Débora soube que seu filho havia sido assassinado ao ouvir o programa de rádio policial local — que enumerou o nome de 14 jovens que perderam a vida entre a noite do dia 14 e a madrugada do dia 15 daquele maio.

Débora atribui a morte do filho a PMs e entende que houve uma motivação racial. "Meu filho morreu porque era preto", analisa. Rogério foi abordado por duas viaturas policiais no posto ao qual foi para tentar comprar gasolina para moto. "Segundo um amigo que foi ajudá-lo, eles disseram para Rogério: 'Neguinho morreu, virou ladrão'."

Há 14 anos, a rede vai "se tornando infinita", diz Débora, referindo-se ao fato de o movimento Mães de Maio servir de inspiração para que outras mulheres denunciem a violência do Estado, que vitimiza jovens, negros e pobres, no Brasil e no mundo.

Em 2016, a mensagem delas virou poesia em participação no clipe da música "Chapa", do rapper Emicida.[1] Débora e outras integrantes do movimento — Maria das Graças, Vera Lucia Gonzaga, Fatima dos Santos Pinho e Ana Paula Gomes de Oliveira — são as protagonistas da produção. "Mal posso esperar o dia de ver você voltando pra gente", diz o refrão, sobre a saudade de um "chapa" que sumiu e ninguém sabe o motivo real. O esclarecimento do caso de Rogério, aliás, nunca chegou.

Em 2013, o governo estadual de São Paulo estabeleceu 12 de maio como o Dia das Vítimas do Estado Terrorista brasileiro — Dia de Luta das Mães de Maio. As mães contabilizam mais uma vítima: em 3 de maio de 2018, Verinha, mãe da vítima Ana Paula, foi encontrada morta em sua casa. Na época, havia a hipótese de suicídio por envenenamento.

A seguir, Débora revisita lembranças dos últimos dias de seu filho e fala sobre de onde veio sua força para se reerguer após a morte de Rogério. Comenta ainda que a pandemia do novo coronavírus e o descaso do Estado no cuidado da população, mais uma vez, colocam pretos e pobres no alvo. "Quem vai morrer são os nossos. Como mãe, espero, no entanto, que uma nova sociedade seja parida após a pandemia."

Flores de plástico, almoço de domingo

DMS **[Débora Maria da Silva]** No meu aniversário de 2006, Rogério operou o siso, então eu fiz um cozido para ele levar para a casa dele. Só que à noite ele apareceu lá em casa. Queria colo, era muito apegado a mim.

Ele chegou perguntando do padrasto e avisou pra gente que estava um clima muito pesado lá fora. Ele tinha conseguido ingresso para irmos na escolha do samba-enredo da [escola] Unidos do Morro, porque ele fazia uns bicos lá de ficar no caixa. Eu falei que nem queria ir. Depois até ouvi que havia passado um motoqueiro atirando lá na quadra da escola de samba — atingindo oito pessoas e levando um segurança a óbito.

Rogério voltou lá em casa para nosso almoço de domingo, com o filho dele, o Liniker. Deixou o menino comigo, saiu e voltou com uma sacolinha de loja de R$ 1,99 com duas flores de plástico: uma amarela e outra rosa. Eu não gostava de nenhuma dessas cores, mas tive esse vasinho com os dois lírios por muito tempo, até eles começarem a desmanchar.

Minhas filhas, Katia e Kelly, também foram com os filhos. Quando Rogério foi comer o churrasco, o dente começou a sangrar, então ele foi se deitar. A gente ligou a TV e viu uma mãe chorando no enterro do filho, um bombeiro. Comecei até a chorar com a dor daquela mulher. Fui levar um pedaço de bolo para a minha vizinha e aproveitei para comentar que não era para os filhos dela ficarem na rua.

Rogério pegou os tupperwares das comidas, a moto e disse que ia embora. Ele comentou que não tinha entregado o atestado [da remoção do siso], porque já tinha levado outro por 15 dias, por ter retirado o outro dente, e tinha medo de perder o emprego. Então na segunda-feira ele precisava voltar ao trabalho. Ele me pediu um beijo e eu falei: "Menino, cuidado com sua vida. Não saia, porque o clima não está bom, com a morte desses policiais e tudo". Fiquei com o coração apertado.

Na segunda de manhã, um policial amigo da família me ligou para dizer que tinha acontecido uma chacina na Areia Branca [bairro da zona noroeste de Santos], próximo da minha casa. Fui até lá para saber se eu conhecia algum dos meninos que tinham sido mortos. Como tinham avisado do toque de recolher, precisei ir à creche do meu neto para buscá-lo. No caminho, dentro do ônibus, eu já estava agoniada, em pânico.

Quis avisar o Rogério sobre o que estava acontecendo, só que naquele dia ele tinha sido dispensado do serviço (ele era gari e limpava as ruas dos morros da cidade) e foi dormir em casa, porque estava com muita dor no dente. Ele tinha desligado o celular. Só umas dez da noite, com a boca ainda mais inchada por causa do siso retirado, ele apareceu na minha casa para pegar o remédio que tinha esquecido.

Ele disse que ia embora, mesmo eu falando para ele ficar. Me pediu dez reais para abastecer a moto. Só que nem deu tempo de chegar no posto. O combustível acabou, ele desceu e foi empurrando a moto até lá.

O que soube, depois, é que o frentista disse que não podia vender a gasolina, por causa do toque de recolher. Em depoimento, esse frentista disse que Rogério, então, atravessou a rua para ir ao orelhão e pedir para um amigo socorrê-lo. Foi o amigo que viu, de longe, quando chegaram duas viaturas, um Gol e uma Blazer, e perguntaram o que ele estava fazendo ali.

"Neguinho, se morrer, é ladrão"

DMS Fizeram uma revista nele, Rogério disse que não devia nada, que era trabalhador. Bateu de frente com os policiais. Deram umas porradas nele. Meu filho falou para o amigo que os PMs tinham falado para ele: "Neguinho, se morrer, é ladrão".

Acontece que eles tinham trocado as motos. Rogério tinha ido para minha casa com a moto do amigo, mesmo sem gasolina, só para ir mais rápido — porque era mais potente. Quando meu filho pegou a sua própria moto de volta, saiu do posto de gasolina sozinho para ir a outro estabelecimento. Rogério foi subir o morro. E ali ele foi executado e já o "socorreram" — entre aspas.

No dia seguinte de manhã, eu queria falar com ele, mas meu telefone não tinha crédito. Enquanto meu marido foi comprar cartão para recarregar, liguei a Rádio Polícia, na Cultura AM. E o jornalista disse que tinham corpos no IML de pessoas de Santos, Guarujá e São Vicente. Ele falou a relação dos nomes. Fiquei escutando para ver se conhecia alguém.

E ele falou o nome do meu filho.

Comecei a gritar, não tinha chão. Meu marido achou que eu tinha escutado demais... Só que o Rogério estava identificado, ele estava com a funcional do serviço no bolso. E morreu do lado da moto.

Comecei a montar o quebra-cabeça a partir dali. Meu marido ligou para minha família, e minha filha e meu genro foram até o IML. Meu pai foi reconhecer o corpo. Naquele dia, foram 14 pessoas. Entre elas, uma mulher: a Ana Paula [filha de Vera Lucia Gonzaga], que tinha 20 anos na época e estava grávida de nove meses.

No caso do Rogério, o B.O. mostrou que ele foi removido, só que não precisaria. Meu menino teve morte instantânea. Quem matou ele foi quem o abordou. Na minha investigação, por conta própria, descobri que ele foi executado contra o muro. Foram cinco tiros.

Mãe, investigadora, educadora popular

DMS Desde o dia do enterro, eu comecei a investigar. Fui no posto de gasolina, na delegacia, atrás das câmeras de monitoramento do posto. Mas o delegado disse que as imagens eram apagadas de dois em dois dias, e já não tinha mais nada. Por outro lado, o frentista depôs falando que a abordagem da viatura tinha sido normal, sem espancamento; sendo que antes ele também tinha comentado que sabia que Rogério, "o menino que passou no posto", tinha sido executado. Isso foi muito confuso.

Só que, para mim, a história não podia ter uma vírgula nem ponto final. Eu ligava toda hora para o delegado. Fui me deprimindo, não comia, só chorava e fumava. Cheguei a pesar 35 quilos.

Um dia, no hospital, eu tive uma visão do Rogério. Ele chegou na minha cama, me sacudiu e disse: "Levanta daí, você é minha guerreira. Não quero a senhora aqui". Quando acordei, não quis mais me deitar. Eu era uma dona de casa e tinha uma missão. O Mães de Maio ultrapassou fronteiras porque lutamos pela memória dos nossos filhos. Porque o Rogério recebeu uma pena de morte ali no posto — quando ele disse que era um gari. Um invisível. Ele era negro e, por isso, foi sentenciado.

Eu era pacata, não sabia falar direito. A única coisa que sabia fazer era cuidar dos meus filhos. Só que tive que virar investigadora, educadora popular, pesquisadora, por estar na frente do Mães de Maio.

Mães de Maio, mães do mundo

DMS Nossa primeira ação foi uma visita à Ouvidora da Polícia, na capital, para falar dos nossos casos. Falei com as outras mães, ninguém tinha ido a São Paulo nunca. A gente estava morrendo de medo de se perder.

Foi na porta da Ouvidoria que a jornalista Rose Nogueira [que escreveu, em 2007, o livro *Crimes de Maio*][2] nos perguntou se a gente conhecia o movimento de mães da Argentina.[3] E, em vez de sermos as "Mães da Baixada", passamos a ser o "Mães de Maio".

Sempre fomos um levante que inspira outras mães a gritarem. Hoje, nos unimos a mães que tiveram seus filhos desaparecidos, mães de todo o Brasil, do Rio de Janeiro. Fora do país, temos conexão com as mães norte-americanas, mães das vítimas das Farc, mães de Cali. E em cada uma dessas mulheres que perde o filho para o Estado tem uma mãe de Maio.

Sinto que Rogério coloca as palavras na minha boca, porque quando termino minhas falas nesses lugares conto toda a nossa história.

Mortes naturalizadas

DMS Neste ano, nossa luta tem outro lado. No meio de uma pandemia, é mais difícil lidar com o racismo, com o fascismo, com quem acha que a morte em decorrência dessas coisas é naturalizada. Porque quem vai morrer de coronavírus nas portas dos hospitais são os nossos. Os pobres que são vistos como serviçais dos ricos.

A gente precisa entender que as mulheres, e as mães que estão na linha de frente, têm uma luta que vem do útero. Nós estamos aqui para parir uma nova sociedade. E talvez ela surja após essa pandemia. Mesmo com o fascismo em alta, talvez as pessoas possam ter outro olhar para o mundo.

NATHÁLIA GERALDO é pós-graduada em cultura, educação e relações étnico-raciais pela Universidade de São Paulo e repórter na plataforma feminina *Universa* UOL.

DÉBORA MARIA DA SILVA é ativista e fundadora do movimento Mães de Maio, que desde 2006 reúne familiares e conhecidos que se mobilizam na investigação, denúncia e amparo de vítimas da violência policial.

FONTE: Versão revisada da entrevista publicada originalmente na *Universa*, a plataforma feminina do UOL, maio 2015. Disponível em https://www.uol.com.br/universa/noticias/redacao/2020/05/12/debora-do-maes-de-maio-luta-por-memoria-meu-filho-morreu-por-ser-preto.htm. Acesso em 31.1.2022.

1 Emicida e Batucaderas do Terreiro dos Órgãos, "Chapa". 7'37". 2016. Disponível em youtube.com/watch?v=qjFQA9MswkM. Acesso em 31.1.2022. [N. E.]

2 Rose Nogueira, *Crimes de Maio*. São Paulo: Condepe, 2006. [N. E.]

3 Referência às Mães da Praça de Maio, associação criada pelas mães de pessoas desparecidas durante a ditadura militar argentina (1976-1983). [N. E.]

O que está acontecendo no Brasil é um genocídio

EDUARDO VIVEIROS DE CASTRO
2020

Enquanto o Brasil está se tornando um dos principais focos da pandemia de covid-19, o antropólogo Eduardo Viveiros de Castro dá o sinal de alerta sobre os efeitos devastadores da política do presidente Jair Bolsonaro. Ele também nos explica como a pandemia faz de nós todos "índios", expropriados de nossas terras e de nossos corpos.

PM **[Philosophie Magazine]** Você está confinado há dois meses no interior do Rio de Janeiro, onde costuma lecionar na universidade federal. Qual é a situação no Brasil?

EVC **[Eduardo Viveiros de Castro]** A situação é catastrófica e piora a cada dia. Atingido mais tardiamente que os outros países, o Brasil está prestes a se tornar o epicentro da pandemia.

Oficialmente, haveria até o momento 250 mil infectados e 17 mil mortos.[1] Mas, de acordo com vários estudos independentes, haveria de 2 a 3,5 milhões de infectados, uma das taxas de contágio mais elevadas do mundo, e o número de vítimas poderia se elevar a quase 200 mil daqui a alguns meses. E, apesar disso, o presidente da República persiste em sua atitude de negação, opondo-se às medidas de distanciamento físico e de confinamento adotadas por prefeitos e governadores, e incitando seus partidários a questioná-las.

Tudo isso enquanto os profissionais de saúde se esforçam de maneira heroica para lutar contra a epidemia. A situação é então realmente assustadora. O que está acontecendo no Brasil, e eu peso minhas palavras, é um genocídio um genocídio por negligência ou incompetência no caso de alguns dirigentes, mas um genocídio absolutamente deliberado no caso de outros, entre os quais incluo o presidente, vários de seus ministros e certos setores do grande empresariado agroindustrial. O governo de Bolsonaro ficaria muito contente de poder se livrar não apenas dos povos indígenas — que resistem aos seus projetos de exploração da Amazônia — mas também de uma parte da população pobre — aquela que não terá mais acesso aos cuidados quando o sistema de saúde saturar. A epidemia terá o mesmo efeito que uma limpeza étnica entre aqueles que dependem de assistência pública. É terrível dizer, mas, no Brasil, o Estado é o principal aliado da pandemia. Sem contar a crise econômica, com nossa moeda, o Real, que vai afundando. Estamos numa "tempestade perfeita": uma pandemia, uma crise econômica mundial, dirigentes políticos monstruosos.

PM Os ministros da saúde foram demitidos ou renunciaram. E o presidente Jair Bolsonaro chegou até a falar de uma "conspiração internacional para usar a pandemia e instaurar o comunismo"...

EVC Se ao menos pudéssemos rir disso, mas não temos nem essa possibilidade, de tão trágica que é a situação. Bolsonaro é um homem à beira da psicopatia, um perigo público. Veja seu mentor, o ideólogo Olavo de Carvalho (1947-2022), um personagem fétido, misto de astrólogo, "filósofo", guru terraplanista e pregador anticomunista alucinado, que vive nos Estados Unidos, em Virgínia, de onde faz comentários delirantes, cheios de obscenidades, para milhões de seguidores no YouTube. É uma espécie de sub-Rasputin brasileiro.

PM Você mencionou a resistência de prefeitos e governadores de estado. Como isso se manifesta?

EVC As escolas primárias municipais, as escolas secundárias e universidades estaduais foram fechadas. Até as universidades federais fecharam por decisão de seus reitores, em oposição à sua autoridade tutora. O Brasil tem um sistema político federativo. Mas é a primeira vez que surge um conflito dessa intensidade entre o governo central e os outros níveis de poder, em particular sobre o confinamento. Dado o desmonte do sistema público de saúde brasileiro (o SUS, uma gigantesca conquista popular) e a falta de testes e equipamentos, esta é a única maneira de retardar a expansão da epidemia. E o que vemos? Um governo central que se volta contra toda a população — inclusive contra a minoria de fanáticos que o apoiam (nominalmente cerca de 25% dos cidadãos) —, e que tenta forçar as pessoas a retornar ao trabalho, mediante informações falsas sobre medicamentos milagrosos ameaças, decretos (ainda em elaboração)... E nas ruas do Rio, de São Paulo e de outras capitais, seguidores de Bolsonaro desfilam em carros de luxo para dissuadir as pessoas (sobretudo, é claro, aquelas que não possuem carros de luxo) e incentivá-las a voltar ao trabalho... Estamos em uma atmosfera de guerra civil em gestação, com discursos racistas cada vez mais assumidos. E tudo isso é feito com o apoio do grande capital — sem o qual nada é feito no Brasil.

PM Qual é a posição das forças armadas?

EVC Esse é o terceiro elemento da equação. Elas gozam de um grande prestígio aqui e sustentam Bolsonaro. Este ex-capitão medíocre e ressentido lhes deu um lugar de honra em seu governo, que conta com mais militares do que jamais contou nenhum governo, inclusive durante a ditadura. Os militares apoiam as instituições mais do que o personagem imprevisível de Bolsonaro, mas eles apreciam quando ele celebra o período negro da ditadura militar e quando homenageia torturadores notórios. O Brasil não acertou suas contas com o passado através de grandes processos "nurembergúianos", como, por exemplo, ocorreu na Argentina. Estamos sofrendo as consequências dessa profunda covardia política, que nos impediu de acertar nossas contas com o passado.

PM E os índios da Amazônia que você visitou várias vezes? Dizem que estão particularmente expostos à epidemia por causa de um sistema imunológico menos acostumado a epidemias?

EVC Historicamente, os índios são "especialistas" em epidemia, já que têm sido dizimados desde a chegada dos colonizadores europeus. Hoje, é preciso distinguir os grupos indígenas isolados daqueles que têm contato regular com a sociedade circundante. Estes últimos têm quase a mesma resistência imunológica que os não indígenas, ou seja, são tão vulneráveis quanto nós à covid-19. Por outro lado, as populações isoladas são muito mais vulneráveis, por não terem resistência a várias doenças de origem "branca". Oficialmente dos trezentos povos oficialmente reconhecidos como indígenas, 71, um pouco menos de 25%, já foram afetados. E haveria 1.350 casos de indivíduos indígenas já contaminados (isso para os indígenas residentes em áreas não urbanas), incluindo 147 mortos. Mas aqui também os números são certamente subestimados. O Amazonas é o terceiro estado mais afetado pela pandemia, ainda que possua apenas um décimo da população de São Paulo, o estado mais afetado — os outros mais afetados são Rio de Janeiro e Ceará.

O Amazonas está sendo devastado. E não apenas as cidades da Amazônia. A doença se espalha também na floresta. Com o confinamento, as ONGs que protegiam esses territórios foram impedidas [de atuar]. Regiões inteiras estão sendo invadidas por garimpeiros, madeireiros... e pelos missionários evangélicos, a quem Bolsonaro deu carta branca para se infiltrarem nas terras indígenas. Esse presidente pavoroso está tentando aprovar decretos para legalizar a apropriação ilegal de terras. Um ditado brasileiro diz que o dono da terra na Amazônia é quem a desmata. Até agora, essa é uma prática corrente, mas ilegal — o que não significava muito em termos práticos, mas ainda assim... O governo está em vias de legalizar um processo de autodeclaração no qual bastaria aos invasores se declararem proprietários das terras. O Brasil está caindo na anomia, na desintegração social. Uma campanha de extermínio cultural contra os indígenas está em curso já há muito tempo. Tudo se passa como se a covid-19 tivesse aberto agora a perspectiva de um extermínio físico definitivo.

PM No mundo inteiro, esperamos que o Estado proteja as populações, mas ao mesmo tempo criticamos o controle que exerce sobre elas. Essa dificuldade parece redobrada no caso dos índios. Por seus costumes políticos, são sociedades "contra o Estado", para retomar a fórmula do antropólogo Pierre Clastres [1934-1977].[2] Mas elas são forçadas hoje a apelar ao Estado para proteger suas terras e seus corpos contra a covid...

EVC Eu diria que a contradição está no próprio Estado, e não nos índios. Façamos uma analogia. Imagine-se em uma situação em que você deve reclamar, junto à instância que você paga para protegê-lo, dizendo que é ela mesma que o está atacando. Seria como enfrentar a máfia, não? Bem, é exatamente isso que está acontecendo hoje com o Estado brasileiro em relação não apenas aos povos indígenas, mas a todos nós. Como cidadãos, devemos nos proteger contra essa máquina de poder cuja "política sanitária" é ela própria uma ameaça sanitária, que coloca em perigo real nossa sobrevivência. E para os povos indígenas é ainda pior. O Estado se esforça há muito tempo para separá-los de suas terras e de seus corpos. E agora não faz nada para protegê-los da epidemia; ao contrário, incentiva aqueles que são uma ameaça direta para eles, como os garimpeiros. Então, a contradição pode ser superada? Talvez só por fora desse governo assassino. Hoje, no Brasil, face à negligência do Estado, alguns coletivos se organizam para se encarregar das tarefas sanitárias, do cumprimento das regras de confinamento etc. Em vez de esperarem ser protegidos, protegem-se a si mesmos. Para responder à questão de fundo, acredito que é preciso fazer uma óbvia distinção entre o aparelho de Estado, que pode ser (que sempre é, sejamos honestos) captado por interesses e facções particulares, e a coisa pública, aquilo que alguns chamam de "o comum", e que os indivíduos podem e devem se reapropriar.

PM Você escreveu um ensaio com a filósofa Déborah Danowski, "Do universo fechado ao mundo infinito", sobre a transformação de nossas categorias de pensamento na época da crise ecológica e do Antropoceno.[3] Você diria que a epidemia de covid-19 é um evento do Antropoceno?

EVC Todos os eventos que ocorrem em nosso mundo pertencem doravante ao Antropoceno, já que ele é a era na qual vivemos. Mas você me pergunta se a epidemia está causalmente vinculada aos eventos que desencadearam o Antropoceno. E, de meu ponto de vista, a resposta é igualmente positiva. Porque o desmatamento, o aumento das trocas transcontinentais, a circulação de homens no globo, a disseminação de monoculturas (vegetais e animais), a intensificação das relações entre a espécie humana e as outras espécies, sobretudo selvagens, cujo habitat é invadido pelos humanos... tudo isso cria, com efeito, novas gerações de pandemia. Aos meus olhos, a crise da covid-19 é uma amostra da grande catástrofe climática que nos espera, um breve resumo do risco do que pode acontecer nas próximas décadas. Ela nos deixa entrever os efeitos múltiplos do Antropoceno sobre a vida. O Antropoceno é um fato social e ecológico "total", como diria Marcel Mauss (1872-1950). Ele produz eventos "totais".

PM Você propôs com o "perspectivismo" um exercício mental inédito que consiste em tentar adotar a perspectiva de outras culturas, especialmente a indígena, sobre a nossa. Qual seria uma abordagem perspectivista dessa pandemia?

EVC Não faz sentido perguntar se existe uma "abordagem perspectivista" da covid-19. Mas o que é certo é que ela põe em questão as grandes divisões entre humano/não humano, natureza/cultura, vida/não vida, que são as nossas. O vírus está na interface da vida e da não vida. E, ao seu contato, percebemos que nós mesmos somos atravessados por interações essenciais com outros seres que nos compõem e nos decompõem, que fazem e desfazem nossos corpos.

PM No passado, os índios do Brasil quase desapareceram sob o impacto das pandemias que os colonizadores europeus lhes transmitiram. Existe uma lição a ser aprendida com essa experiência trágica do passado, para eles e para nós, hoje?

EVC Em "Saudades do Brasil", Claude Lévi-Strauss (1908-2009) afirmava que estávamos nos tornando índios: "Expropriados de nossa cultura, despojados dos valores que prezávamos — pureza da água e do ar, graças da natureza, diversidade de espécies animais e vegetais —, todos nós índios agora, estamos fazendo conosco o que fizemos com eles".[4] É mais verdade do que nunca. Estamos experimentando, sob os efeitos de nossa própria ação, o que os índios viveram. Não vamos perder, como eles, 90% de nossa população, mas os efeitos serão profundos e duradouros.

EDUARDO VIVEIROS DE CASTRO (Rio de Janeiro, 1951) é antropólogo, mestre e doutor em antropologia social e professor de etnologia do Museu Nacional da Universidade Federal do Rio de Janeiro. Recebeu o título de Doutor Honoris Causa pela Université Paris Nanterre (2014) e pela Universidad Nacional de Córdoba (2019). É membro da Academia Brasileira de Ciências (2019).

FONTE: Versão revisada da entrevista publicada em português pela n-1 edições. Disponível em https://www.n-1edicoes.org/textos/104. Acesso em 31.1.2022. Traduzido do francês por Francisco Freitas.

1 As estatísticas atualizadas no dia 31 de janeiro de 2022 pelo Ministério da Saúde eram de mais de 25 milhões de infectados e 626 mil mortos. [N. E.]

2 Ver Pierre Clastres, *A sociedade contra o Estado*. São Paulo: Ubu, 2017.

3 Débora Danowski e Eduardo Viveiros de Castro, "Do universo fechado ao mundo infinito". In: *Há mundo por vir? Ensaio sobre os medos e os fins*. Florianópolis: Cultura e Barbárie e Instituto Socioambiental, 2014. [N. E.]

4 Maria Maia (dir.), *Lévi-Strauss: saudades do Brasil*. 117'. 2005. [N. E.]

De qual lado você luta?

MEL DUARTE
2020

Não é de hoje que calam meu grito, abalam meus instintos
ambos pela dor,
por ter nos olhos esse brilho, essa herança bem quista dos genes de meu bisavô.
Não é só pela preta cotista, a casa própria da diarista
ou qualquer outra conquista dos que fazem parte da história de uma terra que você usurpou!
É ver o espaço ocupado, a mulher preta, pobre no doutorado,
retomando seu legado, sem dizer: Sim senhor.

Nos querem supérfluas, apáticas — sem senso crítico.
Nos moldam em estéticas, inépcias, estratégia sádica orquestrada por cínicos.
Eu rejeito seus dogmas e mantenho a perspicácia no meu raciocínio
e ainda observo bem atenta os que compactuam com a tua lógica ilícita de extermínio.

Senhores em seus altares, disputando egos maiores,
supremos, palácios, planaltos, para que possam se sentir superiores.
Influentes na arte da intolerância, não sei como se cria
tanta mente ambiciosa, tolhendo anciã sabedoria.

Nos oferecem uma mídia abastada, interesseira e interessada
apenas na morte, mas não em quem mata.
Como será que um corpo suporta, tanta violência inescrupulosa?
Como é possível dormir com as vozes em minha cabeça de tantas irmãs mortas?
Nossas almas pedem por socorro e ninguém nota!

E eu só peço a Oyá que me guia:
mantenha-me longe dos senhores fardados do mato e sua milícia!

Me diz, o que te assusta?
A farda, a gravata ou a luta?
Perceba que nessa disputa,
conheço teu caráter
pelos heróis que cultua!

MEL DUARTE é slammer, produtora cultural e autora dos livros *Fragmentos dispersos* (2013), *Negra nua crua* (2016), *As bonecas da vó Maria* (2018), *Querem nos calar: poemas para serem lidos em voz alta* (2019), *A descoberta de Adriel* (2020) e *Colmeia: poemas reunidos* (2021). Em 2016 foi destaque no sarau de abertura da Festa Literária Internacional de Paraty e se tornou a primeira mulher a vencer o campeonato mundial de poesia falada Rio Poetry Slam.

FONTE: "Neolatina: 5 poemas de Mel Duarte". *Revista Philos*. Disponível em https://revistaphilos.com/2020/11/03/neolatina-5-poemas-de-mel-duarte/#:~:text=de%20qual%20lado%20voc%C3%AA%20luta%3F&text=voc%C3%AA%20usurpou-!,%2C%20sem%20dizer%3A%20Sim%20senhor. Acesso em 28.1.2022.

"A luta quilombola e a luta pela natureza são uma só porque sobrevivemos da natureza"

REVISTA MOVIMENTO
ENTREVISTA ANTÔNIA CARIONGO
2020

A *Revista Movimento* entrevistou Antônia Cariongo. Nascida no quilombo de Cariongo, Antônia é uma liderança quilombola de Santa Rita, no Maranhão, dirigente do Partido Socialismo e Liberdade (PSOL) e membro do Setorial Ecossocialista Nacional do partido.

Consideramos fundamental que nossa militância, as leitoras e leitores de nossa revista, apropriem-se do exemplo desta luta fundamental em nosso país e aprendam com as lições da resistência das comunidades quilombolas por suas terras ancestrais, seu modo de vida e por sua defesa do meio ambiente. Acompanhem a seguir.

RM **[Revista Movimento]** Em primeiro lugar, é um prazer poder realizar esta entrevista com uma companheira tão combativa. Para começar, fale um pouco sobre a sua trajetória de vida, suas iniciativas de luta.

AC **[Antônia Cariongo]** Eu nasci e vivi toda minha vida em uma comunidade quilombola e comecei a minha militância mais ativamente há uns quinze anos, quando percebi que minha comunidade necessitava de informação porque estávamos tendo nossos direitos violados. Então comecei a participar de reuniões, fui presidente da nossa associação por dois mandatos e depois me afastei da presidência para que minhas primas assumissem. Elas estão na direção ainda, e por aqui, no geral, são as mulheres que comandam; as mulheres que estão à frente.

Sou filha de lavrador, meu pai e minha mãe viviam de roça. Hoje sou mãe de três filhas, estou desempregada e faz anos que estou na luta, na resistência. A gente resiste diariamente às violações de direitos, às ameaças de morte que sofremos por brigar por nossos direitos, por tentar ajudar nossos companheiros.

Eu também sou membra fundadora e coordenadora de um movimento chamado Comitê de Defesa dos Direitos dos Povos Quilombolas. Esse comitê é formado por cinco territórios quilombolas que têm, mais ou menos, dezesseis comunidades dentro de seus territórios. O comitê tem três representantes para cada comunidade quilombola e foi formado há três anos, quando começamos uma discussão sobre a duplicação da BR-135 aqui no Maranhão. Essa duplicação nos impacta diretamente, então a gente decidiu fundar um movimento e uniu os cinco territórios quilombolas, que formaram o comitê e brigaram na Justiça para termos o direito a uma consulta prévia, porque queriam começar a obra e passar por cima, sem consultar nenhuma família, sem prever os impactos.

Nós conseguimos que a Justiça caçasse a licença e agora estamos construindo um protocolo de consulta prévia. Durante essa trajetória de construção desse protocolo (já tem um ano que estamos trabalhando nisso), precisamos realizar muitas oficinas, envolver as comunidades no debate do mapa dos territórios, e temos tido apoio para isso. Como o Centro de Cultura Negra do Maranhão (CCN), que nos dá assessoria jurídica, e o Projeto Cartografia Social, que é um grupo de professores da Universidade Estadual do Maranhão que também nos apoiam na construção do protocolo. Então, desde quinze anos atrás — quando iniciei minha militância —, já passei por muita coisa, muita dificuldade.

O comitê não atua somente na questão do território quilombola, o comitê também faz trabalho social dentro das comunidades, muitas reuniões. Fazemos parcerias com aliados, levamos para dentro das comunidades para conscientizar sobre nossos direitos. Ajudamos também as pessoas a formalizar as suas associações, se organizarem, tentamos resolver os conflitos, pois são muitos conflitos envolvendo fazendeiros. É uma série de coisas, é até difícil relatar, são muitas brigas e às vezes a Justiça do município não faz nada porque já se corrompeu com o fazendeiro.

Aí temos que ir pra capital, São Luís, e é difícil porque não temos recursos para organizar as pessoas que são humildes, trabalhadores de roça que plantam o que comem e não têm dinheiro, não se aposentam, sofrem todo tipo de violência que você imaginar. Mas, com todas as dificuldades que a gente enfrenta, é um trabalho muito gratificante porque conseguimos superar todas as dificuldades que temos. Quando a gente consegue um resultado, por menor que seja, é muito valioso pra gente.

Eu faço parte também de outros dois comitês criados para debater com a Vale a questão do minério de ferro, a contaminação e os impactos ambientais que ela causa. Nossos igarapés estão todos contaminados com minério de ferro e não temos mais peixe para comer. Nessas brigas, eu acabei me expondo muito, sofri várias ameaças de morte e passei por inúmeras situações. Mas hoje estou aqui, Antônia Cariongo, 40 anos de idade, três filhas, filha de lavradores. Morei toda a minha vida no quilombo em que nasci, não tenho formação acadêmica, mas faço parte das lutas, represento meu quilombo. Também sou do PSOL, presidente do Diretório Municipal do PSOL na minha cidade, Santa Rita, sou da Executiva Estadual do PSOL no estado do Maranhão, do Setorial Ecossocialista do PSOL e do Setorial de Mulheres do PSOL Maranhão.

RM Então, conte-nos pouco mais sobre a trajetória do movimento quilombola no Brasil e no Maranhão.

AC A gente costuma dizer que o movimento quilombola nasce no momento em que o primeiro africano é pego na África e trazido para o Brasil. Porque nesse momento em que ele chega nesse país, tudo que ele faz é tentando conquistar a liberdade. E, durante todo esse processo, ele é morto, morre escravizado, mas em algumas situações ele consegue se constituir livre em um território, e nesse território os africanos e descendentes se desenvolveram e constituíram os quilombos. Cada corpo nosso é um quilombo, mas para que se desenvolva ele precisa de um território, então o movimento existe de forma perene desde sempre, durante todo o processo da história do Brasil existe o movimento quilombola.

Mas o movimento quilombola se organiza com esse nome desde a Constituição de 1988, na qual inclusive o Maranhão teve uma participação muito forte e significativa na luta pelo reconhecimento dos quilombos do Brasil. Até porque os quilombos não eram reconhecidos, foram reconhecidos só na Constituição de 1988. O movimento quilombola no Brasil começa a existir quando os primeiros negros são capturados na África para serem comercializados aqui, quando eles chegam e se deparam com um país totalmente diferente de ondes eles vieram. E a busca do movimento quilombola é pela liberdade, pela vida, e então começa a buscar a liberdade em tudo que faz, em todos os espaços em que se insere. Eu costumo dizer para as pessoas que esse país tem uma dívida tão gigantesca com os negros que nunca vai conseguir pagar.

Falando do movimento negro ainda: aqui no Maranhão, o CCN foi um dos grandes pioneiros dessa luta que levou à conquista de 1988: o reconhecimento dos quilombos. Na nomenclatura existem vários nomes. Por exemplo, aqui no Maranhão, além de quilombos, nós também chamamos de "terra dos pretos", esse é o nome que a gente carrega para essa conquista que são as comunidades rurais quilombolas. Cada território tem seus quilombos, por exemplo, o Cariongo é um território grande que tem duas comunidades quilombolas dentro dele, além de várias outras comunidades que não se identificam como comunidades negras, mas tem duas comunidades quilombolas, Cariongo e Carionguinho.

Aqui no Maranhão, a gente gosta de dizer que cada comunidade quilombola é um pedacinho da África no Brasil, e a gente fala no sentido de preservação ambiental porque ninguém consegue viver sem o meio ambiente, sem a Mãe Terra, porque nós, quilombolas do interior, vivemos da terra, do extrativismo. Temos também a nossa cultura, a capoeira, o tambor de crioula, o tambor de mina, a macumba, enfim, são várias manifestações culturais africanas que a gente tem aqui dentro dos quilombos. Então nós somos esse pedacinho da África no Brasil e temos uma responsabilidade com os nossos territórios, com o meio ambiente.

E, por conta dessa responsabilidade, fazemos o monitoramento dos nossos territórios, que têm os limites bem definidos, para ver quem está desmatando, por que está desmatando. Se tiver desmatamento desnecessário denunciamos para o Ibama, como já aconteceu várias vezes. Então, temos uma grande preocupação de manter a nossa floresta, de manter nossa terra viva e fértil, de manter nossa cultura que é linda, cheia de luz.

RM E como se organiza o movimento quilombola hoje?

AC Quando tratamos de organizações nacionais, nós temos a Coordenação Nacional de Articulação de Quilombos e em cada estado existe uma organização. No Maranhão, temos várias entidades e, pelo fato de o Maranhão ser o estado do Brasil com o maior número de quilombos — no estado temos aproximadamente 1.350 —, existem muitos municípios com uma quantidade grande de quilombos. Por exemplo, em Santa Rita existem muitas comunidades que não são certificadas, mas onde o povo se identifica como negro quilombola, e aí nós temos uma grande dificuldade de certificar essas comunidades porque dependemos de um estudo de especialistas para fazer o levantamento.

Hoje, o comitê tem muito trabalho dentro de Santa Rita, mas temos muita dificuldade porque não temos recurso, não temos como nos deslocar entre as comunidades, não temos transporte. Recentemente, o comitê que coordeno conseguiu fazer três relatórios de comunidades que se identificam como negras, e aí nós enviamos para a Fundação Cultural Palmares tomar as providências e fazer a certificação, o reconhecimento daquele quilombo.

Esses municípios com muitos quilombos se organizam criando entidades nas quais todas as comunidades negras quilombolas se filiam. Por exemplo, no município de Alcântara, existem na faixa de 150 quilombos, em Anajatuba existem mais de 20 comunidades filiadas na entidade. Os municípios com mais comunidades têm esse tipo de organização. Aqui, em Santa Rita, temos o nosso comitê e estamos fazendo o trabalho permanente de levantar o histórico das comunidades para que elas sejam certificadas e se agreguem ao comitê, ou seja, cada município tem sua entidade para organizar seus quilombos.

RM Qual é a relação entre a luta quilombola e a luta ambiental? Como essas duas lutas estão relacionadas?

AC Nós quilombolas somos um grupo étnico que se relaciona com a natureza de uma forma diferente dos europeus. Nós nos vemos nessa relação como parte da natureza, e não como donos da natureza; não existe para nós a lógica da propriedade privada, vemos a natureza como parte de nós também. Então, sobre a questão da titulação do território, perante a lei é um título daquele povo, mas para nós é uma maneira de garantir aquele espaço, aquela floresta. Não é nossa propriedade, pois se víssemos como nossa propriedade não permitiríamos que outros companheiros vivessem e dividissem conosco o mesmo espaço mesmo não sendo quilombolas. Para nós, não é um processo do tipo "deu o título, é teu", não vemos dessa forma.

Todos na comunidade vivemos de agricultura, as pessoas cultivam mandioca, arroz, feijão, todas as leguminosas, tudo que se possa imaginar, então quando a gente luta pelo título da terra, pelo direito de ocupar aquele território, não é pela questão da propriedade. A gente briga para poder ter onde plantar nosso alimento e preservar o meio ambiente tão importante para a gente, porque é de lá que tiramos nosso sustento. Nós não temos como nos sustentar se não for através da natureza, então nossa lógica é totalmente diferente daquela das pessoas que vivem nas cidades, daquilo que os europeus pensam a respeito da questão territorial.

Na visão da lei, a partir do momento que a comunidade recebe um título de propriedade, seria como se aquela comunidade tivesse se apropriado daquilo ali, mas a nossa visão é outra porque nós sobrevivemos do território. Quem é de um quilombo de beira de campo, quem é de um quilombo de beira de rio, quem é do quilombo do babaçu, são pessoas que vivem e se relacionam com aquele bioma, com aquela floresta, que têm uma relação de respeito ao meio ambiente. Não é uma relação de destruição, muito pelo contrário.

A nossa briga com a Vale do Rio Doce por conta da poluição, todos os tipos de poluição, é porque causa impacto na natureza e na nossa vida. Nós brigamos para que seja preservado, e muitas das vezes nós colocamos nossa vida em risco por entrar numa luta a favor do meio ambiente contra uma empresa dessa. Mas essa é uma luta de sobrevivência desse nosso povo, que precisa das florestas, que precisa dos igarapés para poder se alimentar. Não queremos que isso seja destruído, que empresas entrem e destruam as nossas terras.

Isso sem falar de outra questão, que eu sei que muitas pessoas não acreditam, mas que é a questão espiritual. Porque existe o bem material e o bem imaterial. E o que é o bem imaterial? É tudo aquilo que a gente não consegue pegar, não consegue ver. Nós temos inúmeras histórias, não acontecem hoje, mas aconteceram no passado, por exemplo, nós temos passagens, as "passagens de mãe d'água", onde você não pode construir. Aqui na comunidade tivemos experiências incríveis sobre essa questão, tentamos construir uma casa em um local de passagem de mãe d'água e fazíamos uma parede e ela ficava torta, fazíamos de novo e ela ficava torta, até que alguém se atentou que era um local dessa passagem. Nós temos um rezador na comunidade, um benzedor, que teve que acender velas e pedir permissão para que a gente conseguisse construir a casa, um projeto de casa de farinha.

São histórias que lá fora não têm valor nenhum, mas que para nós têm muito valor mesmo. Temos os bens materiais e os bens imateriais, que para nós são muito significativos também, são histórias de vida. As minhas raízes estão nesse lugar, eu sou a quinta geração do meu povo, esse quilombo surgiu em 1900 com Sebastião Cariongo e Josefa, que tiveram doze filhos e de lá para cá gerações se passaram. Nós temos um respeito por essa terra, já lutamos muito por ela, ou seja, estamos resistindo aqui há gerações. Porque o ser quilombola não é ser negro, é você ter uma descendência, é viver dentro de um quilombo e praticar a sua negritude todos os dias, é resistir contra a destruição do meio ambiente. Enfim, é uma luta diária, nós estamos aqui, vamos permanecer aqui e resistir cada vez mais.

A luta quilombola e a luta pela natureza são uma só porque sobrevivemos da natureza. E se eu sobrevivo da natureza eu tenho que lutar e proteger, tenho que enfrentar quem quer que seja. Não há como separar a luta quilombola e a luta pela preservação do meio ambiente, então é uma luta só. Quando luto por um território, luto para manter esse território vivo.

RM Como é sua atuação no Setorial Ecossocialista do PSOL?

AC O Setorial, para mim, foi uma grande experiência, é algo no qual eu me insiro totalmente, que tem muito a ver com a minha luta e de todos os meus companheiros aqui do Maranhão. Nós temos grupos, discutimos e lutamos pelo meio ambiente. Quando falo do Setorial vejo vida, porque a natureza preservada significa água, comida, significa vida. Então, eu vejo que a principal luta do Setorial Ecossocialista do PSOL é pela vida, manter a natureza viva para que a gente possa viver.

As principais iniciativas do Setorial hoje são para fazer as pessoas compreenderem, e às vezes as pessoas parecem não compreender a importância da preservação do meio ambiente para manter a vida. O Setorial tem um papel brilhante, somos poucos e ao mesmo tempo somos muitos. Por exemplo, aqui no Maranhão eu trabalho com um grupo com uns dez territórios no qual nós fazemos a discussão do meio ambiente, levando o Setorial e explicando o papel do Setorial, seu funcionamento, e sempre estamos convidando as pessoas. Já estamos articulando por aqui para iniciar um movimento pelo Fórum Popular da Natureza, para que possamos reunir mais companheiros para além dos quilombos.

Nós temos um pouco de dificuldade porque para sair de casa e fazer atividades a gente gasta, mas o Setorial está fazendo muito bem o papel dele de levar informação e lutar junto com os nossos companheiros pela preservação daquilo que nós temos de mais valioso no mundo. Quando você luta pela preservação do meio ambiente você preserva vidas, você coloca alimento na boca das pessoas.

RM Em dezembro de 2019, você esteve representando o PSOL na Cúpula dos Povos que ocorreu em Santiago do Chile. Pode falar um pouco sobre essa experiência internacional?

AC A Cúpula foi uma das maiores experiências que eu já tive. Eu voltei muito impactada do Chile, foi uma experiência incrível e única. O que eu vivi no Chile me fortaleceu ainda mais para continuar minha luta por aqui porque, quando você chega a um país onde as pessoas têm dificuldade de plantar seu próprio alimento, quando você chega a um país onde 80% do que as pessoas consomem vêm de outros países, é algo triste para mim. Eu tenho falado muito que essa minha experiência em Santiago foi algo incrível, e em todas as reuniões a que vou eu falo dessa experiência.

Eu fiquei extremamente impactada pela questão da água. Nós estávamos em uma universidade e não tinha um bebedouro para as pessoas tomarem água porque lá até a água é privatizada, então fiquei pensando como que pode alguém se apossar da vida — porque água é a vida que Deus deixou na natureza — e vender para outras pessoas. Isso é desumano, esse sistema é desumano. Fora isso, minha experiência na Cúpula foi maravilhosa, eu voltei com outra visão da realidade, com uma vontade de fazer muito mais, de dizer para os companheiros como foi minha experiência.

Outra coisa que me chamou muita atenção foram os protestos de que a gente participou, a luta dos chilenos por uma nova Constituição. Eu gostaria que os brasileiros fossem para a rua como os chilenos foram, aliás, como os chilenos continuam indo para a rua lutar pelos seus direitos. Aqui vemos um presidente que está massacrando a gente, todo mês é um decreto novo que destrói nossos direitos, principalmente do nosso povo negro, e acho que nós estamos muito parados. Há ações sim, dos movimentos, das entidades, das guerreiras e guerreiros do PSOL na Câmara dos Deputados, sempre brigando e se esforçando para que o pior não aconteça, mas precisamos fazer a nossa parte. E a nossa parte é ir para a rua dizer "chega!". Não queremos mais, definitivamente: "Ele Não!". Porque já chega de destruição, já chega de violação de direitos, já chega de agredir nossa Constituição.

A **REVISTA MOVIMENTO** é uma publicação trimestral que desde 2016 promove o debate entre socialistas e a ação política, com contribuições de militantes políticos, ativistas e teóricos, impulsionada pelo Movimento Esquerda Socialista, do PSOL.

ANTÔNIA CARIONGO é lider do quilombo de Santa Rita, no Maranhão, dirigente do PSOL e membro do Setorial Ecossocialista Nacional.

FONTE: Versão revisada da entrevista com Antônia Cariongo publicada na *Revista Movimento,* abril 2020. Disponível em: https://movimentorevista.com.br/2020/04/a-luta-quilombola-e-a-luta-pela-natureza-sao-uma-so-porque-sobrevivemos-da-natureza-entrevista-com-antonia-cariongo/. Acesso em 7.2.2022.

Obrigados a servir: exploração da força de trabalho indígena no Rio de Janeiro no século 19

ANA PAULA DA SILVA E
JOSÉ RIBAMAR BESSA FREIRE
2020

> "Na madrugada do dia 16 para o dia 17 do corrente miz houverão muitas dezordens, pancadas, e ferimentos por bandos de facinorosos, q se espalharão pelas ruas da Cidade com assuada escandalosa, como fizerão na rua dos Ferradores á porta de Bernardina Roza, e Maria Roza onde se gritou a voz d'ElRey, e na Rua do Sabão em Caza de Maria Thereza, onde dando a voz de Policia fizerão abrir a porta, e entrando hum grande numero de feraciosos cometterão o attentado escandaloso de uzarem todos da India
> **Maria Caetana, q ad. tem em sua Caza".**[1]

A história do estupro coletivo da indígena Maria Caetana está documentada em um códice do Fundo Polícia da Corte, acervo do Arquivo Nacional.[2] Ela foi registrada, em ofício destinado ao juiz do bairro da Sé, no dia 19 de janeiro de 1818, por um agente da polícia. Maria Caetana trabalhava como doméstica na casa de Maria Theresa, quando foi brutalmente violentada por um "bando de facinorosos". O "atentado escandaloso", crime, foi cometido por vários homens, entre eles autoridades pertencentes às forças militares, como o Fulano Dias (furriel de Cavalaria do Exército), Felício de tal (soldado da Cavalaria do Exército) e mais um guarda da Alfândega, cujo nome não se sabe. Praticaram ainda o crime: Zeferino de tal — "paizano" morador na Rua do Sabão, Caetano Coelho "q dizem se mudou da rua do Sabão pra do S[r] [Senhor] dos Passos", Paulino e seu irmão e, "outros m.[tos] [muitos]" que não foram identificados, conforme consta no ofício acima citado.

Chama a atenção, no caso de Maria Caetana, que o ato de extrema violência tenha sido praticado por criminosos, antigos ou moradores na Rua do Sabão, onde trabalhava e residia a indígena. Em meio a outros delitos cometidos "na madrugada do dia 16 para o 17", por que Maria Caetana fora violentada? Quais teriam sido as motivações do crime? São as perguntas que sempre nos fazemos quando enfrentamos essa sinistra história. Não temos ainda respostas para nossos questionamentos. Alguns agressores possivelmente conheciam a vítima, pois tinham a mesma rua como endereço postal. Não se sabe, todavia, o desenrolar desse caso, pois procuramos nas páginas seguintes dos Registros de Ordens e Ofícios expedidos pela Polícia, mas não encontramos informações a respeito de Maria Caetana e o grupo de "facinorosos".

Podemos afirmar que alguns criminosos foram presos, pois o ofício de Estevão Ribeiro de Rezende (1777-1856) — ajudante do Intendente Geral da Polícia — informa a prisão de Zeferino de tal, Fulano Dias e Felicio de tal. Pede-se inclusive a Manoel Pedro Gomes (juiz do Crime do bairro da Sé) que se abra uma devassa para cada distúrbio e desordem. O juiz deveria "proceder com toda a circunspecção na conformidade das Leis fazendo logo prendir os cons^{tes} [constantes] da relação (...) por serem os principaes cabeças de taes motins".[3]

Histórias como essas não foram e não são episódios isolados de humilhações e violências praticadas contra mulheres indígenas, em extensão a todos os povos originários das Américas, no período colonial e pós-colonial. Nas cidades, espaços outros radicalmente distintos da vida em seus territórios tradicionais, os modos de ser e viver indígenas fortemente contrastam com os jeitos e costumes dos "brancos". Esse contraste, dinamicidade e protagonismo indígena no Rio de Janeiro vem sendo tema de documentários, pesquisas, projetos e mostras expositivas, como a exposição *Dja Guata Porã: Rio de Janeiro indígena* (2017-2018), do Museu de Arte do Rio, e o Observatório da Presença Indígena no Rio de Janeiro (OPIERJ), do Programa de Estudos dos Povos Indígenas da Universidade Estadual do Rio de Janeiro (Pró-Índio UERJ). Embora sejam dois projetos distintos (uma mostra expositiva e outro um observatório), ambos foram concebidos através do diálogo com os indígenas e tiveram como fio condutor, suas histórias na contemporaneidade — dinâmicas, trajetórias, memórias, desafios, lutas e resistências — salientando os movimentos dos indígenas na História, ou seja, partiu-se do presente para abordar o passado.

O texto que ora apresentamos, portanto, é resultado de nossas pesquisas, realizadas nos arquivos fluminenses nas últimas décadas, voltadas para os povos indígenas do Rio de Janeiro. Nas linhas que se seguem, discutiremos a apropriação da mão de obra indígena na cidade do Rio de Janeiro oitocentista, as condições de vida e de trabalho às quais eram submetidos.[4] Recorreremos, para tanto, aos documentos de época — requerimentos, jornais, relatórios, relatos de viagens — e estudos histórico-antropológicos atuais. Trata-se, em última análise, de um estímulo à reflexão ao êxodo indígena para as cidades, cujas identidades *in flux* foram e continuam sendo (re)construídas mediante seus deslocamentos.

Êxodos

O primeiro recenseamento brasileiro, em 1872, comprovou a existência de indígenas na corte até a segunda metade do século 19,[5] divergindo do discurso oficial de desaparecimento e inexistência da presença indígena na capital do Império e na província do Rio de Janeiro. Eles viviam em todas as freguesias do Município Neutro,[6] com destaque para os residentes nos bairros da Candelária (289 pessoas, a maior parte com idades entre 10 e 40 anos) e Santa Anna, com 108 indígenas.[7] Essas áreas administrativas, na geografia atual da cidade do Rio de Janeiro, estavam localizadas no centro, região então habitada pela camada mais pobre da população, com forte concentração de habitações informais, como cortiços, casinhas, estalagens.[8]

As ruas escuras, pouco iluminadas por lampiões a óleo de baleia (realidade transformada em 1854, quando a iluminação pública passou a utilizar o gás), ameaçavam a ordem estabelecida e favoreciam a ação de malfeitores, incluindo-se nessa categoria os indígenas. Tal era a opinião de Dom Diogo Maria de Gallard, expressa na memória intitulada *Sobre os meios e modos de obter e conservar a seguridade pública nesta cidade e Corte do Rio de Janeiro*, enviada ao príncipe regente em 30 de julho de 1818.[9] Dom Gallard, cônsul geral português em Sevilha, propõe um conjunto de medidas para garantir o policiamento da cidade, indicando os meios de executá-las. O nobre recomendava, entre suas proposições, que as vias fossem bastante iluminadas, sinal de bom gosto e elegância dos moradores, em detrimento das ruas escuras "he bom para malfeitores e indios bravos, facilita os delitos e, é pouco decoroso para uma Corte".

A população — considerada hostil e perturbadora — com a qual se depararam os nobres portugueses ao desembarcar no Brasil, deveria ser mantida sob controle, "com um aparato repressor que cresceu na mesma medida em que o problema para cuja solução foi criada".[10] O príncipe regente e seu séquito trouxeram nas bagagens a Intendência Geral de Polícia da Corte e do Estado do Brasil (posterior Intendência Geral da Polícia), responsável por inúmeras funções: obras públicas, abastecimento da cidade e iluminação, ordem pública, vigilância da população, investigação de crimes e captura de criminosos, recrutamento e deserção de pessoas no serviço militar, entre outras.

Johann Moritz Rugendas (1802-1858), ao descrever a "diversidade das classes inferiores" na cidade do Rio de Janeiro no início do século 19, comenta que o colorido da "raça africana" ressaltava "ainda mais o caráter sombrio dos índios que aparecem no mesmo quadro, na qualidade de barqueiros, pescadores ou tropeiros".[11] Para o artista-viajante, via-se "no Rio, muito poucos índios selvagens verdadeiros, e sua aparição chama a atenção dos próprios habitantes", que tinham temor dos "índios selvagens" e preferiam os "índios civilizados" porque, morando estes próximos à cidade, "já abandonaram a vida selvagem há várias gerações e se misturavam com outras raças".

De acordo com Bessa Freire e Márcia Malheiros,[12] com base nos documentos do Fundo Polícia da Corte, na cidade do Rio de Janeiro os indígenas eram discriminados, reprimidos como "caboclos",[13] moravam em cortiços. Outros, sem emprego e sem domicílio certo, vagavam por tabernas e vendas de bairros como Candelária, Santa Rita e São José, em permanente conflito com a polícia. Migrando de diferentes regiões do Império, os indígenas passavam a residir nos guetos da cidade e ali vivenciavam distintas situações. O registro de Rugendas, nesse sentido, corrobora o que se pensava no espaço urbano, particularmente na corte, sobre os indígenas. Por outro lado, Rugendas salienta o emprego da mão de obra indígena em diferentes funções, como barqueiros, pescadores e tropeiros.

Das aldeias para a cidade

Na corte, os indígenas realizavam toda a sorte de serviços. Vendiam água potável e objetos de arte que produziam, trabalhavam como correios, jornaleiros, pescadores (principalmente na pesca de baleias). No Arsenal da Marinha, para onde eram remetidos através do recrutamento forçado nas províncias e muitos chegavam ainda crianças, aprendiam ofícios variados: trabalhavam nas repartições da Aguada, Barca d'Água, embarcações miúdas e escaleres, no serviço de cabotagem, artilharia etc. Acreditava-se, contudo, que tinham "aptidão" para o serviço de remeiros.[14] Jean-Baptiste Debret (1768-1848) observou que no Arsenal da Marinha trabalhavam vários caboclos, alojados com suas famílias, especialmente empregados nos "serviços de canoas particulares do imperador do Brasil".[15] Os indígenas prestavam serviços militares obrigatórios não apenas na Marinha, mas também na Armada, no Exército, na Guarda Nacional e nas obras públicas.

O uso da mão de obra indígena teve grande importância no processo de construção da cidade do Rio de Janeiro ao longo dos séculos. A carta escrita por André Soares de Souza, em 13 de novembro de 1686, relata o uso imprescindível da mão de obra indígena na construção do Aqueduto da Carioca (atual Arcos da Lapa), "a qual obra se não pode fazer sem assistência dos Indios (...)".[16] Pedia-se a João Furtado de Mendonça o pagamento de quatro vinténs aos indígenas, pois era costume que eles ganhassem os jornais, comida e varas de panos. Os indígenas, entretanto, jamais foram pagos.[17]

A relação dos indígenas com o Rio, portanto, é anterior ao século 19, na medida em que a cidade não apenas foi erigida em territórios indígenas como era protegida por aldeamentos criados nas proximidades — o que facilitava o seu recrutamento. Ao longo de todo o período colonial e pós-colonial a exploração da mão de obra indígena foi promovida por autoridades e usufruída por particulares, como observaram Ondemar Dias e Maria Celestino de Almeida.[18] Os próprios chefes indígenas confirmaram a continuação dessa prática no Oitocentos, como o capitão-mor José Pires Tavares, da aldeia de São Francisco Xavier de Itaguaí, que em carta datada de 25 de maio de 1805, relatou ao vice-rei a dificuldade encontrada para o envio de recrutas às forças armadas, homens "capazes de exercer o serviço de sua alteza real, da pesca de baleias".[19]

José Pires Tavares, na ocasião, queixava-se dos indígenas solteiros enviados para a "dita pesca" (baleação), pois não retornavam ao aldeamento de Itaguaí. A cidade parecia exercer certo fascínio sobre os enviados à corte, especialmente aqueles sem uniões estáveis na aldeia. Já os casados voltavam "nú (sic), sem trazerem com que cobrir as necessidades de suas mulheres e filhos".[20] Nas entrelinhas da carta, é possível perceber que o capitão-mor criticava a política de recrutamento da Coroa, que estava contribuindo para a depopulação da aldeia e pouco os beneficiava. Os indígenas recrutados da província do Rio de Janeiro eram oriundos principalmente das regiões de Mangaratiba, São Gonçalo, Itaguaí, São Lourenço, Cabo Frio e Vila Nova, áreas com forte presença indígena e onde existiam aldeamentos.[21]

Coerção, maus-tratos, descontentamento pelos baixos soldos recebidos, péssimas instalações estão entre as razões que motivaram deserções e revoltas indígenas no Arsenal da Marinha da Corte. Para Juvenal Greenhalgh (1890-1966), "os índios não se aclimavam à disciplina e à rotina fastidiosa do Arsenal e desertavam constantemente, fugindo para as aldeias de onde tinham vindo".[22] Silvana Jeha, por sua vez, demonstrou que os indígenas (em diferentes províncias) fugiram do recrutamento forçado, pois as notícias dos horrores no Arsenal da Marinha, na Armada, por exemplo, circulavam em várias regiões do reino, posterior Império brasileiro. Fato que desagradava demasiado os inspetores da Marinha.[23] O caráter coercitivo e violento do recrutamento militar[24] no século 19 não é uma novidade na literatura histórica e tão pouco era "uma imposição totalmente arbitrária do Estado".[25]

Insatisfeitos, os indígenas também utilizaram a escrita como instrumento de reivindicação de seus direitos e denúncia de maus-tratos. Através de requerimentos, eles manifestavam seus descontentamentos, resistiam. Foi o que fizeram os remeiros da Fortaleza da Barra, insatisfeitos por não terem os mesmos direitos dos demais "índios do Serviço deste Arsenal". Enviaram um requerimento, com "alguns homens", cobrando melhorias ao príncipe regente, conforme o documento abaixo.

> Ultimamente a respeito do dos Índios remeiros da Fortaleza da Barra, pela informação junta do Capitão de Mar-e-Guerra Patrão-Mór consta que os suplicantes não tem as co-comodorias como os mais Índios do Serviço dêste Arsenal, e os julga com menos trabalho, porém em atenção a maior carestia dos mantimentos, parece merecerem mais alguns aumentos para sua subsistência, e é tudo quanto tenho de poder por na presença de Vossa Alteza, que mandará o que fôr servido. Arsenal Real da Marinha, 13 de março de 1810.[26]

As deserções e as reclamações não cessavam e, em momentos diversos, chegavam às instâncias mais altas de poder como o ministério da Marinha. O ministro, por sua vez, exigia esclarecimentos dos inspetores do arsenal, que eram obrigados a dar explicações. O ofício de José Santa Rita (datado de 15.4.1812), enviado ao ministro Inácio da Costa Quintela (1763-1838), permite essa reflexão. No documento, o inspetor declarava: "Os motivos que os Índios do serviço dêste Arsenal alegam para a sua continuada deserção ser o não se lhe pagar é falso, pois que dos empregados são eles os mais bem pagos".[27] Ser "mais bem pagos" significava receber todos os dias "a quantia de CR$ 0,12 e outros CR$ 0,12 para completar a quantia de CR$ 0,24 que vencem diariamente e recebem mensalmente", conforme explica José de Santa Rita no ofício. O inspetor admitia, contudo, que havia demora no pagamento: "Só com aquele atraso que sofrem os demais, bem entendido que os Índios, marinheiros do Armazem e Casa das Velas e os Carpinteiros, são das classes de menor dívida, que excedem de três meses".

As deserções indígenas nas forças armadas eram um problema para a administração pública havia tempos. Para evitá-las — por exemplo, no arsenal real do Exército —, o conde de Aguiar, secretário do Estado dos Negócios Estrangeiros e da Guerra, enviava um aviso (dois anos antes do inspetor do arsenal da Marinha) a Francisco Bento Maria Targini (1756-1827), tesoureiro-mor, ordenando a assistência mensal de 72.960 réis para o pagamento dos indígenas no arsenal real do Exército. A quantia deveria ser entregue ao intendente do Real Trem e distribuída a eles diariamente para evitar a deserção. O documento dizia:

> Remeto a V. Sa o aviso que me foi dirigido pela Secretaria de Estado dos Negócios Estrangeiros e da Guerra, para que V. S. mande entregar a Caetano Pimentel do Vabo, Brigadeiro e Intendente do Real Trem a quantia de setenta e dois mil nove centos e sessenta réis, para pagamento dos vencimentos dos Índios, que trabalharão no Arsenal Real de Exercito, e no Escaler Real, cuja quantia V. S. mandara entregar no principio de cada mês ao mesmo intendente do Real Trem, porque diariamente vá pagando aos ditos Índios, a fim de eles se conservarem. Rio de Janeiro em 18 de Julho 1810. Conde de Aguiar = Sr. Francisco Bento Mª Targini.[28]

As instalações e os alojamentos do governo eram utilizados para abrigar os indígenas que eram remetidos à Corte. Debret documentou que o Rio de Janeiro constantemente era visitado por famílias de "selvagens civilizados", alojadas na ilha das Cobras ou hospitaleiramente no campo de Santa Anna, nas oficinas e alojamentos das obras públicas do governo.[29] Foi o caso dos oitenta Botocudos trazidos para o arsenal da Marinha, em 1824, onde "conservaram-se isolados na ilha das Cobras, nus, e em perfeita miséria, em um estado tão nojento quase como o dos porcos, sem verem nada mais de civilização, do que gente vestida que os vinha ver, para os escarnear".[30]

Os indígenas eram trazidos através do recrutamento forçado, mas também por meio de negociações feitas com capitães-mores ou caciques, conforme observamos no requerimento supracitado de José Pires Tavares e na correspondência do ministro da Justiça, José Lino Coutinho (1784-1836), enviada em agosto de 1831 à Câmara Municipal do Rio:

> Manda a Regencia em Nome do Imperador pela Secretaria d'Estado dos Negocios do Império participar à Camara Municipal desta Cidade que tendo chegado da Provincia de Matto Grosso mais nove Indios, de Nação Guaná e o Capitão Gabriel Augusto Guanitá que os acompanha; cumpre que a mesma Camara providencie acerca somente da subsistencia delles, na conformidade do que se precedêo com os primeiros; visto que a respeito do vestuario, e fornecimento dos gêneros que sollicitão, vão ser satisfeitos pela Intendencia Geral da Policia. Palacio do Rio de Janeiro em 12 d'Outubro de 1831 – Jose Lino Coutinho.[31]

A correspondência mostra uma rede institucional criada para garantir a permanência de indígenas na cidade e, desse modo, afiançar a utilização da sua força de trabalho em diferentes atividades. Para isso, era fundamental envolver os caciques e capitães mores das aldeias. Da província do Mato Grosso, o cacique Gabriel Augusto Guanitá veio ao Rio de Janeiro com "mais nove Indios de Nação Guaná".[32] O ofício esclarece ainda que outros Guanitá/Kinikinau já tinham sido enviados à capital do Império — cabendo à Câmara Municipal prover a subsistência deles e à Intendência Geral da Polícia competia providenciar as vestimentas e os "generos que sollicitão".

Diferentes instituições tinham o interesse de controlar a mão de obra indígena, conforme salientam Bessa Freire e Malheiros.[33] Havia uma disputa, por exemplo, entre o Arsenal da Marinha e a Câmara Municipal pelo domínio dos indígenas presos. A Câmara constantemente requeria "com muita frequência a mão de obra indígena para os serviços nas obras públicas, como é o caso da reforma do Passeio Público, em 1831, que contou com o trabalho de índios remetidos inclusive de outras províncias do Brasil".[34] Entre eles estavam os nove Guaná/Kinikinau, empregados nas obras de revitalização do Passeio Público, conforme o despacho "officio (?) para engajam 9 Indios para [o] trabalho no Passeio Público. 20 de (?) de 1831".[35]

José Lino Coutinho, em resposta a um ofício da Câmara Municipal solicitando informações sobre os Guaná/Kinikinau, informava que o intendente da Polícia tinha providenciado para eles vestimentas e os havia batizado. O ministro da Justiça dizia ainda "e que, feito isto, pode a referida Câmara admitir ao serviço do seu Município aqueles que o quiserem".[36] De acordo com as Atas da Câmara Municipal, sessão realizada em 1º de outubro de 1831, os senadores agradecem ao fiscal da freguesia de Santa Ana pelo envio de informações sobre 19 indígenas que viviam naquele bairro. Na ata consta a seguinte resposta:

> O Ofício do Fiscal da Freguesia de Santa Anna participando que tinha recebido do Procurador 94$240 réis para sustento dos 19 Índios, e q tinha os dado ao Administrador das obras para o fornecimento, e igualmente declarando que os dos Índios se ofereceram a trabalhar, e q desejavam serem Vacinados, e Batizados. Mandou-se agradecer ao Fiscal os seus bons Serviços e recomendar q os fizesse quanto antes Batizar, Vacinar, e resolveu-se q se participasse ao governo o Oferecimento q tinham feito.[37]

O fiscal da freguesia de Santa Anna apresenta um dado novo, a existência de 19 indígenas ali vivendo, trabalhando nas obras de melhoramento da cidade, manifestando o desejo de se vacinar e receber o batismo. Certamente, entre eles estavam os Guaná/Kinikinau vindos com o capitão Augusto Guanitá. Outro ponto que chama a atenção nos despachos da Secretaria de Estado dos Negócios do Império e da Câmara Municipal é o batizado de indígenas, atribuição da Intendência Geral da Polícia. Esse ritual católico, o batismo, era uma estratégia utilizada pelo poder central para controlar a população (inclusive os indígenas) na cidade do Rio de Janeiro, tendo em vista a inexistência do registro civil (criado apenas em 1874). Os documentos paroquiais (os assentamentos de nascimento, batismo e óbito) oficializaram os indivíduos perante o Estado e, consequentemente, recensearam os habitantes. Não podemos esquecer que os documentos religiosos foram imprescindíveis para a realização das primeiras experiências censitárias nas províncias brasileiras. Por outro lado, podemos compreender o batismo como uma espécie de passaporte, salvo-conduto utilizado para destituí-los de sua condição de "ser indígena", estimulando a "assimilação" no espaço urbano. Pois ali, eles eram considerados "civilizados" e chamados de "caboclos".

É o que diz Debret. Para o francês, o termo "caboclo" era um nome genérico, atribuído a "*tout Indien civilisé, c'est-à-dire qui a reçu le baptême*",[38] portanto, aos indígenas civilizados, que receberam o batismo. Os documentos acima mencionam o desejo dos Guaná/Kinikinau de serem batizados. Se os próprios manifestavam tal ensejo, talvez esse rito católico fosse uma estratégia indígena para fugir do pesado estigma de "selvagem", "primitivo", do medo e preconceito dos citadinos. Hipótese, no entanto, que precisa ser investigada. No olhar de Debret, eles "tornam-se excelentes trabalhadores quando civilizados e dão provas de uma inteligência perfeita onde quer que sejam empregados".[39] Assim, a condição para os indígenas serem bons trabalhadores e inteligentes era tornarem-se *civilizados*.

A vida na capital política do Império brasileiro era cheia de percalços e desafios. Os indígenas trabalhavam duramente nas forças armadas, nas obras públicas, mas também no serviço doméstico. Assim como Maria Caetana, eram explorados na casa de nobres e afortunados. A situação degradante (próxima à escravidão) dos indígenas que trabalham nas casas de particulares foi denunciada por Luiz Fortunato de Britto Abreu Souza e Menezes (desembargador chefe da polícia) ao ministro da Justiça e mereceu intervenções de diversas instituições. O desembargador, em 26 de agosto de 1845, remeteu um ofício ao ministro da Justiça, José Carlos Pereira de Almeida Torres (1799-1856), informando que uma indígena chegava de São Matheos (Mateus), na lancha Senhora de Ajuda, e seria entregue ao particular Francisco José Martins de Oliveira. O ministro da Justiça, em resposta ao ofício, enviou um aviso (datado de 2 de setembro do mesmo ano) ao desembargador chefe da polícia e ao juiz de órfãos no qual convidava às autoridades "a adoptar as mais efficazes providências, não só a respeito desta, como de quaisquer outros que já existam nesta corte, ou venham para o futuro, afim de que não se possa abusar da sua natural simplicidade, reduzindo-os ao estado de quase perfeito cativeiro".[40]

A história chegou ao conhecimento de dom Pedro II (1825-1891) e o imperador exigiu que todos os indígenas "assim trazidos" para o Rio de Janeiro, fossem questionados quanto ao tratamento a eles dispensados — se eram bem tratados, se queriam ou não continuar servindo nas casas onde trabalhavam e se eles desejavam retornar às suas aldeias de origem, utilizando para isso os recursos da Secretaria de Estados dos Negócios do Império. No caso de permanência no emprego, haveria um acordo entre patrões e empregados — sobre o valor a ser pago pelos serviços — e firmado em *contrato de locação* dos mesmos serviços "nos termos da lei que regula taes contractos".[41] Os indígenas deveriam acordar "um justo e razoável arbitramento de seus serviços" para firmar os contratos, celebrados através da figura do curador (devidamente nomeado). O locatário, por sua vez, se responsabilizaria "além da paga estipulada, a fazer baptizar o locator, se ainda o não estiver, e a instruí-lo nas máximas e preceitos da nossa religião", conforme as determinações de dom Pedro II, expressas no aviso supracitado do ministério da Justiça. As medidas propostas visavam cessar "o escandaloso abuso com que muitos indígenas existem a serviço de pessoas particulares, talvez constrangidos, e sem que disso tirem o menor proveito".[42]

A história da indígena trazida de Sao Mateus despertou o interesse das autoridades em mapear as reais condições de vida e trabalho dos indígenas "domésticos" na Corte e nas províncias. Por outro lado, sensibilizou os governantes para o tratamento concedido a eles nas casas de particulares. Desse modo, cópias do aviso ministerial da justiça foram expedidas aos presidentes das províncias, ao chefe da polícia e ao juiz dos órfãos da Corte (além de ser publicada em jornais da época, como o *Diário do Rio de Janeiro*). Todos deveriam cuidar, no sentido de cessar os abusos, os trabalhos impróprios ou excessivos que colocassem em risco a integridade física dos indígenas. Na capital do Império, os inspetores de bairros realizaram um levantamento dos que viviam nas casas de particulares, organizado na Repartição da Polícia da Corte. No relatório final, apresentado na Assembleia, o ministro do Império — em cuja pasta o tema "povos indígenas" constava — divulgou os resultados: ali existiam 52 indígenas (entre mulheres e homens), com pessoas em diferentes faixas etárias.[43]

Alguns indígenas aparecem na condição de "agregados", outros "a título de se educarem", segundo Britto. O ministro relata ainda que pouquíssimos indígenas recebiam por seus trabalhos, "mas todos sem ajuste por escripto, e talvez bem poucos com elle mesmo vocal". Esse era o panorama, em 1845, dos indígenas empregados como domésticos na Corte. De acordo com Sandra Graham, em seu estudo sobre mulheres domésticas no Rio de Janeiro, na época não havia muita distinção entre a situação das domésticas livres e escravizadas, posto que "qualquer criada podia ser submetida por longo período a trabalho exaustivo, alojamentos úmidos, dieta inadequada ou doenças que caracterizavam a vida do trabalhador pobre".[44] Nessa categoria, certamente figuravam os indígenas. De fato, naquele período houve interesse das autoridades em saber quem eram esses trabalhadores, onde residiam e as condições de vida e trabalho; se a situação deles era legalizada "mediante contratos de locação" e se eram batizados.

De acordo com Debret, um grande número de caboclos trabalhavam como domésticos na casa de proprietários ricos, durante muitos anos, e alguns bastante idosos eram "servos fiéis e respeitosos" de ex-governadores, trazidos para a Corte "após o regresso à capital".[45] O francês relata ainda que as crianças indígenas na idade de 12 a 14 anos eram "excelentes domésticos, inteligentes, animados e destemidos cavaleiros, caçadores e nadadores". A mobilização e o destaque concedido à problemática dos indígenas empregados como domésticos na corte deixam entrever o forte interesse na força de trabalho indígena, especialmente para o emprego nas obras públicas, já que boa parte da mão de obra escrava estava canalizada para a lavoura do café.[46] Os indígenas, assim, estavam na ordem do dia.

Considerações finais

Metrópoles em todo o mundo são habitadas por pessoas pertencentes a variados povos e, assim, cada vez mais são territórios sem fronteiras — ao menos deveriam ser. Migrantes e imigrantes deslocam-se para os grandes centros urbanos seduzidos pelas ilusões do progresso, outros são obrigados a fugir de perseguições, guerras, ameaças; muitos buscam melhores condições de vida. No presente, e igualmente no passado, os deslocamentos forçados para a cidade do Rio de Janeiro no século 19 estão entre as razões que motivaram milhares de indígenas a viver no principal centro político da época.

Ali, habitaram os lugares mais sórdidos e destinados aos poucos afortunados — cortiços, casinhas, ruas e prisões. Considerados vadios e criminosos, eles tiveram suas liberdades cerceadas e foram remetidos aos cárceres fétidos e úmidos. Disputados por diferentes autoridades do arsenal da Marinha, da Câmara Municipal e da polícia da Corte, trabalharam duramente nos serviços de marinhagem, praças, cabotagem, construções navais, artilharia, entre outros. A ideia recorrente da "aptidão dos indígenas", no entanto, era ser remeiro. Consensualmente, pensava-se isso na época. Engana-se quem cogita que só adultos foram submetidos à prática do recrutamento forçado. Meninos, alguns na tenra infância, viajavam dias em barcos e vapores para os alojamentos e escolas do arsenal, nas quais deveriam aprender um ofício.

Mas as notícias dos horrores da vida na corte viajavam com o vento — apavorados, meninos e homens fugiam do recrutamento militar forçado. Aqueles agarrados e obrigados a servir El Rei — em resposta às rotinas fatigantes, baixos soldos, péssimas instalações e condições de trabalho —, desertavam, voltavam para suas aldeias, viviam nas ruas ou negociavam trabalhar em outras atividades como a baleação (pesca ou caça de baleias) nas armações. Eles também se rebelaram, escreveram requerimentos, reivindicaram seus direitos através da escrita e condições de igualdade, conforme fizeram os indígenas remeiros da fortaleza da Barra. Queriam o mesmo tratamento que recebiam os indígenas do arsenal da Corte.

Percebemos na documentação histórica que alguns alçaram cargos de chefia, como patrão das embarcações miúdas, mas pouquíssimos conseguiram tal proeza. Vindo de diversas províncias, estimulados por governantes, caciques e capitães-mores, eles também tiveram a sua força de trabalho explorada nas obras públicas. Era preciso pavimentar, prover melhoramentos na cidade, pois o Rio de Janeiro seria, por alguns anos, a sede da Corte portuguesa. A situação análoga à escravidão dos indígenas que trabalhavam como domésticos, todavia, escandalizou as autoridades. Dom Pedro II exigiu informações mais precisas e a regularização desta atividade.

Os arquivos no Rio de Janeiro, especialmente os fundos e coleções do Arquivo Nacional, são fundamentais para discutirmos a presença indígena na capital e no estado do Rio de Janeiro. Nesses arquivos existem centenas, milhares de indígenas cujas trajetórias de vida se confundem com a história do território fluminense, especialmente com a cidade. Muito ali lembra os povos indígenas — os arcos da Lapa, o Paço Imperial, a ilha das Cobras, o campo de Santa Anna, o Passeio Público, as ruas, os topônimos, as comidas, os costumes. A história convencional, tao preconceituosa, e a memória, seletiva que é, tentaram silenciar a importância dos povos indígenas para a história desse estado. Território indígena, em todas as suas acepções, o Rio de Janeiro foi, continua e sempre será por eles habitado. Com suas histórias, línguas, narrativas, culturas e saberes, os indígenas transformam e enriquecem o Rio. Disso não podemos duvidar!

ANA PAULA DA SILVA é doutora pelo Programa de Pós-Graduação em memória social, da Universidade Federal do Estado do Rio de Janeiro. É pesquisadora do Programa de Estudos dos Povos Indígenas da Universidade Estadual do Rio de Janeiro e do Observatório da Presença Indígena no Estado do Rio de Janeiro, além de atuar como formadora na Ação Saberes Indígenas na Escola.

JOSÉ RIBAMAR BESSA FREIRE é professor do Programa de Pós-Graduação em memória social da Universidade Federal do Rio de Janeiro. É assessor do Programa de Estudos dos Povos Indígenas, onde atua nos projetos Observatório da Presença Indígena no Estado do Rio de Janeiro e Ação Saberes Indígenas na Escola.

FONTE: Uma primeira versão deste texto foi publicada em MATTOS, Izabel Missagia de. et al (orgs.), *Histórias indígenas: memória, interculturalidade e cidadania na América Latina*. São Paulo: Zamora Humanitas/El Colegio de Michoacán, 2020, pp. 299-319.

1 Estevão Ribeiro de Rezende, *Ofício ao juiz do Crime do bairro da Sé, Manoel Pedro Gomes. Registros de Ordens e Ofícios expedidos pela Polícia*. Arquivo Nacional do Rio de Janeiro, Fundo Polícia da Corte, códice 0329, 1819.

2 Encontramos esse manuscrito a partir das indicações do "Guia de Fontes" e aqui foi reproduzido com a ortografia da época. Ver José Ribamar Bessa Freire, *Os índios em arquivos do Rio de Janeiro*. Rio de Janeiro: Nepe/Uerj, 1995.

3 Estevão Ribeiro de Rezende, 1819, op. cit.

4 As reflexões apresentadas neste artigo foram discutidas na tese *O Rio de Janeiro continua índio: território do protagonismo e da diplomacia indígena no século XIX*, de Ana Paula da Silva, defendida em 2016, no Programa de Pós-Graduação em Memória Social da Unirio, sob orientação de José Ribamar Bessa Freire.

5 As pesquisas censitárias mostraram 923 "caboclos" vivendo na capital do Império, o que representa pouco menos de 1% da população total da época. Já na província do Rio de Janeiro, o censo registrou um percentual de 7.807 pessoas que se autodeclararam "caboclas". Ver ibid.

6 Com a promulgação do Ato Adicional de 1834 a cidade do Rio de Janeiro passou a ser uma unidade administrativa distinta da província fluminense, chamada de Município Neutro ou Município da Corte.

7 *Recenseamento do Brazil em 1872*. Rio de Janeiro: Typ. G. Leuzinger, 1874.

8 Sidney Chalhoub, *Cidade febril — cortiços e epidemias na Corte imperial*. São Paulo: Companhia das Letras, 2006.

9 Diogo Maria Galhard, *Memória VII Sobre os meios modos de obter conservar seguridade publica nesta Cidade Corte do Rio de Janeiro Rio de Janeiro, 30 julho 1818. Por Diogo Maria Gallard*. Anais da Biblioteca Nacional, documento 62.250, 12.326.

10 Thomas H. Holloway, *Polícia no Rio de Janeiro – repressão e resistência numa cidade do século XIX*. Rio de Janeiro: Ed. FGV, 1997, p. 41.

11 Johann Moritz Rugendas, *Viagem pitoresca ao Brasil*. São Paulo: Livraria Martins Editora, 1972, p. 109.

12 José Ribamar Bessa Freire e Márcia Malheiros,

Aldeamentos Indígenas do Rio de Janeiro. Rio de Janeiro: Ed. UERJ, 2009.

13 Transformar indígenas em "caboclos" era a primeira violência, entre muitas outras sofridas no espaço urbano, pois o conceito tinha uma acepção bastante pejorativa na época. Auguste de Saint-Hilaire (1799-1853) foi um dos primeiros viajantes a escrever sobre o uso depreciativo da palavra. Para o francês, "caboclo" ou "caboco" era um "apelido injurioso aplicado aos indígenas em diversas Províncias do Brasil". Acionar essa categoria era uma forma classificatória de evidenciar o processo de "catequização" e "civilização"; por outro lado, marcava-se o lugar e o tratamento que aquele indígena (denominado caboclo) recebia no espaço, no caso, a cidade do Rio de Janeiro. Ver Auguste de Saint-Hilaire, *Viagem pelas províncias do Rio de Janeiro e Minas Gerais*. São Paulo: Companhia Editora Nacional, 1938.

14 Ana Paula da Silva, 2016, op. cit.

15 Jean Baptiste Debret, *Voyage pittoresque et historique au Brésil*. Paris: Institut de France, 1834, v. 1, p. 21.

16 André Soares de Souza. *Carta a João Furtado de Mendonça*. Arquivo Nacional, Fundo Vice-Reino, caixa 770, pacote 2, documento 1.

17 José Ribamar Bessa Freire e Márcia Malheiros, 2009, op. cit.

18 Ondemar Dias, "O índio no Recôncavo da Guanabara". *Revista do IHGB*, abr.-jun. 1998, pp. 399-641; Maria Regina Celestino de Almeida, *Metamorfoses Indígenas: identidade e cultura nas aldeias coloniais do Rio de Janeiro*. Rio de Janeiro: Arquivo Nacional, 2003.

19 José Pires Tavares. "Carta do capitão-mór da aldêa de Itaguahy, 1805". In: Joaquim Norberto de Souza Silva, "Memória histórica e documentada das aldeias de índios da província do Rio de Janeiro". *Revista do Instituto Histórico e Geográfico do Brasil*, t. 17, 3ª série, n. 14, 1854, p. 373.

20 Ibid.

21 Ana Paula da Silva, 2016, op. cit.

22 Juvenal Greenhalgh, *O Arsenal de Marinha do Rio de Janeiro na história 1763-1822*. Rio de Janeiro: Ed. Noite, 1951, p. 100.

23 Silvana Jeha, "Caboclos ao mar: Indígenas na Armada Nacional e Imperial do Brasil". In: *VI Encontro Estadual de História*. Bahia: UFRB, v. 1, p. 1-10, 2013.

24 A historiadora Vânia Moreira ressaltou a importância das instruções de 10 de julho de 1822 que estabeleciam as disposições gerais do recrutamento militar, vigorando até 1875 — ano em que os critérios foram atualizados e o alistamento universalizante foi instituído. Ver Vânia Moreira, "Vestir o uniforme em índios e torná-los cidadãos: reflexões sobre recrutamento militar, reclassificação social e direitos civis no Brasil imperial". In: Miquéias H. Mugge e Adriano Comissoli (org.), *Homens e armas: recrutamento militar no Brasil — Século XIX*. São Leopoldo: Oikos, 2011, pp. 65-94.

25 Ibid.

26 "Alguns homens e índios remeiros da fortaleza da barra. Requerimento enviado ao ministro da Marinha, em 13 de março de 1810". In: *Ofícios do Inspetor do Arsenal da Marinha (1808-1814)*. Arquivo da Marinha, 1810.

27 José de Santa Rita, "Ofício enviado ao ministro Inácio da Costa Quintela, de 15 de abril de 1812". In: "Ofícios do Inspetor do Arsenal da Marinha (1808-1814)". *Ofícios dos Inspetores da Marinha*. Arquivo da Marinha, 1812.

28 Conde Aguiar, *Aviso da Secretária do Estado dos Negócios Estrangeiros e da Guerra a Francisco Bento Maria Targini, tesoureiro-mor, ordenando a assistência mensal aos índios*. Fundo Conselho da Fazenda, Decretos e avisos ao Tesoureiro Mór do Real Erário (1808-1816), códice 34.

29 Jean-Baptiste Debret, op. cit.

30 *Correio Official*. Hemeroteca da Biblioteca Nacional, 1840.

31 José Lino Coutinho, "Ofício da Secretaria d'Estado dos Negocios do Império participar à Camara Municipal desta cidade". *Arquivo Geral da Cidade do Rio de Janeiro, Série Assistência a Alienados*, folha 1, 1831a.

32 Ibid.

33 José Ribamar Bessa Freire e Márcia Malheiros, op. cit.

34 Ibid., pp. 84-85.

35 José Lino Coutinho, "Despacho de José Lino Coutinho autorizando o envio de 9 índios para as obras do Passeio Público, de 15 de Outubro de 1831". Arquivo Geral da Cidade do Rio de Janeiro, Série Assistência a Alienados, verso da 2ª folha, 1831b.

36 José Lino Coutinho, "Ofício da Secretaria d'Estado dos Negocios do Império participar à Camara Municipal em resposta ao ofício de 6 (?)". Arquivo Geral da Cidade do Rio de Janeiro, Série Assistência a Alienados, folha 1, 1831c.

37 "Câmara Municipal Da Corte. Atas das Sessões da Câmara Municipal — 1830-1831". Arquivo Nacional, códice 107, fls. 305 a 307.

38 Jean-Baptiste Debret, 1834, op. cit., p. 21.

39 Ibid., p. 16.

40 José C. P. de Almeida Torres, "Avisos Ministério da Justiça - Sobre o Trabalho dos Índios em Casas de Particulares e Outras Providências". In: M. Carneiro da Cunha. (org.), *Legislação Indigenista no século XIX*. São Paulo: EdUSP/Comissão Pró-Índio de São Paulo, 1992, p. 200.

41 Ibid.

42 Ibid.

43 Joaquim M. de Britto, *Relatório de 1845 apresentado a Assembléa Geral Legislativa na 3ª Sessão da 6ª Legislatura*. Rio de Janeiro: Typographia Nacional, 1846, p. 25.

44 Sandra Lauderdale Graham. *Proteção e obediência: criadas e seus patrões no Rio de Janeiro, 1860-1910*. São Paulo: Companhia das Letras, 1992, p. 19.

45 Jean-Baptiste Debret, 1834, op. cit., p. 16.

46 José Ribamar Bessa Freire e Márcia Malheiros, 2009, op. cit.

Erica Malunguinho: trans têm mais a oferecer do que apenas pautas LGBTs

MARIANA GONZALEZ/*UNIVERSA*
ENTREVISTA ERICA MALUNGUINHO
2021

Dois anos depois de dar a Erica Malunguinho (PSOL) o título de primeira deputada transexual do país, São Paulo terá parlamentares trans também na Câmara dos Vereadores — e não uma, mas quatro de uma só vez: Erika Hilton (PSOL), Thammy Miranda (PL), Carolina Iara (parte da candidatura coletiva Bancada Feminista, do PSOL) e Samara Sosthenes (parte da candidatura coletiva Quilombo Periférico, também do PSOL). "É a continuidade de uma luta histórica antiga e nada mais justo que a gente alcance esses espaços", comemora Malunguinho, em sua condição de pioneira.

Em entrevista à Universa, a deputada reconhece a importância de sua eleição, acredita que um dia a política institucional terá "a cara da população brasileira", lembra os maiores desafios e dá um conselho para as transexuais que vão assumir o primeiro mandato em janeiro: "Continuem, sigam em frente".

U **[Universa]** Como você vê o resultado dessa eleição em termos de representatividade?

EM **[Erica Malunguinho]** Vejo com muita positividade. É uma continuidade de uma luta histórica, que não começou ontem, nem acaba amanhã, mas diz respeito a um processo longo, desde Xica Manicongo [angolana escravizada, considerada a primeira transexual no Brasil, que se trajava conforme seu gênero, mas foi obrigada a se vestir como homem]. Nada mais justo que, no decorrer dessa história, a gente alcance espaços onde se discute a sociedade.

U E no que as eleições de 2020 foram diferentes das que você concorreu?

EM Nós tivemos algumas eleições de pessoas trans pelo Brasil nos últimos anos, e isso é muito importante. Mas, em 2018, com a minha eleição, é a primeira vez que se elege nominalmente uma transexual com um discurso explícito de gênero e raça, alimentando esse discurso na esfera pública.

U Você acredita que a sua eleição, em 2018, foi um pontapé para o aumento de pessoas trans eleitas em 2020?

EM Sem dúvidas, a minha eleição reverberou no país e ajudou a mostrar que nós, pessoas trans, temos sensibilidade, capacidade e, principalmente, direito de participar dos debates públicos na política institucional. Como eu disse, isso não diz respeito só a mim, e sim a toda uma luta coletiva que vai se construindo no decorrer da história. Mas o fato de termos um projeto eleito há dois anos com discurso de gênero e raça mobilizou de forma positiva tanto o eleitorado, que se encorajou para votar, quanto os candidatos, que se sentiram aptos a concorrer.

U De que forma parlamentares trans na Câmara dos Vereadores podem reforçar projetos da Assembleia Legislativa do Estado de São Paulo (Alesp) e vice-versa? É possível construir uma aliança entre os legislativos do estado e da capital?

EM Há diversas atuações que podem ser feitas em conjunto. Quando eu entrei na Alesp, conseguimos estadualizar o Transcidadania [projeto de inserção social para pessoas trans], que era um projeto municipal. Estou positiva, dá para fazer inúmeras alianças, afinal, estamos falando do estado e a capital tem muita importância.

U Entre as pessoas trans nominalmente eleitas temos a Erika Hilton, que é do seu partido, e Thammy Miranda, de um partido mais conservador. Como você vê a candidatura de pessoas LGBTs em partidos de direita? Acredita que essa representatividade é efetiva?

EM Eu acho que é incoerente. Não quero dizer que não é possível ou relevante, mas as pautas que esses partidos defendem muitas vezes vão contra a população LGBTQIA+ e contra toda uma população mais vulnerável. É o caso das privatizações e do "enxugamento" do Estado, projetos que prejudicam sobretudo a população mais pobre.

Contra fatos não há argumentos: nós sabemos que machismo, racismo e LGBTfobia são estruturais e são reproduzidos por todo mundo, na esquerda e na direita, mas quem faz isso de forma consciente e coloca no debate público pautas contrárias à diversidade é a direita. Quem faz projeto para que pessoas trans sejam excluídas dos esportes? Quem quer excluir mulheres trans de políticas públicas? Quem é contra a educação sexual nas escolas? A direita. Se a gente não se atenta a isso, está sendo incoerente e irresponsável com lutas históricas em defesa da liberdade.

U Que impactos positivos a maior presença de pessoas trans em casas legislativas pode trazer para cidades Brasil afora?

EM Eu acho (e espero!) que estamos lutando para que a política institucional tenha efetivamente a cara da população brasileira, e isso diz respeito a mulheres cisgênero, pessoas trans, pretas, deficientes, indígenas. E eu tenho esperança de que isso vai se adequar cada vez mais e de que, no futuro, todos os atores da sociedade estejam representados dentro da esfera pública. E é importante reforçar: pessoas trans têm mais a contribuir do que apenas pautas para a população LGBTQIA+, afinal, discutir direitos dessa população envolve discutir transporte público, saúde pública, educação e diversas outras questões de ordem social, caras aos mais vulneráveis. Uma sociedade que tira as pessoas da vulnerabilidade é uma sociedade que garante o bem-estar de todos.

U Quais você considera terem sido suas maiores vitórias em dois anos na Assembleia Legislativa do Estado de São Paulo?

EM A Alesp talvez seja uma das assembleias menos funcionais e menos legisladoras do país. Estamos a todo momento respondendo demandas do Poder Executivo e as pautas das deputadas e deputados têm pouca tramitação, mas há conquistas. Conseguimos a gratuidade do Bom Prato para a população de rua, obstruímos um projeto que excluía pessoas trans dos esportes e garantimos o atendimento de mulheres trans nas Delegacias da Mulher.

U E quais foram os maiores desafios nesse período?

EM O maior desafio talvez tenha sido mostrar que o meu corpo, o corpo de uma mulher negra, trans e nordestina, carrega um intelecto. As pessoas não imaginavam que este corpo poderia estar longe das esquinas. Outro grande desafio foi suprimir as violências verbais que ocorreram dentro da Alesp.

U Você pode citar exemplos de situações em que isso aconteceu?

EM Eu fui violentada com um discurso feito em plenário que defendia expulsar travesti a tapa do banheiro feminino [a fala foi proferida pelo deputado Douglas Garcia (PSL) em abril de 2019]. Esta é uma tarefa que eu considero que ainda está em curso, mas que tem sido exitosa. Esses comentários explícitos diminuíram muito. Em um outro episódio, quando um grupo de religiosos estava do lado de fora da Alesp dizendo que Paulo Freire faz as pessoas se tornarem "aberrações transexuais", me dirigi à presidência da Casa, que imediatamente acionou a polícia legislativa para restringir essa violência.

U E, por fim, que conselho você daria às pessoas trans que vão assumir o primeiro mandato em janeiro?

EM Continue, siga em frente, vai dar tudo certo. Nossa presença é importante inclusive para educar a sociedade para a diversidade. Embora esses lugares tenham sido construídos para nos afastar, é absolutamente possível.

MARIANA GONZALEZ é graduada pela Faculdade Cásper Líbero, pós-graduanda em Mídia, Política e Sociedade na Fundação Escola de Sociologia e Política de São Paulo e repórter da plataforma *Universa*.

ERICA MALUNGUINHO (Recife, 1981) é deputada estadual por São Paulo, professora, artista e agente cultural. Filiada ao Partido Socialismo e Liberdade (PSOL), foi a primeira mulher transexual na Assembleia Legislativa paulista. Mestra em estética e história da arte pela Universidade de São Paulo, foi a idealizadora do centro cultural e quilombo urbano Aparelha Luzia, fundado em 2016.

FONTE: Versão revisada da entrevista concedida por Erica Malunguinho a Mariana Gonzalez, publicada originalmente na *Universa*, a plataforma feminina da UOL, jan. 2021. Disponível em https://www.uol.com.br/universa/noticias/redacao/2021/01/01/erica-malunguinho.htm. Acesso em 1.2.2022.

Bolsonarismo como identidade coletiva, a lógica sacrificial e a brutalização dos afetos

INSTITUTO HUMANITAS UNISINOS
ENTREVISTA RODRIGO NUNES
2021

IHU **[IHU On-line]** No seu artigo para a revista *Piauí*, o senhor coloca a pergunta sobre como entender o resistente apoio a Bolsonaro.[1] Por que a morte de mais de 330 mil pessoas parece pesar menos do que deveria sobre a imagem de Bolsonaro?

RN **[Rodrigo Nunes]** Há quatro coisas para considerar aí. A primeira é a infraestrutura comunicacional de que Bolsonaro dispõe, uma rede muita ativa e organizada que começa no gabinete presidencial, onde se coordenam os discursos; passa por sites e influenciadores que produzem conteúdo; se capilariza pelos grupos de WhatsApp e Telegram e acaba nos grupos de família, de igreja, do trabalho, e nos ambientes que as pessoas frequentam.

Isso gera uma saturação informacional que faz com que, para cada notícia negativa, a pessoa receba cinco ou dez versões diferentes, desmentidos, "fatos alternativos", e que chegam através de pessoas próximas, com credibilidade. O resultado é que, quando a notícia ruim chega, a pessoa está inoculada, ela já foi preparada para rejeitá-la. Não sabemos se Bolsonaro será capaz de vacinar a população brasileira, mas ele já conseguiu inocular muita gente contra a verdade.

Foi essa máquina de desinformação que permitiu a ele bater de frente com a mídia e sair de pé. Claro, talvez tivesse sido diferente se a imprensa tivesse usado toda a artilharia que usou contra Dilma, mas como ninguém está seguro de querer derrubar Bolsonaro, ele segue apanhando com luvas de pelica. Com isso, logrou emplacar amplamente o fato de basicamente afirmar que não havia nada que ele pudesse fazer sobre a pandemia.

Não é só a mentira de que o Supremo Tribunal Federal teria proibido o governo federal de intervir, mas fundamentalmente a ideia de que o Estado não poderia atuar de nenhuma outra maneira porque seria ruim para a economia e fiscalmente irresponsável. A mensagem é: tínhamos uma escolha entre o risco econômico e o risco de vida, e absurdo seria não optar pelo segundo.

Aí entra o segundo ponto. Esse discurso funciona não apenas porque é eficientemente difundido, mas porque diz coisas que já estão assentadas na cabeça das pessoas. O Estado no capitalismo sempre teve duas funções básicas: a de assegurar o funcionamento do mercado e a de eventualmente limitar a liberdade do mercado para assegurar condições de reprodução às pessoas. O período entre o pós-guerra e a década de 1980 foi dominado por um consenso em torno da necessidade de fortalecer a segunda função. O consenso formado desde então é o de que a boa gestão consiste em exercer essa função o mínimo possível, reduzindo o Estado à primeira.

Isso é o neoliberalismo, isso é o que ouvimos há quatro décadas, e essa ideia de que as pessoas existem para servir à economia volta com ainda mais força em períodos de crise como o atual, quando se escuta diariamente que é preciso "apertar os cintos" e "cortar na carne". A resposta de Bolsonaro à pandemia é apenas essa lógica sacrificial levada às últimas consequências: não há nada que o Estado possa fazer, é cada um por si e todos pela economia. O objetivo, claro, é tirar de discussão opções como um auxílio permanente, renda mínima, congelamento de aluguéis, apoio a pequenas empresas. E como quatro décadas de neoliberalismo habituaram as pessoas à ideia de que este é o único horizonte possível, elas ouvem isso e concordam: realmente não há alternativa.

O terceiro ponto tem uma dimensão histórica ainda mais longa. É a própria história do Brasil, o fato de sermos um país fundado sobre a normalização da morte e do sofrimento humano, do genocídio indígena à miséria e violência das periferias, passando por quatro séculos de escravidão. E as eleições de 2018 foram um momento em que essa indiferença — ou mais que isso: a ideia de que existe um direito de tratar como inimigo de guerra todos aqueles por quem nos sentimos ameaçados — foi abertamente celebrada. Os candidatos competiam para ver quem deixaria a polícia cometer mais abusos. Antes da pandemia, o brasileiro já convivia com uma brutalização tão grande que muita gente consegue olhar duas mil mortes diárias e achar que faz parte do jogo.

O quarto ponto é simples: o bolsonarismo é uma realidade. Há uma identidade coletiva que se cristalizou em torno da campanha de Bolsonaro que tem a negação radical de tudo aquilo contra o que Bolsonaro supostamente lutaria como um dos traços que lhe dá consistência. Porque o "inimigo" não é visto como alguém que apenas pensa diferente, mas como alguém cuja mera existência é a negação da minha, toda informação que ponha o governo em questão pode ser identificada com o inimigo e descartada. Se o espaço político é percebido como inteiramente bipartido, não sobra espaço para fatos que existiriam independentemente de servirem a um lado ou outro: tudo que não serve a mim serve ao adversário.

Esse viés de confirmação é reforçado pela saturação informacional descrita antes. Mas aqui é preciso distinguir duas funções que a máquina de comunicação bolsonarista cumpre. Para muita gente, a saturação serve para deixá-los na dúvida: a notícia tem vários lados, quem critica o governo também não está dizendo toda a verdade, "ninguém é santo nessa história"... Já o bolsonarista de verdade crê; ele tem convicção. Sua convicção é tão forte que lhe permite acreditar numa coisa hoje e noutra amanhã se a mensagem do governo mudar, porque sua convicção é acima de tudo a de que é preciso derrotar o inimigo a qualquer custo, e isso vale mais do que qualquer dissonância cognitiva ou perda de credibilidade. É isso que faz do bolsonarismo a força política que ele é.

O bolsonarismo de verdade é 15%, no máximo 20% da população, mas sua convicção e engajamento são suficientes para arrastar consigo o restante que forma estes 30% de apoio que se manteve até aqui. E desde o início está claro que Bolsonaro não tem intenção de governar para mais que esses 30%, porque fidelizando este segmento ele e seus filhos administrarão um patrimônio eleitoral valiosíssimo por muito tempo.

IHU O senhor recentemente publicou um artigo na revista inglesa *Radical Philosophy*[2] sobre o bolsonarismo. Partindo dessa reflexão, como o senhor define o bolsonarismo? Qual é sua composição social e como se caracteriza?

RN A primeira coisa é distinguir entre bolsonaristas e eleitores de Bolsonaro: nem todo mundo que votou em Bolsonaro é bolsonarista. Talvez nem mesmo todos aqueles que ainda apoiam o governo possam ser descritos assim, embora eles certamente estejam sujeitos à atração gravitacional do bolsonarismo e compartilhem de alguns dos elementos que o compõem.

O segundo ponto é justamente que devemos entender o bolsonarismo como um fenômeno compósito, um conjunto de tendências sociais relativamente independentes entre si que convergiram numa identidade política comum. Seguindo a sugestão valiosa de um texto de Gabriel Feltran,[3] penso esses elementos nos termos daquilo que Eder Sader (1941-1988) chamava de "matrizes discursivas",[4] identificando sete, que analiso individualmente: policialismo (ou militarismo), empreendedorismo, anti-intelectualismo, libertarianismo econômico, anticomunismo, oposição à corrupção (em sentido amplo) e conservadorismo social.

Em maior ou menor grau, cada uma dessas está presente em todas as classes, ainda que assumam sentidos diferentes conforme a posição social de quem subscreve a eles e cumpram funções diferentes no interior dessa identidade comum.

O terceiro ponto é, então, que o bolsonarismo não é nem um fenômeno exclusivamente popular, nem exclusivamente de elite, mas que estabelece uma aliança entre classes ao mesmo tempo que, e este seria o quarto ponto, ele deve ser entendido perspectivamente, isto é, seus participantes o veem como coisas diferentes dependendo do ponto de onde olham.

A ideia central é que essas diferentes tendências sociais já vinham convergindo no mínimo desde 2015, mas é em torno da campanha de Bolsonaro em 2018 que sua identidade política comum se cristaliza. Isso se dá menos por quaisquer características pessoais de Bolsonaro do que pelo fato de que a sua candidatura oferecia o espaço ideal para essa convergência naquela conjuntura extremamente singular.

Isso significa que o vínculo entre Bolsonaro e o bolsonarismo não é analítico, mas sintético: embora leve seu nome, o bolsonarismo não é fruto de um gesto criador do líder, mas da contingência que o pôs no lugar certo na hora certa. Nos termos da teoria do discurso de Chantal Mouffe e Ernesto Laclau (1935-2014), "Bolsonaro" foi um dos nomes (junto com "cidadão de bem", "patriota" etc.) que serviu para unificar este campo político diverso com um significante ou ponto focal comum, assim como "mamata" e "comunismo" serviram para construir a identidade correspondente ao campo oposto, do inimigo.[5]

É óbvio que, a partir daquele instante, Bolsonaro passa a ter mais poder sobre esse campo político do que qualquer um. Mas insistir que seu vínculo com o bolsonarismo é sintético implica dizer que pode haver no futuro bolsonarismo sem Bolsonaro, com uma ou mais figuras ocupando a mesma função de unificação política deste segmento social. Suspeito, aliás, que o bolsonarismo tende a sobreviver por bastante tempo, explorado por empreendedores políticos de diferentes matizes, independentemente do destino da família Bolsonaro. Algo semelhante ao que foi o malufismo, seu antecessor mais próximo, ao longo de três décadas — com a diferença importante de que o bolsonarismo é um fenômeno nacional.

Insistir na contingência da relação Bolsonaro-bolsonarismo também serve para reforçar que, embora a identidade política que se cristaliza em 2018 seja um fato novo, as tendências sociais que a formam já gravitavam na direção umas das outras há tempos e, embora não deixem de ter contradições entre si, elas se aproximam porque têm muito em comum. Como aponto no texto, elas se alimentam das mesmas condições afetivas — isto é, respondem aos mesmos sentimentos socialmente disseminados — e compartilham de uma mesma gramática moral cujos pontos-chave são o individualismo, o punitivismo e a valorização da ordem acima da lei. É isso que cria uma língua franca entre estas matrizes discursivas traduzíveis e facilita o processo de identificação recíproca entre os que aderem a elas.

Pensar o bolsonarismo nesses termos implica dar a esse fenômeno uma espessura temporal que as explicações exclusivamente conjunturais, que buscam apontar quais decisões de quais agentes produziram o atual estado de coisas, não levam em consideração. Ao enxergar a trajetória desses elementos numa duração mais longa, não só temos uma dimensão mais real daquilo com que estamos lidando, de quão fundo vão suas raízes e quão longe podem ir seus efeitos, como botamos Bolsonaro no lugar que lhe cabe: mais sintoma do que causa.

O **INSTITUTO HUMANITAS UNISINOS** é uma organização criada em 2001 na Universidade do Vale do Rio dos Sinos em São Leopoldo, no Rio Grande do Sul, com a missão de promover a justiça e o diálogo cultural e inter-religioso.

RODRIGO NUNES é doutor em filosofia pela Goldsmiths, University of London e professor do departamento de filosofia da Pontifícia Universidade Católica do Rio de Janeiro. É autor dos livros *Organisation of the Organisationless: Collective Action After Networks* (2014) e *Neither Vertical Nor Horizontal: A Theory of Political Organisation* (2021).

FONTE: Versão revisada do excerto de "Bolsonarismo como identidade coletiva, a lógica sacrificial e a brutalização dos afetos. Entrevista especial com Rodrigo Nunes". *Revista On-line do Instituto Humanitas Unisinos*, abr. 2021. Disponível em http://www.ihu.unisinos.br/159-noticias/entrevistas/608123-bolsonarismo-como-identidade-coletiva-a-logica-sacrificial-e-a-brutalizacao-dos-afetos-entrevista-especial-com-rodrigo-nunes. Acesso em 23.9.2021.

1 Rodrigo Nunes, "O presente de uma ilusão" *Revista Piauí*, mar. 2021. Disponível em https://piaui.folha.uol.com.br/materia/o-presente-de-uma-ilusao/. Acesso em 23.11.2021.

2 Rodrigo Nunes, "Of what is Bolsonaro the Name?". *Radical Philosophy*, v. 2, n. 9, 2020-21, pp. 3-14. Disponível em https://www.radicalphilosophy.com/article/of-what-is-bolsonaro-the-name#fn4. Acesso em 23.9.2021.

3 Gabriel Feltran é professor do Departamento de Sociologia da Universidade Federal de São Carlos e estuda gestão de conflitos nas periferias de São Paulo. Ver Gabriel Feltran, "Vinte anos depois: a construção democrática brasileira vista da periferia de São Paulo". *Lua Nova*, n. 72, 2007, pp. 83-104. [N. E.]

4 Ver Eder Sader, *Quando novos personagens entraram em cena: experiências, falas e lutas dos trabalhadores da Grande São Paulo (1970-1980)*. Rio de Janeiro: Paz e Terra, 1988. [N. E.]

5 Ver Ernesto Laclau, *A razão populista*. São Paulo: Três Estrelas, 2013; Chantal Mouffe, *Por um populismo de esquerda*. São Paulo: Autonomia Literária, 2020. [N. E.]

Histórias silenciadas

SANDRA BENITES
2020

A história ancestral começa pelo nosso entendimento de quando surgiu o mundo — esse é o nosso tempo da história. É ela que tem nossa sabedoria, nossa cultura, nosso modo de viver no mundo e de vê-lo. Isso se relaciona com as histórias ancestrais. Costumo dizer que a história ancestral é muito mais relevante, porque é ela que nos ensina a sobreviver e a conviver no mundo humano e não humano. Isso, para nós, indígenas em geral, é uma questão de história. Contamos essa história dessa forma.

A história do Brasil é narrada como se começasse em 1500. Para a gente, a história do Brasil começou no início do mundo. Por isso que, em nosso costume indígena, temos uma divisão de terra. A fronteira é a diferença do outro, significa respeitar aquela diferença. Somos diversos. Infelizmente, o que sobrou no Brasil são 305 etnias e 274 línguas indígenas. Ainda estamos resistindo. A partir da colonização, depois de 1500, nossa história é negada. A história da forma que contamos, como os mais velhos ensinam aos mais novos e às próximas gerações, é muito importante para entendermos o espírito da natureza. É dela que também adquirimos o conhecimento. Nós, indígenas, não podemos discutir ou falar sobre a linha da história, ou seja, do conhecimento, sem citar o mundo, o espírito da natureza e a natureza onde pisamos. No meu ponto de vista, é assim que contamos a história.

Nós, indígenas, sofremos violência, apagamento e negação, mas resistimos e continuamos. Resistimos e continuamos falando sobre a questão da terra, do espírito da natureza. Percebo que muitos indígenas têm uma revolta de negação por conta de vários golpes que sofremos no passado e ainda sofremos. Acho que, por mais que tenhamos essa revolta, também superamos a partir da sabedoria. Da sabedoria e da arte, da arte que a gente fala, em qualquer situação. A partir disso, vou tentar resumir bem rápido a minha fala sobre essa questão do conhecimento e como a gente conta história. Passamos por momentos, superamos e construímos outros caminhos para caminharmos, porque essa é a nossa sabedoria. De construir outros caminhos a partir das perdas, a partir da dor que enfrentamos.

Gostaria de falar sobre a questão de como vemos o mundo, especificamente do Guarani. Para mim, o mundo existe como se fossem três camadas. Embaixo da terra fica *iguaçu*. Na segunda camada, a terra. A terra é o corpo feminino. Nós, Guarani, falamos que a terra é *ñandeci*, nossa mãe. A terceira camada é o *iwateguá*. *Iwaté* seria o fogo de cima — o ar, fogo. Não que o fogo seja ruim, mas em excesso pode causar problemas. Equilibramos um e outro, porque para nós o primeiro mundo já acabou. Agora pode acabar o segundo. Sabemos que está acabando. Os monstros somos nós, pessoas. Aprendi, com as minhas avós e meus parentes, que quando o primeiro mundo acabou a água que subiu atravessou a terra. Por isso que falamos que o tempo já acabou. O mundo acabou na época em que a água subiu. Provavelmente esse segundo mundo que vai acabar seria com o fogo que desceria. Quem segura, controla e equilibra tanto o fogo quanto a água é o corpo, é essa terra. É a terra que falamos que é a nossa mãe, onde a gente pisa. Por isso que falamos *uiurupá*. Uiurupá é como se fosse cama para a gente. Como se fosse terra, o berço, o berço para nós. Onde a gente pode circular. Por essa razão que temos esse respeito e entendemos que, para o nosso corpo ficar saudável, é necessário que a gente também entenda como viver com esse mundo, para equilibrá-lo.

Os parentes falavam que esse mundo está equilibrado com o corpo da ñandeci, entre o fogo e a água, que equilibra o todo. Quando tratamos da doença, da alegria, da sabedoria, tudo está nela. Por esse motivo que nós falamos da terra, o sagrado. Quando falamos sobre a terra, não estamos falando sobre só para a gente morar. Na história, muitas vezes, não é contado, não é valorizado, não é respeitado, onde vivemos. Estou contando a história como que os nossos mais velhos, os nossos ancestrais, ensinam a gente a caminhar, no mundo humano e não humano. É importante entendermos, e é assim que os nossos mais velhos nos ensinam até hoje.

A nossa história é contada dessa maneira. Que bom que estamos aqui para eu contar essa história para os outros, mas não para dizer que os outros têm que se tornar Guarani. Estou falando sobre a importância de que cada grupo étnico, independentemente daquilo que acredita, fale sobre essa questão da sua sabedoria, do seu conhecimento. É importante a partir de hoje nos juntarmos para uma questão maior. Não falamos da divisão de terras. Entendemos que o mundo, a terra, é para todos nós. Temos que saber conviver com ela.

Acho que é isso que aprendemos enquanto indígenas, enquanto Guarani. Sempre escutamos essa narrativa, essa história. Ensinamos a próxima geração que virá. É fundamental que a gente repasse essa história através da oralidade, ensinando, fazendo, vivendo — tem muitas coisas que a gente não fala, apenas vive. Fazemos, sentimos, e só assim aprendemos.

SANDRA BENITES (Terra Indígena Porto Lindo, Japorã, Mato Grosso, 1975) é Guarani Nhandewa e doutoranda em antropologia social pelo Museu Nacional da Universidade Federal do Rio de Janeiro. Desde 2004, trabalha com educação indígena.

FONTE: Excerto revisado da transcrição da fala de Sandra Benites no seminário *Histórias do Brasil*, realizado em 2020 pelo MASP.

Curadoria, representação e distribuição de corpos no Brasil

MOACIR DOS ANJOS
2020

O objetivo deste texto é apresentar e discutir duas questões. A primeira remete aos modos como a curadoria de mostras de arte se vincula ao ambiente social e político no qual aquelas se inserem ou sobre o qual se debruçam. A segunda — diferente, mas intimamente articulada com a anterior —, refere-se às maneiras como proposições expositivas podem contestar contextos de vida específicos. Há várias possíveis respostas a essas questões, e as esboçadas aqui não pretendem ser, por isso, exclusivas ou conclusivas, tão somente expressando atividades de pesquisa e curadoria dedicadas a tais tópicos e exercidas em ambientes os mais diferentes. Não por outro motivo, a discussao será também feita a partir de um projeto curatorial do autor.

De início, sugere-se que curadorias sejam entendidas como práticas de *representação* que articulam e dão a ver, a qualquer um, outras práticas de representação. Que articulam, de modo sempre singular, *equivalentes sensíveis* de uma determinada realidade. Equivalentes que nem sempre são explicitados como tal, ou construídos de modo consciente por quem os fazem, embora sempre deixem transparecer — como vestígios ou rastros — os contextos sociais, políticos, históricos e geográficos em que foram criados. E que, no campo da arte, podem assumir o formato de um filme, de uma pintura, de uma instalação, de uma música, de uma coreografia, de um poema, de uma fotografia, de um desenho ou de uma performance, expressões diversas de entendimento do mundo.

Talvez a principal característica dessas práticas de representação — sejam produções artísticas ou curadorias que as aproximam e conectam — é que nenhuma delas é capaz de equivaler completamente à realidade a que direta ou indiretamente remetem. Nenhuma delas é capaz de abranger tudo e todos que supostamente pertencem a um lugar, a uma comunidade ou a uma situação representados. De fato, nenhuma representação da realidade se confunde com essa mesma realidade, estando sempre aquém do universo representado. Nesse sentido, toda representação é sempre, e inescapavelmente, um recorte de universo mais amplo que, por sua complexidade, é irredutível a um conjunto de equivalentes sensíveis quaisquer (sejam eles imagens, formas, sons, palavras ou gestos). Universo que é inapreensível, na sua totalidade, pela ação de um sujeito particular. Por mais abrangentes que pretendam ser, equivalentes sensíveis são abstrações de um todo que não se deixa capturar plenamente.

Mas apesar dessa limitação intrínseca ao ato de representar, o fato é que, a cada momento e lugar, um conjunto específico de equivalentes sensíveis (incluindo exposições de arte) é hegemonicamente tomado como representações aceitas de uma dada realidade (quando, por exemplo, uma curadoria define, sem ser contestada, o que seria a arte brasileira contemporânea). Um conjunto de práticas que contribui para delimitar o que é visível, dizível ou inteligível em certo contexto de vida. Delimitação que, evidentemente, é feita às expensas de outros arranjos possíveis de equivalentes sensíveis que não conseguem se impor, socialmente, como capazes de representar aquela realidade. Diante disso, segue-se logicamente a questão de saber o que faz com que coisas, gentes e entendimentos sejam ou não contados em representações de mundo que, embora limitadas por definição, querem se fazer passar por universais. Necessidade de saber por que certas imagens, formas, sons, palavras e gestos que são representantes *parciais* de uma realidade complexa são considerados seus melhores (ou mesmo únicos) equivalentes sensíveis, em detrimento de tantas outras possibilidades — de tantas outras imagens, formas, sons, palavras e gestos que são também criados em resposta àquela realidade.

Considerar essa indagação implica enfatizar o fato — tão óbvio quanto importante — de que a vida em sociedade é fundada em desigualdades e é regida por conflitos. E se a representação de uma realidade é um recorte ou uma abstração de um todo mais amplo, em que alguns de seus aspectos são considerados e outros não, a decisão de incluir e excluir sujeitos, assuntos e interpretações é obviamente tomada por quem tem a capacidade de fazer e impor aos demais essas eleições. Por consequência, a representação reconhecida e legitimada de um certo tempo e lugar não é neutra, natural ou objetiva, mas tão somente um recorte hegemônico dessa realidade. Recorte que ecoa os interesses e as perspectivas de quem detém poder efetivo na vida social e política. Recorte que, no âmbito da arte, é feito por artistas e poucos outros agentes, entre os quais se incluem curadores.

Nesse sentido, as práticas de representação — a curadoria incluída nelas — reafirmam ou contestam, no campo do sensível, os modos como, a cada momento, os corpos que habitam um certo território físico e social são nele distribuídos. Os modos como, em função de marcadores diversos de diferença, esses corpos ocupam lugares desiguais de moradia, de lazer e de trabalho, tornando-se visíveis ou invisíveis, falantes ou emudecidos, sujeitos ou sujeitados. No Brasil, é fato que o campo artístico quase sempre ignorou ou caricaturou, nas representações que fez e faz do mundo, populações que não são contadas por quem possui poder de mando, tais como os povos indígenas, os considerados loucos, os presidiários, os sem-terra e sem-teto, gays, lésbicas, pessoas transgêneras, uma significativa parcela da população negra, os imigrantes ilegais, os muito pobres do país. Pessoas que, por muito tempo, não foram (e, em parte, ainda não o são) contabilizadas no cálculo produtivista que rege e que mede o chamado desenvolvimento no Brasil, cabendo historicamente a elas lugares de subordinação, de violência e de invisibilidade nas representações hegemônicas do país — no parlamento, na mídia ou na história da arte.

Tão importante quanto reconhecer tal situação, porém, é atestar que nada disso é coisa dada ou acabada. Justamente porque as maneiras de representar uma situação qualquer são inerentemente parciais e limitadas — ou seja, por serem não mais que um recorte da realidade entre outros possíveis —, qualquer forma de representação está sempre sujeita a contestações e a rearranjos, sendo, portanto, irremediavelmente provisória. Nesse sentido, práticas de representação, entre elas as curadorias, podem ser entendidas como espaços de disputas abertas no campo da produção simbólica e da imaginação. Espaços de disputas para afirmar aquilo que deveria, do ponto de vista de quem se propõe a representar uma dada realidade, equivaler e dar sentido sensível a esta. E a cada vez que curadorias aproximam e articulam artistas e obras que descrevem ou evocam fatos, situações e grupos sociais que não constam nos acordos hegemônicos sobre quais seriam as melhores equivalências sensíveis de uma condição de vida determinada, promovem-se fissuras naqueles acordos. Fissuras que gradualmente enfraquecem as convenções assentadas sobre o que seria, afinal, aquela realidade, mostrando que aquilo que se fazia passar por representação neutra ou natural é apenas uma representação dominante, que pode ser criticada, combatida e refeita de modo mais inclusivo.

A prática curatorial está, portanto, necessariamente implicada em permanentes embates sobre quais seriam os equivalentes sensíveis que melhor representariam uma certa realidade. Embates sobre quais imagens, formas, sons, palavras e gestos a representariam de modo mais adequado. E se curadorias podem — e o fazem frequentemente — ignorar as desiguais distribuições de corpos, que são a norma no mundo, e as violências que essas desigualdades implicam, elas também podem, inversamente, evidenciá-las e combatê-las, nos limites do que lhes é possível fazer. Podem contribuir para que se imagine e se construa, em um tempo futuro, uma distribuição de corpos menos excludente. Contribuição que tem se fortalecido no Brasil, ao menos desde meados da década de 2000, refletindo e espraiando um processo de gradual afirmação de danos — antigos e novos — sofridos por uma parte relevante da população brasileira, bem como de busca por ações que os reparem, ainda que tardia e insuficientemente.

A gradual institucionalização dessas demandas em termos de políticas públicas em campos diversos (educação, saúde, moradia, cultura), notadamente entre meados da década de 1990 e início da década de 2010, concorreu para que o campo artístico brasileiro começasse a mudar, mesmo que timidamente, o perfil de classe e de cor de pele de seus integrantes, bem como para questionar os assuntos e as abordagens adotados na prática curatorial hegemônica. Mudanças que também não são coisa dada, não sendo, portanto, irreversíveis. Práticas de representação são, afinal, práticas que promovem o constante embate pelo direito de narrar e habitar, de maneiras distintas, um mesmo lugar de vida. Práticas que implicam modos diferentes de distribuir os corpos em espaços de trabalho, lazer e moradia.

É esse o contexto em que se inscreve o projeto de exposição *Necrobrasiliana*, concebido por este autor para integrar o programa Política da Arte, da Fundação Joaquim Nabuco, em curso desde 2009.[1] O ponto de partida da exposição é o reconhecimento de que o Brasil é um país fundado em atos de violência. Atos de violência cometidos pelos colonizadores europeus (portugueses, em particular) contra os povos originários das terras que se tornariam o Brasil e, também, contra a população negra trazida à força de cantos diversos da África e em seguida escravizada aqui. É um país que se institui, portanto, ancorado no racismo. Atos de violência que estabeleceram, no Brasil, uma assimétrica distribuição de corpos brancos e não brancos em espaços de trabalho, lazer e moradia, na qual os corpos brancos usualmente possuem poder de mando, enquanto os corpos não brancos são usualmente submetidos a um regime de controle e dominação. Distribuição desigual de corpos fixada e reproduzida em imagens já a partir do século 16, logo após a chegada dos colonizadores europeus. Fixada e reproduzida, em particular, nas imagens criadas pelos artistas, escritores, cartógrafos e cientistas que vieram ao país entre os séculos 16 e 19 — os chamados *viajantes* —, incluindo Hans Staden (1525-1576), Jean de Léry (1534-1611), Albert Eckhout (*circa* 1610-*circa* 1666), Frans Post (1612-1680), Jean-Baptiste Debret (1768-1848), Johann Moritz Rugendas (1802-1858), Victor Frond (1821-1881) e vários outros, incluindo fotógrafos que aqui atuaram em meados do século 19, como Auguste Stahl (1828-1877) e Christiano Jr. (1832-1902). Obras que integram o conjunto de documentos visuais e escritos conhecido por brasiliana, os quais informam a memória coletiva que se possui até hoje desse período de nossa história e nas quais se vislumbram, ao mesmo tempo que se normalizam, as práticas racistas que inauguraram e que fundamentam o Brasil.[2]

São imagens que desvelam, com maior ou menor clareza, a gradual formação de um lugar de vida cindido e radicalmente desigual em termos do acesso que corpos brancos e não brancos possuíam a uma existência autônoma e resguardada. Partição que não se ampara em quaisquer razões naturais e que, ademais, se projeta e se atualiza no tempo por meio de violentos processos materiais e simbólicos entrelaçados, alcançando e marcando também o Brasil atual. Representações que ora promovem a desumanização de seus habitantes nativos, ora descrevem os africanos e afrodescendentes escravizados como homens e mulheres acomodados a uma posição subordinada e de subjugação ao colonizador, com frequência minimizando não apenas toda violência implicada no sistema escravocrata, mas a continuada resistência que aquela população oferecia a essa desigual distribuição de corpos nos lugares diversos onde a vida então se desenrolava.

Criações recentes de artistas brasileiros sugerem, contudo, estar-se formando, no campo das artes visuais, uma nova representação da memória colonial do país. Representação que não somente nomeia os danos infligidos a partes de sua população, mas que redistribui, em novos lugares simbólicos, os corpos que habitam o Brasil. E o que a exposição *Necrobrasiliana* pretende é justamente apresentar, de modo articulado, um conjunto dessas obras que reinterpretam ou que reinventam a brasiliana. Que realçam e que combatem as violências descritas (de modo menos ou mais explícito) nesse acervo de imagens. Obras que propõem, portanto, um outro conjunto de equivalentes sensíveis para representar o país em que esses artistas vivem. À guisa de exemplos, segue-se a apresentação de trabalhos de quatro artistas que, junto a mais outros, fazem parte do projeto da exposição *Necrobrasiliana*.

[img. 28] Em uma instalação chamada *trabalho* (2017), o artista Jaime Lauriano monta, sobre uma larga extensão de parede, um painel com reproduções de pinturas, desenhos e gravuras que retratam aspectos variados da vida no Brasil nas primeiras décadas do século 19. Concebidas por artistas como o francês Jean-Baptiste Debret, o alemão Johann Moritz Rugendas e outros viajantes estrangeiros que, em contextos e por motivos diversos, viveram no Brasil naquele período, essas imagens representam, principalmente, o cotidiano do Rio de Janeiro, então sede do Reino português.[3] Nelas, vê-se como eram radicalmente diferentes os ofícios que corpos brancos, negros e mestiços desempenhavam àquela época, assim como, por consequência, eram completamente distintos os lugares hierárquicos que ocupavam na estrutura social do país, ainda que tal desigual distribuição de corpos seja com frequência descrita de forma razoavelmente apaziguada, escamoteando os abusos corporais e psicológicos próprios da escravidão. Imagens que Jaime Lauriano encontrou reproduzidas em tapeçarias, calendários, cédulas de dinheiro, cartões-postais, camisetas, quebra-cabeças, porcelanas e até mesmo em um cesto de lixo — todas descrevendo cenas de trabalho escravo.

Em meio a esse perturbador conjunto de imagens que, estampadas em objetos banais, naturalizam ainda mais a violência que retratam, Jaime Lauriano insere pequenos cartazes com trechos de depoimentos de pessoas negras que foram, em situações diversas, confundidas com serviçais de lugares que frequentavam como clientes, como se o lugar delas fosse, em princípio, o da subalternidade: "A entrada de serviços é pelos fundos", resume um deles. "Por favor, quanto custa este produto?", estampa outro desses cartazes. Em mais placas, alinhadas na parte inferior do conjunto de imagens, o artista enumera algumas das profissões desempenhadas, majoritariamente, por pessoas negras no Brasil, tais como empregada doméstica, garçom, gari ou mecânico — usualmente associadas a baixos salários e pouco prestígio social —, atestando a continuidade e transformação do racismo aberto que embasou a escravidão nas formas mais difusas, porém igualmente danosas e abusivas, do racismo estrutural que permeia as formas de sociabilidade no Brasil contemporâneo.

Em uma série de desenhos feitos em 2019 (todos produzidos com nanquim e aquarela), o artista Dalton Paula remete também às imagens criadas pelo artista francês Jean-Baptiste Debret no Rio de Janeiro, nas quais caracterizava e fixava (principalmente em aquarelas) muitos dos personagens que encontrava nas ruas da cidade.[4] Um acervo que exibe, com ênfase quase monótona, a inserção de homens e mulheres negros como mão de obra escravizada no ambiente urbano brasileiro daquela época. Em várias dessas imagens, são mostrados executando algum serviço em proveito de seus senhores de pele clara. São imagens que bem ilustram a distribuição de corpos vigente nas ruas da que era então a mais importante cidade do Brasil (e, por extensão, também em muitas outras do país), em que aos de cor negra cabia o trabalho forçado, enquanto aos de cor branca cabia o benefício desses esforços. Torna-se revelador de sua autoria, entretanto, que, a despeito de exporem uma relação de desigualdade tão extrema, quase todas essas aquarelas exibam os corpos escravizados como fortes, saudáveis e aparentemente dispostos às muitas tarefas que lhes são atribuídas como ordens, escamoteando ou amenizando as violências ali implicadas.[5] É somente em algumas poucas dessas imagens que o artista expõe o que resulta a esses homens e mulheres em caso de qualquer falta às regras impostas ou de recusa a aquiescer ao poder de mando dos que se proclamam seus donos: espancamentos e sevícias conduzidos em espaços privados ou públicos como atos de reafirmação das formas como se dispõem e se relacionam os corpos na ordem escravocrata.

Das muitas aquarelas em que Debret cria equivalências visuais para os trabalhos urbanos exercidos por negros e negras escravizados, Dalton Paula seleciona pouco mais de uma dezena como base para seus desenhos. Entre elas, algumas que descrevem carregadores de homens e mulheres brancos repousados em redes ou liteiras e outras que retratam vendedores de produtos variados. Além de conceder um fundo azul e chão amarelo similar a todas as cenas desenhadas — abstraindo tudo o que é paisagem ou cenário nas aquarelas que elege como modelos —, o artista centraliza, no suporte de papel que usa, as imagens que toma emprestadas de Debret, promovendo nelas, entretanto, duas outras fundamentais mudanças: exclui todos os corpos brancos existentes nas aquarelas do artista francês e substitui os corpos negros que lá havia por imagens de uma mesma cadeira feita de madeira e palha trançada, típica de casas senhoriais da época. Cadeiras que são sempre voltadas para a frente, como a responder ao olhar de quem examina e interroga os trabalhos. Os títulos dos desenhos de Dalton Paula incluem partes dos títulos das aquarelas de Debret a que remetem, embora acrescentando, em seu começo, o infinitivo do verbo *assentar*, como a exprimir, em palavra, o que sua operação visual já declara: *Assentar volta à cidade de um proprietário de chácara*; *Assentar senhora indo à missa*; *Assentar vendedor de cebola*; *Assentar vendedor de linguiça*; *Assentar fatias de coco*; *Assentar vendedor de pó de sapato*; *Assentar banha de cabelo bem cheirosa*, entre outros mais.

A colocação, por Dalton Paula, de peças de mobiliário feitas para que alguém *se sente* nos exatos lugares em que havia, nas composições feitas por Debret, corpos negros de pé e cansados do trabalho obrigado, autoriza associar seus desenhos a uma denúncia de abusos e a uma demanda por repouso e cuidados. Autoriza associá-los, sobretudo, à proclamação do direito de as pessoas escravizadas *se assentarem* em suas vidas próprias, deixando, portanto, de serem usadas como instrumento de extenuantes tarefas para vantagem alheia. Mas, tomando-se o verbo *assentar* como aquele que designa o ato de realizar *assentamentos*, é igualmente legítimo pensar que esses desenhos de Dalton Paula querem ser também oferecimentos às divindades a que homens e mulheres negros escravizados recorriam para apaziguar suas aflições e, também, para fortalecerem-se na luta por seu livramento. Oferecimentos que transformam imagens de racismo e subordinação em imagens votivas para um futuro no qual exista uma outra distribuição de corpos nos espaços em que se partilha a vida.

Ao longo da década de 2010, a artista Rosana Paulino recolhe e incorpora à sua obra, mediante intervenções de naturezas variadas, imagens de mulheres e homens negros feitas no Brasil por fotógrafos europeus na segunda metade do século 19. Em particular, a artista utiliza, na feitura desses trabalhos, fotografias feitas pelo francês Auguste Stahl por encomenda do naturalista suíço-americano Louis Agassiz (1807-1873) no âmbito da Expedição Thayer, visita de exploração científica ao Brasil organizada pela Harvard University, entre 1865 e 1866. O objetivo da expedição era expandir uma documentação visual dos tipos raciais existentes no mundo, iniciada pelo pesquisador na década de 1850 na Carolina do Sul, Estados Unidos. Foi a seu pedido que Auguste Stahl, então residindo no Rio de Janeiro, fotografou dezenas de mulheres e homens negros e mestiços que ali viviam. Registrava-os muitas vezes despidos e com frequência de corpo inteiro: de frente, de costas e de perfil, anotando sua denominação étnica aproximada (por vezes difícil de comprovar em ambiente já tão miscigenado) e desprezando qualquer identificação nominal deles.[6] Ação que confirma a prática fotográfica como partícipe da imposição de um direito sobre o corpo e a vida do outro que o colonizador atribui a si como se fosse coisa natural e indisputada.

Tais fotografias foram solicitadas por Louis Agassiz com a intenção declarada de usá-las como ilustração de suas teorias criacionistas e racialistas, as quais eram baseadas em duas principais ideias. Primeiramente, a de que a humanidade seria formada não por uma, mas por várias espécies ou raças humanas, criadas por gesto divino (poligenia). Em segundo lugar, a ideia de que haveria uma hierarquia entre essas espécies ou raças, igualmente instituída por ordem de Deus.

Fundamentalmente, o naturalista estava empenhado em demonstrar que estaria em curso um processo de degenerescência das raças "superiores" (os brancos) provocada pela mestiçagem com raças "inferiores" (os negros), o que justificaria a defesa científica da segregação absoluta entre uns e outros. Demonstração que se valia, justamente, da comparação anatômica entre tipos raciais brancos e negros supostamente "puros" e também entre estes e tipos étnicos hibridizados (degenerados). Se já existia arquivo fotográfico suficientemente representativo de brancos, a tarefa a que Louis Agassiz se impunha era formar arquivo amplo também de negros "puros" e de pessoas miscigenadas, de modo a poder comprovar suas convicções racistas.

São de algumas daquelas imagens que Rosana Paulino se apropria para realizar trabalhos relacionados entre si e muitas vezes agrupados em séries. Em um deles, chamado *Assentamento* (2013), amplia, para escala humana, fotografias de uma mulher negra despida feitas por Auguste Stahl sob a orientação de Louis Agassiz, seccionando-as horizontalmente em várias partes e depois remontando-as (ou suturando-as) com linha grossa. Além disso, desenha e borda um coração sobre seu peito, um feto em seu ventre e raízes em suas pernas. Um modo de recobrar a humanidade que aquela imagem quis subtrair dessa mulher. O fato de as imagens serem recompostas desalinhadamente, porém, parece atestar que sequelas dos abusos a esses corpos permanecem, a despeito de qualquer esforço feito para simbolicamente recobrar sua saúde. Em trabalho de outra série, *Adão e Eva no paraíso brasileiro* (2014), a fotografia frontal e de corpo inteiro dessa mesma mulher, e a de um homem em posição similar, são misturadas à ilustração de uma espécie vegetal e a de ossos de um animal, desvelando a redução daquela mulher e daquele homem negros, nessas fotografias, a tipos exemplares de espécies, procedimento típico de classificações cientificistas racistas.

No livro de artista *História Natural?* (2016), Rosana Paulino apresenta um breve inventário das formas de classificação da flora, da fauna e das gentes encontradas no Brasil por um suposto viajante-pesquisador. Que poderia ser Louis Agassiz ou qualquer outro dos muitos artistas e cientistas que vieram ao país desde que foi colonizado por Portugal. Em uma das páginas desse livro, a fotografia de uma jovem negra, também feita por Auguste Stahl, e as imagens pintadas de dois indígenas — apropriadas da brasiliana — têm seus rostos vazados, destituídos daquilo que mais imediatamente lhes poderia conferir identidade. Ao fundo dessas figuras, tomando-lhes inclusive o lugar das faces vazias, imagens de azulejos pintados de tradição portuguesa descrevem caravelas ao mar, implicando radicalmente o país colonizador nesse processo de apagamento de vidas. Noutra página do livro, a fotografia de um homem negro, novamente feita pelo fotógrafo francês, é aproximada por Rosana Paulino de ilustrações de três objetos: um aparelho de tortura usado contra escravizados, um osso e um instrumento médico de medição de corpos. Violência racial e conhecimento científico associados como dispositivos de dominação sobre a população não branca do Brasil. A adoção da forma interrogativa do título do trabalho parece indagar o que há de natural em uma história claramente inventada por artifícios de forçada subjugação do outro, nos quais se ancora uma desigual distribuição de corpos nos espaços de vida no país.

O artista Denilson Baniwa tem já por anos desenvolvido, sobre suportes diversos (pintura, performance, gravura, desenho, instalação), uma investigação crítica sobre a continuada violência — de Estado e de particulares — cometida contra os povos originários das terras que constituem o Brasil. Junto a um número crescente de outros criadores indígenas, tem formulado maneiras de resistir a exclusões seculares e de afirmar o direito de viver *diferente*. Entre seus muitos trabalhos, há uma série de intervenções gráficas e discursivas que faz sobre as ilustrações de um livro chamado *Grandes expedições à Amazônia brasileira* (2009-11), publicação que reúne centenas de imagens criadas por artistas que vieram ao país, integrando expedições culturais ou científicas, a partir do século 16. Livro que reúne representações de tipos humanos, de cenas supostamente vividas e de espécies animais e vegetais encontradas no Brasil desde a colônia até o início do século passado.

As intervenções de Denilson Baniwa, feitas com nanquim, são chamadas por ele de "rasuras", pois riscam informações ali existentes e acrescentam outras novas, modificando os significados primeiros daquelas pranchas. Em uma delas, chamada *A catequização. Reescritura sob perspect-ativismo* (2020), acrescenta traços e frases sobre a reprodução de uma pintura que descreve a pregação de um padre de batina para um grupo de indígenas despidos que se aglomeram em torno dele: traços que, sobrepostos ao traje do padre, acoplam nele um pênis ereto; e frases, graficamente associadas às figuras dos indígenas, de rejeição àquela tentativa de captura de crenças. Intervenções que aproximam pregação religiosa de violação e conectam catequização e epistemicídio. Em outra dessas rasuras, intitulada *Não há cartografia no mundo dos pajés. Reescritura sob perspect-ativismo* (2020), o artista escreve a frase-título do trabalho sobre um mapa dos rios da Amazônia feito no século 17 e desenha, sobre essa representação ocidental que divide territórios unos, a imagem do que parece ser um remo indígena decorado com grafismos — objeto que, disposto horizontalmente sobre a prancha cartográfica, articula e defende um complexo hídrico ocupado à força por estranhos.

Ao se apropriarem de representações do Brasil feitas por artistas e investigadores europeus viajantes, e extraírem delas significados novos, estes e vários outros criadores contemporâneos se valem de uma memória visual comum, naturalizada e apaziguadora, que se tem de um Brasil distante no tempo para mostrarem como nessa memória se inscrevem as violências racistas que os colonizadores impuseram a diversas etnias indígenas e à população negra desde a invenção do país. Violências racistas que até hoje perduram. São artistas que alargam, por meio de suas obras, as equivalências sensíveis que representam o país.

A relevância dessas estratégias artísticas para o Brasil contemporâneo pode ser também defendida a partir do que Walter Benjamin (1892-1940) entende ser uma das principais funções do historiador. Para Benjamin, "articular historicamente o passado não significa conhecê-lo 'tal como ele de fato foi'. Significa apropriar-se de uma recordação, tal como ela relampeja no momento de um perigo". E continua: "O dom de despertar no passado as centelhas da esperança é *privilégio exclusivo* do historiador convencido de que tampouco os mortos estarão em segurança se o inimigo vencer. E esse inimigo não tem cessado de vencer".[7] Mas se lembrar os mortos do processo de formação do Brasil — aqueles que sofreram as violências de sua criação e que são secularmente esquecidos e silenciados — é função do historiador, é também função de artistas e curadores. Função que requer tomar a memória comum sobre o passado do país, memória informada por imagens que ignoram ou que domesticam aquelas brutalidades, não como algo dado e imutável, mas como reminiscências que, diante da constante reiteração de abusos contra os que descendem dos "mortos", podem ser atacadas e reconstituídas em outras bases. Memória que pode, portanto, ser refeita, arrancando, como dizia Benjamin, "a tradição ao conformismo",[8] permitindo que se imagine, para um tempo que ainda vem, a constituição de uma outra distribuição de corpos no Brasil. Mais inclusiva e mais justa.

Para esses artistas, as imagens feitas pelos viajantes em tempos da colônia e do império no Brasil não podem, portanto, ser tomadas como testemunhos supostamente neutros de um processo de contato e contágio entre formas distintas de vida. Devem, ao contrário, ser assumidas como registros indiciais da violência absoluta que colonizadores europeus (e seus associados e continuadores locais) perpetraram contra povos indígenas e a população negra escravizada. Em termos benjaminianos, esses artistas exibem, em seus trabalhos, aquilo que a brasiliana de fato é: um conjunto de documentos da *cultura* e, de modo simultâneo e inseparável, da *barbárie* inaugurada com o empreendimento colonial, a qual, transformada, ainda perdura. Escrever a história no "sentido contrário" ou "a contrapelo", como demandava o filósofo alemão,[9] se traduz, no presente contexto, na decolonização da brasiliana feita por esses criadores; no despegar-se de interpretações dessas imagens que não acolham a gravidade extrema de tudo a que elas se referem.[10] É tarefa que requer considerar a brasiliana de novo, mas a partir do ponto de vista daqueles que aparecem nela como os vencidos, desafiando sua inscrição abrandada no cânone da história da arte. Tarefa que demanda expor os modos como essas cenas traem, para além do que seus criadores eventualmente desejaram mostrar, o cancelamento de possibilidades de vida antes disponíveis aos derrotados e as consequências duradouras dessa supressão violenta imposta pelos vencedores, pois "os que num momento dado dominam são os herdeiros de todos os que venceram antes".[11] Projeto que vai além, todavia, da constatação de danos materiais e psíquicos impostos a tantos por tempo tão largo, afirmando também a incontornável responsabilidade de retomar e refazer, em outros termos, aquelas possibilidades negadas pelo que se entende por "progresso". Ao assumirem, para si, o papel que Walter Benjamim atribuía ao historiador, esses artistas não se propõem, portanto, a meramente descrever o passado tal como ele teria supostamente ocorrido, prestando-se sobretudo a "fazer emergir as esperanças não realizadas desse passado, inscrever em nosso presente seu apelo por um futuro diferente".[12] Apelo pela realização daquilo "que podia ter sido e que não foi", como uma vez sintetizou, em outro contexto, o poeta Manuel Bandeira (1886-1968).[13]

É evidente que é impossível saber o quão bem-sucedidas (ou não) serão essas estratégias, pois não existem quaisquer garantias de que aquilo que a arte oferece seja subjetivado politicamente e influencie, de algum modo relevante, os movimentos de uma comunidade em um futuro indeterminado. São, em todo caso, gestos criativos que, em um momento de disputas simbólicas tão intensas como têm sido as primeiras décadas do século 21, se somam a outros gestos em uma rede de resistências para fazer lembrar os modos como aquelas violências passadas estão articuladas com violências presentes, e nestas se transmutam. Para lembrar que existe uma violência colonial contemporânea, a qual deve ser confrontada sem subterfúgios por todos aqueles que se opõem a ela, valendo-se, para isso, dos instrumentos que cada um dispõe para fazer uso — sejam eles práticas artistas, sejam eles práticas curatoriais.

MOACIR DOS ANJOS (Recife, 1963) foi diretor geral do Museu de Arte Moderna Aloisio Magalhães (2001-2006), curador da 29ª Bienal de São Paulo (2010) e curador do pavilhão brasileiro na 54ª Bienal de Veneza (2011). Atualmente é pesquisador e curador da Fundação Joaquim Nabuco. É autor dos livros *Local/global: arte em trânsito* (2005), *ArteBra crítica* (2010) e *Contraditório: arte, globalização e pertencimento* (2017).

FONTE: Texto produzido a partir de apresentação do autor no seminário *Histórias do Brasil*, MASP, 29.5.2020.

1 Programada para ser inaugurada no primeiro semestre de 2020, a exposição *Necrobrasiliana* foi adiada, em função da pandemia de covid-19, para o primeiro semestre de 2022.

2 Embora o termo "brasiliana" também contemple documentos textuais impressos que busquem explicar o Brasil desde o início de sua colonização (livros, panfletos, cartas e outros escritos), aqui são considerados somente os registros visuais (mapas, pinturas, aquarelas, desenhos, gravuras, tapeçarias, fotografias). Ademais, apesar de ser possível pensar a brasiliana como um acervo de documentos sob permanente atualização, vai-se aqui ficar restrito ao período compreendido entre os séculos 16 e 19.

3 Um dos maiores dinamizadores da presença de artistas viajantes no Brasil no século 19 foi a criação, em 1816, da chamada Missão Francesa no país, resultado do desejo do Estado francês de se aproximar do Reino português após o desmanche do regime bonapartista. Por meio da vinda de artistas e arquitetos que se instalaram por anos no Rio de Janeiro, a Missão Francesa contribuiu para a instituição de uma escola de belas-artes nos moldes das existentes na França e para o início do que se pode considerar, em termos canônicos, um campo artístico no Brasil.

4 Essas aquarelas serviriam como base para as gravuras publicadas por Debret, em 1835, no segundo dos três tomos que, editados separadamente, compunham seu conhecido livro de litografias *Viagem pitoresca e histórica ao Brasil*, que ao todo continha 220 imagens distribuídas em 153 pranchas.

5 Entre os mais de 500 esboços preparatórios de desenhos e pinturas reconhecidamente feitos por Debret durante os anos em que viveu no Brasil, há cerca de duas dezenas que retratam homens negros nus ou em andrajos — alguns deles muito magros e curvados —, sentados em calçadas ou nas ruas, claramente expressando tristeza, dor e raiva por sua condição de escravizados. Em ao menos duas dessas imagens, os homens carregam instrumentos de punição e tortura atrelados ao pescoço ou ao rosto enquanto trabalham. Nenhum desses esboços mais realistas e duros, contudo, foi aproveitado nas chamadas "aquarelas acabadas" do artista. Júlio Bandeira e Pedro Côrrea do Lago, *Debret e o Brasil: obra completa*. Rio de Janeiro: Capivara, 2013, pp. 422-27.

6 Com o auxílio do fotógrafo Walter Hunnewell (1844-1921), Louis Agassiz também fez registrar, no mesmo período, uma variedade de tipos humanos mestiços em Manaus.

7 Walter Benjamin, "Sobre o conceito da história". *In*: *Walter Benjamin. Obras escolhidas. Volume I*. São Paulo: Brasiliense, 2012, pp. 243-44.

8 Ibid., p. 244.

9 Ibid., p. 245.

10 Como exemplo da necessidade de "escovar a história a contrapelo", Michael Löwy reflete sobre as comemorações oficiais pelo V Centenário da Descoberta das Américas (1492-1992), realizadas em vários países da América Latina e quase sempre apegadas aos "vencedores do Século 16". Escrever a história no "sentido contrário", nesse contexto, seria "recusar qualquer 'identificação efetiva' com os heróis oficiais do quinto centenário, os colonizadores ibéricos, os poderosos europeus que levaram a religião, a cultura e a civilização para os índios 'selvagens'. Isso significa considerar cada monumento da cultura colonial — as catedrais do México ou de Lima, o palácio de Cortez em Cuernavaca — como *também* um produto da guerra, da exterminação, de uma opressão impiedosa". Michael Löwy, *Walter Benjamin: aviso de incêndio. Uma leitura das teses "Sobre o conceito de história"*. São Paulo: Boitempo, 2005, p. 80.

11 Walter Benjamin, 2012, op. cit., p. 244.

12 Jeanne Marie Gagnebin, *Walter Benjamin: os cacos da história*. São Paulo: n-1 edições, 2018, p. 67.

13 Manuel Bandeira, "Pneumotórax". In: *Libertinagem*. Rio de Janeiro: Pongetti, 1930.

Um todo chamado Brasil

DANIEL MUNDURUKU
2021

> O Brasil foi construído sobre um cemitério.[1]
> — **Ailton Krenak**

A história do Brasil foi construída sob uma narrativa que submeteu muitas outras narrativas. Uma narrativa que já vinha sendo contada ao longo da história da humanidade e que encontrou aqui campo fértil para o imaginário ocidental. Assim sendo, foram-se criando enredos que justificaram a crueldade que se seguiu à conquista da América e aportou em nosso território, consolidando uma prática de expropriação de terras e almas.

As gentes originárias que por aqui já viviam, sob a tutela de uma natureza que fazia brotar abundância para alimentar os corpos, foram capazes de inventar histórias necessárias para dar sentido ao sentido da própria existência, sem precisar recorrer à presença de um poder institucional castrador como o Estado.

Isso, no entanto, não cabia na racionalidade ocidental do invasor. Era inacreditável demais que sociedades pudessem sobreviver sem a aura do poder do Estado e do mando institucional de uma Igreja fundada sob a égide de um cristianismo de conversão. A saída era, portanto, desqualificar as culturas superiores e inferiorizá-las diante da cultura dominante. E não apenas do ponto de vista bélico, mas através do discurso religioso, capaz de mexer com os elementos simbólicos que nos tornam humanos. Foi nessa parte da história que entrou o outro exército, o de Cristo: os jesuítas.

Segundo a narrativa oficial, os "índios" eram selvagens demais, primitivos demais, desumanos demais para serem considerados gente. Assim, foram tratados como gentios, palavra criada para chamar os que não tinham a mesma fé dos colonizadores. E aos que não se submetiam à evangelização, justificava-se a escravização, a perseguição ou a morte. Com essas desculpas foram criadas políticas de extermínio para dividir as terras ancestrais e, assim, poder oferecê-las para quem tinha o apoio do império opressor. Povos eram massacrados, corpos dilacerados e violentados, famílias interrompidas, territórios dessacralizados para servirem de pastos, postos e vilas. Assim nascia o Brasil.

Nascia também um Brasil mestiço, pois os corpos das mulheres violentadas geravam uma vida nova que, rejeitada pelo pai português com sua sede insaciável de prazer, era educada pela mãe originária que ensinava os saberes da tradição, da floresta, dos cantos e danças sagradas, dos remédios que curam corpo e alma. Crianças que se tornavam párias sociais pela rejeição do pai branco e, muitas vezes, da própria comunidade de origem que não via a criança como digna de ser chamada de "gente verdadeira", denominação que um corpo indígena recebe quando educado por sua gente. Quando cresciam, eram "usados" pelo invasor como caçadores de seus iguais, fazendo frente às famosas entradas e bandeiras que existiam para escravizar a população arredia aos "encantos da civilização".

Vale lembrar que o termo "*índio*" sempre nos foi apresentado pela narrativa oficial como sendo fruto de um "vacilo" do experiente navegador espanhol Cristóvão Colombo (1451-1506), que imaginou ter conseguido dar a volta pela África e chegar às Índias, cujo território era detentor das famosas iguarias tão consumidas pelos europeus, que estavam sem acesso a elas por conta da invasão dos turcos otomanos. As grandes navegações tinham a finalidade de encontrar o caminho alternativo para ali chegar. Seria essa narrativa, no entanto, verdadeira? Poderia um experiente navegador — como depois aconteceria com Pedro Álvares Cabral (*circa* 1467-1520) — ter se enganado tanto? Teria sido um golpe de sorte? Não saberia afirmar. O que consigo extrair dessa história é que tanto Colombo quanto Cabral foram os "descobridores" das terras da América. Suas "descobertas" desencadearam a maior carnificina de que se tem conhecimento, seja no que se convencionou chamar de América espanhola ou América portuguesa. Se fosse "apenas" um erro de rota, o caminho moral e ético seria outro: seguiriam adiante sem desejar submeter o que não conheciam.

O fato é que a palavra "*índio*" pegou e passou para os livros de história, carregando consigo o desprezo aos povos originários, o que culminou com tudo aquilo que já foi descrito nos parágrafos acima. No caso brasileiro, foi iniciada uma empreitada de apagamento, de anulação, de desprezo e preconceitos que até os nossos dias continuam sendo a marca registrada da formação da identidade nacional.

Os povos indígenas não são índios. "Índio" é a palavra que nega, pois carrega consigo os estereótipos descritos nos livros que alimentam a ideologia dominante. O sistema hegemônico criou o termo para não precisar explicar as peculiaridades que habitam cada povo em particular. Ser *índio* é ser aquilo que os outros entendem que seja. Quase sempre está ligado à negação do Ser. Daí nascem duas possibilidades interpretativas: uma mais romântica, que quer vender a imagem do "bom selvagem", que é o *índio* que está presente no imaginário de todo brasileiro: um cara legal, sem preocupações, que contempla a natureza, que não busca riqueza, que tem uma tradição ancestral e está sempre preso a ela, ficando escravo do passado imemorial. Esse é o *índio* do dia 19 de abril, comemorado pelas escolas para lembrar que "um dia ele existiu". Portanto, é um ser fictício criado para ocupar um espaço na história, mas ele não é real porque é apenas uma imagem congelada, uma forma genérica de se tratar as várias formas de humanidade que a diversidade cultural, de fato, representa.

Por outro lado, há também uma outra visão, mais conceitual. Melhor dizendo, ideológica, porque esconde a existência de uma diversidade que luta, batalha, combate, questiona, se expressa, protesta. Para encobrir essas existências, o sistema os desqualifica, exatamente como fez em 1500. Ou seja, muda a estratégia de encobrimento para justificar a perseguição. Para tanto, vai criando adjetivos levados à escola. Assim, nossas crianças e jovens vão aprendendo que o *índio* é preguiçoso, selvagem, atrasado, covarde, canibal; informa que ele tem muita terra e não sabe o que fazer com ela; que atrapalha o progresso e o desenvolvimento do país porque não permite a exploração da natureza e impede que haja maior ocupação de seus territórios. Vejam que tudo o que foi dito sobre o termo "*índio*" é transmitido como uma negação. Quanto mais se nega, mais se permite perseguir. E isso acontece exatamente porque o *índio* não é pop. O agro, sim, é pop e, como sabem, o pop não poupa ninguém.

Tem sempre gente que considera que os termos "*índio*" e "indígena" têm a mesma significação. Chamar alguém de *índio* ou indígena é a mesma coisa. Não é. São palavras que se assemelham por questões semânticas e pelo radical que trazem, mas na verdade são palavras muito distintas e com significações diferentes, o que vale a pena esclarecer.

Já disse que a palavra "*índio*" é uma negação. Tudo o que se refere a ela traz imagens negativas que habitam a mente dos brasileiros. Costumo dizer que é como um apelido, na acepção brasileira. Apelido é sempre uma negação que se faz de alguém. Não existem apelidos positivos e não se pode confundir apelido com tratamento familiar ou como indicador de relações de amizade.

Já "indígena" — com base em um bom dicionário — quer dizer originário, pertencente ao lugar de origem. Está ligado umbilicalmente ao lugar. Tem a ver com pertencimento. Ser indígena é ser de origem; é pertencer; é ser. Nesse sentido, todo brasileiro pode ser *índio*, mas nem todo brasileiro é indígena de origem. Para ser um indígena tem que pertencer não apenas ao território, mas a um povo originário. Também não se deve confundir indígena com nativo. O nativo nasce, mas nem sempre pertence. Um paulistano é nativo de São Paulo, mas se não tem origem ancestral, não pode ser chamado de indígena.

Será que isso faz diferença? Sim, faz muita diferença. O índio é o pária do século 16; o indígena é o sujeito que pertence ao seu lugar e, portanto, luta por ele uma vez que entende que naquele território moram sua origem, seus ancestrais, suas histórias, suas memórias, suas tradições, seu pertencimento. O índio não incomoda a sociedade porque ele é um conceito morno que sobrevive nas lendas, no folclore, no imaginário construído. O indígena é alguém que incomoda porque se sabe parte do momento em que vive, do presente.

Talvez seja esta a principal diferenciação entre o que existe em termos de pertencimento e o que foi construído ideologicamente a respeito dessas populações e que aqui quero apresentar, para ficar bem esclarecido.

O mundo ocidental é pensado a partir da lógica da linearidade. Isso não é novidade para ninguém, mas foi virando um discurso que obrigou as pessoas a considerarem essa lógica a única possibilidade real de estar no mundo. A história, com seu discurso oficial, com sua narrativa única, escondeu outras visões de mundo. O ocidente foi construindo um discurso que tem a ver com o entendimento religioso da conquista de uma vida após a vida. De certa forma ele se apropriou das crenças cristãs e impôs um modelo de vida estabelecido a partir da idealização de um paraíso que precisa ser conquistado, e para isso o ser humano foi criado pela divindade. Há de ter um lugar para onde se caminha e para chegar lá é necessário o sacrifício, o sofrimento, a dor. Não existe vitória sem sofrimento, dizem. Com essa ideia incutida em nossas cabeças, pensamos que a vida só faz sentido no além e o além é um objetivo a ser alcançado. Caminhamos, dizem, uma estrada reta que nos levará à realização. A isso o ocidente chamou de futuro, um tempo que não se tem, mas que é preciso alcançar. Para chegar lá é preciso produzir, enriquecer, poupar, investir, guardar, acumular. É preciso ser alguém na vida. Aliás, esta é a pergunta que mais se faz a uma criança ocidental: o que você vai ser quando crescer? Se pensarmos bem, notaremos que na pergunta já está implícito que a criança só se realizará quando um dia for alguém na vida, e isso quase sempre está ligado à ideia doentia de ter riquezas. Portanto, educar é proporcionar uma formação para a disputa, para a competição, para a vitória.

Para o ocidente o futuro é o tempo do relógio. O tempo do relógio sempre segue adiante. Todo nosso esforço é colocado na conquista desse tempo que se chama, inclusive, dinheiro. Vivemos a vida atrás do dinheiro, que nos dará a garantia de que somos mesmos filhos da divindade que está sempre do nosso lado nos guiando, nos desafiando e nos lembrando que é preciso "saber viver". Somos, assim, filhos do futuro. Nossos olhares estão sempre voltados para conquistar cada vez mais e, caso precise, teremos que vencer os inimigos, os adversários, os outros. Somos educados, então, para o egoísmo, porque a conquista é um caminho solitário. Quem pode nos desviar desse caminho é, imediatamente, taxado de inimigo, adversário, comunista. O sistema vai nos apresentando o inimigo e nós temos que vencê-lo para provar a nós mesmos que o mérito é todo nosso. Meritocracia que chama, não é?

Já o tempo indígena é o tempo da natureza. E ela é circular. Está o tempo todo num processo de circularidade, tendo que se retroalimentar de si mesma para se renovar e sobreviver. Faz disso constante movimento cíclico que permite renovação, atualização, retomada. Encontra desafios e segue seu fluxo permanente, porque ela não sabe dar saltos. A natureza é sistêmica, solidária, cíclica. Cada estação do ano tem suas demandas. São como rupturas necessárias para que a renovação aconteça entre todos os seus habitantes, gerando sintonia, sinfonia, sincronicidade.

O tempo indígena é o tempo da natureza. E a natureza é circular. Estou repetindo essa ideia para lembrar que a oralidade aprendeu com a natureza a se repetir e para dizer que o tempo indígena é também circular. Ou seja, os indígenas compreendem o tempo como um presente recebido das mãos generosas do universo que, natureza que é, nos lembra que é preciso "saber viver" o presente recebido. Isso também quer dizer que toda a vida indígena é construída dentro da lógica da circularidade e da generosidade. Por isso os povos indígenas são os povos da solidariedade, da coletividade, da abundância. Se sentem parte e não donos. Se "sabem natureza" e constroem suas existências a partir da lógica do pertencimento: não possuem, não acumulam, não poupam, não guardam, não anseiam. Celebram a vida em seus corpos através da arte, do canto, da dança, do equilíbrio, da cura. Nada desejam para si que não seja viver o presente como um presente que se recebe e o qual se tem a obrigação de viver bem. Bem viver que chama, não é?

E para não esquecermos, os povos indígenas têm no passado seu ponto de partida e chegada. Mas o passado não é prisão, é liberdade. Ele é memória, e a memória é nossa capacidade de não esquecermos quem somos, de onde viemos e o que fazemos nesta vida. O passado nos permite lembrar que somos partes, somos *um* com a história, com os ancestrais. A memória permite que não caiamos no conto da meritocracia, porque ela nos ensina que antes de nós existiram outros seres que procuraram manter o equilíbrio da vida para que nós a usufruíssemos hoje. Ela nos lembra que somos continuadores, apenas continuadores, e que de nós depende o mundo bonito que nossos filhos e netos herdarão. Simples assim, me parece.

Talvez o digníssimo leitor e a digníssima leitora já tenham intuído o que pretendi aqui descrever. Penso que não seja tão difícil concluir que essas duas visões de mundo não conseguem conviver com muita tranquilidade por serem compreensões de mundo e de vida que se chocam desde o primeiro contato, estabelecido há mais de 500 anos. Os ocidentais, viciados que são pelo consumo gerado pelo tempo linear, precisam criar inimigos para combater e justificar o reino dos céus que anseiam alcançar. Ficam cegos ouvindo seus "profetas" pregarem que é preciso avançar e conquistar, porque esta é a vontade da divindade que os inspira. Sem mesmo perceber, são conduzidos ao abismo pela sua própria fome.

Bem sei que estas reflexões parecem catastróficas demais. Elas são mesmo. Não que seja meu desejo, mas refletem a realidade que nos deparamos quando não percebemos que os povos indígenas são, na verdade, guardiões da vida. Mas podem perguntar como Gonzaguinha (1945-1991): "E a vida o que é, meu irmão?".[2]

Aprendemos na escola — e nos livros de autoajuda e nos templos — que é uma conquista. Por conta dessa ideia um tanto equivocada não percebemos que o futuro não é real, mas uma boa narrativa na qual nos inseriram sem pedir nossa permissão. Viramos personagens de uma história cujo final nunca depende de nós, pois somos apenas coadjuvantes na narrativa oficial.

Para finalizar essas poucas palavras, quero lembrar que o Brasil é um país adolescente. O que caracteriza a adolescência é uma eterna busca pela identidade. Por força da narrativa da história única não conseguimos fazer o ritual de maioridade que é, em última análise, o que nos permite avançar para a vida adulta. Antes, no entanto, de seguir adiante, é preciso nos reconciliar com o passado que quase sempre aprendemos negar. Nos ensinaram — sim, nos ensinaram — a não reverenciar o passado, mas a negá-lo por não nos interessar o que já passou e também porque, quando olhamos para trás, vemos indígenas e negros escravizados. Ambos nos são apresentados de forma negativa, pejorativa, equivocada. No entanto, são partes da origem de nosso país.

Costumo lembrar que o Brasil é um país que tem vocação para a felicidade e que ela está na sua diversidade. É isso que o Brasil é: diversidade. Enquanto não fizermos este caminho de volta, não conseguiremos dar o salto para frente. É uma reconciliação necessária. Para que isso ocorra verdadeiramente, temos que passar por uma revolução de mentalidade e nos aceitar partes de um todo chamado Brasil.

Sonho com a possibilidade de ver nosso país brilhar a partir da força motora que traz em si, que é sua diversidade, mas também pelas virtudes que possui e as quais nunca aprendemos a considerar como algo positivo e dignificante. Sim, temos mais virtudes que defeitos, mas sempre nos ensinaram a ver os defeitos. Assim, vamos aprendendo a não gostar de nós mesmos e das potencialidades que possuímos enquanto povo, enquanto Gentes diversas. Uma pena!

1 Entrevista com Ailton Krenak publicada no livro *8 reações para o depois/8 Reactions for the Afterwards*. Rio de Janeiro: Rio Books, 2019. [N. E.]

2 Gonzaguinha, "O que é, o que é?". 4'20", *Caminhos do coração*, 1982. [N. E.]

DANIEL MUNDURUKU (Belém, 1964) é escritor, professor e pertencente ao povo indígena Munduruku. Formado em filosofia, história e psicologia, é mestre e doutor em educação pela Universidade de São Paulo, onde também fez parte do programa de pós-graduação em antropologia social. É autor de *As serpentes que roubaram a noite* (2001), *Coisas de índio* (2005), ambos premiados com a menção de livro altamente recomendável da Fundação Nacional do Livro Infantil e Juvenil, *Meu avô Apolinário* (2009), que recebeu menção honrosa do prêmio Unesco-Madanjeet Singh para a promoção da tolerância e não violência, entre outros.

FONTE: Texto produzido a partir de apresentação do autor no seminário *Histórias brasileiras*, MASP, 20.4.2021.

Canudos: a república renegada pela república

HELOISA MURGEL STARLING
2021

[img. 32] A notícia estrondou no Rio de Janeiro, então capital federal, em 1896. No arraial de Canudos, sertão setentrional, interior da Bahia, as leis republicanas não tinham nenhuma validade. Governo, exército e imprensa pediram sangue. Os jornais se encarregaram de martelar a tecla: Canudos era parte de uma perigosa conspiração monarquista e precisava ser destruído. Um ano depois, em 1897, nas páginas da *Revista Illustrada*, o beato Antônio Conselheiro (1830-1897) ganhou feição e ironia. Uma composição satírica em quatro quadros construída pelo desenho excepcional de Ângelo Agostini (1843-1910), o mais importante artista gráfico e caricaturista brasileiro do século 19, reafirmava para a opinião pública da época a versão de que, em um ponto geográfico extremo do Brasil, um movimento armado e alimentado pelo fanatismo religioso atacava sem cessar as instituições republicanas e a própria unidade nacional — "Conselheiro rechaça a República", legendou Agostini em janeiro de 1897.[1]

O rebelde, contudo, era mais antigo que a república instalada em 15 de novembro de 1889, anota a socióloga Angela Alonso.[2] Antonio Vicente Mendes Maciel, o Antônio Conselheiro, impressionava pela presença e pela eloquência retórica e vinha ajuntando seguidores em peregrinação pelo interior da Bahia e do Ceará desde a década de 1870. "Nunca mais pude esquecer aquela presença", relatou um sobrevivente de Canudos. "Forte como um touro, os cabelos negros e lisos lhe caíam nos ombros, os olhos pareciam encantados, de tanto fogo." E explicou a razão de sua oratória calar fundo na plateia: "Era manso de palavra e bom de coração. Só aconselhava para o bem".[3] Depois de ouvir o Conselheiro, algumas pessoas com recursos vendiam terras ou gado para acompanhá-lo; a esmagadora maioria de seus seguidores, contudo, foi arregimentada entre a gente pobre do sertão — além de indígenas e de libertos.

Peregrinar terra afora talvez fosse uma alternativa para a situação de absoluta penúria vivida por aquela população. A condição de miséria era agravada pelas sucessivas secas que assolavam um extenso trecho do território dos atuais estados de Alagoas, Bahia, Ceará, Paraíba, Pernambuco, Piauí, Rio Grande do Norte e Sergipe. A grande seca que começou em 1877 e só terminou em 1879 — três anos seguidos sem chuvas — atingiu especialmente o Ceará, pegou a população desprevenida e provocou um desastre sem tamanho: acabou com a lavoura, matou os rebanhos, instalou um quadro de radical desamparo na região. Cerca de 500 mil pessoas morreram vítimas da seca e famílias inteiras começaram a migrar para as cidades: uma multidão impotente que seguia a pé, os pais levando as crianças pela mão, o cachorro de estimação correndo atrás na poeira da estrada — eram chamados de "flagelados" ou "retirantes". Chegavam aos povoados ou às cidades, com fome e sede, e os moradores entravam em pânico: medo dos saques que ocorriam rotineiramente nos armazéns e no comércio. E, cabe lembrar, enfrentar a seca e a escassez continuaria sintetizando a condição de vida da população do sertão no decorrer da primeira metade do século 20:

> O açude apojado, a roça verde, amarela e vermelha, os caminhos estreitos mudados em riachos, ficaram-me na alma. Depois veio a seca. Árvores pelavam-se, bichos morreram, o sol cresceu, bebeu as águas, e ventos mornos espalharam na terra queimada uma poeira cinzenta. Devastação, calcinação,

rememoraria, mais de meio século depois, o escritor Graciliano Ramos (1892-1953) em seu romance de formação *Infância* (1945).[4]

As acusações ao Conselheiro e aos seus seguidores constituíam uma via de mão dupla. Os moradores de Canudos podiam até não reconhecer a legitimidade da república fundada em 15 de novembro de 1889; mas esta, por sua vez, não os reconhecia como cidadãos, crava certeira a historiadora Marcela Telles.[5] Ela tem razão. Recém-instalada, a república comportava-se como se o Brasil não tivesse povo. O regime republicano consolidou-se no país sobre um mínimo de participação eleitoral, vale dizer, sobre a exclusão das camadas populares nos assuntos de governo. Os vitoriosos de 15 de novembro construíram um mecanismo que garantiu voto apenas àqueles a quem julgavam poder confiar a preservação da sociedade e a Constituição de 1891, o que deixou boa parte da população do lado de fora da República: excluíram-se libertos e pobres pela exigência de alfabetização, já que os analfabetos — que eram 85% dos brasileiros — não podiam votar, além de mendigos, praças de pré, membros de ordens religiosas e menores de 21 anos. As mulheres, por sua vez, foram privadas de cidadania um ano antes, pelo Código Penal de 1890: só na Constituição de 1934 elas se igualariam aos homens no direito ao voto.[6]

Impedidos de serem cidadãos, os setores populares criaram suas próprias repúblicas. Foi então, escreve o historiador José Murilo de Carvalho, que o povo resolveu agir politicamente na cena pública. Explodiram, em formato alternativo, os focos de tensão e revolta — as "repúblicas renegadas pela República", para usar a definição precisa do autor: o arraial de Canudos, no sertão da Bahia, entre 1893 e 1897; as Vilas Santas, na região do Contestado, em Santa Catarina, entre 1912 e 1916; as barricadas de Porto Artur, a cidadela inexpugnável da rua da Harmonia, no bairro carioca da Saúde, que inspirou medo à República em 1904, durante a revolta da Vacina.[7]

Em 1883, Antônio Conselheiro se instalou com seu grupo de seguidores na fazenda de Canudos, às margens do rio Vaza-Barris. Era a segunda vez que experimentava se assentar — a primeira tentativa, em 1880, nas terras da fazenda Dendê de Cima, também na Bahia, dera origem ao arraial do Bom Jesus. É certo que, quando o Conselheiro chegou a Canudos, já existia ali um vilarejo minúsculo. Mas, entre 1883 e 1897, ano de sua destruição, o crescimento do povoado foi espantoso, se se consideram os dados da Comissão de Engenharia do Exército: a população saltou de uma média de 230 habitantes para 24 mil. Ao final da guerra, o arraial do Belo Monte, como o Conselheiro o nomeou, estava entre os vinte maiores núcleos populacionais da Bahia: um labirinto de vielas com traçado aleatório, repleto de casebres de pau a pique e taipa com um capacho de palha na entrada, grudados uns nos outros e erguidos segundo a topografia do terreno — alguns poucos eram de alvenaria e telha. Havia uma grande cruz fincada na praça, duas igrejas — a Nova e a Velha —, alguns armazéns, uma construção que servia de cadeia.[8] Acorria gente de toda parte, atraída pela fama do Conselheiro, e isso começou a incomodar a hierarquia católica. Três anos depois de sua criação, o arraial do Belo Monte recebeu a visita de um frei capuchinho, João Evangelista de Monte Marciano (1843-1921), enviado pelo arcebispado da Bahia, que estava preocupada com a ameaça representada por Antônio Conselheiro, um "fanatizador do povo ignorante", como diziam as autoridades eclesiásticas de então. Monte Marciano cumpriu a tarefa à risca: redigiu um relatório devastador que responsabilizou o Conselheiro por estabelecer em Canudos uma seita de fanáticos, monarquista e religiosa — seu relatório formalizou a primeira acusação de monta contra o arraial.[9]

Canudos era uma ameaça, decerto: mas de outra natureza. Sustentada pelos donos da terra, a república considerava intocável a estrutura socioeconômica do campo. E Canudos representava uma nova maneira de viver no sertão. O arraial não chegaria a constituir uma experiência de vida igualitária. Ainda assim, foi uma experiência comunitária completamente nova. O trabalho se baseava no princípio de posse e uso coletivo da terra e na distribuição do que nela se produzia

— a produção era dividida entre o trabalhador e a comunidade. Todos que lá chegavam recebiam gratuitamente uma porção de terra para viver e trabalhar. Havia plantações diversas — mandioca, milho, feijão, batatas, cana, abóbora —, além da criação de gado, cabritos, porcos e aves, e do fabrico de couro curtido.[10]

O perigo era esse — Canudos podia ser uma alternativa de vida para o sertanejo pobre. Cícero Dantas Martins (1838-1903), barão de Jeremoabo, o maior e mais poderoso proprietário de terras da Bahia, não tinha nenhuma dúvida de que o arraial se tornara uma ameaça concreta ao poder do latifúndio. "O trabalho nas fazendas estava desorganizado porque a maioria das famílias estava sempre pronta para seguir o Conselheiro, e muitos pequenos proprietários também vendiam seus bens e deslocavam-se para Canudos", reclamou, indignado, ao repórter do *Jornal da Bahia*, em março de 1897.[11]

À fuga da mão de obra, ainda mais escassa em virtude da abolição da escravidão, em 1888, somava-se nova ameaça. Canudos era, de fato, uma comunidade política autogovernada. Sua gestão administrativa e o exercício da justiça estavam a cargo de um conselho intitulado Companhia do Bom Jesus, do qual fazia parte, ao lado do Conselheiro, um grupo de doze homens — os "Doze Apóstolos": a responsabilidade pela segurança e defesa militar do arraial cabia ao "Chefe do Povo". Para piorar as coisas, tanto indígenas quanto brancos, caboclos e negros habitavam o mesmo lugar — Canudos era um "antro negro, cavado no centro do adustro sertão, onde o Profeta das longas barbas sujas concentrava sua força diabólica, feita de fé e de patifaria, alimentada pela superstição e pela rapinagem!", exasperou-se, no Rio de Janeiro, o escritor Olavo Bilac (1865-1918), um republicano de primeiríssima hora.[12]

Tudo somado, o Conselheiro fora longe demais e a República decidiu converter Canudos em exemplo. Destruir o arraial significaria a vitória da civilização contra a barbárie, o triunfo da modernidade e do progresso sobre o atraso. Quatro expedições militares, formadas por forças policiais e tropas do exército, foram enviadas de Salvador e do Rio de Janeiro contra Canudos, e o contingente de soldados só cresceu. Em novembro de 1896, a primeira expedição, composta por cem praças e comandada por um tenente do exército, Manuel da Silva Pires Ferreira, e enviada pelo governo da Bahia, acampou nas cercanias do arraial — os militares estavam certos de que, na manhã seguinte, travariam um combate curto, de vitória garantida. Mas não deu tempo de avançar: cercados durante a noite, acordados por uma fuzilaria incessante, os soldados, atarantados, bateram em retirada para Juazeiro.[13]

Em janeiro de 1897, uma nova força de ataque, desta vez comandada por um major, Febrônio de Brito, marchou para Canudos: 543 praças; 14 oficiais do Exército; dois canhões Krupp de 75 mm para campo e montanha; quatro metralhadoras Nordenfelt, com cinco canos múltiplos, capaz de disparar uma cadência de três mil tiros em questão de segundos, testada com sucesso entre 1893 e 1895 nas "revoltas-irmãs", a Federalista e a da Armada.[14] A coluna penou para atravessar o morro do Cambaio — a batalha pelo controle do morro durou cinco horas. Exaustos e famintos, com a noite descendo rápida no sertão, os militares não aproveitaram a oportunidade da conquista. No raiar do dia estavam cercados e retrocederam. O recuo, porém, não adiantou grande coisa: emboscados com uma avalanche de pedras pelos combatentes de Canudos no desfiladeiro do Cambaio, ao final da refrega a segunda expedição militar estava igualmente derrotada.

Foram dois os motivos para as derrotas militares. Para começar, o desconhecimento do terreno e da vegetação locais. Os habitantes de Canudos, ao contrário, tinham perfeita noção dos lugares onde as montanhas se abriam em gargantas estreitas próprias para emboscadas. Também sabiam de cor os pontos em que o matagal se adensava e servia de esconderijo, o modo de se movimentar na ravina ou abrir caminho na caatinga cerrada e espinhenta debaixo do sol inclemente. A segunda razão foi o uso da "guerra das caatingas" — hoje chamada "guerrilha". Liderados por João Grande e Quelé do Pajeú, os dois comandantes militares de Canudos, os defensores do arraial faziam tocaias, pelejavam com pedaços de rocha, lanças, foices e porretes de madeira, empunhavam mosquetões, facas, chuços e ferrões de vaqueiro. Surgiam e desapareciam por detrás das grandes rochas ou emergiam de repente do fundo do mato que ladeava as trilhas, sem que se ouvisse um farfalho — era como lutar com fantasmas.

Na manhã do dia 3 de março de 1897, o coronel Moreira César (1850-1897), especialista em táticas de infantaria, resplandecente em seu uniforme branco, investiu contra Canudos à frente dos 1.281 soldados da terceira expedição militar. O arraial foi metralhado durante horas a fio. Os soldados avançaram sobre Belo Monte, incendiaram casebres e liquidaram moradores a golpe de sabre. Chegaram até a praça e, ato contínuo, foram fuzilados no labirinto de vielas estreitas — o arraial era uma "imensa colmeia armada", anotou Euclides da Cunha (1866-1909).[15] Sem saída, bateram em retirada no início da noite. Baleado, Moreira César morreu no final daquela madrugada; a soldadesca apavorada debandou. Na fuga, os soldados sofreram novo ataque dos sertanejos. Centenas foram mortos.

A repercussão da derrota foi estrondosa. No Rio de Janeiro, os jornais noticiaram que Canudos era parte de uma grande conspiração monarquista. Pelo país afora, a imprensa cuidou de propagar a informação. O movimento restaurador abastecia com soldados e armas um bando de fanáticos religiosos prontos para destruir a República, esbravejou na primeira página a *Gazeta de Noticias*: "Não há quem a esta hora não compreenda que o monarquismo revolucionário quer destruir com a república a unidade do Brasil".[16] Já *O Estado de S. Paulo* informou que grupos monarquistas originários de todos os pontos do país seguiam para Canudos. E explicou a razão, em editorial caprichado: "Haviam escolhido a Bahia para ser o centro do movimento restaurador".[17]

Os republicanos e o exército sonhavam com vingança, mas precisavam, sobretudo, alcançar uma consagração simbólica com a destruição de Canudos. Não conseguiram. O arraial resistia aos ataques cada vez mais violentos da quarta expedição, enviada em junho de 1897, sob as ordens do general de brigada Artur Oscar de Andrade Guimarães (1850-1903) e constituída por 421 oficiais e 6.160 soldados. O general dividiu suas forças em colunas de três brigadas, compostas por batalhões de infantaria apoiados por regimentos de artilharia e cavalaria.

O primeiro ataque frontal contra Belo Monte ocorreu em 18 de julho. O último combate foi travado em outubro de 1897 — nesse meio tempo, Artur Guimarães tratou de requisitar novo contingente de reforço com mais 5 mil homens, além de armas e munições.

No início de outubro, antes da batalha final, o exército garantiu que quem se rendesse sobreviveria. O acordo não foi cumprido, e muitos dos homens, mulheres e crianças que se entregaram à proteção dos militares foram degolados. Saldo da guerra: cerca de 20 mil sertanejos mortos. O número exato de mortes entre os soldados é desconhecido. No dia 5 de outubro de 1897, entre gritos de "Viva a República", Canudos foi ocupado pelo exército. A destruição se estendeu por três dias. Roças foram incendiadas e bolas flamejantes de pano embebido em querosene lançadas nas áreas ainda ocupadas por moradores — o odor adocicado de carne humana em cremação tornou-se insuportável. O arraial inteiro desfez-se queimado a querosene e demolido com dinamite. O cadáver de Antônio Conselheiro, morto em setembro de 1897, foi exumado e fotografado para que os jornais o exibissem. Em seguida, deceparam-lhe a cabeça. Era a marca usual da "república da degola", como define Angela Alonso.[18]

Tudo isso era para não rebrotar semente. Todavia, história também é incerteza quanto ao que pode — ou não — acontecer, argumenta sempre o historiador Evaldo Cabral de Mello.[19] Em 1897, com a missão de cobrir para o jornal *O Estado de S. Paulo* o deslocamento das tropas republicanas durante a quarta e última expedição, Euclides da Cunha, um republicano convicto, embarcou para a Bahia na certeza de que a República derrotaria aquela horda desordenada de fanáticos maltrapilhos, acoitados num arraial miserável — e, ainda por cima, monarquistas. Estava convencido de que Canudos era a nossa Vendeia, como, aliás, havia afirmado em matéria já publicada pelo mesmo jornal — fazia referência à guerra civil na França, no século 18, que opôs os camponeses da Bretanha marchando sob a bandeira banca da monarquia Bourbon, à república em Paris.

Euclides levou um susto. Descobriu, no interior da Bahia, uma guerra longa e misteriosa, um adversário com enorme disposição para o combate, um refúgio sagrado, uma comunidade organizada que oferecia aos seus habitantes condições de vida melhores do que outras regiões do sertão brasileiro. No impacto da descoberta, anotando tudo o que via e ouvia, o jornalista trocou de certezas, adotou nova perspectiva e tornou-se um grande escritor.[20] Sua história assumiu um tom de denúncia. Foi muito além da reportagem de guerra: insistiu em revelar o efeito provocado pelas secas na paisagem arruinada da geografia baiana e a devastação ambiental do semiárido pelas queimadas; reconheceu no mundo sertanejo as marcas do esquecimento secular e coletivo do país.

Euclides da Cunha permaneceu na região durante as três semanas finais do conflito, tendo presenciado o dramático desfecho da guerra, com o massacre dos habitantes de Canudos. Voltou para casa atormentado. Estava atordoado, cheio de dúvidas e incertezas sobre o que havia visto: uma república inegavelmente disposta a eliminar aqueles habitantes inteiramente diversos do mesmo Brasil. "Era terrivelmente paradoxal", escreveu incrédulo, "uma pátria que os filhos procuravam armados até os dentes, em som de guerra, despedaçando as suas entranhas a disparos de Krupps, desconhecendo-a de todo, nunca a tendo visto".[21]

Não há exagero no que escreveu. Ao estudar o noticiário sobre a guerra de Canudos publicado diariamente nos jornais, a ensaísta e crítica literária Walnice Nogueira Galvão recuperou cada página: as reportagens dos enviados especiais, as representações satíricas da guerra, o estardalhaço da imprensa, os artigos em periódicos estrangeiros. Encontrou análises equilibradas, decerto, mas os jornais também revelam opiniões preconcebidas, insultos aos moradores de Canudos, o silêncio diante da prática de degolar prisioneiros e a tranquila indiferença face aos métodos de extermínio praticados contra a população do arraial. Tendenciosa e sem escrúpulos, a imprensa da época fez juízos, manipulou informações e divulgou notícias fraudulentas. Foi só no fim da guerra e depois de mortos que os rebeldes de Canudos começaram a ser chamados de brasileiros — uma vez mortos, passam a ser irmãos, registrou Walnice Galvão.[22]

Em 1902, Euclides da Cunha publicou *Os sertões*. O Brasil se revela nesse cenário amplo em que se descobre o sertão, talvez a marca mais antiga e perdida de nossa identidade de brasileiros. Uma terra mergulhada em tristeza profunda, imersa na ausência de valores do mundo público, nas linhas desviantes do progresso, na irracionalidade dos homens, no choque provocado pela descoberta de que a barbárie não estava confinada num recanto desconhecido e esquecido nos confins da Bahia: o litoral não se opunha ao sertão. O mesmo traço de fanatismo que alimentava a oratória delirante do Conselheiro fazia balançar, no peito dos soldados republicanos, os breves e as medalhas religiosas com a efígie de Floriano Peixoto (1839-1895). "O mal era maior", assustou-se, "não se confinara num recanto da Bahia. Alastrara-se. Rompia nas capitais do litoral".[23]

A partir dessa constatação, o escritor construiu uma representação da república marcada por sua abissal dimensão de vazio e confirmou a convicção de que, sugada por uma perigosa mas atraente barbárie, a própria república corria o risco de recuar no tempo e dissolver sua capacidade política de ação em impunidade, selvageria e tragédia. Seja em *Os sertões*, seja em *Um paraíso perdido: reunião dos ensaios amazônicos* (1976), escrito a partir de 1904, Euclides da Cunha narra a história pouco edificante de uma república sem compaixão, marcada pela indiferença entre homens e natureza, entre homens e coisas, entre o iluminismo civilizatório, a euforia do progresso técnico e o destino dos brasileiros *párias* — essa gente anônima e insignificante, simples e obscura, que se movimenta precariamente no vazio da nação, à mercê de uma república que não os reivindica nunca na condição de cidadãos. Não têm nome próprio, nem direito à personalidade legal de cidadãos, não são protegidos por ela nem conseguem agir por seu intermédio na cena pública. São vítimas de uma dupla injustiça: a da urgência da sobrevivência e a da vergonha da obscuridade.[24]

Mas Euclides foi além ao escrever *Os sertões*. Ele deixou registrada a possibilidade de identificar o preciso momento, no passado ou no presente, em que os valores civilizatórios se rompem, e as pessoas assistem complacentes à degradação do próprio país. "Ninguém percebia mais as balas que passavam. Como não impressionavam os tiroteios fortes. A vida normalizara-se naquela anormalidade".[25] Seu livro fala do passado, mas está orientado na direção do futuro. Traz consigo um sinal de alerta — alerta que Euclides da Cunha enviou a nós, os brasileiros, no futuro.

HELOISA MURGEL STARLING é professora titular livre de história do Brasil da Universidade Federal de Minas Gerais. É autora de *Ser republicano no Brasil colônia: a história de uma tradição esquecida* (2018) e co-organizadora do *Dicionário da república: 51 textos críticos* (2019).

FONTE: Texto produzido a partir de apresentação da autora no seminário *Histórias brasileiras*, MASP, 20.4.2021.

1 Ângelo Agostini, "Conselheiro rechaça a República". *Revista Illustrada*, n. 717, jan. 1897, pp. 4-5.

2 Angela Alonso, "A república da degola (1889-1916)". *In*: Angela Alonso e Heloisa Espada, *Conflitos: fotografia e violência política no Brasil, 1989-1964*. São Paulo: IMS, 2017, p. 35 e seguintes.

3 Nertan Macedo, *Memorial de Vilanova: depoimento do último sobrevivente da Guerra de Canudos*. Rio de Janeiro: Ed. O Cruzeiro, 1964, p. 37 e seguintes.

4 Graciliano Ramos, *Infância*. Rio de Janeiro: Record, 2003, p. 27. Para a seca de 1877-1879, ver Evaldo Cabral de Mello, *O Norte agrário e o Império*. Rio de Janeiro: Nova Fronteira, 1984; João Medeiros Filho e Itamar de Souza, *Os degradados filhos da seca*. Petrópolis: Vozes, 1983; Janille Campos Maia, "Exilados da fome: seca e migração no Ceará oitocentista". Trabalho de Conclusão de Curso. Universidade Federal Rural do Rio de Janeiro, 2015; Maria Verónica Secreto, "A seca de 1877-1879 no Império do Brasil: dos ensinamentos do senador Pompeu aos de André Rebouças: trabalhadores e mercado". *História, Ciências, Saúde: Manguinhos*, v. 27, n. 1, jan.-mar. 2020, pp. 33-51.

5 Marcela Telles, "Canudos [1893-7]". In: Lilia Moritz Schwarcz e Heloisa Murgel Starling (orgs.), *Dicionário da república: 51 textos críticos*. São Paulo: Companhia das Letras, 2019, p. 47.

6 Para a exclusão popular da cidadania republicana e a Constituição de 1891, ver José Murilo de Carvalho, *Cidadania no Brasil: o longo caminho*. Rio de Janeiro: Civilização Brasileira, 2014.

7 José Murilo de Carvalho, *Os bestializados: o Rio de Janeiro e a República que não foi*. São Paulo: Companhia das Letras, 1987.

8 Para Canudos, ver Nertan Macedo, 1964, op. cit.; Marcela Telles, 2019, op. cit.; José Calasans, "Canudos: origem e desenvolvimento de um arraial messiânico". *Revista USP*, n.

54, jun.-ago. 2002; "Dossiê Canudos". *Revista USP*, n. 20, fev. 1994.

9 *Relatório apresentado pelo revd. Frei João Evangelista de Monte Marciano ao Arcebispado da Bahia sobre Antônio Conselheiro e seu séquito no arraial de Canudos — 1895*. Salvador: Centro de Estudos Baianos da Universidade Federal da Bahia, 1987.

10 Para a experiência comunitária de Canudos, ver Ana Letícia Goulart, Pauliane de Carvalho Braga e Raissa Brescia dos Reis, "Canudos". In: Heloisa Maria Murgel Starling e Pauliane de Carvalho Braga (orgs.), *Sentimentos da terra: imaginação de reforma agrária, imaginação de república*. Belo Horizonte: Proex, 2013. Ver também José Calasans, 2002, op. cit.; Dossiê Canudos, op. cit.

11 *Jornal da Bahia*, n. 4-5, mar. 1897 apud Marcela Telles, 2019, op. cit., p. 49.

12 Olavo Bilac, "Cidadela maldita". In: Antônio Dimas (org.), *Vossa insolência*. São Paulo: Companhia das Letras, 1996, p. 412. Para Canudos como uma comunidade política autogovernada, ver Marcela Telles, 2019, op. cit.

13 Para a atuação do exército e as expedições militares, ver Tristão de Alencar Araripe, *Expedições militares contra Canudos: seu aspecto marcial*. Rio de Janeiro: Biblioteca do Exército, 1985; Henrique Duque-Estrada de Macedo Soares, *A Guerra de Canudos*. Rio de Janeiro: Biblioteca do Exército, 1959; Marcos Evangelista da Costa Vilela Júnior, *Canudos: memórias de um combatente*. São Paulo: Marco Zero, 1988; Frank Daniel McCann, *Soldados da pátria: história do Exército Brasileiro 1889-1937*. São Paulo: Companhia das Letras, 2007.

14 Para a Revolta Federalista, a Revolta da Armada e a definição de "revoltas-irmãs", ver Angela Alonso, 2017, op. cit.

15 Euclides da Cunha, *Os sertões: campanha de Canudos*. Rio de Janeiro: Francisco Alves, 1923, p. 330.

16 *Gazeta de Noticias*, 8.3.1897 apud Angela Alonso, 2017, op. cit., p. 37.

17 Para a citação de *O Estado de S. Paulo*, ver Frank Daniel McCann, 2007, op. cit., p. 77.

18 Angela Alonso, 2017, op. cit., pp. 28-29.

19 Rafael Cariello, "O casmurro". *Piauí*, n. 104, maio 2015, pp. 49-50.

20 Para Euclides da Cunha, ver Roberto Ventura, *Retrato interrompido da vida de Euclides da Cunha*. São Paulo: Companhia das Letras, 2003; Luiz Costa Lima, *Terra ignota: a construção de Os sertões*. Rio de Janeiro: Civilização Brasileira, 1997; Luís Cláudio Villafañe Gomes Santos, *Euclides da Cunha: uma biografia*. São Paulo: Todavia, 2021. Ver também Heloisa Murgel Starling, "Um sertão do tamanho do Brasil". *Letterature D'America*, ano 36, n. 160, 2016, pp. 5-20.

21 Euclides da Cunha, 1923, op. cit., p. 521.

22 Walnice Nogueira Galvão, *No calor da hora: a Guerra de Canudos nos jornais (4ª Expedição)*. Recife: Cepe, 2019.

23 Euclides da Cunha, 1923, op. cit., p. 362.

24 Para o conceito de pária, ver Hannah Arendt. *La Tradition cachée: le juif comme paria*. Paris: Éditions 10/18, 1987. Para uma leitura do uso do conceito em autores da literatura brasileira ver Heloisa Murgel Starling, "Letrados e república no Brasil". In: Lilia Moritz Schwarcz e Heloisa Murgel Starling, 2019, op. cit.

25 Euclides da Cunha, 1923, op. cit., p. 546.

A gripe espanhola em imagens: medo, técnica e corpos políticos

LILIA MORITZ SCHWARCZ
2021

O tempo e a falta de registros apagaram o nome e a identidade do rapaz que aparece, constrangido, numa foto tirada no ano de 1918. Sua postura corporal lembra o desengano e vai na direção oposta da mensagem positiva da ciência e de seus profissionais. Sabemos, porém, que ele morava no Morro da Mangueira, tinha origem negra e que se encontrava contaminado pela gripe espanhola. Como nos dias de hoje, também naquele ano, a gripe foi particularmente severa e escancarou a desigualdade brasileira, atingindo, sobretudo, as regiões e vizinhanças que contavam com menos equipamentos urbanos; em geral os subúrbios e periferias das grandes e pequenas cidades. Na imagem, o paciente mostra-se claramente vexado diante da equipe de sanitaristas que o vacinam e registram o momento da ação. Conhecemos o nome de todos os profissionais envolvidos; apenas o doente não teve o seu revelado. Nessa foto ele representa, tão somente, um "caso". Uma vítima dentre outras.

De um dos lados está a enfermeira Adozinda Maia, cujo casaco escuro esconde a roupa branca de especialista da saúde, apenas entrevista por entre as fendas de seu longo manto. Ela traz na cabeça um chapéu igualmente branco, que provavelmente impede que o cabelo da técnica contamine a aplicação da vacina e a própria higienização dos procedimentos médicos. A touca funciona também como símbolo de atuação profissional em meio àquele ambiente que parece ser em tudo provisório — a casa de pau a pique, a parede rebocada apenas parcialmente, as rachaduras da construção, tudo sinaliza para um lugar onde a pobreza dá o tom do cenário. O apetrecho de cabeça significava também ícone máximo de distinção e honra das enfermeiras. Nas décadas de 1910 e 1920 havia até cerimônia festiva de entrega da touca que ocorria após a aprovação da aluna nos exames finais. A entrega do adereço indicava que a aluna/enfermeira estava pronta para iniciar o trabalho de assistência hospitalar, mostrando a todos que ela "pertence ao grupo restrito de indivíduos que acodem aos irmãos em perigo de vida".

De toda forma, tudo em Adozinda contrasta fortemente com o local. Com sua postura séria e compenetrada, ela parece representar a prontidão da ciência sanitária, contrária ao ambiente local, com a terra batida ocupando todos os espaços: do reboco da casa, até a o revestimento do solo. Do outro lado da foto aparece o médico Octávio de Barros, vestido de terno e gravata, com um sobretudo cobrindo seu corpo e um vistoso chapéu, que é mantido na cabeça. Ele observa a cena e leva uma máscara nas mãos. Conforme explica a legenda da foto, o rapaz está "gravemente enfermo" e deve ter morrido por conta da epidemia. É pelo menos isso que se depreende dessa história que desconhecemos o enredo final.

A imagem pareceria "natural", apenas um registro de época, não fossem alguns detalhes significativos e presentes no documento visual. Em primeiro lugar, chama atenção a expressão de sofrimento do doente. Ele veste roupas de algodão muito simples, está descalço e leva os olhos para o chão, como se não quisesse fazer parte daquela cena montada artificialmente e na qual desempenha papel central a despeito de secundário. Afinal, parece não ter agência alguma no gesto de resignação que apresenta. Já o médico lança um olhar sorrateiro para o seu lado esquerdo, denunciando a presença do fotógrafo e o registro que realiza. Desse mesmo lado, uma calça branca, intrusa, entra na cena, e vislumbra-se uma pessoa com uma garrafa nas mãos. Seria uma garrafa de álcool? O material da vacina? Ou o fotógrafo com seus equipamentos? Não há como saber. O que sabemos é como na incompletude da foto está registrada a artificialidade da operação. Quem entra e quem fica fora da imagem.

A vacina para a espanhola seria criada apenas em 1944, mas a foto já indicava a ação diligente dos sanitaristas que acompanhavam a população, chegando até as suas casas ou tomando parte de hospitais de campanhas instalados nas vizinhanças mais castigadas pela peste. Naquele contexto, a vacina utilizada contra a gripe espanhola era a antivariólica ou a jeneriana: o cientista Edward Jenner (1749-1823) descobriu a vacina em 1796; em 1800 a Marinha britânica adota a vacinação; em 1804 Napoleão Bonaparte (1769-1821) funda a sociedade pela extinção da varíola e a propagação da vacina e, no Brasil, o uso da vacina é declarado obrigatório para crianças em 1837 e nos adultos em 1846. A vacina que está sendo aplicada no braço do doente é, portanto, pouco eficaz para a sua finalidade — extirpar a espanhola.

Já a fotografia guardada nos arquivos da Fundação Oswaldo Cruz — homenagem ao cientista Oswaldo Cruz (1872-1917), que em 1904 debelara a febre amarela e formara escola — quer servir de testemunho da atuação dos sanitaristas. Mas é também uma "foto sentinela", nos termos de Ariella Azoulay, já que pelos detalhes permite denunciar o sofrimento de quem sabe que está doente e vai morrer, a despeito do aparato criado para mostrar a onipresença da ciência. Revela a desesperança como o outro lado daqueles que acreditam sem restrições no progresso.

A situação montada na primeira foto é bastante semelhante àquela que aparece numa segunda foto, do mesmo lote, que traz em destaque a figura do doutor Maurity dos Santos (1889-1937) cuidando de um paciente enfermo por espa-
[img. 29] nhola. A cena se passa em outro morro que circunda a cidade do Rio de Janeiro, o do Salgueiro, com as enfermeiras Joanna Silva e Leonor Lemmert auxiliando o médico que trata de um doente, diz a legenda novamente: "Em estado gravíssimo". O local era habitado por uma comunidade negra muito ativa, cuja sociabilidade se expressava através das casas religiosas, dos sambas e dos serviços e redes de apoio mútuo. Mas a região era igualmente famosa por não contar com a mesma estrutura urbana do "centro da cidade", que passara pela Reforma Pereira Passos, a qual buscou "limpar" a capital do Brasil, expulsando a pobreza e concentrando os novos equipamentos urbanos. No Morro do Salgueiro formaram-se duas favelas principais: a favela do Trapicheiros já aparece no código sanitário de 1881, a favela do Salgueiro, por outro lado, é anterior — começa a se constituir ainda no século 19, com a sistemática destruição de quilombos localizados na área da Tijuca. O morro do Salgueiro fica entre a Tijuca e o Rio Comprido — bairros residenciais bem-vistos na época da reforma Pereira Passos, que tratara de expulsar a pobreza de dentro da capital, jogando-a para os seus arredores.

Uma das enfermeiras, a que carrega de maneira mais subserviente a maleta do médico, olha para a câmera de maneira tímida. Já a outra compõe melhor a cena, apoiando suas mãos no ombro do paciente e observando-o com ar caridoso. O doente é igualmente negro e evita olhar para a câmera, parece mais resignado no seu sofrimento. Ele, que tem vestes simples e leva um chinelo surrado nos pés, traz um boné de nação na cabeça — que indica o pertencimento a grupos de ancestralidade africana ou função na marinha — e dirige o olhar para o chão. O sol atrapalha um pouco a foto, cria várias sombras, mas ilumina o contato do médico com o paciente enfermo: uma espécie de compressa destaca a atividade higienizada dos profissionais tomados pelas lentes em ação.

Entretanto, se a foto pretende tornar a pessoa doente quase "transparente", acaba revelando, mesmo sem pretender explicitamente, outras contradições: a batalha travada nos laboratórios e aquela do dia a dia, sentida sobretudo pela população mais vulnerável que vive em locais insalubres e sem condições sanitárias para enfrentar a doença; o abismo existente entre a equipe médica toda paramentada; e o ambiente digno da família da vítima, que aparece de alguma maneira identificada pelas roupas brancas penduradas no varal, um cesto com mais roupa lavada ou por lavar e um chão de terra muito bem varrido. De toda maneira, é o homem ao centro, aquele que é identificado como em "estado gravíssimo", que se destaca na cena por sua atitude altiva. Não há como saber se foi orientado a não olhar para a foto ou se achou por bem não olhar. O certo é que sua expressão não devolve as certezas que a produção montada pretende transmitir. É como se a doença, ao invés de unir, dividisse essas duas realidades.

A falsa coincidência das fotos e a reiteração da cena do cuidado dos sanitaristas para com uma população pobre e desesperançada ilumina a preocupação da instituição em registrar os seus serviços de apoio à população carente e seu trabalho em lócus. Não há dúvida acerca da importância desses procedimentos médicos. Entretanto, a foto revela o que não pretende mostrar: o contraste e o verdadeiro abismo entre a população desassistida e os especialistas, com seus apetrechos e procedimentos científicos.

Encontradas nos arquivos da Fundação Oswaldo Cruz, essas e outras fotos de época funcionavam como registro da história da medicina brasileira que atuou fortemente no sentido de debelar a epidemia. Nenhum arquivo é neutro e a melhor maneira de demonstrá-lo é indagar o arcabouço de sua construção. A legenda que acompanha a imagem, a montagem das cenas, a maneira como se separam as performances dos profissionais da saúde e as vítimas atingidas pela epidemia se afirmam como um texto visual, ainda mais quando as fotos são observadas em seu conjunto. Epidemias não costumam respeitar limites dados pela geografia política, populacional, cultural e política. Nesse sentido, são pouco democráticas tanto com relação às vítimas quanto em termos de classe e região social. Em geral, quando chegam no Brasil matam com mais vigor e persistência as pessoas vulneráveis em termos de raça e região: as populações pobres de nossas periferias.

A história do Brasil também foi, e muito, afetada pela ocorrência das tantas epidemias que não pouparam seu vasto território. Quando chegaram, a única coisa que fizeram de bem foi escancarar nossa enraizada desigualdade. Atacaram sem dó as populações pobres, em situação de rua, desempregadas e, sobretudo, negras. Ao longo de cinco séculos de existência, são vários os exemplos de episódios da saúde coletiva como esses. A febre amarela, que grassou no início do século, foi tão severa que quase fechou o país com vários dos negócios e viagens saltando o Brasil e chegando aos vizinhos latino-americanos. A vacinação contra a varíola, em 1904, gerou um grande conflito no Rio de Janeiro e levou o nome de gripe espanhola. Foi considerada a primeira revolta negra após a abolição da escravidão. A sociedade civil reagiu não exatamente à vacina, mas à maneira como foi aplicada: sem qualquer tentativa de comunicação para com a população. Nos anos de 1970, a epidemia de meningite meningocócica foi a maior já documentada na história e deu ensejo a medidas que reforçaram e animaram o atual programa brasileiro de vacinação. No ano de 2016, segundo o Instituto Brasileiro de Geografia e Estatística, a Zika reduziu em 5,1% a taxa de natalidade no Brasil. Isso sem esquecer da pandemia de covid-19, a qual, desde o início de 2020, já levou ao desperdício de mais de 610 mil brasileiros e brasileiras.

Mas impressiona como há muitas semelhanças entre o contexto de 1918 e a realidade do momento em que escrevo este texto. Não se sabe ao certo quantas pessoas morreram de gripe espanhola, mas sabemos que a epidemia atingiu o Brasil inteiro e fez vítimas em todos os estados. Sabemos também que, como em 2020 e 2021, com a covid, a epidemia do início do século 20 também atingiu mais severamente as populações vulneráveis — indígenas, negros e imigrantes recém-chegados que moravam nos subúrbios das grandes cidades —, como é o caso dos pacientes das duas primeiras fotos.

Como vimos, não se conhecia a vacina ou a causa da epidemia da espanhola, mas já se usavam máscaras, higienizavam-se as mãos e estabelecimentos foram fechados para conter a disseminação da doença. Mesmo assim os efeitos foram devastadores e pouco se comentou sobre a dia a dia da peste. Se o Brasil é conhecido pela crônica, chama atenção como poucas, pouquíssimas, foram escritas no calor da hora. Do dia a dia devastado ficaram as fotos das revistas ilustradas, que registraram o sofrimento das pessoas que ganhavam as ruas em busca de comida ou proteção do Estado.

Imagens da peste

A literatura histórica conta que a gripe espanhola teria chegado ao Brasil em agosto de 1918, a bordo do navio Demerara, que no seu caminho e a cada parada — Recife, Salvador, Rio de Janeiro, Santos, Santa Catariana e Porto Alegre —, foi contaminando a população nacional. Como sempre ocorre, a princípio a letalidade da moléstia foi negada, como se ela não tivesse capacidade de atingir um país tropical. No entanto, a partir de meados outubro, quando se instala na então Capital Federal, o Rio de Janeiro, o recurso ao silenciamento tornou-se cada dia mais conflitante com a realidade dos cariocas. Pandemias sempre invadem o cotidiano da população, e com tal rapidez que, por vezes, de uma semana para a outra fica difícil lembrar como era o cotidiano de dez dias antes, com tudo ganhando nova urgência.

Foi isso que aconteceu com o jornal *O Paiz,* por exemplo, que com a chegada da epidemia passou a publicar uma seção especial com o título "A Influenza Hespanhola". A coluna foi comendo cada vez mais outros espaços no interior do periódico, funcionando como uma seção de serviço público que oferecia "conselhos práticos" a seus leitores: explicava como prevenir a epidemia mantendo as mãos limpas e usando todo tipo de desinfetante, pedia para que fossem evitadas aglomerações e ensinava como utilizar máscaras. *O Paiz* trazia também uma outra coluna cujo objetivo era desmontar as *fake news* da época! Ela se parecia com uma espécie de embrião das agências de checagem que hoje conhecemos, se chamava "Boatos falsos" e sempre terminava com a frase "Não sei mentir...". A seção se concentrava em desmentir casos não comprovados de gripe espanhola. Ativo, o jornal também denunciava farmácias que aumentavam os preços dos medicamentos ou hotéis que aproveitavam a situação para alugar quartos por preços mais caros. Enquanto isso, a velocidade do contágio se tornava impressionante: o período de incubação era curto, de um a três dias, e o número de pessoas acometidas pela moléstia era muito elevado e com alto grau de letalidade.

Deixando claro como a pandemia podia parecer democrática na hora da contaminação, mas não na hora da morte, o diretor da seção de estatística demógrafo-sanitária da Diretoria Geral de Saúde Pública, Sampaio Vianna, explicava que os socorros, além de insuficientes, ficavam restritos à população que habitava os centros urbanos, enquanto os subúrbios, morros e outras localidades periféricas permaneciam fora do perímetro urbano, e sofriam com uma imensa carência no atendimento mais básico.

Embalada pelo ritmo fúnebre da doença, a cidade pouco a pouco foi virando uma procissão de cadáveres insepultos, jogados pelas avenidas da outrora orgulhosa cidade reformada por Pereira Passos (1836-1913). Com a falta de coveiros, muitos deles também doentes, e sem poder enterrar os mortos; com a carência de caixões, a cidade passou a viver um grande luto coletivo. Não havia mais família que deixasse de lastimar casos de falecimento. Há, inclusive, relatos de famílias inteiras que desaparecem por causa da gripe, e de outras em que todos ficaram acamados. Causava muita comoção a morte de crianças, como foi o caso do menino Mauro Soares, que faleceu e fez com que as portas do seu colégio ficassem definitivamente fechadas.

Os jornais passaram a desempenhar, então, um papel cívico, alertando os cariocas para que evitassem trens, bondes e ônibus, e aconselhando-os a andarem mais a pé. A Associação dos Empregados do Comércio do Rio de Janeiro pediu que as lojas abrissem às oito da manhã e fechassem às cinco da tarde, a fim de "evitar o sereno". A The Leopoldina Railway Company suspendeu até segunda ordem as linhas para o interior nas estações da Praia Formosa e Niterói. *A Noite* publicava no dia 17 de outubro uma nota explicando que, "devido ao estado anormal da cidade", seria adiada, "*sine die* a exposição de caricaturas mundanas". Noticiosos também pediam para que as pessoas não cuspissem, tossissem ou espirrassem: o que parecia bastante inútil uma vez que os doentes andavam pelas ruas sem poder conter esse tipo de manifestação da espanhola. Além do mais, obedecendo as medidas adotadas pelas autoridades sanitárias, restaurantes, bares, teatros, cinemas, escolas, fábricas, associações e até mesmo bordéis foram obrigados a interromper suas atividades.

O movimento nos portos praticamente cessou, as ruas ficaram vazias, as telefonistas adoeceram e não havia como pedir linha e fazer uma ligação. Os presidiários foram soltos pois faltavam policiais, poucos bondes circulavam, já que os próprios condutores haviam sido contaminados, as atrações culturais interromperam suas atividades e as igrejas, mesmo com a religiosidade em alta — por conta da insegurança que a pandemia trazia — restringiram seus horários, causando grandes aglomerações. O mundo parecia de cabeça para baixo.

Em fotos publicadas pela revista *Careta*, evidencia-se o contraste entre os bairros elegantes — totalmente vazios — e os bairros do centro, onde as pessoas se aglomeravam para rezar e para pedir a Deus uma solução, e também para conseguir alimentos. Cenas de desesperança também tomavam a publicação, com pessoas mais pobres tomando as ruas da cidade, doentes e desanimadas.

Em *Chão de Ferro*, mais especificamente no capítulo dois, chamado "Rua Major Ávila, 105", o escritor e médico mineiro Pedro Nava (1903-1984), fazendo uso da sua memória, narra com olhos de menino os traumas da chegada da Gripe Espanhola e as desastrosas consequências da doença na cidade:

> A 22 chegam telegramas contando as desgraças da Missão Médica [...]. Nesse dia o Nestico chegou em casa com um monte de boatos que pouco impressionaram. Entretanto o demônio já estava em nosso meio, ainda não percebido pelo povo como a desgraça coletiva que ia ser [...]. A doença irrompeu aqui em setembro, pois em fins desse mês e princípios de outubro, as providências das autoridades abriram os olhos do povo e este se explicou certas anomalias que vinham sendo observadas na vida urbana; tráfego rareado, cidade vazia e meio morta, casas de diversão pouco cheias, conduções sempre fáceis, as regatas, as partidas de water polo e futebol quase sem assistentes, as corridas do Derby e do Jockey com os aficcionados reduzidos ao terço. É que no meio da população, [...] insinuara-se a Morte Cinzenta da pandemia que ia vexar a capital e soltar como cães a Fome e o Pânico que trabalhariam tão bem quanto a pestilência [...].

Diante da "Morte Cinzenta", as pessoas passaram a colocar panos escuros nas janelas, nas varandas e nas portas das suas casas, para que os fiscais da saúde soubessem que naquela moradia havia indivíduos doentes a serem alimentados e medicados, ou para que os coveiros recolhessem os corpos já sem vida. O desabastecimento da cidade ficou grave, uma vez que não havia quem pudesse trabalhar nos serviços básicos, como padarias, mercearias, açougues e farmácias. A famosa confeitaria Casa Colombo, obrigada a fechar suas portas, publicou uma nota avisando que não desistiriam de ajudar seus funcionários. Para tanto, bastava que empregados e operários se dirigissem ao escritório da firma, com "pedidos de socorro pecuniário". A Sul América fez propaganda dizendo que "nesse momento é, mais do que nunca, necessário que cada chefe de família tenha a sua vida segura na Sul América". Era também difícil achar ingredientes para a milagrosa canja que, diziam, "curava" todos os males. Ovos passaram a custar o mesmo que as próprias galinhas e um único pão era cobrado pelo preço que outrora se pagava por uma cesta. O limão, muito usado nas infusões, dobrou de preço. E a cidade passou fome.

Em fotos publicadas na revista *Careta*, a população fazia fila diante de padarias com suas portas fechadas ao público, ou então de granjas que vendiam galinhas e ovos numa cidade que acreditava que a canja era a maior saída para não ser contaminado ou contaminada pela espanhola.

Mas os exemplos de anomia social se multiplicavam, assim como as fotografias que invadiam os periódicos ilustrados. O jornal *O Paiz,* na sua edição de 24 de outubro de 1918, noticiava a existência de "uma aglomeração raivosa bem na porta da Caixa Econômica Federal para sacar dinheiro".[1] Aglomerações na frente de bancos em momentos de crise são uma velha/nova história, com a diferença de que, nesse caso, a instituição não abriu por falta de funcionários. Segundo o mesmo jornal, no dia 3 de dezembro, uma menina negra fora encontrada abandonada na sala do banco da Santa Casa depois de ter ficado órfã de pai e mãe, ambos vitimados pela espanhola. A menina, descrita como "de cor preta", foi enviada para a Roda dos Expostos; prática ligada às, assim chamadas, "instituições caridosas" — dentre mosteiros, abadias e irmandades beneficentes —, onde ficavam depositadas crianças pobres que não tinham onde morar, seja por conta do falecimento dos pais, seja porque os responsáveis, por algum motivo, não tinham condições para criar seus filhos. Na imagem, ela observa o fotógrafo e parece esperar por sua sorte. O certo é que doenças coletivas desse tipo tendem a tornar ainda mais evidentes as desigualdades existentes nos países afetados. Como mostram outras imagens, os abrigos de infância ficaram lotados de crianças, sobretudo negras, aguardando novos lares para serem abrigadas.

Foi muito comentada a história de Olympio Nogueira, um conhecido ator e galã de teatro que ficou popular por sua interpretação de Jesus na peça "O mártir do calvário". Ele morreu no dia 19 de outubro de 1918, três meses após completar 40 anos, e o jornal *A Noite* trouxe alguns recortes sobre sua trajetória, contando com detalhes o "drama" de sua contaminação e perecimento. Na edição de 13 de outubro de 1918, o jornal *A Noite* estampava a notícia da morte de uma "rapariga", "muito conhecida nos centros boêmios do Rio".[2] Ela atendia pelo nome de "Alice Cavallo de Páo" e também sucumbiu à peste.

Enquanto isso, a *Gazeta de Notícias,* na sua edição de 15 de outubro, chamou o Rio de "um vasto hospital" e pediu "socorro".[3] Com o andamento da doença, os mortos deixavam de ser números, e passavam a ser casos compartilhados pela sociedade enlutada. Segundo o médico Miguel Couto (1865-1934), a essas alturas já eram 600 mil infectados, e não havia carioca que deixasse de conhecer alguém contaminado ou vitimado pela doença.

O desespero bateu forte na porta dos cariocas. Os casos de suicídio por conta de infecção aumentaram muito e ganharam o espaço das pequenas notas que lotavam os noticiosos locais avisando que doentes e familiares, diante da doença ou da solidão, atentavam contra suas próprias vidas. *A Noite,* no dia 11 de novembro de 1918, traz manchete sobre dona Josephina Rodrigues de Carvalho, uma moça "de cor parda, 33 anos de idade", que foi abandonada pelo marido sob alegação de problemas conjugais. Nesse meio tempo, ela teve a espanhola e, "num acesso de loucura violentíssimo" depredou sua casa.[4] Na coluna "Casos de Polícia", *O Paiz* explicava que cresciam os exemplos de adoecimento psíquico e de "malandragem".

Chama muita atenção a força das imagens que iam sendo estampadas nos jornais. Nas fotos vemos ao chão uma vítima da gripe sendo amparada por um passante. Em outras, presenciamos um homem solitário, que permanece no espaço esvaziado das outrora movimentadas ruas cariocas, e a nova rotina feita da visita diária às farmácias e estabelecimentos médicos.

Entretanto, o tamanho do drama não calou o humor e a piada dos cariocas, que agiam com irreverência diante do drama diuturno da moléstia. Muitos brincavam com a dita espanhola, que, na falta de maiores esclarecimentos, causava (até) reações de "ciúmes", como mostra uma charge da revista *Careta*.

Encetava-se uma verdadeira batalha visual entre as fotografias que estampavam o drama social e as caricaturas que riam da desgraça coletiva. O certo é que o caos social virou material fértil a ser explorado pelos jornais, pelos humoristas e por grupos políticos que faziam oposição ao governo Venceslau Brás (1868-1966). O quadro de limitações das instituições sanitárias era patente, a despeito de sabermos que nunca se está preparado para uma pandemia. Por isso, o atendimento da população, sobretudo a mais pobre, acabou ficando muito dependente das iniciativas privadas: igrejas, escolas, clubes e da Cruz Vermelha Brasileira. As fotos, mais posadas, mostram batalhões de enfermeiras, por vezes ladeadas por médicos, e muitos pacientes nos leitos. Em uma delas, dois doentes olham para o fotógrafo, quem sabe cientes da exposição da doença à qual participavam.[5]

Outra cidade atacada pela espanhola e que produziu muitas imagens do flagelo foi São Paulo. Em meados de 1916, a cidade contava com 541.690 habitantes, mas possuía uma realidade de certa maneira específica. Até o ano de 1918, o estado de São Paulo seria responsável por receber, aproximadamente, 70% dos imigrantes italianos que começaram a chegar no Brasil desde os anos finais do século 19. Até 1920, deram entrada no estado 1.078.437 italianos, representando 9% da sua população total. Se os imigrantes foram primeiro alocados nas fazendas de café, logo ganharam as cidades e sobretudo a capital dos paulistas, que ficou mais italianizada nos costumes, no modo de falar e na sua dieta. Também a imigração japonesa, que oficialmente começou em 1908, dez anos depois já era muito numerosa, com o país contando com cerca de 1,5 milhão de *nikkeis*, e 90% deles morando no estado de São Paulo. Uma copiosa população negra também deixara, em sua grande parte, as propriedades rurais e agora compunha o cenário urbano paulistano com suas experiências, saberes e práticas afro-atlânticas.

Todos eles conviviam nessa pauliceia que rapidamente se urbanizava: todos juntos, mas também separados. Abismos sociais poderiam ser observados não só diante dos hábitos sanitários e alimentares dos assim chamados "caipiras nacionais" — numa referência de época bastante racista —, como frente aos dos demais imigrantes. Afinal, longe de constituírem grupo homogêneo, os imigrantes pertenciam a segmentos e origens distintos. Alguns, vindos de certas regiões mais ao norte da Itália, estavam habituados à vida nas cidades. Outros, como a grande maioria originária do Veneto, ao contrário, readequavam costumes rurais que traziam na bagagem.

Dizem que, à época, com tantas mudanças de saberes, três "remédios" davam conta de uma coleção de males: o óleo de fígado de bacalhau purificava, o sal amargo liberava o estômago e as constipações, e o óleo de rícino atuava como purgante. E quando nada dava certo, remédios milagrosos, orações e curandeiros resolviam males no atacado e no varejo. Essa era a imagem da capital paulista no começo dos anos 1918: ela mais se parecia com uma Babel de línguas e hábitos, bem como de novas ideias no que se refere ao trabalho urbano.

No início de 1918, São Paulo andava ainda muito marcada pelas "desordens operárias", como diziam os jornais do ano de 1917. Ou seja, a partir dos anos 1910, um setor ganharia corpo e se agitaria: os operários do novo parque industrial, resultado bastante imediato da chegada de imigrantes europeus. E se não foram os imigrantes os únicos nem os maiores responsáveis pelos movimentos grevistas, tiveram imensa influência, sobretudo no que se refere à entrada das ideias anarquistas no Brasil, a partir dos anos 1890. Italianos, espanhóis, portugueses e muitos brasileiros aderiram ao movimento, culminando na mais importante corrente de organização e mobilização política dos operários por mais de trinta anos.

A imigração italiana ajuda a entender a associação dos trabalhadores brasileiros com o anarquismo — força política hegemônica no movimento operário italiano —, pelo menos em São Paulo. E reza a boa tradição revolucionária que um anarquista italiano, ao imigrar, transformava-se em um missionário dos ideais libertários. Os ideais desse grupo também desembarcam na bagagem dos imigrantes espanhóis e portugueses, que assumiram papel decisivo na orientação política do movimento operário. No Brasil, os anarquistas se organizaram entre os operários através de associações de luta e de reivindicações — voltadas para a propaganda, melhoria das condições de vida do trabalhador e do seu acesso à educação.

Pois bem. O período entre 1906 e 1908 foi marcado por um crescimento no número de greves. A classe operária reagia às péssimas condições de trabalho — não havia restrição de idade ou tempo máximo de jornada diária —, assim como lutava por melhores salários e pela criação de órgãos de representação, como sindicatos e partidos. Crianças trabalhavam nas fábricas a partir dos 5 anos de idade, sendo que menores chegavam a constituir metade do número total de operários empregados. A presença de crianças e mulheres nas fábricas levava à diminuição do nível médio dos salários, enquanto a carestia aumentava nos anos de guerra.

Essa população, bem como as pessoas negras que, recém-saídas da escravidão, possuíam poucas condições de vida, foram as que mais sofreram na cidade. Ambos os grupos sociais viviam em lugares sem infraestrutura e eram, portanto, os mais vulneráveis. E a espanhola chegou sem piedade. Logo em setembro e, sobretudo, em outubro e novembro, fez milhares de vítimas que procuravam, em vão, locais públicos para se cuidarem. Mas havia poucos. A saída era recorrer às instituições privadas, como a Sociedade Beneficência Portuguesa, os hospitais Santa Catarina, Samaritano, Humberto Primo e Alemão, entre outros menores. Ou então recorrer aos hospitais improvisados, que chegavam a 37. Entre eles estavam aqueles organizados pelos colégios Sion (na avenida Higienópolis), o São Luís (na rua Bela Cintra), o Mackenzie (na rua Piauí) e o Des Oiseaux (na rua Caio Prado). As iniciativas eram muito variadas, por exemplo, a Cruz Vermelha agradeceu o fornecimento que passou a receber de vários particulares e de grandes magazines, entre eles a Casa Caruso, que disponibilizou sessenta quilos de macarrão; a casa de Pereira Ignacio e Cia, que enviou 48 garrafas de Água de Platina, a Fábrica Iracema, que doou duas dúzias de pijamas, e a Casa Mappin, que ofertou um caminhão-automóvel. O importante é que a sociedade paulistana se mobilizava, por meio de atitudes individuais e coletivas de ajuda mútua.[6]

Vários cidadãos procuraram oferecer seus préstimos, distribuindo comida ou fazendo doações. Clubes de elite, como o Atlético Paulistano, montaram hospitais em suas sedes, também preocupados em usar espaços vagos para o tratamento da peste.[7] O Corinthians Futebol Clube divulgou comunicado onde afirmava que, como era composto em sua maioria por jogadores operários, sentia-se "na obrigação de vir, apesar de sua insignificante valia, concorrer com seu esforço [...] para o alívio dos infelizes operários atacados pela pandemia". A sociedade civil se movia, apesar do medo, ou até mesmo por causa dele.

Como se vê, se os paulistas demoraram um tanto para atinar acerca da gravidade da crise, e, quando o fizeram, tentaram seguir os protocolos sanitários à risca, adotando o isolamento e a quarentena. Mas, na São Paulo de 1918, a chegada da pandemia basicamente sublinhou a iniquidade existente, bem como a situação de desamparo que tomaria de assalto a população pobre. Isso porque, a partir de outubro, a impressão que se tinha era que todo mundo ficara doente de um dia para o outro, e ainda mais as pessoas de baixa renda. Um grande hospital improvisado, o maior deles, foi instalado nos espaços amplos da Hospedaria de Imigrantes (atual Museu da Imigração do estado de São Paulo), na Mooca, às margens da linha férrea. E não por acaso.

No início de novembro de 1918, a média de casos novos já chegava ao número de 7 mil diários: 7.786 no dia 4, 6.985 no dia 5, 7.496 no dia 6. E com os casos de pessoas contaminadas crescendo, a outrora movimentada capital dos paulistas, a orgulhosa metrópole do café, parecia uma cidade fantasma. A maior parte do comércio estava fechada, não havia mais o elegante *footing* das 16 às 18 horas no centro elegante de São Paulo, e as ruas andavam silenciosamente vazias. Bem que alguns estabelecimentos tentaram resistir: os organizadores do Theatro Municipal, um dos símbolos da cidade, alegando que a programação estava fechada e as assinaturas esgotadas, insistiram em não fechar suas portas. Entretanto, nesse meio tempo, no dia 22 de outubro, anunciou-se que Madame Vellin-Pardo, que interpretaria a protagonista da ópera *Louise,* adoeceu. No final das contas, o Theatro foi obrigado a se render às evidências e avisou: "Devido à epidemia reinante, os senhores assinantes não podem vir ao teatro".

O maior problema era a ocorrência de muitos casos em um curto período. São Paulo teve seus primeiros doentes registrados em 16 de outubro e os últimos em 19 de dezembro de 1918. Nesse meio tempo, em pouco mais de dois meses, foram notificados 116.777 infectados (22,32% da população da capital), sendo 86.366 apenas no mês de novembro.

Como se vê, até na hora da morte as iniquidades eram evidentes. Nas fotos da época, um enterro de elite mostra a manutenção do ritual, a solenidade do momento e os caixões unitários.[8] Já em outras evidencia-se a construção de caixões simples, para atender o grosso da população. Esses atendiam a população pobre, sobretudo imigrante, que chegava sem recursos, passando a viver, quando permanecia na capital, em casebres improvisados que abrigavam muitas famílias e em bairros com poucos equipamentos urbanos: faltava água potável e sobrava esgoto aberto.

Com o aumento do número de óbitos, os sepultamentos passaram a ser realizados não só no período noturno, como, muitas vezes, em valas comuns, conforme denúncias publicadas pela imprensa da época. Faltava de tudo: sobretudo caixões e coveiros para os enterramentos dos mortos. Faltou também comida, e a imprensa paulista se apressou em publicar imagens do atendimento aos menos assistidos. Mais uma vez divisões raciais aparecem simbolicamente nas fotos, com uma mulher negra sendo a única a fazer fila diante do estabelecimento que escancarava os horários, mas também as palavras "aos pobres".

Rapidamente se alcançou o recorde de duzentos e trezentos mortos por dia, com os cemitérios e o serviço funerário não apresentando recursos para atender a todos os enterros. Os bondes elétricos da companhia Light foram utilizados para transportar caixões e os cemitérios da Consolação e do Araçá receberam iluminação de emergência para trabalhar 24 horas por dia. Buscando ajudar, o Palace Theatre, uma instalação com espaços generosos localizada na rua Brigadeiro Luís Antônio, com o aceite prévio de seu proprietário, passou a armazenar caixões e também fez as vezes de necrotério. Um novo cemitério foi construído, às pressas, na Lapa, bem como se ampliaram os antigos — os do Araça, na Consolação, e o do Brás. Por lá, cavaram-se valas comuns para pessoas enterradas sem caixão e principalmente provenientes da Hospedaria de Imigrantes. Nesse meio tempo, o Serviço Sanitário, que procurava discriminar o registro de mortes por bairro, verificou que a moléstia atacava mais pesadamente os bairros operários.

Cessaram os ruídos da cidade, com todos concentrados nos movimentos fúnebres dos agentes do Serviço Sanitário, os quais, a essas alturas, dominavam totalmente os espaços públicos da cidade, recolhendo corpos, embrulhando-os em lençóis e empilhando-os numa carroça. Logo chegava mais outra carroça do Serviço de Desinfecção, que coletava como lixo alguns pertences dos mortos e borrifava uma substância desinfetante. Por fim, pregavam-se tábuas, lacrando portas e janelas da residência. Era o ritual da morte numa sociedade que não estava, definitivamente, preparada para lidar com ela.

As normas mais gerais, referentes ao funcionamento regular de leitos hospitalares de isolamento e previstas no Código Sanitário, bem como as regras para a instalação e funcionamento de hospitais, foram momentaneamente abandonadas.

Dada a urgência de leitos, a Hospedaria de Imigrantes reservou mil leitos apenas para os atingidos pela gripe. De modo similar, os clubes Paulistano, Germania e Palestra Itália, além do Mosteiro de São Bento, o Ginásio do Carmo, o Liceu Coração de Jesus, o colégio jesuíta São Luiz, os grupos escolares do Ypiranga, da Barra Funda e da Penha, entre outros, foram transformados da noite para o dia em hospitais provisórios de isolamento, com seus funcionários e professores, não atingidos pela doença, e outros grupos de voluntários auxiliando no cuidado dos doentes. Médicos e acadêmicos de Medicina foram também destacados pelo Serviço Sanitário do Estado para dar assistência aos pacientes internados nesses locais provisórios e sem tantos recursos hospitalares.

Enquanto isso, o arcebispo metropolitano de São Paulo determinou que igrejas e confessionários deveriam ser desinfetados diariamente e que a água benta dos templos fosse trocada todos os dias. Como a propaganda é a alma dos negócios, anúncios de desinfetantes (como o Creolisol) foram estrategicamente dispostos ao lado das colunas de jornais que traziam notícias sobre a epidemia. O Serviço de Saúde da 6ª Região determinou a oficiais e praças que adotassem (apenas) a continência, deixando o perigoso aperto de mão para ocasiões mais especiais. Ordenou também que falassem o menos possível, especialmente nas ruas, e que não conversassem sobre a epidemia nem se ocupassem com ela. Dentre a população civil, além das visitas proibidas, beijos e abraços passaram a significar, ao menos naquele contexto, uma imensa falta de educação.

Além do mais, em uma cidade formada por imigrantes, e na qual o afluxo de pessoas havia crescido vertiginosamente, alterando de maneira definitiva a paisagem urbana, o "povo" — que, nesse contexto, era basicamente definido como uma multidão indistinta formada por operários, trabalhadores, biscateiros e criminosos — virou alvo prioritário de atenção, tantos dos políticos e da polícia quanto, nesse contexto, dos médicos. Se durante séculos alguns grupos, como judeus e leprosos, levaram a culpa por catástrofes epidêmicas, no século 20 foi a população pobre que acabou ocupando esse mesmo espaço. Afinal, ainda andavam frescas as lembranças da greve de 1917, que literalmente parou a cidade. Ainda eram recentes, também, os temores despertados pelos imigrantes, sobretudo aqueles da colônia italiana, que alterava costumes, crenças e linguagens em São Paulo.

E italianos imigrantes, bem como os chamados, indiscriminadamente, de pobres, apareciam cada vez mais na imprensa, ilustrando uma situação de penúria, hábitos nada recomendáveis e a pouca educação: "O bairro do Brás, [...] por ser o mais populoso e habitado pelos operários, é o que está mais sujeito a propagação do mal", decretava o orgulhoso *O Estado de S. Paulo*, no dia 17 de outubro de 1918.[9] Já *O Combate*, de 24 de outubro do mesmo ano, sugeria que as instruções médicas do Serviço Sanitário fossem resumidas e escritas em português e italiano, entregues de porta em porta, sobretudo, dizia o repórter, nos bairros do Brás, Mooca, Pari, Belenzinho, Bom Retiro, Bexiga, locais que deveriam ser priorizados na empreitada, junto com os subúrbios de Santana, Penha, Lapa, Pinheiros,

Quarta Parada e adjacências.[10] Visionário, Arthur Neiva (1880-1943), diretor geral do Serviço Sanitário paulista durante a gripe espanhola, afirmou: "O historiador que, no futuro, procurar descrever as principais epidemias que assolaram o Brasil, com muita dificuldade poderá fazer ideia da formidável calamidade que foi a gripe epidêmica".[11] Ele tinha razão.

Para terminar: a morte e seu silêncio, a morte e seu mistério

O mistério que envolve a morte e o sofrimento dessas pessoas causa ainda hoje muita preocupação e curiosidade. É como se o passado voltasse ao presente e cobrasse seu pedágio. No caso do ano de 1918, estava-se ainda muito longe da descoberta da cura da peste que grassara no Brasil e pelo mundo afora, e a insegurança era disfarçada nessas fotos que colocam, em primeiro plano, o protagonismo dos médicos, e deixam a morte apenas como uma sombra possível: imaginável pelos que observam o registro. Também silencia aqueles que sofrem: não há nomes, indicações de moradia ou registros da família da pessoa enlutada.

A incerteza diante da doença representa um tipo de situação que sempre causa comoção e ansiedade, especialmente em sociedades que não costumam lidar bem com a morte e o luto. Ainda mais no contexto do início do século 20, que já levou o nome de "era da ciência",[12] lidava-se muito mais com as possibilidades de alongar a vida do que com a realidade de morrer cedo e em pleno vigor. A Primeira Guerra Mundial e a pandemia da gripe espanhola abalaram, porém, as certezas desse momento, que costumava apostar no controle absoluto da humanidade sob o seu destino. Ademais, podem ter adiado a entrada do século 20, abalando as "certezas" que caracterizavam aquele momento.

No entanto, se essa era uma questão contextual, não se pode dizer que divergia ou era muito diferente do tipo de reação que sempre acompanhou circunstâncias em que a peste reinou soberana. Na verdade, as reações humanas perante surtos como estes, e o medo diante do perecimento imediato e possível, constituíram-se sempre como um fecundo campo de inflexão. Phillippe Ariès (1914-1984), mostrou como até o século 19 predominou no ocidente a aceitação da morte como um elemento indissociável da vida. Mais ainda, o historiador chamou atenção para como, muitas vezes, os rituais da morte tinham e têm a capacidade de reforçar laços de solidariedade e de comunhão entre as pessoas.

Entretanto, quando a morte acontece em momentos de graves crises sociais, como guerras, fome e epidemias, ela se torna ainda mais perturbadora, pois escapam do curso considerado "normal" nas sociedades. Diante da morte coletiva, das perdas que afetam milhares de pessoas e das quebras da rotina, os ritos perdem sentido, e as reações sociais tomam novo rumo. Visões apocalípticas, à procura do milagre, parecem tomar contar do imaginário social, que oscila, então, e com grande rapidez, entre a ciência e a sabedoria popular, ou então gira em torno do obscurantismo e da mera negação. Nessas horas, a perda de referenciais afetivos leva a muita desagregação social e não poucas vezes escancara a falência das instituições, dos recursos e das políticas de saúde.

As epidemias acompanharam a trajetória humana e sempre provocaram muita reflexão, expressa sob a forma de memórias, crônicas, poemas e romances. Geraram imagens também que, mais do que apenas testemunhos, ficaram na história como registros daqueles que padeceram com essas crises da saúde. Restaram como "sentinelas" também, nos termos de Ariella Azoulay[13] — são imagens que não permitem a mera observação curiosa sem o contato direto com a dor, a desesperança alheia. Normalmente tomadas como meros "produtos" de um momento preciso, como registros jornalísticos, essas fotos revelam o outro lado das epidemias (que é o mesmo). O lado subjetivo e humano daqueles que se perderam no turbilhão da peste.

Essas imagens são mais do que registros, são representações de época. Uso o termo "representação", que carrega, com certeza, uma larga tradição e passou pelo escrutínio de uma série de concepções políticas, sociológicas, semióticas e estéticas, antes com o sentido que Mitchell lhe conferiu "de estar em lugar de e atuar por" do que como "coisa fixa e essencial".[14] O conceito permite relacionar texto e imagem; questões éticas, do conhecimento e do poder. Assim, menos do que realizar uma teoria da imagem, vale mais a pena dar "imagem à teoria", no sentido de que ela se comporta como uma instância privilegiada, formadora de representações. Dessa maneira, o conceito de representação é antes entendido aqui como processo e relação, incluindo-se em seu escopo cultura política, sistema de intercâmbios e transferência de valores, imaginários utópicos e realidades pragmáticas.

Assim, se as imagens jamais "refletem", apenas, o real, no caso da fotografia um novo elemento precisa ser destacado: a ingerência dos agentes que não se conformam, muitas vezes, em apenas cumprir com um *script* pré-determinado. Como mostra Eduardo Cadava:

> A relação entre o objeto representado e sua representação, entre referência e imagem, não pressupõe um objeto cujo ser e existência precedam ou permaneçam fora do processo pelo qual ele se torna imagem. Ao contrário, Barthes sugere que a representação fotográfica encena — tornando absolutamente "literal" — o que está no cerne da representação moderna, e isso é justamente pôr em crise uma ordem temporal em que primeiro há um objeto e depois sua representação. O que está diante do aparato fotográfico — um objeto ou assunto que dá lugar a um retrato — não "existe" antes do clique da câmera. Como explica Barthes: "Uma vez que me sinto observado pela lente, tudo muda: eu me constituo no processo de 'posar', instantaneamente faço outro corpo para mim, transformo-me antecipadamente em imagem". Essa transformação "ativa" não é a de quem se oferece

> à câmera, como uma vítima se oferece ao sacrifício, para ser reproduzida, mas a de quem sabe que o que o faz ser o que "é" — e, portanto, o impede de ser meramente "si mesmo" — é a multiplicidade que habita "nele". [...] Diante da lente sou ao mesmo tempo: aquele que penso que sou, aquele que quero que os outros pensem que sou, aquele o fotógrafo pensa que sou e aquele que ele usa para expor sua arte. Em outras palavras, uma ação estranha.[15].

Mas há outra diferença. Como explica Maurício Lissovsky, nesse "momento de espera", na "demora" entre a determinação do fotógrafo e a realização da foto é que se pode revelar a "presença-de-si". Foi talvez nesses segundos de aguardo, nessa "ética do instante", que Monica conseguiu expressar o que lhe vinha à alma e dessa maneira deixou de apenas figurar. Não que a ama tivesse nas suas mãos "a liberdade capaz de fundar uma utopia" que lhe era própria, mas fez bom uso de uma certa "ética do devir do instante".[16]

Diferente da pintura, que, conforme define a historiadora da arte Rosalind Krauss, entrega "tudo de uma vez" uma vez que "a verdade ontológica da pintura" é a "pura simultaneidade" — um "agora perpétuo";[17] com a fotografia algo acontece entre o gesto do profissional e o dedo que clica. Nesse pequeno hiato, nesse instante de hesitação, ocorre uma dobra, uma possível reação.[18]

Gostaria de terminar com outra imagem do mesmo acervo e lote da Fundação Oswaldo Cruz, que igualmente pretende registrar a eficiência da medicina por lá praticada.[19] Não tenho dúvidas acerca da importância da instituição naquela ocasião e nos dias de hoje também. Gostaria apenas de ler a imagem procurando nela indícios dos artifícios da operação fotográfica. Uma mulher negra acompanha, preocupada, as medidas tomadas pelo médico, Arthur Moncorvo Filho (1871-1944), que trata do seu bebê. Muito bem vestida e com as cores do seu xale e de sua saia contrastando com as roupas da equipe médica, ela é retratada observando a situação com preocupação. Seu filho aparece já com os olhos fechados, o que é um indício para a legenda da foto, que destaca que a criança de três meses sofre com um "caso gravíssimo" de "gripe pneumônica": nome que se dava para os contaminados por gripe espanhola. A mãe mantém o olhar fixo e preocupado direcionado para a criança. Uma das enfermeiras trai os artifícios da cena, observando o fotógrafo que registra a atividade médica. O mesmo faz o doutor Arthur Moncorvo, que claramente posa para a fotografia. Além deles, porém, outra figura — fora do contexto — se destaca: um rapaz mais jovem, de cabelos lisos, sem uniforme médico e chapéu, que observa diretamente o fotógrafo. Seria essa uma aula? Ou uma cena parada no tempo, especialmente realizada para constar como exemplo da atuação dos sanitaristas? O ambiente imaculadamente limpo e higienizado procura neutralizar a tristeza da cena, com uma criança, muito pequena, no meio da maca, que parece imensa para seu corpo franzino, ganhando a centralidade da imagem.

Nenhum arquivo é neutro ou passivo nos elementos que resolve guardar ou que seleciona esquecer. E, nesse caso, é evidente como o arquivo médico pretendeu fazer dessa morte um caso exemplar, no tratamento que da foto se intui. Diz o antropólogo Didier Fassin que, exposto a determinadas situações, "o corpo lembra", ou seja, reage diante de ocasiões que lhes recordam o trauma, a violência e, no caso dessa mãe, a futura separação de seu filho.[20] Pois bem, essa e outras fotos aqui mencionadas compõem não só um registro da morte, como também da vida que ainda resiste. É certo que não temos mais seus nomes ou identidades próprias, mas podemos restituir um pouco de suas humanidades e subjetividades por meio de suas técnicas corporais que compõem gramáticas tão legíveis como aquelas escritas.[21]

Toda descrição é, como explica Michael Baxandall (1933-2008), uma forma de interpretação.[22] Não se desconhece, portanto, com a condução desse artigo, a caracterização das imagens, que trazem consigo uma maneira de ver e ler os documentos visuais. No entanto, o que pretendi mostrar foi a existência de um certo "padrão de intenção",[23] com as imagens antecipando maneiras de ver e de incluir os corpos doentes que se transformam em "pacientes", no sentido técnico e médico, mas também pacientes no sentido de "paciência".

"Pacientes" se transformam no grande *otherness*, no termo inglês que melhor traduz a distância e a diferença que carregam.[24] Uma efetiva política visual de representação: uma retórica de imagens.[25] Segundo Natália Brizuela, "nós fotografamos as coisas a fim de expulsá-las de nossas mentes".[26] Nos termos de Walter Benjamin (1892-1940):

> A técnica mais exata pode dar às suas criações um valor mágico que um quadro nunca mais terá para nós. Apesar de toda a perícia do fotógrafo e de tudo o que existe de planejado em seu comportamento, o observador sente a necessidade irresistível de procurar nessa imagem a pequena centelha do acaso, do aqui e do agora, com a qual a realidade chamuscou a imagem, de procurar o lugar imperceptível em que o futuro se aninha ainda hoje em minutos únicos, há muito extintos, e com tanta eloquência que podemos descobri-lo, olhando para trás.[27]

Cada fotografia carrega, assim, seu mistério daquele que busca uma "pequena chance" para se mostrar. Faz mais, carrega numa síntese uma história complexa da produção e da reprodução, que acaba por conectá-las com outros tempos e lugares.[28]

Ao mesmo tempo que a fotografia tem a possibilidade de "arrancar" um pedaço de realidade — essa centelha de contingência, nos termos de Benjamin —, ela também faculta "capturar" subjetividades por vezes imperceptíveis no tempo da realização da foto. Muitas vezes subjetividades insurgentes que contam uma outra história fora do modelo médico e científico. Se o estúdio e o contexto codificam normas e percepções, o momento do *punctum* se apresenta como um instante não classificável, que irrompe da imagem fotográfica como se fosse uma paixão, uma picada, um pequeno ponto ou corte. É ele que revela uma espécie de inconsciente óptico da fotografia, aqueles desejos e medos que ativam a imagem, criando vínculos apenas latentes entre o fotógrafo e seu modelo, entre o espectador e a fotografia.

LILIA MORITZ SCHWARCZ (São Paulo, 1957), curadora convidada, MASP

1 *O Paiz,* ano 35, n. 12.432, 1918. Disponível em http://memoria.bn.br/pdf/178691/per178691_1918_12432.pdf. Acesso em 18.2.2022.

2 *A Noite,* ano 8, n. 2.454, 1918. Disponível em http://memoria.bn.br/pdf/348970/per348970_1918_02454.pdf. Acesso em 3.2.2022.

3 *Gazeta de Notícias,* ano 43, n. 286, 1918. Acervo: Fundação Biblioteca Nacional. Disponível em http://memoria.bn.br/docreader/DocReader.aspx?bib=103730_04&pagfis=45330. Acesso em 3.2.2022.

4 *A Noite,* ano 8, n. 2.483, 1918. Disponível em: http://memoria.bn.br/pdf/348970/per348970_1918_02483.pdf. Acesso em 18.02.2022.

5 *Revista Careta,* n. 540, 1918. Acervo Fundação Biblioteca Nacional.

6 Na foto procura-se fazer passar a ordem e organização então reinante, a despeito da peste. Mas o que chama mesmo atenção é uma divisão intrínseca: no lado direito da foto são todas pessoas brancas; já no lado esquerdo, todas negras. Ver "Distribuição de víveres pelas Damas da Cruz Vermelha Brasileira durante a Gripe Hespanhola em São Paulo". *A Vida Moderna,* nov. 1918. Acervo Fundação Biblioteca Nacional.

7 Ver "Hospital do Club Athletico Paulistano montado em 1918". *Acervo do Club Atlético Paulistano.* A foto selecionada é vazia de vida e de gente. Apenas enfermeiras ao fundo dão validade à cena.

8 "Cenas da Gripe Hespanhola em São Paulo". *A Vida Moderna,* n. 347, 1918. Acervo Fundação Biblioteca Nacional.

9 *O Estado de S. Paulo,* ano 44, n. 14.538, 1918. Disponível em https://acervo.estadao.com.br/pagina/#!/19181018-14538-nac-0002-999-2-not. Acesso em 18.2.2022.

10 *O Combate,* ano 4, 1.035, 1918. Disponível em http://memoria.bn.br/DocReader/docreader.aspx?bib=830453&pesq=&pagfis=1524. Acesso em 18.2.2022.

11 Arthur Neiva, *Boletim do Museu Nacional.* Rio de Janeiro, 1918, p. 97.

12 Eric Hobsbawn, *Era dos extremos: o breve século XX: 1914-1991.* São Paulo: Companhia das Letras, 1995; Nicolau Sevcenko, *Literatura como missão.* São Paulo: Companhia das Letras, 2003.

13 Ariella Azoulay. op. cit.

14 William John Thomas Mitchell, "Teoria de la imagen". Madri: Akai, 2009, p. 11.

15 Eduardo Cadava e Paola Cortés-Rocca, "Notes on Love and Photography". Acesso em 21.3.2022.

16 Maurício Lissovsky, "A máquina de esperar". Disponível em https://www.ateliedaimagem.com.br/wp-content/uploads/2016/08/54.pdf. Acesso em 3.2.2022.

17 Ver Rosalind Krauss, *The Optical Unconscious.* Cambridge: MIT Press, 1996, p. 213.

18 Maurício Lissovsky, "A fotografia e seus duplos: um

quadro na parede". *História, Ciências, Saúde Manguinhos*. Rio de Janeiro, nov. 2013.

19 Fotografia do doutor Arthur Moncorvo Filho consultando um bebê durante surto de gripe espanhola. Rio de Janeiro, 1918. Acervo Fundação Oswaldo Cruz, (cód.: BR RJCOC MF-GI-IP-15-36). No verso da foto há a inscrição: "O Dr. Moncorvo Filho examinando um caso gravíssimo de gripe pneumônica; numa criança de 3 meses".

20 Didier Fassin. *Enforcing Order: An Ethnography of Urban Policing*. Nova York: John Wiley & Sons, 2013.

21 Marcel Mauss, "As técnicas corporais". In: *Ensaio sobre a dádiva*. São Paulo: Cosac & Naify, 2013.

22 Michael *ibid Padrões de intenção. A explicação histórica dos quadros*. São Paulo: Companhia das Letras, 2006.

23 Para "padrões de intenção", ver ibid. Para a importância de analisar aquele que encomenda a foto ver Carlo Ginzburg, *Discurso de Piero*. São Paulo: Martins Fontes, 1997.

24 Michael Taussig, *Mimesis and Alterity. A Particular History of the Senses*. Nova York: Routledge, 1993.

25 Ver Stuart Hall, "The Spectacle of the Other". In: Stuart Hall (org.), *Representation: Cultural Representations and Signifying Practices*. Londres: Sage/The Open University, 1997, pp. 223-79.

26 Natália Brizuela, *Fotografia e império*. São Paulo: Companhia das Letras/Instituto Moreira Salles, 2012.

27 Walter Benjamin, "Pequena história da fotografia". In: *Magia e técnica, arte e política: ensaios sobre literatura e história da cultura*. Trad. Sergio P. Rouanet. São Paulo: Brasiliense, 1994.

28 Roland Barthes, "The Photographic Message". In: *Image, Music, Text*. Nova York: Hill and Wang, 1977, p. 26.

Questão da antologia *Histórias brasileiras*

ADRIANO PEDROSA

No contexto de nossas *Histórias brasileiras*, por ocasião do bicentenário da independência brasileira, e numa perspectiva da história da cultura visual, da visualidade brasileira (para além ou aquém da história mais restrita da própria arte) e tomando uma perspectiva anacrônica (para além ou aquém de 1822), gostaríamos de lhe pedir para selecionar uma imagem que seja particular ou agudamente emblemática ou reveladora de um certo momento ou processo, encontro ou desencontro, ponto de inflexão ou divisor de águas, dessas histórias — do período pré-colonial ao contemporâneo. Tal imagem pode ser uma pintura, uma fotografia, um desenho, uma gravura, uma escultura, um objeto, um documento, um vídeo, uma performance ou qualquer outra manifestação visual. Entretanto, a escolha não deve ser um texto (a menos que seja uma poesia concreta ou um documento ilustrado), narrativa ou áudio. Por favor, escreva um breve texto sobre essa imagem, interpretando-a, lendo-a, analisando-a, justificando sua escolha e desenvolvendo um argumento sobre ela.

VIAJOU SEM PASSAPORTE

***Viajou Sem Passaporte no ato de devolução da escultura de Flávio de Carvalho para a cidade de São Paulo*, 1979**

Fotografia
Acervo LS Raghy

ANDRÉ MESQUITA

[img. 9] A fotografia mostra o grupo de intervenções urbanas Viajou Sem Passaporte (VSP) deitado no vão livre do MASP, em junho de 1979. Ainda que parcialmente, a imagem também revela, ao lado do grupo, a obra criada por Flávio de Carvalho (1899-1973) em homenagem ao poeta antifascista Federico García Lorca (1898-1936). Esse registro reverbera alguns acontecimentos sobre a memória cultural brasileira e suas histórias obscuras, ainda contadas em pequenos fragmentos e lembranças pessoais.

Formado em 1978 por estudantes dos cursos da Escola de Comunicações e Artes da Universidade de São Paulo (USP) — Beatriz Caldano, Carlos Alberto Gordon, Celso Seabra Santiago, Fernanda Pompeu, Luiz Sergio Ragnole Silva (Raghy), Márcia Meirelles, Marilda Carvalho, Marli de Souza (Tula) e Roberto Melo (Beto) —, o VSP foi parte importante da cena ativa de coletivos independentes surgidos em São Paulo no fim dos anos 1970, durante a abertura política no Brasil, como 3NÓS3, Manga Rosa, GEXTU, Ateliê Mãe Janaína, Centro de Livre Expressão (Clé) e D'Magrela.[1] Influenciado pelo surrealismo, o VSP acreditava na transformação revolucionária pela arte; seus integrantes foram militantes da Liberdade e Luta (Libelu) — tendência do movimento estudantil ligada ao trotskismo. Entre a arte fora das amarras convencionais e a política dos movimentos de esquerda, o VSP executava intervenções criativas nas ruas, que visavam alterar ou romper com a normalidade da vida cotidiana, provocando situações inusitadas.

Como sugere a imagem, o VSP repetiu no vão do museu a ação de "morrer" diante do público — como o grupo costumava fazer em suas intervenções nos teatros. Durante uma peça intitulada *A vaca surrealista* (1979),[2] os integrantes do VSP subiram ao palco do teatro e caíram sobre ele na metade da apresentação, instaurando uma situação de crise dentro do espetáculo. Para além de roteiros definidos e papéis estabelecidos, a queda do VSP em um palco de teatro, ou no vão do museu, interpela os usos e as estratégias de ocupação desses espaços, assim como os limites da arte.

O VSP não estava à toa naquele dia deitado no vão. O grupo participava de um evento que devolveu à cidade de São Paulo o *Monumento a Federico García Lorca*. Flávio de Carvalho havia criado o monumento com o apoio da comunidade espanhola exilada no país. Instalada na praça das Guianas em outubro de 1968, a obra foi destruída em julho de 1969 por uma explosão atribuída ao Comando de Caça aos Comunistas, grupo paramilitar de extrema-direita, durante a vigência do Ato Institucional n. 5. Panfletos deixados no local informavam que a ação fora um ato de destruição do monumento a um escritor "comunista e homossexual". Os pedaços da obra foram retirados da praça e a escultura foi parcialmente restaurada por Carvalho em 1971 e colocada do lado de fora do prédio da Bienal, onde ficou por dois dias. Acabou sendo levada para um depósito da prefeitura em Cotia. Sua história permaneceu ignorada até o final dos anos 1970.

Um grupo de estudantes da USP — entre os quais integrantes da revista *Cine Olho* (1976-1979) e alunos da Faculdade de Arquitetura e Urbanismo — soube do paradeiro da escultura. Eles criaram um minucioso plano para entrar no depósito usando documentos falsos e "roubar" a obra de Carvalho. A escultura foi restaurada coletivamente pelos estudantes, que, após uma assembleia, decidiram instalá-la no vão do MASP. Fixado no vão, o monumento a Lorca foi recebido com ares de reinauguração durante a programação do Domingo Feliz, quando a prefeitura fechava a avenida Paulista para a realização de atividades culturais e esportivas abertas ao público.[3]

A reação do diretor Pietro Maria Bardi (1900-1999) à entrega da escultura foi dura:

> Isso para mim é um ato de pirataria, vão até a sua casa e sem lhe avisar colocam algo em seu jardim. Essas pessoas chumbaram um monumento sobre o teto dos anfiteatros, o que pode afetar a impermeabilização. Interferiram na criação da arquitetura. E sem avisar ninguém. Não se pode ir à casa de alguém e de improviso fazer um ato desses.[4]

Após a instalação no vão, a escultura voltou para a praça que era o seu local de origem. Bardi achava que "aquela coisa torta" não representava a obra de Lorca. Para ele, o monumento era apenas fruto de uma "brincadeira" armada por Flávio de Carvalho. A escultura em memória a um poeta antiautoritário e as ações de um grupo trotskista-surrealista desestabilizaram a normalidade institucional. Como provocação ativa ao museu, o VSP também reagiu à presença de Bardi no MASP naquela época, deixando no vão outro elemento disruptivo — um balde cheio de cimento com a mensagem: "Quem deixou este Bardi aqui?".[5]

ANDRÉ MESQUITA, curador, MASP

1 Ver Mario Ramiro, "Grupo 3NÓS3. The Outside Expands". *Parachute*, n. 116 (ed. Chantal Pontbriand), 2004, pp. 41-53; Red Conceptualismos del Sur, *Perder la forma humana: una imagen sísmica de los años ochenta en América Latina*. Madri: Museo Nacional Centro de Arte Reina Sofía, 2012; André Mesquita. "Ruídos no concreto: ativismo artístico em São Paulo". In: Renato Rezende (org.). *Arte Contemporânea Brasileira (2000-2020). Agentes, redes, ativações, rupturas*. Rio de Janeiro: Circuito, 2021, pp. 173-199.

2 *A vaca surrealista* é uma peça escrita por Jair Antônio Alves. Sobre a intervenção do VSP, Raghy comenta: "Fomos atraídos pelo próprio nome, mas a peça não tem nada a ver com surrealismo. [...] a gente combinou que depois de meia hora de peça a gente ia cair no palco. Mas, não previamos nada do que aconteceria depois. Achávamos que ia acabar a peça ali mesmo. [...] O que aconteceu foi muito engraçado, porque a gente caiu, houve tumulto, acenderam as luzes do teatro". "Viajou Sem Passaporte". In: Otília Arantes, Celso Favaretto, Iná Costa e Walter Addeo (orgs.). "Independentes". *Arte em Revista*, n. 8, ano 6. São Paulo, out. 1984, p. 118. O roteiro de *A vaca surrealista* encontra-se disponível em: http://www.bdteatro.ufu.br/bitstream/123456789/502/1/TT00624.pdf. Acesso em 28.4.2022.

3 Sobre a história do roubo da escultura, ver Cadão Volpato, "Nós que nem roubávamos tanto". *Piauí*, n. 6, mar. 2007. Disponível em https://piaui.folha.uol.com.br/materia/nos-que-nem-roubavamos-tanto. Acesso em 24.2.2022.

4 "P.M. Bardi odeia 'essa coisa torta'". *Folha de S. Paulo*, 26 jun. 1979, p. 29.

5 A história da intervenção com o balde no vão do MASP foi contada por Beto Melo, integrante do Viajou Sem Passaporte, à pesquisadora Erin Aldana. Ver Erin Denise Aldana, "Interventions into Urban and Art Historical Spaces: the Work of the Artist Group 3Nós3 in Context, 1979-1982", tese de doutorado, Austin: University of Texas at Austin, 2008.

Solenidade da cumieira na criação do projeto de educação pluri-cultural "Mini-Comunidade Oba Biyi", por iniciativa do Mestre Didi, no Axé Opô Afonjá, 1976

Fotografia
Acervo Mestre Didi, cortesia Inaicyra Falcão dos Santos

AYRSON HERÁCLITO

[img. 36] A fotografia registra a "Solenidade da cumeeira" no momento da construção da sede do projeto de educação pluri-cultural Mini-Comunidade Oba Biyi. Uma iniciativa do Mestre Didi (1917-2013), desenvolvida pela Sociedade de Estudo da Cultura Negra no Brasil e apoiada pelo Conselho Religioso do terreiro Ilê Axé Opô Afonjá, em 1976. Na imagem vemos a consagração espiritual do telhado da casa, que constitui uma etapa importante no ritual de implantação dos fundamentos sagrados para a fundação de uma "Casa de axé ou Ilê", dentro da tradição do Candomblé de nação Ketu/Nagô. O nome desse espaço dentro da "roça" homenageia a fundadora da comunidade-terreiro Eugênia Ana dos Santos (1869-1938), que tinha como dijina — nome sacerdotal — Obá Biyi, famosa Ialorixá (mãe de santo) do Mestre Didi. Essa importante iniciativa inaugura um dos primeiros projetos pedagógicos voltados para crianças, que pensa o ensino em uma perspectiva de São europeia no Brasil. Bem antes do debate das teorias críticas sobre a colonialidade.

O Mestre Didi ocupa uma centralidade na produção de novas metodologias e na criação de um material didático infanto-juvenil específico. Assim como propõe uma prática não hierárquica, distinta da relação tradicional entre professor e aluno, ressaltando as trocas dinâmicas do aprender e do ensinar e realizando, assim, a ideia iorubana de Èkó: um conceito integral de educação baseado na recepção por todos os sentidos perceptíveis do ser. Para isso, o projeto constrói um vasto repertório de histórias sobre a cultura africana na Bahia e registros de antigos Ìtan — contos sagrados da tradição nagô. Esse conteúdo será transformado em autos coreográficos, textos teatrais a serem representados, dramatizados e compartilhados com a comunidade do bairro de São Gonçalo do Retiro e redondezas, em Salvador.

Nesta primeira escola, distante dos projetos pedagógicos oficiais, a utilização de palavras e expressões na língua iorubá será recorrente, assim como a crença da ancestralidade, que mudará radicalmente a percepção de tempo e espaço; a relevância do ouvir que reforça a transmissão da memória pela oralidade; a valorização e preservação da natureza como força vital para a existência do educar o corpo e suas percepções; a compreensão de um regime de visibilidade apoiado nos conceitos e sentidos estéticos afro-brasileiros. Essa experiência precisa ser sempre registrada e nunca esquecida, devendo funcionar como um farol, uma referência histórica revolucionária de uma educação seminal afro-brasileira, para que possamos construir, pela educação, um país mais humano e plural.

Voltando à foto, vê-se o Mestre Didi no auto da cumeeira, a Ialorixá Mãe Stella de Oxóssi (1925-2018), o artista Carybé (1911-1997), Juana Elbein dos Santos e a comunidade do terreiro.

AYRSON HERÁCLITO é Ogã do Jeje Mahi, professor da Universidade Federal do Recôncavo da Bahia, artista visual e curador. Doutor em comunicação e semiótica pela Pontifícia Universidade Católica São Paulo e mestre em artes visuais pela Uinversidade Federal da Bahia, suas obras artísticas lidam com elementos da cultura afro-brasileira e da diáspora africana na América. Participou da Trienal de Luanda (2010), Bienal de fotografia de Bamako (2015) e da 57ª Bienal de Veneza (2017).

KICO SANTOS

Ocupação do pico do Jaraguá pelos Guarani Mbya por conta da revogação da declaração de posse da terra, 2017

Fotografia
Kico Santos/Cinema de Rua

BEATRIZ LEMOS

[img. 19] Em setembro de 2017, a tomada das torres que abrigam antenas de transmissão de empresas de telefonia, rádio e televisão se configurou como uma das ações mais emblemáticas do ativismo indígena nos últimos anos. Foram 24 horas de acampamento, tempo suficiente para o alarde da mídia e da opinião pública por conta da ameaça de desligamento de todo o sistema de telecomunicações do maior centro econômico do país. Quando ocuparam as torres de comunicação do pico do Jaraguá, o ponto mais alto da cidade de São Paulo, em um protesto contra a anulação da demarcação da Terra Indígena Jaraguá, os Guarani Mbya instauraram um gesto disruptivo.

Composta de quatro aldeias guarani e localizada dentro do parque estadual do Jaraguá, nos municípios de São Paulo e Osasco, a Terra Indigena Jaraguá é um direito originário, acima da legislação que criou a unidade de preservação do parque. A conquista simbólica do território, na forma de uma grande bandeira guarani que envolveu o topo do pico, contou com cerca de 100 indígenas. As frases "O Jaraguá é Guarani" e "SP Terra Indígena", que já vinham sendo disseminadas por meio de ações ativistas e artísticas antes do ato, começaram a tomar grandes proporções e se tornaram importantes sentenças de luta pela demarcação em todo o país, impulsionando para o embate, em especial, a juventude do movimento indígena e firmando repertórios para uma nova geração de artistas indígenas sob a óptica da contemporaneidade.

A tomada das torres do Jaraguá se presentifica atemporalmente a partir da falência da manutenção de um projeto de nação justificado pelos interesses de pactos coloniais nitidamente reelaborados, ao longo dos séculos, pelas elites brasileiras e estrangeiras. Essa cumplicidade colonial persiste por todo território denominado América Latina, cujos processos de independência não à toa se assemelham. Contudo, é latente a constatação de que as rotas de fuga e a desobediência aos dispositivos de controle e de morte sempre existiram entre nós.

Grande parte das conquistas da luta indígena na perspectiva da retomada ancestral tem a ver com as reivindicações que tocam em questões muito caras aos não indígenas. No caso do Jaraguá, o impedimento do acesso à comunicação, a interdição do uso exploratório da terra e da especulação imobiliária. Também é possível citar as reivindicações históricas que compõem a medula do processo de invenção da nação Brasil, como no caso de movimentos artísticos e sociais. O modernismo, por exemplo, engendrou sua narrativa basilar através de um discurso nacionalista e esquivo ao legado colonial, envolto pela escusa da antropofagia, à custa de processos de apropriação e apagamento das culturas tradicionais e indígenas.

É conhecida a impossibilidade de pensar a arte indígena fora de seu contexto, distante de argumentos intrinsecamente fundantes das pautas políticas que representam um povo, uma população, uma sociedade. O ser indígena não se reconhece no indivíduo. É por si só entendido enquanto grupo. Os aldeados se configuram no mundo a partir de uma noção comunitária, em vários sentidos compartilhada pelos indígenas oriundos de contextos urbanos em sua busca de pertencimento e acolhida. Assim, a experiência de viver em ambientes protegidos pelo coletivo possibilita um campo de cocriação de modos de vida, e essa liberação do indivíduo como condicionante de criação de sistemas-mundo contribui para a compreensão da identidade indígena.

Se fosse possível contar uma história do pensamento indígena recente através de imagens, seguramente teríamos um grande inventário visual, composto de fotografias, trechos de vídeos e matérias de jornais, além dos relatos imaginários que são gerados por atos. São ações que rompem, seja por irradiar episódios de luta ou força, seja por manifestar uma linguagem visual indígena que comprova campos semânticos diversos e múltiplos, evidenciando outras maneiras de se relacionar com a imagem, o movimento e o gesto, pois o corpo preparado para a ação é uma das heranças herdadas da terra.

BEATRIZ LEMOS é mestra em história social da cultura pela Pontifícia Universidade Católica do Rio de Janeiro, pesquisadora e curadora adjunta no Museu de Arte Moderna do Rio de Janeiro.

PIERRE VERGER

D. Maria Bibiana do Espírito Santo, mãe do terreiro Axé Opô Afonjá, 1950

Fotografia analógica preto e branco, ampliação sobre papel, 40 × 40 cm
Museu de Arte de São Paulo Assis Chateaubriand, doação, Pirelli, 1992
MASP.01799

BERNARDO MOSQUEIRA

[img. 5]

Antes de pronunciar-me junto a essa imagem, peço licença aos meus mais velhos e mais novos. Peço a bênção a Olodumaré, aos Egunguns de minha casa e aos orixás — sobretudo a Xangô, o rei da justiça, verdade e ancestralidade. Este texto é também sobre sua inteligência que estrutura o tempo como um tronco forte e corta o tempo como um machado.

Nascida em 1890, Maria Bibiana do Espírito Santo (1890-1967), Mãe Senhora foi iniciada ainda criança pela visionária Ialorixá Eugênia Ana dos Santos (1869-1938), Mãe Aninha, Obá Biyi, fundadora do terreiro Ilê Axé Opô Afonjá. Mãe Aninha, por sua vez, havia sido iniciada nos ritos de Ketu pela bisavó biológica de Mãe Senhora, Marcelina da Silva, Obá Tossi, que nascera na costa da Mina em meados do século 19 e fora trazida sequestrada ao Brasil na condição de escravizada. Em 1847, Obá Tossi acompanhou Francisca da Silva, Iyanassô, à cidade de Ketu, no atual Benin, onde viveriam por sete anos. De volta à Bahia, Iyanassô participou da fundação do Candomblé da Barroquinha, tornando-se a primeira Ialorixá da primeira casa de Candomblé Ketu no Brasil, de onde surgiriam o Terreiro do Gantois e o Ilê Axé Opô Afonjá.

Em conversa com Gilberto Gil, Vovó Ceci conta que foi Xangô quem colocou Pierre Verger (1902-1996) no caminho de Jorge Amado (1912-2001) e Carybé (1911-1997) para que esses o levassem ao Opô Afonjá em 1948 para conhecer sua mãe de santo, Oxum Muiwá.[1] Descendente dessa linhagem familiar e espiritual de grandes mulheres líderes, Mãe Senhora não se deixava impressionar facilmente. Mãe Stella, que em sequência à Mãe Bada sucedeu Senhora no comando do Afonjá, dizia que Senhora era "meio arredia",[2] mas que, pouco tempo depois de conhecer Pierre Verger, já viviam uma verdadeira amizade marcada por suas longas conversas.

Verger contava que Mãe Senhora mostrou-se interessada quando ele revelou à Ialorixá que passaria um ano no continente africano, peregrinando pelos lugares sagrados dos cultos dos orixás.[3] Antes que Verger partisse, Oxum Muiwá (Maria Bibiana) começou o processo de iniciação espiritual do fotógrafo, ao mesmo tempo dando-lhe a proteção de Xangô e tornando-o seu filho de santo, parte integrante do Afonjá. Ainda antes da viagem, Senhora posou para que Verger realizasse uma série de retratos, o mais icônico sendo aquele em que Mãe Senhora está sentada em uma larga cadeira de vime sobre um chão de terra batida. Do retrato desta rainha de Oxum transborda a força matriarcal que estrutura e dá sentido do Candomblé Ketu no Brasil. Uma série de minúcias denotam autoridade à Oxum Muiwá nesta fotografia, mas um detalhe me parece especialmente significativo: o ângulo da imagem revela Verger numa posição mais baixa em relação à Senhora, como se agachado ou sentado no chão. Um sinal importante de reverência no Candomblé.

Já na Nigéria, o fotógrafo destinou-se ao encontro do Alafim de Oió, o rei dos iorubás, que ocupava o posto que um dia fora do próprio Xangô. Para surpresa geral, Verger prosternou-se diante do orixá do fogo e bradou sua saudação corretamente. Exibindo seus fios de contas vermelhas e brancas, Verger impressionou o Alafim ao revelar que Xangô era muito cultuado no Brasil. Oferecendo-lhe o retrato de Mãe Senhora, o fotógrafo contou que sua soberana era descendente direta de uma Iyanassô nascida em solo africano. "Iyanassô" não é um nome próprio, mas um altíssimo cargo sacerdotal feminino na corte do Alafim ligado ao culto de Xangô. Diante daquela imagem, o rei pediu que Verger fotografasse a atual Iyanassô em Oió para mostrar a Mãe Senhora. Em retorno, Verger pediu ao Alafim que enviasse algo para fortalecer o axé do culto de Xangô na Bahia, e o rei entregou-lhe uma pedra de raio e um xere[4] originários do templo real, acompanhadas de uma carta na qual ele se referia à Oxum Muiwá como "Senhora Iyanassô do Brasil". De volta ao Afonjá, Verger recebeu de Xangô o título de Ojuobá (o olho do rei) e o raro direito de agitar o xere em certos rituais sagrados.[5] A partir de então esse canal de comunicação e troca direta entre Oyó e a Bahia só se fortaleceria — e o impacto disso para a cultura brasileira é imensurável.

Eu encontro este retrato de Mãe Senhora numa parede do Ilê Axé Opô Aganju, em Lauro de Freitas, Bahia, ao lado do retrato de meu pai, o babalorixá Balbino de Xangô, Obarayi, iniciado por Mãe Senhora em 1959 como seu primeiro filho de santo homem. Grande autoridade no Candomblé, Obarayi foi o responsável pelo jogo de Ifá em que Mãe Ana de Xangô foi apontada como sucessora de Mãe Stella à frente do Afonjá. Muito próximo a meu pai no processo de fundação do Opô Aganju, em 1972, e em grande parte de sua vida, Verger se tornaria Mogbá de Xangô[6] nessa casa e receberia no local um memorial após seu falecimento. No mês de janeiro, quando acontecem as festas do culto aos Egunguns no Opô Aganju, por vezes o ancestral Baba Fatumbi vem encontrar sua família, mas essa já seria outra das *histórias brasileiras.*

BERNARDO MOSQUEIRA é curador, pesquisador e escritor, mestre em estudos curatoriais pelo Center for Curatorial Studies — Bard College. Fundador e diretor artístico do Solar dos Abacaxis, Rio de Janeiro, é ISLAA Curatorial Fellow no New Museum de Nova York e diretor do Prêmio Foco ArtRio. Curou, entre outras exposições, *Daniel Lie: Unnamed Entities* (2022), *Castiel Vitorino Brasileiro: eclipse* (2021), *Para habitar liberdades* (2020) e *Enchanted Bodies/Fetish for Freedom* (2018).

1 Lula Buarque de Hollanda (dir.), *Pierre Fatumbi Verger, Mensageiro entre dois mundos*. 82'. 1998.

2 Ibid.

3 Pierre Verger, *Pierre Verger: 50 anos de fotografia: 1932-1982*. Salvador, Bahia: Fundação Pierre Verger, p. 276.

4 O xere é uma espécie de chocalho utilizado para invocar Xangô.

5 Pierre Verger e Roger Bastide, *Diálogo entre filhos de Xangô: correspondência 1947-1974*. São Paulo: Edusp, 2017, pp. 275, 280-81.

6 O Mogbá é um cargo masculino no culto de Xangô.

WILSON MENDONÇA TIBÉRIO

Bahia, 1946

Óleo sobre tela, 70 × 49 cm
Pinacoteca Aldo Locatelli, Porto Alegre

BRUNO PINHEIRO

[img. 25] Quando começou a trabalhar como ilustrador na imprensa carioca em 1940, o pintor afro-gaúcho Wilson Tibério (*circa* 1920-2005) já revelava o estilo ágil presente na tela *Bahia* (1946). Na indústria gráfica, Tibério foi celebrado como um habilidoso flagrantista do Rio de Janeiro. Munido de seu caderno de desenhos, o então estudante da Escola Nacional de Belas Artes (atual Escola de Belas Artes da Universidade Federal do Rio de Janeiro), tornava as ruas seu espaço de trabalho, onde desenvolveu um estilo de desenho ao mesmo tempo rápido e preciso, que posteriormente migrou para a pintura.

Apesar de não termos qualquer informação sobre a modelo que posou para Tibério em *Bahia*, a forma cuidadosa como o pintor retrata aquela mulher negra e seus dois filhos revela detalhes de um ambiente afetuoso. A tela foi apresentada pela primeira vez em dezembro de 1946 na exposição *Motivos rituais afro-brasileiros*, realizada por Tibério no Ministério da Educação, no Rio de Janeiro. Todas as 127 obras da mostra — entre óleos, desenhos e aquarelas — foram produzidas por ele durante uma viagem a Salvador. Diante desse dado, a palavra "Bahia" escrita em vermelho no canto inferior direito da tela assume um sentido ambíguo. Ela se referia naquele momento ao título da obra ou a uma marcação geográfica do local onde foi realizada? Independente da resposta, a justaposição entre palavra e imagem nos indica um detalhe de como os contextos de produção e exibição da obra são significativos para os sentidos produzidos por ela.

A mostra em que estava presente a obra foi dedicada a dois abolicionistas negros: o jornalista brasileiro José do Patrocínio (1853-1905) e o estadunidense George Washington Carver (*circa* 1860-1943), polímata que nasceu na escravidão e viveu a abolição em seu país, tornando-se anos depois um eminente educador, agrônomo e praticante da pintura botânica. Esse detalhe na exposição é um indício do aprofundamento da luta antirracista de Tibério, que já se revelava nos primeiros depoimentos à imprensa, seis anos antes. Em 1944, o pintor esteve presente na primeira reunião do Teatro Experimental do Negro (TEN). A partir desse encontro, Tibério acompanhou o dramaturgo, ator, fundador do TEN e ativista negro Abdias Nascimento (1914-2011) durante os diálogos com partidos políticos na busca por alianças pela luta contra o racismo. Durante a exposição de 1946, o pintor oficializou sua filiação ao Partido Comunista Brasileiro (PCB). A aproximação já ocorria há meses, dada a presença do pintor como signatário de uma carta em defesa à legitimidade da presença do partido na Assembléia Nacional Constituinte daquele ano.

Na mesma Constituinte, foi defendida a inclusão da indistinção de raça e cor ao princípio de igualdade. Proposta capitaneada pelo TEN e pelo Diretório Negro do Partido Trabalhista Brasileiro, sem sucesso no Congresso. Na mesma tribuna foi aprovada a lei de liberdade religiosa, articulada entre as comunidades afro-religiosas na Bahia e defendida pelo constituinte Jorge Amado (1912-2001) do PCB, conquista que foi soterrada por décadas com o desenvolvimento de mecanismos de estado que negavam o estatuto de religião àquelas de matriz africana. Tibério deixou o Brasil no ano seguinte, indo viver em diferentes países do continente africano e em Paris, onde integrou o grupo de artistas do movimento da negritude. Contudo, antes de partir, preparou uma série de obras em que retrata as quituteiras que trabalhavam nas ruas do Rio de Janeiro — projeto que o levou a um breve debate público sobre a perseguição que aquelas mulheres negras sofriam pelo Estado a partir de políticas higienistas. Desse modo, Tibério produz narrativas em que as redes de afeto e reconhecimento servem de substrato para o extenso lastro de lutas e resistência negra brasileira. Prática que, diante das narrativas enredadas pelo encontro do jovem pintor com aquela mulher anônima e seus dois filhos, ganha densidade histórica.

BRUNO PINHEIRO é mestre em estética e história da arte pelo Museu de Arte Contemporânea da Universidade de São Paulo e doutorando em história pela Universidade Estadual de Campinas, onde realiza pesquisa sobre a profissionalização de pintores e escultores modernistas negros. Foi pesquisador visitante no Institute of Fine Arts da New York University. Tem experiência de pesquisa e ensino em temas relacionados a modernismos brasileiros, cultura visual e relações raciais.

ROBERTO STUCKERT FILHO

Presidenta Dilma, presidente Obama e a primeira--dama Michelle Obama, em frente ao quadro* Abaporu, *de Tarsila do Amaral, durante visita à exposição* Mulheres, artistas e brasileiras *no palácio do Planalto, Brasília, 2011

Fotografia
Cortesia Biblioteca Presidência da República

CLARISSA DINIZ

[img. 20] Em março de 2011, a recém-eleita presidente Dilma Rousseff trouxe ao Brasil o *Abaporu* (1928), pertencente ao Museo de Arte Latinoamericano de Buenos Aires desde 1995. A emblemática obra de Tarsila do Amaral (1886-1973) integrou a mostra *Mulheres, artistas e brasileiras* (2011), exibida no palácio do Planalto com a intenção de sustentar — simbólica e historicamente — a argumentação de Dilma Rousseff na solicitação que fazia ao presidente estadunidense Barack Obama, que nos visitava naquele mês de março: a de que os Estados Unidos concedessem apoio político na candidatura do Brasil a um assento permanente no Conselho de Segurança da Organização das Nações Unidas.

Na visita, Rousseff justificava que

> não nos move o interesse menor da ocupação burocrática de espaços de representação. [...] O Brasil tem compromisso com a paz, com a democracia, com o consenso. Esse compromisso não é algo conjuntural, mas é integrante dos nossos valores: tolerância, diálogo, flexibilidade. É princípio inscrito na nossa Constituição, na nossa história, na própria natureza do povo brasileiro. Temos orgulho de viver em paz com os nossos dez vizinhos há mais de um século, agora.[1]

Como fica evidente no discurso de Dilma, a demanda por apoio vinha acolchoada por uma abordagem culturalista ancorada na pintura de Tarsila do Amaral e na interpretação de que o "movimento antropofágico é a nossa capacidade de absorver o que tem de universal em todas as culturas e metabolizar no particular".[2] Contava, portanto, com o imaginário historicamente constituído em torno da antropofagia paulistana, que reduziu suas dimensões contraditórias e mesmo bélicas a uma interpretação convergente, sintetizadora e unionista que elegeu enfatizar a ideia de que "só a antropofagia nos une".[3]

O gesto do governo Dilma apoiava-se nesse horizonte de harmonia social para vangloriar-se não só do encontro, mas também da propugnada colaboração diplomática entre "as duas maiores democracias das Américas" — aquelas que, pontuava a presidenta, "ousaram levar aos seus mais altos postos um afrodescendente e uma mulher, demonstrando que o alicerce da democracia permite o rompimento das maiores barreiras para a construção de sociedades mais generosas e harmônicas".[4]

Vista em retrospecto, à luz da atual escalada antidemocrática no Brasil e no mundo, a certeza presidencial de sermos "uma democracia vibrante e moderna, plena de compromisso social, liberdade política e criatividade institucional"[5] parece tão nostálgica como contraditória. Se em 2011 o Brasil afirmava sua "travessia para uma outra margem da história",[6] desde então a segurança dessa passagem tem mostrado suas instabilidades e ficções.

A fotografia do encontro do *Abaporu* com Dilma Rousseff e Barack Obama nos impõe novas leituras. A impossibilidade de situá-la numa narrativa triunfante das democracias no Brasil ou nos Estados Unidos estende-se igualmente à arte. Impelidos a reimaginar aquela cena, devemos desordenar seu triunfalismo, questionando aquilo que se supunha cânone tanto na política quanto na arte.

Salta aos olhos a gravidade da ausência dos povos indígenas nessa alegoria da democracia. Ausentes, os indígenas foram simbolizados e, portanto, substituídos pelo *Abaporu* — um ícone da aristocracia paulista cafeeira, escravocrata e modernista —, escancarando o fato de que a crise da representatividade na democracia não é distinta de sua violência e do fracasso nas tradições da arte. Se alguns anos foram necessários para que Donald Trump, Michel Temer e Jair Bolsonaro fraturassem radicalmente a aparente solidez daquele imaginário democrático, o *Abaporu*, por sua vez, já era o ralo por onde escoava a água suja do banho que produzira a limpidez daquela e de tantas outras imagens do poder.

Diante da colonialidade e dos regimes de violência epistêmica que a mantêm operando também na arte, será preciso lidar com o constrangimento de que, assim como muitos de nossos cânones precisam ser depostos, não deve triunfar em nós aquilo que seja devedor da branca colonialidade que produziu os "silêncios que tornaram impronunciáveis as necessidades e aspirações de povos ou grupos sociais cujas formas de saber foram objeto de [nossa] destruição".[7]

CLARISSA DINIZ é curadora, pesquisadora e educadora em artes visuais. Mestra em história e crítica de arte pela Universidade do Estado do Rio de Janeiro, doutoranda em antropologia pela Universidade Federal do Rio de Janeiro e professora da Escola de Artes Visuais do Parque Lage, foi curadora de exposições como *Dja Guata Porã: Rio de Janeiro indígena* (2017), *À Nordeste* (2019) e *Raio-que-o-parta: ficções do moderno no Brasil* (2022).

1 Dilma Rousseff, "Íntegra do discurso de Dilma Rousseff na recepção a Barack Obama". *O Estado de S.Paulo*, 20.3.2011. Disponível em https://brasil.estadao.com.br/noticias/geral,integra-do-discurso-de-dilma-rousseff-na-recepcao-a-barack-obama-imp-,694534. Acesso em 16.3.2022.

2 Ibid.

3 Trecho do "Manifesto antropófago" (1928) de Oswald de Andrade (1890-1954).

4 Dilma Rousseff, 2011, op. cit.

5 Ibid.

6 Ibid.

7 Boaventura de Sousa Santos. *A crítica da razão indolente: contra o desperdício da experiência*. São Paulo: Cortez, 2007.

DENILSON BANIWA

ReAntropofagia, 2018

Técnica mista, 100 × 120 cm
Obra em comodato com a Pinacoteca do Estado de São Paulo

DENILSON BANIWA E FERNANDA PITTA

[img. 35] *ReAntropofagia* (2018), de Denilson Baniwa, é uma obra que faz parte de um ciclo de pinturas projetado pelo artista com Jaider Esbell (1979-2021), composta por uma natureza-morta e uma pintura histórica que alude à figura de Makunaîmî e à retomada dos espaços de arte por seus netos.[1] Esse ciclo foi pensado para ser completado ao longo das "comemorações" dos 100 anos da Semana de Arte Moderna (1922), do "Manifesto Pau-Brasil" (1924) e do "Manifesto antropófago" (1928), de Oswald de Andrade (1890-1954). Tal projeto tem, primeiramente, o aspecto de uma reivindicação do direito de resposta. Nessa noção está implícita a crítica do modo como a cultura, a literatura e a história da arte brasileiras se apropriaram das culturas, do pensamento e dos conhecimentos indígenas para reinventar uma "arte brasileira". Essa apropriação — que opera um apagamento dos indígenas como protagonistas e agentes desses conhecimentos e culturas, reiterando o processo de dominação colonial sobre os povos originários — é confrontada pelo gesto de reivindicação do direito de resposta, da *reantropofagia*, formulada como retomada que permeia diversos pensamentos, obras e intervenções de Denilson Baniwa.

FP **[Fernanda Pitta]** Aspectos relevantes da obra são as escolhas de gênero, estilo e técnica. Ela faz referência à história da arte ocidental. Há uma escolha explícita pela feitura que você chamou de "clássica" — o modelado, o claro-escuro, a minúcia na representação da cabeça de Mário de Andrade (1893-1945), dos milhos, da mandioca, do urucum e da pimenta. No bilhete que diz "Aqui jaz o simulacro Macunaíma, jazem juntos a ideia de povo brasileiro e a antropofagia temperada com bordeaux e *pax mongolica*". A ideia de simulacro que você traz no próprio texto é muito importante para a operação do trabalho, que é o da apropriação de linguagens, formas e repertórios da arte ocidental. Isso está implicado no prefixo "re-" do título da obra, mas também diz respeito à sua relação específica com a história da arte ocidental e com as formas de tradução e intervenção no discurso artístico ocidental.

DB **[Denilson Baniwa]** A escolha tem muitas respostas. Por agora eu lhe direi o seguinte: quando comecei a fazer a obra pensei em muitos modos, técnicas, pigmentos naturais ou antigos, que pudesse encontrar em algum acervo ou laboratório de conservação. Pensei em retrato, paisagem, em muita coisa até chegar na natureza-morta. Um dos pensamentos era: se os modernistas tentaram emular uma cultura indígena sem serem seus participantes, fazendo essa coisa que parece, mas não é arte indígena, quem sabe se eu tentasse fazer uma coisa que fosse totalmente europeia com uma técnica ocidental, todo mundo iria pensar: "Ele tentou fazer, mas não é isso. Ele fez numa técnica e tema clássicos, mas ele não é europeu, não é acadêmico, não estudou isso". Da mesma maneira como Tarsila do Amaral (1886-1973) representou bonecas Karajás como ela as via, mas quem é indígena as olha e percebe: "Ela tentou fazer isso, mas não fez igual, porque ela não é indígena, não é Karajá". Do mesmo modo como os modernistas tentaram emular a cultura indígena, mas não eram indígenas, eu tentei emular a arte ocidental, um objeto europeu, e propositalmente não consegui fazer do modo como um acadêmico europeu faz.

FP *ReAntropofagia* não é para os artistas brancos: é para os artistas indígenas. Por que a escolha de a emprestar à Pinacoteca do Estado de São Paulo e colocá-la em exposição junto ao acervo do museu?

DB Essa pintura não é feita para contestar os modernistas. Ela é feita para os artistas indígenas de todas as áreas. Ela é uma oferta, uma oferenda aos espíritos da arte indígena. Ela não é feita para contestar o sistema modernista. Ela fala: "Está aqui o que há de moderno na arte brasileira, então vamos comer este banquete e aproveitar o que há desta revolução que fizeram". É essa a oferta aos artistas indígenas. A provocação, a contestação aos modernistas é o aspecto menor da coisa, é menor do que a oferta aos artistas indígenas de que devoremos isso a partir das revoluções feitas, anteriores à nossa produção atual. Na exposição *ReAntropofagia* (Centro de Artes da Universidade Federal Fluminense, 2019) chamei artistas indígenas de várias áreas. Ela aconteceu dentro de um contexto maior, que foi o festival Teko Porã. Esse festival foi fundamental para um posicionamento no campo da cultura, do pensamento e das artes indígenas. Foi onde propusemos que nós mesmos, enquanto agentes indígenas, nos reantropofagizássemos. Na mostra ela era a primeira obra que aparecia porque era o primeiro prato que se come, e a partir dela se via a digestão disso tudo por diversos artistas indígenas dentro de seus próprios ambientes artísticos. Não dá para desligar *ReAntropofagia* do contexto maior do Teko Porã, no qual artistas, escritores, atores, dramaturgos, fotógrafos, artesãos, intelectuais, cineastas estiveram juntos debatendo as artes indígenas. A mostra movimentou indígenas do Brasil inteiro, e se ligava a um evento ainda maior que era o Acampamento Terra Livre,[2] em Brasília.

ReAntropofagia não faz sentido em outro espaço que não seja próximo de *Antropofagia* (1929), de Tarsila do Amaral, porque ela carrega todo esse contexto. Não faz sentido estar em uma coleção ou museu particulares. Faz sentido estar em um museu público, onde as pessoas possam ver e associar a outros movimentos, outros momentos da história da arte no Brasil e entender esse processo de retomada. *ReAntropofagia* e *Antropofagia* ficam no mesmo lugar, cada uma movimentando sua energia do seu jeito.

FERNANDA PITTA é professora do Museu de Arte Contemporânea da Universidade de São Paulo (USP) e doutora em história da arte pela Escola de Comunicações e Artes da USP, com estágio de pós-doutoramento no Museu Paulista da USP. É Coordenadora Brasil do projeto Decay Without Mourning: Future Thinking Heritage Practices, financiado pelo Riksbankens Jubileumsfond.

DENILSON BANIWA (Barcelos, Amazonas, 1984) é indígena do povo Baniwa. Vive e trabalha em Niterói, no Rio de Janeiro. Esteve em exposições na Pinacoteca do Estado de São Paulo, Museu Afro Brasil, MASP e Bienal de Sidney. Além de artista visual, Denilson é também publicitário, articulador de cultura digital e hackeamento, contribuindo para a construção de uma imagética indígena em diversos meios. Em 2019 venceu o prêmio Pipa na categoria online e em 2021 foi um dos vencedores indicados pelo júri.

1 Ver Jaider Esbell, "Makunaima, o meu avô em mim!", presente neste volume.

2 Ver os textos de Raoni Metuktire presentes neste volume.

IRAN DO ESPÍRITO SANTO

A noite, 1998

Serigrafia, 45 × 64,5 cm
Museu de Arte Moderna de São Paulo,
doação do artista, 1999

FERNANDO OLIVA

Foi com perplexidade que tive contato pela primeira vez com o projeto para a obra
[img. 16] *A noite* (1998), de Iran do Espírito Santo. Estava em um bar hoje extinto chamado Chopp Escuro, na rua Marquês de Itu, no centro de São Paulo. Uma mesa de artistas amigos, entre eles Valdirlei Dias Nunes e o próprio Iran. Era 1997, e eu, jovem crítico de arte recém-chegado ao caderno Ilustrada, da *Folha de S.Paulo*, escrevia sobre exposições de arte contemporânea.

Foi ali, entre muita conversa e goles de chope, que o artista me falou de sua pesquisa, baseada nas estrelas da bandeira nacional. Para minha estranheza, Iran me explicou que, apesar de passar a ideia de algo racional e controlado pelo Estado e por suas instituições oficiais, não havia na verdade um padrão para a distribuição espacial das estrelas no plano, no caso o céu. Daí a variedade de "versões" desse segmento da bandeira.

Vemos 27 estrelas sobre um fundo negro, dispostas como na Bandeira Nacional, cada uma representando uma unidade federativa. Trata-se de constelações, incluindo a do Cruzeiro do Sul, no que seria uma reprodução do aspecto do céu visto da cidade do Rio de Janeiro às oito horas e trinta minutos do dia 15 de novembro de 1889, data da Proclamação da República. A obra reflete sobre essa e outras distâncias: entre um país real e outro que se projeta, entre um objeto e sua representação, entre o real e o fictício.

Sintomaticamente, outro elemento subtraído pela obra, além das cores e figuras geométricas — o retângulo, o losango e o círculo —, é a máxima positivista de Auguste Comte (1798-1857), "ordem e progresso". Restam apenas a infinita superfície de cor preta e as estrelas. Ou melhor, seu brilho, uma vez que, novamente, é preciso lembrar que estamos diante de uma projeção indicial, que simboliza uma matéria real a anos-luz de distância. O caráter contestatório da obra está na base de sua criação, uma vez que, de acordo com a Lei n. 5.700, é proibido mudar a forma, as cores ou as proporções da Bandeira Nacional.

Obra dramática, *A noite* parece ter assumido certo caráter premonitório sobre o Brasil destes tempos. É inegável o abismo que existe entre o país do final dos anos 1990, quando a obra foi criada, e o país desencantado de hoje. Se antes aguardávamos com ansiedade o novo século, e ainda se acreditava haver solução para os nossos dilemas históricos e sociais, hoje parece que aceitamos resignados o lugar de país sem projeto de futuro. Curiosamente, o verde e o amarelo da bandeira brasileira, aqui subtraídos pelo artista, na última década passaram a ser associados ao campo ideológico da extrema direita no país.

As relações de ordem política são talvez as mais evidentes na obra, mas certamente existem outras aproximações possíveis. Assim como em tantas outras criações do artista, *A noite* propõe uma discussão de linguagem, de fricção significado-significante. As estrelas são deslocadas de seu lugar original e, consequentemente, esvaziadas de sua função. Trata-se de uma operação semelhante à que o artista, em sua vertente escultórica, impõe a objetos cotidianos como lâmpadas, latas, pratos, caixas e moedas. Nesse sentido, é notável a ironia de trabalhos como *Abat-jour* (1996), *Castiçal e vela* (1998) e *OVNI* (2000), todos em aço inoxidável maciço, material que lhes altera o peso e confere aspecto solene.

Uma bandeira costuma ficar no alto, para ser admirada de baixo para cima, a certa distância, contra o céu. No entanto, temos *A noite* diante de nós, mundana, na altura dos olhos e ao alcance das mãos. Se as estrelas são capazes de produzir luz e não de meramente refleti-la, limitação imposta aos planetas, ao serem colocadas como protagonistas, próximas de nós, talvez ainda possamos ter alguma esperança.

FERNANDO OLIVA, curador, MASP

EUSTÁQUIO NEVES

Rainha, da série ***Arturos,*** 1993

Gelatina e prata sobre papel fotográfico,
35 × 43 cm
Cortesia do artista

GLAUCEA HELENA DE BRITTO

[img. 34] Nossas concepções de África, de América ou mesmo de Brasil foram construídas por meio da manutenção ou crítica da percepção ocidental sobre os sujeitos coloniais. Através do olhar fotográfico aprendemos a distinguir quem tem o "privilégio do olho" — quem controla as perspectivas e o olhar — e quem é o objeto do olhar — ou seja, quem tem direito a ter sua perspectiva representada[1] —, referindo-se não somente ao ponto de vista contido na imagem, mas também à crença supremacista na própria *capacidade* de ver e ser visto. Quando a fotografia se estabeleceu como uma expressão do campo da arte, já na segunda metade do século 20, ela continuou a ser usada para perpetuar discursos que atuaram no estabelecimento das relações de poder.[2] Para confrontar esse histórico, torna-se fundamental nos questionarmos sobre a atuação de pessoas pertencentes a grupos não hegemônicos no campo da arte e o quanto ela pode, ao menos potencialmente, insurgir-se contra a reprodução simbólica de sua própria subordinação; pode, por força de sua própria natureza representacional, disputar espaços para a subversão de padrões dominantes e de histórias únicas.

Uma imagem que pode ser considerada emblemática desse processo integra uma das séries mais conhecidas do fotógrafo Eustáquio Neves, intitulada *Arturos* (1993-97). O primeiro ponto a ser destacado é o tema abordado. Na fotografia, vemos o retrato de uma senhora pertencente à comunidade dos Arturos, remanescente quilombola localizada em Contagem, Minas Gerais. Diferentemente da experiência de grande parte da população afrodescendente no Brasil, os Arturos tomaram para si a narrativa sobre sua origem e atribuíram a Arthur Camilo Silvério (1885-1956), filho de escravizados, a filiação ancestral de todo o grupo: os descendentes de Arthur são os Arturos, família que mantém o elo entre presente e passado, entre religiosidade católica e cosmovisão africana, entre contemporaneidade e tradição.

O segundo ponto diz respeito aos aspectos formais da composição. A senhora retratada está posicionada na parte central e inferior da imagem, aparecendo abaixo da linha dos olhos do observador, sentada próxima do chão, numa possível referência ao solo como terra sagrada e morada dos ancestrais nas tradições religiosas de matriz africana no Brasil. Sua posição também pode remeter aos reis e rainhas africanos que, segundo os costumes de determinados povos, como os

Luba da República Democrática do Congo, sentam-se em bancos, não em tronos. Em terras brasileiras, a coroação do rei e da rainha do Congo está vinculada à devoção aos santos católicos cultuados pelas irmandades religiosas negras desde o período colonial, em processos de assimilações culturais mútuas — a exemplo de Santa Ifigênia e São Benedito, presentes na imagem e no Reinado de Nossa Senhora, o Congado, um dos festejos mais tradicionais da Comunidade dos Arturos.

Cabe ainda destacar o processo de construção da fotografia como campo expandido a partir do acréscimo de interferências físicas e químicas que deixam marcas aparentes na imagem. O resultado é uma composição visualmente densa, onde o espaço que seria vazio torna-se matéria palpável, visível, uma espécie de massa nebulosa que pode ocultar ou revelar camadas de tempo e sentido sobrepostas.

O método desenvolvido por Eustáquio Neves na imagem em questão mostra como uma operação à primeira vista simples pode ser reveladora de um processo técnico e histórico extremamente complexo: tornar o invisível visível. Criar estratégias visuais em consonância com o universo existencial das comunidades negras em diáspora pode, ainda que simbolicamente, indicar um movimento que restitui parte significativa das histórias brasileiras. Ver e saber quem são essas pessoas, a sua origem, os elementos que constituem o seu modo de vida e, em seguida, entender como a história do Brasil foi forjada por reiterados processos de marginalização e apagamento nos permite retomar uma narrativa que se pretende única e ao mesmo tempo — a exemplo da independência brasileira e questionando os seus desdobramentos — fazer da fotografia efetivamente "uma força de libertação"[3] através da arte, não apenas "um apêndice obediente do poder do Estado".[4]

GLAUCEA HELENA DE BRITTO, curadora assistente, MASP

1 Juliane Strohschein, "The Canon of Images: How is Structural Racism Embedded in Photographs?". *Politics of Photography.* Disponível em https://www.romarchive.eu/en/politics-photography/politics-photography/bilderkanon/. Acesso em 16.03.2022.

2 Hannah Mabry, "Photography, Colonialism and Racism". *International Affairs Review,* outono de 2014, p. 5.

3 Teju Cole, "When the Camera Was a Weapon of Imperialism (and When It Still Is)". *The New York Times*, fev. 2019. Disponível em https://www.nytimes.com/2019/02/06/magazine/when-the-camera-was-a-weapon-of-imperialism-and-when-it-still-is.html. Acesso em 16.3.2022.

4 Ibid.

PEDRO VICTOR BRANDÃO

Sem título #32 (desigualdade de renda antes da tributação com sobreposição de coeficiente de Gini – Brasil – 2000-2019), da série ***Totalidades***, 2021

Acrílica, nanquim, grafite e verniz sobre tela,
40 × 40 cm
Cortesia do artista

GUILHERME GIUFRIDA

A mais flagrante contradição social no Brasil é a sua abissal concentração de renda [img. 11] e de riqueza. Desde 2019, o artista Pedro Victor Brandão vem criando a série *Totalidades*, na qual transmuta índices de pesquisas socioeconômicas para a superfície de uma tela. Cada tom da tinta acrílica demarca os montantes estatísticos. Desse modo, pesquisa a própria estética dos gráficos e suas escolhas, sentidos e efeitos pictóricos, estéticos e políticos. Em sua trajetória, o artista se dedica ao mundo infinito e virtual de informações matemáticas dos sistemas de dados, complexidades por ele cuidadosamente estudadas, transformadas e sintetizadas em trabalhos precisos e diretos. Em *Totalidades*, a legenda de gráficos-pinturas é revelada na lateral do chassi, relacionando cores, temporalidades e porcentagens, sublinhando os aspectos formais dessa maneira de apresentar informações, além de explorar o potencial tridimensional do suporte das telas.

Em 2021, o artista realizou um trabalho sobre indicadores de concentração de renda no Brasil, um dos países mais desiguais do mundo. A principal novidade é a sobreposição da curva do coeficiente de Gini, como uma linha subtraída ou uma perturbação na pintura, contrastando dois estudos recentes, com metodologias, cálculos e resultados diferentes, expressos e comparados no cruzamento entre os tipos de gráfico na tela.[1] Brandão escolhe pintar essa obra com uma sequência de cores análogas — diferente dos tons complementares normalmente utilizados para facilitar a visualização dos dados — relembrando a técnica do esfumaçado, ou *sfumato*, desenvolvido na tradição da pintura para dar tridimensionalidade à superfície pictórica. A paleta, as curvas, além do gini-horizonte, reforçam o aspecto de paisagem da composição, com volumes que lembram montanhas que se sobrepõem, e cujo relevo é formado por variações topográficas muito sutis, quase planas.

O Brasil, como se sabe, é formado por solos de formação geológica antiga, por isso a ausência de grandes picos e variações de altitude. Do mesmo modo, a sua composição de grupos de renda mostra-se como algo consolidado, solidificado, praticamente imóvel. Mesmo que em momentos particulares, como no ciclo político progressista entre 2003 e 2016, tenha havido avanços, como mostra a linha do coeficiente de Gini, em todos os períodos da história do país a desigualdade é abissal. A impressão, ao ver esses dados pintados, é que se estendêssemos esses níveis para o passado, eles se manteriam parecidos, até chegarmos em 1500, quando em sociedades da abundância, que se recusavam em traduzir diferenças em desigualdades, como as ameríndias que habitavam esses territórios, o gráfico perderia completamente o sentido.

Essas pesquisas quantitativas produzem um corte no tempo de histórias e legados coloniais, ligados a formas de dominação e exploração econômica de elites, por meio do latifúndio e da escravidão, com papel reduzido do Estado em garantir uma melhor distribuição desses totais, o que estrutura a economia brasileira até hoje. Por outro lado, a obra de Brandão ilumina a centralidade dos gráficos como uma das imagens mais expressivas da comunicação contemporânea. Realizados por um trabalho criativo de tradução, convenção e codificação que dependem de escolhas formais, operações de quantificação convertidas em desenhos, os indicadores e suas diferentes formas de visualização de dados são também parte da construção do problema. Essa performatividade estética dos gráficos, que povoam o jornalismo e o imaginário global com formas e números abstratos, distantes de realidades difusas e experimentadas por aqueles diretamente afetados, simplificam vidas concretas e complexas de injustiça, devir e resistência.

GUILHERME GIUFRIDA, curador assistente, MASP

1 Os montantes formados por grupos de renda (50% mais pobres, 40% intermediários, 9% ricos, 1% mais ricos) são baseados em dados do World Inequality Database (capitaneado pelos pesquisadores Facundo Alvaredo, Thomas Piketty, entre outros) e a linha branca é o Coeficiente de Gini de um estudo de pesquisadores do Insper (Ricardo Paes de Barros, Samir Cury, Samuel Franco e Laura Muller Machado, com colaboração de Suiani Febroni e Camila Soares) ("Sobre o declínio no grau de desigualdade ao longo do novo milênio". *Insper*, 2021. Disponível em https://www.insper.edu.br/noticias/novo-estudo-sobre-desigualdade-e-debatido. Acesso em 17.3.2022). Os indicadores coloridos vão de 2000 a 2019, e o Gini de 2002 a 2017, ano da última pesquisa de orçamento familiar realizada pelo governo brasileiro, uma das fontes-chave para esse estudo.

HEITOR DOS PRAZERES

Samba no terreiro, 1957

Óleo sobre tela, 65 × 55 cm
Coleção particular

KLEBER AMANCIO

[img. 3] Em *Samba no terreiro* (1957), pintura de Heitor dos Prazeres (1898-1966), estamos diante de quatro personagens, todas negras. Dois homens e duas mulheres. Estão organizadas geometricamente no centro da composição. Nesse arranjo, os homens tocam instrumentos musicais (pandeiro e chocalho), ao passo que as mulheres sambam. Eles possuem sapatos pretos, meias brancas, calças cinzas e suas respectivas camisas aparecem nas cores azul e rosa. Elas, as dançarinas, figuram entre os músicos; calçam sapatos de salto pretos e seus vestidos (novamente, azul e rosa) combinam com as faixas que vão à cabeça.

Tudo acontece no centro de um terreiro uniforme. A plantação de cana-de-açúcar emoldura o espaço e se interpõe entre nós e o desenrolar da cena. Somos convidados a observar um mundo que não é o nosso. De um lado, temos ainda uma palmeira (tão comum nas representações dos trópicos) e, do outro, uma residência simples, retilínea e de cor inverossímil. A geometrização do espaço aponta para uma racionalidade. É a construção de uma visão sobre o samba diametralmente oposta ao que se dizia nos jornais e à ação da polícia.

A imagem, aparentemente banal, é de uma complexidade ímpar. Diferentemente de *Samba* (1925), de Di Cavalcanti (1897-1976), por exemplo, em que a libertinagem e o elogio do prazer carnal se fazem presentes, em *Samba no terreiro*, o foco reside no concerto entre dança e música, na elevação do espírito que se estabelece a partir desse encontro. A despeito de seus vestidos estarem na altura dos joelhos, de terem os braços descobertos e demonstrarem vaidade pelo uso dos brincos, do batom e da pintura das unhas, a forma física das mulheres não é explorada como tema — suas existências na obra não estão condicionadas ao outro, pelo contrário, experienciam a liberdade em sua plenitude. Liberdade essa que costumeiramente lhes foi negada na história deste país, seja com o escravismo, mais adiante por meio dos processos de contravenção de vadiagem ou mesmo na arte branco-brasileira.

Das manchas em *Vista da Ilha de Itamaracá* (1637), de Frans Post (1612-1680) (nosso primeiro registro), à *Mulata quitandeira* (1893), de Antônio Ferrigno (1863-1940), é possível se observar um projeto. Grosso modo, as pessoas negras foram representadas na arte nacional, por muito tempo, como corpos que trabalham, corpos dóceis, corpos objetificados, corpos violentados ou estereotipados. Sujeitos, portanto, incapazes. Diante desse cenário, a ação não é um comportamento possível. Frequentemente, são tidos como o "sujeito simples", tal qual nos descreveu Gayatri Spivak.[1] Exceção a essa regra encontramos nas representações de artistas negros como Emmanuel Zamor (1840-1917) ou Arthur Timótheo da Costa (1882-1922). Obras como *Camarões* (1916) e *Retrato de menino* são um ponto fora da curva. Mas por ora voltemos à tela em questão.

Chama a atenção ainda a flagrante desproporcionalidade do tamanho diminuto dos pés das personagens. O que se quer enfatizar com isso? Entendo que seja uma contraposição à monumentalidade, ao agigantamento dos membros que verificamos em *O lavrador de café* (1934), de Candido Portinari (1903-1962), ou mesmo em *A negra* (1923), de Tarsila do Amaral (1886-1973), duas obras até então fundamentais para se pensar a inclusão negra na brasilidade. Entendo, contudo, que Heitor dos Prazeres aposte numa direção que não seja a da subalternização, a da emancipação pelo trabalho braçal. A despeito da idealização que ele ordinariamente faz da vida na periferia (e podemos discutir se isso se trata de uma distorção ou efetivamente de uma projeção), somos apresentados a um mundo de sujeitos efetivos. Nas suas telas as pessoas negras trabalham, se divertem, são exploradas e exploram, são plurais dentro de sua humanidade. Quando trabalham, essa atividade não é inerentemente penosa, humilhante e sofrida como em *Mãe Preta* (1912), de Lucílio de Albuquerque (1877-1939), ou mesmo em *Limpando metais* (1923), de Armando Vianna (1897-1992). Trabalhar faz parte da vida. Dessa forma, sua obra aponta a dignidade dessa ação ao mesmo tempo que seu registro do lazer revela significados culturais mais profundos a respeito da maneira como esses sujeitos se colocam no mundo. Não se trata meramente da pintura do lazer como escape da crueza do mundo burguês; trata-se também da forja de uma brasilidade em que a presença negra é incontornável, dessa vez complexificando suas ações.

KLEBER AMANCIO é historiador, doutor em história social pela Universidade de São Paulo, professor na Universidade Federal do Recôncavo da Bahia e membro permanente do mestrado profissional em história da África, da diáspora e dos povos indígenas na mesma instituição. Faz parte do projeto Traveling Research Seminar on Afro-Latin American Art, coordenado pelo Hutchins Center e pelo Afro-Latin American Research Institute da Harvard University.

1 Ver Gayatri Chakravorty Spivak, *Pode o subalterno falar?*. Belo Horizonte: Ed. UFMG, 2010.

Senhora na liteira com dois escravizados*, circa* 1860

Albúmen, 5,5 × 8 cm
Instituto Moreira Salles, São Paulo

LILIA MORITZ SCHWARCZ

Retratos de senhores e senhoras sendo transportados por escravizados, bem acomodados em suas seges, cadeirinhas ou liteiras, inundaram a imaginação dos viajantes/desenhistas que começaram a chegar ao Brasil a partir de 1815, após a Abertura dos Portos (1808). Aparatosos, os retratos simbolizavam a visão colonial imperante nestes domínios portugueses, que encontrava nessas formas de transportes uma expressão sintética da desigualdade. Pessoas sendo carregadas por pessoas; proprietários com seus nomes discriminados contrapostos a trabalhadores negros cuja identidade ficava reduzida à sua função; o peso nas costas de alguns, o descanso para outros. O exótico veículo virou, então, analogia fácil para a construção da imagem didática do controle nestes locais longínquos, onde vigorava o violento e perverso regime da escravidão.

A voga chegou à fotografia a partir da segunda metade do século 19, quando proprietários encomendavam recordações da família aconchegada nesses meios de transporte, sempre ladeada por seus escravizados carregadores. Nesses documentos, travava-se, silenciosamente, um embate entre luz e sombra: o que se podia e queria ver, e o que deveria restar transparente na representação. De tão recorrentes, essas imagens viraram convenções visuais que circularam pelo espaço afro--atlântico como ícones da diferença.

Entretanto, entre os minutos que separavam, ainda nos anos 1860, o clique da máquina e a realidade da fotografia, muita dissidência podia ocorrer, como é o caso desta fotografia que restou sem autoria.

Ao centro, vemos a esposa de Costa Carvalho. Mulheres em geral não mereciam nome nas fotos ou registro de identidade, e ela restou apenas como a mulher do rico senhor da região cafeeira do vale do Paraíba. Altiva, usando vestido à moda e vistosos brincos, ela pousa as mãos no colo, aparentando segurança, assim como observa diretamente o fotógrafo e, imagina-se, o marido/cliente — ambos postados à sua frente.

Ao lado dela, estão dois trabalhadores com seus pés descalços destacados. Também não conhecemos seus nomes, sabemos somente, e pela legenda, que são escravizados. O homem à esquerda deve ter devolvido a postura corporal que lhe foi solicitada. Bem-vestido como pajem, ele traz o corpo levemente curvado e abaixa o olhar. Tira o chapéu da cabeça e o traz na mão direita, provavelmente obedecendo instruções que previam uma pose de respeito e subserviência. Nada sabemos sobre ele, apenas que o excesso de roupa é índice da riqueza de seu patrão, ou da imagem que ele gostaria de divulgar.

Já o homem da direita evidentemente desobedeceu às instruções, assim questionando assimetrias e estruturas recônditas da foto. Em vez de simular estar carregando a sege, ele se apoia nela com seu braço direito, como se repousasse. A mão esquerda é levada desafiadoramente à cintura, gesto que ele acompanha com as pernas que aparecem cruzadas, numa postura descontraída que destaca ainda mais seus pés descalços que contrastam com a roupa caprichada. O homem não tira a cartola da cabeça; ao contrário, olha para a frente — para nós.

Tantos detalhes reunidos, não há espaço para a coincidência: desconhecemos o nome do belo rapaz, mas o certo é que, com seus gestos inesperados, ele captura a cena. Com sua pose, desconstrói modelos naturalizados de colonialismo, patriarcalismo e racismo. Seu corpo político funciona como expressão de dissenso, mas também de afeto, de cura, de imaginação. Em vez de se conformar com a obrigatoriedade do gesto classificatório contido na foto, e se subjugar ao apagamento, ele pratica sua pequena/grande insubmissão.

Essas são agências de sujeitos negros, que representam uma inflexão a respeito das formas de nomear e de expor a dominação escravista de ontem e a desigualdade de hoje. A foto funciona, pois, como uma sorte de sinaleiro de processos de silenciamento do passado e do presente. Explora, igualmente, não apenas a vitimização própria dos processos de racialização impostos pela sociedade branca, mas formas de rebelião da negritude e identidades construídas na diferença. O gesto insurgente "nomeia a norma" que insiste em permanecer invisível — a exemplo do senhor que há de estar por detrás, física e simbolicamente, da encomenda da foto.

O rapaz, que claramente não se identifica com esse ritual do poder, performa com sua "pose insolente" comunidades não hegemônicas, que dizem respeito a outras formas de afeto e ancestralidade. Longe de estar sequestrado por um tempo perdido, esse é um documento que diz respeito ao nosso pretérito imperfeito, ao passado do presente. Uma foto ¾ do Brasil.

LILIA MORITZ SCHWARCZ, curadora convidada, MASP

RAFAEL VILELA

Borba Gato em chamas após ação do coletivo Revolução Periférica, 24.7.2021

Fotografia
Cortesia Rafael Vilela

LUCIARA RIBEIRO

[img. 2]

Foi na tarde de sábado, dia 24 de julho de 2021, que longas chamas iniciaram o processo de queima do monumento dedicado a Manuel de Borba Gato (1649-1718), um dos símbolos do movimento genocida, estuprador, escravista e colonizador que ficou conhecido como bandeirantismo. O fogo consumiu as bases da escultura enquanto à sua frente membros do coletivo Revolução Periférica, formado majoritariamente por jovens periféricos e com as lideranças de Paulo Roberto da Silva Lima (Paulo Galo) e Danilo da Silva Oliveira (Biu), seguravam uma longa faixa de protesto com o nome do grupo em letras grandes, nas cores preto e laranja. As chamas cresciam, viravam labaredas e densas nuvens de fumaça alcançavam o céu. Em pouco tempo, o Borba Gato estava coberto pela fuligem, tornando-se pequeno para a revolta que o consumia.

O gesto incendiário de destruição foi regido pelas mãos que atearam o fogo, que ergueram-se em punhos fechados, que esticaram a faixa e que vibraram sobre as cinzas do símbolo colonial em chamas. O ato se faz como canalizador da raiva, como ação de retirada de "vida" daquilo que promove a dor. Essa imagem marca um ponto de compreensão para entendermos o Brasil e a constante luta e protagonismo daqueles que seguem denunciando as violências diárias e históricas.

A escultura de cerca de 13 metros foi uma encomenda para as comemorações do quarto centenário da cidade de Santo Amaro, território que até a década de 1930 era emancipado, mas que posteriormente foi integrado à cidade de São Paulo, sendo atualmente um dos bairros mais populosos e compreendido como parte da chamada "periferia".

Ao longo da história das artes, em especial das euro-brasileiras, há uma tradição na encomenda de esculturas para ocuparem espaços públicos, decisões que geralmente ocorrem sem consulta prévia à população, como se o espaço público estivesse disponível aos desejos dos que acreditam que governam.

Durante as décadas de 1950 e 1960, foi comum a implantação desse tipo de monumento em diversos estados brasileiros, financiados por elites dispostas a promover retomadas de narrativas coloniais. No caso de Borba Gato, a escultura foi instalada em meados da década de 1960 e, desde então, já teve a sua morte reivindicada em diversos momentos. No entanto, entre esses atos, nenhum foi tão incendiário quanto a ação protagonizada pelo coletivo Revolução Periférica. O coletivo reforça o constante processo de disputa e resistência histórica neste país, que sistematicamente reproduz violências coloniais, raciais e sociais. Segundo Biu, o "Revolução Periférica não é uma institucionalidade, não é uma estrutura física",[1] mas sim a luta organizada e a luta cotidiana. E foi esse o combustível utilizado como faísca para queimar o símbolo colonial que nos assombra.

Há 522 anos temos uma revolução periférica em curso, uma revolução que busca não apenas disputar o território, mas defender outras formas de vida e existência. Se buscarmos nas linhas das histórias brasileiras encontraremos diversos exemplos de episódios como esse, de chamas ateadas, de gritos e punhos fechados. A ação de destruição evidenciou que há um problema e que precisamos debatê-lo. Pessoas que passavam diariamente diante daquela escultura puderam questioná-la e, mais do que isso, colocar em xeque a sua permanência ou destruição. Optar pela permanência da escultura de Borba Gato, apesar de parecer ser uma escolha, é compactuar com o processo de tortura e assombramento impostos pelas elites brasileiras, que declaram a violência, a exploração e a subalternização dos corpos. Nesse sentido, é extremamente necessário reafirmar a revolução periférica, pois a vida segue pulsando e a luta não adormece.

1 Gabriel Rocha Gaspar e Vanessa Oliveira, "Fogo nos racistas". *Elástica*, set. 2021. Disponível em https://elastica.abril.com.br/especiais/paulo-galo-borba-gato-fogo-ativismo-danilo-biu/. Acesso em: 16.03.2022.

LUCIARA RIBEIRO é educadora, pesquisadora e curadora. Mestra em história da arte pela Universidade de Salamanca e pela Universidade Federal de São Paulo, foi colaboradora da Diáspora Galeria e curadora de exposições como *Em torno da Estação Varginha*, no Museu da Imagem e do Som de São Paulo (2021), cocuradora do 72º Salão de Abril (2021) e assistente de curadoria da exposição *Carolina Maria de Jesus: um Brasil para os brasileiros*, no Instituto Moreira Salles (2021).

CLAUDIA ANDUJAR

Vertical 9, da série ***Marcados***, 1981-83

Ampliação fotográfica analógica com gelatina de prata sobre papel fibra Ilford Multigrade MG IV, peso duplo, mate, com tratamento e banho de preservação a base de selênio, políptico composto por 10 peças, 56 × 37,5 cm (cada)

Cortesia Galeria Vermelho

LUISA DUARTE

Por uma outra imaginação histórica

[img. 15] Em uma entrevista concedida em 2020, a antropóloga e historiadora Lilia Moritz Schwarcz deu a seguinte declaração sobre a data de 7 de setembro de 1822:

> A nossa independência não foi revolucionária, tampouco romântica. Ela foi um golpe, um golpe das elites. [...] A tentativa do processo de independência foi a de criar uma história. Uma história europeia, masculina, uma história colonial, uma história imperial, como se isso fosse um destino. [...] Acho que é o momento de nós pensarmos o que nós vamos comemorar agora, 2020, e em 2022, no bicentenário. Que independência a gente vai querer contar? Que história nós vamos querer narrar? Uma história tão branca, uma história sem povo, uma história que não tem outros grupos sociais, que não inclui negros, que não inclui indígenas, que não inclui mulheres. Nós vamos contar essa mesma história agora e em 2022? Acho que é preciso que a gente trabalhe e construa uma mudança na própria imaginação histórica dos brasileiros.[1]

Inspirada pela pergunta formulada por Adriano Pedrosa e por essa fala de Lilia Schwarcz, trago aqui um retrato que faz parte da série *Marcados* (1980-83), de Claudia Andujar. Na década de 1970, a artista passou longas temporadas na Terra Indígena Yanomami, na Amazônia. Ali, traçava os vínculos de uma relação e fotografava os seus habitantes. O regime militar em vigência no Brasil começava a ocupar parte da região com o fim de construir estradas e abrir espaço para a exploração predatória das riquezas locais. Em 1977, a artista foi expulsa por autoridades da ditadura e voltou a São Paulo. Nesse retorno, ocorreu uma inflexão na postura de Andujar, que passou não só a apreender visualmente os modos de vida dos indígenas, mas também iniciou uma luta direta pela sobrevivência deles. A artista fundou então a Comissão pela Criação do Parque Yanomami (atual Comissão Pró-Yanomami), cujas atribuições incluíam a prestação de assistência médica aos indígenas infectados por doenças trazidas pelos brancos em suas explorações predatórias.

Foi justamente nesse contexto que a artista retornou à Amazônia, entre os anos 1980 e 1983, e realizou a série *Marcados*. Na época, essas fotografias tinham como função catalogar cada indígena que já havia sido vacinado por médicos voluntários. Entretanto, a forma de classificar por meio de números pendurados no pescoço provocava um desconforto ímpar. Esse desconforto fica patente no olhar dos índigenas que nos encaram, nos questionam. Cada retrato se torna uma espécie de espelho de uma história que se quis branca, masculina, violenta, capaz de fazer adoecer e fazer morrer.

Se Andujar ainda não tinha a exata noção das consequências simbólicas daquele gesto quando realizou essas imagens, anos depois a artista se daria conta da força contida nas fotografias, justamente pela presença incômoda e contraditória dos números naqueles corpos. E ainda passaria a enxergar uma relação entre esses retratos e a sua própria biografia. Claudia Andujar nasceu Claudine Hass, em 1931, na Suíça. Toda a sua família paterna foi dizimada nos campos de concentração da Segunda Guerra Mundial (1939-1945). Ou seja, a mesma artista que foi vítima do nazismo realiza fotos de índigenas que nos fazem lembrar o tipo de "catalogação" feita pelos algozes dos judeus. Esse é o curto-circuito que nos faz pensar em quanto da busca por reparar simultaneamente história coletiva e sua história particular existe nesse gesto. Se os judeus durante a Segunda Guerra Mundial estavam marcados para morrer, os indígenas retratados pela artista eram marcados para viver. Essa é a diferença fundamental. Essas imagens perturbadoras surgem, assim, como uma reiterada tentativa de não apagamento da vida e da memória daqueles que estavam aqui antes desta invenção chamada Brasil. Um Brasil que ainda hoje, 2022, persiste em querê-los mortos, literal e simbolicamente.

Portanto, trazer *Marcados* para o momento em que se dá o bicentenário de uma "independência" que forjou para o país uma história branca, europeia, masculina, colonial, significa lembrar a urgência de delinearmos uma mudança na nossa imaginação histórica, seguindo as palavras de Schwarcz. Somente elaborando criticamente um passado atravessado por toda sorte de amnésias e violências é que poderemos traçar um outro porvir. Ou seja, um futuro no qual a nossa história seja vista como uma narrativa na qual são protagonistas indígenas, negros, mulheres, pobres, todos aqueles postos à margem da história oficial.

1 Ver entrevista de Lilia Schwarcz concedida ao programa *Roda Viva* em 2020. Disponível em https://www.youtube.com/watch?v=eU_BxcEuXro. Acesso em 16.3.2022.

LUISA DUARTE é mestra em filosofia pela Pontifícia Universidade Católica de São Paulo, escritora, curadora independente e pesquisadora. Entre diversas exposições, curou *Tunga: o rigor da distração* (2018) e *Adriana Varejão: por uma retórica canibal* (2019).

ANTONIO MANUEL

Ocupações/Descobrimentos, 1998

Museu de Arte Contemporânea
de Niterói

LUIZ CAMILLO OSORIO

Os sete muros

[img. 8]

Um muro vermelho no primeiro plano com um buraco no meio. Um tapete cinza que se confunde com a parte inferior do outro muro, logo à frente. Uma pequena linha vermelha pende do teto. Pelo buraco desse segundo muro passa uma pessoa que olha na direção da janela, do outro lado, à direita. Da janela, abre-se a paisagem estonteante da baía de Guanabara. Ninguém anda pela varanda-galeria sem ser tragado pela vista. O desafio era este: deslocar o visitante e profanar a *promenade* arquitetônica do prédio de Oscar Niemeyer (1907-2012). A paisagem seguia lá, mas o que eram aqueles muros? O que havia depois dos buracos? Como assim?

O ano era 1998. O Museu de Arte Contemporânea de Niterói, monumento tardio de Niemeyer, havia sido inaugurado há pouco. Uma forma inusitada de cálice ou "disco voador", tendo uma serpenteada rampa vermelha de acesso, afirmava-se como um novo marco arquitetônico na paisagem histórica da Baía de Guanabara. A visitação, naqueles primeiros anos, era simplesmente extraordinária. Todos, sem exceção, queriam entrar no museu. A "galeria" da varanda, onde foram construídos os sete muros do artista Antonio Manuel, explora deliberadamente a paisagem à sua volta — o mar, os fortes portugueses, a praia da Boa Viagem. Todos que por ali circulam só conseguem olhar para fora e admirar a vista. A instalação refazia a circulação e reconfigurava nossa relação — física, histórica, simbólica — com o lugar.

Alguns desses muros mimetizavam as curvas sinuosas da arquitetura de Niemeyer. Outros eram retos, quebrando o padrão. De um lado, eram pintados de branco ou vermelho ou amarelo ou cinza, as cores preferidas do arquiteto. Do outro, ficavam os tijolos à mostra, reverberando algumas casas do morro do Palácio, logo atrás do museu. A presença dos muros fechando o caminho inibia o olho de fugir pela paisagem e impedia o corpo de transitar; a não ser pelos buracos abertos a marretadas no dia da inauguração da exposição, pelos quais passávamos, curiosos para saber o que havia do outro lado. Impedimento. Mistério. Profanação. Integração. Enfrentamento. Estranhamento.

Tudo na instalação conspirava silenciosamente. Poucas vezes a noção contemporânea de instalação foi tão apropriada — algo se impunha no espaço, refazia nossa relação corporal com ele e reinventava o nosso modo de estar ali. De dentro da beleza, o desajuste inquietante. Construir para deslocar. Quebrar para desimpedir e circular. Para além da consagração da forma soprada pelo gesto virtuoso de Niemeyer, os muros, na sua presença impositiva, trazem a materialidade e os conflitos da vida como ela é.

Junto à forma projetada, o "sentimento do mundo". O título da exposição —*Ocupações/Descobrimentos* — acabou sendo incorporado pela instalação.[1] Diz muito de sua operação poética: os muros ocupam e descobrem, reposicionando o museu no seu entorno. As feridas da história não maculam a paisagem, mas dão-lhe alguma inquietação perceptiva. A mesma paisagem que há quinhentos anos deslumbrava invasores e visitantes, agora incorporava uma perspectiva materializada pelas feridas da história. Há muros, há impedimentos, há atritos no desejo inerente à beleza. Temos que achar as brechas, atravessá-las com cuidado, achando os lugares, sempre precários, a partir dos quais ela irrompe brevemente. Os sete muros de Antonio Manuel dizem muito sobre como profanar o passado sem destruí-lo; como liberar o futuro, algum futuro, sem idealizá-lo.

Niemeyer não visitou a exposição. Imagino que não teria gostado. Uma tarde, um visitante desavisado entrou e perguntou: "Onde é o museu?". Ele estava lá dentro e não sabia. Ocupação e descobrimento.

> As guerras, as fomes, as discussões dentro dos edifícios
> provam apenas que a vida prossegue
> e nem todos se libertaram ainda.
> Alguns, achando bárbaro o espetáculo,
> prefeririam (os delicados) morrer.
> Chegou um tempo em que não adianta morrer.
> Chegou um tempo em que a vida é uma ordem.
> A vida apenas, sem mistificação.[2]

LUIZ CAMILLO OSORIO é professor associado do departamento de filosofia da Pontifícia Universidade Católica do Rio de Janeiro, pesquisador do CNPq e curador do Instituto Pipa. Entre 2009 e 2015, foi curador do Museu de Arte Moderna do Rio de Janeiro. Foi curador do pavilhão brasileiro na Bienal de Veneza (2015).

1 A exposição *Ocupações/Descobrimentos* aconteceu no Museu de Arte Contemporânea de Niterói entre maio e junho de 1998, e, além desse trabalho de Antonio Manuel, havia também uma instalação de Artur Barrio na sala central do museu.

2 Carlos Drummond de Andrade, "Os ombros suportam o mundo". In: *Sentimento do mundo*. São Paulo: Companhia das Letras, 2012, p. 33.

Vista da pinacoteca do MASP, 2019

LUIZA INTERLENGHI

[img. 1] A tensão entre dependência e independência do Brasil tem mais de 200 anos e, nem sempre visível, persiste. Como, então, ela se declara na galeria com a retomada decolonial do projeto fundador de Lina Bo Bardi (1814-1992) para o Museu de Arte de São Paulo Assis Chateaubriand (MASP)? O panorama do *Acervo em transformação,* exibido no segundo andar do museu, nos fala desses embates e de desafios lançados à história institucional do MASP, referencial na América Latina, com a inversão da ordem cronológica de apresentação das obras na pinacoteca. A imagem registra rupturas na leitura hegemônica da história da arte e ilumina núcleos de resistência ao persistente processo colonial. Abre uma ampla visão da galeria monumental sem paredes onde, além do diálogo entre acervos, a proposição inaugural dos cavaletes de cristal (instigar o choque crítico entre antigo e moderno)[1] é radicalizada pela inscrição de obras que afirmam culturas subalternizadas; poéticas invisibilizadas de mulheres, povos nativos, negros, corpos dissidentes e de gênero (LGBTQIA+). Que fagulhas brilham com essa fricção deflagrada na linha de frente da galeria?

No centro desse panorama, dois retratos, faces atribuídas por Dalton Paula a *Zeferina* e *João de Deus Nascimento* (2018), resistem ao apagamento histórico de lideranças negras cujas feições desconhecemos. Se vemos ao fundo o campo denso de uma tradição figurativa aqui reconsiderada, de um extremo a outro desse panorama, um horizonte singular é configurado entre transparência e opacidade, com imagens veladas e reveladas. À esquerda, a face oculta da modernidade — o comércio atlântico de corpos negros, a desumanização colonial dos povos escravizados —, é desvelada em *A permanência das estruturas* (2017), de Rosana Paulino, resgate e sutura de fragmentos narrativos e registros dispersos dessas histórias. Ressurge, ainda, na verticalidade negra da escultura icônica *O navio* (2007) de Emanoel Araújo (1940-2022). A distância, sublinham o modo como apropriações limiares de símbolos afro-brasileiros resistem afirmativamente à invisibilidade em pinturas alinhadas à direita e ao fundo com *Fachada com bandeiras* (1959), de Alfredo Volpi (1896-1988). *Composição 12* (1962), de Rubem Valentim (1922-1991), e *Okê Oxóssi* (1970), bandeira do Brasil reinterpretada por Abdias Nascimento (1914-2011), descentram as leituras formalistas da abstração geométrica no Brasil.

Na segunda fileira à esquerda, a tela vertical em branco oculta o retratado. *Campo e contracampo (Presidente do Museu de Arte de São Paulo Assis Chateaubriand e 11 de junho de 2013)* (2017), de Dora Longo Bahia, remonta à invisibilidade do poder, dentro e fora do museu. No verso, sob o vidro, retoma uma fotografia das manifestações ocorridas em frente ao MASP. Próxima, a combativa vênus com máscara de gorila das Guerrilla Girls escancara a falta de representatividade de artistas mulheres no acervo em *As mulheres precisam estar nuas para entrar no Museu de Arte de São Paulo?* (2017). À esquerda, o monumento de papel machê *Venus #Freethenipple* (2017), de Erika Verzutti, defende com humor o erotismo feminino. As reverberações entre ambas — pois remetem ao modo como o corpo feminino é reduzido à tema — são intensificadas pela transparência do projeto original de Bo Bardi.

Desde sua implantação, as relações entre as obras são potencializadas pelos cavaletes de cristal. O caráter ambivalente da transparência, porém, é examinado por Mauro Restiffe. Com enquadramento fotográfico lateral e na contraluz, as estruturas transparentes ressurgem: bases de concreto, linhas de borda dos vidros e molduras contornam pinturas pouco visíveis. Destacada à direita, *Cavaletes* (2015) sublinha o caráter propositor de narrativas do museu e comenta seus alinhamentos e desalinhos.

Se, como afirma Donald Preziosi, o museu é um gênero poderoso da ficção moderna, que produz fatos e conhecimento de profundas consequências sociopolíticas, cabe indagar o quanto a descolonização dessas narrativas pode desestabilizar práticas ideológicas coloniais que foram consolidadas pela formação dos museus.[2] Essa visão frontal da galeria desnuda a contundente e necessária investigação das linhas de força em ação na arte do Brasil. A ênfase na noção de transformação do acervo resiste à imposição de uma narrativa hegemônica eurocêntrica. Enquanto rompe hierarquias e entrecruza trilhas poéticas e de luta, o posicionamento artístico e curatorial do MASP desestabiliza exemplarmente a persistente dominação colonial. Sobretudo, reivindica a condição de independência como uma atividade incessante e crítica.

1 Ver Marcelo Carvalho Ferraz (org.), *Lina Bo Bardi*. São Paulo: Instituto Lina Bo Bardi e Pietro M. Bardi, 1996. p. 46.

2 Donald Preziosi, "Collecting/Museums". In: Robert S. Nelson e Richard Schiff (orgs.), *Critical Terms for Art History*. Chicago/Londres: University of Chicago Press, 1996, pp. 281-91.

LUIZA INTERLENGHI é doutora em história e crítica da arte pelo Programa de Pós-Graduação em Artes Visuais da Escola de Belas Artes da Universidade Federal do Rio de Janeiro. Foi curadora de diversas exposições e tem textos publicados em *Beatriz Milhazes: Avenida Paulista* (2020), *Lucia Laguna* (2018) e na revista *Arte & Ensaios* (2014).

POLLYANA QUINTELLA

Imagem contra o sistema

No dia 1º de novembro de 2018, dias após os resultados das eleições, Jair Bolsonaro realizou sua primeira coletiva de imprensa como presidente eleito. O então deputado apresentou-se na sua casa no Rio de Janeiro, em contexto nada formal: uma prancha de *bodyboard*, que servia de suporte para os microfones da imprensa, estava apoiada numa frágil estrutura metálica, ambas dispostas sobre uma pequena mesa de vidro. À esquerda da imagem, um assessor segurava a prancha, garantindo que aquela inusitada escultura não viesse abaixo, enquanto o parlamentar discursava dentro da indigência que caracteriza sua expressão oral. Não é difícil imaginar que, após divulgar aquela coletiva, Bolsonaro acompanhou sua viralização imediata. Milhares de tuítes se posicionavam contra ou a favor de sua performance. Entre os entusiastas, alguns alegavam que "o sistema foi humilhado por um cara que dá coletiva em cima de uma prancha de *bodyboard*", considerando-o transgressor; entre os opositores, houve quem se declarasse chocado com a quebra de protocolo sem qualquer constrangimento. Estava ali anunciada a condição performativa que pautaria a construção do *self design* do presidente.

A narrativa é conhecida: ao contrário da "velha política", ele dispensa o fotógrafo profissional, o Photoshop, o filtro do Instagram e o pó de arroz. Basta sua presença diante de uma amadora câmera portátil. Interessa-lhe reforçar o desejo por uma comunicação direta, sem mediações, que busca falar com seu público sem as más intenções ou interpretações equivocadas dos jornalistas. Entretanto, por mais espontâneas que as imagens do presidente aparentem ser, não é difícil identificar traços e elementos que compõem uma gramática visual própria. É comum, por exemplo, que nos deparemos com fotografias que exibem câmeras dentro do enquadramento, como se apresentassem os bastidores do próprio registro. Nessas imagens, a presença do celular ou de outros dispositivos audiovisuais é elemento ativo de composição. Há um gosto especial por dar a ver as costas da cena, entre fios, tripés e equipamentos de toda ordem.

Nessas imagens, a presença da câmera e dos "bastidores" é a afirmação de que estamos diante de uma cena mais verdadeira. A imagem compartilha conosco o que a priori somos impedidos de ver. O que há por trás da cena? Apenas uma câmera ligada, um conjunto de peças que testemunha que não há qualquer manipulação adicional.

Não há megaprodução ou assistentes especiais, o que nos leva a crer que Bolsonaro é limpo e insuspeito. A informalidade se traduz em franqueza.

Tal lógica corresponde ao estado de desconfiança contemporânea frente às imagens, alimentada sobretudo pela impossibilidade constante de distinguir uma imagem "verdadeira" de uma imagem "falsa". Jair Bolsonaro lança mão desse sintoma ao fazer da logística das imagens seu ataque e sua defesa. Enquanto alimenta as máquinas de *fake news*, suas redes sociais estão povoadas de fotos "despretensiosas". Mais do que isso, são imagens que querem confirmar as nossas suspeitas. O que há nelas não é um homem preparado, ao contrário, é alguém em estado de improviso, que parece não saber o que está fazendo. Tal "sinceridade" coloca-se como dado mais relevante do que qualquer projeto político em si. A geração Instagram demanda um Bolsonaro que publique fotos toscas de baixa qualidade, porque não há nada mais desconfiável do que uma foto bonita.

Além disso, essas fotografias também querem nos chocar, pois fazem parte de um jogo de disputa por atenção. Com milhares de informações oferecidas a nós, para um conteúdo ser de fato visto, ele precisa nos capturar rapidamente e, de preferência, produzir reações emocionais. É por isso que Bolsonaro e sua cúpula permanecem em constante estado de performance, pois assim seguem em pauta. Noutras palavras, interessa à sua iconopolítica as imagens virais, capazes de se converterem em memes instantâneos.

Apesar de configurar um caso singular, nada aqui diz respeito exclusivamente ao próprio presidente. Por um lado, a "vulgaridade" de Bolsonaro tem o papel de manifestar a queda de um padrão estético hegemônico associado às elites, reflexo de um acesso massificado à produção de imagens, o que tem rendido, em diversas direções, um potente (e por vezes contraditório) debate sociossimbólico, embora isso não seja inaugural. Por outro, essa é uma caricatura sintomática de uma nova economia da atenção. Nas redes, a intimação para fotografar a experiência cotidiana para confirmá-la diariamente faz o real ser compreendido como o que é fotografável, o que nos situa na condição ambígua de confiar e desconfiar das imagens com a mesma intensidade. Daí, ficam algumas perguntas: por que o nosso tempo, marcado pela profusão e eficiência técnica das imagens, é também o tempo de crise da imaginação e de frágeis democracias? Qual a relação entre a nossa compulsão e obsessão pelas imagens e uma sensação de certa incapacidade de produzir saídas para as inúmeras catástrofes que atravessam o agora? Seria ingênuo culpar as imagens, malditas por natureza. É provável que a resposta esteja no modo como nos relacionamos com elas.

POLLYANA QUINTELLA é curadora, escritora e pesquisadora. Formada em história da arte pela Universidade Federal do Rio de Janeiro, é mestra em arte e cultura contemporânea pela Universidade Estadual do Rio de Janeiro e doutoranda pela mesma instituição.

EDUARDO COUTINHO

Frame de ***Edifício Master***, 2002
Vídeo, cor, som, 110'
Cortesia Videofilmes

RAPHAEL FONSECA

[img. 27] Os cinco primeiros minutos de *Edifício Master* (2002)[1] são icônicos; a primeira imagem que vemos é a do monitor de uma câmera de vigilância que mostra uma equipe de cinema adentrando o prédio. Na sequência, esse mesmo grupo de pessoas entra em um elevador para, no terceiro corte, a câmera nos mostrar o corredor vazio do edifício que dá título ao filme. Eis que surge uma voz grave — a do próprio diretor, Eduardo Coutinho (1933-2014) — que narra:

> Um edifício em Copacabana a uma esquina da praia. 276 apartamentos conjugados. Uns 500 moradores. Doze andares. Vinte e três apartamentos por andar. Alugamos um apartamento no prédio por um mês. Com três equipes, filmamos a vida do prédio durante uma semana.

Logo após essa fala, que traz o método empregado para a realização do fil me, somos presenteados com duas entrevistas: a de Vera, senhora que vive no prédio desde criança e já havia mudado de apartamento 28 vezes, e a de Sérgio, o síndico do prédio. Coutinho já traz aí a relação de poder entre morador e síndico, entre as pessoas que compõem a amálgama de vidas do edifício Master e aquele que também é uma delas, mas se vê no lugar de administrador. Não é à toa que parte das falas dos dois diz respeito a um certo "retorno à ordem"; se o prédio antigamente reunia pessoas de caráter duvidoso, sob o comando de Sérgio ele se tornou, "graças a Deus, um prédio familiar".

Em sua entrevista, Sérgio profere uma das dezenas de frases icônicas de *Edifício Master*: "Eu uso muito Piaget, quando não dá certo, eu parto pro Pinochet". Entre sorrisos e uma necessidade de aproveitar seus 15 minutos de fama, o síndico — ou seja, o presidente do edifício Master — nos leva a refletir sobre as fronteiras entre educação e violência. Após dizer que adora usar ditados, Sérgio dispara: "A realidade da vida é sempre o funeral das ilusões".

De onde viria essa citação? Busquei e busquei, mas não encontrei. *Edifício Master* nos ensina isto: todos esses entrevistados — e todos nós, enquanto indivíduos — também são autores. A partir de encontros randômicos com centenas de pessoas que moram no mesmo prédio, o filme oferece ao espectador uma sequência muito bem pensada de depoimentos, que versam tanto sobre as impressões desses moradores sobre o edifício quanto sobre suas próprias biografias e o mundo lá fora.

Filmado em 2001 e lançado em 2002, o documentário completa agora 20 anos e nos leva a infindáveis reflexões sobre a presença da tecnologia digital em nossas vidas. Se, naquele momento, no começo do século 21, os celulares apareciam timidamente em nossas rotinas, e uma equipe de filmagem dentro de casa era algo que apelava ou intimidava as pessoas, o que seria dessa proposta em 2022? Em um presente em que a todo momento parte considerável da população brasileira performa sua autoimagem e aspectos de suas vidas com o uso de *smartphones*, assistir a *Edifício Master* nos leva a uma incontornável reflexão sobre as mudanças tecnológicas pelas quais passamos nestas duas décadas.

O que une essas pessoas para além do fato de que estão compartimentadas no mesmo prédio? Certamente, a classe social: esse grupo de pessoas pode ser enxergado como um recorte da classe média — não esqueçamos que o território é Copacabana, mas os apartamentos são conjugados — que habitava o Rio de Janeiro e o Brasil naqueles últimos anos do governo de Fernando Henrique Cardoso, logo antes da ascensão de Lula ao poder. Nas entrelinhas dessas falas, há muitas reflexões sobre o desemprego e a pobreza no Brasil de outrora.

Por fim, outro elemento que une essas pessoas é a sua paixão pela oralidade. Sempre impressiona sua capacidade de contar histórias, lembrar de forma saudosista de algo, expor suas feridas, recalques e sucessos perante não apenas um grupo de estranhos que está ali filmando, mas diante do enorme público que assistiu ao filme. Alguns desses moradores pintam, outros cantam; outros estão no auge de sua juventude e repletos de dúvidas existenciais, ou são bem idosos e parecem aguardar a sua boa hora.

Eduardo Coutinho nos propicia essa arte do encontro que são as entrevistas. Não basta ser um bom entrevistador, é essencial ser um entrevistado provocador. Ao vermos *Edifício Master*, percebemos que a soma entre pessoas nada ilustres, perguntas bem pensadas e edição inteligente leva a reflexões que estão para além dos limites do Brasil e do tempo.

Onde começa a "realidade da vida" e onde termina o "funeral das ilusões"? Como o cinema ensina, possivelmente entre as ações de gravar e editar uma sequência de imagens.

1 Eduardo Coutinho (dir.), *Edifício Master*. 110', 2002.

RAPHAEL FONSECA é pesquisador das interseções entre história da arte, crítica, curadoria e educação. Doutor em crítica e história da arte pela Universidade do Estado do Rio de Janeiro, trabalhou como curador do Museu de Arte Contemporânea de Niterói entre 2017 e 2020, tendo curado, junto com Pablo León de la Barra, *Abdias Nascimento: um espírito libertador* (2019).

LYGIA CLARK

Rede de elástico, 1969

Borracha, dimensões variáveis
Cortesia Associação Cultural "O Mundo de Lygia Clark"

RODRIGO MOURA

Parecendo-se com muitas imagens em preto e branco de obras de arte efêmeras dos anos 1960, a foto mostra os participantes interagindo com o objeto, vestindo suas estampas psicodélicas e suas calças de boca larga, portando seus cabelos quase longos. No centro da composição, iluminada por uma janela, está a autora da proposição, recém-autodeclarada não artista, Lygia Clark (1920-1988). Sua expressão é concentrada, com os olhos colados na ação. As mãos, em atividade, seguram as linhas que compõem aquele plano instável. Pode ser que mirasse obliquamente a objetiva do fotógrafo ou que estivesse prestes a abrir um sorriso. Assim como seus companheiros de imagem, ela é responsável pela manutenção da obra como *estrutura viva*. O gesto de um condiciona o gesto do outro.

[img. 18] A *Rede de elástico* (1969) foi concebida na confluência de duas vertentes do trabalho de Clark. Por um lado, leva adiante o interesse pela linha como entidade privilegiada na constituição do objeto de arte, extravasando os limites do plano pictórico para o mundo real, como formulado no seu conceito da *linha orgânica*. É também um desenvolvimento dos seus trabalhos vivenciais, que não se encerram na fruição do objeto, mas na sua ativação espaço-temporal. E, ao contrário de *Caminhando* (1964) ou da série *Bichos* (1958-1965), que desencadearam tais desenvolvimentos, aqui essa ativação não se dá apenas mediante o contato direto entre espectador e objeto, mas numa vivência coletiva, onde a experiência só se efetiva com um número maior de participantes.

O aparato é uma malha ortogonal imperfeita, feita pelo cruzamento de pequenos fragmentos lineares, sem obedecer a preceitos de simetria, regularidade e precisão. O material flexível permite a reconfiguração parcial dessa estrutura durante a manipulação, e os corpos levam a rede para cima e para baixo, para um lado e para o outro, aumentando-a ou diminuindo-a. Se houver resistência ou inércia por parte de alguém, a dinâmica é interrompida.

Quando se mudou para Paris em 1967, onde dois anos depois criou a *Rede de elástico*, Lygia Clark experimentou um processo de angústia e re-subjetivação que a levou a experimentar com os corpos da juventude, no auge do movimento contracultural que desaguou nos movimentos de Maio de 1968. Por essa época, escrevia textos como este nos seus diários:

> Nessa noite sonhei que estava em pé num grande tecido negro e era preciso mijar em cima para aveludá-lo. Estava mijando um tempão

> quando escutei que me chamavam pois fora havia duas crianças que se afogavam no mar. Saí e com surpresa descobri que o mar era no céu e embaixo dele era o espaço. Vi duas crianças que se esforçavam para não [se] afogarem e disse: "Deixem, pois eles sozinhos se salvarão!". No dia seguinte a crise brutal veio pois o desejo era imenso e comecei a vomitar sem parar, saindo na rua com distúrbios tão grandes do vago-simpático que pensava em morrer.[1]

Essa fantasmática do sujeito, para usar uma expressão próxima de Clark, a levou às experiências coletivas. Nesses escritos, aparece frequentemente o termo "identidade", como algo a ser questionado, penhorado, perdido: "Os sonhos de perda de identidade devem estar ligados com a perda da estrutura. Sem uma estrutura-conceito não há desenvolvimento (crescimento)".[2] Ao se encontrar no outro, prescindindo do objeto como algo valioso pelo seu valor de troca, mas rico pelo valor de uso, Lygia Clark deu talvez o maior salto jamais alcançado por um artista brasileiro dentro dos limites da arte moderna. Eu cresci aprendendo a considerar o neoconcretismo, e não a Semana de Arte Moderna de 1922, como o nosso grito de independência em relação ao cânone ocidental. Uma arte que fala de uma experiência cultural própria e não tutelada. Hoje eu busco esse ponto em outros lugares, e certamente em mais de um, mas tenho certeza de que a contribuição de Clark cresce à medida que ela se distancia de sua zona de conforto — do Rio de Janeiro, do dogma construtivo, do meio de arte local, da elite nacional.

Nas fotografias da época, a *Rede de elástico* aparece altamente dinâmica e gratificante, alcançando diferentes configurações e formatos. Nas imagens de suas apresentações contemporâneas, ela ressurge em repouso no espaço como um corpo sem sentido, desprovido de tônus. Toda a pujança formal e cinética se esvai pelas paredes do cubo branco ou nas tentativas de ativá-lo por parte dos educadores de museu e de seus clientes intimidados. Forjada fora da instituição, é para fora dela mesmo que ela nos leva.

RODRIGO MOURA é curador, escritor e editor, atualmente trabalhando como curador-chefe do Museo del Barrio, em Nova York. Foi diretor artístico do Instituto Inhotim e curador adjunto do MASP. Entre outras exposições, cocurou os projetos *Estamos Bien — La Trienal 20/21* (2021).

1 Lygia Clark, "Comecei a trabalhar em Paris". In: *Diário 1*, 1967. Disponível em https://portal.lygiaclark.org.br/acervo/65536/comecei-a-trabalhar-em-paris-diario-1. Acesso em 17.3.2022.

2 Lygia Clark, "Crise terrível. Quase tão terrível como a do caminhando". In: *Diário 1*, 1969. Disponível em https://portal.lygiaclark.org.br/acervo/65541/crise-terrivel-quase-tao-terrivel-quanto-a-do-caminhando-diario-1. Acesso em 17.03.2022.

ANTÔNIO PARREIRAS

Iracema, 1909

Óleo sobre tela, 60,5 × 93 cm
Museu de Arte de São Paulo Assis Chateaubriand, doação, Ministro Correia e Castro, 1947, MASP.00294

SANDRA BENITES

Iracema: romantizando o estupro sofrido pelas mulheres indígenas

[img. 10] Na tela *Iracema* (1909), do pintor brasileiro Antônio Parreiras (1860-1937), a retratação da virgem dos lábios de mel, personagem do romance homônimo de José de Alencar (1829-1877), transparecem os muitos tons do racismo que até hoje sofrem as mulheres indígenas no Brasil. O personagem criado por Alencar em 1865, assim como a pintura de Parreiras, que dá corpo à mulher indígena do romance (a saber: uma mulher que tem a pele tão clara quanto a areia, que está inteiramente nua e vulnerável), propagam no imaginário brasileiro uma falácia, tão perversa quanto perigosa, que deturpa, distorce e anula o protagonismo histórico das mulheres indígenas.

O Brasil é filho do estupro de mulheres indígenas que foram escravizadas, e posteriormente de mulheres negras, fato que até hoje é pouco debatido dentro da sociedade brasileira. Tanto o romance quanto a pintura escondem o sofrimento real que as mulheres indígenas carregam em sua história e criam uma imagem totalmente falsa, um discurso que se relaciona com a forma como os não indígenas brasileiros querem enxergar a si mesmos, apagando e silenciando mulheres indígenas. No entanto, o sofrimento dessas mulheres não está apenas no passado retratado na pintura: a violência contra seus corpos, o apagamento de suas histórias e a destruição dos territórios está diretamente conectado à narrativa sustentada pela tela, que tenta encobrir e romantizar o que de fato ocorreu quando se deu o encontro entre o colonizador português e a mulher indígena. É importante lembrar que, segundo a Organização Mundial da Saúde, o Brasil ocupa o quinto lugar no ranking mundial de feminicídios. Essa violência, essa forma de tratar as mulheres, está diretamente associada à maneira como os colonizadores olharam e trataram os nossos corpos e o próprio corpo da Terra.

Para nós, a Terra é o corpo vivo, a Terra é nossa mãe, ela é Nhandesy Eté. Os Juruá (literalmente, "o que tem cabelo na boca", os homens europeus), ao chegarem em nossas terras, acharam que tudo o que viam era mata virgem, quando na realidade a floresta é habitada e resultado de milênios de manejo dos povos indígenas. Então violaram o corpo de Nhandesy Eté assim como fizeram com os nossos corpos, nos escravizaram para destruir a floresta.[1] Desse modo, a imagem de mulheres indígenas nuas e virgens sintetizada em Iracema está diretamente conectada ao imaginário colonial. É preciso desmitificar essas imagens e a arte indígena contemporânea tem esse papel de traduzir as cosmovisões indígenas sobre as florestas e de dar voz às mulheres indígenas, provocando uma reflexão sobre o que é o Brasil.

Nesse sentido, é muito importante que o Museu de Arte de São Paulo Assis Chateaubriand possa ter em suas coleções outras obras, que desconstruam esse imaginário e que não perpetuem a narrativa visual que afasta e apaga o verdadeiro questionamento que os brasileiros devem ter sobre si mesmos e sobre a história dos povos indígenas. É necessário considerar que desde as invasões, no contexto populacional, o Brasil sofreu um processo de miscigenação forçado a partir da violência. As instituições têm a obrigação, por meio das artes, de desconstruir esse olhar colonial.

SANDRA BENITES é Guarani Nhandewa e doutoranda em antropologia social pelo Museu Nacional da Universidade Federal do Rio de Janeiro. Desde 2004, trabalha com educação indígena.

1 Este é um tema que trabalhei em obras como *Tupi Valongo — Kunhanguereko (o corpo das mulheres)* (2018) com Anita Ekman, Sandra Nanayna e Marcelo Noronha e que também debato em minha dissertação de mestrado e na tese de doutorado, acerca do feminicídio. O assassinato de uma menina Kaingang de 14 anos que ocorreu em agosto de 2021 é um reflexo dessa violência. As violências às quais me refiro se manifestam de diversas formas, na ótica dos não indígenas há um apagamentos de mulheres indígenas, não somente de mulheres. Me refiro aos corpos exotizados, que sofreram e sofrem abusos e assédios de várias maneiras. Entendo a importância de lembrar da imagem de Iracema, mas para que haja uma reflexão e debate mais consistente. Acredito que um dos motivos das mulheres indígenas não possuírem, até o momento, acesso às políticas públicas que são direcionadas às mulheres em geral é porque há uma negação da história das mulheres indígenas do Brasil.

LEGENDAS DAS IMAGENS

CAPA, VERSO DA CAPA, ORELHAS E INTERIOR

01. Vista da pinacoteca do MASP, 2019

Rafael Vilela
São Paulo, 1989, vive em São Paulo

02. Borba Gato em chamas após ação do coletivo Revolução Periférica, 2021
Fotografia digital
Cortesia Rafael Vilela

Heitor dos Prazeres
Rio de Janeiro, 1898-1966

03. *Samba no terreiro*, 1957
Óleo sobre tela, 65 × 55 cm
Coleção particular

Carolina Caycedo
Londres, Inglaterra, 1978

04. *Marielle Franco, minha linhagem feminina brasileira de luta*, da série *Genealogy of Struggle* [Genealogia da luta], 2018-19
Nanquim sobre papel, 30,5 × 23 cm
Museu de Arte de São Paulo Assis Chateaubriand, doação da artista no contexto da exposição *Histórias das mulheres, histórias feministas*, 2019, MASP.10913

Pierre Verger
Paris, França, 1902-1996

05. *D. Maria Bibiana do Espírito Santo, mãe do terreiro Axé Opô Afonjá*, 1950
Fotografia analógica preto e branco, ampliação sobre papel, 40 × 40 cm
Museu de Arte de São Paulo Assis Chateaubriand, doação, Pirelli, 1992, MASP.01799

Rubem Valentim
Salvador, 1922 – São Paulo, 1991

06. *Emblema logotipo poético de cultura afro-brasileira — n. 8*, 1976
Acrílica sobre tela, 101 × 75 cm
Museu de Arte de São Paulo Assis Chateaubriand, doação, Ana Dale, Carlos Dale Júnior, Antonio Almeida, Thaís Darzé e Paulo Darzé, 2018, MASP.10833

Marcatti
São Paulo, 1962, vive em São Paulo

07. Capa do álbum *Brasil*, do Ratos de Porão, 1989

Antonio Manuel
Avelãs de Caminho, Portugal, 1947, vive no Rio de Janeiro

08. *Ocupações/Descobrimentos*, 1998
Museu de Arte Contemporânea de Niterói

Viajou Sem Passaporte
São Paulo, 1978-1982

09. Viajou Sem Passaporte no ato de devolução da escultura de Flávio de Carvalho para a cidade de São Paulo, 1979
Fotografia
Arquivo LS Raghy

Antônio Parreiras
Niterói, Rio de Janeiro, 1860-1937

10. *Iracema*, 1909,
Óleo sobre tela, 60,5 × 93 cm
Museu de Arte de São Paulo Assis Chateaubriand, doação, Ministro Correia e Castro, 1947, MASP.00294

Pedro Victor Brandão
Rio de Janeiro, 1985, vive no Rio de Janeiro

11. *Sem título #32 (desigualdade de renda antes da tributação com sobreposição de coeficiente de Gini – Brasil – 2000-2019)*, da série *Totalidades*, 2021
Acrílica, nanquim, grafite e verniz sobre tela, 40 × 40 cm
Cortesia do artista

Jaider Esbell
Normandia, Roraima, 1979 – São Sebastião, São Paulo, 2021

12. *Na terra sem males*, 2021
Acrílica sobre tela, 100 × 77 cm
Musée National d'Art Moderne — Centre Pompidou, Paris França
© Jaider Esbell Estate

Dalton Paula
Brasília, 1982, vive em Goiânia

13. *João de Deus Nascimento*, 2018
Óleo sobre tela, 59,5 × 44 cm
Museu de Arte de São Paulo Assis Chateaubriand, doação do artista, no contexto da exposição *Histórias afro-atlânticas*, 2018, MASP.10809

Rubens Gerchman
Rio de Janeiro, 1942 – São Paulo, 2008

14. Capa do álbum *Tropicalia ou panis et circenses*, vários artistas, 1968
Imagem licenciada pelo Instituto Rubens Gerchman

Claudia Andujar
Neuchâtel, Suíça, 1931, vive em São Paulo

15. *Vertical 9*, da série *Marcados*, 1981-83
Ampliação fotográfica analógica com gelatina de prata sobre papel fibra Ilford Multigrade MG IV, peso duplo, mate, com tratamento e banho de preservação a base de selênio, políptico composto por 10 peças, 56 × 37,5 cm (cada)
Cortesia Galeria Vermelho

Iran do Espírito Santo
Mococa, São Paulo, 1963, vive em São Paulo

16. *A noite*, 1998
Serigrafia, 45 × 64,5 cm
Museu de Arte Moderna de São Paulo, doação do artista, 1999

Abdias Nascimento
Franca, São Paulo, 1914 – Rio de Janeiro, 2011

17. *Okê Oxóssi*, 1970
Acrílica sobre tela, 90 × 60 cm
Museu de Arte de São Paulo Assis Chateaubriand, doação, Elisa Larkin Nascimento/Ipeafro, no contexto da exposição *Histórias afro-atlânticas*, 2018, MASP.10811

Lygia Clark
Belo Horizonte, 1920 – Rio de Janeiro, 1988

18. *Rede de elástico*, 1969
Borracha, dimensões variáveis
Cortesia Associação Cultural "O Mundo de Lygia Clark"

Kico Santos
São Paulo, 1972, vive em São Paulo

19. Ocupação do pico do Jaraguá pelos Guarani Mbya por conta da revogação da declaração de posse da terra, 2017
Fotografia digital
Cortesia Kico Santos/Cinema de Rua

Roberto Stuckert Filho
Brasília, 1967, vive em Brasília

20. Presidenta Dilma, presidente Obama e a primeira-dama Michelle Obama, em frente ao quadro *Abaporu*, de Tarsila do Amaral, durante visita à exposição *Mulheres, artistas e brasileiras*, no Palácio do Planalto, Brasília, 2011
Fotografia digital
Cortesia Biblioteca da Presidência da República

Reynaldo Stavale
Rio de Janeiro, 1960, vive em Brasília

21. Ailton Krenak, representante da União das Nações Indígenas, pinta seu rosto durante a defesa de uma das emendas populares sobre os direitos indígenas na Assembleia Nacional Constituinte, 1988
Fotografia
Arquivo da Câmara dos Deputados

Grupo de Ação Lésbico-feminista (Galf)

22. *Chana com chana*, n. 8, década de 1980
Arquivo Edgard Leuenroth, Campinas, São Paulo

Autoria desconhecida

23. *A escritora brasileira Carolina Maria de Jesus*
Fotografia
Coleção Última Hora/Folhapress

Hélio Oiticica
Rio de Janeiro, 1937-1980

24. *B 33 Bólide caixa 18 "Homenagem a Cara de Cavalo"*, 1965-66
Madeira, fotografias, náilon, tecido, vidro, ferro, plástico e pigmento, 40 × 30,5 × 68,5 cm
Coleção Gilberto Chateaubriand, Museu de Arte Moderna do Rio de Janeiro

Wilson Mendonça Tibério
Porto Alegre, 1920 – Mazan, França, 2005

25 *Bahia*, 1946
Óleo sobre tela, 70 × 49 cm
Pinacoteca Aldo Locatelli, Porto Alegre

Autoria desconhecida

26. *Carlos Marighella, baleado em maio de 1964, visita jornais*, 1964
Fotografia
Coleção Reminiscências Pesquisa e Produção Cultural/ Acervo Iconographia

Eduardo Coutinho
São Paulo, 1933 – Rio de Janeiro, 2014

27. Frame de *Edifício Master*, 2002
Vídeo, cor, som, 110'
Cortesia Videofilmes

Jaime Lauriano
São Paulo, 1985, vive em São Paulo e Porto, Portugal

28. *trabalho*, 2017
Objetos que retratam a naturalização da escravidão no Brasil (calendários, camisetas, cartões-postais, cédulas de dinheiro, cesto de lixo, escultura, porcelana, tapeçarias e quebra-cabeça); gravação a laser da lista de profissões com maior incidência de pessoas negras no Brasil; depoimentos que relatam o racismo estrutural no Brasil, 250 × 500 × 35 cm
Cortesia do artista

Autoria desconhecida

29. *Doutor Maurity dos Santos e enfermeiras atendendo doente no Morro do Salgueiro durante o surto de gripe espanhola*, 1918
Fotografia, 17 × 12 cm
Coleção Fundação Oswaldo Cruz/Casa de Oswaldo Cruz

Sérgio Silva
São Paulo, 1981, vive em São Paulo

30. Débora Maria da Silva, fundadora das Mães de Maio, protesta em frente ao prédio da Secretaria de Segurança Pública do Estado de São Paulo, 2016
Fotografia digital
Cortesia Sérgio Silva/ Ponte Jornalismo

Campanha pela Liberdade de Rafael Braga

31. *Símbolo da Campanha Liberdade de Rafael Braga*, 2014
Lambe-lambe, 50 × 50 cm
Cortesia Campanha pela Liberdade de Rafael Braga

Angelo Agostini
Vercelli, Itália, 1843 – Rio de Janeiro, 1910

32. Antônio Conselheiro rechaça a República, *Revista Ilustrada*, ano 22, n. 727, 1897.

Autoria desconhecida

33. Capa do álbum *Miséria e fome*, Inocentes, 1983
Coleção Inocentes

Eustáquio Neves

Juatuba, Minas Gerais, 1955

34. *Rainha*, da série *Arturos*, 1993
Gelatina e prata sobre papel fotográfico, 35 × 43 cm
Cortesia do artista

Denilson Baniwa

Aldeia Darí, rio Negro, Amazonas, 1984, vive em Niterói, Rio de Janeiro

35. *ReAntropofagia*, 2018
Técnica mista, 100 × 120 cm
Em comodato com a Pinacoteca do Estado de São Paulo

Autoria desconhecida

36. Solenidade da cumieira na criação do projeto de educação pluri-cultural Mini Comunidade Oba Biyi, por iniciativa do Mestre Didi, no Axé Opô Afonjá, 1976
Fotografia
Coleção Mestre Didi, cortesia de Inaicyra Falcão dos Santos

1 Lista dos doadores internacionais: Friends of MASP e International Council.

Silvia e Marcelo Barbará
Sonia e Hamilton Dias de Souza
Susana e Ricardo Steinbruch
Susie e Guido Padovano
Sylvia Pinho de Almeida
Tania Haddad Nobre e Alexandre Nobre
Vania e José Roberto Marinho
Vera Lucia dos Santos Diniz

PATRONO PRATA

Alessandra (in memoriam) e Rodrigo Bresser-Pereira
Ana Eliza e Paulo Setubal
Ana Karina Bortoni Dias e Marcos Fernandes Navarro
Ana Lucia e Sergio Comolatti
Ana Maria Igel e Mario Higino Leonel
Ana Paula Capricho de Azevedo Motta e Daniel Augusto Motta
Ana Paula e Sergio Spinelli
Ana Paula Martinez e Daniel K. Goldberg
Andrea e José Olympio da Veiga Pereira
Andrea Pinheiro e Newton Simões Filho
Beno Suchodolski
Carolina Aguiar e Luís Paulo Saade Montenegro
Carolina e Patrice Etlin
Cecília e Abram Szajman
Cristiana e Dan Ioschpe
Eduardo Salomão Neto
Fabiana e Marcelo Marangon
Flávia Camanho Camparini e Fabio José Camparini
Flavia e Frank Geyer Abubakir
Janaina Dobbeck Fiorini e Reinaldo Carlos Fiorini
Julio Roberto Magnus Landmann
Larissa Fortes de Almeida e Denis Caldeira de Almeida
Lavínia e Ricardo Setubal
Luiza e Marcelo Hallack
Marguerite e Jean Etlin
Maria Alice Setubal
Maria Eduarda e Ricardo Brito Pereira
Maria Luiza e Tito da Silva Neto
Marta e Hecilda Fadel
Paula Pires Paoliello de Medeiros e Marcelo Medeiros
Paula Proushan
Sandra e José Luiz Setúbal
Sonia e Luis Terepins
Sônia Regina Hess de Souza e João Miranda de Souza Júnior
Stefania Pelusi Cestero e Francisco Cestero
Thiago Saddi Tannous
Thomaz Srougi
Vera Alves de Lima Parreiras e Luiz Paulo Parreiras
Vera Novis
Vera Sarnes Negrão
Vicente Furletti Assis
Vivian Jessica Blair Bigoni e Marcio Verri Bigoni

PATRONO

Alexandra Mollof
Alice e Bruno Baptistella
Andrea e Guilherme Johannpeter
Andréa e Tom Waslander
Angela e Ricard Akagawa
Antonia Bergamin e Mateus Ferreira
Antonio Almeida e Carlos Dale
Beatriz Yunes e Carmo Guarita
Camila e Walter Appel
Daniela e Helio Seibel
Daniela Johannpeter
Danielle Silbergleid e Antônio Pitombo
Eduardo Saron
Eliana Finkelstein e Eduardo Bueno Brandão
Fabio Magalhães
Fernanda e Alberto Fernandes
Fernanda Feitosa e Heitor Martins
Gabriela e Adriano Borges
James Acacio Lisboa
Jean Martin Sigrist Jr.
Jo an e Jackson Schneider
Juliana Freitas Calheiros e Grenfel Schwartz Calheiros
Liane e Roberto Bielawski
Luiz Carlos Schmidt Ritter e Clelio da Costa Alves
Márcia Fortes, Alessandra D'aloia e Alex Gabriel
Maria Angela e Roberto Klabin
Mariana Guarini Berenguer
Marina e Marcos Gouvêa
Marjorie e Geraldo Carbone
Marta e Paulo Kuczynski
Max Perlingeiro
Milton Goldfarb
Monize Neves e Ricardo Vasques
Nara, Alexandre e Daniel Roesler
Neide Helena de Moraes
Neyde Ugolini de Moraes
Paula Bellini Garcia Pagano e Daniel Monteiro Pagano
Paula Depieri
Paulo Donizete Martinez
Paulo Saad Jafet
Pedro Mendes Ciruffo
Priscilla e Marcelo Parodi
Raquel e Marcio Kogan
Renata Bittencourt
Renata de Paula David
Renata Tubini
Ricardo Ohtake
Roberta Mendes Pereira Whately e Wagner Dias Coelho
Sabina e Abrão Lowenthal
Salo Seibel
Sandra e William Ling
Silvano Gersztel
Sílvia Teixeira Penteado
Silvio Tini de Araújo
Sonia e Paulo de Barros Carvalho
Thaissa e Alexandre Bertoldi
Thalita Cefali Zaher
Titiza Nogueira e Renata Nogueira Beyruti
Ulisses Eliezer Simonetti Cohn e Flavio Isaias Simonetti Cohn
Vilma Eid

JOVENS PATRONOS

JOVEM PATRONO PRATA

André Montanholi Mileski
Eliza Correa de Almeida Nobre
Francisco Fernando Correa de Almeida Nobre
Gabriela Azevedo Forlin

Luiz e Ludwig Danielian
Marcela e Alfredo Nugent Setubal

JOVEM PATRONO

Abraão Coelho
Alessandra e Guilherme Simões de Assis
Ana Carolina de Souza Weege e Guilherme Weege
Ana Clara Medeiros de Almeida
Ana Luiza Tesser Arguello e Ary Cera Zanetta Neto
Ana Varella e Samuel Varella Pedrosa
Anne Carolline Wilians
Arthur Jafet
Beatriz Viabone e Thomaz Henrique Pacheco
Camila Baldasso Faleck e Diego Faleck
Camila Stolf Toledo e Antonio Certain Toledo
Camila Yunes e Conrado Mesquita
Candido de Azeredo Gomes e Deyllison Cintra de Melo
Carolina da Costa Carvalho e Luiz Carlos da Costa Carvalho Jr.
Caroline Ficker
Clara Roorda e Ivan Iais
Dante Alberto Jemma Cobucci
Edmar Pinto Costa
Fabio Pinheiro Molina e Lucas de Carvalho Tironi
Felipe Calil de Melo e Julia Suslick
Felipe Hegg e William Heuseler
Fernanda Resstom e Maya Messina
Gabriel Affonso Ferreira
Guilherme Nagel e Eduardo Cherez Pavia
Guilherme Pesenti
Gustavo Nóbrega
Heloisa e Amos Genish
Igi Lola Ayedun e Asole Adelakin de Faria Mello
João Paulo Siqueira Lopes e Fernando Ticoulat
Juan Eyheremendy
Juliana e Leonardo Gonzalez
Juliana Schenkman Oizerovici e Debora Schenkman Oizerovici
Juliana Versolato dos Santos e Raphael de Almeida Fonseca
Leilane Sabatini e Felipe Sabatini
Leonardo Lopes Rocha Leite
Lia e Ricardo Pedro Guazzelli Rosario
Lívia e Gustavo Harich
Lucas Danicek Borges
Lucas Marques Pessôa
Luis Eduardo Sanchez Maluf
Luiz Augusto de Souza Campos Junior e Caio Rocha Correa
Marcela Caio
Marcela Levy Zilberberg e Eduardo Zilberberg
Marcelo Padua Lima
Marcelo Vicintin
Maria Gabriela Barreto Martins Cunha e Gustavo Silveira Cunha
Maria Rita Drummond e Rodolfo Barreto
Mariah Rios Rovery José e Mayara Rovery
Marina Buendia e Kiki Mazzucchelli
Mirella Havir Ramaccioti e Diego Puerta
Nathalie Felsberg
Paula e Bruno Rizzo Setubal
Rafael Moraes
Renata Alice Lobo Lisboa
Ricardo Von Brusky e Luiz Felipe Naccarato Ferreira de Camargo
Roberta Romiti Delgado e Luiz Delgado
Rodrigo Hsu Ngai Leite
Sofia Derani
Stephanie Schultz Wenk e Gabriel Sauer
Susanna Crestani e Marco Kheirallah
Thais Abujamra Nader e Luiz Starace Fonseca Ayres Pimentel
Thomas Ondracek Lemouche e André Donato Mathias
Victoria Zuffo e Paulo Kassab Jr.

PARCEIRO ESTRATÉGICO

Itaú

PATROCINADORES MASTER

B3
Bradesco
Citi
Klabin
Renner
Vivo
Volkswagen Financial Services

PATROCINADORES

AkzoNobel
Biolab Farmacêutica
Bloomberg
Braskem
Deloitte
Enel
Goodyear
Lefosse
Mattos Filho
Mckinsey & Company
Morgan Stanley
Unipar

APOIADORES

American Express
AT&T
Banco Votorantim
Chanel
Cimed
Credit Suisse
FIT
Fundação Grupo Volkswagen
Greenyellow
Kaspersky
Tallento Gerenciadora

EMPRESAS PARCEIRAS

Poliedro Educação
Racional
Singulare

PARCEIROS DE MÍDIA

ASRMídia
Boxnet
Buzzmonitor
Canal Artel
Cult
Harper's Bazaar
JCDecaux
Revista 451
Revista Piauí
Zanzar

Todos os esforços foram feitos para que a menção a nossos patrocinadores, conselheiros, patronos, jovens patronos e membros do International Council fosse publicada de forma correta. Caso algum erro tenha ocorrido, por favor nos informe, nos comprometemos a corrigi-lo em futuras edições.

DIRETORIA ARTÍSTICA

Adriano Pedrosa
Diretor artístico

ACERVO E CONSERVAÇÃO

Fernanda D'Agostino
Aline Assumpção
Caetano Goulart
Camila Zanon Paglione
Juliana Batista
Juliana Peixoto
Nalú Maria de Medeiros
Paula Coelho Lima
Taynara Lima
Tereza Moura
Rebeca Felipe (estágio)

CENTRO DE PESQUISA

Adriana Villela
Beatriz Yoshito
Bruno Mesquita
Pamella Mazucatto
Sara Jesus
Evandro Lima (estágio)
Gustavo Bastos (estágio)

COMUNICAÇÃO E MARKETING

Thais Gouveia
Amanda Sammour
Amanda Dias
Bárbara Catta
Bruna Sade
Daniela Nunes
Guilherme Paccola
Fernanda Reis

Leandro Muniz
Assistente curatorial

Laura Jabur
Nina Nunes
Beatriz Ferro (estágio)
Júlia Maurano (estágio)

CURADORIA

Edson Kayapó
Curador-adjunto de arte indígena

Kássia Borges Karajá
Curadora-adjunta de arte indígena

Renata Tupinambá
Curadora-adjunta de arte indígena

Julia Bryan-Wilson
Curadora-adjunta de arte moderna e contemporânea

Marcia Arcuri
Curadora-adjunta de arte pré-colombiana

María Inés Rodríguez
Curadora-adjunta de arte moderna e contemporânea

Regina Teixeira de Barros
Curadora Coordenadora e Curadora de Acervo

Fernando Oliva
Curador

Isabella Rjeille
Curadora

Amanda Carneiro
Curadora assistente

Guilherme Giufrida
Curador assistente

Laura Cosendey
Curadora assistente

Matheus de Andrade
Assistente curatorial

Danilo Cavalcante (estágio)
Laura Sapucaia (estágio)
Roger Gaspar (estágio)

EDITORIAL

Carol Ribas
Ana Beatriz Brayner
Carolina Menegatti
Leonardo Rodrigues
Mariana Trevas
Felipe de Souza (estágio)

EXPOGRAFIA
Juliana Ziebell
Flora Gurgel

MEDIAÇÃO E PROGRAMAS PÚBLICOS
André Mesquita
Curador

Glaucea Helena de Britto
Curadora assistente

Daniela Rodrigues
Assistente curatorial

David Ribeiro
Assistente curatorial

Iliriana Rodrigues
Karolina Vargem
Vitória Machado
Vitória Ribeiro
Carlos Henrique Martins (estágio)
Isabella Moraes (estágio)

PRODUÇÃO DE EXPOSIÇÕES
Marina Moura
Ana Cristina Souza
Fernanda Mafra
Kassandra Lemos
Jacson Trierveiler
Maicon Ferreira
Maria Rosalem
Marília Amorim
Matheus Gumerato
Victória Dirotildes (estágio)
Gabriel Belvis (estágio)

DIRETORIA FINANCEIRA E DE OPERAÇÕES

Marcelo Ribeiro
Diretor financeiro e de operações

FINANCEIRO
Mary Matsumura
Alessandra Silva
Alife Cardoso
Ana Paula Moreira
Bruno Araújo
Franciele Cruz
Francisco Rodrigues de Sousa
Heloiza Duarte
Iago Miguel da Silva
Jefferson Sousa
João Paulo Gonçalves
Kauany Viega
Letícia Lisboa
Lucas Doratiotto
Marina Kolm Sgnotto
Marta Nunes
Patrícia Martinez
Paulo César Mafra de Matos
Reinaldo Menezes Patrício
Tânia Aparecida Souza
Davison Cruz (estágio)
Gabriel Soares (estágio)

INFRAESTRUTURA
Marcela Camargo
Abmario Eunilio da Silva
Adeilton dos Santos Gomes
Amanda Arantes
Antônio José dos Santos
Brenda Vieira
Dionísio Ortiz
Fábio Silva
Francisco Robilson Lima da Silva
Gilberto de Sousa Bezerra
José Nolasco Santana
Luiz Aparecido dos Santos
Matheus Salinas
Mikaele Oliveira
Natanael Oliveira
Rômulo Alberto de Oliveira
Severino Cassiano Lopes
Valter Silva

JURÍDICO
Mariana Luvizutti
Nicole El Murr (estágio)

MASP LOJA
Adélia Borges
Curadora-adjunta MASP Loja

Alexsandro Silva
Abraão Rangel
Alailson Melo
Camila Gomes
Deise Lopes
Lohanne Villela
Maíra Carvalho
Mariana Rudiniski
Raphael Ottoni
Tobias Nunnes
William Ferreira

OPERAÇÕES
Karina Del Papa
Agnes Karine Souza
Allan Lafitte
Aline Lima
Ana Cecília Souza
Andressa Silva
Antonio de Souza Matos
Bruno Orsini
Christiane Flores
Clayton Gonçalves Andrade
Cosmes Magalhães
Damião Barreto da Silva
Danielle Rocha
Darlan Lopes
Domingos de Jesus dos Santos
Edson Andrade Jesus
Elaine Matias
Elis Fabro Barreira
Everton Silva
Fabiula Lima
Fernanda dos Santos
Flavia Giaconto
Francisco Soares Silva
Gabrielle Ferreira
Geovanna Brandão
Giulia Rimoli
Gustavo Alves
Henrique Gomes
Hilderlane Oliveira
Iná Santos
Jailson Silva Neres
Jéssica Coutinho
José Pereira da Silva
Lucas Modaneze
Larissa Miranda
Luciano Oliveira
Maiara Santos
Marcello Israel
Marcelo Nascimento
Márcia Batista
Marion Novais
Rafael Aguiar
Rafael Romam
Rik Castilho
Robinson Xavier Barbosa
Rodolfo Toledo Nogueira
Rodrigo Ferreira
Sidiclei dos Santos
Silvano Ferreira

Susana da Silva Morales
Tainá Oliveira
Thais Domingues
Thatielly Vidal
Vinícius Flauaus
Wanda Mirabile

PROJETOS E ARQUITETURA
Miriam Elwing
Leonardo Andrade
Marco Scriboni
Ricardo Yamanashi

PLANEJAMENTO ESTRATÉGICO
Fernanda Ferraz Bonini
Victor Serra Lima
Natalie Holzer

RECURSOS HUMANOS
Renata Tavares
Dannyele Cavalcante
Henrique Rodrigues
Kátia Gomes

SECRETARIA
Paula Zoppello
Débora Ferreira
Gustavo Salla

DIRETORIA DE RELAÇÕES INSTITUCIONAIS
Carolina Rossetti
Diretora de relações institucionais

PATROCÍNIOS E PROJETOS INCENTIVADOS
Gabriel Di Pietro de Camillo
Brenda Koschel de Farias
Letícia Petean

PROJETOS PARA PESSOA FÍSICA
Camila Mello
Gabriela Novaes
Jussara Nascimento
Júlia Medeiros (estágio)
Noemia Braz (estágio)

NOVOS PROJETOS
Manuela Errera

HISTÓRIAS BRASILEIRAS VOL. 2: ANTOLOGIA MASP 26.8–30.10.2022

COORDENAÇÃO EDITORIAL
Bruno Rodrigues
Carol Ribas
Felipe de Souza
Mariana Trevas

DESIGN GRÁFICO
Bárbara Catta
Nina Nunes
Paula Tinoco

ORGANIZADORES
Adriano Pedrosa
André Mesquita
Lilia Moritz Schwarcz

PREPARAÇÃO E REVISÃO
Ayala Tude
Débora Donadel
Érico Melo
Pedro Silva
Rafaela Biff Cera

PRODUÇÃO EDITORIAL
Adriana Rodrigues
Ana Beatriz Brayner
Leonardo Rodrigues

TRADUÇÃO
Francisco Freitas
Sonia Nussenzweig
Rosa Freire de Aguiar

TIPOGRAFIA
Minion Pro e Futura Std

PAPÉIS
Miolo: Munken Print cream 80 g/m²
Capa: Masterblank Lino 270 g/m²

TRATAMENTO DE IMAGENS E IMPRESSÃO
Ipsis Gráfica e Editora

CRÉDITOS DAS IMAGENS
Acervo Fundação Oswaldo Cruz / Casa de Oswaldo Cruz 29
Acervo Mestre Didi, cortesia de Inaicyra Falcão dos Santos 36
Arquivo Edgard Leuenroth - Unicamp, Campinas 22
Autoria desconhecida 3,5,7, 21, 23,26, 33
Campanha pela Liberadade de Rafael Braga 31
Claudia Andujar 15
Eduardo Coutinho 27
Eduardo Ortega 1, 4, 6
Eduardo Lins Clark Ribeiro 18
Eustáquio Neves 34
Filipe Berndt 12
Iran do Espírito Santo 16
Isabella Matheus 35
Jaime Acioli 28
João Musa 10
Kico Santos / Cinema de Rua 19
MASP 13, 17
Pedro Victor Brandão 11
Pinacoteca Aldo Locatelli 25
Rafael Vilela 2
Roberto Stuckert Filho/PR. 20
Rubens Gerchman 14
Sérgio Silva / Ponte Jornalismo 30
Viajou Sem Passaporte 9
Vicente de Mello 8, 24

MASP
Museu de Arte de São Paulo
Assis Chateaubriand

Avenida Paulista, 1578
01310-200 São Paulo, Brasil
www.masp.org.br
info@masp.org.br

978-65-5777-025-2

DADOS INTERNACIONAIS DE CATALOGAÇÃO NA PUBLICAÇÃO (CIP)
M986hba
Museu de Arte de São Paulo Assis Chateaubriand
Histórias Brasileiras, vol. 2: antologia / organização editorial Adriano Pedrosa, André Mesquita, Lilia Moritz Schwarcz; com a colaboração de Sandra Benites... [et al.]. – São Paulo: MASP, 2023.
608 p., 36 il.

Vários autores
ISBN: 978-65-5777-025-2
Publicação realizada na ocasião da exposição homônima realizada em São Paulo, no MASP, de 26/08 a 30/10/2022

1. Arte e Sociedade. 2. Arte e Sociedade - Brasil. 3. Antologias. I. Pedrosa, Adriano. II. Mesquita, André. III. Schwarcz, Lilia Moritz. IV. Benites, Sandra. V. Título

CDD 709.81

Bibliotecária: Sara Ferreira, CRB8-9366

O MASP, museu diverso, inclusivo e plural, tem a missão de estabelecer, de maneira crítica e criativa, diálogos entre passado e presente, culturas e territórios, a partir das artes visuais. Para tanto, deve ampliar, preservar, pesquisar e difundir seu acervo, bem como promover o encontro entre públicos e arte por meio de experiências transformadoras e acolhedoras.